PROCÈS

DES

MEMBRES DE LA COMMUNE

COMPTE RENDU IN EXTENSO

DES

DÉBATS DU CONSEIL DE GUERRE

Paraissant en séries hebdomadaires de **32** pages in-4°

AVEC LES PORTRAITS DES ACCUSÉS

LA SÉRIE **50** CENTIMES

1re *Série*

BORDEAUX

LIBRAIRIE CENTRALE, ALLÉES DE TOURNY, 8

DE LAPORTE, ÉDITEUR

DÉPOT A PARIS, CHEZ GUÉRIN, RUE MAZARINE, 11

1871

Bordeaux, Imp. Duverlier et Comp. (Durand, directeur), rue Gouvion, 7.

NOTE DE L'ÉDITEUR

De tous les livres qui ont paru jusqu'ici sur la Commune et sur la guerre civile, il n'en est encore aucun qui ait pu raconter, d'une manière tout à fait exacte, les tristes événements qui viennent de plonger Paris et la France entière dans le deuil.

Les uns, confectionnés à la hâte et sur les données de la première heure, toujours vagues, semblent portés à aggraver les faits et peuvent compromettre ainsi la loyauté de l'histoire; d'autres, écrits dans un style romanesque, nous font assister à des scènes pleines d'intérêt, sans doute, mais trop souvent imaginaires, n'ayant que la spéculation pour but.

Nous avons pensé qu'une publication du genre de celle que nous offrons à nos lecteurs pourrait seule combler cette lacune regrettable, notre intention étant d'exposer simplement les faits tels qu'ils ressortent, à mesure, des débats, avec l'impartialité la plus absolue et sans ajouter le moindre commentaire aux péripéties du procès qui se déroule en ce moment à Versailles. Nous nous bornerons à donner la sténographie aussi fidèle que possible de chaque audience, en sorte que le lecteur deviendra, pour ainsi dire, spectateur.

1

En un mot, ce sera l'histoire définitive de la guerre civile établie avec la collaboration de ceux-là mêmes qui en furent les acteurs, la vérité devant nécessairement se dégager du choc entre l'accusation et la défense.

Un livre fait dans de telles conditions ne peut manquer de devenir un document précieux que l'on consultera toujours avec fruit, parce qu'il sera véridique; — avec intérêt, parce qu'il contiendra l'histoire des événements les plus inattendus et les plus tragiques qui aient agité le monde moderne.

Août 1871.

PROCÈS

DES

MEMBRES DE LA COMMUNE

DE PARIS

IIIᵉ CONSEIL DE GUERRE (séant à Versailles)

Présidence de M. MERLIN, colonel au 1ᵉʳ régiment du génie.

Audience du 7 août.

INSURRECTION DE PARIS.

LES MEMBRES DE LA COMMUNE ET DU COMITÉ CENTRAL.

DIX-HUIT ACCUSÉS.

Dix-huit membres de la Commune ou du comité central comparaissent aujourd'hui devant leurs juges.

Dès le matin, une foule considérable assiège les abords du Manége des Petites Écuries, converti en salle d'audience pour la circonstance. Un escadron de la garde républicaine fait le service et ne parvient qu'à grand'peine à contenir la foule impatiente. Nul ne peut d'ailleurs pénétrer dans la salle d'audience, s'il n'est muni d'une carte délivrée à l'avance par M. Barthélemy-Saint-Hilaire, chargé spécialement de tout ce qui regarde la justice militaire, et par M. le Chef du Pouvoir exécutif. Le local a la forme d'un immense rectangle, d'une contenance d'environ 800 mètres carrés, et il serait difficile de reconnaître aujourd'hui l'ancien manège dans l'austère salle d'audience qu'on a sous les yeux.

Au fond, sur une vaste estrade, est le bureau du Conseil, tranchant sur un fond de tentures vertes, au milieu duquel est placée l'image du Christ. Des fauteuils en velours rouge sont réservés, derrière les siéges des membres du Conseil, à des magistrats civils et militaires; à la droite, se tient M. le conseiller Gaveau, commissaire du gouvernement, assisté de M. le capitaine Sénart, substitut; à la gauche, M. le greffier Barcq et ses commis-greffiers. Les bancs des accusés sont du même côté, à la gauche du Président. Devant, sont assis les avocats.

En face, environ soixante-dix places ont été réservées pour la presse. On y remarque, outre les rédacteurs de tous les journaux de Paris et d'un grand nombre de journaux de province, plusieurs représentants des feuilles étrangères : le *Daily-News*, de Londres, le *Times*, le *Standard*; des journaux de New-York ont envoyé des correspondants; M. Alexandre Dumas est assis au milieu d'eux.

A côté des accusés sont un grand nombre d'individus compromis également dans le mouvement insurrectionnel, mais qui ne sont venus à l'audience qu'à titre de témoins. La seule figure saillante parmi eux est celle de Cavalier, dit *Pipe-en-Bois*, qui comparaîtra dans quelques jours devant le Conseil.

Quatre cents places ont été réservées, au milieu de la salle, aux députés de l'Assemblée nationale.

Plus loin, des bancs ont été placés pour les témoins, au nombre de plus de trois cents. Nous savons qu'à la requête des accusés, presque tous les membres du gouvernement de la Défense nationale ont été cités, ainsi que la plupart des généraux commandant les corps d'armée. Nous ne remarquons encore que M. Picard, qui a même quelque peine à pénétrer dans la salle, car il n'est pas porteur de son assignation, et le soldat, qui ne connaît que sa consigne, refuse obstinément de le laisser entrer. Ce n'est que sur l'intervention d'un huissier du Conseil que l'ex-ministre de l'intérieur parvient à gagner sa place.

Enfin, et à l'extrémité, séparé par une barrière du reste de la salle, un emplacement est réservé à environ cinq cents personnes qui sont forcées de rester debout.

Un passage couvert, conduisant de la prison Saint-Pierre à la salle d'audience, a été construit pour la circonstance. Il évite ainsi aux accusés le parcours par l'avenue de Paris qui, d'abord, avait paru ne pouvoir être évité, et qui ne laissait pas que de présenter quelques dangers pour ceux qu'on regarde comme les chefs du mouvement communal.

Courbet, qui était indisposé ces jours derniers, est amené le premier vers onze heures et demie; bientôt après sont introduits les autres accusés.

A midi et demi, le Conseil fait son entrée, et M. le Président déclare que la séance est ouverte.

On amène les accusés.

On remarque d'abord Ferré, vêtu avec une certaine recherche; puis Assi, qui porte l'uniforme d'officier supérieur de la garde nationale. Les autres accusés, qui portent tous l'habit civil, ont une attitude calme qui fait contraste avec la tenue un peu provocante de Ferré et celle un peu prétentieuse d'Assi.

M. le commandant Gaveau requiert d'abord la disjonction de l'affaire se rapportant au nommé Lisbonne, malade et dans l'impossibilité de se rendre à l'audience.

Le Conseil prononce, en conséquence, la disjonction.

Le greffier donne ensuite lecture de la composition du Conseil, qui est ainsi formé :

MM. Merlin, colonel du 1er régiment du génie, président;

Gaulet, chef de bataillon d'état-major;

Guibert, capitaine au 11e régiment d'artillerie;

Mariguet, capitaine au 68e;

Cassaigne, lieutenant au 54e;

Léger, sous-lieutenant au 85e;

Labbat, adjudant sous-officier de la garde républicaine, juges.

Puis il est donné connaissance de l'ordre de mise en jugement et des articles de loi dont il est requis l'application relativement à chacun des accusés, qui sont au nombre de dix-sept.

M. le Président demande à chacun d'eux ses nom, prénoms, domicile et profession.

Ils déclarent se nommer :

1° Ferré (Théophile-Charles-Gilles), comptable, **vingt-cinq ans,** demeurant à Levallois-Perret;

2° Assi (Adolphe-Alphonse), mécanicien, né à Roubaix (Nord), trente ans, boulevard du Temple, 38.

3° Urbain (Raoul), né à Loudivoirau, trente-quatre ans, chef d'institution;

4° Billioray (Alfred-Édouard), âgé de trente ans, **artiste peintre,** né à Naples;

5° Jourde (François), étudiant en médecine;

6° Trinquet (Alexis-Louis), ouvrier cordonnier;

7° Champy (Louis-Henri), orfèvre-ciseleur;

8° Régère (Dominique-Théophile), vétérinaire, cinquante-six ans;

9° Lullier (Charles), ancien officier de marine;

10° Bartoul (Paul-Emile-Barthélemy-Philémon), **docteur en médecine;**

11° Grousset (Paschal), homme de lettres;

12° Verdure (Augustin-Joseph), comptable;

13° Ferrat, homme de lettres;

14° Descamps (Baptiste), mouleur en fonte;

15° Clément (Victor-Joseph), teinturier;

16° Courbet (Gustave), artiste peintre;

17° Parent (Ulysse), artiste dessinateur;

Voici les noms des défenseurs :

Ferré, — Me Marchand, désigné d'office;

Assi, — Me Bigot;

Urbain, — Me André Rousselle;

Billioray, — Me Berger;

Jourde, — Me Deschard, assisté de Me Caraby;

Trinquet, — Me Denis (de Versailles);

Champy, — Me Lachaud fils;

Régère, — Me Dupont de Bussac;

Lullier, — Me Coulon;

Rastoul, — Me Renauld;

Grousset, — Mᵉ de Sal ;

Verdure, — Mᵉˢ Hubert Vallereau et Manchon ;

Ferrat, — Mᵉ Laviolette ;

Descamps, — Mᵉ Thiroux ;

Clément, — Mᵉˢ Gatineau et Delzans ;

Courbet, — Mᵉ Lachaud ;

Parent, — Mᵉ Albert Joly.

A ce moment, Mᵉ Gatineau, avocat, pose et développe les conclusions suivantes :

« Attendu qu'une accusation connexe est portée contre les nommés Ferré et consorts ;

» Que dès lors tous les accusés ont le droit de communiquer librement entre eux dans l'intérêt de leur défense, s'il y a lieu ;

» Par ces motifs,

» Ordonner que les accusés pourront librement communiquer entre eux et avec leurs défenseurs réunis ou séparés ;

» Et ce sera justice. »

L'avocat insiste sur ce fait qu'une pièce importante de la procédure, un rapport d'ensemble, a été publiée avant l'audience par plusieurs journaux, sans qu'elle eût été même communiquée à la défense, et cela au mépris de la loi qui défend la publication des pièces avant qu'elles n'aient été lues à l'audience.

M. le Commissaire du gouvernement répond que, chaque accusé ayant pu communiquer avec son défenseur, les prescriptions légales se trouvent ainsi sauvegardées.

Après quelques paroles de Mᵉ Bigot, qui déclare se joindre à son confrère et qui insiste à son tour sur la publication antérieure qui a été faite des pièces, le Conseil se retire pour délibérer. Il rentre en séance au bout de quelques instants et rend le jugement suivant :

« Vu les conclusions des défenseurs,

» Considérant que les droits de la défense sont suffisamment garantis par la libre communication de chacun des accusés avec son défenseur ;

» Le Conseil déclare à la majorité qu'il n'y pas lieu d'accorder l'autorisation demandée,

» Et ordonne qu'il soit passé outre aux débats. »

M. le Commissaire du gouvernement prend ensuite la parole :

« Messieurs du Conseil, avant de vous donner connaissance du rapport d'ensemble qui résume les faits constituant l'accusation, je dois vous dire que la rédaction de cette pièce n'est pas mon œuvre : elle a été faite d'après les bases posées par mon prédécesseur. Je n'ai eu depuis ma nomination, qu'un temps bien mesuré pour compulser les nombreux dossiers. Néanmoins j'en accepte la complète responsabilité, car dans l'étude de ces affaires j'ai puisé les sentiments qui y sont exposés. »

Ce rapport est ainsi conçu :

« Monsieur le Président,
» Messieurs les Juges,
» Les accusés appelés à comparaître aujourd'hui devant vous ont pris une part prépondérante au mouvement insurrectionnel qui éclata dans Paris le 18 mars dernier et qui, se prolongeant jusqu'au 28 mai, menaça de livrer la France entière aux horreurs de la guerre civile. Avant de déterminer la responsabilité qui incombe à chacun d'eux, dans le crime dont la capitale a été le théâtre pendant ces jours néfastes, il importe de remonter à l'origine du mouvement, d'en rechercher les causes et d'en étudier les transformations successives.

» Lorsqu'au mois de septembre 1870, l'armée prussienne investit Paris, elle y enferma, avec une population dévouée à la défense de l'ordre et du pays, des forces disciplinées de longue main pour le désordre. Ces forces se recrutaient à la fois dans les rangs du parti révolutionnaire et parmi les membres de l'Association internationale des travailleurs.

» Obéissant surtout à des préoccupations politiques, résolu à usurper les pouvoirs par tous les moyens et à les conserver à l'aide de toutes les violences, le parti révolutionnaire affectait hautement, depuis assez longtemps déjà, ses aspirations démagogiques. Son origine, de même que son but, se rattachent aux plus mauvais souvenirs de notre histoire. Il s'en glorifiait ouvertement. On l'avait vu d'abord, dans une série de publications qui affectaient à dessein une forme scientifique, réhabiliter les hommes de 1793, exalter leurs actes les plus odieux et se proposer à lui-même leurs procédés de gouvernement comme le programme politique de l'avenir. Plus tard, dans la presse, dans les réunions publiques, dans les assemblées électorales, dans les agitations de la rue, partout enfin on l'avait retrouvé fidèle à son œuvre, excitant au sein des masses populaires les plus détestables passions, prêchant les doctrines les plus subversives, attaquant audacieusement les bases de l'ordre moral aussi bien que les fondements éternels de l'ordre social. Les événements du 4 septembre n'avaient pu donner satisfaction à ce parti. Écarté du pouvoir, il demeurait, le lendemain comme la veille, l'ennemi déclaré du gouvernement.

» L'Association internationale des travailleurs, instituée à Londres vers la fin de 1864, avait eu à Paris, dès le commencement de 1866, un centre des plus actifs. Pour qui voulait s'en tenir aux apparences, elle n'avait d'autre but que l'amélioration du sort des classes ouvrières, et le résultat économique qu'elle poursuivait était digne de toutes les sympathies. Elle constituait en réalité, par son organisation puissante et par ses aspirations mal déguisées, un danger des plus graves pour l'ordre social tout entier. Très-rapidement répandue en Europe, ayant particulièrement en France des centres d'action chaque jour plus nombreux, elle eut bientôt ses organes de publicité, ses congrès, ses manifestes. Elle se rallia en même temps par voie d'affiliation les associations ouvrières de secours ou de prévoyance, intervenant activement dans les grèves, les provoquant le plus souvent. En dernier lieu, elle mit ouvertement le pied sur le domaine politique, et les poursuites dirigées en 1868 et 1870 contre les principaux meneurs de Paris ne laissèrent plus de doutes possibles sur ses véritables tendances.

« Nous voulons, disait l'un de ses journaux les plus accrédités, les libertés » de tous et l'égalité de tous, c'est-à-dire la révolution sociale. Et par révolu- » tion sociale, nous n'entendons pas une misérable surprise tentée à la faveur » des ténèbres; la révolution signifie la destruction complète des institutions » bourgeoises et leur remplacement par d'autres. C'est une nuit du 4 août 1789 » que nous voulons.

» Les radicaux, les partis politiques même les plus avancés, veulent simple- » ment replâtrer l'édifice social en lui conservant ses bases actuelles. Nous vou- » lons, nous, à l'exemple de la Constituante de 1789 abolissant le régime féodal, » faire table rase et tout reconstituer à neuf. Voilà dans quel sens nous sommes » révolutionnaires. » *(Progrès du Locle,* 29 janvier 1870.)

» Faire table rase et tout reconstruire à neuf, c'est, pour les adeptes de l'Association internationale, constituer un état social qui ne reconnaisse ni gouvernement, ni armée, ni religion, qui décrète la législation du peuple par le peuple, l'entrée du sol à la propriété collective, l'abolition du droit d'hérédité individuelle pour les capitaux et les instruments de travail, l'abolition du mariage en tant qu'institution politique, religieuse, juridique et civile, qui supprime enfin toutes les armées permanentes et abaisse toutes les frontières, effaçant jusqu'à l'idée de patrie, renoue les travailleurs du monde entier dans les liens d'une intime solidarité.

« Pour à présent, disait le 27 mars l'*International,* organe officiel des sec- » tions belges, le rôle de l'Association consiste seulement à organiser les ou- » vriers par corporations, par localités, puis à les fédérer de région à région, » de nation à nation, et à réunir en un seul faisceau tous ces groupes corpo- » ratifs et locaux.

» Au point de vue le plus restreint et le plus immédiat, elle arrive ainsi à » les soutenir les uns par les autres en cas de grève : Sociétés de résistance » anglaises, en France, Sociétés de prévoyance, Chambres syndicales, Sociétés » de crédit mutuel.

DELESCLUZE

» Au point de vue général, ses moyens d'action sont les mêmes. Elle a déjà
» rassemblé sous son égide, en Europe et en Amérique, plusieurs millions
» d'ouvriers, et il est facile de comprendre que quand nous nous tendrons tous
» la main d'un bout du monde à l'autre, nous n'aurons qu'à nous lever pour
» conquérir nos droits, et l'édifice bariolé de la tyrannie s'écroulera.

» Nous ne sommes pas des socialistes à systèmes, nous sommes purement
» et simplement des révolutionnaires.

» Les droits du travailleur, voilà notre principe; l'organisation des tra-
» vailleurs, voilà notre moyen d'action; la révolution, voilà notre but. »

» Malgré leurs dissidences radicales, le parti révolutionnaire et l'Association
internationale des travailleurs firent promptement alliance. On les trouve déjà
réunis au premier congrès de l'Association qui se tint à Genève en 1866.
Dès la même époque et dans les années suivantes, le *Courrier français*, le
Réveil, la *Marseillaise*, ouvrent leurs colonnes aux publications de la Société,
qui n'a pas d'organe officiel à Paris. On les rencontre plus tard semant de concert l'agitation dans les réunions publiques et fomentant, d'un commun accord,
les troubles de la rue. Ce n'est pas tout. Le 26 octobre 1868, dans un meeting
organisé à Londres par ses soins, la branche française de l'Association internationale déclare hautement qu'elle est une « Société républicaine démocratique,
» sociale et universelle, partageant les principes, le but et les moyens procla-
» més par la Commune révolutionnaire de Paris dans ses manifestes. »

(La *Voix de l'Avenir*, 8 novembre 1868.)

» Les événements du 4 septembre ne donnèrent pas plus satisfaction aux
aspirations de la Société qu'à celles du parti révolutionnaire. Les deux alliés
demeurèrent unis dans l'attente d'une occasion propice, poursuivant leurs menées au grand jour et concertant ouvertement leur action. La présence de l'ennemi sous les murs de Paris, loin de décourager leurs efforts, devint un nouvel
aliment à leurs tentatives anarchiques. Non contents de demander chaque jour
dans les journaux et les clubs la Commune et la sortie en masse, non contents
de crier à la trahison au moindre échec de nos troupes, deux fois, le 31 octobre et le 22 janvier, il ne craignaient pas de lancer sur l'Hôtel-de-Ville leurs
menaces armées. Par bonheur, la concentration d'une force militaire considérable, l'attitude de la garde nationale, la réprobation générale contre des actes
qui compromettaient si gravement la défense, empêchèrent qu'ils n'obtinssent
le succès. Ils n'en profitèrent pas moins des circonstances pour compléter leur
organisation. L'armement général de la garde nationale, ses distributions par
quartier, ses réunions pour les différents services, les liens naturels qu'établis-
saient entre les citoyens d'un même bataillon des souffrances communes, le
mécontentement que suscitaient à certains moments les lenteurs nécessaires
de la défense, les calomnies que ces lenteurs mêmes faisaient éclore, tout leur

fût bon pour étendre leur action et s'assurer des tolérances et des complices. On put bientôt désigner à l'avance, sans crainte d'erreur, les bataillons, qui, le jour venu, marcheraient avec eux. On les reconnaissait à leurs chefs, révolutionnaires ardents ou internationaux avérés ; on les reconnaissait par leurs soldats qui tous marchaient pour l'Association internationale avant de marcher pour la patrie. Dans certains autres bataillons, l'influence anarchiste se faisait encore sentir par des idées de fédération, aussi injustes qu'illusoires. Le peuple, disait-on, devait veiller lui-même à ses intérêts. Dépositaire de ses droits, il devait les défendre à tout prix : nul n'en pouvait disposer contre son gré.

» Telle était la situation profondément troublée des esprits, quand, le 18 janvier, la nouvelle de l'armistice se répandit dans Paris. Elle y causa une profonde stupeur. Aux déceptions des uns, se joignirent les irritations des autres, les défiances d'un grand nombre, et surtout, pour les masses ouvrières, la crainte de voir cesser prochainement une existence oisive avec la subvention qui l'alimentait. En même temps, les obstacles que la faction anarchiste avait trouvés sur ses pas pendant la durée du siége tombaient un à un. Les stipulations de l'armistice avaient paralysé presque complétement les forces régulières qui restaient dans la ville, tandis que la garde nationale n'avait subi aucun désarmement. L'autorité militaire n'avait à ses ordres que des troupes insuffisantes ; l'autorité civile n'existait que de nom. Un grand nombre de citoyens s'étaient empressés de quitter Paris, moins soucieux de leurs devoirs publics que de leurs convenances personnelles. Un gouvernement sorti des entrailles du pays, le plus légitime qu'on pût souhaiter, s'établissait à Bordeaux, et ouvrait les négociations qui devaient aboutir aux préliminaires de paix. C'était la première fois, depuis des siècles, que la capitale voyait le pouvoir se constituer en dehors de ses murs. Enfin, la question des intérêts commerciaux, toujours si grave à Paris, se dressait grosse d'orages sous la menace des échéances, et se compliquait, pour le petit commerce surtout, de la question des loyers.

» Nul doute que, dès la première heure, la faction anarchiste ne se soit emparée de cette situation pour l'exploiter à son profit. Le 15 février, après plusieurs réunions préliminaires, une assemblée de délégués de la garde nationale s'ouvre au Tivoli-Wauxhall et nomme une commission chargée d'élaborer les statuts provisoires d'un Comité central. La commission remplit son mandat. Un seul paragraphe du projet qu'elle arrête suffit à dénoncer la main qui la conduit.

« Les droits de tout citoyen, dit ce paragraphe, sont d'être électeur et d'avoir » l'arme nécessaire à l'accomplissement de ses devoirs. La garde nationale » doit désormais remplacer les armées permanentes, qui ne furent jamais que » des instruments de despotisme, et qui amènent avec elles la ruine du pays. »

» Les statuts sont votés, le 24 février, dans une nouvelle assemblée de délégués, et le Comité central est constitué. Avant de se séparer, l'assemblée adopte les résolutions suivantes, qui n'ont pas besoin de commentaires :

« 1° La garde nationale proteste par l'organe de son Comité central contre
» toute tentative de désarmement, et déclare qu'elle y résistera au besoin par
» les armes ;

» 2° Les délégués soumettront à leurs cercles respectifs de compagnie la ré-
» solution suivante : Au premier signal de l'entrée des Prussiens à Paris, tous
» les gardes nationaux s'engagent à se rendre immédiatement en armes, à leur
» lieu ordinaire de réunion, pour se porter ensuite contre l'ennemi envahisseur ;

» 3° Dans la situation actuelle, la garde nationale ne reconnaît pas d'autres
» chefs que ceux qu'elle se donne. »

» Ces décisions ne trouvaient, dans les circonstances qui venaient de se produire, aucune raison plausible. Leur but caché ne tarda pas à apparaître dans
sa redoutable réalité. Le 27 février, sous prétexte d'enlever aux Prussiens un
nombre considérable de canons laissés dans la zone que l'ennemi devait occuper pendant son séjour à Paris, les meneurs s'en emparent et les conduisent
sur les hauteurs de Montmartre, où ils les établissent en batterie. Puis, le 28,
le Comité central invite la garde nationale à ne pas s'opposer à l'entrée des
Prussiens. A la même époque, il se tient en permanence pendant les deux nuits
qui précèdent l'entrée des soldats étrangers.

» Enfin, le 4 mars, dans une proclamation répandue à profusion, il annonce
qu'il a pour mission de constituer la fédération républicaine de la garde nationale.

» Trois jours après, on pouvait lire dans le *Cri du Peuple* :

« Nous apprenons avec une véritable joie patriotique que tous les comités
» républicains fusionnent ensemble et doivent associer leurs efforts à ceux de
» la fédération socialiste, qui siége rue de la Corderie. »

» La fédération qui siégeait rue de la Corderie n'était autre que l'Internationale.

» Le faisceau est désormais formé : l'émeute a de l'artilerie et des armes ; elle
se retranche sur les hauteurs de Montmartre, et de là menace la ville. Elle
garde ses canons, protestant qu'ils sont sa propriété, et que l'État n'en saurait
disposer. Le Comité central se réunit au auxhall et Wadopte d'une manière
définitive les statuts, qui n'étaient encore que provisoires.

» Le 11, une assemblée de chefs de bataillon, tenue à la salle de la Redoute,
vote la résolution suivante :

« Le principe républicain étant au-dessus de toute discussion, le gouverne-
» ment républicain étant le gouvernement du peuple par le peuple, chaque

» citoyen a non-seulement le droit mais le devoir de défendre les institutions
» républicaines.

» En conséquence, les chefs de bataillon soussignés déclarent qu'ils sont fer-
» mement décidés à défendre la République par tous les moyens possibles en-
» vers et contre ceux qui oseraient l'attaquer, et s'opposeraient par les mêmes
» moyens à toute tentative de désarmement total ou partiel de la garde natio-
» nale. »

» A mesure que le temps marche et que le but se rapproche, les menées insurrectionnelles deviennent plus audacieuses, et les idées qui leur servent de
prétexte s'accusent plus ouvertement. Le 15 mars, la fédération républicaine
de la garde nationale tient sa quatrième assemblée générale. Le Comité central
y rend compte de ses actes, et les accusés Jourde, Ferrat, Arnold, Lisbonne,
Assi et Billioray sont amenés dans son sein par des illusions qu'ils prétendent
sincères. Il concentre tous les pouvoirs entre ses mains; son autorité va jusqu'à balancer les ordres donnés par l'état-major de la place. C'est à lui, et à lui
seul, qu'obéit en réalité la majeure partie de la garde nationale. Une crise est
imminente; tout le fait présager. On voit accourir des aventuriers de toutes les
nationalités, aux costumes bizarres, aux allures suspectes, recrues stipendiées
de tous les bouleversements. Des émissaires sont envoyés aux principales villes
de la province pour y fomenter des troubles, au moment même où Paris enga-
gera la lutte.

» On arrive ainsi au 18 mars. Cependant, le gouvernement légal du pays
n'est pas resté inactif devant les dangers dont l'ordre social est menacé. L'Assemblée nationale, après avoir ratifié les préliminaires de paix, a transféré son
siége à Versailles. Le Pouvoir exécutif l'y a suivie; il est chaque jour à Paris,
luttant énergiquement contre les difficultés de la situation, s'efforçant de dé-
jouer toutes les manœuvres, de dissiper tous les malentendus et de relever tous
les courages. Vainement fait-il appel aux idées de conciliation et d'apaisement
en face des malheurs de la patrie, le 17 mars, il doit, à peine d'abdiquer, se
résoudre à des mesures décisives.

» Le 18, dès le matin, toutes les positions où la faction anarchiste avait re-
tranché ses canons, étaient enlevées par les troupes avec un entrain et une vigueur remarquables.

» Mais, ce premier succès remporté, il fallait traverser Paris avec 250 attelages conduisant chacun une pièce d'artillerie. De là un encombrement et des
lenteurs qui donnaient aux bataillons de Montmartre et de Belleville le temps
d'accourir en armes.

» Une foule immense, où les femmes et les enfants se mêlaient en grand
nombre, entourait les soldats, jetait la confusion dans leurs rangs, désarmait
les uns, entraînait les autres à une honteuse défection en rentrant en posses-

sion des canons qu'elle replaçait sous la surveillance de la garde nationale.

» Néanmoins, la majeure partie des troupes se repliait en bon ordre sur la rive gauche de la Seine, où le Gouvernement siégeait encore au ministère des Affaires étrangères.

» A travers cette mêlée, le général Lecomte, séparé de ses hommes, était fait prisonnier. Un peu après, le général Clément Thomas, venu, en habits civils, à la recherche de l'un de ses aides-de-camp, était saisi. Tous deux étaient conduits dans une maison de la rue des Rosiers, où le Comité central avait son siége, et fusillés dans un jardin attenant à cette maison. Six heures s'écoulèrent entre le moment de leur arrestation et celui de leur exécution. Quel est le rôle du Comité central dans cet épouvantable forfait? Il a essayé de s'en disculper par une note insérée au *Journal officiel* de la Commune du 20 mars. Le texte seul de cette note l'accuse aussi hautement que le ferait un aveu :

« Tous les journaux réactionnaires publient des récits plus ou moins drama-
» tiques sur ce qu'ils appellent « l'assassinat » des généraux Lecomte et Clé-
» ment Thomas. Sans doute, ces faits sont regrettables. Mais il importe, pour
» être impartial, de constater deux faits : 1° que le général Lecomte avait com-
» mandé à quatre reprises, sur la place Pigale, de charger une foule inoffen-
» sive de femmes et d'enfants ; 2° que le général Thomas avait été arrêté au
» moment où il levait, en habits civils, un plan des barricades de Mont-
» martre.

» Ces deux hommes ont dû subir la loi de la guerre, qui n'admet ni l'assas-
» sinat des femmes, ni l'espionnage.

» On nous raconte que l'exécution du général Lecomte a été opérée par des
» soldats de la ligne, et celle du général Clément Thomas par des gardes na-
» tionaux.

» Il est faux que ces exécutions aient eu lieu sous les yeux et par les ordres
» du Comité central. Le Comité central siégeait avant-hier rue Onfroy, près de
» la Bastille, et il a appris en même temps l'arrestation et la mort des deux
» victimes de la justice populaire. Ajoutons qu'il a ordonné une enquête immé-
» diate. »

» Un pareil crime, suivi d'une pareille apologie, n'inaugurait-il pas bien dignement le règne de cette puissance qui devait finir dans le sang des otages et au milieu des flammes de Paris incendié? Dès le 18 au soir et dans la nuit, l'émeute occupait la place Vendôme et le Château-d'Eau, les ministères et l'Hôtel-de-Ville. Soucieux avant tout d'éviter un désordre sans retour, le Gouvernement se repliait sur Versailles, protégé par les troupes et appelant à lui les fonctionnaires et les employés de tous ordres. Pendant six heures, il avait attendu que la garde nationale, répondant à ses appels réitérés, vînt se grouper autour de lui. Les citoyens demeurèrent pour la plupart spectateurs stupéfaits et inactifs des événements qui menaçaient pourtant d'une manière fort grave les intérêts les plus chers. Soit aveuglement, soit insouciance, soit, chez certains, un sentiment moins avouable encore, ils devaient bientôt se repentir, trop tard, hélas! de leur regrettable abstention.

» Dès le 20 mars, en effet, et sur les premiers actes du Comité central, qui déjà ouvrait les prisons et prenait des otages, un centre de résistance s'organisa. La presse lui donna courageusement son appui. Les maires et les députés de Paris s'entretinrent dans des vues conciliatrices. Un nouveau crime rompit, le 22, toutes les négociations. Une manifestation sans armes, qui se présentait place Vendôme, à l'état-major de la garde nationale, pour revendiquer les droits de l'Assemblée, élue par le pays, fut accueillie par une décharge meurtrière. Nombre de victimes tombèrent sous les balles de l'émeute, et le Comité central, pour expliquer ce nouveau forfait, comme il avait expliqué le premier, ne craignit pas de l'attribuer à une provocation partie des rangs de la manifestation.

» Devant de tels actes, toute résistance parut inutile. L'amiral Saisset, placé par le Gouvernement à la tête de la garde nationale, dans le but de donner aux hommes d'ordre un point de ralliement et un chef éprouvé, résigna son commandement, et les événements suivirent leur cours.

» Le Comité central, suivant sa pompeuse déclaration, n'était que le dépositaire des droits du peuple; il ne s'en était saisi que pour les sauvegarder. Le peuple fut appelé à nommer directement ses mandataires. Les élections du conseil communal eurent lieu le 26 mars, et, le 28, la Commune révolutionnaire de Paris était installée solennellement à l'Hôtel-de-Ville. En apparence, le Comité central, composé de membres de l'Association internationale, abdiqua devant l'élection. En réalité, il demeura le véritable directeur du mouvement.

» Il serait oiseux de reprendre en détail les actes du pouvoir insurrectionnel qui, pendant deux mois, pesa sur Paris par la terreur. A qui veut les embrasser dans une vue générale, ils n'offrent qu'incohérence et contradiction. Aucun système ne préside à leur conception. L'intérêt ou la passion du moment semble seul les déterminer. Un caractère commun les domine cependant : le mépris audacieux de tous les droits que la Commune s'était donné la mission de protéger et en même temps l'imitation servile des procédés gouvernementaux de 1793.

» Le plagiat du Comité de salut public après le plagiat de la Commune, la loi des suspects, la constitution d'un tribunal révolutionnaire, la mise en accusation des chefs militaires que la fortune a trahis, tout, en un mot, en attendant les massacres de septembre dans l'assassinat des otages.

» Cependant, le gouvernement légal de la France s'était constitué à Versailles, et il concentrait, au prix de mille efforts, les forces nécessaires au rétablissement de l'ordre dans Paris.

» Sur divers points du territoire, des mouvements insurrectionnels s'étaient produits, à Lyon, à Marseille, à Limoges, à Saint-Étienne, ailleurs encore, et furent énergiquement comprimés. Paris était désormais isolé dans sa rébellion.

» Le 2 avril, les opérations militaires s'engageaient ; elles se continuaient sans interruption jusqu'au 28 mai. Elles ne furent pour la Commune qu'une suite de revers et qu'un prétexte à de nouveaux crimes. Dès le premier jour, au moment où la lutte allait s'engager, le médecin en chef de l'armée, revêtu de ses insignes, s'avança entre les combattants pour faire un appel suprême à une conciliation ; il est lâchement assassiné par les troupes de l'insurrection. Puis, comme si elle voulait se venger de ses défaites sur les membres du Gouvernement, la Commune les met en accusation et séquestre leurs biens ; elle ordonne que la maison de M. Thiers sera démolie ; enfin, envieuse de toutes les gloires, sans respect pour les grands souvenirs du pays, sous les yeux mêmes de l'étranger, elle décrète que la colonne Vendôme sera détruite !

» Ce n'est pas assez. Elle a recours au système impie des otages ; elle prend ses victimes dans les rangs les plus élevés de la magistrature et du clergé. L'archevêque de Paris, le curé de la Madeleine, d'autres ecclésiastiques, encore des religieux, vont rejoindre à la Conciergerie le président Bonjean, arrêté vers les derniers jours de mars.

» Faut-il mentionner, à côté de ces faits qui dominent tous les autres, la violation journalière du domicile privé, les vols de toute sorte qui s'abritent sous le voile de perquisitions arbitraires, les arrestations illégales, le pillage organisé, la poursuite barbare des réfractaires ?

» Dès le commencement d'avril, les biens du clergé avaient été frappés de confiscation. Ce fut dès lors, à travers les couvents et les églises de la capitale, une suite non interrompue d'inquisitions odieuses et de spoliations sacriléges.

» On envahit, le 4 avril, l'établissement scolaire des Jésuites de la rue Lhomond, la maison des missionnaires du Saint-Esprit, celle des pères Dominicains de la rue Jean-de-Beauvais. Les religieux sont violentés, les meubles brisés et les caves entièrement dépouillées.

Deux jours après, l'église Saint-Sulpice est occupée militairement ; le séminaire est envahi et le supérieur arrêté.

» On visite successivement l'établissement des Capucins et celui des Petites Sœurs des pauvres.

» Le 10 avril, le clergé de Montmartre est arrêté, les portes de l'église sont fermées et l'on appose l'affiche suivante :

« Attendu que les prêtres sont des bandits, et que les églises sont des repai-
» res où ils ont assassiné moralement les masses en courbant la France sous la

2

» griffe des infâmes Bonaparte, Favre et Trochu, le délégué civil des Carrières
» près l'ex-préfecture de police ordonne que l'église de Saint-Pierre-Montmar-
» tre soit fermée et décrète l'arrestation des prêtres et ignorantins.

» LE MOUSSU. »

» Le 16 avril, l'église Saint-Jacques-du-Haut-Pas, le couvent des Oiseaux,
l'église Saint-Vincent-de-Paul sont saccagés, et bientôt les clubs s'installent
dans le lieu saint. On découvre au couvent de Picpus des instruments d'ortho-
pédie qu'une feuille mal famée ne craint pas de présenter comme engins de
torture. On y trouve aussi des ossements qui passent aux yeux d'une foule
égarée pour appartenir aux victimes d'un fanatisme aveugle. On exploite de
même, avec une mauvaise foi aussi redoutable que grossière, la découverte de
squelettes déjà anciens dans l'église Saint-Laurent.

» L'église Notre-Dame-des-Victoires est profanée à son tour, et l'on fait grand
scandale d'une tête de jeune fille, en état de parfaite conservation, connue de
tous les fidèles pour une tête en cire représentant sainte Valérie.

» Nous arrivons au mois de mai. L'armée de Versailles resserre chaque jour
son cercle d'investissement, et chaque jour aussi marque une nouvelle défaite
pour les insurgés. Les instants de la Commune sont désormais comptés. On le
présagerait à voir seulement les orages qui s'élèvent dans son sein et les mesures suprêmes qu'elle se hâte de prendre.

» L'hôtel de M. Thiers est entièrement démoli, le 15 mai, après avoir été depuis longtemps dépouillé. La colonne Vendôme tombe le 16. Le 17, une explosion formidable se produit à la cartoucherie de l'avenue Rapp. Il faut allu-
mer la haine violente de l'ennemi au cœur des fédérés que leurs revers journaliers découragent visiblement. La Commune ne craint pas d'imputer au gouvernement de Versailles un crime qui, tout porte à le croire, a été l'œuvre de
ses agents; elle arrête de prétendus coupables qui ne devront, quelques jours
après, leur salut et leur liberté qu'à l'entrée des troupes régulières.

» Le 21 mai, grâce aux coups d'une formidable artillerie, la porte de Saint-
Cloud est forcée, et l'armée arrive comme d'un bond sur les hauteurs du Trocadéro.

» Son attaque inattendue est le signal des dernières horreurs qui devaient
couronner le règne honteux de la Commune.

» Le 23, à dix heures du soir, Rigault se rend à Sainte-Pélagie, où plusieurs
otages sont détenus, entre autres M. Chaudey, avocat à la Cour d'appel à Paris. Deux individus l'accompagnent, armés comme lui jusqu'aux dents.

» Il mande Chaudey au greffe et lui notifie brutalement son arrêt de mort,
qui va être exécuté sur l'heure.

» Le prisonnier récrimine faiblement. Rigault lui reproche avec violence
d'avoir fait tirer sur le peuple dans la journée du 22 janvier. Des gardes na-

tionaux arrivent d'un poste voisin pour former le peloton d'exécution, tandis que Rigault, en présence de sa victime, dicte à son secrétaire un procès-verbal qu'un témoin oculaire a pu relater presque mot pour mot. « Savez-vous bien » ce que vous allez faire? » dit alors Chaudey; et comme il ne reçoit pour réponse que des railleries, il sort en ajoutant : « Eh bien, Raoul Rigault! Vous » allez voir comment meurt un républicain! »

» Arrivé sur le chemin de ronde, le procureur de la Commune tire son épée et commande le feu. Chaudey n'est atteint qu'au bras. Il tombe en criant :

« Vive la République! »

» Deux hommes s'approchent et l'achèvent. On fusille ensuite trois gardes républicains, toujours sur l'ordre de Rigault, qui se retire en disant :

« Il y a longtemps qu'on aurait dû faire cela! »

» La nuit suivante, le couvent des Dominicains d'Arcueil est envahi par les fédérés ivres de fureur, et les religieux, poussés au dehors, sont assassinés sur la voie publique. Enfin, la prison de la Roquette est le théâtre, dans les journées du 24 et du 25, d'un massacre où tombent à la fois, des victimes illustres et d'humbles soldats du devoir, confondus dans un martyre à jamais déplorable.

» Il faut laisser parler ici un témoin oculaire de ces scènes sanglantes.

» L'abbé de Marsy, vicaire de la paroisse de Saint-Vincent-de-Paul, avait été incarcéré à Mazas, et de là conduit à la Roquette où Mgr Darboy, M. Bonjean, l'abbé Deguerry, d'autres encore l'avaient précédé. Placé dans une cellule voisine de celle qu'occupait M. Bonjean, il s'entretenait avec lui, lorsqu'une voix brutale et impérieuse se fit entendre :

« M. Bonjean, sortez, descendez comme vous êtes. » Il comprit, continue le témoin, « et son regard, sans pour cela perdre sa calme sérénité, me fit » comprendre le sens sinistre de cet appel. J'entendis aussi le nom des autres » victimes, et je remarquai même que monseigneur fut appelé « M. Darboy. » » La main de M. Bonjean s'étendit vers moi, et pendant que nous échangions » la longue étreinte du suprême adieu, il me donna d'une voix ferme ses der- » nières recommandations à transmettre à sa famille, puis il rejoignit les bour- » reaux impatients, et je l'entendis s'éloigner avec les autres.

» Je restai debout près de la fenêtre, et, au bout de quelques instants, j'aper- » çus le groupe des martyrs, descendant le chemin de ronde intérieur et mar- » chant vers moi. Il suivait le milieu du chemin, et les satellites étaient répan- » dus sans ordre des deux côtés; monseigneur marchait le premier... La grille » qui ferme le bout du chemin de ronde et qui se trouve presque sous la fenêtre » où j'étais avait été ouverte : monseigneur, appuyant la main sur cette grille, » s'arrêta pour parler et prononça quelques mots, que, malgré tous mes efforts, » le tumulte m'empêcha de saisir; une voix farouche couvrait la sienne.

« Allons, allons, s'écria le misérable, ce n'est plus le moment des discours, » les tyrans n'y mettent pas tant de ménagements! » Monseigneur franchit la

» grille le premier, les autres suivirent, fermes, calmes et doux envers la mort
» comme envers leurs meurtriers.

» Le père Ducoudray ouvrit le devant de sa soutane, et me désigna sa poi-
» trine et la place du cœur. Je les vis tous détourner vers le chemin de ronde
» extérieur, et je demeurai abîmé dans les sentiments d'un prêtre qui vient de
» voir, pour la dernière fois, son évêque, et son évêque marchant au martyre.
» Une ou deux minutes après, un feu de peloton à volonté retentit. »

» Ces faits se passaient le 24 mai dans la soirée. Le lendemain, quinze nouvelles victimes sont sacrifiées. Parmi elles se trouve le Père de Bengy, de la
Compagnie de Jésus.

» Un gardien qui fait l'appel des condamnés ne peut lire son nom. Le religieux s'approche, jette un coup d'œil sur la liste et dit simplement : « C'est
moi ! » Et il suit les bourreaux au lieu du supplice.

« Point de plaintes, ajoute le témoin, point de réclamation, point de pleurs,
» point de recommandation, d'embrassement, ni de bénédiction, mais la sim-
» plicité, le calme, le silence qui imprimèrent à cette scène le caractère le plus
» auguste et le plus solennel. »

» Ce n'était point assez de tels massacres. Contraints d'abandonner Paris à
l'armée, dont la marche sûre et rapide l'atteindrait bientôt dans ses derniers
refuges, la Commune avait résolu de ne laisser à ses vainqueurs que des
ruines.

» Inspiration d'une haine infernale et en même temps moyen de résistance
puissant, l'incendie devait éclater sur tous les points à mesure que l'insurrection serait réduite à reculer.

» Nul doute qu'un plan d'ensemble n'ait été conçu dans ce sens. Les dispositions avaient été prises pour l'exécution. L'arrivée empressée des troupes a sauvé
Paris d'un embrasement général. Les trois pièces suivantes apportent sur ce
point des témoignages irrécusables.

» La première est signée Ferré :

» Citoyen Luçay,

» Faites flamber Finances, et venez nous retrouver.

» Th. Ferré.

» 4 prairial, an '79. »

» Le lieutenant-colonel Parent, commandant l'Hôtel-de-ville, donne un ordre
analogue :

« Incendiez le quartier de la Bourse; ne craignez pas.

» *Le lieutenant-colonel,*

» Parent. »

» Une autre pièce, saisie au cours de l'information, est ainsi conçue :

» Citoyens, établissez votre ligne de démarcation entre vous et les Versaillais.
» Brûlez, incendiez tout ce qui est contre vous. Pas de trève ni de décourage-
» ment. Le onzième arrondissement se lancera à votre secours sitôt que vous
» serez menacés. Courage, et, si vous agissez, la République est sauvée avant
» quarante-huit heures.

» Pour le comité de la 11e légion,

» DAVID. »

» Un dernier document écrit au crayon, et trouvé dans les papiers d'un
nommé François, porte textuellement :

» Parti de la préfecture avec Ferré, membre de la Commune, après y avoir
» mis le feu, nous nous replions à la mairie du onzième arrondissement. »

» S'il est nécessaire d'insister encore sur le plan préconçu qui a dirigé la
main des incendiaires, qui ne se souviendrait des réquisitions de pétrole faites
par la Commune chez tous les négociants et des menaces que les journaux ne
craignaient pas de formuler à cette occasion ? Qui ne se souviendrait aussi des
incendiaires embrigadés promenant le pétrole et les torches enflammées des
monuments publics aux habitations privées ?

» Deux cent trente-huit édifices ou maisons particulières ont été atteints par
le feu. Les ruines sont là plus éloquentes que toutes les paroles, et, en les con-
templant, on ne peut que frémir à la pensée de l'immense désastre dont Paris
tout entier a été préservé.

» Tel est, messieurs, dans un exposé rapide, la succession des faits dont
l'examen est aujourd'hui soumis à votre justice. Combien d'enseignements s'en
dégagent! Avec quelle douloureuse puissance ne rappellent-ils pas à chacun des
devoirs trop facilement oubliés ou trop légèrement accomplis !

» Le péril qu'ils ont révélé, loin de disparaître à mesure que leur souvenir
s'affaiblira, ne peut que grandir avec le temps.

» Comment conjurer de nouvelles catastrophes ?

» Que chaque citoyen s'interroge et, de toute son énergie, fasse tête lui-même
au danger.

» Les pouvoirs publics veillent dans la sphère de leur action. La justice ap-
portera son concours à cette œuvre de défense sociale avec la fermeté inébran-
lable que commandent de si graves conjectures. »

A part Courbet et Parent, qui ont écouté attentivement cette lecture, la plupart des accusés ne prêtent qu'une oreille distraite. Ferré, Assi, Urbain surtout
affectent de causer entre eux et sourient à plusieurs passages de ce remarquable
rapport.

Puis il est donné lecture des rapports particuliers relatifs à chacun des accusés.

FERRÉ

Le nommé Ferré (Théophile) a de mauvais antécédents politiques. Avant de jouer le rôle sanguinaire de délégué à la Préfecture de police, qu'il a reçu du gouvernement révolutionnaire du 18 mars, il s'est fait remarquer dans plusieurs circonstances par ses paroles exaltées et ses excitations à la révolte. En 1868, à l'occasion de la manifestation Baudin, il essaya de prononcer un discours en montant sur un monument voisin de la tombe; ses premiers mots furent : « Vive la République!... La Convention aux Tuileries!... La Raison à Notre-Dame!... »

Dans les réunions politiques, il se fit remarquer par sa violence et ses discours insensés qui invoquaient invariablement le souvenir de 1793.

Lors du procès de Blois, il fut arrêté et accusé avec Dupont. Ses réponses au président furent d'une violence extrême et ses insultes le firent évacuer de la salle. Cependant, les preuves manquant, on l'acquitta.

Interrogé par nous sur sa participation à l'insurrection du 18 mars et sur les crimes dont il a été l'auteur ou le complice, il a refusé de répondre à nos questions et de signer quoi que ce soit. C'est, dit-il, son système de défense, et il se réserve pour l'audience, probablement pour se livrer aux mêmes insultes qu'à Blois. Il ne veut d'autre avocat que lui-même. Nous lui avons cependant signifié le chef d'accusation dirigé contre lui, et nous avons établi notre rapport sur les pièces accusatrices, sur les éléments fournis par la notoriété publique, les actes officiels de la Commune, et la déposition des témoins déjà appelés à Paris, pour l'instruction des affaires des incendies de monuments et des assassinats des otages.

Le 18 mars, Ferré, se trouvant à neuf heures et demie du matin au n° 6 de la rue des Rosiers, fit opposition au départ des gardes républicains prisonniers en obtenant du commandant Dardelle la révocation de l'ordre de leur mise en liberté qui avait été donné; il se rendit ensuite au Château-Rouge, où venait d'être conduit le général Lecomte, et il se fit remarquer par sa tenacité à demander la mise à mort du général.

Le 26 mars, élu au dix-neuvième arrondissement membre de la Commune et le lendemain membre de la commission de sûreté générale, il signa avec Dereure, J.-B. Clément, Vermorel et autres, une proclamation composée de calomnies contre l'autorité légitime, ainsi que d'excitation à la révolte et à la guerre civile.

Le 1er mai, il fut nommé procureur de la Commune, ce qui lui permit de commencer les arrestations et condamnations arbitraires.

Le 14 du même mois, sa nomination de délégué à la préfecture de police parut dans le *Moniteur*. Ami de Raoul Rigault, dont il continue les crimes, il fut placé au poste de délégué à la police par ce dernier, à la place de Cournet dont ses délégués étaient moins sûrs.

Au dépôt de la Préfecture, l'accusé a été vu par le témoin Dessesey, surveillant au même dépôt, lorsqu'il prenait à part le nommé Veysset et lui lisait un ordre qu'il tenait à la main. Ferré, montrant un peloton d'hommes des Vengeurs de Flourens, lui aurait dit : « Voilà le peloton d'exécution qui va vous emmener. » Le brigadier Sauvage a dit au témoin qu'après avoir fusillé cet homme, on l'avait jeté à l'eau.

Le témoin Vergnerie a vu Ferré distribuer de l'argent aux hommes qui allaient fusiller Veysset ; il leur a donné à chacun 5 francs.

Le témoin Rigeand, voyant la Préfecture de police en flammes, en fit l'observation à Ferré au moment où il faisait entraîner Veysset : « Ce n'est pas vrai, répondit ce dernier. Qui vous a dit cela? — Ce sont les gardes nationaux, repartit Rigeand. — Les gardes nationaux, dit Ferré, sont des idiots. Au surplus, vous n'avez pas peur pour vous, puisque votre bâtiment est voûté. » La Cour de cassation était déjà en flammes.

La nommée Marguerite Forzi et le nommé Bacon, employé à la préfecture de police, ont entendu dire que Veysset avait été fusillé par ordre de Ferré qui avait tiré le premier coup et l'aurait atteint à la tête. Il l'aurait ensuite fait jeter à la rivière.

Nous avons sous les yeux une pièce du directeur du dépôt de la Préfecture certifiant que Veysset, écroué dans cette prison le 21 mai, aurait été mis à la disposition de Ferré, qui le fit extraire, le 24 mai, pour être passé par les armes.

Enfin le témoin Braquand affirme que l'ordre d'écrou de Veysset était signé par Ferré et que c'était Ferré qui commandait le peloton d'exécution. Valliat et la femme Braquand, fille Tabouret, ont vu, le 24 mai, Ferré en paletot gris à col noir ; il haranguait le peloton d'exécution en ces termes : « Tous les sergents de ville, tous les gendarmes, tous les agents bonapartistes, fusillés ici immédiatement. » Parmi les victimes assassinées au dépôt, se trouve le nommé Valliat, extrait le 24 mai, par ordre de Ferré ; nous avons l'extrait des registres d'écrou.

Révolutionnaire fougueux et implacable, Ferré ne recula devant aucun moyen pour se venger de la défaite de son parti.

Il partage, avec quelques autres membres de la Commune, la mission d'incendier les monuments que les insurgés avaient occupés et ne voulaient pas laisser intacts à la troupe de l'ordre.

Le mercredi matin 24 mai, le témoin Caffort, demeurant rue du Harlay à la

Préfecture de police, vit, vers dix heures du matin, Ferré et cinq autres individus en civil ayant un fusil en bandoulière entrer à la préfecture et gagner l'escalier de service. Ferré lui dit : « Dépêchez-vous de vous en aller, nous montons mettre le feu. Dans un quart d'heure, ce sera en flammes. » Une demi-heure après, le témoin vit sortir les flammes des deux fenêtres du parquet du procureur général où Raoul Rigault s'était installé pendant l'insurrection. Le témoin remarqua que Ferré avait un collet de velours noir.

La femme Campagne vit le même jour quelques individus badigeonner les murs de la Préfecture de police avec du pétrole; elle remarqua parmi eux, au moment où ils sortaient, un homme plus petit que les autres, portant un pantalon à bandes noires.

Le témoin Rigeand, comme nous l'avons cité plus haut, dépose dans le même sens.

On ne doit pas s'étonner que le délégué à la Préfecture de police ne voulût pas laisser intact le siége de son administration sanglante et les archives, accusations qui contenaient les dossiers de ses compagnons de crime. L'accusé a donné l'ordre signé par lui d'incendier le ministère des Finances, en ces termes : « Citoyen Luçay, faites flamber Finances et venez nous retrouver. » L'écriture a été contrefaite à dessein; nous avons fait étudier et comparer la note en question par un expert appelé dans ce but, qui a reconnu l'écriture conforme à celle de nombreuses lettres écrites par Ferré.

Le 24 mai, jour des assassinats et incendies déjà cités, le témoin Vathier, détenu à la Roquette pour vol, dépose que Ferré en bourgeois, avec une écharpe rouge, se présenta à la Roquette avec une centaine de gardes du 195e et du 206e. Il dit à ces hommes : « Citoyens, vous savez combien il en manque des nôtres. On nous en a pris six, nous en avons six à fusiller. » Le témoin vit peu après les six otages : l'archevêque de Paris, Mgr Darboy, M. le président Bonjean, l'abbé Allard, les pères Ducoudray et Clerc, l'abbé Deguerry.

Le 26 mai, le nommé François, directeur de la Roquette sous la Commune, reçut un ordre signé de Raoul Rigault et de Ferré, portant de remettre le nommé Jecker au juge d'instruction.

Le 27, le témoin Pinet, sous-brigadier de la Préfecture de police, vit Ferré à la Roquette, devant la porte du greffe, qui ouvrait en donnant des ordres parmi des gens de mauvaise mine.

A la même date, le délégué à la police fit délivrer les malfaiteurs détenus dans la prison en leur donnant des armes; ces derniers s'associèrent alors un grand nombre de prisonniers, parmi lesquels se trouvaient soixante-six gendarmes. Cependant, les prisonniers qui vivaient encore résolurent de se défendre; les meurtriers reculèrent, mais il tendirent un piége en promettant la liberté et en criant : « Vive la ligne! » Les abbés Surat, Bécaut et Houillon et le sieur Chaulieu furent victimes de cette trahison. Ferré est complice de ces as-

FERRÉ

sassinats, le piége fut organisé par lui, car il donna l'ordre écrit à Romain de faire sortir les otages. La conséquence de cet ordre prouve bien l'intention qui l'a dicté.

En présence de ces faits, notre avis est que le nommé Ferré soit traduit devant le Conseil de guerre 1° pour avoir coopéré à un attentat ayant pour but de changer la forme du gouvernement; 2° pour avoir excité à la guerre civile en armant les citoyens les uns contre les autres; 3° pour avoir détruit et ordonné de détruire par le feu les monuments appartenant à l'État, habités et non habités; 4° pour avoir provoqué et ordonné comme complice l'assassinat des otages; 5° avoir usurpé des fonctions publiques; 6° avoir ordonné des arrestations illégales et des perquisitions, crimes prévus et punis par les art. 59, 60, 87, 88, 91, 92, 95, 96, 97, 257, 258, 295, 296, 297, 302, 341, 344, 434, 437 du Code pénal ordinaire.

———

ASSI

Le nommé Adolphe-Alphonse Assi exerçait la profession de mécanicien et était employé en cette qualité dans les usines du Creusot. L'exploitation de ces mines exige un concours d'ouvriers très-considérable; de là, la nécessité de créer et d'établir des ateliers spéciaux à la tête desquels se trouvent des ouvriers intelligents et capables, ayant le titre de délégués.

Le nommé Assi était un de ces délégués. Les mines du Creusot ont été l'objet de deux grèves sérieuses. Assi avoue s'être trouvé dans la première qui, dit-il, « n'avait aucun but politique, et n'était simplement qu'une affaire de finances, en ce sens qu'il ne s'agissait que d'un règlement de compte entre la caisse de secours des ouvriers de l'usine et l'administration générale du Creusot qui avait la direction de cette caisse. »

A la suite de cette grève, les délégués furent congédiés.

Le 19 janvier 1870, Assi quitta l'usine et s'établit au Creusot même pour son propre compte.

Au mois de juillet de la même année éclata une seconde grève d'ouvriers. Assi, quoique ne faisant pas partie des ateliers, fut arrêté et conduit à Paris pour y subir un jugement. Il dit avoir été acquitté.

Obligé de chercher des moyens d'existence et ne pouvant trouver d'emploi dans les principaux ateliers de Paris, à cause de sa réputation de désorganisateur du travail, il se mit à confectionner à Paris des objets d'équipement militaire.

Arriva le siége de Paris.

Assi se fait nommer officier dans un corps franc, la guérilla de l'Ile-de-France. Il passe ensuite dans le 192ᵉ bataillon de la garde nationale, fait partie d'une compagnie de marche comme lieutenant. Bientôt l'ambition le gagne; il rêve une position; il emploie tous les moyens pour arriver à une célébrité quelconque.

Le Comité central était en train de se former. Assi, membre de l'Internationale, franc-maçon, profite de ses relations dans les Sociétés, et comme lieutenant délégué au 192ᵉ bataillon, il arrive à se faire nommer du Comité central.

C'est à partir du 18 mars qu'il prend surtout une part active aux malheureux événements qui viennent de se produire. En effet, nommé le 17 mars commandant du 67ᵉ bataillon, nous le retrouvons le lendemain, 18, gouverneur de l'Hôtel-de-Ville et colonel de la garde nationale, organisant avec les membres du Comité les moyens d'une résistance sérieuse, donnant des ordres pour que les barricades s'établissent dans toutes les rues qu'il a soin d'indiquer avec méthode, empêchant la sortie de Paris des vivres et des munitions de toute espèce et organisant des services à cette intention.

Devenu membre de la Commune il prend une part active et suivie aux décrets et aux votes qui en émanent, entre autres à ceux relatifs à la démolition de la colonne, de l'hôtel de M. Thiers, à ceux qui ont amené l'incendie et le pillage et à celui des otages.

Assi prétend ne pas se rappeler s'il les a tous votés et signés, mais il avoue, dans tous les cas qu'il a voté la démolition de la colonne Vendôme.

Il reconaît la solidarité qui le lie aux membres de la Commune, ses collègues, et la responsabilité écrasante qui incombe à tous.

Il nie le vote relatif aux otages, mais son nom figure parmi les membres présents à la séance du 17 mai, qui est précisément celle où fut voté le décret pour l'exécution des malheureux otages destinés à être massacrés. Il ne peut donc en conséquence nier le fait.

Le voilà donc usurpant, sans droit aucun, tous les pouvoirs civils et militaires, faisant acte de gouvernement, ordonnant et faisant mettre à exécution ses décrets.

« Les circonstances, dit-il, m'ont forcé, ainsi que mes collègues, à prendre en mâin l'administration de l'État. »

Cependant, une certaine méfiance commençait à se répandre dans la Commune à l'égard de certains membres. Il paraitrait que redoutant l'ambition d'Assi, dont le zèle et l'activité étaient remarqués, les membres décidèrent qu'il devait être arrêté.

Il fut arrêté, en effet, dans les premiers jours d'avril, et remplacé comme gouverneur de l'Hôtel-de-Ville par un certain Pindy, qui conserva ses fonction jusqu'à la prise de Paris par l'armée.

Quelques jours après son arrestation, Assi fut retiré de la prison où il avait été conduit, rentra à l'Hôtel-de-Ville où il fut retenu prisonnier sur parole, et enfin, le 15 avril, il fut rendu à la liberté.

A partir de cette époque, Assi est entré dans de nouvelles fonctions qui consistaient à surveiller d'une manière spéciale la fabrication des munitions de guerre. Il se charge, dès lors, de produire un approvisionnement suffisant de munitions pour les besoins journaliers, et, au moyen d'une situation d'entrée et de sortie, il est toujours à même de fournir à toutes les demandes qui peuvent lui être adressées. En un mot, il a des approvisionnements formidables qu'il entretient constamment par une fabrication active et soutenue.

C'est un service parfaitement établi, dont lui seul a la direction et la surveillance de la fabrication, au point de vue de la qualité surtout. Bientôt il comprend que ses occupations sont trop multipliées et il s'adjoint un aide dont il est sûr.

Cet homme est le nommé Fossé, sur lequel nous aurons à revenir, et en qui, il le dît lui-même, il avait une confiance illimitée.

Assi a donc trouvé un second lui-même, il est tranquille.

Dans l'approvisionnement des munitions de guerre devaient se trouver évidemment les bombes incendiaires chargées de pétrole, qui ont été lancées de Paris pendant l'insurrection.

Il est donc certain que ces engins ne pouvaient sortir que des ateliers de fabrication dont Assi avait la direction et le contrôle.

Tel est le rôle infâme et criminel qu'à rempli Assi jusqu'au moment où il fut arrêté, le dimanche 21 mai, par des militaires du 37e de ligne, en se rendant à la poudrière de la rue Beethoven.

Assi a donc été un des principaux meneurs de l'insurrection; il a été, par sa propre volonté, un des instruments les plus actifs du mouvement, sachant d'avance quelles pourraient être les conséquences de ses actes et de ceux de la Commune dont il était membre.

Son but était d'arriver, par tous les moyens en son pouvoir, à changer un gouvernement que la France avait reconnu et s'était choisi.

Il a excité à la guerre civile, embauché et provoqué des militaires à passer dans les rangs de l'insurrection, usurpé des pouvoirs civils et militaires; il a fait acte de gouvernement, ordonné sans aucun droit; il a voté et fait exécuter des décrets dont les conséquences terribles et meurtrières n'ont amené que la dévastation, le massacre, le pillage, l'incendie et l'assassinat de personnes inoffensives et tout à fait étrangères à la politique; crimes prévus par les art. 59, 60, 61, 87, 88, 91, 92, 93, 96, 257, 258, 259, 295, 296, 297, 302, 341, 342, 344, 431, 439 et 440, — art. 208 du Code militaire.

Rapport complémentaire.

Le complément d'informations auquel donna lieu, pour Assi, l'arrestation successive d'autres membres de la Commune, nécessita un second rapport dont voici les extraits principaux :

Il est question dans ce rapport de lettres chiffrées, où l'on retrouve souvent le nom de Félix Pyat, de la correspondance secrète de l'Internationale, et des ordres donnés à Fossé pour le dépôt des poudres et matières inflammables dans certains monuments, et la proposition qu'Assi a faite à M. Girard de fabriquer pour l'insurrection du sulfure de carbone, la matière la plus explosible que l'on connaisse.

Ce second rapport cite encore un décret de la Commune, renfermant deux articles : le premier est relatif aux otages retenus par elle, dont trois doivent être passés par les armes. Parmi ces otages, on doit faire choix : clergé ou magistrature, armée ou bourgeoisie.

Assi renie sa signature apposée sur ce décret; mais l'expert Delarue affirme qu'elle est à lui.

Il nie également avoir signé la pièce concernant l'enrôlement forcé des militaires dans la garde nationale.

Au moment de son arrestation, on a trouvé sur Assi un couteau-poignard aiguisé, s'ouvrant au moyen d'un ressort, et un revolver à six coups, dont deux seulement étaient chargés; les quatre autres avaient été tirés, Assi ne sait quand; il dit ne s'être jamais servi de son arme.

BILLIORAY

Billioray, artiste peintre, était parfaitement inconnu du parti démocratique. Il paraît pour la première fois dans un club au mois de janvier 1871, le fréquente assidûment, y prend plusieurs fois la parole et se retire. Le Conseil d'arrondissement de la garde nationale le nomme membre du Comité central.

Billioray se rend à son poste le 18 mars et prend la part la plus active à l'attentat contre le gouvernement de son pays; son nom est sur toutes les proclamations. En ce jour, il fait ses preuves; aussi est-il nommé membre de la

Commune aux élections du 26 mars, et, en cette qualité, attaché à la commission des finances.

Le tempérament ardent de Billioray, autant que sa nature artistique, ne lui permirent guère de s'adonner complétement aux finances; il fit de la politique et plus avant s'engagea dans l'exagération.

Le 11 mai, une vacance se produit dans le Comité de salut public. Billioray sollicite son entrée et est choisi par la majorité de la Commune. Il fait donc partie de ce comité de dictateurs qui organisèrent et procédèrent jusqu'aux derniers moments aux moyens de défense et de destruction.

Ainsi, il est établi que Billioray a été successivement membre du Comité du salut public; il a donc engagé volontairement sa responsabilité et a coopéré à tous les attentats, décrets et actes, faits, ordonnés ou tolérés par le Comité central, la Commune et le Comité de salut public sur les otages, pour la destruction de la maison de M. Thiers, de la colonne Vendôme, le pillage des églises, et enfin le massacre et les incendies des derniers jours de la Commune.

En conséquence, nous sommes d'avis qu'il y a lieu d'ordonner la mise en jugement du sieur Billioray, artiste peintre, pour :

1° Usurpation de toutes les fonctions administratives et militaires; 2° séquestrations arbitraires; 3° avoir participé à un attentat ayant pour but de changer le gouvernement régulier et d'exciter à la guerre civile, en armant ou en portant les habitants à s'armer les uns contre les autres, et en portant la dévastation, le massacre et le pillage dans la ville de Paris; 4° destruction volontaire de maisons particulières ou monuments appartenant à l'État; 5° pillage d'églises en bande et à force ouverte; 6° assassinat, ayant voté la loi sur les otages, crimes prévus et punis par les art. 87, 91, 93, 302, 341 et suivants, 437 et 440 du Code pénal ordinaire.

JOURDE, François

Membre de la Commune et délégué à la commission des finances, a été, pendant toute la période de l'insurrection, un des membres les plus actifs, les plus assidus, les plus ardents qui ont apporté, pour le triomphe de leur cause, le concours de toutes leurs lumières.

Jourde doit être classé dans la catégorie peu nombreuse des hommes intelligents qui ont dirigé le gouvernement de l'Hôtel-de-Ville; l'adresse et l'activité avec lesquelles il a rempli les fonctions de délégué aux Finances prouvent qu'il marchait d'un pas convaincu vers l'établissement de ce gouvernement qui ne pouvait qu'entraîner le bouleversement général de la société tout entière.

Pendant le siége de Paris par les Prussiens, Jourde était sergent dans le 160e bataillon de la garde nationale. Dès le 1er mars, une commission se forme dans le huitième arrondissement, dans le but d'établir la défense intérieure de cet arrondissement, d'où est née l'idée de la fédération de la garde nationale. Ce projet devait amener l'adhésion des autres arrondissements de Paris et entraîner, par suite, la fédération de la garde nationale tout entière avec un Comité central.

Jourde, secrétaire provisoire de cette commission, s'occupa de sa mission avec le plus grand zèle. La séance, dans laquelle ce projet fut discuté, dura toute la journée, ainsi que le prouve le procès-verbal joint au dossier. Le 2 mars, lec omité de la garde nationale du cinquième arrondissement était définitivement établi avec Jourdant pour président, Dacosta pour vice-président et Jourde pour secrétaire. A la date du 2 mars, nous trouvons une lettre de convocation pour recevoir les adhésions, et une affiche constatant l'organisation de la fédération de la garde nationale et une réunion pour le 13 mars. L'armée y est indiquée comme destructrice des institutions républicaines et ne pouvant conduire le pays qu'à d'effroyables désastres.

Lorsqu'arriva le 18 mars, le Comité central de la fédération de la garde nationale, triomphant par la défection de quelques compagnies du 88e de ligne, devint seul maître de Paris, et conserva le pouvoir jusqu'à la fin de mars. Jourde fut membre de ce comité.

Dès le 19 mars, Jourde fut adjoint à Varlin aux Finances, et, le 26, il était nommé membre de la Commune, avec 3,949 voix. Vers le 3 avril, il fut, par un vote de la Commune, définitivement un des délégués principaux des diverses commissions établies, et devint membre de la Commune exécutive.

Jourde, pendant son séjour au ministère, a rempli l'emploi le plus délicat, puisqu'il s'agissait de trouver les fonds nécessaires pour les exigences de la situation. Le ministère des Finances ayant été brûlé, aucune pièce n'existait qui puisse établir la distribution et l'emploi des fonds dont Jourde a eu le roulement pendant sa gestion tout entière.

Lors de son arrestation, qui eut lieu le 30 mai, à une heure et demie du matin, en compagnie d'un nommé Dubois, son ami, il fut trouvé possesseur d'une somme de 8,070 fr. en billets de banque. Dubois était également porteur d'une somme de 1,700 fr., et lorsque ce dernier parut devant le commissaire de police, on saisit sur lui une nouvelle somme de 1,400 fr. Ces trois sommes forment un total de 11,170 fr., qui représente le reste connu des sommes immenses, se comptant par millions, que la Commune a absorbées pendant sa trop longue existence.

L'argent trouvé sur Jourde se décompose ainsi : 695 fr. entre ses mains; 7,375 en billets de banque cachés dans la doublure de son gilet.

Relativement à l'inspection de cet argent caché, Jourde dit : « Je n'ai pris que 7,000,000 fr. qui appartenait à l'État. » C'est donc déjà une preuve certaine de détournements faits au préjudice de l'État; or, il est à présumer que là ne se sont pas bornés les soustractions et le gaspillage dont Jourde s'est rendu coupable.

Arrêté à l'improviste, Jourde subit un interrogatoire sommaire devant M. Ossua, capitaine d'état-major de la garde nationale, attaché à la prévôté de la mairie du neuvième arrondissement. Il nous a été impossible d'entendre le témoin essentiel pour l'instruction, M. Ossua étant absent pour des motifs de santé et d'affaires. Dans cet interrogatoire, le premier qu'il ait subi, Jourde, qui a encore présents à la mémoire les faits les plus saillants de sa gestion, donne ainsi le détail des recettes qu'il a eues en sa possession :

Recettes journalières..	600,000 fr.
Emprunts à la Banque de France..	20,000,000
Pris dans les caisses scellées de l'État au ministère des Finances..	4,000,000
Titres des actions de chemins de fer et sur le Trésor.	14,000,000
Titres provenant du dernier emprunt.	200,000,000
Contrôle des chemins de fer..	2,000,000

Ce qui forme un total de 240 millions 600,000 fr.

Il est à regretter que cet interrogatoire ait été suspendu pour un motif quelconque; les détails nécessaires pour l'établissement de la situation sont devenus par ce fait incomplets. Jourde a été arrêté dans son interrogatoire au moment où il faisait connaître son projet de départ pour l'Amérique, ce qui implique d'une manière évidente qu'il cachait dans son gilet l'argent qu'on y a trouvé, soit 8,070 fr.; il avait la résolution bien arrêtée et calculée de détourner cette somme qu'il avoue appartenir à l'État;

Jourde a refusé d'indiquer les secrétaires et employés qui ont été attachés à son service.

Pour nous, l'un de ces secrétaires ne serait autre que le nommé Dubois, arrêté avec lui et porteur de sommes qu'il avait reçues de Jourde. C'eût été un moyen de justification pour Jourde dans les dépenses qui se sont produites et que lui seul réglementait.

En refusant ces renseignements, il cherche à mettre un obstacle à la découverte de la vérité, tandis qu'il se présente, au contraire, avec adresse, comme le conservateur dévoué de la situation financière dont il avait la direction.

Il est de la dernière évidence que si Jourde refuse énergiquement de donner des renseignements qui doivent apporter des lumières dans l'instruction, et par suite atténuer son immense responsabilité, ce n'est que pour dénier toutes preuves de culpabilité certaine dont il est, au fond de sa conscience, intimement convaincu, ce qui, pour nous, ne concorde en aucune façon avec le désir si vif qu'il émet de voir qu'une enquête minutieuse et sévère soit faite sur sa gestion aux finances.

Dans l'interrogatoire que Jourde a subi par-devant nous, rapporteur, il établit comme il suit le bilan des recettes et des dépenses générales dans le cours de ses fonctions :

RECETTES

En caisse au ministère.	4,000,000
Banque	20,000,000
Recettes journalières diverses provenant des octrois, douanes, domaines, tabacs, enregistrement, timbre, monnaie, soit.	21,000,000
Chemins de fer.	2,000,000
Total.	47,000,000

DÉPENSES

Une moyenne par jour de.	600,000
Soit en tout.	47,000,000

jusqu'au 27 mai inclus.

Comme on le voit, la balance des recettes et des dépenses existe; Jourde l'affirme exacte.

M. le marquis de Plœuc, sous-gouverneur de la Banque de France, entendu par nous, relativement à l'attitude de la Commune et de Jourde en particulier vis-à-vis de cet établissement, et surtout au point de vue des fonds exigés à diverses reprises par Jourde pour les besoins de la situation, M. le Sous-Gouverneur, disons-nous, accuse, pièces en main, que la Banque de France n'a jamais remis de fonds que sur des menaces incessantes de pillage; qu'il n'a cédé qu'à la force brutale, et qu'il a exigé que tous les reçus qu'il conservait pour se mettre à couvert portassent la mention qu'il ne cédait qu'à la force.

De plus, l'ensemble des diverses sommes remises entre les mains de Jourde ou de ses agents munis de son autorisation et de reçus en son nom, s'élève à 16,694,000 fr. De sorte que, en laissant subsister les chiffres indiqués par Jourde au chapitre des recettes, avec cette modification relative à la Banque, nous trouvons en réalité une somme totale de 43,691,000 fr.

D'autre part, les dépenses s'élevant à 47 millions de francs. Il est difficile d'admettre ce chiffre de 43,694,000 fr. Il y a donc à constater une différence de 3,309,000 fr. Et cependant les dépenses ont été couvertes jusqu'au 27 mai inclus. Que conclure donc? de la réalité évidente de la présence d'autres fonds en la possession de Jourde, fournisseur et distributeur de la Commune.

Dans une note que Jourde a remise et que nous avons jointe au dossier, l'inculpé a consigné son attitude comme membre de la Commune; il essaie d'établir un compte rendu de gestion; il est question, dans cette note, des rapports qu'il a eus à diverses reprises avec la Banque de France; les dépositions claires, concises, appuyées sur des notes recueillies sur l'instance de M. de Plœuc, sous-gouverneur, et M. Mignat, caissier principal, sont là pour contre-balancer les témoignages de sincérité que Jourde invoque à propos de ses exigences; les menaces qui sont produites sur le registre-journal de la Banque, où sont inscrits au jour le jour les opérations et incidents de la journée, ne peuvent être mises en doute; il ne peut que reproduire des faits et en consigner la date.

Du reste, une copie conforme de toutes ces notes a été délivrée, sur notre demande, pour être jointe au dossier et à la déposition de chacun de ces messieurs, témoins essentiels et particuliers des menaces incessantes dont la Banque a été l'objet.

Il manque donc 3,309,000 fr. pour solder les 47,000,000 de dépenses qui ont été réglées et payées. Si, comme Jourde le prétend, il a refusé le concours de personnes inconnues lui offrant de venir en aide aux finances de la Commune, entre autres l'offre de 50 millions qu'il aurait pu toucher en donnant comme garantie les tableaux du Louvre, nous sommes en droit de demander à Jourde des explications sur la réalisation de ces 3,309,000 fr. nécessaires au solde complet des dépenses accusées. Ne pourrait-on pas y trouver la transformation en monnaie des matières d'or et d'argent provenant des vases sacrés des églises de Paris et des objets précieux enlevés aux Tuileries et autres établissements de l'État ou particuliers?

En résumé, Jourde a été membre du Comité central de la garde nationale.

Membre de la Commune délégué aux finances, comme membre de la Commune, Jourde est responsable comme complice de tous les actes qui ont été la conséquence des décrets rendus par elle, et qui ont reçu leur entière exécution, entre autres les décrets relatifs à la colonne Vendôme, aux otages; responsable des incendies des divers établissements d'utilité publique, entre autres du ministère des Finances, de la Cour des comptes, établissements financiers dont l'administration rentrait dans ses attributions. Jourde affirme que cet incendie du ministère s'est produit par des obus trouvés sur la toiture. Nous savons au contraire que le feu a été mis au ministère d'après les ordres de Ferré à un nommé Luçay, ordre ainsi conçu : « Citoyen Luçay, faites flamber de suite Finances, et venez nous retrouver. — *Signé* : FERRÉ. »

L'original de cet ordre est au dossier de Ferré.

Jourde, comme délégué aux finances, doit rendre compte de sa gestion, qui a entraîné les bris de scellés des caisses de l'État et la dissipation des deniers de l'État; il s'est rendu coupable d'attentat ayant pour but de changer la forme du gouvernement, d'usurpation de fonctions, crimes et délits prévus par les articles suivants du Code pénal : 50, 60, 87, 88, 90, 96, 253, 258, 259, 295, 296, 297, 305, 341, 342, 434, 437, 439 et 440. En conséquence, notre avis est que le nommé Jourde doit être traduit devant un Conseil de guerre.

LULLIER

M. Lullier (Charles), ancien officier de marine, mis en réforme le 6 juin 1868 au moment où il était nommé lieutenant de vaisseau, fit pressentir, dès sa sortie de l'École navale, par son esprit indiscipliné et son caractère irascible, combien lui serait difficile à supporter toute autorité supérieure à la sienne. Aspirant de marine de 2ᵉ classe sur le vaisseau *l'Austerlitz,* il se signala par son humeur querelleuse et ses violences à l'égard de ses chefs et de ses égaux, qui causèrent son débarquement et sa détention d'un mois au vaisseau amiral de Brest.

Pendant les années qui suivirent, ces dispositions à la révolte se développèrent rapidement. Deux fois, dans l'espace de cinq ans, cet officier a encouru la peine grave du retrait d'emploi. Rappelé à l'activité le 6 juillet 1867, il se fit remarquer par de nouveaux actes d'indiscipline pour lesquels il fut traduit devant un conseil d'enquête qui décida sa mise en réforme, le 16 avril 1868.

Égaré par un jugement faux et une véritable monomanie d'orgueil, M. Lullier se révoltait à cette époque contre la société, qu'il accusait d'injustice parce que ses fautes étaient punies par elle, et il est ainsi arrivé rapidement à professer les doctrines révolutionnaires les plus exagérées. Il désirait déjà ardemment en 1862 jouer un rôle politique, et s'était porté dans ce but pour la députation.

Candidat dans le Finistère, délivré du joug imposé par la discipline militaire et rendu à l'indépendance de la vie civile par son expulsion du corps de la marine, M. Lullier a prouvé, par plusieurs de ses actes antérieurs au 18 mars 1871, qu'il n'acceptait pas plus facilement les lois de la société que les lois de l'armée; en effet, nous le voyons quatre fois frappé par ces lois qui le gênaient et qu'il voulait bouleverser. Il est condamné :

1° Le 30 septembre 1868, à six mois de prison et à 200 fr. d'amende pour coups et port illégal d'uniforme ;

2° Le 20 novembre de la même année, à deux mois de prison pour coups et blessures volontaires avec préméditation ;

3° Le 26 avril 1869, à un mois de prison pour rébellion et outrages envers l'autorité ;

4° Le 22 septembre de la même année, à six mois de prison pour outrages envers un magistrat de l'ordre administratif.

Ces idées subversives l'ont mis promptement en relation avec Gustave Flourens et Rochefort, qui fut un de ses amis dévoués. Une lettre du premier, datée du 16 novembre 1869, prouve qu'il appréciait particulièrement les dispositions politiques de Lullier, et admirait en lui l'homme d'action auquel il prédisait un grand avenir dans le mouvement révolutionnaire.

Rochefort lui témoigne dans ses lettres « une grande affection, et le prie de compter sur lui pour le jour où il faudra marcher. »

Le 9 novembre 1870, délégué au Comité de défense de Paris, pendant le siége, pour la société de l'Internationale, il fut, le lendemain, envoyé en mission à Copenhague, mission nommée par lui une insigne fourberie, dans sa protestation écrite le 28 mars à la Conciergerie. A son retour, il fut chargé, par le gouvernement provisoire, d'aller aux États-Unis, d'où il revint le 12 mars.

Les événements du 18 mars se préparaient. M. Lullier, homme d'action, comme le qualifiait Flourens, allait trouver l'occasion de justifier l'espérance de ses amis politiques qui ne l'oubliaient pas et qui l'avaient choisi pour chef militaire de l'insurrection.

M. Lullier, général de la garde nationale des rebelles, a exposé devant nous l'historique de ses actes pendant les journées des 18, 19, 20, 21 et 22 mars; il a fait complaisamment ressortir l'énergie avec laquelle il a exercé son commandement; il explique les moyens employés, énumère les points occupés successivement par les insurgés, et sa narration suit pas à pas les phases diverses de l'occupation complète de Paris et des forts par la garde nationale.

Nous allons essayer de résumer, en quelques mots, ce compte rendu assez exact des progrès de l'insurrection dans la capitale, progrès dont le général en chef des insurgés n'hésite pas à s'attribuer tout le mérite. Ce récit constitue à lui seul l'acte d'accusation.

Le 15 mars, M. Lullier, recommandé par ses relations avec les hommes qui complétaient l'établissement de la Commmune, reçoit, dans une réunion composée de 2,500 délégués et tenue au Wauxhall, la proposition de commander l'artillerie et les 6°, 11° et 20° légions, proposition acceptée par lui à la condition, dit-il, qu'elle lui serait faite par les officiers de la garde nationale.

Dès ce moment, il entre de fait dans les rangs des insurgés.

Le 18 mars, dans l'après-midi, le rôle de M. Lullier se dessine complétement;

appelé par le Comité central; il en reçoit le commandement en chef de la garde nationale, fonctions qu'il n'aurait, prétend-il, acceptées que sur l'exposition du programme suivant : 1° Levée de l'état de siége ; 2° élection par la garde nationale de tous ses chefs y compris le général; 3° pour la ville de Paris, les franchises municipales, c'est-à-dire le droit pour les citoyens de nommer eux-mêmes leurs magistrats municipaux et de se taxer eux-mêmes par cet intermédiaire.

En recevant sa nomination, il posa comme conditions qu'on lui laisserait toute l'initiative. Nous le voyons alors avec un zèle qui n'avait jamais ralenti jusqu'à son arrestation du 22 mars.

Entraînant les bataillons qu'il rencontre dans le quartier du Temple, il arrive sur la place de l'Hôtel-de-Ville, déjà cernée par de nombreux gardes nationaux. Par ses ordres, des barricades s'élèvent dans la rue de Rivoli, et il masse les insurgés, laissant, suivant lui, à dessein, la ligne des quais libre pour faciliter le départ du régiment logé à la caserne Napoléon. Ce régiment partait pour Versailles à dix heures et demie du soir.

A onze heures, il fait occuper l'Hôtel-de-Ville et la caserne Napoléon par Brunel, commandant insurgé.

A minuit, il s'empare de la Préfecture de police.

A une heure, des Tuileries.

A deux heures, de la place de Paris.

A quatre heures, il est prévenu par Duval que les ministres sont réunis au ministère des Affaires étrangères : « J'aurais pu les cerner, dit-il; la présence de M. Jules Favres excita mes scrupules; je me contentai de faire occuper fortement la place Vendôme et la place de l'Hôtel-de-Ville, en la couvrant de barricades et en y conduisant de l'artillerie. »

Le 19 et le 20, il fit occupper successivement les ministères, les sept points stratégiques de la rive droite et les quartiers de la rive gauche. En même temps, le 20, à minuit, il envoie vingt-deux bataillons occuper les forts abandonnés, moins le Mont-Valérien.

Il allait s'occuper activement de neutraliser l'action de ce dernier fort lorsqu'il fut arrêté sur les ordres du Comité, qu'il avait mécontenté par ses idées dictatoriales.

Dix jours après, il s'évada du dépôt de la Préfecture, où il était écroué.

Dans sa relation historique des journées de mars, M. Lullier ne fait aucune mention de la tentative d'embauchage essayée par lui sur les officiers et soldats du 43°, dans le jardin du Luxembourg, le 21 de ce mois; nous allons réparer cet oubli en nous aidant du témoignage d'un officier du régiment qui a assisté à l'entrevue du général improvisé de la garde nationale et du commandant Férier.

M. Lullier arrive au Luxembourg à la tête de plusieurs bataillons; il s'adresse aux sous-officiers et soldats rassemblés autour de leur commandant, M. Férier, et des autres officiers qui étaient présents, et leur dit : « Je suis le général commandant en chef toutes les gardes nationales de Paris; or Paris est la force de la France; je suis donc le seul dispensateur des grades et récompenses. Il y a déjà trop longtemps que vous êtes ici, vous êtes une menace pour l'ordre; je viens vous sommer de rendre vos armes. »

M. Lullier termina son discours en faisant des promesses de grade et de solde. M. le commandant Férier refusa de rendre ses armes : « L'arme, dit-il, est l'honneur du soldat, et nous la conserverons, dussions-nous nous battre. » M. Lullier répondit qu'il comprenait cette raison et laissa aux soldats le choix entre le commandant et lui. Ils annoncèrent tous qu'ils n'abandonneraient pas leur commandant, ce qui décontenança beaucoup M. Lullier. M. le commandant Férier l'avertissant qu'il emmenait aussi une demi-batterie confiée à sa garde, le général de la garde nationale s'emporta, menaçant de livrer bataille, « cette bataille devrait-elle coûter 100,000 hommes. » Enfin il donna jusqu'au lendemain à midi pour réfléchir; le régiment partit à cette heure sans être inquiété.

Cette tentative, dans laquelle M. Lullier montra une grande exaltation et parla sur un ton menaçant, constitue le fait d'embauchage prévu par les lois militaires. Nous ne saurions trop louer l'attitude énergique de M. Férier, commandant du 43e, et la discipline de ce régiment, fidèle à la cause de l'ordre.

La vie officielle de M. Lullier se termina à peu près le jour de son incarcération à la Conciergerie.

Cependant son nom reparaît encore le 14 avril, comme celui du chef de la flottille des canonnières; dans une lettre très-mordante, écrite en réponse à une lettre anonyme, il se plaint qu'on n'ait pas suivi ses conseils au sujet de la flottille, et décline la responsabilité de sa direction.

Furieux contre le Comité central et contre la Commune d'avoir été prévenu par ceux qu'il voulait envoyer à Mazas, il leur fit une opposition continuelle par ses écrits et ses discours dans les réunions publiques; il se fait arrêter par eux au club Saint-Eustache, et il est enfermé à Mazas, d'où il s'évade quelques jours après.

Dès ce moment, l'ancien général de la garde nationale rebelle se met en relation avec Versailles, par l'entremise de M. Camus, ingénieur des ponts et chaussées, et de M. le baron Duthiel de la Tuque, qui conviennent avec lui d'organiser une contre-révolution pendant cette autre période de l'existence de M. Lullier à Paris. Il s'occupa activement de son projet, espérant ainsi faire oublier sa part active dans l'insurrection du 18 mars et mettant pour condition qu'on le laisserait partir, lui et ses complices Gavier d'Abin et de Cisson, sans les inquiéter.

Deux mille francs ont été donnés par M. Camus pour solder les frais de la conspiration de M. Lullier, chef du mouvement qui devait présenter, après l'exécution, un compte évalué approximativement par M. Camus à 30,000 fr.

Le chef du complot devait faire arrêter les membres de la Commune et ceux du Comité central, les envoyer à Mazas et renvoyer les otages.

Le plan a échoué, d'après M. Lullier, parce que le prétexte attendu pour agir ne s'est pas présenté; d'après M. Camus, parce que ce dernier a été arrêté par les insurgés. Il s'ensuit que les conventions n'ont plus de raison d'être.

A cette relation des actes de M. Lullier sous le Comité central de la Commune, nous n'ajouterons que peu de commentaires : l'accusé fait partie de cette catégorie d'hommes politiques qui se sont fait une religion des principes révotionnaires; ses relations intimes avec Flourens et Rochefort le prouvent par les doctrines exaltées qu'elles prennent pour base. C'est un homme violent de son parti, et quoiqu'il prétende avoir évité l'effusion du sang, son caractère bien connu par ses emportements, ainsi que les dispositions menaçantes prises par ses ordres les 18, 19, 20 et 21 mars, prouvent qu'il n'aurait pas hésité à combattre, comme il l'a dit lui-même dans le jardin du Luxembourg.

Si, vers la fin de la Commune, il a essayé de servir l'autorité légitime, sa rancune contre les hommes qui n'avaient pas voulu de sa dictature et des motifs de sûreté personnelle l'ont seuls animé. Enfin, son exaltation révolutionnaire, son intelligence des moyens à employer dans une insurrection et l'importante position qu'il a occupée dans celle du 18 mars, le rangent naturellement parmi les grands coupables qui ont préparé et conduit l'exécrable attentat qui vient d'ensanglanter la France.

En présence de ces faits, notre avis est que M. Lullier, ancien officier de marine, soit traduit devant le Conseil de guerre pour avoir : 1° participé à un attentat ayant pour but de changer la forme du gouvernement et d'exciter les citoyens à s'armer contre l'autorité de la République; 2° participé à un attentat dont le but était d'exciter les citoyens à s'armer les uns contre les autres et de porter la dévastation, le massacre et le pillage dans la ville de Paris; 3° levé ou fait lever des troupes armées, engagé et enrôlé des soldats, leur avoir fourni et procuré des munitions et des armes sans autorisation du pouvoir légitime; 4° pris le commandement d'une troupe armée sans droit légitime; 5° dans le but d'envahir les domaines, propriétés, villes, postes, magasins, arsenaux, bâtiments appartenant à l'État, et dans le but de faire attaque et résistance envers la force publique agissant contre les auteurs de ces crimes, avoir pris le commandement de bandes armées; 6° provoqué des militaires à passer aux rebelles armés, et leur en avoir sciemment facilité les moyens, crimes prévus par les art. 87, 91, 92, 93, 96 du Code pénal ordinaire, et l'art. 208 du Code de justice militaire.

ASSI

GROUSSET

Homme de lettres et journaliste, a collaboré à la rédaction de plusieurs journaux révolutionnaires, entre autres à la *Marseillaise*, dont il a pris la direction le
4 septembre, et au journal le *Peuple*, dont il est le fondateur. Pendant le siége,
Grousset fréquentait les réunions publiques et attaquait constamment le gouvernement.

Comme rédacteur en chef du journal l'*Affranchi* pendant la Commune, il a
fait paraître dans cette feuille des articles d'une violence extrême entre lesquels
nous rappelons celui-ci :

« Les papalains et autres nourrissons des prêtres ont été les premiers à l'attaque de Paris.

» Paris leur répond en prenant les biens immobilisés par les prêtres et en
supprimant le budget des cultes.

» Guerre à mort ! Constatons-le, c'est la monarchie qui a tiré la première.

» Mais, le sabre tiré, que Paris ne s'arrête plus; qu'il accepte jusqu'au bout
la mission qui est son honneur et sa raison d'être, et devant laquelle un instant
il a songé à se dérober.

» Qu'il en finisse d'un coup avec ce passé impitoyable qui se dresse à chaque
pas menaçant et railleur en face de l'avenir; qu'il écrase à jamais cette réaction
avide, à laquelle il abandonnait lâchement une proie et qui ne s'en contente
jamais.

» Qu'il ne recule devant rien pour assurer sa victoire.

« *Signé* : Paschal GROUSSET. »

Paschal Grousset a été élu membre de la Commune, dès le début, et, lors de
la formation des commissions, il fut désigné pour celles des relations extérieures,
et choisi par des collègues de cette commission comme délégué principal. Il fut
également membre de la commission exécutive qui, on le sait, était composée
des principaux délégués des diverses commissions.

Grousset s'est toujours fait remarquer par des idées anticonciliatrices, et
l'on peut dire qu'il a été un des membres les plus intolérants de la Commune.
Il a voté pour la formation du comité du salut public. Dans un premier interrogatoire, Grousset a répondu à quelques questions qui lui ont été posées; nous
nous étions réservé de l'interroger longuement sur le rôle qu'il a joué pendant
la Commune; appelé par nous le 18 juin à cet effet, il a refusé de répondre à

toute question et nous a avoué qu'il avait adopté cette règle dont il ne se départirait pas.

La lecture des pièces de son dossier nous a amené à faire un recueil de notes et d'observations qui devaient entraîner les questions à poser à l'inculpé; nous croyons utile de les transcrire dans notre rapport pour faciliter les recherches et l'interrogatoire de Grousset à l'audience. Les voici :

Membre de la commune.

Délégué principal aux relations extérieures. Membre de la commission exécutive.

Son entrée dans la commission des relations extérieures. — Organisation de son service et de son personnel; quel traitement touchait-il personnellement? qui réglait la solde des divers employés, et comment se faisait-elle? (A ce propos parler des feuilles d'émargement, qui ne sont vérifiées ni approuvées par personne, sous signature de contrôle.)

Sa comptabilité au ministère. Au dossier se trouvent quelques pièces et des reçus signés d'un certain Kumann formant un ensemble de 29,657 fr. 50 c. Quel est ce Kumann?

Soustraction de dossiers appartenant au ministère des affaires étrangères ainsi que d'un portefeuille. — Nous savons que ce portefeuille a appartenu à M. de Moustier. Circulaire adressée par Paschal Grousset aux représentants des diverses nations, à Paris, pour les prier d'inviter leurs gouvernements respectifs à reconnaître la Commune. Correspondance avec le général prussien Fabrice; pourquoi et dans quelle circonstance?

Demander l'explication du contenu d'une lettre signée Eug. K., par laquelle on l'informe de la présence d'un officier prussien à la barrière de Charenton. — Pour nous, Eug. K. signifie Eugène Kumann; demander l'explication d'une lettre adressée au colonel commandant le fort de Vincennes. Pourquoi, parmi les divers papiers saisis chez lui, s'en trouve-t-il un assez grand nombre venant du ministère de la Guerre de la Commune? ce qui indiquerait une coopération dans les affaires de la guerre. Voir à ce sujet la lettre de Pompart, qui demande un rendez-vous, des munitions et de l'argent pour l'accomplissement d'un certain projet.

Explication sur inventaire en sa possession de l'argenterie de la couronne; que sont devenues ces pièces d'argenterie?

Explication sur la perquisition faite chez M. Feuillet de Conches, le 8 mai 1871.

Qui l'a ordonnée? Que sont devenus les objets trouvés dans un bureau : glands et torsades d'or, sachet, croix et crachats?

Pourquoi a-t-il en sa possession des dossiers provenant du ministère de l'Intérieur, du ministère des Affaires étrangères, de l'ex-Préfecture de police, principalement les feuilles Grousset, Rochefort et Pierre Bonaparte?

N'a-t-il pas été délégué aux finances, comme le faisait supposer une pièce du ministre de la guerre à l'adresse de Paschal Grousset, délégué aux finances, et datée du 30 avril?

Il a attaché à son service des personnes qui ne peuvent que lui prouver leur dévouement au parti qu'il défend et qu'il sert énergiquement, entre autres son frère Louis Grousset, le nommé Lacoste, son tailleur, et un sieur Alard, ami de Lacoste.

Explication sur le passeport étranger : dans quel but a-t-il un lassez-passer? Dans quel but a-t-il envoyé sa maîtresse voilée chez Lacoste pour lui remettre quatre liasses de billets de banque neufs, s'élevant ensemble à 1,600 fr.? D'où provient cet argent?

Demander des explications sur le projet de traité pour la démolition de la colonne Vendôme, pressenti par M. N.-J. Tribe, ami de Grousset, projet qu'il soumet à l'appréciation de Grousset et des membres de la commission exécutive; voir la lettre de J. Tribe à l'inculpé (salle n° 4), l'entreprise devait se faire moyennant 28,000 fr. payés de suite et en espèces.

Séance du 17 mai. Grousset affirme dans un discours que tous les membres de la Commune doivent être responsables de leurs actes et qu'ils le sont de fait.

Chapelle expiatoire, colonne Vendôme, maison de M. Thiers, incendie, otages.

A cette date se rapporte également la proclamation de Grousset aux grandes villes, et qui est un appel général aux armes dans toute la France. Relations politiques de Grousset avec son père pendant la Commune. Grousset père partage les idées de son fils.

Parler de la réquisition faite le 13 avril 1871 chez MM. Gratiot père et fils, rue Hautefeuille, 9, pour fourniture de cent rames de papier grand format.

Rappeler la plainte de ces messieurs qui n'ont reçu que 1,500 fr. sur 3,250 fr. qui leur sont dus.

Quoique le nommé Paschal Grousset se soit refusé à répondre et que, par suite, il en résulte des difficultés pour établir notre rapport, le résultat de l'étude des pièces du dossier nous a permis d'en déduire que Paschal Grousset est inculpé des crimes et délits suivants :

Participation active à l'insurrection, excitation à la guerre civile, usurpation de fonctions, provocation publique à la désobéissance aux lois, excitation publique à la haine et au mépris du gouvernement, offenses envers l'Assemblée nationale, excitation publique à la haine et au mépris des citoyens les uns contre les autres, dans le but de troubler la paix publique; complot pour changer la forme du gouvernement, excitation à la guerre civile en portant les citoyens à s'armer les uns contre les autres et qui a eu pour résultat la dévastation, le massacre, le pillage et l'incendie; manœuvres pratiquées à l'intérieur dans le but de troubler la paix publique et d'exciter à la haine et au mépris du gouvernement, issu du suffrage universel. Crimes et délits prévus par les articles suivants du Code pénal : 59, 60, 87, 88, 89, 91, 96, 255, 257, 258, 259, 260, 295, 296, 297, 302, 341, 342, 344, 381, 393, 396, 434, 437, 439, 440; les art. 1, 2, 4, 7, du 11 août 1848.

En conséquence, notre avis est que le nommé Grousset (Paschal) doit passer devant un Conseil de guerre.

Après la lecture de ces divers rapports on procède à l'appel des nombreux témoins. Plusieurs des plus importants ne répondent pas à l'appel de leur nom.

Mᵉ LACHAUD : J'aurais quelques observations à faire relativement à un témoin : M. Jules Simon. J'ai l'honneur de déclarer qu'en vertu de la loi, j'ai dû adresser une demande à M. le Chef du Pouvoir exécutif, M. Jules Simon étant ministre. M. Thiers ne m'a pas répondu à cet égard. Je prie M. le Commissaire du gouvernement de vouloir bien se considérer comme averti de ma demande.

M. LE COMMISSAIRE DU GOUVERNEMENT : Acte est donné de sa déclaration à la défense.

Mᵉ Dupont de Bussac dépose ensuite et développe des conclusions tendant à faire prononcer l'incompétence du 3ᵉ Conseil, par les motifs suivants :

« 1º L'état de siége n'existe plus à Paris parce qu'il a été établi par décret impérial du 8 août 1870, décret qui, au mépris de l'art. 12 de la Constitution de 1852, n'a pas été soumis à la sanction du Sénat; cette mise en état de siége est donc déjà illégale.

» 2º Le décret du 8 août 1870 n'avait aucun but militaire; il ne tendait qu'au maintien de l'empire et de la dynastie impériale, puisque l'on mettait également en état de siége des départements éloignés et non menacés par l'ennemi; que, dès lors, le fait même de l'avénement du gouvernement du 4 septembre entraînait l'abrogation de ce décret;

» 3º Les faits incriminés se sont passés à Paris, le Conseil de guerre séant à Versailles est donc incompétent pour en connaître;

» 4º Enfin, d'après la loi, il ne peut y avoir que deux Conseils de guerre, et le nombre en a été porté à quatre; le 3º Conseil est donc illégalemeni constitué. »

Ces conclusions ont été combattues par M. le Commissaire du gouvernement.

Le Conseil se retire pour délibérer et rend bientôt un jugement qui rejette les conclusions de Mᵉ Dupont de Bussac.

La séance est levée à cinq heures et renvoyée à demain midi précis, pour le commencement des interrogatoires.

Audience du 8 août.

Des dispositions nouvelles ont été prises dans l'audience d'aujourd'hui, relativement aux accusés. Ainsi, nous remarquons qu'au lieu d'être assis à côté les uns des autres, chacun d'eux est séparé par un garde de Paris.

Leur attitude n'a pas changé. Ferré, à la dernière audience, fort arrogant, est toujours le même. Il cause souvent avec Assi qui paraît non moins tranquille.

L'audience est ouverte à midi.

FERRÉ, se levant : J'ai des conclusions à déposer.

(L'accusé commence alors la lecture d'une pièce dans laquelle il fait des considérations toutes à l'avantage de la Commune.)

Ce ne sont pas, à proprement parler, des conclusions. Ferré ne conclut à rien : il fait d'abord l'apologie de la Commune; il se plaint ensuite des mauvais traitements et vexations dont il prétend avoir été personnellement l'objet, et il termine en déclarant qu'il ne répondra pas aux questions qui lui seront adressées. C'est le système qu'il a employé dès le début.

M. LE COMMISSAIRE DU GOUVERNEMENT : Il n'est pas admissible que l'apologie de la Commune soit faite par un accusé.

M. LE PRÉSIDENT : Posez vos conclusions. Il peut être question de la politique de la Commune, mais non de justifier ses crimes.

M. LE COMMISSAIRE DU GOUVERNEMENT : Que l'accusé pose ses conclusions, le Conseil appréciera.

L'ACCUSÉ : Je n'ai plus que deux mots à dire, qui ne concernent pas la Commune; après cela, je débarrasserai le Conseil de ma personnalité.

L'accusé Ferré renouvelle ses considérations précédentes et termine en déclarant qu'il ne répondra pas aux questions autres que celles qui sont relatives à son état civil. (Mouvement.) Il dépose ses conclusions sur le bureau du Conseil.

M. LE COMMISSAIRE DU GOUVERNEMENT : Les conclusions de l'incendiaire Ferré sont sans portée; le Conseil n'a pas à y statuer. Aux termes de l'art. 207 du Code de justice militaire, j'ai dû imposer un défenseur à l'accusé. Aux termes de l'art. 117 du même Code, l'accusé peut, s'il le désire, se défendre aussi lui-même; il y a déjà eu trop d'incidents dans cette affaire, on a été jusqu'à vous demander de décider si Paris est ou n'est pas en état de siége, ce qui est parfaitement indifférent...

Mᵉ DUPONT DE BUSSAC : Que signifient ces mots : « conclusions sans portée. » Nous avons le droit de prendre telles conclusions que nous jugeons convenables, et personne ne peut nous retirer ce droit.

M. LE COMMISSAIRE DU GOUVERNEMENT : L'intérêt même de l'accusé exige que la justice ait ici un cours rapide.

Mᵉ Dupont de Bussac : C'est à vous à juger de ces intérêts.

Mᵉ Marchand, défenseur d'office de Ferré : M. le Commissaire du gouvernement a parlé d'un défenseur imposé; on n'a pas le droit d'imposer à l'accusé un défenseur. On lui en désigne un, et il se défend ensuite lui-même s'il le veut encore.

L'Accusé : Je verrai, après avoir entendu les témoins que je ne connais pas encore, ce que j'aurai à dire pour me défendre s'il me convient; jusque-là je ne prendrai pas de part aux débats.

Mᵉ Manchon, défenseur de Verdure : Faute d'avoir pu, comme nous le demandions hier au Conseil, nous concerter, nous tous défenseurs, avec l'ensemble des accusés, je suis forcé de reprendre devant le Conseil les conclusions d'incompétence posées hier par Mᵉ Dupont de Bussac dans l'intérêt de l'accusé Régère. Je ne veux pas priver mon client Verdure de ce moyen, je n'en ai pas le droit.

Mᵉ Manchon reprend et développe les conclusions posées hier par Mᵉ Dupont de Bussac.

M. le Président : Cela a été plaidé déjà hier et nous avons jugé.

Mᵉ Manchon : Cela a été jugé avec Régère, mais non avec Verdure.

M. le Commissaire du gouvernement : Je ne peux admettre que la décision du Conseil soit remise en question; tout le droit de la défense, c'est de la déférer à la Cour de cassation.

Mᵉ Manchon : Je m'étonne d'entendre énoncer une pareille théorie.

M. le Commissaire du gouvernement : Je n'ai pas de leçon à recevoir de la défense. Je n'y répondrai désormais que par le silence.

Mᵉ Dupont de Bussac : Nos conclusions nous sont personnelles évidemment, et le jugement qui a été rendu sur ces conclusions ne peut ni nuire ni préjudicier aux autres accusés : c'est un point de droit que personne ne peut ignorer.

M. le Commissaire du gouvernement : Encore une insolence. Je ne suis pas disposé à en supporter de nouvelles.

Mᵉ Dupont de Bussac : Ah! permettez, monsieur le Commissaire du gouvernement; je suis homme en dehors de ma robe, et j'espère que nous serons protégés contre les procédés de l'accusation.

M. le Président : Il est certain, pour résumer, que le jugement de compétence rendu hier est applicable à tous les accusés; cela tombe sous le sens.

Mᵉ Marchand, défenseur de Ferré : Je demande acte de ce que M. le Président vient de dire.

Mᵉ Laviolette : J'adhère aux conclusions de Mᵉ Dupont de Bussac.

M. le Président : Il va être donné lecture des pièces qui concernent l'accusation.

M. le greffier donne lecture du rapport relatif à Ferré.

M. le Président donne ensuite lecture du second interrogatoire de cet accusé.

M. LE PRÉSIDENT : Il y a au dossier une lettre non signée contenant des renseignements sur vous. Voulez-vous y répondre?

FERRÉ : Évidemment non.

M. LE PRÉSIDENT : Je vous en donne lecture.

M. LE PRÉSIDENT : Voici maintenant un autographe signé de vous : « 4 prairial an 79. Citoyen Luçay, faites flamber finances, et venez nous retrouvez. » Voulez-vous répondre?

FERRÉ : Permettez-moi de faire quelques observations.

J'ai déclaré la pièce fausse. M. de Loverdo, juge d'instruction, a donné alors naturellement la pièce à un expert, qui a déclaré qu'elle était bien de moi, et que j'avais seulement tenté de travestir ma signature.

Je vous en donne ma parole, cette pièce est fausse. C'est tout ce que j'ai à dire. Je ne répondrai pas au reste. D'ailleurs, en admettant que j'eusse donné cet ordre, j'aurais écrit dans un langage moins clair et avec le papier que j'avais à ma disposition, avec du papier ayant un entête. Mes autres écritures ne ressemblent pas à celle-là.

Il est indigne que l'instruction ait laissé cette pièce au dossier et que les journaux s'en soient servis pour me calomnier.

M. LE COMMISSAIRE DU GOUVERNEMENT : Le mot indigne ne peut être admis de la part d'un accusé pareil, à l'égard du commissaire rapporteur.

L'ACCUSÉ : Il s'agit de l'instruction, du juge d'instruction.

M. LE COMMISSAIRE DU GOUVERNEMENT : Ah! bien, c'est le commissaire rapporteur.

M. LE PRÉSIDENT : Mais dans quel intérêt aurait-on alors saisi cette pièce sur un individu mort? pourquoi aurait-on fait un procès-verbal?

L'ACCUSÉ : Si je n'ai pas ma liberté de parole, si M. le Commissaire du gouvernement m'interpelle toujours, je ne dirai plus rien.

J'ai vu cette pièce dans la *Liberté;* j'ai de suite pensé que la police avait été trompée. Par qui? je ne sais.

Il y a dans mon dossier bien d'autres pièces anonymes. L'armée a d'abord pris le ministère de la Guerre; les journaux ont dit que cette pièce avait dû être trouvée au ministère de la Guerre.

Chaque membre du Comité central avait une place particulière.

Il y avait un de mes amis, nommé Lacomme, auquel j'ai écrit. Cette lettre est à mon dossier; c'est la seule qui soit de moi; elle a dû servir de modèle pour la fabrication de la pièce en question. Je crois que ce sont des agents de police ayant contre moi des griefs particuliers qui ont fabriqué cette pièce. Les agents d'aujourd'hui sont ceux de l'empire, ou presque tous.

On peut confronter, je le répète, la pièce en question avec ma lettre à Lacomme, avec mes conclusions mêmes que je viens de déposer. Je n'écris jamais ainsi d'une écriture renversée.

4

M. le Président : Voici un ordre de vous de faire sortir des gendarmes et des sergents de ville?

Ferré : C'est toujours la même chose. L'instruction ne va jamais jusqu'au bout des documents. C'est un ordre de faire mettre en liberté.

M. le Président : Il y a un autre ordre qui parle de mise en liberté, c'est vrai; mais ce n'est pas celui-là.

Ferré : Mettre en liberté ou faire sortir, n'est-ce pas la même chose? Il faut que je proteste contre ces insinuations. Ce n'est pas la première fois que je suis accusé. Je sais ce qu'il en est.

L'accusé se rasseoit.

M. le Président : Je vous fais représenter d'autres pièces encore.

Ferré : Permettez, monsieur le Président, on ne m'a pas confronté avec les témoins qui vont être entendus : il me semble pourtant que c'était le devoir de l'instruction, sauf à moi à ne pas répondre plus que je ne l'ai fait précédemment; mais il me semble que l'on devait commencer par là...

M. le Président : Introduisez le premier témoin.

Valentin, garçon de bureau au Palais-de-Justice;

D. Que savez-vous de l'incendie du Palais-de-Justice? Vous y étiez garçon de bureau? — R. Oui.

D. Reconnaissez-vous l'accusé Ferré? — R. Parfaitement.

D. Vous ne savez rien de particulier? — R. Non, monsieur le Président.

Nous ne saisissons qu'imparfaitement la réponse du témoin. Un avocat déclare ne pas en avoir entendu un mot. Et, en effet, le bruit incessant produit par les allées et venues, les mouvements militaires des casernes qui environnent la salle d'audience, empêchent bientôt absolument les paroles du Président ou des témoins de venir jusqu'à nous.

Un silence relatif s'étant rétabli, nous saisissons l'ensemble des dépositions suivantes :

Femme Campagne, demeurant au Palais-de-Justice : Je crois reconnaître Ferré pour être celui qui donnait des ordres le jour de l'incendie.

Lacord, serrurier : J'ai rencontré Ferré le jour de l'incendie. Il m'a dit de m'en aller. Je lui ai dit : « Vous allez mettre le feu au Palais? mais tout mon mobilier est là, ainsi que celui de ma famille. » C'était le mercredi.

M. Delarue, expert en écritures : J'ai été commis pour vérifier l'écriture de l'ordre attribué à Ferré. L'écriture est forcée, renversée; la signature n'est pas franche, elle tend à redevenir droite; en définitive, Ferré a cherché à déguiser son écriture, mais il n'y a pas réussi.

Le témoin entre dans de longues explications sur le caractère de cette écriture. *(Sourires de dénégation de Ferré.)*

etté écriture même, dit-il, révèle la nature, le tempérament de son auteur.

Ferré : Le témoin me connaît donc bien, et mieux que moi?

M. le Président : Le témoin est expert en écritures; il a l'habitude de ces vérifications. D'ailleurs, il aurait fallu une main bien habile pour contrefaire à ce point une écriture.

M. le Président fait donner lecture du rapport que le témoin Delarue a été chargé de faire sur les écritures objet de son expertise.

La conclusion de ce rapport longuement développé, est que c'est bien Ferré qui a écrit de sa main l'ordre qui lui est attribué.

Ferré, après la lecture du rapport : Une observation encore : que l'on confronte la signature de cet ordre avec les miennes qui figurent sur les ordres d'écrou, on verra qu'elles ne se ressemblent nullement.

Regeaut, sous-brigadier au dépôt de la préfecture de police : J'ai prévenu Ferré que la Préfecture de police était en feu, au moment où il faisait extraire Veysset.

Ferré m'a dit : « Qui vous a dit cela? »

« Ce sont les gardes nationaux. — Les gardes nationaux sont des idiots. »

Ferré : Le témoin appartient au personnel de l'ancienne Préfecture de police; presque tous les gardiens de prison avaient été conservés.

Il est tout naturel qu'ils cherchent aujourd'hui à regagner les faveurs du pouvoir qu'ils n'ont pas servi depuis le 18 mars. Cette observation est générale.

Dans le service des postes, qui est bien plus intéressant que celui de la Préfecture, j'ai su qu'on a congédié tous les employés qui étaient restés à Paris depuis le 18 mars.

M. le Commissaire du gouvernement : Ceci est de la discussion. Je prie M. le Président de vouloir bien arrêter l'accusé dans cette voie.

M. le Président à l'accusé : Vos observations viendront plus tard.

Bigeart, concierge de la Cour de cassation, chef des garçons de la Cour.

D. Vous avez vu Ferré quand il était à la Préfecture de police? — R. Oui, je le reconnais parfaitement.

Ferré : Ce n'est pas étonnant, il m'a vu à la Haute-Cour de Blois.

Pierre Rigaud, sous-brigadier à la préfecture de police.

D. Que savez-vous sur l'incendie du Palais-de-Justice?

D. Veysset est-il resté dans la prison? — R. Oui, deux ou trois jours, jusqu'au 24 au matin.

D. Et qui donnait les ordres? — R. Ferré.

D. Vous étiez là au moment de l'incendie? — R. Oui, c'était le même jour.

M. le Commissaire du gouvernement : Le témoin n'a pas prêté serment.

Me Marchand : Je demande acte de ce fait.

M. le Président : Acte vous est donné, mais nous allons remplir cette formalité.

On fait prêter serment au témoin, qui continue sa déposition.

M. LE COMMISSAIRE DU GOUVERNEMENT : Quand vous avez vu entrer Ferré dans la Préfecture pour mettre le feu, était-il armé et ceux qui l'accompagnaient? — R. Quelques-uns avaient des poignards.

FERRÉ : Je ferai remarquer que ce témoin est employé du gouvernement et qu'il doit déposer avec un certain zèle dans le sens de l'accusation.

M. LE COMMISSAIRE DU GOUVERNEMENT : C'est là de la discussion.

VERGNERI, surveillant au dépôt.

D. Vous savez des détails sur l'affaire de l'assassinat de Veysset? — R. J'ai vu Ferré à la tête des gardes nationaux qui ont exécuté Veysset.

D. Et il paraissait les commander? — R. La plupart du temps Ferré leur donnait des ordres.

FERRÉ : Je voudrais demander au témoin comment j'étais vêtu?

R. Il avait un uniforme d'officier avec un collet rouge, il portait un sabre.

D. Lui avez-vous vu remettre quelque chose à ceux qui devaient fusiller Veysset? — R. Non, monsieur le Président.

D. Vous avez été plus explicite dans votre déposition.

M. LE COMMISSAIRE DU GOUVERNEMENT : En effet il a dit avoir vu Ferré remettre plusieurs pièces d'argent de cinq francs à ceux qui faisaient partie du peloton d'exécution.

DESSEREY, gardien du dépôt à la Préfecture de police : J'ai été requis pour extraire le nommé Veysset du dépôt; le peloton d'exécution l'attendait; il a été fusillé sur le quai des Orfèvres. Ferré suivait le peloton. Je ne sais si Ferré s'est adressé au peloton d'exécution; je ne l'ai pas vu donner de l'argent aux hommes. Je sais qu'il a parlé à Veysset, mais je ne sais pas ce qu'il lui a dit.

M. LE COMMISSAIRE DU GOUVERNEMENT : Pardon, vous l'avez entendu et vous en avez déposé à l'instruction. Redites-le ici, vous devez à la justice toute la vérité; soyez plus explicite.

Le TÉMOIN : Je n'ai pas entendu, je le répète. Les hommes du peloton n'étaient pas des gardes nationaux; c'était un corps à part, des Vengeurs de Flourens.

M. LE PRÉSIDENT : Je vous donne lecture de votre déposition écrite. « Ferré, avez-vous dit, a parlé à Veysset, lui a montré un ordre qu'il avait à la main, lui a fait voir le peloton d'exécution, et d'un geste brusque, il a rompu la conversation. »

Est-ce vrai, tout cela?

LE TÉMOIN : Oui. Il y avait dans le peloton un individu qui a été emmené avec Veysset. Je n'ai pas remarqué si Ferré était armé.

J'ai aussi vu l'incendie, à la Préfecture d'abord; j'ai vu Ferré sortir et rentrer.

MARGUERITE FORZI.

D. Vous avez été arrêtée le 15 avril. Votre domestique a été la cause de l'arrestation de Veysset, ayant dit que ce dernier allait à Versailles.

Le témoin, qui paraît fort troublé, ne répondant pas, M. le Président donne lecture de sa déposition dans l'instruction. Il en résulte que le témoin a entendu dire que Veysset avait été fusillé sur l'ordre de Ferré.

D. Où a-t-on arrêté Veysset? — R. A Saint-Ouen; il était porteur d'une somme de 20,000 fr. *(Naturellement cette somme n'a pas été retrouvée.)*

M. L'ABBÉ FÉRON, à Saint-Germain-l'Auxerrois :

Il était à l'hospice de Bicêtre quand les Dominicains ont été arrêtés comme otages. Il ont été arrêtés à la maison d'Arcueil, conduits au fort de Bicêtre; ils sont restés là dix-huit jours. J'ai fait des démarches pour tenter de les sauver. Je répondais d'eux sur ma tête. Je pensais que M. Léo Meillet les ferait mettre en liberté. Ils ont été ensuite transférés du côté de la Maison-Blanche.

Le témoin continue ensuite son récit qui se termine par les massacres que l'on connaît.

FERRÉ, après que le témoin a eu fini de déposer : Tout cela ne se conçoit pas.

RABUT, commissaire de police.

D. Quelle était votre situation dans les derniers jours de mai? — R. J'étais à Mazas le 22 mai. Dès le matin, le gardien qui faisait le service de ma cellule m'a annoncé que l'armée de Versailles était entrée dans Paris et que nous allions être délivrés. La journée se passa. Le soir, on vint nous dire qu'on allait nous transporter à la Roquette. Je compris tout. On nous transféra dans un cabanon où nous attendîmes. J'étais à côté d'un nommé Dereux, officier de paix, et Erasme, sergent-major au 106e bataillon.

On nous fit partir en voiture, escortés de gardes nationaux. A la Roquette on nous plaça dans un long corridor, où le gardien-chef vint faire l'appel; puis, on nous conduisit dans des cellules non éclairées. Je passai là la nuit. Le lendemain matin, je demandai de l'eau qu'on ne me donna que vers onze heures; à midi, nous pûmes descendre dans une cour des dépendances de la maison. Là nous pûmes nous compter. Il y avait Mgr Darboy, M. Bonjean, MM. Ducoudray, Deguerry, etc. Nous étions quarante à cinquante. Interrogé par eux, je disais que je croyais notre situation désespérée. Vers deux heures, nous rentrâmes dans nos cellules : j'étais au n° 25.

Les fenêtres donnaient sur le chemin de ronde. La soirée fut tranquille. Le lendemain soir, mercredi, après notre rentrée dans nos cellules, nous entendions des hommes nombreux parler en traversant le corridor. Ils ressortirent par l'autre extrémité. Au bout, se trouvait un petit escalier descendant dans le petit chemin de ronde. Les hommes s'avancèrent tout à coup, et j'entendis qu'ils appelaient des noms. Je distinguai ceux de Mgr Darboy, M. Bonjean et quelques autres. Ils ajoutèrent à plusieurs reprises : « Sortez, sortez plus vite, sortez comme vous êtes! » Ils ont dû descendre le petit escalier, et quelques minutes après, nous avons entendu un feu de peloton mal exécuté. J'ai dit à mon voisin de cellule : « Ce sont ces messieurs qu'on vient d'exécuter. » A la suite de cela, un silence de mort. La nuit se passa dans des craintes terribles.

Vers minuit, M. Bécourt, mon voisin, me dit qu'on entrait dans les cellules des victimes. Nous sûmes après qu'on y avait fait une perquisition et qu'on avait emporté tous les effets qu'elles contenaient. Une voix dit : « C'est pourtant une vilaine besogne que me fait faire là la Commune. — Quels sont ceux qui sont là? On répondit : Il y a d'abord M. Bécourt. Il est pour la prochaine fournée. »

Dans la journée, on vint chercher un M. Jecker ; il fut conduit au greffe, et nous ne l'avons plus revu. Cependant, quelque temps après, le directeur lui-même vint s'emparer de ce qui était resté dans sa cellule.

Le soir, nous eûmes une grande inquiétude. Nous entendîmes les gardes venir prendre position comme la veille, quand ils avaient exécuté ces messieurs. Ils n'y étaient pas allés par le même chemin que la veille.

On n'appela personne ce jour-là; le lendemain même, on dit qu'on n'appelle-rait plus de détenus, l'exécution du mercredi n'étant qu'une représaille à la suite d'actes qu'on reprochait aux troupes de Versailles.

Le vendredi, Langevin, qui connaissait ma qualité de commissaire de police et était plein de bienveillance, vint me dire de prendre courage.

Vers dix heures la fusillade devint très-vive, diminua vers onze heures, et ne reprit que vers trois heures.

Le matin, des bombes étaient tombées sur le bâtiment; les balles sifflaient autour de nous.

A trois heures, on crut faire un appel, et comme on ne répondait pas, l'em-ployé partit, mais revint le soir à cinq heures et prit quinze personnes qui des-cendaient au greffe. Nous n'avons pas entendu de fusillade, mais nous apprîmes que, conduits à Belleville, on les avait exécutés rue Haxo.

Nous nous attendions à notre tour à être massacrés le lendemain, quand le samedi matin Langevin vint me dire : « Je crois que cette fois nous allons être délivrés. »

En effet, nous avions remarqué une agitation extraordinaire. Les auxiliai-res (détenus qui font le service des autres) étaient ivres, le directeur avait changé son costume militaire par des vêtements civils.

On nous dit que Ferré s'était réfugié dans la prison. Ce fait nous épouvanta, nous le savions très-féroce, très-cruel. *(Ferré sourit.)*

Heureusement que les trois cents fédérés étaient partis. Nous supposons qu'on a voulu armer les condamnés et nous faire fusiller par eux. Ce qui nous fait dire cela, c'est que nous avons vu tous les condamnés descendre dans la cour, criant : « Vive la Commune ! vive la liberté ! » Ils étaient armés de marteaux et de toute espèces d'ustensiles.

Pendant qu'on appelait les otages, l'auxiliaire de notre corridor est venu nous ouvrir nos cellules, en nous disant : « Sauvez-vous! » Nous crûmes à un piége, mais enfin nous sortîmes. Je vis Langevin auquel je demandai ce que nous devions faire. Il me répondit : « Sauvez-vous! » Je ne sais pas ce qui s'est passé au deuxième étage.

Dans la cour on ne s'occupait pas de nous. Je donnai à M. Petit un par-dessus et je partis. Le pharmacien qui me connaissait m'engagea à me hâter et je sortis de la prison.

Je supposai que je pourrais attirer l'attention; je pris par la rue des Boulets et me dirigeai vers la fusillade. Heureusement que les barricades n'étaient pas gardées; les hommes étaient au cabaret. Près du Prince-Eugène cependant on croisa la baïonnette sur moi, je dis : « Je suis un condamné de la Roquette qui se sauve. » Un autre fédéré dit : « Oui, oui, je le reconnais, c'est un bon, laissez-le passer. » J'avais ma barbe inculte et j'étais fort sale.

Les balles frappaient autour de moi. Arrivé près de Bataclan, à l'intersection des deux boulevards, je m'entends héler : c'était un capitaine de la ligne. Il me crut sur parole, et un caporal m'accompagna à l'assistance publique, où un chef de bureau répondit de moi.

Ferré : Je constate que cette déposition, comme la première, m'est étrangère.

L'audience est suspendue à trois heures et un quart et reprise à trois heures et demie.

M. le Commissaire du gouvernement : M. l'abbé Féron a dit s'être trouvé à l'Hôtel-de-Ville en présence d'un membre de la Commune qui lui a annoncé les prochains désastres de Paris. Je prierai M. Féron de s'expliquer sur ce fait.

Le témoin, rappelé : Quand j'ai appris par les journaux l'arrestation de monseigneur, j'ai voulu tenter quelques démarches en sa faveur : je me suis rendu à l'Hôtel-de-Ville, où un commandant, nommé Rogeard, m'introduisit. J'exposai ma demande, et on me dit de m'adresser à Raoul Rigault, à la Préfecture de police. J'y fus, et là, on me déclara de bonne prise et on voulut m'arrêter. Me croyant perdu, je leur dis qu'ils n'avaient pas le droit de m'arrêter, n'ayant pas de mandat contre moi. J'ajoutai que je ne craignais rien, moi ayant pour eux bravé la mort devant l'ennemi. Ils me laissèrent. J'ajoutai que je reviendrais dans trois jours, comme ils me disaient de le faire. En effet, le samedi je retournai à la Préfecture de police, mais inutilement. Je fis une nouvelle démarche peu de jours après. Rigault me demanda si j'étais de l'archevêché. Je le priai de me faire conduire près de monseigneur, et cela au nom de la liberté. Il refusa.

Je fus trouver une personne que je connaissais, ami d'un membre de la Commune, et lui proposai de m'être utile, ajoutant qu'à l'occasion je le servirais. Ferré, que je rencontrai peu après à l'Hôtel-de-Ville où j'étais allé pour trouver Babik, s'approcha de moi d'une manière fort inconvenante et me demanda comment j'étais entré à l'Hôtel-de-Ville. N'ayant rien à perdre, je lui réponds que j'étais entré par la porte. Il répéta sa question. C'était une espèce de sanctuaire pour ce monsieur. Je lui dis que j'avais été accompagné par un planton. « Que voulez-vous ? — Un de vos collègues. — Pourquoi faire ? — Cela me regarde. » Ferré m'abandonna enfin; j'avais été fort inquiet pendant tout ce temps. C'est peu après que j'entendis ces paroles prononcées par un membre de la Commune : « Versailles n'entrera jamais à Paris, et s'il y entre, ce ne sera que sur des ruines; nous ferons tout sauter. »

Il se fit une espèce de marché devant moi : on vint offrir à un membre de la Commune 10 millions des objets d'art; on consentit.

Je continuai mes démarches auprès de Raoul Rigault. Je parvins à voir Protot qui me renvoya à lui. Je voulus me faire accompagner par un ami qui le connaissait, mais il aima mieux y aller lui-même. Raoul Rigault lui dit que si j'entrais à la Roquette, je n'en sortirais pas.

FERRÉ : Je ferai remarquer que le témoin n'a fait que son éloge tout le temps, au lieu de s'occuper de déposer simplement.

M. LE PRÉSIDENT : Cela ne vous regarde pas. Acceptez-vous ce que dit le témoin?

FERRÉ : Je n'ai rien à répondre dans ce cas.

DRAGON, brigadier au dépôt de la Préfecture : Le 24 mai 1871, Ferré, Fouet et deux autres sont venus au dépôt...

M. LE PRÉSIDENT : Que savez-vous sur Veysset?

LE TÉMOIN : On l'a demandé, on l'a fait sortir; on m'a dit ensuite qu'on l'avait fusillé. Je n'ai rien vu.

On chercha ensuite le nommé Riault, qu'on ne trouva point, vu qu'il avait été transféré dans une autre prison; on voulait nous en rendre responsables et on nous disait qu'on commencerait par nous, puis on en chercha d'autres encore. C'est alors qu'on cria : « Au feu ! » Ma femme me dit : « Tu sais qu'on va fusiller tout le monde; il faut s'en aller. » J'ai dit : « Non, je reste. » Les femmes qui étaient au dépôt criaient et se lamentaient; le directeur ne voulait pas les laisser sortir. Moi, j'ai fait sortir toutes les personnes.

Je reviens à ce que je disais en commençant : Ferré, Rigault et trois autres sont venus à une heure du matin visiter la maison; ils ont grossièrement insulté M. Bonjean, qui a dit : « Si je savais qui me parle, je pourrais répondre; mais je ne le sais pas. » Ils ont aussi voulu voir monseigneur; je les ai conduits à sa cellule, mais je n'ai rien entendu.

D. N'avez-vous pas entendu ce qu'a dit Ferré à M. Bonjean dans le greffe? — R. Non, j'étais dans l'intérieur, assez éloigné.

D. Vous avez reconnu un homme qui faisait partie du peloton des gardes nationaux? — Oui, mais ma femme a mieux reconnu que moi.

FERRÉ : Est-ce moi qui ai menacé les gardiens de les fusiller s'ils ne me trou-

FLOURENS

vaient pas un détenu que je cherchais? — R. Non, c'est M. Wurtz qui était juge d'instruction.

FEMME DRAGON.

D. Que savez-vous? — R. J'étais à ma fenêtre. Un garde est venu porter de l'argent qu'on a distribué; puis j'ai vu Ferré qui a dit : « Que ceux qui n'ont pas le courage se retirent; nous allons entrer au dépôt demander le registre, et tous les agents, gendarmes ou bonapartistes fusillés immédiatement. »

D. Est-ce Ferré qui a remis l'argent? — R. Non, c'est un petit jeune homme. Quelques minutes après, le feu a éclaté tout autour de moi. J'étais si exaltée que je l'aurais étranglé.

D. Vous connaissez bien Ferré? — R. Parfaitement, je l'ai vu souvent.

PRESTANT, employé à la Préfecture de police : J'étais de service le 24 mai 1871 à la Roquette; vers six heures et demie un brigadier vient me dire de faire venir les otages et les gendarmes, et il y avait un peloton d'exécution dans la cour. Je me trouvais à côté du peloton. Il y avait une porte à ouvrir dont on ne trouva pas les clefs d'abord; les otages furent conduits le long du mur de ronde. J'en avais assez. Je me retirai. J'entendis peu après la fusillade, un seul coup à la fois; il était huit heures moins cinq.

J'ai reconnu le capitaine Béry dans le peloton. A la suite de ces faits, j'ai été arrêté trois jours, je ne puis dire si c'est par ordre de l'accusé Ferré.

Le 27 mai, dans la journée, j'ai vu Ferré et une autre personne au greffe. Ils demandaient le directeur et le greffier, qui étaient tous deux absents. Il s'agissait de faire descendre d'autres otages. J'ai vu dans la cour les condamnés en liberté et armés. Quelqu'un a dit : « La liberté, vous allez l'avoir. » La grille s'est ouverte; les condamnés sont sortis de la Roquette. Personne n'a été tué ce jour-là dans les cours de la prison. J'ai prévenu les prêtres qui étaient encore dans leurs cellules. Je leur ai dit : « Il y a un sauve-qui-peut. »

J'ai particulièrement cherché à sauver un de ces messieurs qui m'avait fait beaucoup de bien. Je suis arrivé, au moyen d'une carte qui m'avait été donnée par le directeur, à sortir, ainsi que les prêtres. Je suis parvenu à cacher chez moi l'abbé Mauléon et à le soustraire aux recherches de ceux qui le poursuivaient; puis enfin les troupes de Versailles sont arrivées.

Ferré est resté quatre heures au greffe dans la journée du 27 mai; il devait être là pour donner des ordres; l'ordre de faire venir les otages est arrivé un instant après que je l'avais vu.

HENRION, gardien de prison à la Roquette : J'étais surveillant à la Roquette le 24 mai; les détenus m'ont demandé, vers six heures et demie du soir, comment cela allait : « Bien, dis-je, les troupes de Versailles avancent, elles seront ici demain. » De suite après j'ai vu le peloton d'exécution, quarante ou cinquante hommes, revêtus de divers uniformes. Un sous-officier me dit : « Vous allez être bientôt débarrassé de toutes ces canailles. » J'ai dit : « Personne ne me gêne. »

Il a répliqué : « Nous allons faire sauter votre archevêque et les autres. »

M. LE COMMISSAIRE DU GOUVERNEMENT : Est-ce par ordre de Ferré que le peloton d'exécution était là ?

LE TÉMOIN : On cherchait les noms des personnes qu'on voulait exécuter, mais je n'ai pu entrer au greffe ; je n'ai pas entendu dire ce jour-là que Ferré eût donné l'ordre. Les hommes du peloton étaient de divers bataillons ; il y en avait du 106e entre autres.

ANDRÉ MULLER, gardien de prison à la Roquette : J'ai vu le peloton des gardes nationaux à la Roquette le 24 mai ; il y avait un délégué de la Commune ; je ne sais qui c'était ; il portait une écharpe rouge à franges jaunes, une rosette jaune ; il avait une jaquette et un gilet noir ; son teint était basané. On m'a dit ensuite que c'était Ferré.

M. LE PRÉSIDENT : Pouvez-vous le reconnaître ? Regardez les accusés.

Ferré, un moment, sourit gracieusement.

Le témoin ne le reconnaît pas.

J'ai reçu l'ordre d'ouvrir la grille du petit chemin de ronde pour faire venir les otages devant le peloton d'exécution.

A trois heures du matin, j'ai assisté à l'enlèvement des divers corps des fusillés.

(Sur la demande de l'accusé.) Le samedi, je n'étais pas à la Roquette.

JEAN FOSSÉ, gardien à la Roquette : Le 24 mai, j'ai été commandé à six heures et demie du soir pour faire sortir les otages de leurs cellules.

J'ai entendu la détonation vers huit heures du soir.

J'ai entendu dire que Ferré était avec le peloton ; je ne l'ai pas vu.

Le vendredi on me fit chercher des gendarmes dans leurs cellules. Un commandant de Cour martiale me menaça de me brûler la cervelle, s'ils n'étaient pas descendus dans cinq minutes. Ils descendirent au nombre de trente-six. Quarante ou cinquante hommes, habillés de toutes sortes de couleurs, les attendaient. On les fit ranger et on procéda à l'appel.

Le semedi, je n'ai rien vu.

BARDY.

D. Que savez-vous concernant Ferré ? — R. Je le connaissais parfaitement. Je dois dire que quand j'ai été arrêté j'allais peut-être réussir à faire entrer les troupes de Versailles dans Paris. J'étais commandant de la garde nationale. (*Ferré saisit son carnet et prend vivement des notes.*)

AMABLE TRINQUART, pharmacien, interne à la Roquette.

D. Vous étiez à la Roquette le jour du meurtre ? — R. Oui, le 27 mai, le jour de la sortie des condamnés, enfin les 24, 25, 26 et 27.

D. N'avez-vous pas entendu dire que chacun des assassins avait reçu 50 fr. ?

— R. Oui, sur la place, le soir même de l'exécution.

D. Qui disait cela ? — R. Des inconnus.

D. N'y avait-il pas de chefs au moment du crime? — R. Non, ils disaient . « Ce sera toi, ce sera toi. »

D. Y avait-il des membres de la Commune? — R. Oui, au moins un, et un délégué.

D. Les avez-vous reconnus? — R. Non, j'étais au troisième étage de la prison.

D. Avez-vous vu ce qui se passait dans le chemin de ronde? — R. J'ai entendu un feu à volonté.

D. Avez-vous vu l'archevêque ce jour-là — R. Oui, il était souffrant et je remplaçai le médecin. Il me dit qu'il souffrait d'une maladie intestinale.

D. Que savez-vous de la mort de M. Jecker. — R. On m'a raconté sa mort après.

D. Vous avez vu sortir les otages qu'on a conduits dans le vingtième arrondissement; combien étaient-ils? — R. Dix à douze, conduits par des gardes de tous les costumes.

D. Vous avez dit avoir, parmi eux, reconnu des assassins de monseigneur? — R. Je les ai reconnus au costume.

D. Le 27, avez-vous vu Ferré au greffe? — R. Le sous-brigadier Picon m'a dit qu'il y était, mais je ne puis affirmer que c'était lui que j'ai vu dans la personne d'un chef qui se promenait sur la terrasse.

Ferré se lève; le témoin ne peut affirmer le reconnaître.

Ferré : Je puis donner toute satisfaction à cet égard, puisque j'ai moi-même déclaré que le 27 je suis allé à la Roquette :

Georges Lamotte, surveillant de prison à la Roquette : Je fus appelé le 24 pour prendre le service de huit à la place d'un surveillant de la Commune, ivre. Je pris un fallot et, avec M. Roé, greffier, nous fûmes dans les cellules des victimes où nous prîmes tout, excepté les journaux.

Nous nous rendîmes ensuite dans le chemin de ronde. Les six victimes étaient couchées côte à côte. On fut chercher une petite voiture à bras, et on procéda au dépouillement de : 1° Mgr Darboy; 2° Bonjean; 3° Deguerry. On leur enleva leurs bijoux qu'on mit dans leurs mouchoirs et qu'on porta au directeur François. Puis trois corps furent emportés au Père-Lachaise.

D. Savez-vous ce qu'on a fait des vêtements des victimes? — R. On les a brûlés le lendemain au lieu où on les avait fusillés.

D. Savez-vous si Ferré était avec ceux qui ont fusillé les otages? — R. Non, mon service finissait le matin.

D. Que savez-vous du 26? — R. Rien. J'ai vu seulement un nommé Braunès qui m'a dit de dire à Godmau de faire descendre les gendarmes pour qu'ils amènent avec eux les otages dans le vingtième arrondissement.

D. Et le 27? — R. J'avais la surveillance d'un grand nombre de victimes. Vers quatre heures du soir, j'ai entendu du bruit et la voix du surveillant Pinet qui leur a ouvert les portes et les a armés de tranchets et de lances. Un membre de la Commune arrive. Les détenus lui demandent des armes pour aller avec lui. Ils sortent, en effet au cri de : « Vive la Commune! »

D. Vous n'avez pas vu Ferré le 27 à la Roquette? — R. Si, je passai au greffe quand il y entrait. On m'a dit, d'ailleurs, que c'était lui.

D. Le reconnaîtriez-vous? — R. Je ne crois pas.

Ferré : Je tiens à faire bien préciser un fait qui a une très-grande importance. Le témoin a dit que c'est M. Pinet qui a ouvert aux détenus et les a armés. C'est fort important. Le témoin a aussi dit que les détenus ont demandé à servir la Commune. Quelle a été la réponse de ce membre de la Commune? — R. J'étais trop loin pour entendre la réponse.

D. Les avez-vous vu armer? — R. Je ne sais pas si c'est Pinet au juste.

François-Jean Baptiste, concierge, rue Chauvau-Lagarde, 2.

D. Levez la main. Vous jurez de dire la vérité? — R. Je le jure, aussi vrai que je m'appelle François de mon nom de baptême.

D. Jurez tout simplement. Vous étiez directeur de la Roquette? — R. Je suis concierge; je cire les bottes de mes locataires, et je reste, de midi à deux heures, chez un médecin, M. Acbert, qui me donne 80 fr. par mois.

D. Mais on a cité un nommé François, directeur? — R. Je ne suis directeur que de mon cordon.

(Le témoin est emmené par les gardes, car il est détenu.)

Lambret, marbier, rue de la Roquette. D. Avez-vous vu ce qui s'est passé le 24?—R. Oui, la troupe se débandait. Il y avait peut-être cinquante hommes. Je vis François, le directeur, qui reçut bientôt un ordre de Ferré.

D. Quand ils sont entrés que s'est-il passé? — R. Ils se sont précipités par la grande porte, puis ont fait descendre les otages, mais je n'ai pas vu l'exécution.

D. Le délégué qui a donné l'ordre a-t-il suivi le peloton? — R. Oui.

D. Avez-vous entendu les coups de fusil? — R. Oui, c'était une décharge mal faite, ce n'était pas un feu de peloton.

D. On a dit, devant vous, que c'était Ferré? — R. Oui, je l'ai parfaitement entendu.

Henri-Joseph Chevriot, proviseur du lycée de Vanves. — D. Vous avez été arrêté au lycée de Vanves? — R. Oui, le 1er mai, sur un ordre écrit du soi-disant général Eudes, qui s'était établi, au lycée, avec son état-major. On me mena dans un cabinet de Raoul Rigault où Dacosta m'interrogea. Je fus de là transporté, moi quinzième, à la Roquette.

Nous étions quarante-trois otages dans la quatrième division. J'étais avec les victimes.

D. Qu'avez-vous entendu le 24? — R. J'ai entendu ouvrir la grille; j'occupais la cellule 21, et monseigneur la cellule 23. De sept à huit heures, un bruit de gardes se fit entendre et je les vis défiler par mon guichet. J'entendis ce propos : « Ah ! ce soir nous allons les coucher ! » Quand le corridor a été envahi, on a procédé à une espèce d'appel, parce qu'on ne savait pas au juste qui était dans chaque cellule. On vint même dans la mienne savoir qui j'étais. Il y avait six noms sur la liste. Peu après on descendit le petit escalier, et le peloton passa sous ma fenêtre. Je me hissai et j'aperçus les six victimes entourées des exécuteurs. Je n'ai vu que leur attitude, puis je les ai perdues de vue au tournant du chemin de ronde. Quelques minutes après, j'ai entendu deux feux de file séparés par un petit intervalle ; le second suivi des cris de : « Vive la Commune ! »

D. Avez-vous su que Ferré fût présent ? — R. J'ai entendu dire le lendemain que c'était lui qui avait porté l'ordre d'exécution, mais ce n'est qu'un on-dit.

D. Qu'avez-vous vu le lendemain ? — R. Le samedi entre quatre heures et quatre heures et demie, profitant du moment où la prison se trouva abandonnée par une partie des gardiens et cette tourbe de fédérés qui voulaient, disait-on, nous massacrer, j'ai réussi à m'échapper déguisé. J'ai pris la rue Servant et je me suis dirigé sur l'église Saint-Ambroise, et je suis venu tomber sur un poste de l'armée de Versailles, au coin du boulvard. L'officier me fit reconduire au lycée Condorcet, près de ma famille.

Le nommé François est introduit de nouveau et confronté avec les nommés Bacon, brigadier, et Régeau, sous-brigadier à la Roquette ; ils ne reconnaissent pas le concierge François. Le directeur de la Commune serait détenu également à Mazas, dit-on : de là l'erreur. Il sera assigné pour demain.

Louis-Claude Guérin, directeur du séminaire des Missions-Étrangères.

D. Où étiez-vous le 24 mai ? — R. A la Roquette, j'avais été arrêté le 2 mai, m'étant présenté à la Préfecture de police pour réclamer les objets religieux volés ; on me mit au dépôt, et, ce qu'il y a de fort joli, c'est que, quand je fus transféré à Mazas, j'eus un bulletin où étaient ces mots : accusé d'avoir volé des objets religieux.

D. Quel jour fûtes-vous conduit à la Roquette ? — R. Le mardi 23. On vint, le 24, me demander si j'étais Darboy. Je pris un papier et je vis les six noms des victimes. J'entendis ensuite passer les otages, je crois que M. Bonjean venait le dernier. L'archevêque et M. Ducoudray causèrent un instant près de mon guichet, je me retirai par discrétion. J'entendis ensuite comme le bruit d'une altercation sous mes fenêtres ; puis défilèrent les victimes, dont je vis quelques-unes ; les soldats et les officiers pêle-mêle les escortaient. Puis un feu de peloton, suivi de quelques coups de fusil séparés et de quelques cris de : « Vive la Commune ! » se sont fait entendre.

D. Vous n'avez rien entendu qui eût trait particulièrement à l'accusé Ferré ? — R. J'entendis, le lendemain, dire par Langevin que la Commune allait venir s'installer dans notre prison. Nous estimâmes que nous étions perdus, puisque les derniers restes de la Commune venaient s'installer à la Roquette.

ALPHONSE-PRUDENCE SALMON, limonadier, rue de l'École-de-Médecine.

D. A quelle époque avez-vous été enfermé à la Roquette, et pourquoi? — R. Le 24, parce qu'on trouva une demande que j'avais faite pour avoir un emploi sous l'empire.

D. Vous n'avez rien vu à la Roquette? — R. Non. J'ai su seulement, depuis, ce qui s'est passé.

D. Vous n'avez pas entendu parler de l'assassinat de M. Jecker? — R. Non.

L'audience est levée et remise à demain midi.

URBAIN

Urbain, ancien chef d'institution primaire, après avoir, pendant le siége de Paris, fréquenté assidûment les lieux de réunion, les clubs et particulièrement celui du Pré-aux-Clercs, devient, antérieurement à la Commune, membre d'un comité de vigilance. Ce comité, institué dans le but de veiller à la conservation de la République après les événements du 4 septembre, eut une grande part dans les agitations qui se produisirent à l'intérieur de Paris à l'époque du siége, et Urbain fut chargé à diverses reprises d'être l'organe de ce comité vis-à-vis des membres du gouvernement.

Plus tard, les comités de vigilance s'étant groupés pour former un Comité central, Urbain continue à prendre part aux réunions et aux délibérations, tout en prétendant ne pas avoir, pendant cette seconde période, pris la parole comme lorsqu'il se trouvait au comité de vigilance.

Le Comité central dont il est ici question n'était pas encore celui qui joua un si grand rôle sous la Commune; néanmoins il dura, selon les réponses du prévenu, jusqu'au dénouement de l'insurrection, et il est évident, d'après l'instruction, que les éléments qui composaient le premier ont fourni, en partie du moins, les éléments du second. Quoi qu'il en soit, les comités de vigilance, agissant isolément ou groupés plus tard, furent constamment un foyer d'agitation, de discussions, ne se distinguant des clubs ou des réunions ordinaires que par un semblant de légalité, de mandat.

A la fin de janvier et au commencement de février, Urbain prétend s'être éloigné complétement de la vie politique et n'avoir conservé que quelques relations avec d'anciens amis, restés eux dans cette vie politique; il prétend

aussi n'avoir été mêlé en aucune façon aux événements du 18 mars qu'il n'aurait connus qu'après leur entier accomplissement. Sans attacher à cette assertion une grande importance, en ce sens qu'Urbain n'était ni d'une trempe assez vigoureuse ni d'une intelligence assez grande pour être désigné alors à l'attention des grands instigateurs du mouvement, nous ne pouvons cependant accepter comme vraie cette prétention d'un désintéressement complet de la chose publique. Le passé d'Urbain que nous venons d'indiquer, son tempérament aussi bien que sa conduite ultérieure nous donnent la conviction que, s'il a joué à ce moment un rôle effacé, il n'en a pas moins suivi avec ardeur et passion les phases de l'action. Il était orgueilleux et ambitieux ; depuis le commencement de mars il retournait aux réunions du Comité, formé avec les comités de vigilance. Il n'avait pas cessé de fréquenter ses amis politiques, et s'il est resté dans l'ombre, nous le répétons, c'est que, malgré ses aspirations ambitieuses, il n'a pas trouvé de suite le moyen de se mettre en évidence.

Nous verrons, du reste, à produire la confirmation de nos appréciations, car le 22 mars il nous dit lui-même être rentré dans la vie publique ; il nous dit qu'il était très-connu dans son arrondissement, dans son bataillon, où on lui offre un commandement, qu'il refuse sous un seul prétexte : qu'il n'a pas assez de connaissances militaires. Ce même jour, 22 mars, le Comité central, celui organisé pour la direction du mouvement, fait offrir à Urbain le poste de maire au 7e arrondissement ; celui-ci refuse, et, après deux jours de pourparlers, il accepte, à la condition de ne prendre aucune part à l'administration de l'arrondissement et de ne s'occuper que des élections. En ce cas, il participait directement à la perpétration de l'attentat contre le gouvernement régulier, puisqu'il se prêtait à une opération pour laquelle le Comité rencontrait des difficultés, et s'il se défend d'avoir accepté les fonctions administratives, c'est tout simplement parce qu'il ne connaît en aucune façon l'administration ; du reste, il finit par les accepter en partie, à l'exception des actes de l'état civil, que M. Hortus, adjoint, continue à signer dans l'intérêt de l'arrondissement.

Les élections appelaient Urbain à faire partie de la Commune, et, en sa qualité d'ancien instituteur, il prend place comme membre dans la commission d'enseignement, mais il conserve en même temps ses fonctions de maire ; de plus, il s'installe à la mairie, vers le milieu d'avril, avec son fils et sa sœur ; on le voit en même temps y donner asile à une dame Leroy, sa maîtresse, qui exerçait sur lui une très-grande influence et qui elle-même pérorait dans les clubs, dans les comités où se réunissaient les femmes. A la mairie du 7e, cette femme prenait, de son propre mouvement, la direction en l'absence de son amant, y recevait en son nom, et une foule de témoignages établissent l'influence qui vient de lui être attribuée pendant le cours de la gestion d'Urbain ; des perquisitions dans les maisons particulières, dans les maisons religieuses ont été opérées ; dans ces dernières, Mᵐᵉ Leroy l'accompagnait quelquefois :

5

lorsque des arrestations étaient faites, des objets, des titres, des valeurs étaient saisis, portés à la mairie, et de là à la Préfecture de police; mais nous avons trouvé, dans le dossier, des plaintes portées contre Urbain et contre la femme Leroy, par lesquels ils étaient accusés personnellement de s'être approprié des valeurs et des bijoux, et, si l'un et l'autre s'en défendent, nous ferons remarquer, en l'absence de preuve bien palpable, que scrupule de conscience n'était pas à l'ordre de la Commune, et particulièrement à la mairie du 7ᵉ, où la caisse d'enseignement de l'arrondissement, contenant 8,000 fr. au début, fut réduite à 2,500 fr. A la dernière heure, Urbain nous dit lui-même avoir disposé de cette dernière somme en faveur d'une personne de sa connaissance, compromise comme lui. D'autre part, il est constaté que, pendant le séjour de la femme Leroy, les dépenses du prévenu excédaient évidemment, par suite de ses prodigalités vis-à-vis de sa maîtresse, les 15 fr. par jour qui lui étaient attribués.

D'autre part, encore au dire du domestique d'Urbain, tout le monde puisait dans cette malheureuse caisse, et nous trouvons dans le dossier le testament par lequel le prévenu laisse à son fils une somme de 4,000 fr. en billets de banque et or, déposée chez sa tante, Mᵐᵉ veuve Vauclair, et il est établi qu'avant la Commune il ne possédait rien. Mᵐᵉ Leroy, elle-même, que nos renseignements nous indiquent comme étant venue à la mairie dénuée de ressources, nous accuse l'existence d'une somme de 1,000 fr., fruits de ses économies.

Une autre charge résulte, et contre Urbain et contre la femme Leroy, qui s'en défendent tous deux, de la plainte de M. Landau, inspecteur de police, chez lequel une perquisition aurait fait disparaître une somme importante, des bijoux, une montre, et quelques-uns de ces derniers objets saisis sur lui auraient, au dire d'Urbain, été envoyés à la Préfecture; mais M. Landau affirme qu'une bague prise sur Mᵐᵉ Landau serait passée directement entre les mains de la femme Leroy. M. Landau accuse, comme valeurs saisies, un chiffre d'environ 5,000 fr. Urbain, lui, prétend n'avoir vu qu'un titre de 100 fr. et 60 fr. en argent. Où était passé la différence, et comment trouve-t-il dans ses souvenirs, où les perquisitions et les saisies devaient un peu se confondre, ce chiffre de 160 fr. au total? Mᵐᵉ Leroy fait exactement une déposition en concordance avec l'affirmation de son amant ; cela nous fait supposer que cette perquisition ayant permis la soustraction d'un chiffre assez élevé, une entente s'était préalablement établie entre eux, qui s'étaient, selon toute probabilité, partagé le produit presque entier de la saisie.

Nous ajouterons que le nommé Endrès, délégué pour la police au même poste et qui était le grand justicier d'Urbain, est, à Paris, sous le coup d'une accusation de vol, et que son instruction se poursuit.

Nous avons dit qu'Urbain, indépendamment de ses fonctions de maire, était membre de la Commune. A ce titre, son action aussi bien que sa coopération s'affirme par les documents que nous avons entre les mains, documents qui consistent en ordres signés de lui et dont il a reconnu l'authenticité. Si nous ne le voyons pas figurer dans la conduite des grandes opérations militaires, il a néanmoins joué, au point de vue de l'action, un rôle important. Il a été chargé à plusieurs reprises, de visiter les postes ; il a, à deux reprises, fait occuper le fort d'Issy, qui avait été abandonné; cela, il l'avoue lui-même. Il a visité, par ordre, les casernes, les remparts; il a dirigé la construction de barricades, et, le 22 mai, lorsque l'insurrection refoulée sur plusieurs points le chasse de la mairie, il nous dit lui-même avoir résisté aux sollicitations de la femme Leroy qui l'engageait à abandonner la lutte et s'être rendu à l'Hôtel-de-Ville avec l'intention de rester à son poste.

Comme homme politique, Urbain, dans les délibérations de la Commune, est toujours ardent et prend souvent la parole. Il a apporté son vote approbatif à tous les décrets, et particulièrement à ceux relatifs aux mesures répressives, aux otages, à la démolition de la colonne Vendôme, de la maison de M. Thiers, au Comité de salut public dont il fut l'un des plus ardents promoteurs, et enfin, c'est lui qui, dans la séance du 17 mai, demande l'application du décret sur les otages. A ce sujet nous copions textuellement la proposition d'Urbain, insérée au *Journal officiel* du 17 mai : « Je demande soit à la Commune, soit au Comité de salut public, de décider que dix des otages que nous tenons en main soient fusillés dans les vingt-quatre heures, en représailles du meurtre de la cantinière assassinée et de notre parlementaire assailli par la fusillade, au mépris du droit des gens. Je demande que cinq de ces otages soient fusillés solennellement à l'intérieur de Paris, devant une délégation de tous les bataillons, et que les cinq autres soient fusillés aux avant-postes, devant les gardes témoins de l'assassinat. J'espère que ma proposition sera acceptée. »

Par cette proposition, Urbain a attaché son nom à l'horrible attentat commis sur les otages; dans les derniers jours, il a encore été membre de la commission militaire, et son activité, à défaut de ses aptitudes, a servi inutilement la résistance. En un mot, il a tenu à honneur de se mettre en évidence, et, sans jouer un des premiers rôles dans le mouvement insurrectionnel, il ne s'en est pas détourné avant le dernier moment, et il a sa large part de responsabilité dans tous les actes criminels, dans tous les attentats commis dans Paris.

En conséquence, nous sommes d'avis qu'il y a lieu d'ordonner la mise en jugement du nommé Urbain, et de lui faire l'application des art. 59, 60, 87, 91, 96, 268, 302 du Code pénal.

TRINQUET

Trinquet, cordonnier, habitué des réunions publiques, où il se fit remarquer par sa violence, était en 1869 l'un des membres du comité électoral qui proposa et soutint la candidature de M. Rochefort; celui-ci, pour reconnaître ses services, l'employa dans les bureaux de la *Marseillaise*.

En 1870, le 8 février, Trinquet est arrêté dans la rue poussant des cris séditieux; il est trouvé porteur d'une arme prohibée; on fait une perquisition chez lui, il était détenteur de munitions de guerre; la 7ᵉ chambre du Tribunal correctionnel de Paris le condamna pour ces faits à six mois de prison et 50 fr. d'amende.

Trinquet affirme n'avoir pas fait de politique pendant et après le siége de Paris par les Prussiens jusqu'à son élection à la Commune; cette affirmation peut être mise en doute, car Trinquet eût manqué à toutes ses habitudes.

Nommé membre de la Commune aux élections complémentaires du 16 avril, Trinquet est membre de la commission de sûreté générale, particulièrement chargé de toutes les mesures répressives. Dans cette commission, Trinquet fut plutôt pour la rigueur que pour l'indulgence; jamais il ne prit la parole pour atténuer les faits ou pour protester contre l'arbitraire.

Il est violent, il vote pour le Comité de salut public, il assiste à la séance dans laquelle Urbain fait sa proposition, il ne proteste pas plus que pour son décret ordonnant une démolition; nous savons que Trinquet se plaignait qu'il ne lui fût pas laissé une part assez belle dans les travaux de la commission particulière, il travaille en dehors, et c'est par son ordre que l'on fait une perquisition chez les abbés Petit et Tassy.

Il prétend avoir voulu donner sa démission. Mais le voulût-il bien, rien ne nous indique qu'il eût fait une démarche.

Trinquet a été trouvé porteur d'une somme, sur l'origine de laquelle il ne nous a pas dit la vérité.

Cette somme ne provient pas du petit héritage fait en 1859. Depuis douze ans, Trinquet a fait beaucoup trop de politesses, et nous restons convaincus que de l'héritage de sa mère il ne lui reste plus que le regret de l'avoir mal employé.

Pour la somme de 1,230 fr., elle provient plutôt d'une largesse que se sont offerte les membres de la Commune. Il résulte de l'instruction que Trinquet a été membre de la Commune insurrectionnelle de Paris et de la commission de sûreté générale. Il a donc : 1° usurpé tous les pouvoirs; 2° contribué à l'attentat ayant pour but de détruire ou de changer la forme du gouvernement; 3º excité à la guerre civile en armant ou en portant les citoyens ou habitants à s'armer les uns contre les autres; porté la dévastation, le massacre et le pillage dans la ville de Paris; 4º il est coupable d'assassinat, ayant voté l'application du décret sur les otages.

En conséquense, nous sommes d'avis qu'il y a lieu d'ordonner la mise en jugement du sieur Trinquet, coupable de délits et crimes prévus et punis par les art. 59, 60, 87, 91, 96, 258, 302, 341 et 342 du Code pénal.

CHAMPY

Champy, ouvrier coutelier, fréquentait assidûment les clubs pendant le siége et y prenait fréquemment la parole; c'est ainsi qu'il arriva à se faire connaître et à se faire nommer membre de la Commune aux élections du 26 mars. Après la proclamation de la Commune, il fait partie de la commission des subsistances.

Champy est chargé, le 5 avril, d'aller faire une inspection dans les bureaux de navigation du canal Saint-Martin, ayant surtout pour objet la saisie des sommes en caisse; le 21 du même mois, sur l'avis du commandant de la caserne du Château-d'Eau, il autorise la prise de possession de trois mille tuniques provenant des magasins des régiments de ligne.

Champy, qui veut jouer un rôle, est avec la majorité violente de la Commune; il vote toujours avec elle et prend sa part de responsabilité dans tous ses excès.

Outre les faits dont il est question plus haut, nous devrons ajouter les hésitations et le louche de ses déclarations quand il lui a été demandé compte de l'emploi de son temps pendant les derniers jours. Il est à la mairie du 11e arrondissement le 24 mai pour recevoir les 1,000 fr. distribués à chaque membre de la Commune; le 25, c'est au colonel Brunel, un des agents de l'incendie, qu'il s'adresse pour ordonner des mesures tendant à faire combattre l'incendie; le 26, Champy passe sa journée à la mairie du 11e arrondissement, devenu le quartier général de l'insurrection. C'est de là que partent tous les ordres, c'est là qu'arrivent tous les rapports. C'est là qu'est le gouvernement insurrectionnel. Champy prétend avoir passé les jours du 27 et du 28 à visiter les hôpitaux.

De tout ce qui précéde, il résulte que Champy, membre de la Commune, ayant voté tous les décrets, accepté sans protestation tous ses actes, a 1° usurpé tous les pouvoirs judiciaires, militaires, administratifs; 2° sequestrations arbitraires; 2° participation à l'attentat dont le but a été d'exciter à la guerre civile en portant les citoyens ou habitants à s'armer les uns contre les autres, soit de porter la dévastation, le massacre et le pillage dans la ville de Paris; 4° destruction volontaire de maisons particulières ou monuments appartenant à la nation; 5° pillage des églises en bande et à force ouverte; 6° d'assassinat, ayant voté la loi sur les otages.

En conséquence, nous sommes d'avis qu'il y a lieu d'ordonner la mise en jugement du sieur Champy, coupable des délits et crimes prévus et punis par les art. 59, 60, 87, 91, 93, 302, 341 et suivants, 437 et 440 du Code pénal.

RÉGÈRE

Le sieur Régère, né à Bordeaux en 1816, exerçait la profession de vétérinaire. Fondateur et rédacteur de la *Tribune de la Gironde,* il vit son journal supprimé le 2 décembre et fut proscrit après le coup d'État. Il résidait à Paris depuis 1855, lorsque le 31 octobre il organisa l'émeute contre le gouvernement provisoire et fut poursuivi avec Lefrançais et Millière. L'accusé faisait déjà à cette époque prévoir son ardeur à défendre les idées socialistes; il prétend n'être entré que plus tard dans l'Internationale, dont il a été membre actif pour la section du Panthéon; secrétaire des comités des vingt arrondissements, membre du comité d'armement et du comité électoral du 1er arrondissement, il fut porté le premier sur la liste de cet arrondissement pour l'assemblée de la Commune. A cette occasion, il fit une proclamation à ses électeurs, publiée par l'*Officiel*, et qui est sa profession de foi. Quoique modérée dans la forme, elle excite au mépris du gouvernement de l'ordre et fait l'apologie de l'insurrection. Le 28 mars, le sieur Régère fut nommé membre de la Commune et délégué à la mairie du 5e arrondissement qu'il a administrée jusqu'à la fin de l'insurrection.

Le *Journal officiel* de la Commune a publié plusieurs proclamations, décrets et avis signés de lui, entre autres un arrêté sur les octrois (2 avril), un autre sur les journaux (*Officiel* du 3 avril); un avis écrit à la mairie du 5e arrondissement, et enfin un arrêté sur les réfractaires. Tous ces actes émanent d'un homme dévoué à l'insurrection.

Dans les séances de la Commune, il s'est fait remarquer par ses interruptions continuelles et ses réclamations. Le 28 avril, il demande l'urgence pour qu'il soit formé un comité de salut public.

Le 1er mai, il vote pour la dénomination de Comité de salut public à donner au Comité; son vote est ainsi motivé :

« Attaqués impitoyablement et sans motif légitime, j'estime que nous devons défendre avec énergie la République menacée. »

Le 2 mai, Régère fait l'éloge de la manière avec laquelle le conseil de légion de son arrondissement fait les perquisitions pour trouver les réfractaires, les armes, etc.

Le 3 mai, en attendant la perquisition Pillot, relative à la chute de la colonne Vendôme, l'accusé, impatient, s'écrie : « Mais c'est voté! » Au sujet des emplois des établissements religieux, il annonce qu'il a disposé de celui de la rue des Postes, pour y loger des réfugiés.

Enfin, à la fin de la séance, il soutient énergiquement Félix Pyat, son ami, attaqué par la Commune.

Le 8 mai, il combat la publicité des actes du Comité de salut public et demande le vote nominal; il se plaint aussi de ne pas recevoir les rapports de guerre.

Dans une des séances de la Commune, il a protesté en faveur du commissaire de la police communeuse, le sieur Pillotel qui avait fait des perquisitions scandaleuses chez MM. Chaudey et Polo.

Le 19 mai, il a présidé la Commune et n'a plus assisté à ses séances depuis ce jour, pour pouvoir résider d'une manière permanente dans son arrondissement.

Il nous a dit lui-même qu'il devait coucher à la mairie « pour assister aux travaux de défense et présider à la protection d'une partie de ses administrés. » Dans cette circonstance, l'accusé avance une chose qui demande des preuves, toutes les églises de Paris ayant été fermées par ordre de la Commune. Il prétend avoir assisté avec son fils aîné, commandant du 248e bataillon, à la première communion de son second fils Gaston, à l'église Saint-Étienne-du-Mont. En citant ce fait, l'accusé affirme qu'il a fait évader plusieurs prêtres et autres personnes arrêtées par des troupes étrangères à son arrondissement. Ces personnes doivent être citées par lui comme témoins à décharge.

Lorsque les troupes de Versailles approchèrent du 5e arrondissement, le délégué à la mairie s'occupa sérieusement de la défense. Nous avons sous les yeux une note signée de lui et reconnue par lui, mettant une milice d'honneur à la disposition de la défense, annonçant qu'il fortifiait le Panthéon, demandant de l'artillerie et un représentant de la guerre civile, depuis l'entrée de l'armée régulière, et qui est en contradiction avec ce qu'il avance.

L'accusé avoue cependant que, voyant la défense impossible, il réunit un Conseil de guerre composé du colonel Blin et de ses officiers, et leur propose de renvoyer les troupes dans d'autres quartiers. Ce qui est complétement contredit par la résistance du Panthéon. Il prétend aussi avoir donné l'ordre, signé par lui et Jules Vallès, de ne pas faire sauter et incendier les monuments. Le colonel fédéré Lisbonne aurait reçu cet ordre. Cependant il est de notoriété publique que, si les soldats de l'ordre n'avaient pas coupé le fil conducteur destiné à communiquer l'étincelle aux poudres du Panthéon, tout le quartier aurait sauté.

Nous avons mis sous les yeux du sieur Régère un ordre qui lui est attribué par les feuilles publiques et qu'il avait donné à Millière, d'incendier les monuments et les maisons suspectes de la rive gauche, en s'entendant avec le chef des barricades; il nie formellement avoir donné cet ordre qu'il accuse d'avoir été inventé. A l'arrivée des troupes régulières, le maire du 5e arrondissement prit la fuite et se cacha, pour échapper aux défenseurs de l'ordre, jusqu'au moment de son arrestation.

Comme membre de la Commune, le sieur Régère a pris sa part de responsabilité dans les actes, décrets et proclamations de ce gouvernement dont il a été un agent très-actif.

Comme délégué au 5e arrondissement, il nous a lui-même avoué son pouvoir sans contrôle : il assume sur lui seul la responsabilité des décrets, réquisitions, arrestations de réfractaires, signatures d'actes de naissances et de mariages qui ont eu lieu sous son administration; il prétend en avoir eu le droit, en s'appuyant sur son élection par le suffrage de ses administrés.

Il est aussi à remarquer que, comme membre de la Commune, il est responsable des décrets ordonnant la démolition de la colonne Vendôme, de la maison de M. Thiers, des arrestations arbitraires et des exécutions sommaires dont l'histoire de l'insurrection contient de nombreux exemples.

En conséquense, notre avis est que le nommé Régère (Dominique-Théophile), soit traduit devant le Conseil de guerre pour avoir :

1° Participé à un attentat dont le but a été d'exciter à la guerre civile, en armant les citoyens les uns contre les autres.

2° Participé à un attentat ayant pour but de changer la forme du gouvernement.

3° Usurpé des fonctions civiles et les avoir exercées illégalement.

4° Ordonné des réquisitions, perquisitions et arrestations arbitraires.

5° Donné l'ordre d'incendier et de détruire par la mine et par le feu des édifices appartenant à l'État et des maisons habitées....

6° Signé l'ordre de détruire et de renverser des monuments élevés par l'autorité publique et des habitations privées.

PASCHAL GROUSSET

Crimes prévus et punis par les art. 59, 60, 87, 88, 91, 92, 437, 295, 296, 297, 95, 237, 258, 302, 341, 434 du Code pénal et par l'art. 6 de la loi du 27 février 1858.

RASTOUL

Le nommé Paul Rastoul est l'ancien président du fameux club des Montagnards.

Ce club, comme on le sait, était l'un des plus réputés dans Paris; de là, sont sorties les idées les plus communeuses et les germes de ce gouvernement qui, s'instituant la Commune, devait bientôt produire les actes les plus atroces et les plus barbares que l'intelligence humaine puisse avoir rêvés.

Rastoul était administrateur de la mairie du dixième arrondissement lorsque, le 26 mars, le Comité central régla les élections municipales immédiates dans les divers arrondissements de Paris. Rastoul s'étant présenté dans son arrondissement fut élu. C'est de cette époque que datent les différentes fonctions officielles qu'il a remplies durant la Commune, dont il est devenu un des membres les plus zélés et les plus acharnés. Rastoul s'en défend avec audace; il prétend n'être resté que le simple conseiller de son arrondissement; que les actes prouvent suffisamment qu'il était constamment en lutte avec ses collègues.

VERDURE

Verdure s'occupe depuis longtemps de la question ouvrière; c'est un philanthrope utopiste épris de théories entrevues, pas assez intelligent pour voir au-delà d'un cercle très-borné, et qui, insciemment, a contribué au désordre social actuel. Il est affilié depuis le mois de septembre 1870 à l'Internationale, cette odieuse société secrète, l'ennemie jurée de toute civilisation. Verdure, ancien caissier de la *Marseillaise*, est très-connu dans le parti démocratique exagéré; ses antécédents le firent nommer à la Commune.

Comme membre de la Commune, Verdure vota et fut toujours avec la majorité; il suit ses séances assidûment; il est commissaire de la République près le

3° Conseil de guerre de la première division militaire jusqu'au 20 avril; après cette date, il s'occupe des services administratifs du 11e arrondissement, où il est délégué; il ne vient plus aux séances que lorsque sa présence y est réclamée, mais Verdure a volontairement coopéré aux travaux de la Commune, où il engage volontairement sa responsabilité pour tous les actes ou décrets de cette assemblée contre les otages, pour la destruction de la maison de M. Thiers, de la colonne Vendôme et le pillage des églises, et enfin les massacres et les incendies des derniers jours.

En conséquence, nous sommes d'avis qu'il y a lieu d'ordonner la mise en jugement du sieur Verdure, caissier comptable, pour : 1° Usurpation des fonctions administratives, judiciaires, militaires; 2° Séquestrations arbitraires; 3° avoir participé à un attentat ayant pour but de changer la forme du gouvernement et exciter à la guerre civile en armant ou en portant les citoyens ou habitants à s'armer les uns contre les autres, et à porter la dévastation, le massacre et le pillage dans la ville de Paris; 4° destruction volontaire de maisons particulières et de monuments appartenant à la nation; 5° pillage des églises en bande et à force ouverte; 6° assassinat, ayant voté l'exécution de la loi sur les otages, crimes prévus et punis par les art. 87, 91, 93, 302, 341 et suivants, 437 et 440 du Code pénal.

Audience du 9 août.

L'audience est ouverte à midi précis et les accusés sont introduits. Lullier seul garde obstinément son chapeau sur la tête; il regarde le Conseil en face et ne retire son chapeau que sur l'injonction formelle de M. le Président.

M. le Président : Lullier, vous allez ôter votre chapeau.

(Lullier ôte son chapeau et s'assied sans rien dire.)

M. le Président : Faites entrer le témoin Braquand.

Me Delzans : Messieurs, des pièces d'une grande importance, qui se trouvaient au dossier, ne s'y trouvent plus aujourd'hui : la défense demande qu'elles y soient remises.

M. le Commissaire du gouvernement : Je ne vois pas de quelles pièces il s'agit. L'instruction a été faite par M. de Loverdo, qui nous a demandé des pièces dont nous avons dû faire prendre copie.

Me Delzans : Dans une affaire aussi importante, nous sommes forcés de ne pas passer sous silence un fait semblable.

Voici les conclusions signées par la plupart de mes confrères, que j'ai l'honneur de déposer sur le bureau du Conseil :

« Pour Clément, Régère, Ferré, Assi, Urbain, Grousset, Ferrat, Descamps, Billioray, Verdure,

» Plaise au Conseil,

» Attendu que ces pièces originales incriminées, d'une importance considérable, ont été distraites du dossier et remplacées par des copies.

» Attendu qu'il importe à la découverte de la vérité que toutes les pièces qui forment les bases d'une instruction aussi grave soient revêtues d'une caractère indéniable d'authenticité.

» Que de la comparaison de ces pièces autographes entre elles doit naître la lumière dans la conscience des juges.

» Dire que toutes les pièces incriminées seront immédiatement reproduites en original au dossier; que communication sera faite à qui de droit. »

M. LE COMMISSAIRE DU GOUVERNEMENT : Je m'oppose formellement à ces conclusions; je m'y oppose d'abord à cause de cette seule expression : « distraites du dossier. » Jamais ces pièces n'ont été distraites; on en a fait prendre une copie pour d'autres instructions confiées à M. de Loverdo. Ce mot de « distraites » est beaucoup trop fort.

Me GATINEAU : On dit soustraites, quand on veut se servir d'un mot blessant; nous disons distraites, pour constater seulement qu'elles ne sont plus au dossier.

M. LE PRÉSIDENT : J'ai fait passer ces pièces à Ferré, et il s'en est contenté.

Me GATINEAU : Nous ne faisons pas une récrimination, mais nous demandons que les pièces originales soient au dossier, du moins pendant les audiences.

M. LE COMMISSAIRE DU GOUVERNEMENT : Je l'ai déjà dit, copie a été faite des pièces.

Me GATINEAU : Les pièces originales ont été apportées à l'audience, nous demandons que la défense ait le droit de les voir comme a pu le faire le ministère public.

M. LE PRÉSIDENT : En un mot, vous réclamez relativement à la fidélité de la copie des pièces. Vous craignez qu'elles ne soient pas exactes et que les pièces ne soient pas reproduites fidèlement.

M. LE COMMISSAIRE DU GOUVERNEMENT : Il n'y a que cela; c'est de la méfiance.

Me GATINEAU : Ce n'est pas un désir irritant que nous exprimons. Nous ferons, chaque fois qu'on lira une pièce, cette observation.

M. LE PRÉSIDENT : Le Conseil rendra jugement au cours des débats.

On reprend l'audition des témoins. Le premier est M. Braquand, brigadier-chef à la Préfecture.

M. LE PRÉSIDENT : Hier, dans votre déposition, vous avez omis cette circonstance que vous auriez vu, le 21 mai, Ferré au dépôt de la Préfecture. Je vais vous rappeler ce que vous avez dit.

M. le Président lit la déposition du témoin, de laquelle il résulte que Ferré aurait promis la vie sauve à Veysset s'il voulait faire des révélations. L'accusé dit à un moment aux gardes : « Nous avons un devoir à remplir ; il faut le faire pour la Commune. »

LE TÉMOIN : Je n'ai pas vu Ferré. On n'aura pas reproduit fidèlement ma déposition.

D. Nous trouvons cependant que Ferré était le chef du détachement ; il aurait même donné de l'argent aux hommes.

FERRÉ : Qu'on me présente un ordre signé de moi, je le reconnaîtrai.

M. LE PRÉSIDENT : Vous avez dit que Ferré commandait le peloton qui a fusillé Veysset. Ce dernier lui reprochait de ne pas tenir sa promesse de lui sauver la vie. Veysset aurait été fusillé au coin du Pont-Neuf et jeté ensuite à l'eau. — R. C'est ma femme qui a dit cela.

M. LE PRÉSIDENT : C'est bien, vous pouvez vous retirer.

PINET : sous-brigadier à la Préfecture.

D. Que faisiez-vous à la Roquette le 26 mai, jour du massacre des otages? — R. Ce jour-là j'étais de service à l'infirmerie avec mon collègue Bourguignon, qui me dit : « Les membres de la Commune viennent d'arriver ici, ils vont fusiller les otages. » Je dis à Bourguignon : « Cherchons à les sauver, il faut faire un trou au mur. » Nous renonçâmes à ce projet impraticable. Je vis Ferré avec un revolver à la main ; j'eus même envie de lui arracher et de lui casser la tête.

FERRÉ : Je vous prie de demander au témoin si ce témoin n'aurait pas fait sortir les détenus de la Roquette et ne les aurait pas armés pour lutter contre la Commune? — R. Je fus, en effet, trouver les condamnés et cherchai à les rallier à notre cause ; ils me dirent : « Oui, oui, nous sommes pour vous! »

D. Vous leur avez ouvert les portes pour qu'ils se défendent contre les fédérés? — R. Oui, mon colonel.

D. A quelle heure avez-vous ouvert la porte? — R. A trois heures.

D. Ferré y était-il? — R. Il devait y être.

FERRÉ : Je prie le Conseil de vouloir bien noter que le témoin est en contradiction avec les dépositions que vous avez entendues hier. Tous les journaux ont raconté que les membres de la Commune avaient armé les détenus, ce qui est parfaitement faux.

D. Comment sont descendus les otages? — R. Ils ont refusé de descendre. Le sous-brigadier Picard m'a envoyé les chercher pour les faire fusiller, et moi je leur ai dit : « Il y a des martyrs, voulez-vous vous défendre? » Et je les ai « révoltés. » Les fédérés nous ont fait ensuite une foule de « gentillesses. »

M. LE COMMISSAIRE DU GOUVERNEMENT : Le témoin voulait armer les détenus, mais ce sont eux-mêmes qui se sont armés en envahissant les magasins d'abord, puis les fédérés ont achevé de leur donner des armes.

FERRÉ : en réalité, l'auteur de l'armement est le témoin.

D. On trouvait les fédérés plus dangereux que la Commune?

Ferré : Je prie, dans tous les cas, le Conseil de se rappeler, quand il aura à délibérer sur notre compte, que nous n'avons pas, comme on l'a dit, armé les détenus. Cela importe à mon honneur et à celui de mes amis.

M. le Commissaire du gouvernement : Votre honneur...

D. Quelle est la disposition de la prison de la Roquette?

Ferré : On n'a pas besoin de connaître la disposition des lieux.

D. Permettez, cela importe au Conseil. *(Au témoin) :* Où étaient les détenus?

— R. Ils pouvaient circuler dans la prison.

Ferré : Je proteste.

D. Il est témoin, et ce qu'il dit, il le dit. La grille a été ouverte. Par qui? — R. Je ne sais.

Léon-Gille Vatier, détenu à la Roquette : Le 24 mai dernier, je vis arriver cinquante gardes nationaux des 195e, 206e, 66e et 18e bataillons et quelques vengeurs de la République. A la tête était un homme blond, moustaches en brosse. Il se retourna vers les hommes et leur dit : « Citoyens, vous savez combien il manque des nôtres, six. Fusillez-en six! »

Peu après, comme j'allais remplir mes fonctions de lampiste, je vis arriver les six otages. Les fédérés chargèrent leurs armes sous le bec de gaz, et, quelques intants après, j'entendis le feu de peloton.

D. Avez-vous vu Ferré commander les fédérés? — R. Non.

D. *(A Ferré) :* Levez-vous. *(Au témoin) :* Le reconnaissez-vous? — R. Non, monsieur; je reconnais celui-ci. *(Il montre Lullier, qui se lève et sourit.)*

Ferré : Le témoin pourra nous donner des renseignements sur la sortie des détenus ordinaires et sur leur armement.

D. Comment cela s'est-il passé? — La porte du préau s'ouvrit et donna passage à sept ou huit gardes nationaux armés. Le garde Pinet prit les clefs, monta avertir les détenus de ne pas descendre, quelque injonction qui leur soit faite. Le sous-brigadier reçut l'ordre de les appeler. Pinet répondit: « Je ne veux pas descendre, et je restai avec eux. » Nous avons craint qu'ils ne nous fusillent nous-mêmes. Alors le brigadier me dit : « Prenez tout ce que vous trouverez et armez les détenus. » Ce que je fis. Il y eut une confusion générale. Un fédéré dit alors : « Criez: vive la Commune! et on vous relâchera. » On cria, et les détenus furent mis en liberté.

D. Vous n'avez pas vu si un membre de le Commune accompagnait les gardes nationaux? — R. Non, monsieur le Président.

Ferré : Le témoin a dit : C'est le sous-brigadier Pinet qui engageait les témoins à prendre des armes...

Le témoin: C'est le brigadier et le sous-brigadier Ramon qui m'avaient donné cet ordre.

Ferré : Il reste établi qu'aucun des détenus n'a été armé par des gardes nationaux.

Jean-Paul Cierkowski, étudiant, rue du Fer, 8, détenu à la Roquette comme le précédent.

D. Vous pouvez nous dire ce qui s'est passé à la prison le 26 mai? — R. En partie. J'étais malade à l'infirmerie. Je vis le peloton qui vint pour fusiller les otages. Je fus pris d'un funeste pressentiment. Il y avait deux membres de la Commune, mais Ferré n'y était pas. J'ai vu les six otages passer de ma fenêtre. Mgr Darboy, à qui on reprochait de n'avoir rien fait, a dit : « J'ai écrit à Versailles, on ne m'a pas répondu; j'ai fait ce que j'ai pu pour la liberté. »

D. Vous n'avez pas distingué les membres de la Commune? — Je puis seulement constater que Ferré n'y était pas.

Ferré : Je désirerais qu'on constatât à quelle peine et pour quel fait le détenu a été condamné? — R. A treize mois d'emprisonnement pour escroquerie.

Eugène Demarcy, vicaire à Saint-Vincent-de-Paul.

D. Que savez-vous de la présence de Ferré à la Roquette le 26 mai? — R. J'ai entendu dire qu'il y était.

D. Mais que savez-vous sur la journée du 24? — R. Après vingt-quatre heures de démarches, j'obtins de changer ma cellule avec celle de Mgr de Paris, de sainte et regrettée mémoire. Je fus placé en conséquence dans une cellule de surveillant. M. Deguerry demanda certains changements dans la disposition de sa cellule, qui lui furent refusés. On lui répondit : « Il n'y a pas de monseigneur ici, tous les détenus sont égaux. »

Le témoin raconte avec des détails fort longs les faits déjà connus.

A un moment Ferré se lève, les paroles du témoin devenant des plus sévères contre les actes de la Commune.

M. le Commissaire du gouvernement : Je prie M. le Président de vouloir bien faire asseoir l'accusé Ferré.

Ferré : Je répondrai après.

Le témoin continue sa déposition pleine de détails oiseux, mais paraît tenir à jouer un rôle dans cette affaire et continue malgré les invitations du Président à abréger.

Ferré : Voulez-vous demander au témoin s'il a entendu parler de moi dans la journée du 26? — R. Pour la journée du 26, non; mais j'ai su, le 27 qu'il était à la Roquette.

Ferré : Le témoin ayant dit qu'il était sorti vers quatre heures, a-t-il appris que les détenus auraient été armés par les fédérés ou par les gardiens? — R. Je savais depuis le matin qu'il devait y avoir, le soir, révolte et incendie, mais je n'ai entendu aucun colloque en sortant.

Ferré : Enfin, il n'a pas entendu parler de moi? — R. J'ai dit ce que je savais : l'accusé se défendra.

M. le Commissaire du gouvernement : Quand avez-vous été arrêté? — R. Une première fois, le dimanche de Quasimodo, puis le 13 mai. J'avais appris le pillage de la Trinité. Je vis ce jour-là un joueur de vielle qui se prosterna devant la garde nationale qui passait ; j'appréciais vivement sa conduite : on me demanda compte de mes paroles, puis on m'arrêta brutalement. J'en ai encore les marques.

Le témoin continue longuement. Enfin il s'arrête et l'auditoire semble soulagé quand M. le Président prononce ces paroles : « Monsieur l'abbé, je vous remercie. Allez vous asseoir. »

Paul-Hubert Perny, missionnaire apostolique dans la Chine, de passage à Paris.

D. Vous étiez à la Roquette le 26 mai? — R. Oui, comme otage. Je fus arrêté le 24. Ignorant le décret de la Commune contre le clergé, je fus arrêté à la sortie de la bibliothèque de Sainte-Geneviève. On me laissa dix jours au dépôt, puis on me transporta à Mazas jusqu'au 24. On me conduisit de là à la Roquette dans la même voiture que l'archevêque; la foule demandait notre tête.

Depuis vingt-cinq ans que j'habite chez les sauvages, je n'ai rien vu de plus horrible que ces figures-là. On nous laissa en récréation ensemble. Le mercredi, vers quatre heures, quatre heures et demie, un bataillon de fédérés vint dans notre corridor : le chef disait : « Il faut enfin en finir avec ces bandits de Versailles! — Oui, dit un autre il faut les coucher. » Je crus que c'en était fait de nous. Je me recueillis, me disposant « à partir. » J'entendis demander le citoyen Darboy. D'abord, ce fut dans une cellule qui n'était pas la sienne, puis on l'appela où il se trouvait; il répondit, et on l'amena avec les autres qui répondirent à l'appel de leur nom. J'entendis qu'ils s'exhortaient entre eux. Je distinguai même les paroles du père Allard que j'avais connu sur les champs de bataille, soignant les blessés. Puis, fusillade. Le lendemain, les obus commençaient à tomber, puis un gardien vint avec un ton joyeux appeler quinze otages, dix ecclésiastiques et cinq laïques. On dit à l'un d'eux qui voulait prendre son chapeau : « C'est inutile, vous n'allez qu'au greffe. » Nous ne les avons pas revus.

Le samedi, nous apprenons qu'on avait armé les détenus, ce qui nous fit une certaine impression, ne sachant ce qui allait se passer. On disait aussi qu'un membre de la Commune, le citoyen Ferré, était dans la prison. Nous nous attendions à être poignardés dans nos cellules. On vint à ce moment nous dire de sortir : nous n'osions trop profiter de cet avis. Enfin, nous nous décidâmes, déguisés pour la plupart, et aidés par les gardiens. Ne trouvant pas d'asile, je voulus revenir à la Roquette où nous nous retrouvâmes trois ou quatre dans la même situation. Nous nous mîmes dans les lits des malades à l'infirmerie, et nous attendîmes.

Le soir, on vint de nouveau réclamer des otages. Les gardiens répondirent qu'il n'y en avait plus. Enfin, le dimanche le colonel Desplats entra dans la salle, le revolver au poing, disant : « Qui crie vive la France? » Nous criâmes tous : « Vive la France! » Il nous demanda où était l'archevêque.

M. Petit, très-ému, lui dit : « Comment vous ignorez qu'il a été fusillé! » Pendant mon séjour dans la prison, j'ai vu plusieurs membres de la Commune. Le jour de Pâques je fus interrogé, et le membre de la Commune chargé de moi me plaisanta grossièrement sur mon titre de missionnaire. Un autre, sachant que je m'occupais de travaux scientifiques, me dit que j'étais très-bien à Mazas pour travailler.

FERRÉ : Le témoin a vu le cortége qui conduisait les otages. Y avait-il des membres de la Commune.

LE TÉMOIN : Il y avait derrière les soldats un chef que je ne saurais reconnaître. Son bancal traînait par terre. Je n'ai pu reconnaître que les otages que je connaissais. J'entendis même M. Allard dire ensuite : « Mon Dieu! mon Dieu! »

JOSEPH LATOUR, employé à la Roquette.

D. Vous avez vu Ferré le 27, à la Roquette? — R. Oui, on me l'a désigné, car je ne le connaissais pas.

D. Le reconnaissez-vous? — R. Parfaitement.

D. Où étiez-vous à la Roquette? — R. Au guichet, où j'étais commandé de service.

CABOT, gardien de prison. Ce témoin a assisté aux principales scènes du massacre des otages. Quand le peloton d'exécution passa, il se cacha pour ne pas le voir. Le chef du détachement était un petit avec chapeau tyrolien; il portait deux revolvers et une décoration rouge.

D. Reconnaissez-vous cet accusé? (Le président montre Ferré.) — R. Oui, c'est lui.

JEAN-BAPTISTE LANGEVIN, gardien. Il répète à peu près ce qu'a dit le précédent témoin.

D. Savez-vous si Ferré est venu à la Roquette? — R. Je l'ai entendu dire, mais je ne l'ai pas vu.

D. Vous étiez chargé le 24 du corridor où étaient les otages? — R. Oui, de la 4e division. A six heures mon service étant terminé, je sortis et je rencontrai un commis-greffier sur la place. Il me dit : « Vous savez, père Langevin, on va fusiller les otages. » — Je lui répondis : « Ce n'est pas possible! » Le soir j'entendis la fusillade. Un bourgeois m'assura qu'en effet l'exécution avait eu lieu. J'ai vu l'endroit du massacre et des morceaux de cervelle. On me demanda des renseignements le soir, et je fus bien forcé de dire que c'était vrai.

D. Avez-vous su qu'on avait donné 50 fr. aux exécuteurs? — R. Non, je n'en ai pas entendu parler.

FERRÉ : Le 27, sur quel ordre les détenus sont-ils descendus? — R. Je ne puis vous le dire, je ne l'ai appris qu'il y a quelques instants.

Ferré : M. le Président, le témoin vient de dire qu'il connaît celui qui a armé les détenus? — R. Oui, c'est Pierre, qu'on va d'ailleurs entendre après moi.

Pierre Jean, gardien : Il a reconnu parfaitement Ferré le 27, au greffe de la prison. Il s'y trouvait avec le sieur Dacosta, substitut de Rigault.

Adrien-André Puymoyen, attaché au service de santé de la maison des jeunes détenus : J'ai constamment habité la maison des jeunes détenus; j'ai été témoin de faits de sauvagerie incroyable et je ne sais sur quel point doit porter ma déposition.

D. Dites d'une manière générale. — R. La Commune aux abois vint s'installer à la grande Roquette. Entre les deux préaux on avait installé une Cour martiale qui a condamné à mort des gens qu'on a fusillés sur la place. Le directeur qui fut massacré dès le principe, me dit que Ferré avait présidé cette Cour martiale. Voici un fait pour l'exemple : un malheureux gendarme, fait prisonnier à la place de la Bastille, fut emmené par une escorte que commandait une femme. On criait : « Enfin, nous allons donc en manger du gendarme! » J'entrai avec lui dans le greffe.

Nous avions pour directeur un nommé Billaut, fusillé d'ailleurs depuis. Le gendarme tint tête avec aplomb à la foule. « Êtes-vous marié? — Oui.— Avez-vous des enfants! — J'en ai huit. » On lui répondit : « C'est bien, » et on le fit passer dans l'avant-greffe où étaient les président et juges. Il faut dire que la plupart étaient des jeunes gens de dix-sept à dix-huit ans, heureux de se donner de l'importance, chose triste à dire! Je demandai ce qu'on avait décidé sur le sort du gendarme. « Mais, me dit-on, il va être fusillé! » Je cherchai à plaider sa cause, mais en vain.

Le gendarme avait été mis en cellule « provisoire. » Ce mot voulait dire qu'il allait en sortir dans peu de temps pour être livré à la populace. J'insistai pour prendre sa défense : « Tais-toi, me dit-on, ou tu es f..... Est-ce que tu es pour les prêtres et les gendarmes? Nous en avons encore pour te casser la gueule. » Il y eut une discussion entre la femme et des hommes pour savoir qui commanderait. La femme l'emporta. Elle se mit à visiter les cartouchières pour savoir si elles étaient bien garnies...

Le gendarme entendait tout ce qui se disait. Quand on le fit sortir de sa cellule, voyant que je lui portais de l'intérêt, il se tourna vers moi d'une manière suppliante. Lorsqu'il sortit, il me dit, en apercevant la foule : « Mais ils vont me lapider. » Je me mêlai à la foule, cherchant encore à le sauver. Un homme s'approchant de moi me prononça ces paroles : « Dis donc, mon vieux frère, il y a aussi quelque chose pour toi. » Un de ses amis, qui avait des gouttelettes rouges de vin dans la barbe, s'amusait à passer sa baïonnette dans ma barbe.

J'ai eu des détails sur sa mort. On le conduisit près de la maison de Philippe, marchand marbrier. On mettait si longtemps à l'ajuster qu'il prit la fuite, et la foule tira sur lui comme sur une bête fauve. Il s'affaissa ; enfin un capitaine l'acheva d'un coup de revolver dans l'oreille. Je me sauvai à la prison.

Quelques instants après vint un jeune soldat de la ligne, un enfant. Il avait les bras liés derrière le dos. Un instant un gardien, Bernard, n'ayant pas voulu livrer son prisonnier, fut emmené lui-même pour être exécuté. Un misérable dit à l'enfant : « Mets-toi à genoux! » Il se mit à genoux. « Relève-toi, » il se releva. Puis on lui mit et ôta un mouchoir sur les yeux à deux reprises, tout cela devant le peloton d'exécution qui attendait. Enfin une décharge eut lieu, et on jeta le corps dans une voiture des quatre-saisons.

J'ai été aussi témoin du massacre de quatre otages : Mgr de Sura, le curé de Bonne-Nouvelle, M. Chaulieu, le père de Tercy. On voulut d'abord les fusiller dans une maison, puis on se décida à les exécuter ailleurs. Je dois dire que les enfants de la Roquette avaient été armés, les plus grands de chassepots, les autres de bidons de pétrole.

Mgr de Sura essaya un moment de se sauver, mais les détenus le rattrapèrent. Une femme réclama l'honneur de le tuer et chercha à le frapper de son poignard. La victime étendait ses mains pour se défendre. Voyant qu'elle ne pouvait le fapper, elle prit un revolver. Il se mit à genoux : « Oh! mademoiselle, grâce, grâce! — Tiens, dit-elle, t'en voilà une! » et faisant un geste ignoble, elle lui brûla la cervelle. Un détenu s'empara de ses souliers, on lui prit aussi 300 fr. en or et les bijoux qu'il avait sur lui. *(Profonde sensation dans l'auditoire.)*

D. Vous n'avez pas vu venir des membres de la Commune pendant tous ces événements? — R. Je n'ai vu de chef qu'un très-jeune homme, avec la ceinture rouge et les indispensables pistolets. Il vint le mercredi chercher cent enfants et les conduisit à Belleville pour faire des sacs à terre.

FRANÇOIS, ancien directeur de la prison de la Roquette, nommé par la Commune (détenu) : Le 24, on vint me remettre une note sur laquelle on me demandait plusieurs prisonniers. Ne trouvant pas la note exacte, je la fis rectifier. Mais un délégué vint avec l'autorisation de choisir ceux qu'il voudrait.

D. Qui avait signé cet ordre? — R. Raoul Rigault, Ferré et une troisième signature illisible.

D. Quelle est cette note qu'on a trouvée dans votre bureau, au greffe? (On lui montre une pièce écrite au crayon, portant ces mots : « Partis de la Préfecture avec Ferré, après y avoir mis le feu. Nous nous sommes repliés au onzième. » — R. Je ne sais, ce n'est pas mon écriture.

D. Vous avez vu le membre de la Commune avec le peloton d'exécution? — R. Il n'y en avait pas le 24, ou du moins ils n'avaient pas d'insignes.

D. Vous connaissiez Ferré? — R. Je ne l'ai connu que le vendredi.

M. LE COMMISSAIRE DU GOUVERNEMENT : Cette déposition est en complète contradiction avec celles des autres témoins.

D. Qui était au greffe le samedi? — R. Seulement les surveillants. On voulait, disait-on, mettre le feu à la prison.

D. Vous n'avez pas vu arriver les délégués? — R. Non. Le samedi seulement je vis Ferré qui me dit : « Nous ne sommes pas venus ici pour faire brûler la prison ni pour faire fusiller personne. »

D. Où a-t-on brûlé les vêtements des victimes? — R. Dans le mur de ronde.

D. Mais les bijoux, les croix? — R. J'ignore ce qu'on en a fait.

FERRÉ : Pendant la déposition du témoin François, le Commissaire de la République lui a dit : Vous êtes en contradiction avec les autres témoins. Je tiens à établir qu'il n'en est rien.

(Ce fait importe peu, l'accusé avouant sa présence dans la prison.)

L'audience est suspendue pendant dix minutes.

La séance est reprise à trois heures et demie.

M. LE PRÉSIDENT : Ferré, avez-vous quelque chose à répondre aux dépositions que vous venez d'entendre?

FERRÉ : Je verrai, après le réquisitoire, quels sont les griefs et les charges que l'on m'oppose.

M. LE PRÉSIDENT : Mais vous les connaissez! Dites franchement que vous ne voulez pas répondre, et le Conseil passera outre.

FERRÉ : C'est ce que j'ai dit déjà.

INTERROGATOIRE D'ASSI.

M. LE PRÉSIDENT : Assi, vous êtes de l'Internationale?

ASSI : Oui, mais je n'ai pas assisté à ses réunions dès avant le siége. Or, aux termes des statuts, l'absence pendant un certain temps entraîne l'exclusion. Du reste, je ne nie pas avoir fait partie de l'Internationale.

D. Vous étiez rue des Rosiers le 18 mars, lors de l'assassinat des généraux Clément Thomas et Lecomte? — R. On l'a dit, mais je n'y étais pas.

D. Vous êtes franc-maçon? — R. Oui.

D. Vous avez servi dans un corps franc? — R. Oui, dans les guérillas de l'Ile-de-France, comme lieutenant d'infanterie.

D. Vous étiez du Comité central? — R. Oui.

D. Qu'avez-vous fait le 18 mars? — R. Le matin, à cinq heures, un membre du Comité central frappe à ma porte; j'ai cru qu'on voulait m'arrêter, comme on avait déjà fait. J'hésitais à ouvrir; la personne s'est nommée : c'était un membre du Comité central. Nous avons été à son siége, 11, rue Basfroi; j'ai signé là l'ordre que vous avez et une quarantaine d'autres pareils. Il fallait que la garde nationale échappât à ce nouveau 2 décembre et ne se fît pas tuer en détail. J'ai indiqué un système de barricades; j'ai reçu des rapports; j'ai été le soir, à l'Hôtel-de-Ville. Je n'ai porté l'uniforme de colonel de la garde nationale que quand j'ai eu cessé d'en exercer les fonctions. C'est bizarre, mais c'est ainsi. Je fis placer des postes à l'entrée des fameux souterrains de l'Hôtel-de-Ville pour éviter toute surprise. Je fus nommé gouverneur de l'Hôtel-de-Ville; puis, au 1er avril, la Commune m'a fait arrêter. Nous nous sommes défendus contre les troupes qui nous attaquaient, c'était tout naturel. Il est déshonorant pour un soldat citoyen, comme pour tout soldat, de se laisser désarmer. L'ordre que j'ai donné contenait un plan de défensive d'ensemble.

J'ai été, par 20,000 suffrages, élu officier municipal à la mairie du 11e arrondissement. Je ne veux imposer ma conviction à personne, cependant le chiffre des voix est ce qu'il est, et 20,000 voix sont plus que 150.

J'ai pris part à différents décrets; mais à la fin de mars, après une vive discussion avec Raoul Rigault, qui voulait la suppression de trois journaux, tandis que je défendais la liberté illimitée de la presse, jusqu'à la calomnie exclusivement, quand j'ai voulu sortir de la séance de la Commune, j'ai été arrêté, emmené à la Préfecture de police, puis emmené, le 13 avril, à la barre de la Commune avec le général Bergeret. Je suis resté prisonnier sur parole à l'Hôtel-de-Ville, jugé et mis en liberté le lendemain. Quelques jours après, j'ai été chargé du service des munitions avec Clément; il fallait s'occuper de réunir les matières premières. On institua, dans ce but, une commission chargée de rechercher la poudre, le salpêtre.

M. le Président : Et le pétrole?

Assi : Les officiers de l'armée de Versailles recevaient bien des balles explosibles.

M. le Commissaire du gouvernement : C'est une infamie. N'allez pas plus loin.

M. le Président : Je ne puis le tolérer non plus.

Assi : Nous avons reçu des fusées incendiaires qui étaient destinées aux Prussiens et dont il y avait beaucoup au Palais de l'Industrie.

M. le Commissaire du gouvernement : Je nie ce fait...

M. le Président : C'est impossible... Accusé, je vous fait représenter une pièce signé de vous.

Assi : J'ai déjà dit que je ne peux ni nier ni reconnaître la signature, qui n'est pas semblable à la mienne. Quand on fusille les prisonniers, il n'y a que des représailles possibles. C'est le talion.

M. le Commissaire du gouvernement : Oui, et ce sont ces théories qui ont amené ici vos coaccusés. Seulement la Commune ne disait pas : « Œil pour œil, » elle disait : « Trois yeux pour un œil. »

Assi : Oui, mais moi, je n'aurais pas signé cette pièce demandant trois têtes pour une et la confiscation de la propriété.

Je n'admets que les représailles régulièrement dénoncées à l'adversaire.

M. le Commissaire du gouvernement : A l'adversaire!

M. le Président : Mais, c'est la Commune qui a rendu ce décret; tous les membres en sont solidaires, s'ils ne répudient de suite les actes qu'ils désapprouvent.

Assi : La signature n'était pas nécessaire et ne signifie rien.

Le 6 avril, à l'époque où se place ce décret, j'étais en prison ; j'aurais pu, il est vrai, donner ma démission ; mais je n'ai pas voulu la donner. J'ai eu dans mon service de nombreux auxiliaires ; ce service était très-chargé. J'ai eu jusqu'à trente secrétaires, et le capitaine Fossé a été attaché comme officier d'état-major à la commission dont je faisais partie.

D. Donnez-nous des explications sur deux lettres que je vous fais représenter.

Assi : Je ne connais pas la première de ces lettres ; elle n'a jamais été en ma possession ; je n'en suis pas responsable. Quant à la lettre chiffrée, je ne connais pas le chiffre, et si elle venait de l'Internationale, comme on l'a prétendu, qui donc aurait été assez simple pour m'écrire à Versailles le 8 juin, quand j'ai été arrêté et que la lettre devait d'abord passer par le greffe de la prison ?

M. le Président donne lecture de cette lettre, où il est question de nids d'hirondelles, de petites lunes et autres indications mystérieuses. *(A l'accusé)* : On n'invente pas ces choses-là.

Assi : Le timbre de la poste indique qu'elle a été écrite à une date où l'on ne pouvait pas prévoir que le 18 mars serait fait par la garde nationale.

Si cette lettre m'eût été adressée par quelqu'un qui me connût, elle me serait arrivée directement.

Le greffier de M. le Commissaire rapporteur de la procédure suivie contre moi, était M. Michéa, ancien greffier de M. Bernier, sous l'empire ; des lettres de ce genre n'étaient pas rares dans les procédures de l'empire.

L'accusé entre ensuite dans de longues explications sur les mesures qu'il a dû prendre pour mettre à l'abri du bombardement et des explosions les poudres dont il était chargé ; une conversation qui lui avait été rapportée lui donnait lieu de craindre la malveillance.

M. LE PRÉSIDENT : Je vous fais représenter une note trouvée sur votre bureau du ministère de la guerre. Cette note, relative à la fabrication des munitions, prouve que vous aviez des obus au pétrole.

Assi : Cette note devait servir à une demande d'emploi ; elle émanait d'un secrétaire ; c'était un brouillon. J.-B. Clément, qui était délégué à la mairie, ne pouvant se rendre aux réunions de la commission, je fis nommer à sa place Picard, qui avait manifesté le désir de la prendre ; il y en avait partout, c'était comme dans les *Mille et une Nuits*.

M. LE COMMISSAIRE DU GOUVERNEMENT : C'est en dehors de la question.

Assi : Je ne crois pas être inconvenant.

M. LE COMMISSAIRE DU GOUVERNEMENT : Je ne dis pas cela ; je dis que c'est étranger à la question.

M. LE PRÉSIDENT : Vous avez été chez un marchand de produits chimiques demander du sulfure de carbone, offrant de le payer immédiatement. Qu'en vouliez-vous faire?

ASSI : Cela se rattachait à un perfectionnement du chassepot, à une invention à laquelle j'avais été amené par mes longs travaux dans l'armement. Je ne veux pas nommer le métal que je devais employer; si cela ne sert pas à moi, cela servira à un autre.

M. LE COMMISSAIRE DU GOUVERNEMENT : C'est trop d'aplomb,

M. LE PRÉSIDENT : Cependant le sulfure de carbone est un liquide détonnant; je ne vois pas en quoi il peut servir à votre invention.

ASSI : Oui, mais j'ai fait bien des choses qui ne sont pas ordinaires. *(Rumeurs.)*

M. LE PRÉSIDENT : Vous avez remis 500 fr. à un nommé Ferré?

ASSI : Cette somme était destinée à un officier blessé.

M. LE PRÉSIDENT : Il y a à votre dossier un reçu de cinq kilos de phospore et de un kilo d'acide prussique. Est-ce aussi de votre invention? C'est effrayant.

ASSI : C'était pour faire du fulminate, il en fallait beaucoup d'avance.

M. LE PÉSIDENT : Vous avez reconnu les réquisitions de pétrole de la Commune?

ASSI : Non, elles étaient inutiles d'ailleurs; il y avait assez de pétrole dans les forts du Sud que les Prussiens avaient évacués.

M. LE PRÉSIDENT : Vous avez formé un corps destiné à défendre les poudrières ?

ASSI : Ce corps était composé d'hommes de plus de quarante ans, il était destiné à éviter de nouveaux malheurs comme l'explosion de la cartoucherie du Champs-de-Mars. Sur l'accusation d'attentat contre le gouvernement, je dirai que nous nous sommes défendus purement et simplement contre ceux qui nous attaquaient. Le gouvernement voulait désarmer la garde nationale devant les Prussiens, le gouvernement du 4 septembre ne pouvait être le gouvernement du pays.

M. LE PRÉSIDENT : Ce n'est pas à vous à établir la situation.

ASSI : Vous me demandez mon appréciation, je vous la donne. Maintenant, je n'ai pas protesté contre les décrets de la Commune relatifs aux otages, ni contre d'autres; je me suis incliné devant la majorité.

Quant au port de l'uniforme de colonel, à l'usurpation de fonctions qui m'est reprochée, il est clair que je ne pouvais aller à Versailles de mander l'autorisation de porter l'uniforme et d'accepter la fonction.

M. LE PRÉSIDENT AU COMMISSAIRE DU GOUVERNEMENT : Vous n'avez pas de questions à adresser?

M. LE COMMISSAIRE DU GOUVERNEMENT : Non, mon colonel.

Assi se rasseoit; quelques murmures dans l'auditoire lui font hausser les épaules.

VERDURE

AUDITION DES TÉMOINS.

M. Gustave-Eugène-Michel Gérard, fabricant de produits chimiques.

M. Assi s'adressa à moi pour avoir du caoutchouc et du sulfure de carbone; il était venu chez moi en mon absence : j'étais à Saint-Denis. J'allai chez lui; il fut d'une politesse exagérée, car je n'étais qu'un fournisseur.

La fabrique, lui dis-je, était à Argenteuil. Il me fit observer que nous ne pouvions aller à sa fabrique, en pays occupé par les Prussiens, qui avaient promis la neutralité aux deux partis. Il me demanda si je pouvais monter une fabrique à Paris, car il lui en faudrait beaucoup. Il finit par me demander à ce que j'en envoie un échantillon de trois kilos, et me dit qu'il le ferait prendre le lendemain. Le sulfure de carbone dissout le phosphore; la dissolution brûle dans des conditions d'effrayante intensité; il se dégage du sulfure de carbone, mêlé à l'oxygène; il détonne. J'ai pensé qu'il s'agissait de fabriquer des bombes. M. Assi n'a envoyé prendre ni le caoutchouc ni le sulfure.

Assi : Ce n'est pas trois kilos, c'est 300 grammes que j'avais demandés; je n'ai rien fait prendre, parce que j'ai trouvé beaucoup de caoutchouc.

Me Bigot, défenseur d'Assi : Quel est le prix du sulfure de carbone ?

Le Témoin : 80 fr. le kilo.

Me Bigot : Soit: Le sulfure de carbone est-il comburant ?

Le Témoin : Evidemment.

Me Bigot : Ce n'est pas évident du tout; le sulfure de carbone et l'acide carbonique qui se dégagent par la combustion du sulfure de carbone éteignent les feux et sont employés à éteindre les incendies.

Le Témoin : La théorie de M. le Défenseur me paraît une monstruosité; le sulfure de carbone est le plus inflammable de tous les liquides.

Cette discussion scientifique continue encore quelque temps entre le témoin et la défense.

M. le Président : Accusé, qu'est-ce que cet ordre d'arrestation du général Ribourt, signé de vous, portant qu'il faut s'assurer de sa personne et le conduire à la Préfecture de police, s'il refuse de livrer le fort de Vincennes à la garde nationale ?

Me Bigot : Cette pièce n'était pas au dossier.

Assi : Je nie avoir signé cette pièce. Je n'ai jamais signé qu'un seul ordre d'arrestation, celui d'une femme qui faisait passer des uniformes de gardes nationaux à Vincennes.

Serres, lieutenant au 109e de ligne, auparavant étudiant en médecine : Un piquet de gardes nationaux, demandé par un nommé Adamcourt, avait un ordre d'exécution contre moi et contre le capitaine Combes; on a tiré sur moi, on m'a blessé, et le capitaine Combes a été tué, ou plutôt assassiné à côté de moi, sur un lit de camp, au poste où nous nous trouvions. J'ai demandé à être conduit au Comité central. Assi, que je ne connaissais pas, s'est seul occupé de moi, m'a fait panser et reconduire à mon domicile; là, j'allai à l'hôpital. Ma maîtresse, une ouvrière avec laquelle j'avais des relations depuis de longues années et à laquelle je portais beaucoup d'intérêt, vint me voir; elle n'avait pas d'ouvrage, je l'adressai à Assi.

Assi vint me voir avec le capitaine Fossé, il me laissa 500 fr. et donna 1,000 fr. au fils du capitaine Combes.

Adamcourt avait l'uniforme de simple garde; je sais qu'il a été arrêté depuis, pour avoir volé 25,000 fr. de bijoux, disait-on. Assi m'a demandé un rapport sur lui; vous l'avez entre les mains, monsieur le Président. D'ailleurs, moi-même, je suis prévenu d'avoir servi la Commune; je suis en prison depuis deux mois.

Assi : J'ai fait arrêter Adamcourt deux fois. Je dois faire remarquer que Serres est venu non pas au Comité central, mais dans mon cabinet personnel.

M. le Commissaire du gouvernement : Comment étiez-vous à la caserne Lobau, le 22 mars?

Le Témoin : J'étais malade; depuis je n'ai pu quitter Paris. Le 22 mars, j'étais avec le capitaine Combes, à cette caserne où il y avait cent soldats, sans officiers et sans vivres. Nous n'avons pas voulu les laisser à eux-mêmes.

Quand j'ai voulu quitter Paris, j'ai été prévenu qu'on m'y retiendrait malgré moi. Je ne voulais pas servir l'insurrection. C'est alors que je me suis adressé à Assi, qui m'a fait avoir un emploi dans un bureau de matériel, où je pouvais rester sans prendre une part active à quoi que ce soit; je n'y ai fait que quelques écritures.

Me Boyer : L'accusé Billioray demande à poser une question.

M. le Président : Voyons.

Billioray : Est-ce dans la salle du Comité central que M. Serres est entré? M. Assi a déjà éclairci ce point. Maintenant, M. Serres a-t-il vu l'ordre dont il a parlé?

Le Témoin : Je ne sais si c'est dans la salle du Comité central que je suis entré. Quant à l'ordre je suis sûr qu'il existe. Adamcourt ne fut pas arrêté immédiatement après la mort du capitaine Combes.

Billioray : En tous cas, deux signatures ne représentent pas le Comité central où nous étions quarante.

C'est moi-même qui est fait arrêter le garde qui a exécuté l'ordre.

M. Delarue, expert en écritures. Ce témoin a été commis pour vérifier l'écriture attribuée à l'accusé Assi. Il déclare formellement que la signature méconnue par Assi est bien réellement d'Assi.

Me Bigot : Il s'agit d'un projet de decret revêtu de plusieurs signatures; un de ceux qui ont donné ces signatures a-t-il pu écrire le décret?

Le Témoin : Assurément oui, comme capacité graphique.

M. le Président : Ce n'est pas là la question.

Mᵉ Bigot : La feuille sur laquelle le décret a été écrit pouvait être un blanc seing.

Assi : Je n'ai jamais donné de blanc seing, mais j'ai pu mettre à l'avance ma signature sur une feuille.

Mᵉ Bigot : La défense se réserve telles inductions qu'il conviendra de ces faits.

L'audience est levée à cinq heures et demie et renvoyée à demain midi.

IVᵉ CONSEIL DE GUERRE (séant à Versailles)
Présidence de M. le colonel DE BOISDENEMETZ
Audience du 9 août

AFFAIRE DU MAIRE DE PUTEAUX. — OFFENSES ENVERS LE CHEF DU POUVOIR EXÉ-CUTIF. — ATTENTAT TENDANT A CHANGER LA FORME DU GOUVERNEMENT. — EMBAUCHAGE DE MILITAIRES ET DISTRIBUTION D'ARMES SANS AUTORISATION.

Pendant que s'ouvre devant le IIIᵉ Conseil de guerre les débats si impatiemment attendus qui vont achever de faire la lumière sur la triste histoire de la Commune, un détail de cette histoire se déroule devant le IVᵉ Conseil.

Il s'agit de l'accusation multiple dirigée contre le nommé Roques, maire de Puteaux.

La séance est ouverte à midi, sous la présidence de M. le colonel de Boisdenemetz, assisté de MM. Tardif de Moidrey, Grabeuil, de Haut, Vanneau, Torchet et Robein.

Le siége du ministère public est occupé par M. le capitaine Jouenne.

Mᵉ Denis, du barreau de Versailles, est assis au banc de la défense.

L'accusé, Jean Roques, dit de Fillol, est âgé de quarante-sept ans. Il est d'une taille au-dessus de la moyenne, d'un teint coloré et porte toute sa barbe. Il était maire de la commune de Puteaux depuis le mois de janvier 1871.

Il s'exprime avec facilité et une grande assurance, se défend avec vivacité, et entre dans de longues explications à chaque question qui lui est adressée par M. le Président.

Des rapports résultent, contre Roques, les accusations d'offenses envers le

Chef du Pouvoir exécutif, d'attentat tendant à changer la forme du gouvernement, d'embauchage et de distribution d'armes.

Il est procédé à l'interrogatoire de l'accusé.

M. LE PRÉSIDENT : Le 2 avril dernier, alors que les fédérés disputaient à l'armée la possession de Puteaux, vous avez fait distribuer aux fédérés des fusils;
vous avez fait désarmer cinquante soldats, et vous avez livré aux fédérés un
canon et son caisson. Vous accordiez la sépulture dans le cimetière de votre
commune aux fédérés, vous la refusiez, au contraire, aux soldats? — R. Les
fédérés n'avaient pas de numéro matricule, rien qui pût les faire reconnaître.
C'est pour cela que je les faisais inhumer d'abord.

D. Vous avez fait visiter les voitures qui arrivaient de Paris, afin de vous
assurer qu'elles ne cachaient pas de jeunes gens réfractaires à la levée ordonnée par la Commune. — R. Je nie ce fait.

D. Niez-vous aussi qu'un caisson a été porté à la mairie et que vous l'ayez
livré aux fédérés? — R. Le caisson a été apporté, mais je n'ai pas voulu le recevoir; ma responsabilité aurait été trop engagée à tous égards. Je n'ai pas livré
ce caisson aux fédérés.

D. Le nommé Hove déclare le fait, mais vous récusez son témoignage. Vous
ne le considérez pas comme un honnête homme? — R. Non.

D. Cependant vous lui avez confié 8,000 fr.? — R. C'est-à-dire que ces
8,000 fr., qui constituaient la caisse municipale lui ont été remis après mon
arrestation.

Me DENIS : L'accusé n'attaque pas la probité du témoin, mais son honnêté politique, ce qui est bien différent.

M. LE PRÉSIDENT : Ceci d'ailleurs n'est qu'un incident. Passons. Vous n'avez
pas reçu le caisson, dites-vous; mais vous avez dit à ceux qui l'apportaient :
« Faites-en ce que vous voudrez. » C'est là réellement une manière trop facile
de remplir son devoir. — R. Je répète que j'ai refusé le caisson.

D. Mais vous l'avez livré à l'insurrection. Et le canon, l'avez-vous vu? —
R. Non.

D. Il a été pourtant aussi amené à la mairie. Le témoin en déposera. — R. Je
ne l'ai pas vu.

D. Ainsi, vous n'avez livré aux insurgés ni les armes, ni le canon, ni le caisson? — R. Non.

D. Passons à la question d'embauchage. Il était arrivé à Puteaux des soldats
déserteurs. Vous avez donné des ordres pour qu'ils pussent passer la Seine et
rentrer dans Paris? — R. Je ne puis dire que la vérité. Je n'ai pas procuré le
passage en question; je ne l'ai même pas vu. J'ai été dans mon bureau, je ne
pouvais rien voir

M. LE PRÉSIDENT : Prenez garde! vous entrez dans un système de défense qui
est bien en désaccord avec les témoignages.

L'Accusé : Ce système est celui de la vérité. Je suis pénétré de la bonté de ma cause; je suis convaincu de mon innocence.

M. le Président : Le Conseil ne demande pas mieux que d'en être convaincu aussi, croyez-le bien. Mais, enfin, vous niez tout, et tout à l'heure un témoin dira que vous avez donné un ordre formel pour le passage de ces soldats.

L'Accusé : Oh! je connais ce témoignage!

M. le Président : Vos antécédents semblent constater de votre part une grande mobilité de goûts et de l'ambition politique.

Vous avez été vétérinaire, puis vous avez travaillé chez un avoué; plus tard, on vous voit à la Bourse. Vous deviez arriver à vous mettre volontiers à la tête des mouvements qui pourraient se produire. Vous aviez des idées politiques.— R. J'ai des idées républicaines.

M. le Président : Je ne critique pas, j'établis votre passé, et je cherche à constater vos tendances, qu'il faut que nous connaissions.

L'Accusé : Je n'ai jamais fait partie d'aucune association; je n'ai jamais assisté à une réunion électorale.

M. le Président : C'est bien peu vraisemblable. Il y a de vous au dossier un écrit politique. Huissier, donnez lecture de ce document.

L'Accusé : Cet écrit est un appel au peuple contre l'Empire, à l'occasion du plébiscite de 1870. On ne l'a pas incriminé.

M. le Président : On ne l'incrimine pas non plus; mais, enfin, il prouve que vous vous occupiez de politique, et, à un moment donné, vous avez pu entrer en scène.

L'Accusé : C'est la seule fois que j'aie fait de la politique.

Il est donné lecture du document en question, qui est une critique de la constitution impériale et du gouvernement de Napoléon III.

M. le Président : Eh bien, accusé, ce document n'est-il pas un écrit politique?

L'Accusé : Oui; seulement je dis que mes idées m'appartenaient; que je ne les ai empruntées ni à un club, ni à une association, ni à un journal.

M. le Président : Vous parlez dans cet écrit d'inégalités sociales! Qu'entendez-vous par là? — R. Je n'ai voulu parler que des priviléges existant au profit de certaines personnes.

D. Dites-nous comment vous avez été nommé maire de Puteaux. — R. J'ai été nommé conseiller municipal en août 1870 : le conseil m'a nommé maire le 31 janvier suivant; je n'ai pas de propriété, mais j'y habite depuis un an. Je ne crois pas que mes électeurs aient eu à regretter ma nomination.

D. Dans quelles conditions avez-vous été nommé? La politique n'y a-t-elle pas été pour quelque chose? — R. Je n'en sais rien, je n'ai pas à sonder la conscience de mes électeurs.

D. Votre situation privée n'est pas très-honorable. *(L'accusé proteste.)* Vous vivez en concubinage depuis quinze ans? — R. J'ai tout dit à la justice, je n'ai rien voulu lui cacher.

La vérité est que depuis quinze ans j'ai une compagne qui partage mes joies et mes peines; nôtre position n'est pas régularisée; mais je ne vois rien là qui atteigne l'honorabilité.

M. le Président : En tout cas ce n'est pas une bonne note de moralité pour le premier citoyen d'une commune. Pourquoi avez-vous ajouté à votre nom celui de Fillol? — R. C'est le nom de mon village; c'était pour me distinguer d'autres personnes portant le même nom, que j'ai fait cette addition

M. le Président : Si chacun en faisait autant, cela n'en finirait pas.

Me Denis : En tout cas, cette addition figurait toujours entre parenthèses. Ce n'est pas une recherche de vanité nobiliaire.

Un de MM. les membres du Conseil : Je voudrais savoir quelles relations l'accusé a eues avec le gouvernement depuis le 18 mars dernier? — R. Je n'en ai eu aucune. Je ne savais où prendre le gouvernement légal qui n'était plus à son siége.

M. le Président : Vous avez fait plus; vous avez refusé de faire placarder les affiches officielles qui vous ont été adressées. — R. Oui, j'en ai donné les motifs.

M. le Président : Le motif, c'est qu'elles contrariaient vos sympathies pour la Commune. Voilà mon appréciation.

L'Accusé : Ce n'est qu'une appréciation.

Un de MM. les membres du Conseil : A un certain moment, votre commune a éprouvé des embarras financiers : la solde de la garde nationale n'était pas payée : la population était mal disposée; c'était le moment d'avoir recours au gouvernement légal. Vous n'en avez rien fait. — R. J'ai envoyé à ce sujet trois délégués à Versailles; il leur a été répondu qu'on ne pouvait rien faire. Les communications, d'ailleurs, étaient loin d'être faciles avec Versailles. En définitive, les fédérés occupaient Puteaux; l'armée de Versailles s'était repliée.

Un de MM. les membres du Conseil : Un témoin a déposé formellement que, à diverses reprises, l'accusé a refusé de placarder les affiches du gouvernement; ses sympathies sont évidentes. Que répond l'accusé à cet égard?

Me Denis : Il faudrait pourtant, monsieur le Président, que le défenseur sache quelle est sa tâche. Sont-ce les sentiments de l'accusé ou ses actes que j'ai à défendre?

M. le Président : Croyez bien que ce ne sont que ses actes. Seulement, la connaissance des sentiments éclaire les actes.

Après cet interrogatoire, il est procédé à l'audition des témoins.

Le premier témoin entendu est M. Drouet (Ernest-Isidore), conseiller municipal et adjoint de la commune de Puteaux sous le mairat de l'accusé Roques.

Voici le résumé de sa déposition :

Le nom de M. Roques figurait sur une liste de candidats au conseil municipal qui a passé à peu près tout entière.

J'ai vu amener à la mairie un caisson; je n'ai pas vu le canon. Tout de que je sais, c'est qu'il a été reconduit à l'insurrection.

Quant aux armes, je puis dire qu'il y en avait un certain nombre qui appartenaient à un M. Challamel, qui les avait cachées du temps des Prussiens. Plus tard, elles ont été déterrées et portées à la mairie. Le maire était dans son cabinet quand elles ont été distribuées; il ne s'est pas opposé à cette distribution. Toute opposition eût été dangereuse à ce moment, en présence de l'effervescence de la population. Les coups de fusil, à cette époque, ne coûtaient pas cher.

D'autres armes ont été aussi distribuées; elles avaient été prises à des soldats déserteurs. Je dois dire que le maire voulait peut-être, en gardant danss on cabinet les armes qui s'y trouvaient, les tenir à la disposition de l'autorité militaire; nous comptions toujours sur l'armée de Versailles.

M. LE PRÉSIDENT : Il était au moins imprudent de garder ainsi ces armes· Pourquoi ne pas appeler les soldats de l'ordre à votre secours? Vous parlez de la bonne volonté de la mairie en faveur du gouvernement; qu'eût donc été la mauvaise volonté?

Mᵉ DENIS : Il ne faut pas oublier que, ce jour-là, l'armée de Versailles s'était repliée. Puteaux avait été investi par les fédérés. ·

LE TÉMOIN : D'ailleurs, nous n'avions aucune autorité sur la garde nationale depuis la mobilisation. Les anciens officiers du bataillon avaient donné leur démission.

M. LE PRÉSIDENT : Parce que le nouveau commandant était tout dévoué à la Commune.

LE TÉMOIN : Leur démission était antérieure au 18 mars. En tout cas, je puis dire une chose, c'est qu'il n'est pas à ma connaissance que le maire ait distribué personnellement des armes, ni qu'il ait donné des ordres pour fair passer la Seine aux soldats déserteurs.

La séance est suspendue à deux heures et demie, et reprise à deux heures trois quarts.

Les dépositions des témoins entendus dans la seconde partie de la séance ne présentent pas d'intérêt.

L'audience est levée à cinq heures et demie et renvoyée à demain neuf heures moins un quart.

Audience du 8 août.

Tout l'intérêt de cette audience est dans les dépositions suivantes :

MAURICE FILLEUL, chevalier de la Légion d'honneur, demeurant à Puteaux,

dépose : M. Roques est l'instigateur principal du mouvement communiste de Puteaux. Pour lui, toute la question était de savoir s'il fallait se rallier au Comité central, à la Commune, ou constituer un gouvernement spécial. Dans les communes voisines, la fermeté et le patriotisme des maires ont paré à tous les dangers; à Puteaux, ça été tout le contraire. M. Roques pouvait tout empêcher; il a tout fait. Son hostilité vis-à-vis du gouvernement n'est pas douteuse.

M. LE PRÉSIDENT : Témoin, vous êtes chevalier de la Légion d'honneur; vous faites là une déposition dont vous comprenez toute l'importance. Vous persistez dans toutes vos déclarations?

LE TÉMOIN : Oui, monsieur le Président.

DUCASTEL, curé de Puteaux : L'accusé a été constamment hostile au clergé. J'avais perpétuellement des difficultés avec lui; il s'emparait notamment des droits appartenant à la fabrique sur les enterrements.

DELAUNAY, docteur médecin à Puteaux : J'ai eu une conversation avec l'accusé. Je lui disais que les républicains pouvaient être sans crainte, que le Chef du Pouvoir exécutif avait, à mon avis, donné assez de gages à la République.

« Le petit Thiers! me répondit-il, c'est la plus franche canaille qui existe! »

Une autre fois, des fédérés blessés avaient été dirigés sur les ambulances de Versailles. L'accusé m'en fit des reproches, en me disant : « Mais vous voulez donc les faire massacrer par ces misérables de Versaillais! »

L'audience est suspendue à cinq heures.

Audience du 9 août.

Le Conseil a achevé d'entendre les témoins tant à charge qu'à décharge. Leurs déclarations n'ont présenté aucun intérêt particulier.

Audience du 10 août.

Après le réquisitoire de M. le Commissaire du gouvernement et de la défense présentée par Mᵉ Denis, le Conseil a rendu un jugement qui condamne le sieur Roques aux travaux forcés à perpétuité.

IIIe CONSEIL DE GUERRE (séant à Versailles)

Présidence de M. MERLIN, colonel au 1er régiment du génie.

Audience du 10 août.

INSURRECTION DE PARIS.

LES MEMBRES DE LA COMMUNE ET DU COMITÉ CENTRAL.

DIX-HUIT ACCUSÉS.

Me Bigot croit avoir à se plaindre vivement de certains comptes-rendus. Dès l'ouverture de la séance il demande la parole.

Messieurs, dit-il au Conseil, je viens vous demander la permission de faire une observation qui m'est pénible, mais comme il s'agit de mon client, je n'ai pas le droit d'hésiter.

Nous tous, à cette barre, avocats des accusés, sommes en butte depuis trois jours à toutes les malveillances, aux menaces anonymes; mon honorable confrère Lachaud en sait quelque chose. Nous souffrons tout cela sans rien dire, mais quand les attaques passionnées s'adressent à des hommes dont la vie est l'enjeu de la partie qui s'engage, nous relevons le gant.

Le journalisme a incontestablement le droit d'appréciation absolu; il peut dire : Je dédaigne la sténographie, il me suffit de déclarer que tel accusé est un poseur, que tel avocat est absurde; mais il dépasse toutes les limites de ce qui est licite quand il imprime le contraire de ce qui a été réellement dit à cette audience, et je viens me plaindre d'un fait pareil accompli par M. El Cadi, du *Gaulois*.

Vous vous rappelez, messieurs, que M. Gérard a déclaré avoir reçu une commande de sulfure de carbone de 3 kilos. Assi prétendait qu'il s'agissait de 300 grammes. Or, savez-vous ce que M. El Cadi a écrit? — 300 kilos! Je ne suppose pas, je ne veux pas supposer que cela soit intentionnel; je rappellerai à l'écrivain que, dans le pays des Cadis, on frappe à la plante des pieds l'homme convaincu de mensonge; mais les erreurs qu'il a commises sont nombreuses et bien regrettables. Vous vous rappelez encore le lieutenant Serres, c'était un témoin à charge; nous avons eu l'honneur de déclarer au début qu'il n'avait jamais fait partie de l'insurrection; cela fait sourire M. El Cadi et il continue de la sorte :

« M. Serres explique qu'il s'est trouvé dans la rue des Rosiers, lors de l'assassinat du général Lecomte; qu'il a même reçu un coup de baïonnette; qu'il a voulu s'opposer à ces assassinats; que lui-même s'est vu gravement exposé; qu'il a demandé alors à être conduit devant le Comité. »

Tout ce récit est matériellement inexact; M. El Cadi travaille pour trop de journaux à la fois. Il a été question de la caserne Lobau et non de la rue des Rosiers, et quand on réfléchit que M. le Président du Conseil, à la séance d'hier, a interrogé mon client à propos de l'assassinat des généraux Lecomte et Clément Thomas, on comprend aisément quelle confusion regrettable ces comptes-rendus inexacts peuvent produire; et plus tard, messieurs, quand vous vous montrerez justes, on dira peut-être que vous avez été faibles.

Or ici, qu'on le sache bien, nous ne voulons pas de grâce, nous voulons la vérité et la justice.

M. LE PRÉSIDENT : N'ajoutez jamais de qualifications aux noms : M. El Cadi travaille pour trop de journaux; ce mot est de trop.

Mᵉ BIGOT : Monsieur le Président, je connais l'homme qui se cache sous ce titre de Cadi. Je n'ai pas voulu le nommer avec intention, laissant à ses collègues le soin de lui dire : C'est vous qui avez fait cela ! Vous nous compromettez ! et j'en appelle à la loyauté de tous ceux qui ont l'honneur de tenir la plume de journaliste.

M. LE PRÉSIDENT : J'engagerai la rédaction du journal le *Gaulois* à faire des rectifications.

RÉGÈRE : J'ai aussi des rectifications à demander. Je regrette que mon avocat ne soit pas présent; mais je suis attaqué d'une manière indigne; le *Figaro* dit sur moi des choses que je ne puis laisser passer. Avant-hier on lit dans cette feuille : « L'accusé Régère salue des dames, des journalistes, et on ne trouve pas que ce soit le salut d'un assassin. » Hier il disait : « Un témoin du procès de Versailles racontait hier ce détail épouvantable: Régère ayant acheté un revolver neuf, voulut l'essayer en tirant sur le tas, et déchargea ses six coups sur des personnes. » L'opinion a été travaillée...

M. LE COMMISSAIRE DU GOUVERNEMENT : L'accusé ou son défenseur feront valoir ces moyens quand il sera temps.

M. LE PRÉSIDENT : Je ne puis pas empêcher les journaux de faire des appréciations. Je ne puis qu'une chose, c'est faire rectifier les paroles mensongères, quant aux réponses et aux aveux des témoins ou des accusés. Je prierai ainsi seulement le *Figaro* de rectifier à son tour ce qu'il a pu dire d'inexact.

M. PELLAUD, membre du conseil général : Comme j'ai connu Assi, l'ouvrier agitateur du Creuzot, j'ai cru devoir venir dire devant le Conseil qu'il n'est ni un assassin ni un voleur.

On m'a fait venir par gendarmes du fond du Morvan pour déposer.

Le premier acte où je trouve qu'Assi ait joué un rôle, c'est une lettre dans laquelle il parle des ouvriers chaudronniers et des ouvriers mineurs. Il y est question de M. Schneider, qui est traité de « tyran de Syracuse. »

Le deuxième document est une dépêche d'Assi contenant ces mots : « En voyez lettre d'adhésion; irai bientôt vous voir. »

Assi s'occupait toujours des associations ouvrières, selon les idées du bon et beau livre sur la matière, du comte de Paris.

La troisième pièce est une lettre écrite par moi. Assi ne s'en est pas servi, et je crois que c'est parce qu'elle contenait, dans le plan que je préparais, ces mots : « Les ouvriers auraient le droit de se mettre en grève. »

D. Vous êtes ici non pas pour apprécier les idées personnelles des accusés, mais pour répondre aux questions se rapportant aux actes des accusés.

Mᵉ Bigot : Il ne faut pas oublier que le témoin n'a jamais vu Assi. De plus, monsieur le Président, vous m'avez fait tenir une lettre dans laquelle il y a des imputations inqualifiables contre mon client.

Cette lettre, je la cite :

« Monsieur le Ministre,

« Arrêté depuis quelques jours à Paris, j'ai cru qu'il serait utile de vous prévenir que j'ai entendu dire par des officiers prussiens : Le sieur Assi recevait une somme de 25,000 fr. par an de M. de Bismark. »

Ces accusations doivent être justifiées.

Je demande que ce témoin soit assigné, et sans connaître quels sont les noms des officiers qui ont tenu ce propos. Et à l'occasion, je désirerais que M. Dufaure demandât des renseignements par voie diplomatique sur ce fait à M. de Bismark.

M. le Commissaire du gouvernement : Respectez au moins le ministre de la Justice.

Mᵉ Bigot : Je le respecte, c'est un devoir professionnel, et je ne me permettrais pas d'attaquer ici le ministre. Mais j'ai là une lettre autographe de M. le Procureur général Leblond qui me dit que la justice civile n'avait rien à voir dans l'instruction et le jugement de cette affaire remise à la justice militaire. On nous a opposé encore certaines pièces. Ainsi M. le Commissaire du gouvernement a parlé de certains rapports qui étaient l'œuvre de M. Grimald, son prédécesseur. Il est élémentaire qu'on accepte en justice la responsabilité de ce qu'on a fait soi-même.

M. le Commissaire du gouvernement : Je n'ai pas de leçons à recevoir de vous.

Mᵉ Bigot : Je ne vous en donne pas.

M. le Commissaire du gouvernement : Ce n'est pas à vous que je viendrais les demander.

Mᵉ Lachaud : Étranger à ce débat, je me permets d'intervenir. Mon Dieu ! ne cherchons donc pas ce qui écarte, ce qui divise; mais avec votre autorité, avec la haute bienveillance dont vous nous donnez chaque jour la preuve, tâchons de rendre le moins irritants possibles ces débats qui le sont assez par eux-mêmes. Je suis étranger à la discussion actuelle, mais mon âge, ma situation, me donne peut-être le droit d'y intervenir et de demander que la modération reparaisse au siége du ministère public.

M. LE COMMISSAIRE DU GOUVERNEMENT : Mais les attaques partent toujours du banc de la défense.

Me LACHAUD : La tâche des défenseurs est difficile; il faut tâcher de ne pas l'aggraver. J'espère que nous oublierons tout cela et que, désormais, nous serons tous irréprochables.

M. LE COMMISSAIRE DU GOUVERNEMENT : Je ne demande pas mieux. Je m'associe pleinement aux paroles de Me Lachaud. Tout ce que je désire, c'est qu'on ne lance pas ainsi contre moi des accusations que je n'accepterais pas dans la rue.

Me LACHAUD : Il y a dans tout cela des vivacités de caractère; il y a bien des choses qu'il faut savoir excuser.

M. LE COMMISSAIRE DU GOUVERNEMENT : J'abonde dans votre sens.

LOUIS-ALEXIS FOSSÉ, employé de commerce.

D. Vous étiez aide-de-camp de l'accusé Assi? — R. Oui.

D. Vous l'avez suivi dans toutes ses opérations concernant les munitions? — R. Nous nous occupions de fabrication de gargousses pour les canons.

D. Vous fabriquiez aussi des bombes de pétrole? — R. Je ne sais pas s'il y en avait, mais nous n'en avons pas fabriqué.

D. J'ai montré hier une pièce de laquelle il résulte qu'on demandait de tous côtés des bombes de pétrole. — R. Je n'en ai pas fait. J'ai été plusieurs fois à Vanves, mais je n'en ai pas vu.

Me BIGOT : Je voudrais demander au témoin quelle était sa position exacte? —R. J'étais capitaine commandant de la caserne Lobau.

D. Vous y étiez quand on a assassiné le capitaine Combes? — R. Non, je ne vins que le lendemain et fis arrêter l'assassin.

D. Vous fûtes arrêté avec Assi ? — R. Oui, et l'on nous mena à la poudrière Beethoven.

ASSI : Le capitaine Fossé était détaché auprès de la Commission de surveillance des munitions. Il n'avait qu'à porter un ordre.

M. LE PRÉSIDENT : Alors il ne prenait pas part aux distributions?

ASSI : Pas le moins du monde.

RÉJAUD, gardien à la Préfecture : Le 31 mars, en faisant une ronde, je trouvai dans une cellule le nommé Adamcourt. Je lui demandai pourquoi on l'avait arrêté. Il me répondit que c'était parce qu'il avait fait fusiller un capitaine et un lieutenant. Il me raconta les détails de l'affaire déjà connus.

J'en parlai à M. Bonjean, qui me répondit : « Ils ont commencé, il faut s'attendre à tout. »

Me BIGOT : Il faut bien remarquer que le témoin ne fait que raconter ce qu'il a entendu dire par Adamcourt lui-même, l'auteur de l'assassinat. Je demande à ce qu'on entende la femme Charvet qui a été le témoin des faits.

M. le Président : Faites entrer la femme Charvet.

Femme Charvet, cantinière de la garde républicaine, caserne de la Cité.

Le 22 mars, à six heures et demie du soir, le capitaine Combes a été assassiné par des gardes nationaux. Adamcourt, l'assassin, vint ensuite chez moi, disant que je cachais le lieutenant Serres; je lui dis que je ne le cachais pas; il se retourne, le voit, tire sur lui, le blesse. J'ai entendu dire qu'il avait été soigné sur les ordres de M. Assi, mais je ne l'ai pas vu moi-même. Après l'assassinat, Adamcourt est revenu avec le chasseur et le mobile qui avaient assassiné le capitaine de chasseurs Combes, et il me dit : « Pour vous prouver que j'avais l'ordre de faire feu, le voici : » et alors il m'a montré un carton vert et ensuite un papier blanc sur lequel il y avait l'ordre de faire feu après trois sommations; je ne sais si l'ordre portait la signature de Lullier, j'étais trop émotionnée, mais il l'a toujours dit.

Mᵉ Bigot : Oui; mais il a été établi que ce n'était pas vrai. Il a dit au témoin Régeaud autre chose qu'à Mme Charvet. Il a toujours prétendu avoir eu cette signature, mais il ne l'a jamais prouvé.

Le Témoin : M. Fossé est arrivé avec un autre officier; ils l'ont arrêté, lui ont fait lier les mains, l'ont fait déchausser, et ont trouvé 24,000 fr. dans ses bottes en bons du Trésor. Je sus depuis qu'il s'était échappé, et qu'Assi l'avait fait reprendre une seconde fois, qu'il était à Mazas, au n° 27.

(Sur la demande de Mᵉ Bigot) : J'ai vu Assi à la caserne Lobeau. M. Fossé, aide-de-camp d'Assi, y venait souvent; je m'adressai souvent à lui; il paraissait vouloir me protéger. J'ai reçu un jour une lettre décachetée d'un nommé François, gendarme, dont la femme et l'enfant étaient à Saint-Lazare, et qui me demandaient de venir à leur secours. Je m'adressai à Assi qui les fit effectivement mettre en liberté.

Assi : François n'était plus gendarme; je pouvais faire sortir la femme et son enfant sans contrevenir aux décrets de la Commune relatifs aux otages.

Lullier : Je demande la parole pendant quelques instants : on a parlé de certain ordre signé par moi; pour me justifier, il me suffit de dire que j'avais été arrêté par guet-apens, par ordre du Comité central, et que je ne pouvais donner d'ordre, étant en prison.

M. Louis-Joseph-Ernest Picard, avocat, ancien ministre.

D. Qu'avez-vous à dire? — R. J'ai été appelé par l'accusé, mais j'ignore sur quels faits il désire que je réponde.

Mᵉ Bigot : Assi a été arrêté dans la nuit du 20 au 21 mai. Il est resté dans une cave avec seize ou dix-sept autres officiers. Le lendemain, on fit comparaître Assi devant M. Picard, ministre de l'Intérieur. Parmi les incidents qui se sont passés, M. Picard aurait dit ceci : « Mais vous étiez un agent prussien! » Assi veut demander... *(Interruption.)*

Mᵉ Bigot : Ce fait peut être très-risible!

M. LE COMMISSAIRE DU GOUVERNEMENT : Pourquoi ces mots en me regardant?

M. LE PRÉSIDENT, à Mᵉ Bigot : Je vous ferai remarquer que vous devez vous abstenir de ces personnalités; j'aurai souvent à relever cette manière d'attaquer au banc de la défense.

Mᵉ BIGOT : Je prie M. Picard de vouloir bien me dire ce qui est vrai de cet incident.

M. PICARD : La capture de M. Assi étant fort importante, je cherchai à préserver Paris des malheurs auxquels la capitale pouvait être exposée. Comme je savais qu'Assi faisait partie de la commission des poudres, je comptais qu'il pourrait nous être d'un grand secours. Quant à la lettre, je la présentai en effet à Assi; je n'y attachai pas d'ailleurs une bien grande importance.

On montre cette lettre au témoin qui la reconnaît.

Mᵉ BIGOT : Ne serait-ce pas la lettre où il est question des nids d'hirondelles?

M. le Président fait représenter au témoin la lettre en question.

LE TÉMOIN : Je la reconnais.

Mᵉ BIGOT : Cette lettre n'a aucun rapport au 18 mars.

LE TÉMOIN : Non, mais plutôt à un côté de conspiration préparée pour l'entrée des Prussiens dans un quartier de Paris, en vertu de la capitulation.

Sur les mines pouvant avoir été préparées sur plusieurs points de Paris, j'ai interrogé Assi; il m'a dit qu'il ne savait rien, tout en laissant pressentir une catastrophe.

Mᵉ BIGOT : Assi n'a-t-il pas eu, sur lettre d'audience, une entrevue avec M. Picard, étant accompagné d'un de ses officiers?

LE TÉMOIN : C'est bien simple; peu avant le 18 mars, on m'annonça deux officiers délégués du 188ᵉ bataillon de la garde nationale. Je reconnus Assi dans l'un d'eux; je reconnaîtrais la figure de l'autre. Il s'agissait de la solde d'avril que la loi empêchait de payer; il n'y a pas eu autre chose.

M. PICARD : Quand Assi alla au Creusot, il m'envoya une lettre chargée dans laquelle il nous demandait une consultation sur les coalitions. Un de mes confrères voulut bien faire cette consultation que je signai. Quelque temps après, Assi vint me remercier avec un de ses camarades et me demanda une consultation. Voilà mes seuls rapports avec Assi.

Mᵉ BIGOT : Le rapport commence par une erreur. On dit qu'Assi était délégué; comme on en choisit un par atelier, ce fait n'est pas exact.

ASSI : Je parlai avec M. Picard, quand je fus le voir la dernière fois avant le 18 mars, de la lassitude de la garde nationale. Il nous dit : « Mais, d'après la loi, nous ne devons rien aux officiers, on pourrait arranger cette affaire des canons de Montmartre. Nous pourrions donner d'abord un demi-mois aux officiers de la garde nationale. »

M. LE PRÉSIDENT : J'entends souvent parler de la garde nationale et de sa mau-

CLUSERET

vaise humeur. Mais il est singulier d'entendre ces prétentions d'après lesquelles les gardes veulent rester armés malgré le gouvernement. Les soldats aussi ont des armes, et ils les rendent ; quand ils voyagent, ils n'en ont pas besoin.

Mᵉ Bigot raconte que le gouvernement essaya de transiger avec la garde nationale, pour qu'on lui rendît les canons de Montmartre braqués sur Paris. Un moment le Comité central fut d'accord avec le gouvernement, et même M. Picard donna à M. Lafond, adjoint, l'assurance que rien ne serait tenté de quelques jours.

M. le Président : Je ne puis souffrir que vous disiez que le gouvernement a été un moment seulement « d'accord » avec le Comité central.

M. le Commissaire du gouvernement : Je m'associe aux paroles de M. le Président.

M. Picard : Tout cela est d'une profonde inexactitude. La seule chose vraie est que le gouvernement a attendu, comptant sur le bon esprit de la population. Tout le monde sait qu'il a eu une patience très-longue...

M. le Président : Trop longue...

M. le Commissaire du gouvernement : Parfaitement.

M. Picard : On appela les maires de la ville de Paris, et le ministre de l'Intérieur les adjura de faire leurs efforts pour tout concilier. On sait que tout fut inutile, et le reste est connu.

Mᵉ Bigot : Je demande la permission de lire la déposition de M. Lafond.

M. le Commissaire du gouvernement : C'est le témoin qui est malade?

Mᵉ Bigot : C'est vous, monsieur le Président, qui m'avez communiqué cette pièce.

Mᵉ Bigot donne lecture de cette déposition dont voici le résumé.

A la nouvelle de l'entrée imminente des Prussiens dans Paris, une grande agitation se produisit, l'émotion populaire monta à son comble. Un certain nombre de canons furent transportés par les gardes nationaux de la place Wagram aux buttes Montmartre.

Le 6 mars, eut lieu une réunion des maires, sous la présidence de M. le Ministre de l'Intérieur. Il fut décidé qu'on tâcherait de ravoir les canons, mais d'accord avec la garde nationale, et que le gouvernement ne tenterait rien que d'accord avec les municipalités.

Le 12 mars, six journaux radicaux furent supprimés, c'était le moment des condamnations à mort prononcées par le Conseil de guerre pour les événements du 31 octobre. La situation s'empira. Le général d'Aurelles de Paladines offrit de faire placer les canons dans un local dont la garde serait confiée à la garde nationale, avec laquelle l'accord devait toujours exister.

Le lendemain j'appris qu'il s'agissait d'enlever purement et simplement les canons et que des voitures se trouvaient à l'église de la Trinité dans ce but. Nous rappelâmes à M. le général d'Aurelles de Paladines les engagements pris;

nous vîmes M. le Ministre de l'Intérieur, que la situation inquiétait, et qui nous renouvela l'assurance qu'il ne se passerait pas de notre concours. Je partis le lendemain pleinement rassuré pour aller chercher ma famille à Montpellier.

Quand je revins, le 20 mars, on sait ce qui s'était passé. Je suis convaincu que le gouvernement aurait pu éviter ces malheurs en suivant une autre ligne de conduite.

M. le Président : Ce sont ces témoins qui mettent dans la tête de la garde nationale qu'elle est quelque chose.

M. Ernest Picard : Je suis obligé de protester contre tout cela. Le ministre de l'Intérieur a désiré vivement qu'un apaisement devînt possible, mais il ne s'est nullement engagé. Il était renseigné sur le Comité central, sur ses agissements, sur les éléments étrangers à la garde nationale qui conspiraient dans son sein depuis longtemps. Le ministre a été douloureusement affecté et gravement inquiet de cette situation; mais je nie, en ce qui me concerne, les faits qu'a rapportés le document qu'on vient de lire.

M. le Président : D'ailleurs M. Lafond n'avait pas mission de recevoir un tel engagement.

M. Ernest Picard : Et, au-dessus du ministre de l'Intérieur, il y avait le commandant de l'état de siége.

Me Laviolette : La garde nationale ne croyait-elle pas en fait, à tort ou à raison, que les canons qu'elle avait payé de ses deniers lui appartenaient?

Le Témoin : Oui, cette opinion existait chez quelques-uns; je ne la partage pas; ces canons ne peuvent appartenir qu'à l'État.

Me Laviolette : Le 18 mars, les canons étaient-ils gardés?

Le Témoin : Ils l'étaient, mais mal. D'ailleurs, je n'a pas à refaire le récit de la journée du 18 mars. Je demande à me retirer.

M. le Président : Vous pouvez vous retirer.

Me Bigot : M. Rochefort, par nous cité, ne se présente pas; il a écrit à son avocat, Me Joly, qu'il ne voulait pas de ce qu'il considère comme une exhibition.

M. Rossel, aussi cité par nous, a fait la même réponse. Je voulais demander à M. Rochefort s'il n'a pas eu connaissance des causes de l'arrestation d'Assi, et à M. Rossel s'il a connaissance qu'Assi ait fait fabriquer des engins ou projectiles prohibés.

Ces messieurs se sont, je dois le dire, bien mépris sur notre intention; bien d'autres, au contraire, ont sollicité de nous une citation qui les appelât à cette barre.

Georges-Marie Cavalier, ingénieur, détenu préventivement.

M. le Président : Que savez-vous sur l'accusé Assi?

Le Témoin (sur la demande d'Assi) : J'ai reçu de M. Assi ordre de tenir à sa disposition tous les transports nécessaires pour évacuer les poudrières en cas de bombardement; cela rentrait dans mon service municipal. J'ai mis à sa disposition, les 20 et 22 mai, un certain nombre de voitures de la Compagnie des omnibus.

M⁰ BIGOT : Et Assi a été arrêté dans la nuit du 20 au 21 mai.

M. LE PRÉSIDENT : Je reçois à l'instant une lettre que je communiquerai à la défense.

HÉLÉNE PÉRAT.

D. Vous étiez à la caserne Lobau ? — R. J'étais femme de confiance chez M. Mossu, capitaine de la garde républicaine à la caserne Lobau. Le lundi, on voulut nous empêcher de rentrer, Mᵐᵉ Mossu et moi, chez le capitaine, où nous allions prendre les valeurs qu'on y avait laissées. On nous chassa. Les hommes étaient ivres. Le lendemain. Je fis des démarches pour avoir un laisser-passer pour déménager; on me refusa à l'Hôtel-de-Ville. M. Serres vint me demander une chambre, où il resta deux jours, et nous fûmes tranquilles ; mais, quelques jours après, M. Serres étant parti, le pillage recommença. Je fus me plaindre, on constata le vol, et je dénonçai Adamcourt. Je vis alors M. Assi; je ne sais pourquoi on m'a fait appeler.

M⁰ BIGOT : Je retiens ce passage, que le Comité central n'est pour rien dans les pillages et les meurtres.

M. LE PRÉSIDENT : Oui, mais c'est bien le Comité central le véritable auteur de tout.

M. LE PRÉSIDENT : M. de Pène a envoyé un certificat de médecin.

M⁰ BIGOT : Il y a un grand intérêt à entendre ce témoin. Je veux lui demander la vérité sur les comptes rendus fantaisistes des séances de la Commune qu'il a publiés dans un journal.

M. LE PRÉSIDENT : Nous ne pouvons pas nous occuper de tout ce qu'on a publié. Faites publier que ce qu'il a dit était faux, si cela vous fait plaisir.

M⁰ BIGOT : C'est que nous trouvons des détails qui ont une grande importance.

M. LE COMMISSAIRE DU GOUVERNEMENT : Je dois dire que je ne me servirai pas de ces pièces.

M. LE PRÉSIDENT : Nous ne jugeons que d'après les pièces du dossier, et non d'après les publications.

DOMINIQUE-PROSPER GAUTHIER, journalier à Montreuil, détenu à Satory.

D. Que savez-vous ? — R. Rien du tout ; on a dû se tromper dans l'assigna-

D. Vous étiez officier de la garde nationale? — R. Oui, capitaine. *(On rit. L'accusé lui-même sourit.)*

M⁰ BIGOT : Celui que nous avons fait assigner n'est que lieutenant.

ASSI : Je demanderai à ce qu'on le fasse rechercher.

M⁰ BIGOT : Nous renonçons au témoin Beaulieu, détenu à Belle-Ile, M. Picard nous ayant raconté son entrevue avec Assi.

JEAN-BAPTISTE-HENRI VILLIERS, employé de commerce.

ASSI : Ce témoin est venu avec moi chez M. Picard au sujet de la solde de la garde nationale; sa déposition, puisque M. Picard a dit exactement ce qui s'est passé, devient superflue, à moins qu'il ne vous fasse plaisir de l'entendre.

M. LE PRÉSIDENT : Est-ce que M. Duchemin est dans le même cas?

ASSI : Non, monsieur le Président.

ANDRÉ-EUGÈNE DUCHEMIN, vernisseur : J'étais, à la date du 18 mars, soldat du 93e de ligne; j'avais été à l'armée de l'Est; j'étais entré à Paris avec mon congé. J'étais à la caserne Lobau, où il y avait des isolés.

M. LE COMMISSAIRE DU GOUVERNEMENT : Si vous étiez libéré, vous n'étiez pas isolé. Votre position n'était pas régulière.

LE TÉMOIN : Je ne sais ce qu'on me veut; je ne connais pas Assi, je ne l'ai pas vu.

Me BIGOT : Il avait son uniforme, il ne sait rien; c'est donc qu'on ne l'a pas forcé à servir contre le gouvernement. Voilà le fait qui répond à l'accusation d'embauchage. C'est Assi lui-même qui a ordonné de respecter l'uniforme du témoin et de deux autres soldats encore; il l'avait été lui-même, il savait ce que c'est que le devoir militaire. Il s'est donc borné à les faire nourrir, mais sans les faire armer.

M. LE PRÉSIDENT : Ce sont là de très-bons principes.

M. LE COMMISSAIRE DU GOUVERNEMENT : Mais l'accusation d'embauchage repose sur des faits.

M. le Président fait à ce moment déposer les pièces à conviction relatives à Assi, qui sont un revolver à six coups, des insignes de franc-maçon, de colonel de la garde nationale et l'écharpe rouge à franges jaunes.

ASSI : J'avais encore d'autres objets qui ne sont pas là, notamment un revolver pareil à celui du prince Bonaparte. Celui qui est sous les yeux du Conseil était chargé; je ne sais comment cela se fait.

M. LE PRÉSIDENT : Vous ne savez pas, voilà tout. Le reste est inutile.

Me BIGOT entre dans des explications à cet égard. Trois témoins, notamment le fils du capitaine Combes et la cantinière du 192e bataillon, avaient été cités par nous pour déposer à ce sujet.

ASSI : Je ne me suis pas défendu, mon revolver n'a donc pas pu être déchargé.

M. de Clermont-Tonnerre, aussi cité, est absent.

Il en est de même de M. le capitaine Beugnot, officier d'état-major, aide-de-camp du général Lecomte.

M. LE PRÉSIDENT : Il est regrettable que ce témoin n'ait pu être trouvé; peut-être son adresse a-t-elle été mal donnée.

Me BOYER : La déclaration du capitaine Beugnot, témoin oculaire de l'assassinat du général Lecomte, est importante ; il faudrait qu'il fût cité. J'apprends à l'instant qu'il se trouve à l'audience.

(Ce témoin se présente effectivement.)

M. Beugnot, capitaine d'état-major.

D. Vous étiez rue des Rosiers le 18 mars? — R. Oui, mais je n'étais point officier d'ordonnance du regretté général Lecomte, mais bien de M. Le Flô. J'ai été fait prisonnier.

D. Vous avez vu Assi? — R. Non; je me rappelle seulement, et je dois le dire à leur honneur, que deux officiers, le lieutenant Meyer, et un autre, M. Victor, ont fait tous leurs efforts pour empêcher l'assassinat.

Mᵉ Boyer : Le témoin a-t-il su que le Comité central fût pour quelque chose dans l'assassinat? — R. Non; j'entendis seulement M. Clémenceau dire : « Comment! l'assassinat est déjà consommé! » On me conduisit ensuite chez un certain Jaclard qui me fit mettre en liberté.

Ferré : C'est moi qui l'ai fait mettre en liberté; je suis bien aise que ce témoin soit devant vous, sans avoir été cité par moi.

Le Témoin : L'ordre de mise en liberté a été signé par Jaclard.

Ferré : J'étais président du comité de vigilance de l'arrondissement; Jaclard me suppléait peut-être. Le témoin a dû voir une grande pancarte sur laquelle étaient écrits ces mots : « Comité de vigilance. »

R. Je n'ai pas vu l'accusé Ferré.

Ferré : Cependant Jaclard ne pouvait pas prendre une décision sans mes ordres.

M. le Président : Enfin vous prépariez la défense dans l'arrondissement?

Ferré : Parfaitement.

D. Mais que voulez-vous prouver par cette discussion, pour établir que vous avez donné l'ordre en question vous-même?

Ferré : Je ne veux rien prouver du tout, mais seulement je veux dire que nous savions distinguer entre ceux qui faisaient leur devoir de militaires et les autres.

Mᵉ Boyer : Nous voudrions savoir les détails précis sur tout ce qui est arrivé au témoin. C'est fort important.

Le Témoin : On devait nous faire passer devant un semblable Conseil de guerre. Le général Lecomte réclama même sa comparution devant le Comité central; ce furent ses dernières paroles.

Mᵉ Boyer : Qu'est-ce que ce comité? Un comité d'arrondissement?

M. le Président : C'est un comité révolutionnaire qui se crée de son propre mouvement.

Billioray : Ce n'était pas le Comité central, il y avait cinquante ou soixante comités de vigilance dans les arrondissements.

Le Comité central avait son siége rue Basfroi, n° 11.

M. LE PRÉSIDENT : Cela viendra dans la discussion.

Me BIGOT : Le témoin a reconnu le récit qui a paru dans le journal le *Soir*. Il a aussi déclaré n'avoir pas vu Assi.

A-t-il vu ceux qui ont tiré sur les généraux?

LE TÉMOIN : Ils ont péri dans le jardin où ils ont été entraînés; nous ne pouvions pas voir; nous avons entendu.

Me BIGOT : Monsieur le Président, le témoin femme Charvet demande à compléter sa déposition.

M. le Président fait prêter serment de nouveau à ce témoin, qui dépose :

J'ai été arrêtée et conduite à la salle de la Commune, sur les ordres de M. Pindy, comme espion de Versailles, deux jours avant les otages. M. Fossé, aide-de-camp de M. Assi, est venu, a causé avec M. Pindy; c'est, je crois, à l'entremise de M. Assi que je dois d'avoir eu la vie sauve. M. Assi a fait enterrer le capitaine de chasseurs Combes. M. Assi a remis devant moi 1,000 fr. au fils de M. Combes.

Me BIGOT : Cet argent venait du Comité central, et a été remis à son autorisation, ainsi que 500 fr. qui ont été donnés à M. Serres.

M. HENRI-JOSEPH CHEVRIOT, proviseur du lycée de Vanves : J'ai vu dans un journal les calomnies dirigées par l'un des accusés à l'égard des accusations dirigées contre eux.

Me BIGOT : Je retiens cette déclaration du témoin : Le capitaine Beugnot a écrit dans le *Soir* qu'il avait eu la douleur de voir que c'étaient des soldats du 88e qui avaient tiré sur les généraux.

LE TÉMOIN : On me l'a dit, je ne l'ai pas vu.

M. LE PRÉSIDENT : Dans ces malheureuses scènes, tout ce qui est mauvais se porte du même côté; les coupables sont les inspirateurs : ce ne sont pas ceux qui frappent.

Me LAVIOLETTE : Justement, et nous voulons démontrer que ce n'est pas le Comité central qui a ordonné la mort des deux généraux.

M. LE PRÉSIDENT : Ce n'est qu'un cas particulier, quant au Comité central.

M. LE COMMISSAIRE DU GOUVERNEMENT, au témoin : A quelle heure le général Lecomte a-t-il été arrêté.

LE TÉMOIN : A huit heures et demie du matin.

M. LE COMMISSAIRE DU GOUVERNEMENT : A quelle heure a-t-il été fusillé ?

LE TÉMOIN : A cinq heures ou cinq heures et un quart du soir. Je me crois le devoir de rappeler ce qui suit, dont j'ai, du reste, déposé dans l'instruction : Transféré dans la nuit du 22 au 23 mai de Mazas à la Roquette, j'y ai trouvé le jeune Seigneray, fils d'un de mes collègues, élève du grand séminaire; le vendredi 26, à cinq heures du soir, ce jeune homme, cet enfant, a été compris dans le cortége des cinquante-quatre otages, traîné de la Roquette à Belleville, et là égorgé comme les autres.

J'ai cru de mon devoir de citer ce fait, de le soumettre à la conscience du Conseil. C'est aux membres de la Commune à voir s'ils veulent en assumer la responsabilité, ou le ranger parmi les faits qu'ils déclarent mensongers.

L'ACCUSÉ RÉGÈRE : Je proteste absolument.

Mᵉ BIGOT : Ce fait n'apporte aucun élément nouveau. Assi, d'ailleurs, a été arrêté le 20 mai; donc il est étranger à ce qui s'est fait le 26.

M. LE PRÉSIDENT : C'est, en tout cas, un fait général qu'il est intéressant de connaître.

M. LE PRÉSIDENT, *à un personnage assis sans robe à côté des défenseurs* :

D. Monsieur, qui êtes-vous ? — R. Je suis défenseur.

M. LE PRÉSIDENT : Vous n'avez pas votre robe ? — R. Je n'ai pas le droit de la porter. Je suis autorisé par vous, monsieur le Président, à défendre l'un des accusés dont je suis l'ami, et ce, conformément à l'art. 110 du Code de justice militaire. Je m'appelle Ducoudray.

La séance est suspendue à trois heures et reprise à trois heures un quart.

M. le Président rappelle à Assi les divers chefs d'accusation qui pèsent sur lui : attentat contre le gouvernement en sa qualité de membre de la Commune et du Comité central, excitation à la guerre civile, embauchage militaire.

L'accusation d'embauchage se rapporte à la création du petit corps dont il a été question dans l'interrogatoire d'hier.

ASSI : Il s'agissait tout simplement d'une question d'uniforme; il n'y a pas eu de création de corps nouveau; la Commune n'admettait que la garde nationale comme force armée.

Je repousse les accusations d'incendie et de destruction de monuments publics.

Quant à l'usurpation du grade de colonel, j'ai été nommé par la garde nationale. Elle avait le droit de nommer ses chefs jusqu'au grade de général.

Je repousse toute accusation d'assassinat; le 18 mars, en particulier, je n'étais pas rue des Rosiers. Je n'ai pas été un seul instant à Montmartre.

Je me réfère à ce que j'ai dit hier sur la |pièce relative aux représailles, qu m'est attribuée et que je nie. Je nie aussi toute fabrication d'armes prohibées. On me reproche des arrestations et séquestrations, je n'en ai point fait faire personnellement. Je ne puis répondre de celles que d'autres ont pu faire, notamment de celle d'un individu qu'on m'a amené, et qui a déclaré être un ancien gendarme, et qu'on accusait de recruter des soldats pour l'armée de Versailles.

M. LE PRÉSIDENT : Cependant, à la Commune, vous étiez solidaires.

ASSI : Cependant je ne puis accepter que ma responsabilité personnelle.

Mᵉ BIGOT : En matière criminelle, il peut y avoir complicité, il n'y a pas de solidarité possible.

ASSI : J'étais en prison quand a paru le décret sur les otages, en prison de par la Commune, à Mazas.

M. LE COMMISSAIRE DU GOUVERNEMENT : Mais on ne l'a exécuté que plus tard.

Mᵉ BIGOT : Assi, à cette seconde époque, était prisonnier à Versailles.

M. LE COMMISSAIRE DU GOUVERNEMENT : Je répondrai en temps et lieu.

INTERROGATOIRE D'URBAIN.

M. LE PRÉSIDENT : Vous avez été nommé membre du Comité central? — R. Il a cessé d'exister le 3 ou le 4 novembre par suite des élections municipales.

D. Vous avez été membre de la Commune et du Comité central? — R. Je n'ai pas été du Comité central, j'ai été seulement son délégué, au point de vue des élections, dans le 7ᵉ arrondissement, à la date du 24 mars.

D. Cependant vous vous êtes installé à la mairie? — R. Plus tard.

D. Enfin, vous avez été délégué à la mairie par la Commune; vous vous y êtes installé? — R. Oui, dans un logement vacant.

Mᵉ ANDRÉ ROUSSELLE, défenseur d'Urbain : il y a eu un procès-verbal signé par la municipalité antérieure et par MM. Pariset et Urbain, pour constater ce qui s'est passé. MM. Urbain et Pariset ne demandaient qu'une salle pour les élections.

Mᵉ André Rousselle donne lecture de ce procès-verbal, qui constate que finalement les adjoints, MM. Hortus et Bellaigue, ayant déclaré qu'ils ne céderaient qu'à la force, et le chef de poste ayant reconnu l'autorité du Comité central, les adjoints se sont retirés.

Voici du reste, le texte de ce procès-verbal :

Procès-verbal dressé à la mairie du 7ᵉ arrondissement.

« Le 24 mars 1871, à neuf heures et demie du matin, à la mairie du 7ᵉ arrondissement, se sont présentés MM. Parisel, Mariani, Urbain et Andrès, lesquel nous ont demandé à prendre possesion d'une des salles de la mairie pour préparer les élections au nom du Comité central dont ils étaient les délégués.

» MM. Hortus et Bellaigue, adjoints, présents à la mairie, ont déclaré qu'ils ne connaissaient pas l'autorité du Comité central, que la mairie était indivisible : qu'ils ne pouvaient partager les pouvoirs qui leur avaient été confiés par le suffrage universel, et qu'ils ne céderaient la place que devant une manifestation de la force.

» MM. les délégués ont exprimé leurs regrets de ne pouvoir arriver à une entente, leur volonté formelle étant de ne remplir qu'une mission purement électorale.

» C'est alors que MM. les Délégués ont introduit le chef de poste. MM. les Adjoints lui ont demandé s'il entendait faire respecter les instructions du Comité central ou celles de la mairie. Ils lui ont dit qu'il était nécessaire d'opter entre les deux pouvoirs.

« Le chef de poste ayant déclaré qu'il reconnaissait les ordres du Comité, à l'exclusion de ceux de la mairie, MM. les Adjoints se sont retirés et ont abandonné à MM. les Délégués la place dont il n'étaient plus maîtres.

« Et ont signé :

« MM. Hortus et Bellaigue, *adjoints*, et Urbain, *délégué du Comité central.*

« En présence de :

« MM. de Nogarède, de Fayé, Solvet, *secrétaires de la mairie;* Coudron, Midoz et Bahoit, *lesquels ont également signé.* »

Mais M. Hotus, l'un d'eux, aujourd'hui décédé, a gardé jusqu'au 30 mars la signature des actes de l'état civil.

D. Vous avez fait ordonner des perquisitions? — R. Une seule.

D. Avec ordre de brûler la cervelle au récalcitrant?

Mᵉ André Rousselle : Il ne faut pas confondre le fait de l'arrestation de l'inspecteur de police Landau, accusé d'avoir mis le feu à la cartoucherie Rapp, et les ordres sévères qu'Urbain crut devoir donner à une autre époque pour prévenir une collision entre les anciens et les nouveaux bataillons de la garde nationale.

M. le président : Mais l'ordre est tout à fait général; j'en donne lecture :

« Au nom de la Commune et en vertu des pleins pouvoirs émanant du Comité du salut public,

» Le membre de la Commune délégué à la mairie du 7ᵉ arrondissement,

» Arrête :

» Le citoyen Andrès, commissaire central de police pour le 7ᵉ arrondissement, procédera à toutes arrestations qui lui paraîtront utiles pour la sûreté générale de l'arrondissement.

» Le membre de la Commune, délégué à la 7ᵉ mairie, jugera, après interrogatoire, de l'opportunité des arrestations.

» En cas de résistance de la part des individus arrêtés, le citoyen Andrès est autorisé à leur brûler immédiatement la cervelle.

» En mairie, le 13 mai 1871, dix heures du soir. Les pleins pouvoirs ci-dessus sont valables pour quarante-huit heures.

» *Le membre de la Commune délégué au 7ᵉ arrondissement,*

» Signé Urbain. »

Mᵉ André Rousselle : Oui, mais allons jusqu'au bout. Cet ordre est du 13 mai, dix heures du soir, valable pour quarante-huit heures. Cela n'avait qu'un but, celui d'une intimidation dans un cas exceptionnel et tout à fait momentané. En définitive, les récalcitrants devaient tout simplement être amenés à la mairie. *(Des rumeurs bruyantes couvrent la voix du défenseur.)*

URBAIN : En présence de ces manifestations, je renonce à me défendre.

Mᵉ ANDRÉ ROUSSELLE : Tous les accusés ont droit au respect. *(Voix dans l'auditoire :* Non! non!) Il serait à désirer que tout le monde apportât à ces débats la même impartialité que moi, pour ne chercher que la vérité.

M. LE PRÉSIDENT : Ces manifestations sont effectivement regrettables ; il n'en faut d'aucun côté.

UN GARDE : Mon colonel, il y a une dame dans l'auditoire qui dit qu'elle s'honore d'être du parti de ces messieurs. Que faut-il faire?

M. LE PRÉSIDENT : Arrêter la première personne qui ouvrira la bouche. Si la séance est de nouveau troublée, je ferai évacuer la salle.

Mᵉ DE SAL, s'adressant à Mᵉ André Rousselle : Vous êtes dans votre droit.

M. LE PRÉSIDENT : Qui parle au défenseur?

Mᵉ DE SAL. : C'est moi, monsieur le président, et je dis que nous poserons des conclusions pour faire interdire ces marques d'improbation.

URBAIN : Je ne me défendrai pas.

Mᵉ DE SAL : Il est fâcheux qu'à chaque instant on vienne donner ces marques dans l'auditoire.

URBAIN : On vint me dire que, le 13 mai, la mairie serait attaquée. Je pris, en conséquence, des précautions. M. de Marteau, commandant d'un bataillon, m'avait proposé un moyen que je ne voulus pas prendre; il consistait à lâcher sur le quartier, habité par des bourgeois, les francs-tireurs enfermés dans la caserne Bellechasse. Les gardes nationaux, voyant qu'on pillait leur quartier, ne manqueraient pas d'abandonner la mairie.

M. LE COMMISSAIRE DU GOUVERNEMENT : Il semble que l'accusé défendait le gouvernement régulier.

URBAIN : J'avais accepté le titre de membre de la Commune; il n'aurait pas été logique de ne pas défendre la mairie.

M. LE PRÉSIDENT : C'est une déclaration de principe.

URBAIN : On peut m'accuser d'avoir fait partie de la Commune, mais le fait dont on me parle découle naturellement de cet acte.

D. Parlez-nous de la caisse de l'enseignement de l'arrondissement. Elle contenait 8,000 fr. — R. Pardon. Dès que je fus délégué à la mairie, j'eus besoin d'une caisse pour payer les employés. C'est moi qui ai créé le service de l'enseignement. J'avais reçu les 8,000 fr. qui étaient dans la caisse du ministre des Finances.

D. Quel ministre des Finances? — R. Pardon. De la délégation des Finances.

D. Que touchiez-vous comme traitement? — R. 105 fr. par semaine, comme tous les membres de la Commune.

D. Cependant, on trouve de vous un testament où vous donnez 4,000 fr. à votre fils? — R. Lors de l'invasion par les troupes de Versailles, je cherchai à me rendre aux Finances, pour remettre l'argent que j'avais. Je fus ensuite à l'Hôtel-de-Ville, où on me dit de me rendre dans mon arrondissement pour organiser la défense. Mon émotion était toujours croissante, et le désordre de mes idées était très-grand. J'étais fort soucieux sur le sort de Mme Leroy, que je devais épouser, et de mon fils.

D. Tout cela n'explique pas le testament. — R. J'explique mon trouble d'abord. Le soir, je fus chez M. de Montaut, rue de Trévise.

D. Revenons au testament. — R. Il m'était impossible de revenir à l'Hôtel-de-Ville; je me dis alors que j'avais laissé des meubles à la mairie; je songeai à laisser les 2,500 fr. qui me restaient. Ce testament porte 4,000 fr., car on me remit encore à la Commune 1,000 fr., comme à tous les membres, en se séparant.

D. Et les 1,000 ou 1,100 fr., trouvés sur Mme Leroy? — R. Il me restait environ 1,900 fr., quand je fus arrêté.

D. Enfin, faites votre compte. — R. Il me restait 2,500 fr. de la caisse de l'enseignement, avec 1,500 fr. que j'avais, ça faisait 4,000 fr.

L'accusé donne des explications de la manière dont a été distribuée cette somme.

M. LE PRÉSIDENT : Parlez-nous de la perquisition que vous avez faite chez M. Landau. — R. Je l'ai ordonnée; je ne l'ai pas faite personnellement. J'appris la catastrophe de l'avenue Rapp étant à l'Hôtel-de-Ville. Je fus averti qu'on avait amené à la mairie M. Landau, sa femme et une tierce personne, accusés d'avoir pris part à l'incendie de la cartoucherie Rapp. Je les interrogeai. Leurs paroles me parurent embarrassées, je les gardai provisoirement deux jours et trois nuits.

M. LE PRÉSIDENT : Sans leur donner à manger?

M. LE COMMISSAIRE DU GOUVERNEMENT : C'est vous qui avez dirigé la perquisition. Il y avait 5,000 fr. chez Landau; il l'a déclaré.

URBAIN : Il pouvait bien déclarer qu'il avait chez lui les tours de Notre-Dame.

M. LE COMMISSAIRE DU GOUVERNEMENT : Cette plaisanterie est de mauvais goût. Vous n'êtes pas dans une situation qui vous permette de plaisanter.

URBAIN : Croyez que je ne plaisante pas et que je comprends toute la gravité de ma situation; mais ce n'est pas moi qui ai dirigé la perquisition.

M. LE PRÉSIDENT : Nous entendrons les témoins.

L'accusé, sur la demande de M. le Président, entre ensuite dans quelques explications : la position qu'il avait fait donner à sa sœur dans l'enseignement, directrice dans une maison des sœurs de Saint-Vincent-de-Paul.

M. LE PRÉSIDENT : Vous alliez aux séances de la Commune; c'est vous qui avez proposé l'exécution de six otages pour un.

URBAIN : Le colonel de Montaut m'avait raconté des faits déplorables, l'assassinat commis par les soldats de Versailles sur une infirmière et le fait de notre parlementaire accueilli trois fois par la fusillade des Versaillais. Je lui demandai, outre son affirmation, un rapport écrit que je fis aussi signer au parlementaire lui-même.

J'ignorais à ce moment la loi portée sur les otages; je n'étais pas à la séance le jour du vote.

M. LE PRÉSIDENT : Cependant, plus tard, vous avez réclamé l'exécution.

URBAIN : J'ajoutai foi au récit de M. de Montaut ; j'en fus indigné; je fis connaître les faits à la Commune, et je fis la proposition en question.

Dans mon idée...

M. LE PRÉSIDENT : Votre idée est assez claire; c'est inutile de la développer.

URBAIN : Dans mon idée, cette proposition était un avertissement à l'armée régulière, dans le cas où l'horrible fait qu'on m'avait rapporté eût été vrai.

M. LE PRÉSIDENT : Et vous lui en faisiez succéder une encore plus horrible.

M. LE COMMISSAIRE DU GOUVERNEMENT : Sans attendre d'avoir vérifier la réalité du premier.

URBAIN : D'ailleurs on devait juger les otages.

M. LE PRÉSIDENT : De quoi pouvait-ils être coupables? C'est avec ces paroles qu'on soulève ceux que vous avez entraînés.

URBAIN : J'ai pu me tromper; je vous donne ma manière de voir; si c'est inutile, je m'arrêterai.

J'ai été aussi membre de la commission chargée de visiter les forts. J'ai visité celui d'Issy.

D. Vous auriez aussi pris des chevaux appartenant au sieur Grandcolas, loueur de voitures? — R. Je n'ai jamais conduit de chevaux que ceux que je montais.

M. LE COMMISSAIRE DU GOUVERNEMENT : Urbain insistait beaucoup pour avoir des représailles promptes et sévères; je rappelle ses paroles à la séance de la Commune du 17 mai; il demandait la mort de dix otages, cinq hors des murs de Paris, près du théâtre de ce que vous appeliez l'assassinat commis par les Versaillais, et cinq dans Paris.

URBAIN : Je demandais que les otages fussent jugés.

M. LE PRÉSIDENT : C'est là votre explication.

M. LE COMMISSAIRE DU GOUVERNEMENT : La sentence était exécutoire dans les vingt-quatre heures. C'est horrible!

LANDAU, inspecteur au parquet du Tribunal de simple police.

D. Racontez ce qui s'est passé lors de la perquisition faite chez vous? — R. C'était le 17 mai, jour de l'explosion de la poudrière Rapp. J'étais sortis. Quand je revins chez moi, ou plutôt chez mon frère, gardien de la paix à Versailles, une femme vint me demander s'il y avait du danger encore; je lui dis que non. Alors un nommé Renaud me traita de réactionnaire et me frappa. Il partit pour aller trouver le colonel de Montaut. Il revint avec un ordre de ce colonel, et m'arrêta avec ma femme. Je ne pus parler à ce colonel qui était ivre comme les autres. On m'enferma dans une salle, et de minuit à une heure on m'interrogea. Urbain envoya faire une perquisition chez moi. Quelque temps après, ceux qu'on avait envoyé chez moi revinrent portant des objets à moi.

On m'enferma dans un cachot et on me laissa trois jours et deux nuits sans boire ni manger. On me donna alors du vin que j'ai cru empoisonné. On me dépouilla brutalement des valeurs que j'avais sur moi et on m'arracha ma montre. Je dis cependant : « Il n'y a rien de politique? » « Que faites-vous? me dit-on.— Je suis inspecteur au parquet. — Comment vivez-vous? — Ça me regarde. »

Ils ont tout pillé chez moi; après ils ont mis les scellés; le tort qui m'a été fait est de 10,000 fr. Du 17 au 20, comme j'ai dit, je n'ai ni bu ni mangé. La femme Leroy a osé faire arracher à ma femme deux bagues qu'elle portait aux doigts.

Si je n'ai pas été fusillé, je le dois à l'ivresse dans laquelle étaient presque tous ces gens-là. La femme Leroy buvait à même un litre de cognac avec les autres. J'entendais dire tout le temps : « Il y a là un mouchard, une canaille de Versailles; il mérite tous les supplices. »

J'ai insisté, quand les troupes de Versailles sont entrées dans Paris, pour qu'on fît arrêter le colonel de Montaut. On n'a pas voulu, disant qu'il avait une lettre de M. Thiers et du maréchal Mac-Mahon.

M. le Président : Témoin, vous reconnaissez l'accusé Urbain?

Le Témoin : Parfaitement.

Mᵉ André Rousselle : Est-ce Urbain personnellement qui a commis ces prétendus vols?

Le Témoin : C'est lui qui m'a pris ma montre.

M. le Commissaire du gouvernement : Le témoin, dans une lettre adressée au Chef du Pouvoir exécutif, a déclaré qu'Urbain avait été chez lui. Cette lettre est ainsi conçue :

« Monsieur le Chef du Pouvoir exécutif,

» J'ai l'honneur de vous exposer que, le 17 mai dernier, j'ai été arrêté avec ma femme à mon domicile rue Duvivier, n° 28, 7ᵉ arrondissement, par les gardes nationaux de la Commune.

» Après notre arrestation nous fûmes conduits au poste de la mairie, où nous restâmes trois nuits et deux jours sans boire ni manger.

» Pendant notre détention à la mairie, le nommé *Urbain*, membre de la Commune et délégué à la mairie du 7ᵉ arrondissement, est allé, en compagnie d'un autre individu et plusieurs gardes nationaux, à mon domicile; ils ont enfoncé la porte, quoique ayant les clés, et ont mis mon logement au pillage; ils ont forcé les meubles et m'ont enlevé or, argent, bijoux, valeurs, linge et vêtements, et un nombre considérable d'autres objets et même des valeurs ne m'appartenant pas.

» Nous avons ensuite été envoyés au dépôt de la Préfecture de police, et nous y sommes restés le 24 mai, jour où l'incendie prenait une proportion considérable. Ce n'est qu'après avoir franchi une mer de feu, au risque de périr vingt fois, que nous sommes parvenus à sortir.

» Comme j'ai ouï dire que le nommé Urbain et sa maîtresse, la fille Leroy, se trouvaient arrêtés, je vous prierai de vouloir bien me faire mettre, ainsi que ma femme, en leur présence, pour être confrontés; pendant mon interrogatoire, le nommé Urbain a pris ma montre et une chaîne en or avec breloques, et la fille Leroy a pris deux bagues à ma femme qu'elle avait au doigt.

» En conséquence de ces faits, je viens, monsieur Thiers, vous prier de vouloir bien me faire accorder une indemnité pour le préjudice que m'ont fait éprouver les misérables bandits de la Commune, car je me trouve dans un très-grand embarras et dans un état voisin de la misère, si on ne me vient pas en aide; je n'ai d'autres ressources que mes appointements d'inspecteur de police, qui sont de 1,700 fr.; le préjudice à moi causé peut être évalué sans exagération de 6 à 7,000 fr.

» Dans l'attente de voir accueillir favorablement ma demande, agréez, je vous prie, monsieur, l'hommage de mon profond respect.

» *Signé :* Landau.

» Paris, 16 juin 1871. »

Mᵉ André Rousselle : La justice régulière saisit toujours les objets trouvés sur les personnes arrêtées.

M. le Commissaire du gouvernement : Ce n'était pas à la mairie que cette précaution pouvait être prise.

Mᵉ André Rousselle : Urbain a pu se tromper; cela se faisait d'ailleurs dans d'autres mairies; je n'ai pas dit qu'Urbain fût un maire modèle.

M. le Président : Ainsi, un garde national, avec un mot du colonel de Montaut, pouvait arrêter, faire des perquisitions et tout ce qu'il voulait?

Mᵉ André Rousselle : Ce témoin est très-important; il est fâcheux qu'il soit absent.

M. le Commissaire du gouvernement : Il est cité; il comparaîtra demain. Il est indisposé aujourd'hui.

Urbain : Le témoin se contredit. Dans sa lettre à M. Thiers, il ne rapporte pas les faits dont il prétend avoir à se plaindre, comme il vient de les exposer.

Le Témoin : Ma femme m'a dit que la femme Leroy avait parlé à Urbain, et, après, avait pris deux bagues à ma femme; elle excitait Urbain, lui disant qu'elle ferait fusiller, si elle était à sa place, toutes les femmes des gendarmes et des sergents de ville. On venait de fusiller justement un individu, disait-on. Je n'ai rien vu, j'ai quitté la Préfecture où le feu commençait à prendre.

RAOUL RIGAULT

Me André Rousselle : Qu'est-ce que la lettre de M. Thiers et le laisser-passer du maréchal Mac-Mahon?

M. le Président : Ce n'est pas une lettre du Chef du Pouvoir exécutif, c'est un laisser-passer.

Me André Rousselle : Je le pense bien. En tout cas, il est établi que le colonel de Montaut a été le véritable auteur de l'arrestation de Landau, et je puis démontrer qu'Urbain n'a été, en tout cela, qu'un instrument fort à plaindre et dont on a exagéré l'action.

Mme Landau, modiste : Le 17 mai, à neuf heures et demie du soir, j'étais couchée, quand on est venu frapper à notre porte. Mon mari me dit de ne pas ouvrir, mais, sur les menaces, nous ouvrîmes. Deux gardes restèrent sur le carré, d'autres entrèrent. « Vous n'avez pas ouvert tout de suite, dirent-ils, on va vous emmener. » On nous conduisit dans un violon, on nous retint juzqu'à onze heures, puis on nous mena à Urbain dans une grande salle. Urbain m'interrogeait. Il me dit : « Vous allez souvent à Versailles? » Je répondis : « Non, je n'y suis allée qu'une fois, lui dis-je. « Ce n'est pas vrai, » Eh bien ! s'écria-t-il, vous allez voir ce qui va vous arriver. »

D. Vous nourrissait-on bien? — R. On m'envoyait à manger une fois par deux jours. Un jour qu'Urbain m'interrogeait, la femme Leroy vint lui parler à l'oreille; alors Urbain me dit de quitter mes bagues, ce que je fus forcée de faire.

D. C'est vous-même qui les avez ôtées? — R. J'ai dû obéir aux injonctions répétées que me fit Urbain de les déposer sur la table.

Pierre-Martin Cellier, garçon de bureau à la mairie du 7e arrondissement.

Je n'étais pas à la mairie dans les premiers jours du séjour à la mairie de l'accusé Urbain et de la femme Leroy. J'étais malade; on vint me prévenir que mon frère était arrêté. Je repris mon service; je sollicitai l'intervention d'Urbain et de Pascal pour l'élargissement de mon frère; par le fait, il finit par sortir au bout de huit jours.

J'avais plutôt à faire avec le sieur Sicard, chargé de l'administration de la mairie, qu'avec Urbain. J'ai vu à la mairie Urbain et sa famille, ainsi que la femme Leroy; ils avaient un logement à la mairie, ainsi qu'un bureau pour l'enseignement de l'arrondissement, avec deux employés spéciaux à Urbain.

Je ne sais si la femme Leroy a fait des interrogatoires. Je ne couchais pas à la mairie.

(Sur la demande de Me André Rousselle) : Les arrestations se faisaient souvent la nuit. On apportait beaucoup d'objets à la mairie.

M. le Président : Sans doute par suite de perquisitions?

Le Témoin : Je ne sais pas si Urbain faisait ces perquisitions lui-même.

Je ne sais pas non plus (sur la demande du défenseur) si Urbain blâmait le zèle des gardes nationaux et le trop grand nombre d'arrestations.

M. le Président : Nous savons bien que les membres de la Commune blâmaient tout ce qui était mal !

Mᵉ André Rousselle : Je cherche à dégager les faits ; j'en tirerai des conclusions plus tard.

Le Témoin : On m'avait annoncé comme prochain le mariage d'Urbain et de la femme Leroy ; on disait que c'était un mariage de sympathie. Pour mon compte personnel, je n'ai pas vu qu'Urbain ait procédé à des actes de violences ou arrestations. Je ne sais rien du colonel de Montaut.

(Sur la demande de l'accusé.) Les objets apportés à la mairie ont été d'abord placés au poste des tambours, puis au magasin de la boucherie. Un nommé Chauvé s'en mêlait beaucoup ; je ne sais s'il avait des relations avec Urbain ; je sais que les membres de la Commune étaient au-dessus de tout. Il y avait aussi Andrès qui s'occupait aussi des perquisitions ; je ne les connaissais pas tous.

Solvet, secrétaire de la mairie du 7ᵉ arrondissement.

C'est mon logement qu'Urbain a occupé à la mairie. J'étais absent. Il a disparu de chez moi 5 à 600 fr. de papier timbré.

Je sais peu de chose de son administration. Il a fait des mariages, signé des actes de l'état civil, reçu des sommes qui m'étaient destinées, et finalement la caisse municipale a été emportée ; elle était vide, quand l'administration municipale s'est retirée. En somme, il a fait peu d'administration.

Mᵉ André Rousselle : Je retiens ce fait.

Le Témoin : Je sais peu de chose des perquisitions. J'ai seulement retrouvé à la mairie des objets en provenant et des procès-verbaux y relatifs.

Mᵉ André Rousselle : Tout cela ne concerne pas Urbain. A chacun sa responsabilité. Le témoin a-t-il vu les signatures de ces procès-verbaux ?

Le Témoin : Je les ai toujours ignorées.

M. le Président : Pourquoi portait-on les objets à la mairie ?

Urbain : Je ne dénoncerai personne, même pour sauver ma tête ; tout ce que je sais, c'est que je n'ai pas fait de perquisitions ; j'ai seulement ordonné, mais non opéré celle qui a eu lieu chez M. Landau. J'ai envoyé à la Préfecture les époux Landau et les objets saisis chez eux.

M. le Commissaire du gouvernement : Le témoin Landau dément les assertions de l'accusé ; entre les deux je n'ai pas à hésiter.

Mᵉ André Rousselle : Le témoin n'est pas d'accord avec lui-même ; il demande une indemnité de 5 à 6,000 fr. à M. Thiers, et accuse Urbain ; au juge d'instruction il écrit pour accuser Andrès. On peut vérifier ce qui en est à cet égard ; l'instruction existe.

Le Témoin, *sur la demande du défenseur* : Les objets trouvés chez moi étaient portés au rez-de-chaussée de la maire (le mobilier des Frères de la rue de Lille, 27) et portés dans mon cabinet.

Urbain : Eh bien! je n'ai pas mis le pied dans cet endroit de la mairie après mon installation.

La séance est levée à cinq heures et demie.

Audience du 11 août.

Le Conseil entre en séance à midi. Quelques instants après l'arrivée des accusés, M. le Président déclare l'audience ouverte.

L'accusé Urbain, un journal à la main, prétend que ce journal lui impute à tort une phrase qui n'est pas de lui, mais qui est extraite du rapport du colonel de Montaut.

M. le Président : Le Conseil ne peut s'occuper de ces incidents qui se reproduisent constamment. Je recommande à MM. les Journalistes la plus grande exactitude. Je serai obligé, à l'avenir, d'interdire la communication aux accusés des journaux. Ce sera à MM. les Défenseurs à signaler au Conseil ce qui en vaudrait la peine. Mais, encore une fois, le Conseil ne peut passer son temps à apprécier les comptes-rendus des journaux. Il serait désirable que la presse s'abstînt, autant que possible, de commentaires, du moins jusqu'à la fin des débats.

D. Vous avez dit que Mme Leroy interrogeait quelquefois les détenus? — R. Non, c'est Mme Dupont, la sœur de M. Urbain, que j'ai voulu dire.

D. Vous êtes resté tout le temps à la mairie? — R. Oui, monsieur, mais je ferai observer que la porte étant gardée par la garde nationale, je ne m'occupais guère de ce qui se passait.

D. Mme Dupont quitta la mairie au bout de quelques jours? — R. Oui, pour aller chez sa sœur de la rue Saint-Dominique.

D. Mme Leroy habitait la mairie? — R. Oui, elle y restait souvent.

Urbain : Le témoin a-t-il eu connaissance que j'eusse un penchant pour la boisson? — R. J'ai vu seulement entrer du vin.

Louis-Félix Huberty, embaleur, détenu à l'Orangerie.

D. Qu'étiez-vous auprès d'Urbain? — R. J'étais une ordonnance.

D. Depuis quand? — R. Depuis le 20 ou 22 mars.

D. Avait-il des chevaux, Urbain? — Oui, des chevaux réquisitionnés.

D. Montait-il souvent à cheval? — R. Oui.

D. Mme Leroy avait-elle de l'influence sur Urbain? — R. Elle avait une influence comme presque toutes les femmes sur leur amant.

D. Vous avez vu Mme Landau au poste? — R. Oui, on l'amena dans ma chambre et je lui donnai un matelas.

D. Vous ne savez rien de l'arrestation de Landau? — R. Non, je ne l'ai pas vu faire opérer, on m'a seulement donné Mme Landau à garder.

D. Dépensait-on beaucoup d'argent? — R. Oui; pour la nourriture, on vivait assez aisément.

D. Combien étiez-vous à table? — R. Il y avait Mme Leroy, Mme Dupont; puis, à la cuisine, moi et un moutard chargé de la cuisine.

LE TÉMOIN (*sur la demande de Me André Rousselle*) : Je n'ai pas porté à la Préfecture les objets saisis sur M. et Mme Landau, mais toujours on envoyait les objets, par exemple les pièces de conviction, à la Préfecture de police.

Me ANDRÉ ROUSSELLE : L'accusé ne connaissait pas toujours les arrestations et perquisitions qui avaient lieu.

LE TÉMOIN : Quant à la caisse de l'enseignement auquel celle de la mairie était réunie, je ne sais pas ce qu'elle est devenue; elle était au premier étage; je n'y allais pas; je sais que tout le monde y puisait; le secrétaire de la mairie y prenait de l'argent pour donner à sa femme pour la cuisine. (*Hilarité.*)

Je ne sais pas si Urbain a donné 1,000 fr. à chaque membre de la Commune.

M. LE PRÉSIDENT : Cependant vous en avez déposé dans l'instruction?

LE TÉMOIN : Ce ne peut être qu'une erreur.

Me ANDRÉ ROUSSELLE : La caisse municipale était vide lors de l'arrivée d'Urbain à la mairie.

M. LE PRÉSIDENT : Cela a été établi hier.

Me ANDRÉ ROUSSELLE : Les journaux l'ont constaté, et les journaux forment l'opinion publique.

M. LE PRÉSIDENT : Peu importe au Conseil; il n'est susceptible d'être influencé ni par les journaux, ni par l'opinion publique.

Me ANDRÉ ROUSSELLE : Oui, mais nous ne voulons pas être faits plus noirs que nous ne le sommes; nous avons intérêt à ce que l'opinion publique ne soit pas égarée.

URBAIN : Le témoin ne sait-il pas que Mme Leroy et moi devions nous marier?

R. Je sais qu'il était toujours question de leur union prochaine.

(*Sur la demande d'Urbain, le témoin continue*) : Chové s'occupait des armes saisies, par exemple celles du 15e bataillon de la garde nationale qui fut désarmé; cela ne regardait que M. Sicard.

M. le colonel de Montaut, qui était très-souvent à la mairie, était très-bien avec M. Urbain, il mangeait avec lui.

URBAIN : Il y a des procès-verbaux qui constatent que c'était Chové qui faisait ces perquisitions; je les ignorais et ne les eusse pas autorisées. Je me suis expliqué hier sur l'affaire Landau.

M. LE PRÉSIDENT : Il paraît qu'Urbain avait emprunté à la Société du Prince impérial. D'ailleurs il a rendu l'argent; voici le reçu qu'on vient de nous communiquer.

URBAIN : Oui, monsieur.

MARIE-ALEXANDRINE LEROY (veuve Leroy), sans profession particulière, mais exerçant celle de couturière.

(Le témoin ôte lentement son gant et prête serment.)

D. Vous avez habité pendant un certain temps la mairie du 7ᵉ arrondissement, sous la Commune? — R. Oui, monsieur le Président.

D. Que savez-vous de la caisse de l'enseignement? — R. Elle a été installée le 12 ou 13 avril, mais elle n'a reçu des fonds que le 20. Je ne sais quelle somme fut versée.

D. Quand on payait les employés, faisait-on des listes d'émargement? — R. Oui, elles sont restées dans le bureau.

D. Que s'est-il passé en votre présence le jour de l'arrestation de M. Landau? — R. Il fut arrêté le jour du sinistre de l'avenue Rapp. On l'amena à la mairie. C'était un individu qui avait pris sur lui de faire l'arrestation. J'assistai à l'interrogatoire et servis de greffier. C'est, je crois, ainsi que ça s'appelle. On lui dit qu'il avait tort de nier ses rapports avec Versailles. On mit sur un album le nom de chaque individu en regard du portrait, puis on interrogea sa femme. Pendant leur interrogatoire tous deux se coupèrent plusieurs fois, et il fut pour moi évident qu'ils entretenaient des rapports constants avec le gouvernement de Versailles.

Quant aux effets pris, je puis déclarer qu'il ne lui a été enlevé qu'une montre en or qu'il déposa lui-même; tout fut envoyé à la mairie. M. Andrès pourrait en dire plus long que moi.

D. Il est arrêté et inculpé de vol? — R. Je ne l'en crois pas capable.

M. LE PRÉSIDENT : N'avez-vous pas dit ou Urbain ne vous a-t-il pas dit que la Commune devait triompher, sans quoi il ne resterait pas pierre sur pierre? — R. Je n'ai pas tenu, ni M. Urbain non plus, les propos que l'on me prête; ma famille, commerçant en province, ne s'occupe pas de politique, et ces propos seraient déplacés dans la bouche d'une femme.

(Sur la demande de Mᵉ André Rousselle) : Je puis affirmer que M. Urbain n'a fait aucune perquisition à ma connaissance. Je sais qu'il n'assistait pas à la perquisition Landau.

Mᵉ ANDRÉ ROUSSELLE : L'accusé Urbain s'est-il constitué prisonnier entre les mains de M. de Montaut, lui rendant ses armes et son écharpe?

M. LE PRÉSIDENT : Mais Urbain a été arrêté chez M. Grandcolas.

Mᵉ ANDRÉ ROUSSELLE : C'est qu'Urbain avait accepté en dernier lieu l'hospitalité de M. de Montaut qui lui aurait demandé son écharpe comme souvenir.

URBAIN : J'ai été arrêté chez M. Grandcolas, mais sous le nom de Rigal.

M. ANDRÉ ROUSSELLE : Que sait le témoin des rapports de M. de Montaut et d'Urbain et de l'influence de M. de Montaut sur lui?

LE TÉMOIN : M. de Montaut nous fut présenté par M. de Fayel, secrétaire général. Je me défiais de lui, je ne sais pourquoi; je vis bientôt que j'avais eu raison. Il avait voulu se servir de M. Urbain, qu'il poussait à se faire nommer délégué à la guerre ou membre du Comité de salut public : c'était une chaise sur laquelle il voulait s'asseoir. M. Urbain ne voulut pas être cette chaise. Lorsque nous quittâmes la mairie, M. de Montaut nous fit conduire à l'hôtel Metternich, je crois; puis, de là, rue de Trévise, n° 2. Il avait dit au concierge de l'hôtel de nous garder de la part de M. Thiers, qu'il répondait de nous. M. de Montaut, qu'Urbain croyait toujours son ami, et qui s'était chargé de le sauver, le reçut, lui demanda son écharpe comme souvenir, lui donna même, je crois, un autre objet à lui appartenant. Après l'arrestation de M. Rigal, qui était Urbain, M. de Montaut lui délivra un certificat constatant que ce Rigal n'avait pas pris part à l'insurrection du 22 au 29, mais ne réclama pas Urbain.

Je crus devoir réclamer moi-même Urbain à la mairie de Montmartre, au péril de ma vie. Il me fut rendu sur le certificat dont je viens de parler; mais je ne reçus plus de réponses de M. de Montaut, que je fus fort étonnée de retrouver plus tard, vivant et bien portant, après ce qu'il avait fait.

Nous fûmes arrêtés, Urbain et moi, rue Commines, n° 2, où nous nous étions réfugiés.

J'ai été d'autant plus étonnée de la conduite de M. de Montaut contre Urbain, qu'Urbain lui avait sauvé la vie deux ou trois fois en le protégeant contre des accusations capitales : c'est M. de Montaut qui me l'a dit.

(Sur interpellation de Me André Rousselle) : Je sais que M. de Montant proposa à M. Urbain un système de télégraphie dans les égouts pour pouvoir faire sauter à volonté tel ou tel quartier. C'était compliqué; il y avait des claviers, des cartouches de mercure, toutes sortes de choses que je ne connais pas. Il proposa cela plusieurs fois. Je m'en défiai d'autant plus.

Il me dit aussi : Si on vous interroge, répondez : Oui. Je demanderai à M. Thiers un laisser-passer pour trois personnes qui m'ont aidé à démolir un travail souterrain fait par moi au nom de la Commune (ces trois personnes étaient MM. Urbain, Andrès et Uberty, domestique de Urbain), et trois autres personnes qui étaient sans doute ses amis personnels.

M. LE COMMISSAIRE DU GOUVERNEMENT : Tout cela est bien loin de l'accusation. Au lieu de chercher à attaquer M. de Montaut, Urbain ferait mieux de se défendre sur l'assassinat et complicité d'incendie, et des autres crimes dont on l'accuse.

Me ANDRÉ ROUSSELLE : Assurément, mais il est bon de rechercher dans quelles circonstances ont été commis les crimes.

Mme LEROY : M. Urbain a commis des actes répréhensibles; il a été accusé par d'autres, d'abord M. de Montaut.

M. LE PRÉSIDENT : Je ne puis admettre qu'un membre de la Commune, dans la situation où était Urbain, pût se laisser influencer aussi complétement et facilement qu'on le dit.

Le Témoin : Je n'ai aucun parti pris, je ne cherche à accuser personne.

M. le Commissaire du gouvernement : M. de Montaut viendra, vous pourrez lui poser vos questions.

Urbain : Dans tous les procès, on s'occupe des circonstances qui suivent ou précèdent le crime.

M. le Président : Vous n'êtes point gêné dans votre défense. Ce que dit Mme Leroy, c'est comme si vous le disiez.

M. le Commissaire du gouvernement : N'est-il pas constaté qu'Urbain a agi de son propre mouvement, ayant lui-même les pouvoirs les plus étendus?

Me André Rousselle : Je tiens à constater en somme que M. de Montaut a pu croire faire son devoir, mais il est certain que M. de Montaut a rempli le rôle d'agent provocateur.

M. le Commissaire du gouvernement : Tout ceci pourra revenir quand M. de Montaut sera ici. Il serait temps de rentrer dans ce qui est réellement le débat.

(A Mme Leroy) : Avez-vous arraché violemment des bagues à Mme Landau?

Mme Leroy : Je nie ce fait. Je n'ai vu aucune bague à Mme Landau, et, n'en ayant pas vu, je n'ai pu en ôter. Elle est plus âgée que moi et je n'en avais pas le droit. Je ne me suis occupée d'elle que pour lui donner de la nourriture.

D. Cependant M. Landau a déclaré qu'on l'avait laissé deux jours et trois nuits sans manger? — R. Ma place n'était pas au milieu de la garde nationale.

(Me Rousselle se lève pour adresser de nouvelles questions à Mme Leroy.)

M. le Président : Toutes les questions posées à Mme Leroy nous paraissent étrangères à la défense d'Urbain.

Me Rousselle : Si la défense n'est pas libre, je n'ai qu'à m'asseoir. Condamnez.

M. le Commissaire du gouvernement : Avant que la dame Leroy ne se retire, je lui demande si elle n'a pas dit qu'il fallait fusiller tous les hommes qui n'é. taient pas de la garde nationale? — R. Je n'ai nullement dit qu'il fallait fusiller tous les hommes qui n'étaient pas de la garde nationale. Je ne l'aurais jamais dit : un tel propos serait l'affaire d'un homme; le rôle physique appartient à l'homme, le rôle moral appartient à la femme. D'ailleurs M. Landau n'était pas une recrue désirable pour nous; c'était un agent de police du gouvernement de Versailles.

M. le Commissaire du gouvernement : Du gouvernement régulier; et il faisait son métier.

Le Témoin : Soit; mais il ne devait pas le faire chez nous.

M. le Président *à l'accusé Régère (qui rit)* : Veuillez ne pas toujours rire ainsi; votre position est assez grave pour que vous gardiez la réserve convenable.

Charles Barral de Montaut, ancien lieutenant-colonel, chef d'état-major de la garde nationale au service de la Commune, au 7e arrondissement : Je suis

9

resté un mois à Paris, Landau a été arrêté sur une carte de moi, après la catastrophe de l'avenue Rapp. Des centaines de familles venaient demander des billets de logement à la mairie. On avait fait des arrestations; sur le premier moment on m'amena, entre autres, le comte Zamoisky que des ardents voulaient fusiller sur l'heure. Un piquet de gardes nationaux m'amena le nommé Landau et sa femme. Landau avait dit à l'instant où personne ne savait ce qui venait d'arriver : « Ce n'est rien, c'est la cartoucherie Rapp qui vient de sauter. Ne craignez rien, il ne sautera rien autre chose. » Je donnai ordre de l'arrêter avec sa femme par un mot sur ma carte, et je m'en allai. Je n'avais pas à faire leur instruction, cela ne me regardait pas.

(Sur la demande de Me André Rousselle) : Je ne sais si Urbain a assisté à la perquisition Landau. J'ai su vers le 15 juillet que la perquisition avait été faite par Andrès et un autre.

Il m'est bien difficile de témoigner contre Urbain; j'ai été arrêté plusieurs fois par ordre du Comité de salut public et toujours délivré par Urbain. J'ai vu dans les journaux qu'Urbain s'était dit mon instrument. Je le nie; ce serait lui faire injure que d'admettre qu'il eût été l'instrument d'un jeune homme comme moi. D'ailleurs, je l'eusse dirigé dans une autre voie.

Le lundi 22 mai, à dix heures du matin, je quittai mon uniforme et mon service pour la Commune, après avoir tenté tout ce qui était en mon pouvoir. Je fis venir Urbain chez moi, rue de Trévise, 2. Je l'envoyai à l'Hôtel-de-Ville dire que tout était fini et que la lutte ne ferait qu'augmenter le nombre des victimes.

Le mardi, il y avait chez moi un individu que M. Thiers m'avait envoyé, qui était comme mon gardien. Urbain vint, je lui dis : « Restez ici; » je lui engageai ma parole que je lui aurais la vie sauve, mais que, s'il sortait, il serait fusillé sur l'heure. J'avais donc réussi à enlever à la Commune un de ses chefs les plus ardents, les plus dangereux peut-être. J'avais chez moi Urbain, Andrès, Huberty, d'autres personnes encore. Mercredi, j'allais faire viser mes papiers chez M. le maréchal Mac-Mahon.

Le jeudi matin, l'envoyé de M. Thiers allait lui rendre compte de ce qui s'était passé, sans, bien entendu, donner les noms.

Le samedi, je savais qu'une perquisition allait avoir lieu chez moi, j'envoyai alors Urbain chez M. Grandcolas, et je lui sauvai ainsi la vie, car s'il eût été pris alors, il eût été fusillé sur l'heure.

Me Rousselle : Quels rapports existaient entre M. de Montaut et M. Thiers?

M. le Président : Mon Dieu! M. Thiers faisait ce qu'il pouvait pour amoindrir les maux qu'entraînait l'insurrection.

Le Témoin : J'ai eu, certes, des rapports avec M. Thiers. Je vous prie de vouloir bien faire lire cette lettre au Conseil, c'est la dernière que je lui ai adressée.

M. le Président : Il résulte de cette lettre que vous faisiez tous vos efforts pour arrêter les malheurs de la guerre civile. Mais vous étiez dans une position assez fausse? — R. Je vous demande pardon. J'étais employé.

D. Comment avez-vous pu jouer un rôle de colonel au service de la Commune? — *(Silence du témoin.)*

D. Voulez-vous que je donne lecture de cette lettre? — R. Parfaitement.

M. le Président donne lecture de cette lettre adressée au Chef du Pouvoir, dans laquelle le témoin assure à M. Thiers qu'il cherchera à anéantir l'effet des catastrophes qu'on prévoyait.

Mᵉ ROUSSELLE : Il est bien entendu que je ne veux en aucune façon incriminer personne. Que veut dire cette phrase de M. de Montaut : « Lors de l'entrée des troupes, j'ai empêché qu'il fût fouillé? » — R. Il est évident qu'on l'eût fait fouiller sur l'heure à ce moment-là.

Mᵉ ANDRÉ ROUSSELLE : J'éprouve le besoin de dire que je comprends que, dans la position fausse où se trouvait le témoin, il ait pu se laisser entraîner à l'exagération. N'a-t-il pas eu peut-être besoin de donner des gages à l'insurrection? Cela dit, je lui demanderai si, à un moment donné, il n'a pas insisté pour qu'Urbain se fît nommer membre du Comité de salut public ou délégué à la guerre? — R. Il y avait à ce moment à la guerre Delescluze, homme difficile à détourner de ses voies ; je pensai à mettre Urbain près de lui.

Mᵉ ANDRÉ ROUSSELLE : M. de Montaut n'a-t-il pas engagé Urbain à établir des fils télégraphiques dans les égouts? — R. Un nommé Prot m'en avait, en effet, parlé ; je voulais qu'Urbain eût exclusivement l'affaire, car, alors, j'aurais pu tout arrêter à un moment donné.

Mᵉ ANDRÉ ROUSSELLE : Je désirerai que le témoin s'expliquât sur le rapport de lui, à la suite duquel a été faite à la Commune la proposition relative aux otages.

LE TÉMOIN : J'étais chef d'état-major, je devais remplir mes fonctions dans leur entier et au sérieux.

Un dimanche, la légion du 7ᵉ arrondissement quitta le fort de Vanves, y laissant ses morts et blessés ; j'envoyai un parlementaire, le lieutenant Badin, pour obtenir de pouvoir relever les morts et les blessés ; j'envoyai aussi un docteur, une ambulancière, nommé Louise, je crois, et un trompette.

Le lieutenant Badin me fit son rapport, constatant qu'il avait été accueilli par la fusillade, et que le général la Cécilia lui avait rapporté qu'une ambulancière avait été outragée ou tuée par des soldats de Versailles. Je portai ce rapport, avec le colonel de Larcinty, à Urbain, comme délégué à la guerre.

Je suis convaincu que c'est sous le coup de l'indignation que lui faisaient éprouver de pareils récits qu'il fit à la Commune la proposition qu'on sait.

Mᵉ ANDRÉ ROUSSELLE : Je ne voudrais pas abuser de la bienveillance de M. le Président, mais je dois encore poser une question sur cet ordre du 13 mai 1871, qui a hier si vivement impressionné l'auditoire.

Urbain n'était-il pas assailli de rapports présageant une guerre civile *intrà muros* dans le 7° arrondissement?

Est-ce que ce n'est pas là la cause de cet ordre, seulement destiné à l'intimidation?

M. LE PRÉSIDENT : Mais Andrès, porteur de cet ordre, ne suffisait pas pour défendre une mairie à lui seul.

LE TÉMOIN : J'ai connu l'ordre. Je sais qu'un mouvement était annoncé comme possible, mais je ne sais rien des rapports d'Urbain et d'Andrès, rapports de police, je crois, ou je ne voulais pas me mêler. Je ne sais pas quelle influence Andrès pouvait avoir sur Urbain. Le commandant Dupuis, du 15° bataillon, que la Commune m'a forcé de dissoudre au bout de trois semaines, savait bien qui j'étais ; il avait 1,500 hommes à ma disposition.

Mᵉ ANDRÉ ROUSSELLE : Urbain s'est-il prêté à une proposition feinte que vous lui auriez faite comme essai, sachant qu'il était incapable de l'accepter, à avoir à lancer les francs-tireurs casernés rue Bellechasse sur la garde nationale?

LE TÉMOIN : C'était un avertissement que je voulais donner ; je voulais connaître le sentiment des francs-tireurs, pour me rendre compte de l'état du quartier. Urbain n'y a été pour rien.

M. LE COMMISSAIRE DU GOUVERNEMENT : Tous ces développements ne changent rien à l'état du débat.

M. LE PRÉSIDENT : Et nous n'avançons point d'un pas.

Mᵉ ANDRÉ ROUSSELLE : Le témoin ne portait-il pas un ruban qu'on disait être celui de la Légion d'honneur.

LE TÉMOIN : Je portais un ruban rouge avec un large liseré blanc ; c'est une distinction que j'avais gagnée, en 1859, à l'étranger.

M. LE PRÉSIDENT : En tous cas, la Légion d'honneur ne devait pas être en odeur de sainteté auprès de la Commune.

M. LE COMMISSAIRE DU GOUVERNEMENT : Que sait le témoin de ce système télégraphique dont il a parlé.

LE TÉMOIN : Ce système se rapporte au plan du général Cluseret, qui consistait à faire sauter au fur et à mesure les quartiers que les troupes de Versailles viendraient à occuper.

(Sur demande de Mᵉ André Rousselle) : Je ne me doutais pas des ordres qui avaient été donnés pour les incendies. Le témoin Huberty en sait peut-être quelque chose.

Le samedi, il y eut une séance secrète à la Commune.

Le lundi, rien ne se passa.

Le mercredi, Urbain blâma très-vivement, comme moi, comme tout le monde, cette détermination, qui aboutissait à accumuler les cadavres sous les ruines.

Je crois que la responsabilité de ces incendies remonte à Parisel, membre de la Commune, ayant sous ses ordres un nommé Duc. Je sais aussi qu'un nommé Benoît a, pour sa part, mis le feu à la Cour des comptes, à la Légion d'honneur, à la Caisse des consignations, rue de Lille et rue du Bac; il a été, je crois, fusillé sur une barricade. Quand Urbain était chez M. Grandcolas, par mon ordre, sous ma surveillance, car je ne voulais que le soustraire à une mort immédiate, il m'envoya encore un billet où il blâmait énergiquement les incendies; je l'ai remis à M. Ansart, chef de la police municipale; il peut être utile pour démontrer qu'un membre important de la Commune réprouvait ces crimes ordonnés par elle.

Mᵉ André Rousselle : Il est donc établi qu'Urbain a ignoré d'abord et a flétri ensuite ces incendies?

Le Témoin : Je n'ai pas vu Urbain le dimanche ni le lundi.

Antonin Bellaigue, avocat à la Cour de cassation, adjoint au 7ᵉ arrondissement.

Je me réfère, en ce qui concerne l'occupation de la mairie par Urbain et les autres délégués de l'insurrection, le 24 mars, au procès-verbal qui est entre les mains du Conseil.

Nous avons dit que nous ne céderions qu'à la force, et qu'ils ne s'installeraient de notre propre gré à la mairie, ni pour les élections ni pour autre chose.

Mᵉ Rousselle : M. Bellaigue sait-il dans quelles circonstances Urbain a cessé de tenir sa pension? — R. J'ai entendu dire que c'était parce qu'il faisait de mauvaises affaires.

Mᵉ Rousselle : Urbain avait acheté une pension qui prospérait. Le local étant devenu insuffisant, M. Hortus lui-même s'occupa de chercher une place pour Urbain, ce qui prouve ses bons rapports avec l'administration régulière.

Aumalet, témoin cité en vertu du pouvoir discrétionnaire du Président, ne répond pas à l'appel de son nom. On fait venir le nommé Grandcolas, loueur de voitures; il dépose :

M. Urbain vint m'amener deux chevaux en pension. On m'a dit : « Faites comme cela, » et comme ça j'ai fait.

D. Combien de temps M. Urbain est-il resté chez vous? — R. Sept ou huit jours. Ce n'était pas chez moi, c'était chez ma mère. (*Le témoin paraît ému.*)

Aumalet est ensuite entendu.

Je connais, dit-il, Urbain pour l'avoir vu dans les réunions publiques. Nous avons été quelques-uns convoqués par M. Deroucher pour lutter contre la Commune; mais nous n'arrivâmes à aucun résultat. Je rencontrai un lieutenant qui me menaça de me brûler la cervelle.

D. Vous ne savez pas autre chose? — R. Non.

Mᵉ André Rousselle : La citation de ce témoin prouve au moins le soin qu'on apporte à chercher la vérité.

TÉMOINS A DÉCHARGE, CITÉS A LA REQUÊTE D'URBAIN.

LAURAIN, menuisier, rue de Verneuil, 45.

Mᵉ ANDRÉ ROUSSELLE : Je voudrais demander au témoin ce qu'il sait de la moralité d'Urbain?

LAURAIN : Je connais M. Urbain depuis trois ans; il m'a toujours bien payé les travaux que j'ai fait pour lui.

Mᵉ ANDRÉ ROUSSELLE : On a dit de tous les accusés et surtout d'Urbain qu'ils étaient les ennemis de la famille, de la société. Qu'y a-t-il de vrai?

LAURAIN : Il n'a jamais eu de discussions avec personne.

Mᵉ ANDRÉ ROUSSELLE : Il y a beaucoup de gens qui n'osent pas se compromettre en disant du bien des accusés.

M. LE PRÉSIDENT : Je ne crois pas que le témoin soit capable d'en dire davantage. Il dit qu'il a travaillé pour Urbain et qu'on l'a bien payé. Est-ce que cela ne vous satisfait pas?

Mᵉ ANDRÉ ROUSSELLE : Je n'insiste pas.

BOULET, employé de chemin de fer. Le témoin n'a qu'à se louer d'Urbain qui l'aida à faire mettre en liberté un individu arrêté. Urbain était bon employé, régulier dans son service. Mais, depuis le mois de septembre, il se relâcha un peu, s'occupant beaucoup de la garde nationale.

ADOLPHE CARPENTIER, employé de commerce, cousin par alliance de l'accusé.

URBAIN : Le témoin est cousin éloigné de ma femme par alliance.

M. LE COMMISSAIRE DU GOUVERNEMENT : Il y aurait lieu de l'entendre sans prestation de serment.

M. LE PRÉSIDENT : Oui.

LE TÉMOIN : Urbain était bon employé, bon camarade, bon père de famille; il n'y a rien à lui reprocher à cet égard.

URBAIN : Le témoin connaissait mon intérieur, il peut dire ce qu'il était.

M. LE PRÉSIDENT : Qu'importe votre intérieur? il n'est pas en jeu; il s'agit de la Commune.

M. LE COMMISSAIRE DU GOUVERNEMENT : C'est comme le projet de mariage d'Urbain et de la femme Leroy. Que fait ce projet à la cause? On questionne tous les témoins sur ce projet de mariage.

Mᵉ ANDRÉ ROUSSELLE : Il faut pourtant que la défense se saisisse des faits et des dépositions favorables à l'accusé; l'accusation s'empare des faits contraires, et c'est son droit. Si je plaidais purement et simplement la moralité privée d'Urbain, on dirait que je parle sans preuves.

LE PÈRE LETELLIER, dominicain : J'ai connu Urbain en 1865, lorsque je prêchais un jubilé à Veyles, dans le Calvados. Urbain y était instituteur, son école était bien tenue et il faisait des cours d'adultes; il jouissait de l'estime généale, et les élèves avaient gardé de lui un bon souvenir. Un d'eux me dit récemment : « Comment! Urbain est de la Commune! Je ne l'aurais jamais cru. » J'ai vu, il y a quatre ans, son établissement de la rue de Verneuil, il était aussi bien tenu. Il a depuis perdu sa femme, qu'il a beaucoup regrettée, puis sa mère. Il a appelé lui-même un prêtre pour lui donner les derniers sacrements. Pendant le siége, j'étais attaché aux mobiles bretons. Je ne lisais pas les journaux, qui, d'ailleurs, donnent souvent de fausses nouvelles. Je ne savais pas qu'Urbain allait aux clubs. Si je l'avais su, j'aurais tâché de l'en détourner.

Au commencement de la Commune, nous fûmes pillés le 4 avril par trois délégués de l'arrondissement. J'échappai, grâce à un lieutenant de fédérés.

Si j'avais su qu'Urbain était de la Commune, je lui aurais demandé un laisser-passer. Je suis sorti tout de même de Paris. Je ne m'en suis pas repenti, en apprenant ce qui est arrivé à nos pauvres frères d'Arcueil.

En retournant dans le Calvados, mon pays, je sus à Veyles, par le curé, qu'Urbain était de la Commune. Personne n'y comprenait rien. Ce n'est que la vanité, pas même l'ambition ou l'orgueil, car ce sont de grands mots, c'est la vanité qui l'a perdu. Il a pris une émeute pour une révolution. Je semble plaider pour lui. Je suis presque forcé de m'excuser d'être témoin à décharge. Mais c'est que personne ne le croyait capable de ce qu'on lui impute : là faiblesse de son caractère, sa vanité, l'imperfection de ses principes religieux, la lecture mal comprise de l'histoire, où il a trop souvent vu le crime sur le pavois, la lecture de certains journaux, l'ont mené où il en est. C'est le cas de dire ce que disait Notre-Seigneur Jésus-Christ : *Dimitte eis, nesciunt enim quid faciunt.*

M. LE PRÉSIDENT : Vous voyez Urbain; vous appelez comme témoin à décharge les collègues de ceux que vous avez fait assassiner. Voilà ce que c'est que de commencer ces révolutions, poussé par l'ambition et l'orgueil, comme disait le Père Letellier!

URBAIN : Je ne les ai pas fait assassiner.

M. LE PRÉSIDENT : C'est la Commune. Vous êtes tous solidaires.

Mᵉ ANDRÉ ROUSSELLE : Cette solidarité ne doit pas être exagérée.

URBAIN : Depuis le 22 mai, je suis revenu à d'autres sentiments.

M. LE COMMISSAIRE DU GOUVERNEMENT : Cependant, dans votre testament du 22 mai, vous parlez encore de la République attaquée par les royalistes. Où est votre repentir?

Vous avez été arrêté le 10 juin; les agents qui vous ont arrêté constatent votre exaltation. Vous avez dit à votre fils : « Souviens-toi du jour où tu es séparé de ton père! »

URBAIN : Et je n'ai dit que cela. Je croyais mourir à l'instant. Quand ma femme mourut, j'ai voulu aussi que mon fils assistât à ses derniers moments.

Mᵉ ANDRÉ ROUSSELLE : Ce n'est pas pour défendre les sentiments que vient d'exprimer Urbain que je prends la parole, mais je voudrais voir ce testament; il n'y a qu'une copie au dossier.

M. LE COMMISSAIRE DU GOUVERNEMENT : Urbain nie-t-il avoir écrit cette phrase? Voilà la question.

URBAIN : Je ne puis me le rappeler, vu le trouble où j'étais alors.

Mᵉ ANDRÉ ROUSSELLE : C'est l'original qu'il fallait avoir, au moins jusqu'à ce jour, juridiquement parlant, et non une copie. On cite l'authenticité de cette copie. Je crois, moi, que le testament n'a jamais été au dossier.

Celui qu'Urbain croyait son ami a violé son secret et a gardé le testament. Qu'est-il devenu? Je l'ignore.

M. LE COMMISSAIRE GÉNÉRAL : Je vous répondrai, monsieur le Défenseur, une fois pour toutes, que toutes ces pièces sont venues de MM. les Juges d'instruction de Paris, et que nous avons dû les leur retourner. D'ailleurs, le Conseil a déjà statué sur pareille observation présentée par un de vos confrères.

Mᵉ GATINEAU : Le Conseil n'a pas voulu statuer pour nos conclusions, cela eût mieux valu; votre parole est la vérité même, mais la vérité de la procédure est toute ici; la défense, quand les accusés sont sous le poids de réquisitions si terribles, a le droit de tout voir; ce droit est sacré.

M. LE COMMISSAIRE DU GOUVERNEMENT : D'ailleurs, ces copies ne donnent que des renseignements. J'engage ma parole à fournir l'original de toutes les pièces proprement accusatrices.

M. LE PRÉSIDENT : C'est cela.

Mᵉ GATINEAU : L'importance d'une pièce, nulle aujourd'hui, peut être immense demain.

URBAIN : Je ne me rappelle qu'une chose, avoir écrit un testament, mais la lecture de la copie ne suffit pas pour me rappeler les termes mêmes.

Mᵉ ANDRÉ ROUSSELLE : Il a été souvent question de ce testament; je ne suis pas intervenu. M. le Commissaire du gouvernement est intervenu, tout à l'heure, pour le produire; il a donc son importance à ses yeux.

M. LE COMMISSAIRE DU GOUVERNEMENT : Urbain a dit qu'il était revenu, depuis le 22 mai, à de meilleurs sentiments. Je dis que ce testament n'en est pas la preuve et je n'en tire pas d'autre conclusion.

Mᵉ ANDRÉ ROUSSELLE : Cette conclusion elle-même est très-importante.

La séance est suspendue à deux heures et demie et reprise à trois heures.

JEAN-FRANÇOIS LEFRANC, employé à la mairie du 7ᵉ arrondissement.

Mᵉ ANDRÉ ROUSSELLE : Je voudrais que vous demandassiez au témoin si Urbain ne s'est pas plaint du zèle excessif des gardes nationaux? — R. Jamais.

D. Que savez-vous sur Urbain? — R. Ce que je puis dire, c'est qu'il me fit relâcher après mon arrestation. Je n'avais qu'à ouvrir les portes du cabinet d'Urbain.

MIOT

Mᵉ André Rousselle : Je suis étonné que le témoin qui a vécu si près d'Ubain ne sache pas plus de détails sur son compte.

Gilbert Randon, dessinateur.

D. Quelle position occupiez-vous sous la Commune? — R. Je faisais partie du 15ᵉ bataillon qui fut dissous pour n'avoir pas voulu servir la Commune. J'étais de planton un jour à la mairie. Je fis la connaissance d'Urbain qui m'engagea à déjeuner. Le lendemain, je trouvai la sœur d'Urbain, sa fiancée, son secrétaire général et sa femme, puis M. de Montaut. J'eus ensuite des relations assez fréquentes. Je l'ai toujours connu ennemi des actes criminels qu'on a commis.

D. Vous étiez du 15ᵉ bataillon? — R. Oui, et nous avions accepté un service d'ordre intérieur pour ne pas être licenciés. Le 4 ou le 5 mai, on voulut nous imposer de nouvelles conditions. Nous refusâmes et fûmes désarmés.

D. Quelle fut la conduite d'Urbain vis-à-vis de ce bataillon? — R. En général bienveillante.

Mᵉ Rousselle : Le témoin sait-il quelle était la situation de M. de Montaut à la mairie du 7ᵉ arrondissement? — R. Nous savions tous que M. Barral de Montaut était lieutenant-colonel.

D. Portait-il la croix de la Légion d'honneur? — R. Je lui ai vu un ruban, peut-être avait-il un filet blanc.

D. Et vous-même, portiez-vous votre ruban? *(le témoin, en effet, est décoré).* — R. Je n'ai jamais cessé de le porter.

La défense renonce à l'audition de quelques autres témoins à décharge.

M. le Président : Urbain, passons aux questions sur les chefs d'accusation généraux.

Urbain : Mon avocat s'en expliquera. Je ne puis que regretter la proposition que j'ai faite à la Commune et l'indignation profonde que les incendies m'ont inspirée comme à tout le monde.

INTERROGATOIRE DE BILLIORAY.

M. le Président : Billioray, levez-vous.

Billioray : Je demande, monsieur le Président, à lire une déclaration qui précise l'attitude que j'ai l'intention de prendre à ces débats.

Billioray lit quelques lignes où il s'attache à repousser toute solidarité des membres de la Commune entre eux, et déclare ne vouloir répondre que de ses faits et gestes personnels.

M. le Président : Vous étiez du Comité central ; vous aviez, en cette qualité, préparé l'insurrection?

Billioray : J'ai été élu le 15 mars ; nous succédions au Comité central provisoire ; nous n'avons pu, en trois jours, préparer une insurrection ; quant aux comités de vigilance dans chaque arrondissement, ils ne ressortissaient pas au Comité central.

Je suis arrivé le 18 mars à une heure au Comité central, quoique je sois en contradiction avec un témoin ; j'ai appris la mort, je veux dire l'assassinat du général Lecomte à deux heures de l'après-midi, sans avoir appris son arrestation.

M. LE PRÉSIDENT : Cependant un témoin a déposé que l'assassinat avait eu lieu à cinq heures.

BILLIORAY : Je le sais, monsieur le Président.

M. LE PRÉSIDENT : Le 26 mars, vous avez été nommé membre de la Commune? Vous avez été à la commission des finances, puis à celle de la justice?

BILLIORAY : J'y ai signé une centaine de mises en liberté, sur des arrestations non justifiées ; je n'ai pas maintenu d'arrestations. Je n'ai pas appuyé la résistance à outrance, quoi qu'on ait pu dire. Le *Journal officiel*, j'espère, le démontrera.

J'ai fait partie du Comité de salut public, que j'aurais voulu voir qualifier de Comité de direction. Le 21 au soir, je donnai ma démission écrite ; lorsque la proclamation du 22 mai a paru, elle n'était sans doute pas connue. Je ne crois pas que l'original de cet acte est été signé. Delescluze envoyait souvent les documents à l'imprimerie en y ajoutant les signatures, la majorité engageant la minorité. D'ailleurs on trouverait sans doute l'autographe à l'imprimerie nationale, qui n'a pas été touchée.

M. LE PRÉSIDENT : On est pouvoir exécutif ou on ne l'est pas ; on a un journal officiel ou l'on n'en a pas. Vous devez répondre comme les autres de cette prévention.

BILLIORAY : D'autres actes, publiés le même jour, ne portent pas ma signature.

Quant à la démolition de la colonne Vendôme, je n'ai voté ni pour ni contre ; mais je me suis opposé à la démolition de la maison de M. Thiers.

J'étais malade lorsqu'a été voté le décret des otages ; j'étais malade lors des premières séances de la Commune. Le 28 avril seulement on parla de ce décret ; je m'y opposai, le considérant comme malheureux ; il était oublié, il n'en fut question que plus tard.

A mon avis, en admettant même la loi des otages comme régulière un instant, ceux qui ont été massacrés comme otages n'étaient point otages, ils ont donc été assassinés ; une première liste fut faite, le 18 mai, par un jury tiré au sort ; elle ne comprenait que des prisonniers et pas un prêtre ou autre personne de cette catégorie.

Jusqu'au 21 mai, pas un otage n'a été exécuté à Paris ; il est vrai qu'il y avait à Paris deux ou trois mille personnes détenues sans motif et sans ordre de la Commune.

M. LE PRÉSIDENT : A quoi servait votre pouvoir exécutif alors?

BILLIORAY : Nous étions impuissants, que voulez-vous?

M. LE PRÉSIDENT : C'est ce qu'on peut dire de mieux sur les révolutions.

BILLIORAY : Je n'ai pas connu les réquisitions de pétrole; on a seulement provoqué les déclarations des nombreux détenteurs de cette substance.

(L'accusé Régère fait des signes de tête.)

D. Il y a au *Journal officiel* un ordre signé de vous relatif à l'incendie...

Je vous prie, monsieur Régère, de ne pas rire continuellement. Je vous ferai sortir si ce fait se reproduit.

RÉGÈRE : Cette affaire m'est commune.

M. LE PRÉSIDENT : Rappelez-vous ce que je vous dis. *(A Billioray)* : Vous auriez reçu l'ordre d'organiser une compagnie de fuséens?

Mᵉ DUPONT DE BUSSAC : C'est une erreur; on le dit dans une prétendue copie du *Journal officiel,* mais c'est complétement faux. C'est *Paris-Journal* qui aurait inventé cela.

D. Reconnaissez-vous comme faite par vous une dépêche intitulée : *Salut public et guerre à Dombrowski,* et portant votre signature? — R. Je m'empresse de la reconnaître. Comme il s'agissait d'exécuter un garde qui avait tiré sur son sergent, je demandai qu'on m'envoyât le procès-verbal pour gagner du temps.

D. Il y a un ordre d'arrestation signé de vous? — R. C'est une copie sans authenticité.

A ce moment, il y avait une conspiration dans Paris. Des citoyens devaient se réunir et livrer une porte à l'armée de Versailles. Bien que je fusse ennemi de la lutte à outrance, je dus faire mon devoir, et je fis saisir 50,000 brassards, signe de reconnaissance. Il valait mieux agir ainsi que d'attendre d'être forcé d'employer des moyens plus énergiques.

D. Vous êtes accusé d'avoir pris une part active au mouvement insurrectionnel. — R. Je fus réveillé le matin du 18 mars, et déjà les barricades étaient dressées. Je fus aux renseignements, et, en route, je pus même faire mettre en liberté quelques gendarmes et un capitaine d'artillerie. Je ne croyais pas à une insurrection; sans cela, je n'aurais pas fait mettre en liberté des adversaires. Vers midi, on nous somma de prendre le commandement comme membres du Comité central. Nous discutâmes naïvement, ne sachant pas que le matin, à sept heures, un membre de ce comité avait pris la direction en notre nom.

M. LE PRÉSIDENT : Le Comité central avait une action, évidemment, sur la garde nationale. Il ne vous a pas paru naturel de chercher à obtenir la remise des canons?

BILLIORAY : Nous étions en fonctions depuis le 15 mars seulement. D'ailleurs, cette question de canons était un enfantillage; ces canons ne pouvaient servir aux gardes nationaux, qui n'en connaissaient pas le service, et n'avaient pas, d'ailleurs, de gargousses; puis, nous n'étions pas complétement maîtres de la garde nationale. On venait de supprimer les journaux; l'agitation était grande.

M. LE PRÉSIDENT : Je crois cependant que le Comité central aurait pu tout empêcher.

BILLIORAY : Je dis simplement avoir pris part au commencement de l'insurrection. J'accepte la responsabilité de la part que j'ai prise depuis aux affaires, seulement je n'admets pas comme preuve à ma charge ce qui, dans le *Journal officiel,* constitue la partie non officielle; cette partie était rédigée par un individu qui s'était délégué lui-même sans aucun mandat. Le Comité central, au moins en ce qui me concerne ainsi que quelques autres membres que je connais, n'a ni désiré ni préparé cette insurrection que nous ne voulions pas voir dégénérer en boucherie le premier jour.

M. LE PRÉSIDENT : Mais le second jour le Comité central aurait pu la faire cesser.

BILLIORAY : Je répète que j'accepte la responsabilité des revendications que nous formulâmes alors, celles d'un conseil municipal élu.

J'étais membre de la Commune, j'accepte donc dans une certaine mesure la responsabilité collective qui peut exister; ceci peut s'appliquer aux accusations d'excitation à la guerre civile et d'embauchage qui pèsent sur moi, quoique ce ne soit pas moi qui ai levé des troupes.

M. LE PRÉSIDENT : Vous aviez fait de la garde nationale un corps particulier. Il était payé antérieurement, mais pour combattre contre l'étranger : vous avez continué à le payer?

BILLIORAY : C'était indispensable. Quant à la question d'incendie et de destruction de monuments publics, et surtout quant au massacre des otages, je ne peux pas trouver de mot plus fort, je ne puis dire qu'une chose, c'est que, depuis le 21 mai, j'ai été complétement étranger à la Commune et à tous ses agissements.

Mᵉ BOYER, *défenseur de Billioray :* Nous renonçons dès à présent à l'audition de deux de nos témoins à décharge; il n'y a pas, d'un autre côté, de témoins à charge : mais nous demandons, en vertu de votre pouvoir discrétionnaire, monsieur le Président, que le Conseil veuille bien entendre l'officier d'ordonnance de M. le général Lecomte, dont le témoignage est très-important pour détruire les dernières bases de l'accusation.

M. LE PRÉSIDENT : Veuillez nous donner les indications nécessaires pour le retrouver.

M. LE COMMISSAIRE DU GOUVERNEMENT : Nous le rechercherons de notre côté.

AUDITION DES TÉMOINS.

LIMOUSIN : Je faisais partie d'une Société dite l'Union des Syndicats. Nous tentâmes plusieurs démarches de conciliation entre Paris et Versailles. Le 15 mai, nous fûmes admis au comité de salut public et proposâmes de traiter.

On discuta. La plupart ne voulaient pas. Billioray n'avait qu'une préoccupation, c'est que M. Thiers ne voulût plus. Au bout de quelques jours il vint me dire qu'il acceptait et m'envoya à Versailles, où on nous donna une lettre d'audience pour le lendemain. Mais il était trop tard, l'armée était dans Paris.

D. Quelles étaient les conditions que vous proposiez? — R. Séparation de Paris et de sa banlieue, formant un département avec son conseil général; l'armée occupant les forts et n'entrant pas de suite dans Paris; les canons placés dans des arsenaux municipaux et gardés par la garde nationale; la Commune se retirant, et un pouvoir dirigé par la Chambre de commerce, et les syndicats chargés d'administrer provisoirement. On ne devait pas rechercher ceux qui avaient trempé dans le mouvement.

D. Il fallait être bien niais pour croire à ces conditions. — R. M. le Chef du Pouvoir exécutif avait, dit-on, accepté ces bases.

D. C'est un on-dit. — R. Oui. Je dois ajouter que Billioray demanda à M. Lamy un moyen de traiter.

D. Billioray a-t-il apprécié devant vous la lutte? — R. Oui, il a déploré les malheurs de la fin.

M. le Président : Les conséquences sont toujours logiques.

Cyrille Lamy.

D. Est-il à votre connaissance que Billioray ait pris part, le 17 mai, à une tentative de conciliation? — R. Parfaitement. Nous avons été au nombre de sept membres du comité de conciliation à Versailles, mais ce fut sans pouvoir obtenir de résultat.

Eugène Benerech *(sur demande de M° Boyer)* : M. Billioray est venu le lundi me trouver dans la maison où je m'étais réfugié contre le bombardement; il est arrivé matin, je n'y étais pas. Je ne l'avais pas vu depuis cinq ou six ans; je n'étais pas très-satisfait de le voir, quoiqu'il fût le père de mes petits-enfants. Les barricades étaient faites; je dus le garder huit jours. Il n'a pas bougé d'avec moi.

La maison où j'avais cherché un asile était rue Vieille-du-Temple, 49.

Femme Armand, artiste peintre.

Ce témoin fait la même déposition que le précédent sur l'arrivée de Billioray dans la maison, 49, rue Vieille-du-Temple, et sur le séjour qu'il y a fait.

Mlle Augerot, plumassière.

J'ai été voir M. Billioray pour obtenir la permission de voir M. Andrès, commissaire de police qui avait été arrêté; il me l'a permis. Je lui ai exprimé mes inquiétudes sur le sort qui menaçait ceux que l'on considérait comme otages; M. Billioray a hautement blâmé devant moi le décret des otages, et s'est mis personnellement à ma disposition pour protéger M. Andrès.

Le témoin suivant est le général Chanzy. L'huissier appelle son nom. *(Mouvement dans l'auditoire.)*

On est fort étonné de voir s'avancer un témoin qui ne peut avoir rien de commun avec l'honorable général qui, nous dit-on, ne sera entendu qu'à la prochaine audience.

Le témoin déclare s'appeler Tellier. Il dépose :

J'ai connu Billioray à Montrouge ; je n'ai entendu aucune plainte contre sa moralité ; il ne passait pas pour s'occuper de politique, et n'a été dans les clubs que tout au plus au commencement de mars 1871.

INTERROGATOIRE DE JOURDE.

M. LE PRÉSIDENT : Vous avez fait partie de tous les comités ?

JOURDE : Jusqu'au 18 mars, j'ai été absolument étranger à la politique ; je n'ai pas été poursuivi une seule fois.

L'idée du Comité central remonte au commencement de février, et ne comportait d'abord qu'un comité électoral. Elle ne s'est développée et modifiée que peu à peu, et elle s'est, en définitive, complétement transformée.

L'acte d'accusation constate la trace d'une commission qui avait été créée le 1er mars, dans le 5e arrondissement. Ce n'est pas certainement celle qui a engendré le Comité central, et on ne peut m'accuser, pour en avoir fait partie, d'avoir été le promoteur du Comité central et le provocateur en quelque sorte de cette guerre civile que le Comité central a sans doute beaucoup plus servie qu'il ne l'aurait voulu.

Vous me permettrez, à cet égard, monsieur le Président, d'entrer dans quelques développements.

L'accusé s'explique sur la séance qui fut tenue, le 28 février, à la mairie du 5e arrondissement, dans laquelle il fut question du service de vigilance volontaire que l'entrée des Prussiens dans Paris, alors imminente pouvait rendre nécessaire.

Point de procès-verbal de cette séance ; les officiers de la garde nationale qui en ont fait partie ont tous brisé leur épée le 18 mars, et les membres de cette commission étaient des adversaires déterminés du mouvement qui s'est effectué le 18 mars.

Jourde entre ensuite dans de longs détails sur l'organisation du Comité central, auquel il fut nommé le 15 mars. Le 18 mars fut un coup de foudre pour la plupart des membres du Comité, qui ignoraient absolument quel rôle ils avaient à jouer.

J'ai cru, dit-il, devoir accepter la délégation des finances. Le 18 j'arrivai à l'Hôtel-de-Ville au milieu du désordre. On faisait des réquisitions de vin et de charcuterie. J'en fus peiné, et je proposai d'organiser un pouvoir provisoire, car je croyais à une révolution, je m'y étais laissé prendre... pendant quelques heures seulement. Je demandai au Comité qu'on établît l'ordre dans Paris. Je m'installai au ministère des Finances, et je dois faire ici une observation, qui indique tout le système que j'ai à présenter, c'est-à-dire que j'y ai rempli des fonctions administratives et non politiques. J'ai cru que j'avais à m'acquitter d'un devoir, je m'en suis acquitté de mon mieux pour ne laisser au gouvernement qui nous succéderait que des traces honorables de mon court passage aux affaires.

Je ferai tous mes efforts pour mettre le Tribunal à même de juger mes actes. Je sais qu'il est difficile de concevoir exactement la position dans laquelle je me suis trouvé; mais j'espère qu'un jour viendra où justice me sera rendue. Pardon, monsieur le Président, cette expression m'est échappée; je veux dire que plus tard on comprendra les énormes difficultés qui m'étaient faites. On saura que je suis sorti de mes fonctions plus pauvre que je n'y étais entré; qu'à un un moment donné, où la Commune était exploitée partout, je n'ai pas voulu qu'aucune maison de banque, à l'exception de la Banque de France, dans les conditions que je vais indiquer, qu'aucune Société de crédit, aucune maison particulière fût inquiétée ou réquisitionnée; qu'à un moment donné (voir le bilan que j'ai déposé le 3 mai avec ma démission) je n'ai réquisitionné que 8,000 fr., ayant à faire face à 26 millions de dépenses; que, sous mon administration, le drapeau tricolore n'a jamais été remplacé à la Banque par le drapeau rouge; que la Banque, où je n'avais trouvé en entrant que quatre employés, a réorganisé et conservé, tant que j'ai été là, cent cinquante employés formés en bataillon; que, en un mot, j'ai fait tout pour n'avoir recours, malgré l'urgence et l'énormité des besoins, qu'à des ressources normales, autant qu'elles pouvaient l'être, étant donné que le gouvernement de la Commune était irrégulier.

Quel a été mon premier acte à la Banque? Ça été de rappeler aux employés que, pour éviter toute responsabilité personnelle, ils devraient mettre les scellés sur les caisses, ce qu'ils n'avaient point fait et ce qu'ils firent sur mon indication, et c'est pour cela qu'aujourd'hui on m'accuse d'avoir brisé ces scellés, accusation d'autant plus pénible qu'elle touche à la délicatesse; et voilà comme tout ce que j'ai fait par un sentiment d'honneur tourne contre moi.

Qu'on songe à la crise terrible où je me trouvais étreint lorsque j'acceptai la délégation des finances; il fallait payer la solde de la garde nationale, dont le non-paiement pouvait avoir les plus déplorables conséquences.

C'est alors que je m'adressai à la Banque de France.

J'expliquai à M. Rouland qu'il était nécessaire de donner quelque argent pendant deux ou trois jours pour payer la garde nationale. Il me fit donner 1 million, et me dit : « Il faut que vous mettiez, pour ma sauvegarde, que cette somme est réquisitionnée. » Je signai dans ces termes le reçu de ces valeurs réquisitionnées, sans songer que cette signature serait retournée contre moi. Et quand je songe à tout ce que j'ai fait pour défendre les intérêts de la Banque, je ne comprends pas les violences dont on m'accuse.

10

La Banque n'avait pas conscience de sa situation ; je savais, moi, qu'il fallait à tout prix la sauver avec son encaisse, son portefeuille, la fortune de la France. Je suppliai qu'on me rendît ma tâche facile. Je donne ma parole d'honneur, ou plutôt non, je n'en ai pas le droit avant d'être jugé ; j'affirme. Tous ces sentiments je les ai exprimés dans une lettre que j'ai adressée à mon collègue l'honorable M. Beslay, lettre que je demande au Conseil la permission de lui lire.

(L'accusé en donne lecture) : « Si je succombais une heure, y dit-il, mes collègues ne comprendront pas ma pensée, j'en suis sûr, et alors qu'arrivera-t-il ? Je le laisse à penser. »

M. le Président : Que sont devenus les vases d'églises envoyés à la Monnaie sous votre administration ?

Jourde : On a dû les y retrouver ; car, des bâtiments dépendant de mon service, le ministère des Finances a seul été incendié.

Tout ce qui avait une valeur au-dessus de l'argent, comme pièce d'argenterie artistique ou autrement, a été mis de côté ; je puis indiquer la pièce où j'avais fait transporter tout cela ; on doit tout retrouver, s'il n'y a point eu de dévastation.

J'ai envoyé à la Monnaie 11 ou 1,200,000 fr. en lingots venant de la Banque, m'engageant à les rendre dans les cinq jours, ce que j'ai fait, à une petite somme près, ce qui explique la présence au dernier moment, à l'agonie des révolutions, de ces gens qui n'appartiennent à aucun parti et qui ne voient dans les malheurs publics que le moyen de satisfaire leurs convoitises criminelles, et de commettre les erreurs les plus monstrueuses, les laissant à la charge de ceux qui tombent.

M. le Président : Pourquoi les avez-vous levés ces gens ? Maintenant, pourriez-vous établir le bilan de vos dépenses ?

Jourde : J'ai été forcé de le faire de mémoire à l'instruction, et à peu près ; on en fait une nouvelle charge contre moi, et on m'impute une erreur de 3,3000,000 fr.

Il n'y a là qu'une erreur d'attribution, et le bilan officiel que j'ai donné le 9 mai, avant ma démission, explique complétement cette erreur.

M. le Président : Que dépensiez-vous par jour et à quoi ?

Jourde : 25 millions du 10 mars au 15 avril, soit environ 600,000 fr. par jour ; du 30 avril jusqu'à la fin, 20 millions. Je ne jetais pas l'argent par les fenêtres. Je ne payais la solde qu'à la garde nationale, et non aux corps francs. J'ai aussi ajourné un achat de cinq mille fusils chassepots, à 72 fr. l'un, qu'on m'offrait par la voie prussienne. J'ai refusé 50 millions qu'on m'offrait pour les toiles du Louvre, cette richesse non pas de Paris, mais de la France.

D. Quelle somme donnait-on à la garde nationale ? — R. De 300 à 350,000 fr. par jour ; mais il faut dire que, malgré mes conseils, les officiers étaient beaucoup trop payés.

D. Aviez-vous des garanties de paiement? — R. Oui, j'avais organisé un système de comptabilité. Les officiers payeurs devaient chaque jour présenter une feuille d'émargement.

D. Habitiez-vous le ministère? — R. Non, monsieur; je ne me suis jamais considéré comme ministre, mais comme employé de la Commune.

D. Comment expliquez-vous l'incendie du ministère? — R. Le mardi matin, un obus a frappé le ministère. A côté, se trouvait une barricade.

D. Mais un obus ne met pas le feu? — R. Permettez; sous le toit, il y avait de vieilles paperasses; la chaleur était étouffante; il n'est pas étonnant que le feu se soit communiqué, et on pourrait d'ailleurs m'envoyer tous les habitants du quartier et les pompiers, auxquels j'ai donné l'ordre de lutter énergiquement contre l'incendie, que j'ai moi-même travaillé à éteindre. A quatre heures, tout était presque fini.

D. A quelle heure êtes-vous allé au ministère?—R. Un employé vint me dire que le feu avait pris vers huit heures du matin, et je me hâtai de préparer mes comptes, désirant les laisser parfaitement discutables au nouveau gouvernement.

D. Pourquoi n'êtes-vous allé au ministère des Finances qu'à une heure? — R. Je ne croyais pas l'incendie dangereux, et je m'occupais à l'Hôtel-de-Ville d'organiser le service des finances.

M. LE PRÉSIDENT : Permettez-moi de vous dire que l'hypothèse de l'incendie allumé par un obus est parfaitement peu sérieuse. Les Prussiens ne disaient pas autre chose chaque fois qu'un village brûlait : c'était la faute des obus.

CLÉMENT : Je voudrais bien me faire entendre.

JOURDE : J'insiste sur ce fait, que, jusqu'à quatre heures, j'ai lutté avec les pompiers contre le feu; je n'avais donc pas de raison de mettre le feu.

D. Où étaient les papiers de comptabilité? — R. Au premier, dans le ministère.

D. Et vous n'avez pas pu les sauver? — R. Non; car la barricade était mal défendue, et je ne trouvai personne qui voulût m'aider à les transporter en lieu sûr; d'ailleurs, il y en avait une énorme quantité; mes comptes personnels étaient dans un portefeuille avec les pièces que j'avais jugées les plus importantes; je l'ai envoyé à l'Hôtel-de-Ville; malheureusement, il y a été perdu.

L'audience est levée à cinq heures et un quart.

FERRAT

Ferrat, homme de lettres, était inconnu dans la politique avant le siége. Pendant cette période, il fréquente plusieurs clubs, y est écouté, et conquiert une certaine influence. Comme garde national, il est délégué de sa légion au Comité central, et participe aux actes de ce comité à compter du 16 mars.

Nous savons comment opéra le Comité central.

Après l'attentat du 18 mars, Ferrat fut délégué comme maire au 6ᵉ arrondissement. Il se retira après les élections de la Commune.

Dans les premiers jours d'avril, il est élu chef de bataillon par le 80ᵉ, lequel fut envoyé à Issy aussitôt son chef reçu. A Issy, Ferrat fut nommé chef d'état-major de la police.

Le 22 avril, Ferrat fut arrêté par les ordres du délégué à la guerre, dans le local des séances du Comité central, au milieu de ses collègues. Le chef du 80ᵉ bataillon obtint sa liberté, grâce à l'intervention de ses officiers, après une quinzaine de jours d'internement. Le 6 mai, Ferrat et sa troupe rentrent à Paris ; presque aussitôt, ils sont envoyés à la porte Maillot, puis au parc Wagram, et, le 22, rentrent dans leur quartier de Ménilmontant. Ferrat prétend avoir agi sur son bataillon pour le décider à cesser la lutte lorsque les troupes régulières arrivèrent dans son quartier ; il assure avoir réussi.

Ferrat s'intitule homme de lettres ; nous le croyons plutôt un de ces nombreux déclassés qui n'ont point accepté la condition de leurs familles et s'en vont, tout en paressant, à la recherche d'une position. Il est bien certain que Ferrat était pour la Commune, car, pour lui, c'était arriver avec peu d'efforts au but désiré. Ferrat est d'un tempérament énergique, il devait se faire obéir. De tout ce qui précède, il résulte que Ferrat, comme membre du Comité central, a : 1° commis un attentat ayant pour but de détruire ou changer le gouvernement ; 2° usurpation de fonctions ; comme chef de bataillon, il a porté les armes contre la France.

En conséquence, nous sommes d'avis qu'il y a lieu d'ordonner la mise en jugement du nommé Ferrat, coupable des délits et crimes prévus par les art. 59, 60, 85 et 258 du Code pénal, et par l'art. 204 du Code de justice militaire.

DESCAMPS

Descamps, sans profession bien établie pour le présent, était autrefois mouleur en fonte.

Dès avant le siége de Paris, il était membre de la Chambre fédérale des Sociétés ouvrières.

Que veut cette Chambre?

Descamps prétend n'avoir aucune attache avec l'Internationale.

A-t-il pressenti un danger à avouer son affiliation, ou, réellement, cette Chambre est-elle étrangère à la terrible association? Nous n'avons pu le découvrir.

Descamps a été élu membre de la Commune dans le 14ᵉ arrondissement; il a peu suivi les séances de la Commune, n'a jamais pris la parole, et il ne nous est arrivé aucune accusation de violence et d'arbitraire à sa charge; ce qui paraît le mieux établi chez cet homme, qui ne semble avoir aucune vigueur ni aucune des capacités nécessaires à l'action, c'est qu'il se trouvait bien de toucher le traitement de membre de la Commune et de jouir des priviléges attachés à ce titre; il a bien été parfois effrayé de la responsabilité, et aurait, dit-il, donné sa démission par deux fois, démissions qu'il dut retirer au premier froncement de sourcils du plus débonnaire de ses collègues.

Quant à la dernière, à peine présentée, elle aurait été remise dans son pupitre.

Descamps a dû, comme ses autres collègues, toucher les mille francs distribués par Jourde, le 23, à l'Hôtel-de-Ville, les 24 et 25 à la mairie du 11ᵉ arrondissement. Descamps le nie; comment a-t-il su que ses collègues s'étaient alloués cette somme? Comment a-t-il su que, le 25, ils se trouvaient à la mairie du 11ᵉ arrondissement, où il est allé, lui qui prétend avoir vécu complétement en dehors de la Commune? Descamps cache la vérité.

Descamps, bien humble aujourd'hui, cache-t-il quelque chose à la justice? Nous ne saurions l'assurer. Mais si, comme il l'assure, il n'avait à se reprocher aucune de ces violences qui distinguaient beaucoup ses collègues, il n'en a pas moins approuvé toutes les mesures d'hostilité dirigées contre le gouvernement de son pays, puisqu'il était avec les rebelles. Il a été maire du 14ᵉ arrondissement; il nous semble, avec ses faibles moyens, avoir fait pour le mieux.

De ce qui précède, il résulte que Descamps s'est rendu coupable : 1° d'usurpation de toutes les fonctions judiciaires, militaires et administratives ; 2° participation à un attentat ayant pour but de détruire le gouvernement; 3° participation à l'attentat d'excitation à la guerre civile, en excitant les citoyens ou habitants à s'armer les uns contre les autres, soit à porter la dévastation, le massacre et le pillage dans plusieurs communes.

En conséquence, nous sommes d'avis qu'il y a lieu d'ordonner la mise en jugement du sieur Descamps, coupable de délits et crimes prévus et punis par les art. 59, 60, 87, 91 et 258 du Code pénal.

CLÉMENT

Clément, ouvrier teinturier, a été membre de la Commune le 26 mars, et, quelques jours plus tard, placé à la commission des Finances.

Clément, loin de s'associer aux actes de violence et d'arbitraire de la Commune, a toujours et courageusement protesté; il a rempli honnêtement les fonctions de maire dans le 15e arrondissement.

Clément, désapprouvant les actes de la Commune de Paris et se refusant à les accepter, a voulu donner sa démission le 15 avril; il eût eu certainement l'énergie de poursuivre sa résolution s'il n'avait cédé aux prières de ses administrés, qui se sentaient protégés par sa présence.

La justice examinera les actes de Clément, estimera sa courageuse abnégation et prononcera.

Pour nous, Clément, en acceptant de faire partie d'un gouvernement ouvertement en rébellion avec celui de son pays, a participé à l'attentat ayant pour but de changer ou détruire le gouvernement régulier; il a commis toutes les usurpations de ce pouvoir.

En conséquence, nous sommes d'avis qu'il y a lieu d'ordonner la mise en jugement du sieur Clément, coupable des délits et crimes prévus et punis par les art. 59, 60, 87 et 258 du Code pénal.

COURBET

Le sieur Courbet, nommé directeur des Beaux-Arts le 4 septembre, fut maintenu à ce poste par le gouvernement de l'insurrection; élu à la Commune comme délégué à la mairie du 4ᵉ arrondissement, il y entra vers le 26 avril.

Le 1ᵉʳ mai, il vota contre la dénomination de Comité de salut public donnée au nouveau comité formé dans la Commune, préférant le nom de Comité exécutif. A la fin de la discussion engagée à ce sujet, il protesta contre ce titre, qui ne convenait plus au mouvement social républicain.

Le 12 mai, il demanda ce qu'il fallait faire des objets d'art pris dans la maison de M. Thiers : s'il devait les envoyer au Louvre ou les faire vendre publiquement ; il fut alors nommé membre de la commission nommée à cet effet.

Le 30 avril, il avait signé la déclaration de la minorité, protestant contre l'enlèvement de la responsabilité aux membres de la Commune en faveur du Comité de salut public ; on y trouve les phrases suivantes : « La Commune doit au mouvement révolutionnaire politique d'accepter toutes les responsabilités et de n'en délivrer aucune, quelque dignes que soient les mains à qui on voudrait les abandonner. »

Et plus loin : « La question de la guerre prime en ce moment toutes les autres ; nous irons prendre dans nos mairies notre part de la lutte décisive soutenue au nom du droit des peuples. »

La parole, l'acceptation par le sieur Courbet de son mandat de membre de la Commune et ses fonctions de délégué du 4ᵉ arrondissement pendant toute l'insurrection prouvent suffisamment la part active prise par lui dans la révolte du socialisme contre la société établie.

Quoique la signature du sieur Courbet ne se trouve pas au bas des décrets de la Commune, et qu'après la déclaration de la minorité il se soit occupé particulièrement de sa mairie et de ses fonctions de directeur des Beaux-Arts, il n'en a pas moins eu, dans certaine limite, sa part de responsabilité, n'étant pas démissionnaire.

Le 13 avril avait été décidé le renversement de la colonne Vendôme ; dans une séance de la Commune, le 27 du même mois, le *Moniteur* de l'insurrection rapporte une discussion dans laquelle le sieur Courbet prit la parole pour demander l'exécution du décret.

Il nie énergiquement cette accusation, s'appuyant d'abord sur ce que ce décret avait été voté avant son admission dans la Commune, et sur les démarches qu'il avait faites sous le gouvernement du 4 septembre, non pas, dit-il, pour demander le renversement de la colonne, mais son transfèrement sur l'esplanade des Invalides, l'emplacement actuel ne lui étant pas favorable. Il avait, du reste, dans cette circonstance, employé l'expression de déboulonner et non de démolir. Il affirme aussi que l'*Officiel* a dénaturé ses paroles à la Commune. Enfin, il dit avoir proposé au gouvernement de rétablir la colonne à ses frais, si on peut établir qu'il a été cause de sa démolition.

L'accusé explique sa conduite à l'époque de la démolition de la maison de

M. Thiers de la manière suivante : « Je suis arrivé trop tard à la maison de M. Thiers pour que mon intervention fût utile ; les objets étaient déjà emballés par les hommes du Garde-Meuble et les délégués à cet effet. Je reprochai à ces messieurs de n'avoir pas fait d'inventaire. En parcourant les appartements vides, j'aperçus dans les plâtras de la démolition qui commençait deux petites figurines en terre cuite, d'origine antique.

« Supposant que ces objets pouvaient être la matière d'un souvenir pour leur propriétaire, je m'en emparai en les enveloppant dans du papier, afin de les sauver de la destruction, me réservant de les rendre à qui de droit lorsque cela me serait possible, les autres objets étant déjà à destination. »

Un rapport du chef des gardes nationaux placés à la porte du musée de Cluny signale la sortie de ce musée, à la date du 2 mai, de six colis contenant tableaux, statues et objets d'art.

Le sieur Courbet s'opposa au départ de ces colis avant vérification faite par des gens compétents.

L'accusé répond à notre demande d'explications en nous disant : « Que M. Dusommerard étant à Londres, et voulant faire une exposition des œuvres d'artistes modernes avait eu la malheureuse idée de faire emballer ces œuvres dans la cour du musée de Cluny ; que lui étant responsable des musées n'avait pas voulu laisser partir ces colis sans avoir dûment constaté leur provenance. »

Au moment où les troupes régulières entrèrent à Paris, le sieur Coubet se retira chez un ancien ami, où il demeura trois semaines.

En conséquence, notre avis est que le nommé Gustave Courbet soit traduit devant le conseil de guerre pour avoir : 1° participé à un attentat ayant pour but de changer la forme du gouvernement et d'exciter les citoyens à s'armer les uns contre les autres ; 2° d'avoir usurpé des fonctions civiles ; 3° pour s'être rendu complice de la destruction d'un monument, la colonne Vendôme, élevée par l'autorité publique, en aidant ou assistant avec connaissance les auteurs de ce délit dans les faits qui l'ont préparé, facilité et consommé, crimes prévus par les art. 87, 88, 91, 96, 237, 238 du Code pénal et la loi du 27 février 1858.

PARENT

Le nommé Ulysse Parent a été nommé membre de la Commune le 26 mars ; il fut attaché à la commission des relations extérieures, dont Paschal Grousset était le délégué principal.

FÉLIX PYAT

Le 5 avril, il donne sa démission. L'inculpation la plus grave qui pesait sur lui était l'incendie du quartier de la Bourse. En effet, un ordre écrit et signé : « Parent » se trouve au dossier de cet inculpé.

Pour nous convaincre que Parent était bien l'auteur de cet ordre, nous lui avons fait transcrire en triple expédition, afin d'établir les rapports qui pourraient exister entre son écriture et l'original incriminé. Le tout a été confié à un expert, nommé Delorme, commis à cet effet par nous, établissant qu'il n'existe aucune relation entre l'écriture de Parent, sa signature, et la pièce originale manuscrite. Parent ne peut être considéré comme son auteur.

Néanmoins, Parent a été membre de la Commune pendant onze jours; il est donc responsable des décrets et actes de ce gouvernement pendant ce laps de temps, par conséquent responsable des attentats dont la source émane de la Commune, et dont le but était de changer le gouvernement de la République, issu du suffrage universel, et seul gouvernement reconnu par la nation française.

Crimes prévus par les articles suivants du Code pénal, 87, 88, 89, 91, 92;

En conséquence, notre avis est que le nommé Ulysse Parent doit être traduit devant un conseil de guerre.

Audience du 12 août.

L'audience d'aujourd'hui a été presque paisible. C'est que, et nous nous en félicitons, tous les accusés ne ressemblent pas à Ferré et à son voisin sur les bancs de l'accusation, Assi de l'Internationale, non plus qu'au prétentieux chef d'institution Urbain. Jourde paraît avoir surtout souci de se défendre, et non de faire plus ou moins d'impression sur l'auditoire.

Entre autres témoins entendus, M. le général Chanzy, ancien prisonnier de la Commune, et M. de Plœuc, le courageux sous-gouverneur de la Banque, ont causé une vive émotion par les curieux détails contenus dans leurs dépositions.

D. Le défenseur de Billioray est-il prévenu?

Mᵉ Lachaud : Il va venir dans un instant.

Mᵉ Boyer arrive.

M. le Président : Nous allons entendre M. le général Chanzy. (*Mouvement d'attention dans l'auditoire.*) Il déclare se nommer :

Antoine-Eugène-Alfred Chanzy, général de division.

Mᵉ Boyer : M. le général Chanzy n'a-t-il pas vu Billioray avec les membres du Comité central?

R. Je ne connais pas l'accusé Billioray, mais le fait auquel on fait allusion est présent à ma mémoire. Quand je fus arrêté avec le général Langouriau, un nommé Babick nous introduisit au Comité central. Un membre à notre entrée se leva; il était vêtu en garde national, avait une longue barbe blonde et de grands cheveux blonds. Il s'excusa et nous dit que le Comité n'était pour rien dans notre arrestation, et que dans notre intérêt même on nous avait gardé quelques jours en prison.

On me dit qu'on m'avait pris pour le duc de Chartres; c'était insoutenable, le duc de Chartres ayant vingt-huit ans. On ajouta que j'étais général en chef de l'armée de la Loire. Je leur fis remarquer que cette armée était dissoute depuis plusieurs jours.

On nous parla ensuite de l'assassinat des généraux Clément Thomas et Le-comte, que je connaissais déjà, quoiqu'il eût été à peine consommé. On essaya d'atténuer devant nous la portée des événements. Un membre s'éleva un moment contre nous, et dit qu'il n'avait pas d'explications à nous donner. Alors, il y a eu une altercation entre les membres du Comité. On nous a fait sortir vers une heure du matin. Nous avons traversé les barricades, puis été mis en liberté. On nous recommanda d'éviter les groupes de gardes nationaux. Voilà ce qui s'est passé : rien de plus, rien de moins.

Le général ne reconnaît pas Billioray, qui a fait couper ses cheveux et sa barbe.

Mᵉ Boyer : M. le général Chanzy ne reconnaît-il pas la voix assez particulière de mon client ? — R. Il me semble reconnaître la voix.

Mᵉ Boyer : Je vais montrer à M. le Général la photographie de Billioray avant d'avoir fait couper ses cheveux et sa barbe

(Le défenseur montre la photographie. Le général croit le reconnaître.)

Mᵉ Boyer : Je remercie, au nom de mon client, M. le général Chanzy de sa bienveillance.

M. Chanzy : Il n'y a pas de bienveillance; j'ai fait ce que je devais.

Mᵉ Marchand : Comme défenseur de Lullier, je demanderai au général s'il ne sait pas que mon client a cherché à le faire mettre en liberté. — R. Je sais, par les personnes qui sont venues me voir dans ma prison, que le Comité était bien disposé en ma faveur. On me parlait surtout de M. Lullier qui s'occupait beaucoup de nous.

Mᵉ Marchand : Je demanderai à M. le général Chanzy s'il ne sait pas que sa mise en liberté a été due en grande partie à l'intervention de l'accusé Lullier, alors membre du Comité central?

Le Témoin : Tout ce que je puis dire, c'est que j'ai su par les personnes qui s'intéressaient à moi et qui venaient me voir dans la prison de la Santé, qu'elles avaient rencontré de la part de M. Lullier la plus grande complaisance, et qu'il était au Comité central l'un des plus favorables à ma mise en liberté.

Mᵉ Marchand : L'ordre de mise en liberté du général n'a-t-il pas été remis à une personne très-proche du général, à son beau-frère? N'est-il pas signé de Lullier?

Le Témoin : Mon beau-frère n'était pas à Paris. L'ordre est arrivé à onze heures et demie du soir à la prison de la Santé, apporté par le membre du Comité Babick. Je ne l'ai pas vu de mes yeux; je ne sais pas par qui il était signé.

Mᵉ Marchand : Parmi les personnes qui s'intéressaient au général, n'y avait-il pas MM. le capitaine du génie Henri et Adolphe Guéroult?

Le Témoin : Ce fait est vrai; je ne mets pas en doute les démarches de M. le capitaine Henri sur ma mise en liberté, il était bien officier d'ordonnance à l'armée de la Loire. Cela prouvait toujours que les arrestations se faisaient sans motifs.

Billioray : C'est vrai; nous avions beaucoup plus de peine à faire mettre en liberté les gens arrêtés sans droit qu'à faire des arrestations sérieuses.

M. le Président : C'est ce qui arrive à ceux qui se mettent à la tête de pareils mouvements.

Billioray : Ce serait de la complicité morale.

M. le Président : Mᵉ Bigot, nous vous avons communiqué au cours des débats différentes pièces sur lesquelles nous allons interroger votre client. Avez-vous une observation à faire?

Mᵉ Bigot : Je me suis rendu ce matin au greffe et j'ai déclaré à M. le Commissaire de la République que je poserais des conclusions pour m'opposer à l'audition des témoins qu'il se propose de faire entendre à propos des pièces nouvelles communiquées. Je vous demande la permission, monsieur le Président, de lire ces conclusions que je ne veux pas développer, mais sur lesquelles je sollicite une décision du Conseil, après que M. le Commissaire de la République aura été entendu.

« Plaise au Conseil :

» Attendu, qu'aux termes de l'art. 109 du Code militaire, le Commissaire de la République, trois jours avant la réunion du Conseil de guerre, notifie à l'accusé l'ordre de mise en jugement, en lui faisant connaître le crime ou le délit pour lequel il est mis en jugement, le texte de la loi applicable et les noms des témoins qu'il se propose de citer;

» Attendu qu'aux termes de l'art. 112 du même Code, le défenseur est autorisé, aussitôt cette notification, à prendre communication du dossier ou à obtenir à ses frais copie de tout ou partie des pièces de la procédure;

» Attendu que les prescriptions de ces deux articles sont essentielles dans l'intérêt de la libre défense de l'accusé et qu'elles ne sauraient être méconnues sous aucun prétexte;

» Attendu cependant que les débats étaient commencés quand diverses communications ont été faites à l'accusé ou à son défenseur;

» La première est un ordre d'arrêter le général Rebour, s'il ne consentait à évacuer le fort de Vincennes;

» La seconde est une lettre adressée, le 17 juillet, au ministre de l'Intérieur par un M. Debut, exposant qu'étant à Reims il a reçu de plusieurs officiers prussiens la confidence que l'accusé Assi était un agent de M. de Bismark, et recevait, à cet effet, du ministre prussien une somme de 25,000 fr. par an pour fomenter des grèves;

» La troisième, communiquée le 10 août, au cours de l'audience, à trois heures, est un feuillet détaché d'une déposition faite hors la forme légale, relativement à des fabrications d'obus, et signée par un M. Ambroise;

» Attendu que cette dernière circonstance seule rendrait M. Ambroise (même en matière civile) inapte à déposer comme témoin; attendu que la communication tardive de cette pièce est d'autant plus inexplicable qu'elle avait été retirée du dossier après y avoir figuré, puisque le défenseur, ayant lu une lettre qui désignait ce document, fit l'observation du retrait à M. le Commissaire de la République, le 5 août, au greffe, en présence du greffier, M. Barq; attendu que ces trois éléments tardifs devraient être complétement rejetés des débats; attendu cependant, en ce qui touche la seconde pièce, dénonçant Assi comme agent prussien, qu'il y a peut-être lieu de la maintenir dans l'intérêt même de l'accusé, puisque, dans le dossier criminel qui a été communiqué, on trouve à chaque endroit les efforts impuissants de l'accusation pour établir qu'Assi était en correspondance avec la Prusse, et qu'à cet égard il entend défier toutes les preuves, même tardives, qui tenteraient de le noter d'infamie, et quoique les directeurs de la procédure criminelle n'aient pas osé, dans l'accusation, relever le chef de correspondance avec un gouvernement étranger dans le but d'exciter des troubles à l'intérieur;

» Attendu seulement qu'Assi se réserve d'exiger du témoin Debut le nom de l'officier prussien ou des officiers prussiens qui auraient tenu le propos par lui rapporté. Il serait trop commode, en effet, au ministère public d'appuyer ses accusations sur des témoins dont il n'a pas été permis à l'accusé de vérifier, s'il lui convenait, les antécédents et la moralité;

» Par ces motifs et tous autres à suppléer de droit et d'équité;

» Rejeter du débat les pièces 1re et 3e ci-dessus dénoncées; dire que les témoins que le Commissaire de la République se proposait de citer sur lesdites pièces ne seront pas admis à déposer devant le Conseil; donner acte à Adolphe-Alphonse Assi de ce qu'il consent à l'audition du témoin Debut; lui donner acte également que ce consentement de sa part n'est exprimé qu'à la condition d'obtenir les noms des officiers prussiens qui auraient tenu le propos incriminé, pour qu'une commission rogatoire étant alors ordonnée par voie diplomatique dans les formes ordinaires, il soit permis d'arriver à la manifestation complète de la vérité;

» Et ce sera justice. »

M. LE COMMISSAIRE DU GOUVERNEMENT : Ce n'est pas moi qui ai fait citer les témoins, mais M. le Président. Je prie le Conseil de ne pas prendre de décision et d'entendre les témoins en vertu du pouvoir discrétionnaire de M. le Président.

Mᵉ BIGOT : Je ne fais de reproche à personne; mais M. le Commissaire du gouvernement doit seul, suivant les usages, faire les communications de pièces à M. le Président, et j'ai lieu de m'étonner qu'une lettre, écrite au ministre de l'Intérieur, le 17 juillet, soit aujourd'hui seulement introduite aux débats.

Si les témoins sont entendus, ils le seront dans tous les cas, en vertu du pouvoir discrétionnaire seul de M. le Président.

Ici, Mᵉ Bigot lit la définition des mots « pouvoir discrétionnaire » telle qu'elle a été donnée par le procureur général Dupin. Cette lecture faite, il s'en rapporte à la sagesse de M. le Président; mais il insiste sur ce point, qu'il y a toujours lieu à décision sur les conclusions déposées, pour lui donner acte des faits précisés par la défense et de ce que les témoins ne seront entendus « qu'à titre de simple renseignement, » sans prêter serment.

M. LE PRÉSIDENT, après avoir consulté le Conseil, donne acte, à qui de droit, des conclusions déposées, mais ordonne que les témoins cités à nouveau ne seront entendus qu'à titre de renseignement, pour aider à la manifestation de la vérité, en vertu de son pouvoir discrétionnaire.

D. (à Assi) : Vous alliez souvent à la capsulerie? — R. C'est l'endroit où j'allais le moins souvent.

D. Je vais vous lire une lettre d'un officier dans laquelle il est raconté qu'il fut forcé de partir, menacé par l'assassin Eudes. Il y est parlé d'un docteur Hirchiger, nommé chef de la capsulerie. Connaissez-vous ce docteur? — R. Je sais qu'il était chargé des poudres quant aux préparations chimiques.

D. Vous étiez chef de toute la fabrication? — R. Je n'étais chargé que de rechercher les matières premières.

D. Le docteur Hirchiger faisait faire des compositions destinées à empoisonner ou brûler les soldats de Versailles? — R. Nous n'avons fait que surveiller la fabrication. Je vous ferai remarquer que j'ai été en prison du 1ᵉʳ avril au 13, puis sur parole jusqu'au 15; je ne suis donc pas responsable de ce qui s'est passé pendant ce temps.

LAROUSSE, entendu à titre de renseignement.

D. Vous étiez chef de la capsulerie? — R. Je reçus ordre de Versailles de me replier. Je cachai les pièces essentielles. En revenant à la capsulerie, je fis une enquête et je sus ce qui s'était passé. Un nommé Giraud, ouvrier depuis quinze ans à la capsulerie s'était fait nommer directeur. Assi y venait souvent et donnait ses ordres. On y fabriquait des préparations chimiques. On mettait des petits tubes contenant de l'acide prussique qu'on renfermait dans des bombes. C'était destiné à tuer immédiatement ceux qui seraient blessés par les éclats. On faisait aussi des préparations où entrait de la strychnine.

Ambroise, employé à la capsulerie.

D. A quelles préparations avez-vous été occupé? — R. On me faisait mettre de l'acide prussique dans des tubes.

D. Avez-vous vu charger des obus avec ces matières? — R. Oui.

D. Avez-vous vu mettre des clous empoisonnés dans les bombes? — R. Oui, à plusieurs reprises.

D. Avez-vous vu charger des bombes avec des dissolutions de phosphore dans du sulfure de carbone? — R. Oui, souvent.

D. C'est ce qu'on appelle des bombes incendiaires. A Assi : Vous aviez connaissance de ces faits, puisque vous étiez directeur des travaux chimiques.

Assi : On n'a fait que des obus à pétrole.

D. Il est certain que vous avez fait moins de mal que vous n'espériez en faire. Qui donnait les ordres? — R. Je ne sais.

D. C'est une chose singulière; voilà une révolution, on donne des ordres, et vous ne savez jamais dire qui les donne; il y a un pouvoir occulte qui plane sur tous vos actes, qui fait tout, qui dirige tout.

Assi : Le docteur Hirchiger, que je ne connais pas, est venu me demander ces échantillons dont vous me parlez, parce que je faisais partie de cette commission de contrôle, chargée de surveiller les agents de la fabrication, auxquels on avait peu de confiance.

Je lui ai donné ces échantillons. Qu'en a-t-il fait? Je n'en sais rien, je ne suis pas chimiste.

On n'a jamais expédié ces obus ainsi établis.

Le Témoin : On en a expédié une trentaine.

Me Bigot : Le docteur, qui n'était pas colonel, a pu agir sans ordre.

D'ailleurs est-il possible de faire des amorces avec de l'acide prussique fourni par la maison Fontaine? Voilà la question.

Le Témoin : C'est impossible.

Me Bigot : J'ai consulté à cet égard un chimiste distingué. J'attends sa réponse.

Assi : Pour faire fabriquer des engins prohibés, j'avais choisi mes hommes. Je ne connaissais ni Ambroisse, ni le docteur Hirchiger.

M. le Président : Vous avez pu demander le concours d'autres personnes.

SUITE DE L'INTERROGATOIRE DE JOURDE.

M. le Président : Vous avez, antérieurement aux événements qui nous occupent, fondé un service appelé « *Pipe-en-Bois.* »

Jourde : J'avais alors vingt-deux ans; nous avons fait un journal qui n'a eu

qu'un numéro. C'était une plaisanterie de carnaval entre jeunes gens, à propos de la pièce de *Henriette Maréchal*.

M. LE PRÉSIDENT : Vous avez été condamné deux fois pour tapage nocturne?

JOURDE : Oui, par défaut, une fois à 12 fr. pour avoir chanté à une heure du matin dans la rue.

M. LE PRÉSIDENT : Vous avez été arrêté porteur d'une somme de 9,770 fr.

JOURDE : Cette somme était le reliquat de 40,000 fr. provenant des finances que j'avais dû distribuer au dernier moment aux divers membres du Comité de salut public, sur leur insistance, en présence du péril imminent auquel il s'agissait de tâcher de se soustraire. J'aurais eu le temps de faire disparaître cette somme depuis mon arrestation et je la remis volontairement au capitaine Ossud, dont les bons procédés me furent sensibles en cette circonstance; je lui indiquai la provenance de cette somme. Je déclarai qu'elle appartenait à l'État, sauf une somme de 120 fr. qui m'appartenait personnellement. Un de mes amis avait aussi une somme de 3,000 fr. de même provenance, ce que je déclarai.

M. LE PRÉSIDENT : Un nommé Dubois a été arrêté avec vous; il avait 1,700 fr. sur lui.

JOURDE : Pas 1,700 fr., 3,000 fr.

M. LE PRÉSIDENT : Vous avez écrit des lettres menaçantes à la Banque, vous maintenez que ce n'était que pour couvrir la responsabilité des chefs de cet établissement?

JOURDE : J'ai écrit une fois à M. Beslay; une autre fois, en termes très-menaçants, à la Banque elle-même. C'était le 23 mars, un jour où il y avait beaucoup d'effervescence. J'allai à la Banque avec Varlin. Je demandai à M. Mignot, caissier, 350,000 fr. pour la solde de la garde nationale; il me les refusa nettement. Les gardes nationaux nous entourèrent; M. Mignot nous aida à sortir avec beaucoup de bonne volonté. On voulut occuper la Banque; je finis par obtenir qu'on se bornerait à une lettre menaçante que j'adresserais à la Banque. Cette lettre, elle s'explique par les circonstances. En définitive, j'ai défendu la Banque jusqu'à la dernière heure.

M. LE PRÉSIDENT : Malgré vos fonctions, vous alliez aux séances de la Commune?

JOURDE : Oui, pour certaines questions : pour celle des échéances, par exemple. J'eus aussi à m'occuper du Mont-de-Piété, qu'on voulait forcer à délivrer gratuitement les nantissements d'une somme inférieure à 50 fr. Il y en avait pour 9 millions. J'ai défendu, là comme ailleurs, les mêmes principes, le respect de la propriété et des droits privés. J'obtins, après une discussion de trois jours, qu'on ne délivrerait que les nantissements inférieurs à 20 fr., et seulement 5,000 par jour, au lieu de 10,000; qu'enfin, pour que le Mont-de-Piété pût continuer ses opérations, on mettrait à sa disposition 11,000 fr. par

11

jour. Deux jours après, le directeur du Mont-de-Piété est venu me remercier. J'ai ainsi sacrifié à mon devoir une popularité que j'aurais facilement acquise avec l'argent d'autrui.

Quant à la Banque de France, j'ai toujours demandé qu'elle fût ménagée. A cause de ce fait, Victor Clément et Beslay insistèrent pour que ma démission ne fût pas acceptée le 3 mai. Je dois faire remarquer que, depuis cette époque, je ne fis plus partie par le fait de la Commune. Le 9 mai, je tentai de constituer cette minorité qui n'a cessé de lutter contre les tendances de violence de mes collègues. La scission était complète entre nous. Ce n'est pas aujourd'hui une défaillance, mais je dis quels ont été mes vrais sentiments.

M. LE PRÉSIDENT : Faites venir M. de Plœuc.

M. ALEXANDRE-MARIE, MARQUIS DE PLŒUC, député à l'Assemblée nationale, sous-gouverneur de la Banque de France.

M. LE PRÉSIDENT : Voulez-vous éclairer le Conseil sur les réquisitions faites par Jourde à la Banque.

LE TÉMOIN : Les réquisitions directes ou indirectes ont été nombreuses. Le 23 mars, je suis devenu gouverneur provisoire de la Banque. Le 22, une réquisition de 1 million, signée Jourde, Billioray, fut faite. Le mardi, un second million fut demandé, et nous les morcelâmes pour gagner du temps. Le mercredi, Jourde vint avec Varlin à la Banque. J'autorisai le paiement de 750,000 fr., conformément à l'avis du conseil. Mais Jourde se retira en présence des murmures de ceux qui étaient dans la cour. Quelques instants après, je reçus un commandement contenant ces mots :

« Affamer la population, telle est l'arme d'un parti qui (je ne puis reproduire la fin de la phrase). Si avant midi on ne nous livre le complément du million, nous ne répondons plus des mesures qui pourront être prises contre la Banque. »

J'envoyai le caissier principal prendre avis de l'amiral Saisset et du maire du 1er arrondissement. L'amiral me fit dire de patienter. Je réunis le conseil et il fut décidé de payer les 250,000 fr. Dans l'après-midi les délégués revinrent. Je leur déclarai que les 700,000 fr. ne seraient pas payés, mais seulement 350,000 qui furent remis à quatre heures au délégué Jourde. Je fus, le soir, trouver l'amiral Saisset qui était avec des maires. On me dit ostensiblement qu'on me défendrait, mais, en me reconduisant, on m'avoua qu'on ne pouvait rien faire pour moi.

Il est nécessaire que j'expose au Conseil quel était, en ce moment, l'état de la Banque. Elle possédait une somme de 3 milliards, un milliard en portefeuille, un milliard dépôt de 89,000 familles, et un troisième milliard en billets de banque auxquels ne manquait qu'une griffe pour être livrés à la circulation. Les conséquences du pillage auraient été incalculables.

Les maires consentirent le lendemain aux élections : c'est ce qu'on appela la capitulation des maires. Je ne disposais que du personnel de la Banque, qui n'était à peu près que de 420 ou 430 hommes, n'ayant qu'un armement très-incomplet et à peine vingt ou vingt-cinq cartouches par fusil.

J'étais dès lors en présence de la Commune. Le lundi 27, Jourde revint et me demanda de l'argent, s'appuyant sur la nécessité d'alimenter les familles. Il me suffit, dit-il, de ceindre mon écharpe pour que les faubourgs descendent et prennent tout par la force. Je répondis que ce serait la ruine de la fortune publique.

Le 3 avril, je vins à Versailles. Je dois d'abord parler d'un homme dont je ne voudrais pas prononcer le nom. Je reçus la visite, le 28 mars, du doyen de la Commune, M. Beslay, qui vint me dire qu'il se trouvait dans l'impossibilité de payer les bataillons et que la Banque allait être pillée. Je répondis à M. Beslay que la Banque serait défendue ; il me proposa de faire nommer un gouverneur de la Banque par la Commune, je refusai, puis je fis appel à ses sentiments élevés en lui offrant d'être mon auxiliaire pour sauver la Banque. Il comprit et revint le lendemain avec un décret qui le nommait délégué de la Commune. C'était le 2 avril. M. Beslay, d'après ce qui fut convenu, devait se borner à connaître les rapports de la Banque avec le gouvernement légal et avec la ville de Paris.

Depuis, M. Beslay fut pour moi un auxiliaire précieux, et je restai maître de la Banque. Je déclarai qu'elle ne devrait jamais être obligée de renoncer aux formes légales de son fonctionnement. Du 5 au 21 avril, aucunes réquisitions n'eurent lieu. Sans doute, la délégation des finances avait trouvé de l'argent ailleurs, au ministère des Finances, par exemple, où il y avait 4 millions.

C'est vers cette époque que Raoul Rigault lança contre moi un ordre d'arrestation qui ne fut pas exécuté. C'est à ce moment que furent mis en péril les diamants de la Couronne. Je fus assez heureux pour amener la Commune à croire qu'ils n'étaient plus à la Banque. Je continuai à tâcher de gagner du temps en louvoyant ; c'était tout ce que je pouvais faire. Il fallait, avant tout, éviter l'envahissement, le pillage de la Banque. Je dois dire que la Commune crut un moment qu'elle se fonderait définitivement, et voulut imiter les procédés des gouvernements réguliers. On me demanda des lingots qui étaient à la Banque pour battre monnaie. Je refusai d'abord, je discutai ; je rappelai que le droit de battre monnaie n'était pas un droit communal, mais un droit régalien. Je fus forcé, au bout de quinze jours, de livrer 100,000 fr. de lingots, qui furent frappés régulièrement. Mais cette monnaie ne fut pas émise ; il y avait, sous les ordres de M. Camelinat, une administration de la Monnaie complétement instituée.

Nous arrivâmes ainsi au 11 mai. Le 12 mai, je fus averti qu'un bataillon de la garde nationale et les Vengeurs de la République prenait position rue de la Vrillière. Un commissaire de police vint pour faire une perquisition, sous le prétexte ordinaire de l'existence de dépôts d'armes. Je m'y opposai. J'envoyai chercher le délégué Beslay, qui arriva bientôt et eut assez d'autorité pour faire retirer les bataillons qui s'étaient présentés. Jourde vint ensuite me déclarer que la Commune savait qu'il y avait à la Banque de France des dépôts d'armes et des personnalités suspectes. Je savais ce que cela voulait dire. Il ajouta qu'on accusait la Banque de favoriser des conciliabules hostiles. Je fis ressortir le danger pour la chose publique de toute violence qu'on tenterait contre la Banque de France, et j'indiquai que rien ne démontrait d'ailleurs qu'elle ne serait pas secourue au dernier moment, parce que dans Paris on était resté fidèle à l'ordre. L'accusé insista pour faire remplacer le bataillon des employés de la Banque par un bataillon de la garde nationale. Je refusai net : mieux valait courir tous les risques possibles. Il me demanda ensuite d'abandonner le poste extérieur. Je lui demandai le temps de réfléchir, et, soit que l'accusé ait cessé d'être soumis à la pression du premier moment, soit que cette exigence eût été abandonnée par ceux qui l'avaient formulée d'abord, je n'entendis plus parler de rien.

Le 17 mai, je reçu une réquisition nouvelle ; je ne connaissais pas les détails de la lutte ; je n'avais pas de nouvelles de Versailles, tout en espérant une prompte délivrance.

Le 21 mai, je reçus une sommation, sous peine de mesures énergiques, de livrer 300,000 fr. ; je dus les livrer.

Le 22 mai, nouvelle sommation pour 700,000 fr., sous peine de voir la Banque attaquée de suite. Je réduisis la somme à 200,000 fr., et je ne m'exécutai pour la totalité que sur les instances de Beslay qui me fit connaître la résolution bien arrêtée du Comité de salut public à l'égard de la Banque.

Le 23, autre pareille sommation pour la même somme de 700,000 fr., signée par Jourde comme la précédente et appuyée d'un détachement. Les fédérés étaient partout aux abords de la Banque ; les barricades étaient établies. Je cédai encore 500,000 fr. pour sauver le reste. C'est alors que commencèrent les incendies dans Paris ; et, peu après, nous fûmes délivrés par les soldats de la France et nous pûmes relever le drapeau tricolore, abaissé sur l'ordre du Comité de salut public. C'est à dater du 23 mars que j'ai reçu les réquisitions.

Jourde : Je respecte parfaitement les dépositions du témoin. N'est-il pas à sa connaissance que le 12 mai M. Beslay m'envoyait sa démission de délégué à la Banque, et que c'est sur mes instances qu'il garda son poste ?

Le Témoin : Je ne puis répondre à cette question. Je sais seulement que Beslay voulut, le 12 mai, donner sa démission.

Jourde : N'exprimai-je pas les regrets, ce même jour, des violences supportées par la Banque ?

Le Témoin : Il y avait de cela dans son attitude.

Jourde : A combien s'élève le dommage que j'ai causé à la Banque ?

LE TÉMOIN : La ville de Paris possédait 9,101,000 fr. de comptes courants, que je donnai d'abord. Je demandai à Versailles d'être couvert par une lettre; puis, avec l'assistance de mon conseil, je livrai les sommes que j'ai dites; en tout j'ai remis 16,610,000 fr.

Mᵉ DESCHARS : défenseur de Jourde : Il est fâcheux que nous soyons forcés de revenir encore sur la question de pièces originales. Dans le cas actuel nous désirerions avoir l'original des réquisitions.

M. LE PRÉSIDENT : Il est certain que la violence, la menace, constituent la réquisition.

JOURDE : Je n'ai cessé de m'interposer pour empêcher les violences contre la Banque. Le 22 mai, on voulait envoyer deux bataillons et de l'artillerie contre la Banque, je m'y opposai encore et je m'y rendis moi-même. Je trouvai M. Millaud qui me fit ajouter sur l'ordre de remettre 500,000 fr. ces mots : « Si l'on ne remet pas cette somme, la Banque sera envahie. » Je n'ai pas hésité à donner cette déclaration. Le témoin suivant produira cette pièce.

M. LE PRÉSIDENT : Comme appréciation morale de l'accusé, comment l'avez-vous trouvé?

LE TÉMOIN : Mon opinion ressort de ma déposition. Je ne puis lire au fond du cœur de l'accusé; ce que je puis dire, c'est que toutes les fois qu'on me demandait quelque chose, il y avait des troupes autour de moi, ou on me faisait des menaces d'envahissement par les faubourgs.

M. LE PRÉSIDENT Il était remis un reçu chaque fois qu'en faisait une réquisition?

LE TÉMOIN : Je n'aurais rien remis sans qu'on me délivrât une pièce constatant la violence, et couvrant ainsi ma responsabilité.

BILLIORAY : Il faut bien constater que, le 22 mars, je ne faisais pas partie du Comité de salut public.

M. DE PLŒUC : Je ne sais pas si Jourde et Varlin furent reçus seuls ou avec Billioray par le gouverneur, M. Rouland.

(Notons ce fait sur lequel s'est appesanti l'honorable témoin, que jamais le drapeau rouge n'a flotté sur la Banque. L'attitude énergique du témoin a dû, assurément, préserver la grande institution de crédit national d'une ruine complète.)

Pour compléter la déposition de M. le marquis de Plœuc, nous reproduisons une pièce curieuse, la copie des notes prises au jour le jour par le caissier principal de la Banque.

20 mars. — Réquisition au gouverneur de la Banque, sous menace de pillage, par Jourde, Varlin et plusieurs autres membres du Comité central, d'un million destiné à la solde de la garde nationale.

22 mars. — Réquisition de 300 autres mille francs.

23 mars. — Joude et Varlin viennent demander une nouvelle somme de 350,000 fr. La Banque n'ayant pas obtempéré de suite à cette exigence, ils

se retirent dans une attitude très-menaçante, la déclarant responsable des conséquences de son refus.

Dans l'après-midi et après renseignements pris sur le concours armé que la Banque pouvait attendre des gardes nationaux réunis aux 1er et 2e arrondisse-ments et sur celui que pouvait apporter le centre de résistance qu'on cherchait à orgniser à l'état-major de l'amiral Saisset, au Grand-Hôtel, le conseil de régence, doutant des chances d'une lutte et ne pouvant assumer la responsabi-lité de la provoquer, alloue les 350,000 fr. demandés. Il déclare en même temps que le Comité central devra les envoyer prendre.

A quatre heures et demie, deux individus, le sieur Faillet et un inconnu, viennent encaisser, escortés par un ou plusieurs bataillons d'insurgés, qui font une démonstration aux alentours de la Banque.

24 mars. — Le Comité central envoie demander par le même agent le com-plément d'un deuxième million accordé par le conseil.

27 mars. — Nouvelle réquisition. La Banque envoie son caissier principal auprès des membres du Comité pour connaître l'emploi de l'argent réquisitionné. Il est assuré par Varlin que ces fonds sont destinés à la solde des gardes natio-naux.

13 avril. — Jourde, Varlin et Amouroux sont venus réclamer très-vivement les diamants de la couronne qu'ils croient déposés à la Banque.

Jourde, qui prétendait trouver la trace de ces valeurs dans la mention de certains dépôts, déclare que la Banque, en dissimulant ces diamants, fait acte politique, qu'elle cesse d'être un établissement exclusivement commercial, qu'elle ne pourra plus par conséquent, à l'avenir, bénéficier de la neutralité qu'elle réclame chaque jour.

21 avril. — Dèmande d'emprunt par Jourde, qui offre en garantie des bons du Trésor. Refus de la Banque.

22 avril. — En suite de ce refus, deux millions sont exigés par Jourde. Il est donné 750,000 fr.

Ce même jour, le sieur Beslay, qui s'était entremis au sujet de cette demande de deux millions, m'informe que la Commune a trouvé 500,000 fr. en valeurs à la grande Chancellerie.

24 avril. — Les ateliers de la Monnaie sont réquisitionnés par force au nom du délégué aux Finances. Le directeur en est expulsé, et Camelinat, agent de la Commune, s'approprie les matières qui s'y trouvent.

6 mai. — Assisté à un entretien entre M. Deplane, Beslay et ledit Camelinat. Le conseil autorise le monnayage de 1,100,000 fr. d'argent fin.

8 mai. — Premier envoi de lingots à la Monnaie sur de nouvelles instances de Beslay, qui m'écrit qu'il s'est entendu avec Jourde relativement à cette affaire.

12 mai. — A dix heures du matin, le Comité de-salut public fait investir la Banque par le 208e bataillon et par les Vengeurs de Flourens. La circulation

est interdite dans les rues adjacentes. Une commission de police demande ÿ opérer une perquisition sous prétexte d'armes cachées. Refus de la Banque d'y consentir. Avis en est donné aux sieurs Beslay et Jourde. Beslay arrive et déclare qu'il s'oppose à la perquisition. Après de longs pourparlers, les fédérés se retirent à midi un quart. Un de leurs deux commandants était ivre et est tombé avec son cheval au moment du départ.

19 mai. — Nouvelle demande, concernant les monnaies du Trésor en dépôt à la Banque. Prétexter un rapport au conseil pour gagner du temps.

20 et 21 mai. — Craignant les exigences réitérées de la Commune, la Banque prend le parti d'enfouir de nuit l'or, les billets, les titres; on ensable les escaliers des caves. 800,000 fr. ont été demandés par Jourde.

22 mai. — Malgré la somme importante accordée l'avant-veille, il est fait dans la matinée une réquisition de 700,000 fr. La Banque consent à donner 200,000 fr.

Une réquisition complémentaire de 500,000 fr. est apportée par Jourde avec menace écrite de faire attaquer la Banque, en cas de refus, par plusieurs bataillons appuyés de deux pièces de canon.

Dans le doute d'être secourus à temps et pour éviter le pillage et l'incendie, les 500,000 fr. sont donnés à Jourde.

23 mai. — 500,000 fr. sont encore demandés à la Banque, sous peine d'occupation immédiate. On parlemente le plus longuement possible; mais devant l'attitude des agents du Comité de salut public, et en présence des démonstrations faites depuis deux jours autour de la Banque par les fédérés qui occupent le quartier, et, d'autre part, pour ne pas rendre inutiles les sacrfices faits antérieurement en compromettant au dernier moment les intérêts qu'elle voulait défendre et sauver, la Banque paie ces 500,000 fr. sur l'acquit d'un sieur Armand, qui a signé : *contrôleur général des Finances*.

24 mai. — Le ministère des Finances brûle depuis hier. Dans la nuit du 23 au 24, incendie des Tuileries, consumées en quelques heures, entre minuit et trois heures du matin. A cette même heure, le Palais-Royal brûlait à son tour.

Sur l'ordre de M. de Plœuc, la Banque y envoie une pompe et une escouade de maçons sous la direction du contre-maître Dupont. Des employés y vont également faire la chaîne jusqu'à l'extinction du feu. Un incendiaire, surpris y jetant des matières inflammables, est arrêté par un des ouvriers de Dupont, et fusillé. Les insurgés, encore en force aux environs, ont tiré sur les citoyens qui se dévouaient pour combattre l'incendie.

Pour copie conforme : A. MIGNOT.
Le gouverneur, ROULAND.

L'audience est suspendue à deux heures et demie, et reprise à trois heures.

SUITE DE L'AUDITION DES TÉMOINS DE JOURDE.

CHARLES-JOSEPH-ADOLPHE MIGNOT, caissier principal de la Banque de France :
J'ai vu Jourde à la Banque lors de la première réquisition de un million faite
par le Comité central, signée par Assi, Jourde, Billioray.

Je reçus l'ordre de verser cette somme, et le lendemain 300,000 fr. furent
encore versés; une troisième réquisition fut faite de 350,000 fr.

Le 17 avril, Jourde, Amouroux et Varlin vinrent réclamer les diamants de la
couronne. On refusa : on leur donna seulement communication des livres de
dépôts. Jourde menaça la Banque de lui faire perdre le bénéfice de la neutralité dont elle avait joui jusqu'alors.

Les ateliers de la Monnaie furent ensuite réquisitionnés.

J'ai vu Jourde en dernier lieu le 22 mai; c'est alors que la Banque fut menacée d'être attaquée si elle ne payait immédiatement une réquisition de 700,000 fr.

Le lendemain, réquisition nouvelle pour la même somme; la Banque donna
encore une fois 500,000 fr. ; les troupes de l'ordre n'étaient pas loin, mais le
péril était encore menaçant pour la Banque.

Voici du reste, monsieur le Président, la dernière sommation que j'ai reçue.

M. le Président en donne lecture :

« Si la somme de 500,000 fr. n'était pas versée, la Banque serait immédiatement occupée par la garde communale.

» 22 mai 1871.   » *Signé* : JOURDE. »

JOURDE : J'ai écrit ces mots sur le reçu même et à la demande de la Banque,
pour la couvrir.

LE TÉMOIN : Mais la menace formulée par ces mots était réelle. Du 19 au
23 mai les demandes étaient pressantes et s'élevaient au chiffre de 2,645,000 fr.

M. LE COMMISSAIRE DU GOUVERNEMENT : En trois jours?

JOURDE : En sept jours, du 19 au 25.

Le chiffre des dépenses a été par moi-même réduit d'au moins moitié. Il aurait fallu 6 ou 7 millions au moins.

M. LE COMMISSAIRE DU GOUVERNEMENT : Les sommes requises étaient-elles toutes destinées à la solde de la garde nationale? C'est ce que nous verrons plus
tard.

JOURDE : Il y avait à pourvoir à des services bien divers. Le 23 mai et après
le 23 on a encore payé la solde.

M. LE COMMISSAIRE DU GOUVERNEMENT : Depuis le 23 la situation de la Commune était désespérée; on n'a pas pu, à partir de cette époque, faire de paie-
ments réguliers; j'étais acteur dans ce drame, et je me rappelle ce qui se passait.

DOMBROWSKI

Mᵉ Deschars : On n'avait plus alors de ressources normales, mais on faisait encore le paiement de la solde ; il le fallait à tout prix.

M. le Commissaire du gouvernement : Le 24 il n'y avait plus un seul garde national dans le quartier de la Banque.

Jourde : Une partie des derniers fonds remis par la Banque a servi à payer diverses réquisitions dans le 11ᵉ arrondissement.

M. le Commissaire du gouvernement : A quelle époque les Versaillais, puis-qu'on les appelle ainsi, sont-ils arrivés à la Banque?

Le Témoin : Dans la nuit du 23 au 24 mai.

Mᵉ Deschars : Je demande que M. le marquis de Plœuc, encore présent à l'au-dience, soit aussi entendu à cet égard.

M. le marquis de Plœuc : A six heures et demie du matin.

M. le Commissaire du gouvernement : En tout cas il est bien facile de préci-ser le moment de l'arrivée des troupes. Il est donc constaté que le 23 mai il était encore temps de faire des réquisitions.

Billioray : Je demande à faire remarquer que, à cette époque, je ne faisais plus partie du Comité de salut public.

M. le Président : Le Comité de salut public ne signait pas toujours.

Billioray : Pardon ; quand il n'y avait pas de signatures, les ordres n'étaient pas exécutés. J'ai donné, pour moi, ma démission le 21.

M. le Commissaire du gouvernement : Pardon, tant que ce fait ne sera pas prouvé, je vous rends responsable de tout jusqu'à la fin. À chaque pas on voit vos traces. Vous n'avez pas marché aux barricades, c'était une lâcheté de plus.

Mᵉ Boyer : Mais c'est là de la discussion. Un fait certain, c'est qu'après le 22 on ne trouvera pas de pièces signées Billioray.

M. le Commissaire du gouvernement : Si je discute, c'est que vous entrez vous-même dans la discussion.

Billioray : Si on trouve un ordre signé de moi après le 22, je consens à être condamné.

M. le Commissaire du gouvernement : Vous n'avez pas besoin de cela.

M. le Président : Savez-vous quelle est la valeur des lingots portés à la Monnaie?

Le Témoin : On a dû fabriquer pour 1,300,000 fr. de monnaie.

M. Ossud, capitaine d'état-major, dépose :

Je fus désigné pour remplir les fonctions de chef à la petite prévôté. On m'amena un nommé Roux qui avait tant de papiers sur lui que je soupçonnai quelque chose. J'envoyai chercher le concierge du nᵒ 140, rue du Bac, préten-due demeure de cet individu. Le concierge ne le reconnut pas. Jourde, car c'était lui qui se cachait sous le nom de Roux, fit demander M. Hortus qui me dit que nous avions Jourde entre les mains. Jourde avoua son identité. Je com-mandai un piquet : il crut que j'allai le faire fusiller ; je lui assurai le contraire.

« J'ai quelque chose à vous confier, dit-il alors, à vous seul. » Je fis sortir tout le monde. Je croyais qu'il allait me faire quelques révélations; il n'en fut rien. Nous l'interrogeâmes pendant trois heures. Il avoua avoir fait partie du Comité central, non de l'Internationale, puis me donna de nombreux détails sur cette association. Il me dit que tous ses membres souscrivaient personnellement quand on avait besoin d'argent. La maison-mère de Londres n'avait pas, au moment de l'insurrection, plus de 40,000 fr. en caisse.

Il me dit avoir ainsi passé son temps : le 22 mai il serait resté au ministère des Finances jusqu'à trois heures, cherchant à éteindre le feu mis par les obus. Sur l'observation qu'il était extraordinaire qu'un feu produit par les obus fût si long à éteindre, il persista dans son dire, puis il fut à l'Hôtel-de-Ville. Le mercredi et le jeudi, il fut à la mairie du 12ᵉ arrondissement, puis se réfugia à Belleville. Il se réfugia enfin dans un hôtel, au 114 ou 115 de la rue du Chemin-Vert. Il y resta deux jours; mais craignant les perquisitions, il alla demander asile à un sieur Dubois, étudiant en médecine, au 146 ou 146 bis, faubourg Saint-Antoine. Dubois refusa, de peur de se compromettre. C'est ainsi qu'on l'arrêta à une heure du matin rue du Bac.

Pour la question des finances, je lui demandai d'abord avec quelle somme il était parti. Il me répondit être parti le 22 avec 500 et quelques mille francs du ministère des Finances. Je lui dis que c'était peu. Il me fit observer qu'en dernier lieu il avait à peine 35 ou 40,000 hommes à payer. Je lui demandai s'il avait reçu de l'argent des Prussiens. Il m'écouta avec une indignation non feinte, me disant « que jamais il n'aurait accepté d'argent des ennemis de la France. » Il m'avoua les incroyables abus qui se faisaient pour la solde de la garde nationale, les chefs puisant à l'envi dans la masse. Il ajouta que 18 à 19 millions avaient été réquisitionnés à la Banque. Ses recettes provenant des impôts, contributions, étaient de 190 à 200,000 fr. par jour. Je trouvai les dépenses plus fortes que les recettes. D'après mon compte, il y avait un déficit de 6 millions. Je ne pus tirer d'explications de Jourde. Alors se passa un fait singulier qui sauva sa vie. Un officier craignant que je me laissasse aller à l'indulgence, fut prévenir le maréchal Mac-Mahon que je tenais Jourde. Ordre me fut donné de le livrer; mais, dans l'intervalle, on fit suspendre toute exécution.

Jourde a eu, à son second interrogatoire devant le chef de la police municipale, auquel j'ai assisté, une attitude remarquable de calme, et je lui ai trouvé une franchise dont il a été le seul à faire preuve de tous les membres de la Commune. Il m'a remis, avec une bonne grâce parfaite, les fonds qu'il avait sur lui à la première question que je lui ai adressée à cet égard. Je dois constater que sa tranquillité et sa bonne allure ne se sont pas démenties un seul instant.

Quant à Dubois, secrétaire de Jourde, celui-ci m'a toujours dit qu'il n'était pour lui qu'un instrument complétement passif, ce que je suis porté à croire;

Jourde ne paraissait pas savoir exactement combien d'argent il avait donné à Dubois, et j'ai seulement su que celui-ci avait refusé de se dessaisir de cet argent parce qu'il appartenait à l'État.

JOURDE : Je n'ai pas nié mon identité à M. Hortus, dont j'étais l'ancien élève; je m'attendais à être fusillé dans quelques minutes, et je voulais solliciter par son entremise la permission d'écrire à ma mère.

LE TÉMOIN : Je n'ai pas assisté à son entrevue avec M. Hortus; mais je pense qu'il espérait que M. Hortus, dont la sensibilité était très-grande, chercherait à le sauver; mais M. Hortus est resté fidèle à son devoir. Je ne puis que répéter que son attitude, une fois qu'il a été arrêté, a été excellente.

On entend ensuite les témoins à décharge : le premier est le sieur Bourlier; il dépose : La conduite de Jourde était excellente pendant le siége, et, d'après ce que j'ai ouï dire, il s'était fait beaucoup d'amis. Je n'ai pas suivi sa conduite à la Commune; mais sa vie privée a été la même, son ménage aussi modeste qu'auparavant. Sa maîtresse avait vécu pendant le siége des trente sous que Jourde lui rapportait comme garde national, et sa petite fille a continué, lorsqu'il était à la Commune, à fréquenter l'asile des pauvres. Sa conduite a toujours été exemplaire. J'étais à même de voir de près la vie privée de Jourde; j'étais son plus proche voisin.

DUBOIS, étudiant en médecine.

M. LE PRÉSIDENT : Vous étiez secrétaire de Jourde?

LE TÉMOIN : Oui.

M. LE PRÉSIDENT : Jourde vous a remis de l'argent?

LE TÉMOIN : Oui, monsieur le Président.

M. LE PRÉSIDENT : Il ne vous a pas dit d'où provenait cet argent?

LE TÉMOIN : Non, monsieur le Président.

TRÉGALI, entendu à titre de renseignements, donne quelques détails sur l'incendie du ministère des Finances.

M. LE PRÉSIDENT : A quelle heure êtes-vous allé au ministère?

LE TÉMOIN : Une première fois, le matin, à dix heures; puis, dans l'après-midi, vers deux heures, où on me força de faire la chaîne.

M. LE PRÉSIDENT : A quelle heure l'incendie le plus important a-t-il éclaté?

LE TÉMOIN : Au moment où la barricade a été abandonnée. Le premier, moins important, avait été mis par un obus.

M. LE PRÉSIDENT : Le fait n'est pas impossible.

REY, restaurateur : Jourde prenait chez moi ses repas lorsqu'il était à la délégation des Finances. Voici la note de ses dépenses; elle n'est pas considérable.

M. LE PRÉSIDENT : Du 16 avril au 24 mai, cette note porte 224 fr. Ce n'est pas énorme.

LE TÉMOIN : Non, pour déjeuner et dîner. Les autres membres de la Commune qui venaient chez moi ne se traitaient pas mieux.

M. LE PRÉSIDENT : Vous avez vu l'incendie du ministère ?

LE TÉMOIN : Je ne sais que peu de chose ; j'ai vu l'incendie ; j'ai vu aussi les pompiers qui ont travaillé toute la journée du lundi. Le feu a duré dix jours. Était-ce un autre incendie ou la suite du même? Je ne sais. Je ne pouvais guère sortir à cause des obus.

La liste des témoins à décharge est épuisée.

La séance est levée à quatre heures vingt minutes.

Audience du 14 août.

La foule est nombreuse. Tout le monde veut assister à l'interrogatoire de Courbet, l'artiste célèbre.

A midi et demi, la séance est ouverte. Les accusés sont introduits.

Courbet, l'homme du jour paraît; il va s'asseoir au bout du quatrième banc, et attend avec une émotion visible que M. le Président l'interroge.

M. LE PRÉSIDENT : Accusé Courbet, levez-vous.

Mᵉ LACHAUD : Il serait bon que Courbet s'approchât de moi et vînt au premier banc ; je puis avoir à m'entretenir avec lui.

Il est fait droit à la demande de Mᵉ Lachaud.

M. LE PRÉSIDENT : Courbet, à quelle époque avez-vous été nommé à la Commune?

COURBET : Le 20 avril.

M. LE PRÉSIDENT : A cette époque, vous deviez être éclairé sur les intentions de la Commune, car, déjà, on avait fait des actes qui ne pouvaient plus laisser d'illusion. On avait rendu le décret sur les otages, sur la démolition de la colonne Vendôme, etc.

COURBET : Dans l'esprit de mon mandat, j'étais envoyé là pour pacifier.

M. LE PRÉSIDENT : La pacification n'était guère possible.

COURBET : J'ai fait ce que j'ai pu.

M. LE PRÉSIDENT : Quel résultat pouviez-vous obtenir?

COURBET : Je me suis aperçu, en effet, que je ne pouvais rien faire.

M. LE PRÉSIDENT : Tous disent cela ; mais je ne vois aucune trace de ces efforts.

COURBET : Le jour de mon entrée, je leur ai dit : « Je suis ici pour vous arrêter. » J'ai fait une proposition quelques jours après, tendant à faire considérer le peuple de Paris comme belligérant, ayant déjà vu le peuple de Paris en juin 1848, j'espérais que nous empêcherions les horreurs de la guerre civile.

M. LE PRÉSIDENT : C'est inouï de voir des insurgés avoir de semblables prétentions.

COURBET : J'espérais qu'on s'arrangerait en famille entre Français. Nommé par le quartier Saint-Sulpice, je pensais que ce quartier me seconderait. Je vous ferai remarquer que les arts sont dans la même situation qu'il y a un an et demi; ils n'ont rien perdu. Voulez-vous que je vous explique la chose?

M. le Président : Parlez.

Courbet : On me nomma directeur des Beaux-Arts après M. de Niewekerke. Je consentis à remplir cette place à cause des événements. J'écrivis même à cette époque à mes parents : « Je suis forcé de rester à Paris; de grands devoirs m'y retiennent. » M. Jules Simon me concéda le titre de président des Beaux-Arts; nous obéissions au ministre. Mon comité alla à Saint-Cloud, à la Malmaison, à Sèvres, pour retirer tout ce qu'il y avait d'important au point de vue artistique. Pour Meudon, nous eûmes peu à emporter, le prince Napoléon y ayant déja pourvu. Pour la Malmaison, j'ai su qu'un officier prussien y avait fait une vente; mais c'est parce qu'on ne m'a pas écouté. A Fontainebleau aussi, j'ai fait emporter les œuvres d'art.

M. le Président : Arrivons à la Commune.

Courbet : Pour arriver à la Commune..... Après l'armistice, j'avais eu 4,000 voix pour être nommé à la Chambre de Versailles. Le peuple continuant à me donner ses voix, je fus forcé d'accepter les suffrages qui m'envoyaient à la Commune. Il faut dire que cette Commune c'était la décentralisation des pouvoirs.

M. le Président : Permettez, votre décentralisation, c'est le droit pour chacun de faire ce qu'il veut.

Courbet : Vous devez comprendre ce mouvement, le comprendre d'une autre façon, mais il était bien ce que je dis. Et laissez-moi vous dire une chose : j'ai entendu dire à M. Jourde que les Prussiens avaient voulu acheter les tableaux du Louvre. Ce n'est pas possible; j'avais cent cinquante employés au Louvre, et, indépendamment de cela, j'avais deux bataillons de mon arrondissement de Saint-Sulpice qui auraient défendu le Louvre. J'avais fait mettre les scellés sur des caisses contenant des armes appartenant à l'empereur. A cette époque, les journaux de Versailles racontaient que je brisais les statues des antiques à coups de marteau.

M. le Président : On ne vous reproche pas cela aujourd'hui. Vous avez réclamé l'exécution du décret pour la démolition de la colonne Vendôme.

Courbet : C'est une erreur.

M. le Président : Le *Journal officiel* l'a pourtant déclaré; il fallait le démentir.

Courbet : Ce n'était pas nécessaire; j'ai proposé, au contraire, de conserver les panneaux et le soubassement où sont retracées les anciennes guerres de la République.

M. le Président : Vous avez assisté à la séance de la Commnue où l'on a voté la démolition de la chapelle Bréa?

Courbet : Je ne me suis pas occupé de cette question, qui ne me concernait pas. Je recevais soixante personnes par jour; il m'est arrivé quinze cents demandes de places. Je n'ai écouté aucune sollicitation; je les ai renvoyées toutes au concours ou à l'élection.

M. LE PRÉSIDENT : Quel a été votre rôle dans la démolition de la maison de M. Thiers?

COURBET : J'ai joué un rôle sauveur, cela me regardait personnellement. J'ai été pour sauver les objets d'art; mais il était trop tard; tout était emballé. J'ai su qu'on n'avait même pas fait d'inventaire. Je trouvai seulement dans les décombres un petit objet d'art en terre cuite, que je ramassai, suivant mon devoir. J'aurais pu prendre tout ce que j'aurais voulu.

M. LE PRÉSIDENT : Ainsi, vous, qui aviez été nommé par le peuple, vous n'avez pu l'empêcher de piller et de se livrer à tous ces excès?

COURBET : On ne peut tout empêcher; les monuments publics étaient abandonnés.

M. LE PRÉSIDENT : Parce que la vie de tous ceux qui les gardaient était menacée par les vôtres..... Vous êtes resté à la Commune jusqu'au bout?

COURBET : Non; j'ai donné ma démission le 11 mai.

M. LE COMMISSAIRE DU GOUVERNEMENT : Le 22 mai, il y a eu une résolution signée Courbet; donc, il n'était pas démissionnaire.

COURBET : J'ai donné ma démission avec la minorité. Il était convenu que chacun de nous irait seulement à la Commune pour défendre ceux d'entre nous qui seraient mis en jugement. C'est ce qui eut lieu lors de la mise en jugement de Cluseret.

M. LE PRÉSIDENT : C'est toujours la même chose. Les crimes se commettent, et personne n'en veut répondre ensuite. En définitive, vous reconnaissiez l'insurrection comme légitime et vous parliez vous-même de prendre une part active à la lutte?

COURBET : Je n'étais pas un homme politique; je ne demandais qu'à m'occuper de l'administration qui m'était confiée.

M. LE PRÉSIDENT : Vous suiviez les réunions de l'Internationale. Il y a au dossier une carte à votre nom.

COURBET : Je n'y ai jamais été.

M. LE PRÉSIDENT : Qu'est-ce que ces tableaux que vous avez fait mettre sous scellés?

COURBET : Ils m'appartiennent personnellement; c'est toute ma fortune. Je suis resté à Paris, en partie, pour la sauver. On a, toutefois, détruit beaucoup de mes collections.

M. LE PRÉSIDENT : La colonne Vendôme vous était particulièrement désagréable; le 14 septembre, vous demandiez déjà sa démolition.

COURBET : Ce n'est pas moi qui en ai eu l'initiative. Des pétitions circulaient à cet égard. Le gouvernement du 4 septembre avait déjà commencé par enlever toutes les statues et les emblèmes de l'empire. La colonne me paraissait mal placée; il y en avait même qui trouvaient qu'elle attirait le danger; aussi, je ne considérai la chose qu'au point de vue artistique.

M. LE PRÉSIDENT : Vous vouliez, en définitive, voir détruire ce monument élevé aux gloires françaises?

COURBET : Je n'avais aucune acrimonie contre cette colonne. J'avais dit : « Déplacez, enlevez poliment cette colonne, mettez-la où vous voudrez, mais elle ne peut rester là. » Si vous voulez, au point de vue de l'art, que je vous dise mon opinion, je vais vous la dire.

M. LE PRÉSIDENT : Parlez.

COURBET : Cette colonne était une faible représentation de la colonne Trajane, dans des proportions mal combinées. Il n'y a pas de perspectives; ce sont des bons hommes qui ont sept têtes et demie, toujours la même, à quelque hauteur que ce soit. Ce sont des bons hommes en pain d'épice, et j'étais honteux qu'on montrât cela comme une œuvre d'art.

M. LE PRÉSIDENT : C'est alors un zèle artistique qui vous poussait?

COURBET : Tout simplement. Je n'ai jamais été en aucune façon un homme politique. Je n'ai jamais cessé, dans ma manière d'agir, de protéger les arts.

M. LE PRÉSIDENT : J'ai reçu une lettre de Londres que je vais vous lire. (M. le Président lit cette lettre, dans laquelle M. Dusommerard se plaint de ce que Courbet a fait emballer les tableaux d'artistes vivants déposés au musée de Cluny.)

COURBET : Quand on m'avertit, on avait déjà fait partir des caisses de tableaux. Je cours au musée, et je dis au chef de poste d'empêcher le départ de ce qui restait. Je dis à M. Régère, délégué au 5ᵉ arrondissement, de m'aider; grâce à mes démarches, j'arrivai à faire partir ce convoi pour Londres.

M. LE PRÉSIDENT : Enfin, vous les avez arrêtés et vous les avez fait ensuite partir pour Londres?

COURBET : Songez à ma situation. Il n'en fallait pas beaucoup pour qu'il y en eût pour 30,000 fr.

Mᵉ LACHAUD : Il est bien entendu que M. du Sommerard est au-dessus de tout cela. Je ne donne pas les inspirations de Courbet comme absolument irréprochables.

M. LE PRÉSIDENT : Qu'est-ce que ces cannes qu'on a trouvées chez Mˡˡᵉ Girard?

COURBET : C'était une invention à moi. J'avais demandé à un mécanicien de mes amis une idée de canne pour tirer sur les poissons et les oiseaux : c'était un cadeau que je voulais faire à mon père qui s'amuse à se promener au bord de l'eau.

M. LE PRÉSIDENT : Vous savez que vous êtes compris dans les accusations générales comme les autres, et que vous êtes rendu responsable de tous les crimes qui ont été commis?

12

Courbet : J'ai été forcé d'entrer, le 26 avril, à la Commune, pour tâcher d'arrêter les mesures de violence : c'était le seul moyen.

M. le Président : Tous les membres de la Commune en disent autant. Il y a eu là une grande faiblesse. Il aurait été presque consolant de trouver ici un beau caractère de résistance. La disparition de toute responsabilité est la conséquence de ce que vous appelez la décentralisation.

Courbet : Nous ne pouvions rien contre la majorité.

M. le Commissaire du gouvernement : Niez-vous avoir, le 27 avril, demandé à la Commune la démolition de la colonne Vendôme ordonnée le 12 mai?

Courbet : Oui, puisque j'ai demandé le même jour qu'on en conservât la moitié.

M. le Commissaire du gouvernement : D'ailleurs, les considérants du décret du 12 avril ne sont nullement tirés du point de vue artistique auquel seul, avez-vous dit, vous vous êtes placé lorsqu'il s'est agi de la démolition de la colonne.

(M. le Commissaire du gouvernement donne lecture de ces considérants.)

Et le 14 septembre Courbet, personnellement, tenait le même langage.

Me Lachaud : le 14 septembre, Courbet parlait avec un troupe d'artistes, et demandait seulement le déplacement de la colonne, qu'il voulait voir confié à la direction du musée d'artillerie. C'était au 14 septembre l'avis de plusieurs fonctionnaires aujourd'hui encore haut placés. Nous y reviendrons plus tard.

Courbet : Je puis aussi rappeler qu'à un certain moment on voulut remplacer, sur la place de la Concorde, la statue en pierre de la ville de Strasbourg par une statue en bronze. Je déclarai que toutes les villes de France étaient appelées à se distinguer en luttant contre l'invasion, et qu'on arriverait ainsi à avoir à la place de la Concorde un véritable musée de Barbedienne.

M. le Commissaire du gouvernement : Reconnaissez-vous avoir assisté, le 22 mai, à la séance de la Commune?

Courbet : Oui, pour sauver le général Cluseret.

Me Lachaud : La séance est relatée dans les numéros du 21 et du 22 mai 1871.

M. le Commissaire du gouvernement : Avez-vous signé la pièce datée du 22 mai?

Courbet : Non. Varlin et Beslay ont signé et ont mis aussi mon nom. Je leur ai fait remarquer qu'ils auraient pu m'attendre.

M. le Commissaire du gouvernement : Courbet a, dit-il, donné sa démission le 11 mai lors de la constitution du Comité de salut public, rien ne le constate. Le *Journal officiel* n'en parle pas.

Me Lachaud : C'était la démission de la minorité. La Commune n'a pas voulu la publier; mais elle a passé dans d'autres journaux, notamment dans le *Rappel* du 16 mai.

(Me Lachaud donne lecture du passage relatif à cette démission.)

Courbet : Je n'étais pas un homme politique, et je n'avais aucune raison de ne pas rester fidèle à ma démission.

M. le Président : Malheureusement ; c'est toujours la même chose. Quand, sous la Commune, des crimes se commettent, personne n'est solidaire ; s'il se fait quelque chose de bien, tout le monde en revendique sa part.

M. le Commissaire du gouvernement : Le 17 mai, le nom de Courbet figure sur le compte rendu de la séance de la Commnne ; ce jour-là, il fait une motion d'ordre.

Me Lachaud : On pourrait consulter Jourde, rédacteur, je crois, du *Journal officiel.*

M. le Président : La démission de la\ minorité n'est pas mise en question ; il ne s'agit que du fait du 17 mai.

Me Lachaud : Je retrouve à l'instant la trace du fait produit par M. le Commissaire du gouvernement sous cette date. Il s'agit tout simplement d'une séance où la majorité de la Commune a interpellé la minorité démissionnaire, et où Courbet a prononcé, au nom de son arrondissement, quelques paroles que M. le Commissaire du gouvernement vient de rappeler.

M. le Président : Nous verrons cela dans la discussion.

Me Lachaud : Nous ne demandons pas autre chose.

M. le Président : Faites venir M. Charton ?

Me Lachaud : Vous appelez nos témoins à décharge. J'ai reçu une lettre ce matin...

M. le Président : Faites venir M. Duchon.

Duchon, concierge.

M. le Président : Qu'avez-vous à dire sur l'accusation de M. Courbet ?

Le Témoin : Le 16 mai, étant sous la porte cochère, j'entendis dire : Voilà Courbet, voilà Courbet qui monte ! Quant à moi, je ne le connais nullement.

M. le Président : Quelle heure était-il ?

Le Témoin : Entre quatre heures et demie et cinq heures du soir. Voilà la tenue de la personne : un petit chapeau et une jacquette de...

M. le Président arrête le témoin dans sa déposition, dénuée de tout intérêt.

Courbet : Puis, ce n'était pas moi ; je n'avais pas de jacquette et je ne monte pas aux échelles.

Mlle Girard.

M. le Président : Vous n'êtes pas parente de M. Courbet ?

Le Témoin : Je ne sais pas trop, je ne crois pas. J'ai connu M. Courbet...

Me Lachaud : Aucune parenté, aucune alliance.

Le Témoin : On a voulu me fouiller, c'est pour ça que je l'ai dit.

M. le Président : Nous allions vous le demander. L'accusé a été le 6 janvier chez vous ?

Le Témoin : Oui, jusqu'au 21 mai.

M. le Président : Vous lui avez indiqué les caves du passage du Saumon?

Le Témoin : Oui, il sortit ensuite de Paris.

M. le Président (à Courbet) : Où avez-vous été arrêté?

Courbet : Chez M. Lecomte, un ancien ami depuis trente ans, chez lequel je m'étais réfugié.

M. le Président (au témoin) : Ces témoins ont été arrêtés depuis?

Le Témoin : Oui, M. le Président.

M. le Président : Qu'avez-vous à dire de plus?

Le Témoin : Que M. Courbet était très-honnête, qu'il avait donné sa démission.

M. le Président : Pas autre chose?

Le Témoin : Qu'on était venu de la part de M. Rigault pour le faire arrêter.

M. le Président : Y a-t-il d'autres témoins?

Courbet : Il y en a beaucoup.

Mᵉ Lachaud : En effet, et quand le Conseil jugera qu'il y en a assez, il n'aura qu'à le dire.

M. le Président : Faites venir M. Charton.

Mᵉ Lachaud : M. Charton n'a pu venir, malade d'une indisposition à laquelle il est sujet; je vais lire quelques lignes écrites par M. Charton.

Mᵉ Lachaud lit une déclaration d'après laquelle Courbet aurait fait tous ses efforts pour sauver Chaudey, son ami, et il témoigne de la plus grande douleur que manifesta Courbet, voyant que tous ses efforts avait été inutiles.

(Ce fait, rapporté dans la lettre de M. Charton, nous rappelle un souvenir assez curieux : Chaudey était l'avocat que Courbet chargeait d'habitude de plaider ses procès, et on se souvient du bruit que firent quelques-unes des plaidoiries de Chaudey. L'avocat se présentait pour Courbet au nom de leur idée commune, comme proud'honnistes.)

Félix-Charles Vialet, professeur : J'étais président de l'Assistance patriotique de la garde nationale dans le 6ᵉ arrondissement. Ce service fut liquidé à la fin du mois d'avril. Je m'absentai pour quelques jours après cette liquidation terminée, et je fus fort étonné de trouver en rentrant qu'une perquisition et saisie des papiers de ce service et des papiers à moi personnels avait été faite chez moi par des gardes nationaux. J'ai dû à M. Courbet, que je connais depuis longtemps, et pour lequel j'ai une grande estime, la restitution immédiate de tout ce qui avait été saisi chez moi. Il en a fait autant dans d'autres cas semblables, et a pris des mesures qui ont mis un terme à ces inquisitions et perquisitions. En ce qui me concerne, il a agi, je dois le dire, non comme ami personnel, mais comme administrateur.

Jean Cazalat, directeur du *Magasin pittoresque*.

M. le Président : Mᵉ Lachaud, quelle question voulez-vous que j'adresse au témoin?

Mᵉ Lachaud : Je désire seulement que le Conseil apprenne de témoins honorables ce que c'est que Courbet, et quelle est sa politique, s'il en a une.

Le Témoin dépose : Je connais Courbet depuis vingt-six ans; je fréquentais beaucoup son atelier. Il ne s'occupait jamais de politique.

M. le Président: Le Conseil désirerait entendre un témoin qui pût dire quelque chose de particulier.

Mᵉ Lachaud : Il y en a plusieurs, M. Pavet de Courteille, par exemple.

Ce témoin est appelé. Il déclare se nommer : Pavet de Courteille, professeur au collége de France.

Mᵉ Lachaud : Je voudrais que ce témoin nous dît ce qu'il pense de Courbet comme homme privé.

M. le Président : Et même un mot sur ses sentiments politiques.

Le Témoin : M. Courbet est un homme extrêmement doux, c'est ce qui résulte de mes rapports avec lui.

M. le Président : Ne manifestait-il pas des opinions avancées ?

Le Témoin : Mon Dieu, c'était de l'originalité plutôt qu'autre chose. Le fond du caractère est extrêmement doux. Il est incapable de tuer une mouche.

M. le Président : Nous avons la femme de charge de M. le comte de Chevreuil à entendre.

Mᵉ Lachaud : Nous avons voulu la faire venir pour témoigner sur un fait.

Veuve Normand, femme de charge de M. de Chevreuil.

Mᵉ Lachaud : Que sait madame sur les tristes jours où elle a vu M. Courbet?

Le Témoin : Je sais que M. Courbet a donné un passeport à M. le comte de Choiseuil. M. Courbet me témoigna tous les regrets de n'avoir pu donner plus tôt ce passeport. On vint deux fois pour s'emparer de l'appartement, et il protesta toujours de son désir de nous être utile.

Mᵉ Lachaud : Courbet n'a-t-il pas dit à madame qu'il avait donné sa démission?

Le Témoin : Je ne sais si c'est lui, mais quelqu'un me dit : « Les affaires vont très-mal, et le moment de se retirer me paraît venu.

M. le Président : Les gens qui venaient chez vous pour réquisitionner montraient-ils des ordres? — R. Oui, ils me faisaient voir des papiers de la Commune.

Joseph-Henri Barbet de Jouy, conservateur du Louvre.

Mᵉ Lachaud : M. Barbet de Jouy est un des conservateurs du musée du Louvre, et je n'apprendrai rien au Conseil en disant qu'il est un des conservateurs les plus éminents et les plus dévoués; je voudrais qu'il dît quelle a été l'attitude de Courbet dans les mauvais jours que nous avons eu à traverser?

Le Témoin : M. Courbet n'a jamais eu de fonctions administratives et fut introduit dans les musées par notre ministre.

M. le Président : Lequel?

Le Témoin : M. Jules Simon. M. Courbet avait été en outre nommé par des artistes.

M. le Président : Combien étaient-ils ces artistes qui vous ont nommé, M. Courbet?

Courbet ,: 700 la première fois, davantage ensuite.

M. le Président *(au témoin)* : Quelle fut l'attitude de Courbet quand il s'est annoncé?

Le Témoin : Je lui ai donné une preuve de confiance en lui montrant où j'avais placé les objets précieux que j'avais cru devoir cacher. Il trouva l'endroit bien choisi. Une autre commission avait été nommée sous la présidence de M. Vacherot pour rechercher ceux qui auraient détourné des objets artistiques. M. Courbet mit une certaine animosité à découvrir les auteurs des détournements. Nous perdîmes ensuite de vue l'une et l'autre commission. J'arrive à l'époque qui a suivi le 18 mars. Nous étions depuis trois mois parfaitement tranquilles, quand, le 20 mars, je m'aperçois que les quatre portes étaient gardées par des gardes nationaux que je reconnus à leur triste visage. On nous laissait cependant aller et venir; mais nous sûmes bientôt que M. Courbet était autorisé à faire ouvrir les salles et à favoriser le travail des artistes. Nous résolûmes de venir en aide aux élèves et nous leur déclarâmes que nous favoriserions leurs désirs. M. Courbet manifesta l'intention de s'installer dans notre cabinet. Je refusai. M. Courbet n'en manifesta pas de ressentiment, et la Commune ne réclama de moi que trois salles dans chaque musée, ce que les artistes acceptèrent. Nous apprîmes, quelques jours après, qu'ils transportaient leur lieu de réunion à l'École des Beaux-Arts. J'aime à croire que M. Courbet trouva les collections entre bonnes mains; j'aime à croire que M. Courbet n'a été en aucune façon l'agent de la Commune; il n'a servi que de trait d'union.

M. le Président : Il ne s'est immiscé en rien dans l'administration?

Le Témoin : En rien. Je n'ai jamais craint que le Louvre fût pillé, et pendant ces temps malheureux, j'ai reconnu qu'on nous respectait. Un jour, Courbet me demanda de faire retirer de la chapelle des Tuileries quelques tableaux qui pourraient être brûlés; je fis droit à sa requête. Les derniers mots que je lui adressai furent ceux-ci : « M. Courbet, quand ferons-nous chacun ce que nous savons faire. » Je parle du 12 mai. Le 16 mai, tous les fonctionnaires des musées furent relevés de leurs fonctions; la situation devint difficile. On me dit que M. Courbet n'avait que peu d'influence sur la fédération des artistes.

Me Lachaud : Le témoin ne sait-il pas que M. Courbet a évité aux gardiens le service de la garde nationale?

Le Témoin : C'est parfaitement vrai, et pas un de nos employés, et il y en a de jeunes, n'a pris part aux luttes dans Paris.

M. le Président *(à l'accusé)* : Comment, dans ces derniers moments si dangereux, avez-vous pris si peu de part à votre direction? Avez-vous su qu'on avait renvoyé tous les employés du Louvre?

Courbet : J'avais donné ma démission. En dehors de moi, il y avait la chambre des artistes; j'étais leur intermédiaire vis-à-vis de la Commune. Je surveillais, mais je n'avais ni l'autorité, ni l'initiative.

M. le Président : Que s'est-il passé, en définitive, dans ces derniers jours? Il faut enfin établir la responsabilité des hommes qui se mettent ainsi en avant, sauf à disparaître au moment de la crise.

Le Témoin : A partir du 16 mai, notre personnel a été petit à petit éliminé. Je suis, moi, resté jusqu'au bout. Trois délégués, se prétendant nommés par la Commune, vinrent s'installer au Louvre dans la nuit du 22 au 23 mai. Quarante-sept de nos gardiens ont été emmenés sans que j'aie su où on les emmenait. La nuit suivante était celle de l'incendie; nous avons été assez heureux pour préserver les trésors confiés à notre garde. Je crus devoir retenir prisonniers deux des délégués pour en assurer encore mieux la conservation, et les troupes de Versailles vinrent heureusement nous délivrer.

La séance est levée à deux heures et demie et reprise à trois heures.

SUITE DE L'AUDITION DES TÉMOINS.

Le premier témoin entendu dans cette seconde partie de l'audience est M. Jules Simon, ministre de l'Instruction publique, qui déclare être âgé de cinquante-six ans, demeurant à Versailles.

M. le Président : Mᵉ Lachaud, quelles questions désirez-vous adresser au témoin?

Mᵉ Lachaud : Une seule, à savoir si M. Courbet, depuis le 4 septembre, ne s'est pas mis complètement aux ordres de M. le Ministre, et s'il ne s'est pas consacré à la mission qui lui avait été confiée.

Le Témoin : Si l'acte d'accusation impute à M. Courbet d'avoir conservé sous la Commune les fonctions qu'il avait sous le gouvernement du 4 septembre, cette énonciation est inexacte. M. Courbet était président d'une réunion d'artistes qui s'était formée tout à fait en dehors du gouvernement. Il est venu me voir avec le bureau de cette réunion, dont le caractère n'était nullement politique. Il me parla de l'inquiétude causée aux artistes par le fait que les anciens conservateurs étaient restés en fonctions. Mais le fait même de cette inquiétude avait son importance; j'eus l'idée d'autoriser la réunion des artistes à visiter nos musées et à correspondre directement avec moi, sans leur conférer toutefois aucune autorité. Leurs inquiétudes subsistèrent. On parla de détournements habiles dont la trace ne pouvait se retrouver. J'instituai alors officiellement une commission de vérification dont firent partie M. Ballot, alors avocat général à la Cour de Paris, M. de Guilleroux, de la Cour des comptes, avec

M. Vacherot, aujourd'hui député, pour président. Je trouvai naturel et convenable d'associer aussi aux travaux de cette commission M. Courbet, qui s'était fait l'organe des inquiétudes des artistes. Le résultat de la vérification de cette commission fut, je dois le proclamer bien haut, qu'il n'y avait rien à reprocher aux fonctionnaires de l'ancien gouvernement. M. Courbet continua à présider la réunion dont j'ai parlé et se consacra avec un dévouement complet à la tâche qu'il avait entreprise. Telle est sa conduite à cet égard pendant le siége. Mais jamais il n'eut d'autorité active. Les conservateurs restèrent tous en fonctions : M. Ch. Blanc resta directeur des Beaux-Arts avec des attributions comprenant, entre autres, les musées, et jamais M. Courbet n'a été à aucun titre fonctionnaire officiel ou officieux, ni gratuitement, ni autrement.

M⁰ Lachaud : M. Courbet a reçu là une mission d'honneur.

M. le Président : Les artistes et la réunion des artistes avaient le droit de se préoccuper des collections, mais ce droit n'allait pas aussi loin qu'on voulait le dire.

M⁰ Lachaud : M. Courbet fut mis à la tête de la commission : il pénétra dans les musées, comme c'était son droit.

M. Jules Simon : Le Défenseur exprime parfaitement mon idée. Mais qu'il me soit permis de donner quelques détails. Nous étions moins sûrs de nos employés subalternes que des employés supérieurs, et nous craignions beaucoup un mouvement populaire; c'est pour cela que nous fîmes appel à l'appui moral de M. Courbet et de plusieurs autres, qui sont loin d'être du parti auquel M. Courbet a l'air d'appartenir.

M⁰ Lachaud : Et je dois dire que les employés des musées ont été reconnus parfaitement innocents de tout reproche de détournement.

M. Jules Simon : Je remercie M. le Défenseur de cette déclaration; elle est complétement exacte.

Régère : J'ai eu l'honneur de vous écrire, monsieur le Président, relativement à l'incident heureux qui a amené à cette séance aujourdhui M. le Ministre. Je demanderais que M. le Président voulût bien poser quelques questions à M. le Ministre sur les efforts que j'ai faits, sous la Commune, au 5ᵉ arrondissement, dans l'intérêt des églises, des lycées, et des services qui ont dépendu de mon administration à cette époque. J'ai été assez peu gêné dans cette administration, mes collègues me laissant à peu près toute la besogne. Si donc quelque chose de bien a été fait au 5ᵉ arrondissement, je demande à en conserver aujourd'hui le bénéfice.

M. Jules Simon : Oh! je le connais, M. Régère. J'envoyais vers la Commune un employé chaque jour à Paris; il n'y allait qu'au prix des plus grands périls. Entre autres, j'ai vu M. Petit et M. Gaspine, qui nous ont rendu de grands services en faisant diriger des postes rue de Rivoli. Quant à M. Régère, il n'y a rien ni pour ni contre lui. M. Vacherot, mon collègue à l'Assemblée, m'a dit que M. Régère n'avait pas nui aux lycées.

ROCHEFORT

Mᵉ Dupont de Bussac : Et si on avait fait quelque acte nuisible, vous l'auriez su?

Le Témoin : Assurément; s'il y avait eu quelque chose à sa charge, je l'aurais su nécessairement.

Mᵉ Dupont de Bussac : Ce fait est important.

Régère : Je tiens aussi à établir que je n'ai cessé de protéger les églises de mon arrondissement et que j'ai dispensé de tout service de garde nationale les employés des lycées et colléges. Je rappellerai aussi ce fait que, le 4 septembre, je dis à M. Thiers ces paroles : « Voulez-vous vous mettre en rapport avec M. Jules Simon, dans la situation désespérée où nous sommes? » Et je proposai que le Corps législatif se mît en rapport avec l'Hôtel-de-Ville. M. Thiers fut de mon avis..... Si je recherchais alors des tempéraments politiques, cela prouverait que je ne suis pas un homme capable de faire tout ce qu'on a dit.

M. Jules Simon : Je ne me rapelle pas absolument ces divers incidents. Je ne puis attester que M. Régère m'ait adressé ces paroles; en tout cas, ces paroles n'ont pas laissé de trace dans mon esprit.

M. le Président : Vous avez fait demander M. Arago. Il va venir dans quelques instants.

Mᵉ Lachaud : J'aurais besoin, monsieur le Président, de votre pouvoir discrétionnaire, pour faire entendre M. Camille Pelletan, qui était présent à la rédaction du *Rappel* lorsque M. Courbet y porta lui-même sa démission de membre de la Commune.

M. le Président : Terminons d'abord l'audition des témoins. Introduisez le témoin Boreau.

Jules Boreau, employé.

Je demandai, vers le 5 ou 6 mai, à M. Courbet, un mot pour obtenir un laisser-passer. Je ne me servis pas de son billet; le 9, il vint déjeuner à la maison. Il nous dit, sur la demande de ma femme, qu'il ne pouvait quitter la Commune, où il était entré pour tâcher de protéger nos richesses artistiques, qu'on menaçait de le fusiller s'il se retirait.

Étienne-Vincent Arago, ancien maire de Paris.

Mᵉ Lachaud : Je demanderai que le témoin veuille bien dire au Conseil ce qu'il pense des opinions politiques et du caractère de M. Courbet.

Le Témoin : J'ai vu M. Courbet pour la première fois quand j'étais exilé à Bruxelles. Je ne l'ai jamais entendu parler politique. Au dernier salon, j'eus l'occasion d'aller chez lui avec un littérateur, homme politique en même temps. En arrivant chez lui, nous laissâmes la politique à la porte. Je n'ai jamais considéré Courbet que comme un artiste. Comme maire de Paris, je dirai que jamais la figure de Courbet n'est apparue ni dans les manifestations, ni dans les émeutes, qui ne nous manquèrent malheureusement pas.

M. le Président : Cependant les fumées de la politique ont fini par lui monter au cerveau.

Le Témoin : Je ne sais rien sur les faits qui se rapportent au second siége ; j'étais à cette époque en mission en Italie.

Ulysse Parent : Je demanderai à M. le Président de vouloir bien demander au témoin quels sont les souvenirs que j'ai laissés à la mairie du 9e arrondissement, lorsque M. Étienne Arago était maire de Paris.

Le Témoin : Je suis enchanté d'avoir l'occasion de rendre à M. Ulysse Parent le meilleur témoignage sur sa conduite dans cet arrondissement difficile. Jamais ni reproches ni soupçons ne l'ont atteint à ma connaissance ; je ne puis que m'étonner de le voir sur ce banc.

M. Ballot est ensuite introduit et entendu, en vertu du pouvoir discrétionnaire de M. le Président, attendu qu'il n'a pas été régulièrement cité. Il déclare se nommer Charles Ballot, ancien avocat général à la Cour de Paris, et dépose :

Je venais d'être nommé premier avocat général à la Cour de Paris. Je fus nommé membre de la commission des archives du Louvre. J'y vis MM. Vacherot et Courbet, et dois à la vérité de dire que je n'ai eu qu'à me louer des relations que j'ai eues avec ce dernier : tous ses procédés ont été marqués de loyauté et de bonne foi. L'objet de nos travaux définissait nettement nos relations et rien ne pouvait faire présager que M. Courbet entrerait un jour dans la politique. M. Courbet nous a donné ses lumières personnelles sur les questions qui nous occupaient ; mais, en politique, que M. Courbet me permette de le dire : pour moi, et je peux dire pour nous, M. Courbet, qui est un grand artiste, était un grand enfant, émettant ses opinions bizarres, et les paradoxes aussi vite, aussi souvent, aussi facilement qu'il arrivait à les abandonner sur mes objections. Par exemple, il voulait d'abord de nombreuses destitutions dans le personnel des Beaux-Arts ; il n'avait aucune preuve des motifs qui pouvaient les rendre nécessaires ; nous le lui fîmes remarquer, et il céda de suite à notre observation... Je dois ajouter que jamais je n'aurais pu supposer qu'il accepterait la situation qui lui fut faite à la Commune, et jamais, je n'ai pas besoin de le dire, il n'a émis aucune idée qui rappelât de près ou de loin les horreurs qui ont marqué ces tristes jours. Il avait, permettez-moi de le dire, deux toquades, celle de la réorganisation de l'art, question où il était dans son élément, et celle de la colonne. Quant à l'art, il a rendu de vrais services pendant le siége, et je suis porté à croire que c'est aussi dans une pensée de protection de nos richesses artistiques qu'il a pu se laisser aller à siéger à la Commune. Quant à la colonne, ce qu'il voulait, c'était la conserver en la déplaçant, en la déboulonnant, expression que je me rappelle, parce qu'il l'employait sans cesse.

M. Chennevières, conservateur du musée du Luxembourg.

M. le Président : Que pouvez-vous nous dire relativement à la conduite de M. Courbet ?

Le Témoin : Je n'ai eu affaire avec M. Courbet que comme président de la Société des artistes. M. Courbet ne m'a jamais donné aucun sujet de plainte. Je l'ai accompagné dans toutes les promenades de la commission.

Mᵉ Lachaud : Je demanderais qu'on entendît M. Camille Pelletan, en vertu du pouvoir discrétionnaire du Président.

M. Camille Pelletan : J'étais au bureau du *Rappel* quand MM. Arthur Arnould et Courbet se présentèrent à la rédaction du *Rappel*. Je félicitai ces messieurs de ce qu'ils se retiraient au moment où on prenait des mesures de rigueur. Courbet me dit : « Ces gens-là sont fous ; ils ont appris par cœur la révolution de 1793, » faisant allusion à l'imitation que faisaient les membres de la Commune de notre première révolution.

M. le Président : M. de Plœuc demande à se faire entendre de nouveau.

M. de Plœuc : J'ai demandé à venir de nouveau devant le Conseil, voici pourquoi : je me suis trompé relativement à l'amiral Saisset. J'avais dit que l'amiral Saisset m'avait déconseillé toute résistance. On ne le trouva pas d'abord chez lui, ce n'est que le soir que j'eus avec l'amiral la conférence que j'ai racontée. Puisque je suis là, je dirai que la Banque est à l'abri d'un coup demain et que le canon même ne ferait qu'augmenter les difficultés. Elle est aussi à l'abri de l'incendie.

M. le Président : Accusé Jourde, pour terminer votre interrogatoire, je vais vous faire quelques questions générales : Vous êtes accusé d'attentat contre le gouvernement et j'y joindrai d'excitation à la guerre civile.

Jourde : Il ne peut y avoir attentat, puisqu'il n'y a pas complot. Il y a eu, à mon avis, deux directions dans le Comité central ; je n'ai pas à discuter ici l'une ou l'autre de ces directions. Je ne sais si nous étions des partisans, mais j'ai toujours cru que nous étions le grand conseil de famille de la garde nationale. Par ma jeunesse, par ma famille, par mes relations, je puis affirmer que je n'ai jamais été un homme politique, je ne me suis jamais considéré absolument que comme simple administrateur.

M. le Président : Vous êtes accusé d'avoir, en payant la solde aux toupes levées contre l'autorité légitime, facilité la levée et l'entretien desdites troupes.

M. le Commissaire du gouvernement : Les développements que l'accusé pourrait avoir à donner viendront dans la discussion.

Jourde : Je répondrai brièvement ; j'ai payé la solde de la garde nationale pour éviter dans Paris d'immenses malheurs.

M. le Commissaire du gouvernement : Les décrets de levée des troupes insurrectionnelles émanent de la Commune : tous les membres en sont responsables.

Jourde : Je ne saurais être responsable de ce que la majorité d'une assemblée, dont je faisais partie, a décidé contre mon opinion.

M. le Commissaire du gouvernement : Il fallait donner votre démission.

Jourde : Je l'ai donnée le 3 mai. Jusque-là j'ai cru devoir rester à mon poste, tant que j'ai cru rendre des services à la délégation des finances.

M. le Commissaire du gouvernement : En ce qui concerne les pièces comptables des finances, pourquoi ne les avez-vous pas sauvées?

Jourde : Mon devoir était de les laisser au gouvernement qui nous succéderait, une fois que tout danger du côté de l'incendie serait passé.

M. le Président : Pourriez-vous fournir un état exact de votre gestion?

Jourde : J'ai dressé un bilan le 3 mai, et j'avais réuni et envoyé à l'Hôtel-de-Ville toutes les pièces justifiant ma gestion, qui ont malheureusement péri.

M. le Président : Vous êtes accusé de destruction d'édifices publics et d'usurpation de fonctions publiques.

Jourde : J'ai regretté, au moment où elle se produisait, la démolition de la colonne qui rappelait nos anciennes gloires. Quant à la maison de M. Thiers, j'ai complétement désapprouvé le décret qui en ordonnait la destruction; d'ailleurs, cette mesure à été l'œuvre du Comité de salut public seul.

M. le Commissaire du gouvernement : Qui était une délégation de la Commune.

M. le Président : Vous êtes accusé d'avoir participé à des arrestations et séquestrations arbitraires, et de vous être rendu coupable d'assassinat.

Jourde : Ma réponse est dans mes actes qui doivent, ce me semble, me justifier de toute participation à des assassinats et à des crimes que je déplore autant que personne.

M. le Président : Vous êtes accusé de bris de scellés et de détournement de deniers publics?

Jourde : J'ai déjà eu l'honneur de dire au Conseil que c'est moi qui ait fait mettre, dans l'intérêt des employés qui en avaient la garde, sur les caisses de la Banque, les scellés qu'on m'accuse aujourd'hui d'avoir brisés. Sur le détournement, je m'en réfère aux explications que j'ai données précédemment. Au premier interrogatoire régulier que j'ai subi, j'ai remis le solde que j'avais entre les mains.

M. le Commissaire du gouvernement : Et la distribution d'argent que vous avez faite à vos camarades, était-elle normale aussi?

Jourde : Elle est régulière comme le reste de mes actes. Ils sont tous irréguliers en ce sens que le gouvernement d'alors, lui-même, était irrégulier; mais, à un autre point de vue, j'espère avoir démontré que ces actes sont irréprochables. J'ai tâché de rendre des services, je crois en avoir rendu, et j'espère qu'on le reconnaîtra plus tard.

M. Ossud : Je tiens à rectifier un fait. M. Jourde ne m'a pas remis spontanément l'argent qu'il avait, mais seulement sur ma demande. J'ajouterai qu'il me dit que son intention était de passer en Amérique.

M. le Président : Vous aviez sur vous 500,000 fr.?

Jourde : Oui, monsieur le Président. Je rectifie ce fait : M. Ossud insistait fort sur les chiffres, et je déclare bien sincèrement que je donnerai tous les chiffres,

et qu'il est impossible qu'on trouve la moindre opposition dans mes déclara.
tions.

L'accusé reprend ensuite les détails déjà donnés avant-hier à l'audience.

M. LE PRÉSIDENT : Il serait mieux d'établir ces comptes et de nous les présenter.

JOURDE : Parfaitement. Je ferai remarquer, quant à l'argent, que j'aurais pu
le remettre à l'un de mes codétenus.

LE TÉMOIN : Ce n'était pas possible, car probablement personne n'aurait
voulu prendre sur lui cette somme compromettante.

JOURDE : Je pouvais toujours m'en débarrasser : mais je n'ai pas voulu, car
elle appartenait à l'État.

M. LE PRÉSIDENT : Connaissez-vous un capitaine Robert?

JOURDE : Oui, je sais que le capitaine Robert du 106e bataillon postulait pour
le grade de commandant, et il fut question de savoir s'il défendrait, quoi qu'il
arrivât, la République. Il me parut pivoter; je lui ai dit que je n'étais pas comme
lui toujours du côté du manche et qu'on devait défendre la République.

M. LE PRÉSIDENT : Il y a eu plusieurs délégués aux finances?

JOURDE : Oui, Varlin d'abord, puis moi; je restai ensuite seul jusqu'au
20 mai.

M. LE PRÉSIDENT : Régère a-t-il été délégué? Je trouve sa signature?

JOURDE : Oui, en effet, du 3 avril au 8 ou 9, il a été membre de la commission des finances.

M. LE PRÉSIDENT (à Ferré) : Je vous a fait communiquer certaines pièces; les
reconnaissez-vous?

FERRÉ : Pas toutes; il doit y avoir une signature contrefaite. Je voudrais
prendre connaissance du texte même de ces pièces.

(M. le Président donne ordre de faire représenter ces pièces à l'accusé Ferré
qui en prend lecture,)

FERRÉ : Je reconnais la signature de la premiere pièce. L'écriture seule n'est
pas de moi. Je reconnais, pour la seconde pièce, l'écriture aussi bien que la signature. J'accepte aussi la troisième pièce que j'ai également signée. Je renie
la signature apposée sur la quatrième pièce; cette signature ne m'appartient
pas.

M. LE PRÉSIDENT : M. le capitaine Delaserre nous révèle l'existence d'un ordre
trouvé à la prison de la Santé, émanant de vous et ordonnant de faire fusiller des gendarmes.

FERRÉ : Actuellement je refuse de répondre; je m'expliquerai après que l'accusation aura parlé...

M. LE PRÉSIDENT : Faites entrer M. le capitaine Delaserre.

Ce témoin déclare se nommer Delaserre, capitaine d'infanterie; il dépose :

C'est moi qui ai occupé la prison de la Santé; c'est mon lieutenant qui m'a remis l'ordre en question. Je l'ai vu, tenu en mains et lu ; le texte était à peu près ceci : « Si les Versaillais commettent l'infamie d'entrer dans Paris, il faut fusiller de suite les gendarmes détenus à la Santé. »

M. le Président : Ferré, qu'avez-vous à répondre ?

Ferré : D'abord il faut savoir si l'ordre existe.

M. le Commissaire du gouvernement : Le témoin en dépose.

Le Témoin : Mon lieutenant a vu aussi l'ordre, ainsi que le greffier de la prison, et M. Claude, que j'ai délivré.

M. le Commissaire du gouvernement : Qu'est devenu le directeur de la prison ?

Le Témoin : Je l'ai conduit avec les 60 gardes nationaux qui occupaient le poste au général Berthe, qui a ordonné de les conduire à la caserne Dupleix.

M. le Président, faisant représenter au témoin des pièces signées de Ferré : Pouvez-vous reconaître la signature de l'accusé ?

Le Témoin : Non, mon commandant ; peut-être y arriverais-je, si j'avais sous les yeux un corps d'écriture émanant de l'accusé.

Ferré : Il est assez étonnant que, à chaque séance, je sois ainsi interpellé.

M. le Président : Cela n'a rien d'étonnant. Nous vous interpellons à chaque fait nouveau qui est porté à notre connaissance. Une instruction comme celle-là ne se fait pas en huit jours.

M. le Président : Vous avez dit, à votre premier interrogatoire, ne pas connaître l'accusé Veysset.

Ferré : Je n'ai rien dit ; j'ai refusé de répondre.

M. le Président : Vous refusez également de répondre, quant aux 20,000 fr. dont Veysset était porteur ?

Ferré : Je refuse absolument ; je remarque qu'à chaque audience mon dossier est chargé davantage et contient de nouvelles accusations.

M. le Président : Parce qu'il en arrive chaque jour de nouvelles, et il en arrivera d'autres, bien certainement, et cela ne peut pas avoir lieu de vous étonner.

(Le témoin suivant est le fameux secrétaire de Rigault, Gaston Dacosta. L'appel de son nom cause une certaine sensation. On ignorait, ou du moins, on ne connaissait pas d'une manière certaine son arrestation. Il est vêtu d'un petit paletot bleu ; ses cheveux blonds lui donnent l'air d'un enfant : il est d'ailleurs fort jeune. Le témoin porte un pince-nez à verres bleus.)

M. le Président : Vous avez accompagné Ferré à la Roquette ?

Le Témoin : Je n'ai pas vu Ferré depuis le 22 à midi.

M. le Président : Les gardiens de la Roquette ont dit que Dacosta se tenait dans le greffe.

Ferré : En présence du témoin, laissez-moi dire un mot. On affirme que Costa était avec moi...

M. le Président : Nous savons que Costa était un détenu que vous aviez mis en liberté pour vous faire aider par lui. Faites venir le témoin Boudin.

Boudin est introduit.

M. LE PRÉSIDENT : Vous avez entendu les menaces des fédérés de détruire Paris?

LE TÉMOIN : Oui, quand je fus arrêté.

M. LE PRÉSIDENT : Pourquoi fûtes-vous arrêté?

LE TÉMOIN : J'allais porter une lettre à une agence, boulevard Magenta, chez M. Gosselin. Deux gardes nationaux me saisirent, ouvrirent ma lettre, et, comme j'y attaquais la Commune, on m'arrêta. Une dame avait subi le même sort que moi, car on ouvrait toutes les lettres. Quand on m'amena, je leur dis qu'ils faisaient bien de jouir de leur reste : « Oh! répondit-il, il y a sous le Trocadéro deux kilomètres de mines et Paris sautera, il ne restera pas pierre sur pierre. » J'ai su aussi que ma concierge disait qu'on travaillait la nuit dans les égouts. L'individu qui m'amenait, un nommé Chantilly, je crois, avait une autorisation de puiser de la poudre à volonté dans les dépôts.

M. LE PRÉSIDENT : Ce qu'il y a de certain, c'est que le Comité ne pouvait pas ignorer les travaux de mines.

M. LE COMMISSAIRE DU GOUVERNEMENT : Je prouverai l'existence de ces mines.

BILLIORAY : Il a été question de poser des torpilles; mais, jamais, ni à la Commune ni au Comité de salut public, il n'a été question de mines.

M. LE PRÉSIDENT : Comment expliquez-vous ces bruits?

BILLIORAY : Ils se sont répandus; moi-même j'y ai cru. Je dis même à M. Limousin, que vous avez entendu, quand il fut à Versailles pour la conciliation : « Hâtez-vous, il y a des torpilles. »

ASSI : Je demande à compléter un détail. On a fait des torpilles; mais elles sont dans l'état resté le même après la fabrication; on les trouvera, d'ailleurs, si on veut se donner la peine de les rechercher.

BILLIORAY : On a aussi prétendu que les torpilles étaient reliées par des fils télégraphiques dans les égouts. J'ai fait faire une visite minutieuse; on n'a rien trouvé.

M. le Président fait représenter à Ferré une pièce relative à une réquisition faite par la Commune chez M. Clément, marchand de produits chimiques.

(A Ferré) : Reconnaissez-vous cette pièce?

FERRÉ : Oui, mais je refuse de répondre en ce moment.

M. LE PRÉSIDENT : Nous allons entendre M. Clément.

M. CLÉMENT, marchand de produits chimiques : Je fabrique des substances pour la photographie. On m'a réquisitionné diverses matières, que j'ai livrées : je ne puis dire où on les a transportées; je ne me rappelle pas non plus la date au juste. D'ailleurs, je n'ai pas chez moi de produits chimiques inflammables, à proprement parler. J'avais, par exemple, du chlorure d'argent et de l'éther.

M. le Président fait représenter à l'accusé Ferré une autre pièce qu'il reconnaît, et sur laquelle il refuse de s'expliquer. Cette pièce avait été, par mégarde, placée dans le dossier de l'accusé Ferrat.

L'audience est levée à cinq heures et renvoyée à mercredi midi.

L'audience est ouverte à midi.

M. LE PRÉSIDENT : A l'audience du 8 août, plusieurs défenseurs ont conclu à la communication des originaux des pièces dressées par MM. les Juges d'instruction de Paris.

A notre demande, ces pièces ont été adressées au greffe du Conseil où MM. les Défenseurs pourront en prendre connaissance. Il n'y a donc plus à statuer sur les conclusions prises, puisque le fait qui y a donné lieu n'existe plus.

(Les conclusions dont il s'agit sont celles qui ont été posées par Mᵉˢ Delzant et Gatineau, et que nous avons reproduites.)

M. LE PRÉSIDENT : Faites entrer la femme Theitz.

(Cette femme était concierge au ministère des Finances au moment de l'incendie. Elle est entendue à titre de renseignements seulement.)

Le feu, dit-elle, a pris au ministère par une bombe. Je n'ai pas vu introduire de tonneaux au ministère, mais mon petit garçon les a vus

Le petit garçon, présent à l'audience et interrogé par M. le Président, déclare avoir vu introduire des tonneaux dans les caves, mais il ne les a pas vu décharger.

M. LE PRÉSIDENT (au témoin) : Vous avez dit dans l'instruction que le feu était activé par l'eau?

LE TÉMOIN : Oui, monsieur le Président, j'ai dit cela hier.

M. LE PRÉSIDENT : Quels étaient les pompiers?

LE TÉMOIN : Ceux de la Villette, de la rue Saint-Victor, de la rue des Poissonniers avec l'uniforme ordinaire. Plus ils pompaient, plus l'incendie augmentait.

M. LE PRÉSIDENT : Ce qui permet de supposer ou que l'incendie consumait des matières extrêmement combustibles, ou même que ceux qui paraissaient chercher à l'éteindre ne faisaient que l'attiser.

JOURDE : Il y a eu deux incendies : celui du lundi dont on s'est rendu maître, celui de la nuit du lundi au mardi qui aurait été, au contraire, attisé. N'ai-je pas dit au témoin, qui me demandait s'il fallait déménager, qu'il n'y avait aucun danger?

LE TÉMOIN : Oui, monsieur le Président.

JOURDE : Et on ne prétendra pas que j'aurais voulu faire brûler ces pauvres gens.

Mᵉ DESCHARS, défenseur de Jourde : A quelles époques ont été introduits ces tonneaux?

LE TÉMOIN : Vers le 4 ou le 5 mai.

Mᵉ DESCHARS : On ne songeait pas alors aux incendies. Ce pouvaient être des tonneaux de vin.

M. LE COMMISSAIRE DU GOUVERNEMENT : J'établirai qu'on songeait déjà aux incendies.

M. LE PRÉSIDENT *(au témoin, sur la demande de Mᵉ Deschars)* : Y a-t-il eu deux incendies?

LE TÉMOIN : Oui, un le lundi, un le mardi; le premier a été éteint.

M. LE PRÉSIDENT : Nous entendrons d'autres témoins dont les renseignements seront mieux donnés.

INTERROGATOIRE DE TRINQUET.

M. LE PRÉSIDENT : Vous vous êtes occupé de politique avant le mois de mars 1871?

TRINQUET : Oui, à l'époque des élections de 1869, en faveur des candidatures de Gambetta et de Rochefort.

M. LE PRÉSIDENT : Vous avez été condamné déjà?

TRINQUET : Oui, pour avoir, lors de l'émeute du 8 février, été porteur d'un revolver et avoir crié : «Vive la France!» J'ai été condamné à six mois de prison.

M. LE PRÉSIDENT : Vous avez été ouvrier ébéniste, puis concierge : vous alliez aux clubs?

TRINQUET : J'allais aux réunions électorales seulement.

M. LE PRÉSIDENT : Quand êtes-vous entré à la Commune?

TRINQUET : Le 16 avril.

M. LE PRÉSIDENT : Et vous connaissiez ce que la Commune avait déjà fait

TRINQUET : Oui, je connaissais, par exemple, la loi des otages. Les otages me paraissaient devoir n'être que des intermédiaires, nous offrant une certaine garantie vis-à-vis du gouvernement de Versailles, et j'étais loin de m'attendre au triste sort dont ils ont été victimes.

M. LE PRÉSIDENT : Vous avez pris part à presque tous les décrets de la Commune, et vous avez demandé la formation du Comité de salut public?

TRINQUET : Oui, pour accélérer le travail de la Commune.

M. LE PRÉSIDENT : Vous étiez délégué au 20ᵉ arrondissement et membre de la commission de sûreté ou de contrôle?

TRINQUET : Oui, monsieur le Président.

M. LE PRÉSIDENT : Vous avez ordonné des perquisitions chez les abbés Petit et Place?

M. LE COMMISSAIRE DU GOUVERNEMENT : Et même dans les églises, dans celle de Ménilmontant.

TRINQUET : On disait qu'il y avait des vivres cachés dans cette église.

M. LE PRÉSIDENT : C'était bien invraisemblable.

TRINQUET : En tout cas, le 7 mai, quand j'ai fait cette perquisition, ce n'était pas comme membre de la commission de sûreté générale; elle a eu lieu sous le ministère Rigault, et je n'ai été nommé que le jour où Ferré a remplacé à la sûreté générale Cournet, qui y remplaçait Rigault.

M. LE PRÉSIDENT : Vous auriez dû prendre la parole contre la proposition Urbain?

TRINQUET : Il n'y a pas eu de discussion possible

M. LE PRÉSIDENT : Vous avez voté la démolition de la colonne Vendôme et de la maison de M. Thiers?

TRINQUET : Je le dis franchement, si j'eusse été présent, j'eusse voté pour la démolition de la colonne; mais j'ai respecté la propriété privée.

M. LE PRÉSIDENT : Vous avez assisté à plusieurs exécutions?

TRINQUET : Je n'ai eu connaissance que d'une seule, celle du sieur Roth, officier de paix.

M. LE PRÉSIDENT : Qui était accusé d'avoir refusé de tirer sur la troupe, horrible manière de former les hommes de vingt à quarante ans à tirer sur l'armée régulière de leur pays. Des témoins ont dit que vous l'aviez achevé d'un coup de revolver.

TRINQUET : Je nie ce dernier fait, qui ne m'a été révélé que dans l'instruction. J'étais seulement dans la cour de la mairie.

M. LE COMMISSAIRE DU GOUVERNEMENT : Ce qui prouve suffisamment votre complicité dans l'assassinat.

M. LE PRÉSIDENT : Que faisiez-vous donc à la mairie?

M. LE COMMISSAIRE DU GOUVERNEMENT : Il faisait des mariages.

M. LE PRÉSIDENT : Je croyais qu'ils étaient abolis sous la Commune.

TRINQUET : Je m'occupais de l'état civil.

M. LE PRÉSIDENT : Vous avez eu connaissance des projets d'incendie?

TRINQUET : Non, monsieur le Président.

M. LE PRÉSIDENT : Jourde vous a remis 1,200 fr.?

TRINQUET : Non; il me restait de l'argent d'une succession faite en 1859.

M. LE PRÉSIDENT : Le notaire, interrogé, a déclaré qu'il vous était revenu 1,500 fr. de cette succession.

TRINQUET : C'est 3,000 fr. que j'en avais retirés.

M. LE PRÉSIDENT *(à Jourde)* : Vous voyez, aucun des membres de la Commune ne reconnaît avoir reçu des fonds de vous. Il est bien extraordinaire que vous n'ayez même pas un état de ces versements.

JOURDE : Tout a péri dans l'incendie du ministère.

Mᵉ DENIS, défenseur de Trinquet, lit un certificat de son ancien patron, constatant que Trinquet gagnait 6 fr. par jour, qu'il avait une excellente conduite et qu'il avait fait effectivement une succession, d'où M⁰ Denis conclut qu'il pouvait bien avoir en sa possession 1,200 fr.

M. LE PRÉSIDENT : Vous êtes accusé d'attentat contre le gouvernement?

TRINQUET : Non. J'ai été envoyé à la Commune par mes concitoyens; j'ai payé de ma personne; j'ai été aux barricades, et je regrette de ne pas y avoir été tué; je n'assisterais pas aujourd'hui au triste spectacle de collègues qui, après avoir eu leur part d'action, ne veulent plus avoir leur part de responsabilité. Je suis un insurgé, je n'en disconviens pas.

M. LE PRÉSIDENT : Vous êtes accusé d'incendies?

TRINQUET : Je repousse cette accusation.

M. LE PRÉSIDENT : Vous êtes accusé de destruction de monuments publics et de propriétés privées?

TRINQUET : Je n'y ai pas pris part.

M⁰ DENIS : La Commune avait voté sur la colonne Vendôme et sur la maison de M. Thiers quand Trinquet y est entré; cela doit lui rester étranger, puisque cela est antérieur à sa participation.

M. LE COMMISSAIRE DU GOUVERNEMENT : J'accepterais cette distinction s'il s'agissait d'un corps législatif; je ne l'admets pas pour un gouvernement, et la Commune était un gouvernement.

M⁰ DENIS : D'ailleurs ceci est de la discussion.

M. LE PRÉSIDENT : Vous êtes accusé de complicité d'assassinat, d'arrestations et séquestrations arbitraires?

TRINQUET : Non, monsieur le Président.

AUDITION DES TÉMOINS.

MOURZZOLI, employé : J'étais employé à la mairie du 20⁰ arrondissement. J'y suis resté jusqu'au 24 mai. Le jour où a été exécuté le nommé Roth (qui avait un paletot bleu et une barbe forte), j'ai vu Trinquet, que je reconnais, dans la cour; il a tiré un coup de revolver sur la victime, quand elle a été tombée. J'ai parfaitement vu et reconnu Trinquet.

TRINQUET : Le témoin se trompe complétement.

LE TÉMOIN : La cour était pleine de monde. Roth a été fouillé après sa mort. Le lendemain, autre exécution de quelqu'un qu'on disait être un marin, sans jugement et par les premiers venus. Trinquet n'y était pas. Trinquet était mon ancien voisin de la rue du Retrait, 6.

EUGÈNE BAUER, commis architecte : J'étais employé au 20⁰ arrondissement. J'ai vu, le 24, fusiller un homme par des gardes nationaux. Trinquet était présent; je l'ai vu et reconnu : il a tiré avec son revolver après les autres.

TRINQUET : Bien certainement?

LE TÉMOIN : Oui.

TRINQUET : Où était le témoin?

LE TÉMOIN : A une fenêtre de l'entresol, au bureau de l'alimentation.

UN DE MESSIEURS DU CONSEIL : Comment avez-vous distingué Trinquet des autres gardes nationaux?

LE TÉMOIN : Comme employé, je le connaissais. Je ne l'ai pas regardé pour remarquer les signes distinctifs.

Mᵉ DENIS : Comment Trinquet était-il vêtu d'habitude?

LE TÉMOIN : Je ne l'ai vu qu'une fois ou deux en garde national; les autres fois il était en bourgeois.

Mᵉ DENIS : Comment était-il vêtu ce jour-là?

LE TÉMOIN : Je ne sais; je crois en garde national.

Mᵉ DENIS : Quand a-t-il été parlé de ce fait pour la première fois?

LE TÉMOIN : Au commissaire de police du quartier, qui savait que je connaissais la chose.

M. LE PRÉSIDENT : Vous reconnaissez bien l'accusé? vous avez juré de dire la vérité?

LE TÉMOIN : Je crois le reconnaître; j'en suis sûr.

DEVIN, seize ans, témoin à décharge, entendu en vertu du pouvoir discrétionnaire : J'ai été conduit à la mairie du 20ᵉ arrondissement; on voulait me forcer d'être de la garde nationale, on m'a gardé pour écrire au bureau, quand on a vu que je n'avais pas l'âge; à la commission militaire, un délégué disait : « Tous les gendarmes et sergents de ville qui seront pris seront fusillés. Trinquet ne le veut pas, mais c'est égal. »

INTERROGATOIRE DE CHAMPY.

M. LE PRÉSIDENT : Qu'avez-vous fait pendant le siége?

CHAMPY : J'étais simple garde national; j'ai fait partie du conseil de famille de mon bataillon. Le conseil de famille était chargé d'aider le gouvernement pour la nourriture et l'habillement des gardes nationaux.

M. LE PRÉSIDENT : Quelle part avez-vous prise au 31 octobre et au 21 janvier?

CHAMPY : Le 31 octobre, j'ai été avec mon bataillon sur le boulevard extérieur; nous sommes restés là quelques temps, puis, vers minuit, nous avons été place de la Concorde, et à quatre heures du matin, je suis entré à l'Hôtel-de-Ville pour le garder pour le gouvernement.

M. LE PRÉSIDENT : Vous avez été délégué de votre bataillon au Comité central?

CHAMPY : Une fois seulement, la dernière.

M. LE PRÉSIDENT : Qu'y faisait-on?

CHAMPY : On s'occupait de questions concernant la garde nationale, et, la dernière fois, de la nomination de Garibaldi comme général.

M. le Président : Le 26 mars, vous fûtes nommé de la Commune ; vous aviez une grande influence?

Champy : Non, c'était à cause du zèle que j'avais montré pendant le siége. Trois fois on a insisté pour me déterminer. J'ai cru qu'il y aurait moyen de s'entendre avec Versailles et que cela ne durerait pas longtemps.

M. le Président : Il était facile de renoncer à cet honneur.

Champy : C'était une charge plutôt qu'un honneur. J'ai cru que tout Paris s'associerait à nos efforts pour sauver la République.

M. le Président : Est-ce que Paris devait sauver la France?

Champy : Paris craignait beaucoup que la Chambre ne renversât la République.

M. le Président : Vous avez assisté à tous les votes?

Champy : Je jure que j'ai été absent à la moitié au moins des séances. Les commissions nous occupaient beaucoup, surtout celle des subsistances, qui était la mienne. Je n'ai pas voté les massacre des otages, et je n'ai connu les incendies que par les journaux, sept ou huit jours après qu'ils avaient eu lieu.

M. le Président : Qui les a ordonnés?

Champy : Des individus qui ont pris cela sur leur arbitraire.

M. le Président : Vous n'avez donc pas eu la force de les en empêcher?

Champy : J'étais très-occupé; je n'ai appris l'incendie de l'Hôtel-de-Ville que le mercredi, j'ai connu ensuite celui de la préfecture. C'est tout ce que j'ai su.

M. le Président : Tout le monde parlait à Paris de mines; vous deviez savoir ce qu'il en était?

Champy : Non, monsieur le Président.

(L'accusé fait ici une longue profession de foi et cherche à rattacher la Commune de Paris aux souvenirs historiques de l'affranchissement des communes au moyen âge. Il arrive ensuite au Comité central, qui s'est constitué, dit-il, à raison de l'imminence de l'entrée des Prussiens dans Paris.)

M. le Président : Vous devriez être reconnaissant de ce que le gouvernement a empêché cette entrée. Pensez-vous que c'est la garde nationale qui l'aurait empêchée.

Champy : La garde nationale était irritée; elle était malade moralement.

M. le Président : Elle eût mieux fait de se soigner. Vous vous êtes occupé de l'habillement des gardes nationaux dans votre commission?

Champy : Oui. Il y avait à la caserne du Prince-Eugène trois mille tuniques que j'ai fait facilement transformer et qui ont été distribuées. J'ai rapporté à la mairie l'argent qui en restait.

M. le Président : Quel jour avez-vous quitté la mairie?

Champy : Le 24 au soir, je connus l'entrée des troupes dans Paris. J'allai à l'Hôtel-de-Ville le soir, et le lendemain lundi, pour m'entendre avec la commission des subsistances. Je me retirai ensuite à mon arrondissement et j'y restai le lundi et le mardi. Le mercredi, j'appris avec étonnement l'incendie de l'Hôtel-de-Ville, où j'allais me rendre, et je me rendis au 11ᵉ arrondissement où je trouvai plusieurs membres de la Commune, notamment Jourde, qui me remit 1,000 fr., en me disant que c'était convenu pour tous les membres de la Commune, vu les circonstances. Nous tâchâmes d'organiser le service comme nous pûmes. Le jeudi, j'allai du 11ᵉ au 10ᵉ arrondissement; j'eus la douloureuse surprise de voir sur mon chemin plusieurs incendies, et, d'accord à M. Brunel, colonnel de la 10ᵉ légion, je donnai des ordres pour les éteindre et prévenir les autres. Le lendemain, après avoir vérifier l'état et surveiller les services de ma mairie, je retournai au 10ᵉ, où il était question d'une délégation à envoyer à l'état-major prussien dans un but indiqué de conciliation avec le gouvernement de Versailles. Cela nous étonnait. Néanmoins nous acceptâmes cette idée. La délégation, longtemps retenue à Vincennes, arriva trop tard pour voir l'état-major prussien, et renonça à y retourner le lendemain vendredi. Le vendredi, je visitai de nouveau mon arrondissement et je revins au 11ᵉ, où je continuai à m'occuper de la distribution des vivres. M'étant absenté un quart d'heure, je fus fort étonné de trouver dans une des salles de la mairie, en rentrant, un commencement d'incendie au pétrole. Le samedi je continuai mes visites dans trois arrondissements, donnant toutes les recommandations propres à empêcher les incendies; en ce moment j'appris la révocation par la Commune du maire du 11ᵉ arrondissement, j'allais retrouver mes collègues au 20ᵉ et je revins dans mon arrondissement.

(L'accusé continue à entrer dans les détails les plus minutieux sur l'emploi de son temps et ses occupations administratives, jusqu'au moment où il fut obligé de se cacher et finalement fut arrêté.)

M. LE PRÉSIDENT : Comment a-t-il été nécessaire de donner aux postes des pompiers des ordres pour les forcer à s'occuper d'éteindre les incendies?

CHAMPY : Je n'y comprends rien.

M. LE PRÉSIDENT : Le feu a pris à la mairie et vous n'en avez rien su?

CHAMPY : Je ne sais comment cela s'est fait.

M. LE PRÉSIDENT : Voilà un gouvernement qui donnait vraiment des garanties très-sérieuses à la population. Il ne savait jamais rien et ne pouvait rien empêcher. Passons à une autre question. Vous avez pu penser à vous mettre sous la protection des Prussiens?

CHAMPY : Nullement; nous avions accepté purement et simplement la condition de nous livrer, nous, membres de la Commune; si cela était suffisant pour ramener la concorde.

M. LE PRÉSIDENT : Aux Prussiens?

CHAMPY : Non.

M. LE PRÉSIDENT : Comment n'avez-vous pas préféré tout simplement une soumission franche au gouvernement légitime?

LOUISE BERNARD

L'accusé ne répond pas.

M. LE PRÉSIDENT : Vous êtes accusé d'attentat contre le gouvernement.

CHAMPY : Non, j'ai seulement revendiqué les franchises municipales, que la Commune demandait pour Paris.

M. LE PRÉSIDENT : La Commune était bien insurgée au premier chef.

CHAMPY : Elle était en rébellion c'est vrai.

M. LE COMMISSAIRE DU GOUVERNEMENT : Et les proclamations de la Commune disaient que Paris sauterait avant que les troupes versaillaises pussent y entrer?

CHAMPY : De pareilles choses ont pu être dites isolément, arbitrairement, mais je ne crois pas que le gouvernement de la Commune ait jamais dit cela.

M. LE PRÉSIDENT : Vous êtes accusé d'embauchage pour avoir payé la garde nationale?

CHAMPY : Il fallait bien la payer.

(M. le Président rappelle à l'accusé les accusations générales : incendies, destruction de monuments publics, assassinats, usurpation de fonctions, arrestations et séquestrations arbitraires. Champy proteste contre l'accusation d'indie et les assassinats; il a entendu parler d'un petit nombre d'arrestatiens, mais n'en n'a jamais ordonné aucune. Il ne se rappelle pas s'il a voté pour ou contre la destruction de la colonne.)

AUDITION DES TÉMOINS.

CHARLES-EDMOND BUET, ingénieur, dépose : J'étais chargé de l'administration du canal Saint-Martin; Champy s'est présenté pour avoir la situation de la caisse. Il a requis la remise de l'argent, dont le receveur s'est dessaisi moyennant un reçu, après quelques difficultés; la seule pièce qu'il ait fournie était sa carte portant avec son nom l'indication de sa profession, bijoutier, je crois.

M. LE PRÉSIDENT : Et cela suffisait sous la Commune pour se faire remettre des fonds?

M. LE PRÉSIDENT (à Mᵉ Lachaud fils, défenseur de Champy) : Vous avez fait citer des témoins à décharge?

Mᵉ LACHAUD FILS : Oui, monsieur le Président, entre autres M. de Chautenel.

M. LE PRÉSIDENT : Huissier, introduisez ce témoin.

M. DE CHAUTENEL, propriétaire, dépose : L'accusé Champy était notre voisin et ne passait pas pour un méchant homme. M. le Curé de notre paroisse, de Saint-Joseph, vint au commencement de mai me prévenir qu'on venait avec un piquet de gardes nationaux de lui demander son église pour en faire un club, et me demanda conseil. J'étais souffrant, ma fille Blanche, qui chantait au mois de Marie à la paroisse, et une dame présente, se décidèrent à aller trouver à l'Hôtel-de-Ville M. Champy. J'y consentis avec quelque crainte, et M. Champy, en effet, déclara vouloir respecter la religion et la liberté religieuse et protégea très-efficacement l'église contre les réquisitions qui avaient alarmé le curé. La preuve, c'est que dans le quartier on disait en passant devant l'église : « La voilà, cette boîte! c'est Champy qui est cause que nous ne pouvons pas y aller, » et, en voyant passer le curé : « Le voilà, ce grand calotin! il aura son tour! » Et aussi on a connaissance que M. Champy a donné à plusieurs personnes des laisser-passer qui leur ont permis de quitter Paris.

M. LE PRÉSIDENT : Il est triste pour l'insurrection, d'entendre des témoins qui, pour faire l'éloge d'un accusé, viennent déclarer qu'il a permis qu'une église restât ouverte.

M. LE COMMISSAIRE DU GOUVERNEMENT : D'ailleurs aucune accusation relative à cette église n'est dirigée contre Champy.

Mᵉ LACHAUD FILS : Il est établi, en tous cas, que c'est Champy qui a sauvé l'église menacée.

LE TÉMOIN : Et il fallait aux deux personnes qui ont entrepris de s'adresser à lui quelque courage dans cette démarche.

LOUIS BRAZIER, curé de Saint Joseph : Le 13 mai, ma mémoire me rappelle fidèlement cette date, les fidèles étaient plus nombreux à l'église que de coutume, comme s'ils eussent prévu quelque calamité. Tout à coup on vint réquisitionner mon église pour y installer un club. La réquisition était appuyée d'un piquet de gardes nationaux. Je résistai énergiquement, mais j'aurai succombé sans l'intervention de l'accusé Champy qui conserva d'une manière permanente notre église pour le culte. Il est une voix à l'autel qui l'en remercie et qui l'en remerciera longtemps encore devant Dieu. Le Conseil tiendra compte à cet accusé de vingt-cinq ans, des sentiments qui l'ont porté à prendre la défense de la liberté religieuse dans un moment où il y avait à cela quelques périls. Je dois aussi rendre hommage aux deux courageuses personnes qui ont bien voulu risquer d'aller intercéder auprès de la Commune pour le sanctuaire.

ANTONY SAUNIER, employé de commerce : J'étais du même bataillon que Champy, c'était un excellent garçon, mais il était un peu en l'air, un peu léger; il ne s'occupait pas beaucoup de politique.

Mᵉ LACHAUD FILS : Nous renonçons à l'audition du témoin Lané.

BRIDAN (Victor), quarante et un ans, orfèvre : J'ai été le patron de Champy, il y a six ans. Il s'est depuis établi, nous avons fait des affaires ensemble, je le voyais souvent. Jamais il ne s'occupait de politique dans ce temps-là. Il donnait de bons conseils à ses camarades d'atelier et leur rendait même des services.

L'audience est suspendue à deux heures un quart et reprise à deux heures trois quarts.

M. LE PRÉSIDENT *à l'accusé Champy* : Avez-vous connu l'ordre du colonel Brunel aux pompiers d'aller au Champ-de-Mars brûler toutes leurs pompes?

CHAMPY : Non.

M. LE PRÉSIDENT : Et vous n'avez pas entendu à la commune votre collègue Babik dire à un ecclésiastique que Paris sauterait avant l'entrée des Versaillais?

CHAMPY : Non; et je ne puis d'ailleurs accepter la responsabilité d'un propos en l'air de ce genre.

BILLIORAY : C'était le 13 avril. A cette époque il ne s'agissait pas des Versaillais dans Paris.

M. LE COMMISSAIRE DU GOUVERNEMENT : Mais on y travaillait.

M. LE PRÉSIDENT : Vous avez mauvaise grâce à nier, accusé Billioray.

BILLIORAY : Je dis simplement que nous ne pouvons accepter la responsabilité que de ce qui nous concerne.

INTERROGATOIRE DE RÉGÈRE.

M. LE PRÉSIDENT : Vous avez été le fondateur de la *Tribune de Bordeaux.*

RÉGÈRE : Oui, en 1848. En 1851, cette feuille fut atteinte par le coup d'État. Je fus proscrit moi-même par les commissions mixtes, et M. de Peyramont, un de ses membres et un de mes amis, vint me prévenir en me disant de me dérober, et en ajoutant que si on me frappait, c'est précisément parce que l'on me savait un des plus modérés et des plus calmes de mon parti. Il n'y a pas d'hommes d'État, pas de diplomates dont l'expérience vaille celle que donne la guerre civile. On m'a fait à ce débat une étrange physionomie. Je demande à être présenté tel que je suis en réalité.

M. LE PRÉSIDENT : Vous avez habité Paris depuis quinze ans?

RÉGÈRE : L'accusation le croit, mais elle se trompe : j'habite Paris depuis douze mois; au retour de l'exil, j'allai, après l'amnistie, habiter Bordeaux, où on ne me laissa pas; j'allai de là habiter un petit village de la Gironde. Je ne suis venu à Paris qu'en 1870, et c'est alors seulement que je m'occupai de politique, à propos d'élections, malgré que je me fusse promis à moi-même, car j'en avais pris l'engagement de ne plus m'en mêler. J'étais venu à Paris simplement pour placer mon fils, qui dut bientôt rejoindre son régiment par suite des vénements de guerre. Moi-même j'écrivis au maréchal Mac-Mahon pour demander à suivre mon fils, en juillet 1870; la lettre est au dossier. Le citoyen chez moi se réveillait en même temps que l'homme politique.

M. LE PRÉSIDENT : Est-ce ce fils qui a combattu dans les rangs de la Commune?

RÉGÈRE : Il est allé se battre à Mentana, car nous appartenons aux défenseurs du Pape contre les Italiens, il fut ensuite rappelé dans l'armée française. Il fut pris à Sedan, s'échappa quelques jours avant le général Ducrot; il fut nommé capitaine adjudant-major au 248e bataillon de la garde nationale; je fus aussi capitaine au même bataillon, sous le commandant Hanguet.

M. LE COMMISSAIRE DU GOUVERNEMENT : Le fils de l'accusé était au fort d'Issy ou de Vanves.

RÉGÈRE : Au fort d'Issy, où il a été deux jours. Il était en congé régulier lors de l'entrée des Versaillais.

M. LE PRÉSIDENT : Il y a un rapport de lui qui constate la part active qu'il prenait à l'insurrection. Vous étiez de l'Internationale?

RÉGÈRE : Non, monsieur le Président; j'ai pu y être inscrit d'office, mais je n'ai pas assisté aux réunions.

M. LE PRÉSIDENT : Vous étiez délégué de cette Société?

RÉGÈRE : Oui, j'étais, pour le 20ᵉ arrondissement, de cette délégation qui a précédé la Commune.

M. LE PRÉSIDENT : Quand avez-vous été nommé membre de la Commune?

RÉGÈRE : J'avais été acquitté après le 31 octobre, quoique contumax. Je n'avais pas voulu en principe accepter la compétence du Conseil de guerre, j'ai écrit à ce sujet une lettre qui est au dossier. J'ai fait partie ensuite de l'association des anciens représentants du peuple, qui a envoyé son député à l'Assemblée, ainsi que du comité d'armement. Je fus maire provisoire de mon arrondissement. Je ne songeais nullement à la Commune. Je croyais seulement à la nécessité d'un corps municipal élu pour défendre les intérêts de cette grande ville abandonnée.

M. LE PRÉSIDENT : Qui avait forcé à coups de fusil le gouvernement à se retirer. Ne parlez pas si haut. En somme vous avez participé aux actes de la Commune?

RÉGÈRE : J'ai pris part à fort peu de votes. Je m'occupais surtout de mon arrondissement. Notamment, je n'ai pas voté et j'ai ignoré le décret des otages. Je consens, au contraire, à prendre ma part de responsabilité relativement au Comité de salut public, pour la formation duquel j'ai demandé l'urgence. Ce comité n'avait de fonction que celle d'exécuter les décisions de la Commune, succédant en cela au Comité central. S'il n'avait été composé que d'hommes modérés comme moi, comme Ranvier, comme Billioray...

M. LE COMMISSAIRE DU GOUVERNEMENT : Ne citez pas Billioray, au moins.

M. LE PRÉSIDENT : Vous vous égarez toujours.

RÉGÈRE : Je dis que de grands malheurs eussent été évités.

M. LE PRÉSIDENT : Qu'avez-vous à dire des perquisitions ordonnées pour trouver les réfractaires?

RÉGÈRE : Je me réservais de surveiller l'exécution des ordres donnés à cet égard.

M. LE PRÉSIDENT : Un chef, en pareil cas, n'a rien à se réserver; il répond de l'exécution de l'ordre, et voilà tout.

RÉGÈRE : Je n'ai arrêté personne, ni forcé personne à servir; nous ne voulions pas des gens qui fussent soldats malgré eux.

M. LE PRÉSIDENT : Vous avez trouvé toutes sortes de choses dans ces perquisitions, des vases précieux et objets servant au culte?

RÉGÈRE : Il s'agit de perquisitions antérieures, ordonnées par la Préfecture de police seule. J'ai mis en sûreté les objets relatifs au culte, rien n'en a été détourné.

M. LE PRÉSIDENT : Vous avez ardemment défendu Pilotell à la Commune?

RÉGÈRE : Pour l'affaire Polo, non pour l'affaire Chaudey. Nous étions très-sévères pour les exactions.

M. LE COMMISSAIRE DU GOUVERNEMENT : Vous ne faisiez que cela tous.

M. LE PRÉSIDENT : Lors de l'entrée des troupes dans Paris, vous avez dirigé le mouvement militaire au Panthéon, dans votre quartier?

RÉGÈRE : Je voyais la résistance inutile, et je l'ai fait comprendre à un conseil de guerre que j'avais réuni. Je suis resté à la mairie, jusqu'à la fin, au milieu de mes 8 ou 10,000 électeurs. M. le Commissaire du gouvernement peut rire; mais c'est ainsi. Dans mon arrondissement, il n'y a eu ni lutte, ni incendie.

M. LE PRÉSIDENT : Grâce à vos précautions, vous étiez informé sans doute qu'il y aurait des incendies.

RÉGÈRE : Je n'ai entendu parler qu'au dernier moment du projet d'incendie du Panthéon et du Luxembourg et j'ai de suite donné un ordre pour que les incendies n'eussent pas lieu. C'est mon ascendant qui a empêché ces désastres.

M. LE PRÉSIDENT : Et un peu les troupes de Versailles. Dans les perquisitions on prenait tout; on a pris 5 ou 6,000 fr. chez un particulier, réfractaire sans doute.

RÉGÈRE : On n'a rien pris dans les églises, et je n'ai rien su des autres perquisitions, sauf que 156 fr. ont été apportés à la mairie, qui appartenaient à la femme d'un gendarme. Le sieur Guinet, dont vous me parlez sans doute, déblatérait contre la Commune.

M. LE PRÉSIDENT : Il déblatérait contre les incendies.

RÉGÈRE : Il fut arrêté au dernier moment, lorsque les Versaillais entraient dans Paris.

M. LE COMMISSAIRE DU GOUVERNEMENT : Je demande à M. le Président d'ordonner à l'accusé de cesser de se servir de cette expression : « Les Versaillais » pour désigner nos soldats de l'ordre.

RÉGÈRE : Eh bien, je dirai : l'armée française. Pour le protéger je le consignai à mon poste particulier. J'ai reçu les papiers de ce monsieur du conseil de légion, mais je n'en ai pas pris connaissance, et je les ai gardés avec une indication de son propriétaire. Je les ai remis à M. Claude. J'ai défendu à mes risques et périls les églises et la liberté du culte. Une fois mon arrondissement oc_cupé, je me suis réfugié avec ma femme rue des Blancs-Manteaux, chez un ami; j'avais un passeport anglais et un papier qui m'ont été saisis, et que je ré-

clame aujourd'hui en vain, car ils seraient précieux pour ma défense. J'ai
échappé dans cet asile à deux perquisitions

M. LE COMMISSAIRE DU GOUVERNEMENT : Avez-vous signé, le 27 mars, le manifeste du 5ᵉ arrondissement?

RÉGÈRE : Je l'ai signé et rédigé.

M. LE COMMISSAIRE DU GOUVERNEMENT : Et celui du 9 avril?

RÉGÈRE : J'ai pu signer quelque chose à cette date; mais il y a un document à l'*Officiel* qui m'est attribué et que je répudie. J'ai été du club démocrate
socialiste, c'est-à-dire de la Société qui se tenait à l'École de Droit; j'ai écrit
avant le siége dans le *Démocrate*. Je n'ai jamais fait partie du Comité central.
J'ai passé quatre ou cinq jours à la commission des finances; le 23 avril j'ai
pu faire un motion pour que les démissions des membres de la Commune fussent refusées. Il ne fallait pas que tout fût désorganisé au dernier moment. Le
25 avril j'ai donné des nouvelles du mouvement de Bordeaux, mais non du
mouvement communal, car je ne sais encore ce que c'est que la Commune à
proprement parler. Quant à la colonne Vendôme, je n'ai pas voté, j'aurais au
contraire cherché à la conserver; je ne voulais pas non plus qu'on touchât à la
maison de M. Thiers. J'ai été aussi sollicité de faire abattre à l'Observatoire, la
statue du maréchal Ney. J'ai répondu qu'elle rappelait un brave soldat qui a été
une de nos gloires, et la Commune m'a donné raison.

M. LE COMMISSAIRE DU GOUVERNEMENT : L'*Officiel* constate que vous étiez très-
exact, le plus exact peut-être à la Commune. Vous y avez parlé les 3, 5, 6, 17,
17 mai. Y avez-vous été le 22 mai?

RÉGÈRE : Pas le moins du monde.

M. LE PRÉSIDENT : Vous êtes accusé d'attentat contre le gouuvernement et
d'excitation à la guerre civile.

RÉGÈRE : Je n'aurais pas attenté à la République pour laquelle j'ai lutté
toute ma vie; quant à la guerre civile, j'en ai horreur, je l'ai empêchée plusieurs
fois dans mon arrondissement.

(L'accusé entre à cet égard dans le récit d'une entrevue qu'il eut avec M. le
capitaine de Salicis, et dont le résultat fut d'empêcher une collision.)

M. LE PRÉSIDENT : Vous êtes accusé d'incendie?

RÉGÈRE : Non, monsieur le Président, jamais la Commune n'a rendu de décret pour ordonner un incendie : elle n'aurait pas accepté. La responsabilité en
incombe à la fédération de la garde nationale, force occulte et redoutable qui
se dérobait à l'autorité de ses chefs, plus encore à celle de la Commune, et que
des hommes, ivres de poudre et de misère, ont conduite à des crimes que je
déplore.

(M. le Président rappelle à l'accusé les autres chefs d'accusation communs à
tous les accusés.)

RÉGÈRE : J'ai fait tout mon possible pour sauver les otages. Leur assassinat, alors qu'aucune forme n'avait été observée pour un jugement, comme le voulait la Commune, a été un crime infâme! J'ai eu l'autre jour l'honneur d'appeler l'attention du Conseil sur deux dépêches qui me concernent. Voici ces deux dépêches, qui n'ont été insérées à l'*Officiel* que pour en signaler la fausseté. Elles annoncent que, en vertu d'un ordre signé notamment par moi, Millière, Dereure, Billioray ont incendié certains quartiers de la rive gauche; que Vésinier, sur la rive droite, est chargé du quartier de la Madeleine. L'accusation m'impute les faits révélés par ces dépêches. Je désire bien convaincre le Conseil qu'elles sont entièrement fausses. Je regrette que l'accusation me les ait imputées.

M. le Commissaire du gouvernement : Vous voulez dire l'instruction, sans doute?

Régère : Pardon; je ne connais pas très-bien les termes de droit. Mon fils habitait à côté de Sainte-Barbe, ma femme à côté de l'Hôtel-de-Ville, et l'on voudrait que j'eusse donné l'ordre de mettre le feu aux portes de leurs demeures!

M. le Commissaire du gouvernement : Permettez; ce dont on vous accuse, c'est de complicité morale avec tous les membres de la Commune.

Mᵉ Dupont de Bussac : La complicité est un fait légal.

M. le Commissaire du gouvernement : Je l'entends bien ainsi.

Mᵉ Dupont de Bussac : Mais c'est l'affaire des débats. Il n'y a pas de complicité générale. Il y a des conditions, des faits particuliers de cette complicité. Je demande pardon si je sais un peu le droit.

M. le Président : Mᵉ Dupont de Bussac, vous n'avez pas la parole.

Mᵉ Dupont de Bussac : Je la demande.

M. le Président : Soit; mais si c'est pour vous en servir comme tout à l'heure, c'est inutile.

Mᵉ Dupont de Bussac : Je disais donc qu'il faut signaler à l'accusé tels faits dont on déduit la complicité.

M. le Commissaire du gouvernement : Le temps viendra.

Mᵉ Dupont de Bussac : Je proteste précisément contre ce temps qui viendra.

M. le Commissaire du gouvernement : L'ordre de mise en jugement vise cette complicité; elle peut donc faire l'objet d'une question.

Mᵉ Dupont de Bussac : En définitive, l'accusé, aujourd'hui, ne peut pas se défendre contre un reproche qui ne se précise pas. Il en serait autrement si on lui disait que c'est par les dons, menaces, promesses, assistance ou autrement qu'il s'est rendu complice, et pourrait alors répondre.

M. le Président : La complicité principale résulte de la part prise au gouvernement de la Commune qui s'érigeait en pouvoir absolu. La Commune a-t-elle été d'abord élue par la fédération de la garde nationale? je n'en sais rien. Les responsables, pour nous, sont sur le banc des accusés, et non ailleurs : ce sont les hommes de la Commune.

14

M. le Commissaire du gouvernement : D'ailleurs les moyens de défense ne sont pas à leur place à l'interrogatoire.

Mᵉ Dupont de Bussac : Cependant la loi autorise l'accusé à présenter, lors de l'interrogatoire, ce qu'il juge utile à sa défense.

M. le Président : Est-ce qu'il a été gêné dans sa défense?

Mᵉ Dupont de Bussac : Je ne sais pas me faire comprendre. L'accusé ne peut se défendre que contre des imputations précises, et telle n'est pas l'imputation actuelle.

M. le Président : Vous ferez valoir cela dans votre plaidoirie.

INTERROGATOIRE DE LULLIER.

M. le Président : Vous étiez officier de marine, lieutenant de vaisseau?

Lullier : Je le suis encore.

M. le Président : Vous avez été mis en réforme?

Lullier : Pardon; je n'ai jamais comparu devant un conseil d'enquête composé suivant mon grade. J'ai passé en conseil comme enseigne, et j'étais lieutenant de vaisseau.

M. le Président : C'est bien comme lieutenant de vaisseau que vous avez comparu. D'ailleurs, ce n'est pas le moment de discuter; vous n'êtes pas ici pour cela; il reste établi que vous avez été mis en retrait d'emploi deux fois en cinq ans; voilà pour vos antécédents. Vous étiez de l'Internationale?

Lullier : Non; il faut pour cela avoir une occupation manuelle.

M. le Président : Cependant l'Internationale vous a appelé à la défense de Paris?

Lullier : J'ai été élu chef de bataillon par deux bataillons en même temps; l'un des deux me demanda un chef de mon choix, car je ne pouvais commander deux bataillons. Je leur répondis que cela était impossible; alors, les deux bataillons se fondirent en un seul, fort de 8,200 à 8,300 hommes, et ils me déclarèrent qu'ils ne reconnaîtraient d'autre autorité que la mienne. Ils voulurent même me confier l'autorité civile, ce que je refusai. J'allai trouver le général Tamisier, qui me nomma colonel d'état-major de la garde nationale. C'est alors que je fus nommé président du comité central de défense militaire, et M. Cluseret vice-président. Je demandai un local à M. Étienne Arago. J'allai voir l'honorable général Leflô et M. Trochu. M. Trochu dut se demander sans doute, en présence de la situation que j'avais acquise d'un coup.....

M. le Commissaire du gouvernement : Accusé Lullier, vous commettez une inconvenance volontaire par la manière dont vous désignez le général Trochu.

M. le Président : Tâchez d'être convenable ou je vous retire la parole.

Lullier : Eh bien! je dirai : « Le gouverneur de Paris. » Des adresses m'arrivèrent en même temps des ouvriers des ports, qui me rappelaient à leur tête.

Je suppose que le gouverneur de Paris chercha à arrêter cette popularité croissante. Je fus arrêté dans la nuit du 12 au 13 septembre. Les délégués du comité central allèrent demander ma mise en liberté au gouverneur de Paris en déclarant, que si on la refusait, 200,000 hommes prendraient les armes. Ils allèrent ensuite faire la même démonstration à M. Crémieux, ministre de la Justice. Je fus immédiatement mis en liberté. M. de Kératry et M. Leblond, l'honorable procureur-général, me dirent que mon arrestation était la cause d'une erreur; que cependant ma présence pouvait créer des embarras, que je pouvais être utile à la défense au dehors. Je quittai Paris, le 14 septembre, avec la mission d'aller explorer les côtes de la Baltique. Si j'eusse été un agitateur, l'occasion était belle pour moi de rester. Quant à l'Internationale, je répète que je n'en faisais pas partie. Je suis rentré à Paris le 12 mars.

M. le Président : Quelle part avez-vous prise aux événements du 18 mars?

Lullier : Je suis obligé, pour ma défense, de rappeler l'histoire générale des événements du 18 mars et de chercher à en mettre en lumière les causes demeurées jusqu'ici obscures.

L'accusé entre d'abord dans des explications sur sa mission sur les côtes de la Baltique et sur un plan de débarquement qu'il avait conçu.

M. le Président : Les explications que vous donnez à cet égard se réfèrent à des faits bien antérieurs au 15 mars; arrivez à cette date.

Lullier : Il faut bien que je retrace la situation des faits; cela est nécessaire à ma défense.

M. le Président : Arrivez donc au 15 mars.

Lullier : Le 15 mars, l'insurrection était faite moralement. La séance du Comité central est au 18 mars ce qu'a été le jeu de paume à la révolution de 1789.

M. le Président : Vous n'êtes pas ici pour faire un cours d'histoire.

Lullier : Je dis que c'est le 15 mars que la garde nationale a affirmé sa volonté d'avoir un chef élu par elle.

M. le Commissaire du gouvernement : Du reste, l'accusé fait en ce moment l'affaire de l'accusation, et il nous dénoue les fils du complot qui se trama alors, bien mieux que je ne le pourrais faire moi-même.

Lullier : Comme je le disais tout à l'heure, cette séance engendra tout le mouvement.

M. le Président : Tenez-vous donc dans la question qui vous est personnelle.

Lullier : A mon arrivée, le président du Comité central, le général de division comte de Bisson fut prévenu et proposa de me placer sous la protection de la garde nationale de Paris, comme j'avais déjà été placé sous celle de la garde nationale de Bordeaux, lorsque le dictateur Gambetta avait voulu me faire arrêter. Aussi, de ce fait, je tirerai des conclusions pour ma défense.

Divers commandements me furent offerts.

Le président me pria de vouloir bien exposer, au point de vue militaire, la situation du pays, la cause de nos désastres, et les dangers que la garde nationale courait dans sa liberté.

Je fis à cet égard un discours qu'il serait peut-être utile de rappeler en résumé.

M. LE PRÉSIDENT : Non, chacun a son avis à cet égard. Quel a été votre rôle? Voilà toute la question.

LULLIER : Mon rôle a été tout politique jusqu'au 18 mars 1871. Je ne voulais pas accepter le commandement en chef de la garde nationale, parce que j'étais sous sa protection : une telle situation aurait engendré des conflits. Je proposai le général Garibaldi, dont la chemise rouge pouvait être un drapeau. Le programme de la garde nationale fut ensuite proclamé : levée de l'état de siége, élection du général en chef, franchises municipales.

M. LE PRÉSIDENT : Tout cela, c'est encore une opinion personnelle.

LULLIER : Il faut bien que je dise que c'est cette séance du 15 mars. qui a tout fait. Si l'attaque des canons avait eu lieu le 14, il n'y aurait rien eu, ou seulement une fusillade insignifiante. Si le Comité central n'eût pas été là, j'eusse fait alliance avec la fédération de la garde nationale, qui a refusé de pactiser avec lui. L'une ou l'autre réunion n'avaient dans les arrondissements et sur l'ensemble de la garde nationale qu'une faible influence. Tout ce qui avait quelque valeur avait d'abord occupé les grades dans chaque légion ou bataillon. Les comités de vigilance d'arrondissement ne voulurent pas reconnaître le Comité central. Le 15 mars, pourtant, ils le reconnurent et consentirent à s'appeler désormais sous-comités. La fédération, elle, se refusa à se soumettre au Comité. Au sortir de cette réunion, j'allai pendant trois jours vérifier l'état de Paris, lui tâter le pouls en quelque sorte.

Le 18 mars, je fus averti du mouvement qui se préparait. J'allai à Montmartre, où l'on voulut dételer mon cheval, pour le manger sans doute. Là, je fus acclamé de nouveau comme général de la garde nationale; je répondis par des phrases évasives. J'appris bientôt l'arrestation des généraux Lecomte et Clément Thomas, et peu après leur assassinat. Le maire du 18e arrondissement, M. Clémenceau, me confirma le fait, en ajoutant que je l'eusse empêché si j'eusse été là une heure plus tôt. Ce n'aurait pas été la première fois que j'aurais arraché à la foule furieuse une victime en lui faisant un rempart de mon corps. J'allai au sous-comité de Montmartre et je dis à Bergeret : Vous êtes responsable de ces crimes. Il me dit aussi que j'aurais pu les empêcher par ma présence. A Ménilmontant, à Charonne, à la place de la Bastille, les mêmes scènes se produisirent. On voulut encore dételer mon cheval pour le manger, et on m'offrit encore le commandement. J'allai, enfin, au Comité central, 11, rue Basfroi, où on me remit ma nomination de général en chef et des pleins pouvoirs. Il était sept heures et demie du soir, je montai à cheval et gagnai le boulevard. Les boutiques étaient fermées ; Paris était en armes ; mais aucun ordre n'avait été donné. Dans la soirée, je donnai mes ordres aux bataillons de Montmartre, la Villette, Belleville Ménilmontant et à ceux du 11ᵉ arrondissement, afin que des hauteurs ils descendissent sur le centre. Je descendis moi-même avec un bataillon par la rue Vieille-du-Temple ; nous fûmes accueillis par la fusillade d'un bataillon réactionnaire.

M. LE PRÉSIDENT : Employez donc d'autres expressions.

M. LE COMMISSAIRE DU GOUVERNEMENT : Il veut parler des bataillons de l'ordre.

LULLIER : C'était le style du moment.

J'arrivai devant l'Hôtel-de-Ville pour reconnaître la position, attendant l'arrivée des bataillons de Montmartre et des hauteurs, qui eut lieu dans la soirée, et j'étendis une ligne du pont d'Austerlitz à la Madeleine. Il s'agissait de refouler l'armée sur la rive gauche, de s'emparer de cette rive gauche et de laisser toutefois à l'armée une zone neutre. Ce résultat fut atteint. Je m'emparai de l'Hôtel-de-Ville, j'en nommai Brunel commandant, je m'emparai de la Préfecture de police dont Dardennes fut gouverneur ; Bergeret alla aux Tuileries ; Duval, comme chef militaire, à la Préfecture de police. La 6ᵉ légion dut s'emparer du Panthéon et de la place Maubert.

M. LE PRÉSIDENT : Abrégez un peu.

LULLIER : J'abrège considérablement. Il faut bien que je rende compte de ce qui se passa cette nuit. J'allai chercher le Comité central, qui n'espérait pas un succès complet et qui vint s'installer à l'Hôtel-de-Ville. Je comptais tirer parti du Comité central comme d'un instrument susceptible de perfectionnement. Les événements m'ont cruellement trompé.

Le lendemain, quarante-cinq bataillons nouveaux occupèrent les sept points stratégiques de la rive droite, les quatre points stratégiques de la rive gauche, les ministères et les portes de Paris. J'employais comme espions tous ceux qui venaient me faire des demandes. Je sus bientôt qu'il n'y avait ni vivres ni munitions dans les forts, sauf au Mont-Valérien. Je le fis sommer d'abord par les 153ᵉ et 155ᵉ bataillons ; mais le commandant refusa, disant qu'il resterait neutre et ne voulait pas tirer sur Paris. Dans la nuit du 21 au 22, on battit la générale sur la rive gauche, on sonna même le tocsin sans mon ordre. Les forts de la rive gauche se rendirent, celui de Montrouge fit seul quelques difficultés. Le 22, tout les forts étaient en notre pouvoir. Je m'occupai ensuite de fortifier la ligne défensive de la presqu'île de Genevilliers depuis Bezons.

C'est alors que, le 22, je fus victime de ce Comtté central, duquel j'aurais bien mieux fait de me passer. Le conflit éclata parce que je réclamais le commandement absolu qui m'avait été promis, et ce, à l'occasion de l'arrestation du général Chanzy, que le Comité avait maintenue. Je donnai de suite l'ordre de mettre le général immédiatement en liberté. Le Comité n'avait pas su me dire pourquoi il avait été arrêté. Il fit plus : il envoya après mon ordre un ordre contraire. J'en fis des reproches au Comité ; je lui dis que les opinions du général, quelles qu'elles fussent, ne sauraient justifier son arrestation, et que seul, en définitive, au milieu de nos désastres, il avait tenu haut et ferme le drapeau de la France. Le lendemain, je chargeai le citoyen Ferrat, ici présent, de notifier ma volonté à cet égard au Comité central, et je pris des dipositions militaires pour balayer le Comité central s'il voulait continuer à mettre obstacle à ma politique.

Le Comité voulait avoir la parole du général qu'il ne porterait pas les armes contre Paris ; c'était un hommage indirect qu'il lui rendait ainsi, et qu'il n'eût peut-être pas rendu à un autre.

M. LE PRÉSIDENT : Privez-vous de ces allusions, ou je vous retirerai la parole.

LULLIER : Il faut pourtant que je parle des uns et des autres, car je n'étais pas seul.

M. LE PRÉSIDENT : Parlez des vôtres, mais pas des autres.

M. LE COMMISSAIRE DU GOUVERNEMENT : Et surtout, ne vous occupez pas de qualifier les généraux.

LULLIER : Je supprime alors le récit des intentions que j'avais alors et que je ne pus exécuter.

Au point de vu financier, je créai l'intendance et la manutention de la garde nationale ; en trois jours, il y avait 200,000 rations à l'Hôtel-de-Ville ; il fallait aussi de l'argent, 400,000 fr. par jour ; il fallait payer la garde nationale. Je trouvai des ressources pour environ 30 millions de francs, dont 8 millions de bons du Trésor figurant dans une négociation avec la ville de Paris, 12 millions aux tabacs et 10 millions en impôts.

J'ai été général en chef de la garde nationale, dictateur en quelque sorte ; mais mon cas est un cas politique. Je n'ai pas commis de crime ni délits de droit commun.

M. LE PRÉSIDENT : Parlez-nous du régiment du Luxembourg?

LULLIER : On m'a dit que ce régiment n'avait pas de vivres, qu'il vivait sur la population ou sur réquisition. J'eus à aller de ce côté ; je fis remarquer au colonel et aux officiers qu'ils vinssent avec nous ou qu'ils quittassent Paris ; j'aurais pu faire prisonnier depuis longtemps ce régiment. Je consentis, le lendemain, à le laisser partir avec ses armes et ses canons ; il avait trois canons. J'en avais huit cents. Je ne vois pas où est l'embauchage.

M. LE PRÉSIDENT : Je vais vous le dire : Vous avez à haute voix sommé le régiment de se rendre, offrant le logement, les vivres et les grades, s'il y consentait.

LULLIER : La position du Luxembourg n'avait pas de valeur pour ce régiment.

M. LE PRÉSIDENT : Aussi n'était-il pas cantonné.

Lullier : Ou ce régiment isolé au milieu de 200,000 hommes voulait faire cause commune avec nous, ou il avait des intentions cachées. Il fallait bien que je m'assurasse de ces intentions. D'ailleurs, je n'allais pas dans le quartier que pour cela ; je n'y aurais envoyé qu'un colonel ou un chef de bataillon, mais j'avais affaire dans le quartier. Ce régiment pouvait, à un moment donné, ouvrir une porte à l'armée de Versailles ou appuyer une manifestation, devenir en un mot, dangereux à un moment donné.

M. le Commissaire du gouvernement : Il est acquis que l'accusé a fait une proclamation pour solliciter ce régiment d'abandonner son drapeau.

Lullier : Je n'avais qu'un mot à dire pour le faire prisonnier ; j'avais 200,000 hommes.

M. le Commissaire du gouvernement : Qui aurait écrasé peut-être le régiment en question, mais votre mot n'aurait pas suffi. Je proteste contre ce que vous venez de dire : le régiment ne se serait pas rendu.

M. le Président : Qui a donné l'ordre de la fusillade à la place Vendôme?

Lullier : Je ne sais ; j'étais arrêté dès le 22. La place était sous le commandement du général Bergeret : c'est tout ce que je puis dire. Je suis resté au dépôt jusqu'au 2 avril, époque à laquelle je me suis échappé.

M. le Président : Ce qui prouve que vous n'étiez pas trop bien gardé.

Lullier : Tout le monde m'était dévoué. Par ces temps de trouble on obéit aux individualités, non aux principes. Je suis, après mon évasion, resté à Paris jusqu'au 5 juin, jour de mon arrestation dernière. La Commune me fit rechercher, arrêter de nouveau et conduire à Mazas, d'où je m'évadai encore, changeant de quartier, me montrant partout où j'avais des hommes sûrs à ma disposition, me cachant ailleurs.

M. le Président : Vous êtes accusé d'attentat contre le gouvernement et d'excitation à la guerre civile.

Lullier : Je n'ai qu'une chose à répondre : Le parti auquel on me rattache sans que je lui appartienne, a été vaincu.

M. le Président : Vous êtes accusé d'embauchage?

Lullier : J'ai accepté le commandement de la garde nationale, je ne l'ai pas demandé.

Je n'ai pas commandé la flottille dont il est question dans l'accusation. Je ne me suis pas servi de ces marins, mais je me proposais de m'en servir.

M. le Président : Vous vous êtes mis, par intermédiaire, en communication avec le gouvernement régulier?

Lullier : J'ai des explications à donner à cet égard. La Commune, alors, n'avait plus que 60,000 défenseurs au lieu de 200,000. Le nombre de ses partisants diminuait tous les jours. Elle s'était successivement aliéné tous les partis. Renverser Bonaparte, c'était justice ; mais la colonne, c'est le prix du sang. La Commune s'était aliéné le parti légitimiste, le plus honorable de tous, parce.

qu'il est désintéressé. Elle s'était aliéné le clergé par ses emprisonnements et ses perquisitions, les rentiers par la menace de brûler le grand-livre, les propriétaires par son décret sur les loyers. A ses derniers jours on ne faisait que bavarder à la guerre et faire sur le terrain des sottises militaires. La situation était des plus précaires : il ne fallait, pour renverser la Commune, qu'un prétexte. Je voulus, moi, la renverser en me servant encore de la garde nationale, prendre la dictature pour éviter les barricades et la guerre des rues, que je savais être terrible, obtenir ensuite une amnistie générale, en un mot, sauver Paris. Mon état-major était composé de généraux de la Commune; tous les jours je ralliais quelques bataillons. Le 13 mai, revenant de la rue Cadet, où j'avais fait un discours, je sus que le Comité central avait demandé à la Commune un dictateur, ce dont la Commune ne voulait pas. Je voulus les balayer l'un et l'autre, le Comité central en le faisant arrêter par la Commune, et la Commune ensuite. Je vis que le moment était arrivé. Le colonel de la légion de Batignolles me présenta M. Camus comme l'agent du gouvernement de Versailles, autorisé à remettre tous les fonds nécessaires pour le mouvement que je projetais. J'acceptai en faisant connaître les instructions que j'ai indiquées tout à l'heure. Si ce jour-là j'eusse eu seulement 50,000 fr., j'aurais eu de quoi chauffer les gosiers dans les faubourgs, chose indispensable pour toute révolution à Paris.

M. LE PRÉSIDENT : Ces explications nous conduiraient aujourd'hui trop loin; vous continuerez demain.

L'audience est levée à cinq heures et demie.

Audience du 17 août.

M. LE PRÉSIDENT (à Courbet) : Vous nous avez dit que c'était vous qui aviez fait rentrer les tableaux de Meudon et de Saint-Cloud?

Je donne lecture d'une lettre que nous écrit à cet égard le régisseur du château de Saint-Cloud, dont il résulte que le sauvetage de ces tableaux est dû seulement au dévouement des employés du château.

COURBET : La commission dont je faisais partie a passé l'inspection de ces tableaux et objets qui ont été apportés de Meudon et Saint-Cloud.

M. LE PRÉSIDENT : Elle a passé cette inspection à Paris?

COURBET : Oui, monsieur le Président; elle a été aussi à Versailles.

M. LE PRÉSIDENT (à Lullier) : Vous avez été délégué par l'Internationale?

LULLIER : Non, monsieur le Président, je ne la connais pas.

M. LE PRÉSIDENT : Eh bien! je vous fais présenter les pièces qui établissent ce fait.

LULLIER : La lettre que vous me représentez m'a été adressée en mon absence, comme un autre qui me nommait du Comité de salut public du gouver-

VEUVE LEROY

nement, comme aussi ma nomination de délégué des vingt arrondissements de Paris.

M. LE PRÉSIDENT : La cantinière de la garde républicaine a été entendue ici et a dit avoir vu aux mains d'un nommé Adamcourt un ordre signé de vous.

LULLIER : C'est impossible. J'ai quitté l'Hôtel-de-Ville le 22 au matin, et l'ordre est daté du soir. Le témoin a seulement déclaré qu'on lui avait dit qu'il y avait un ordre signé de moi, mais il n'a pu le voir.

M. LE PRÉSIDENT : Le 22 janvier, vous avez pris part à l'invasion de l'Hôtel-de-Ville?

LULLIER : Je n'étais pas à Paris. J'ai été absent, comme je vous l'ai dit, monsieur le Président, du 11 septembre au 12 mars.

M. LE PRÉSIDENT : Achevez brièvement ce que vous avez commencé hier au sujet des négociations avec M. Thiers.

LULLIER : Les envoyés de M. Thiers, MM. Camus et le baron du Thil, sont venus à moi; ils m'ont offert des sommes qu'ils ne m'ont pas remises. S'ils me les eussent remises, je n'aurais pas eu besoin d'un prétexte pour renverser la Commune. Seul, livré à moi-même, il m'en fallait un; mais, de moi-même, j'avais déjà conçu le projet de renverser cette Commune, qui avait abandonné le programme raisonnable que j'avais accepté.

M. LE PRÉSIDENT : Pas de considérations, le fait seulement.

LULLIER : Voilà le fait.

M. LE PRÉSIDENT : Huissier, appelez le témoin Fossé.

Ce témoin n'étant pas présent, on appelle M. le colonel Périer, qui déclare se nommer Jules Périer, colonel au 69e de marche, et dépose :

J'étais, le 21 mars, au Luxembourg avec le 69e. M. Lullier a fait au régiment réuni un long discours, où il disait qu'il nous apportait la liberté et la délivrance, qu'il nous donnerait les vivres, les munitions et les grades. Il fit cette provocation en s'adressant à l'ensemble du régiment : puis il me somma personnellement de rendre mes armes; je lui répondis que c'était me demander mon honneur, qu'il n'aurait les armes que par la force, et que je le rendais responsable du sang qui serait versé. M. Lullier changea alors de ton et dit qu'il reviendrait le lendemain à midi pour laisser partir ceux qui voudraient partir et garder ceux qui se joindraient à lui. J'acceptai ces conditions, en demandant toutefois qu'elles fussent étendues à une batterie d'artillerie qui dépendait de mon régiment, dont j'avais la garde, et que cette batterie pût emmener ses canons. Le soir, le commandant de la batterie vint me prier de ne pas l'abandonner. J'allai trouver un de mes amis, le sous-préfet de Péronne, M. Blondin, que je priai d'aller au Comité central. Je ne pouvais guère y aller moi-même; je n'en serais sans doute pas revenu. Je le priai de se charger à ma place de demander la confirmation de ces conditions. M. Lullier autorisa effectivement le départ des hommes, mais voulut garder les canons. Au jour dit, à midi dix minutes, M. Lullier n'étant pas arrivé, je partis purement et simplement avec mon régiment et avec la batterie emmenant les canons.

LULLIER : N'ai-je pas dit au colonel que les soldats étaient obligés de réquisitionner leurs vivres et que je leur en ferais avoir?

LE TÉMOIN : Il me l'a dit; mais, par le fait, les vivres ne m'ont pas manqué, et je refusai l'offre qu'il me fit à cet égard. M. Lullier a d'abord refusé formellement de laisser partir les canons.

LULLIER : J'ai réfléchi ensuite et les ai laissé partir. J'en avais huit cents.

LE TÉMOIN : Rue de Vaugirard, un inconnu m'engagea, en me disant qu'il se présentait de la part de M. Thiers, à prendre le chemin de la porte Maillot; je ne sais pourquoi ce personnage m'inspira confiance. Je pris donc ce chemin; arrêté par un poste à la porte Maillot, je parlementai d'abord en excipant de l'autorisation de M. le général Lullier, et nous ne pûmes sortir que sur la menace que je fis de commander à mes hommes de faire feu sur ceux du poste. A ce poste, on ne connaissait pas le général Lullier; on parlait du général Cremer; on nous dit que dix bataillons nous suivaient.

LULLIER : Il y avait trente-six batteries d'artillerie destinées à défendre la presqu'île de Gennevilliers.

M. LE PRÉSIDENT : Vous nous l'avez dit. Nous retenons la première partie de la déposition qui relate vos paroles.

LULLIER : Finalement, j'ai laissé partir le régiment et les canons, alors que j'aurais bien pu facilement m'en rendre maître.

EUGÈNE SARRAZIN, avocat : Le 19 mars, j'appris par les journaux l'arrestation du général Chanzy, mon compatriote et député de mon département. J'allai trouver à l'Hôtel-de-Ville Lullier, que je connaissais beaucoup, et lui racontai ce fait, dont il s'indigna, ainsi que de l'arrestation, qu'il apprit simultanément, de M. Claude et d'un ecclésiastique. Il me dit : « Ces imbéciles finiront par arrêter tout le monde. » Il ajouta que, dès la veille, il s'était occupé de faire mettre le général Chanzy en liberté; et il me donna un permis de communiquer avec le général Chanzy, qui était encore à la prison de la Santé, attendu que le colonel, depuis général Duval, s'était opposé à sa mise en liberté ; c'est ce que j'appris par la sœur du général Chanzy. Je retournai avec Lullier, que des officiers de francs-tireurs de la seconde armée de la Loire étaient venus trouver aussi pour obtenir l'élargissement du général. Ces messieurs ne parlaient rien moins que d'enlever la prison de haute lutte. Au bout d'une heure, Lullier vint nous dire qu'il avait obtenu la mise en liberté en principe, mais qu'elle n'aurait lieu qu'au bout de quelques jours seulement. Sur ces entrefaites, Lullier fut arrêté. J'allai, peu de temps après, trouver M. Beslay, qui était aussi très-favorable à la mise en liberté du général Chanzy, et qui me dit que le seul obstacle était l'hésitation que mettait le général à donner sa parole de ne pas porter les armes contre Paris. Je lui fis remarquer que cet engagement était superflu, attendu que le général Chanzy n'avait aucun commandement ; que, d'ailleurs, cet engagement pouvait intéresser l'honneur du général. Je quittai M. Beslay sur la promesse de continuer à faire tous ses efforts en faveur du général, qui, effectivement fut mis en liberté le lendemain. Je tiens à constater, en terminant, que cette mise en liberté est due surtout aux efforts énergiques de M. Lullier, encore bien qu'elle ait été ultérieure de deux ou trois jours à l'époque où M. Lullier a cessé d'être quelque chose dans le Comité central.

SUITE DE L'AUDITION DES TÉMOINS DE RÉGÈRE.

JULIEN-JEAN-BAPTISTE ANTOINE, recteur honoraire : J'ai eu avec M. Régère de courts et rares rapports. Je n'ai eu qu'à me louer de sa courtoisie et de sa politesse. Au commencement d'avril, il me rappela que j'avais été proviseur, à Vanves, de deux de ses enfants, qu'il était reconnaissant des bons soins dont ils avaient été l'objet, et que, comme membre de la Commune et administrateur provisoire du 5e arrondissement, il ferait tout son possible pour les lycées et établissements d'enseignement. Il m'autorisa à communiquer ces dispositions à mes anciens collègues. Une autre fois, il me délivra très-gracieusement un laisser-passer pour aller à Vanves par la porte de Versailles, laquelle était interdite, à l'effet de voir mon gendre et ma fille, qui demeuraient au lycée de Vanves. Enfin, sur ma recommandation, il voulut bien s'intéresser à mon successeur à Vanves, M. Chevriot, que le prétendu général Eudes avait fait incarcérer à Mazas ; effectivement, il s'entremit en faveur de M. Chevriot auprès de MM. Protot et Raoul Rigault. En m'en informant, il me dit qu'il se proposait de faire faire bientôt à son second fils sa première communion, et il ajouta qu'il ne tolérerait aucune violence à la liberté religieuse, faisant allusion à quelques scènes fâcheuses qui venaient de se produire dans une maison d'instruction dirigée par des religieuses.

RÉGÈRE : M. Chevriot était considéré comme otage. Cependant, j'obtins de Raoul Rigault, sur une lettre touchante que m'avait écrite Mme Chevriot, qu'il ne lui serait point fait de mal, et effectivement il fut sauvé.

M. LE PRÉSIDENT : Il a eu cette chance.

MARIE-CHARLES-WENCESLAS GAULTIER DE CLAUBRY, 2e vicaire à Saint-Étienne-du-Mont : M. Régère est venu me voir pour me prier de changer l'heure des catéchismes de notre paroisse pour une nécessité de service. Il m'a amené son fils pour que je le préparasse à la première communion, et il a assisté à cette cérémonie avec sa femme. Il rendit des services au clergé ; il donna, par exemple, un laisser-passer à l'aumônier qui avait fait la retraite de la première communion. Je dois à la vérité de déclarer, quoique je regrette d'avoir à le rappeler, qu'il me parla en termes assez fâcheux de Mgr l'archevêque de Paris, disant que c'était un lâche, qu'il s'attachait à la vie, et qu'il ne ferait rien pour lui; qu'il interviendrait plutôt pour les révérends pères Ducoudray et Olivaint. Dans notre arrondissement, l'église Saint-Jacques-du-Haut-Pas a seule été occupée le 16 avril; celle de Saint-Séverin était, le soir, transformée en club; les autres n'ont pas souffert. Nous avons encore dit la messe le 24 mai à Saint-Étienne, et notre église n'a éprouvé que des détournements insignifiants, et sur les derniers jours seulement, au moment où je fus aussi moi-même arrêté. Étant arrêté, je rencontrai M. Régère fils aîné; je réclamai sa protection; il me répondit évasivement et s'en alla.

Régère : Je tiens à rappeler exactement ce que j'ai dit au sujet de Mgr l'archevêque de Paris; à deux reprises, il m'avait fait appeler, et je lui représentai tous les dangers qu'il courait. J'ai dit au témoin que mon intérêt était plus acquis au père Olivaint, que je connaissais beaucoup plus, qu'à Mgr l'archevêque, que je connaissais moins. Toutes ces existences dépendaient de Raoul Rigault, qui était investi de la fonction terrible de procureur de la Commune, et qui m'a moi-même menacé à un moment donné.

M. LE PRÉSIDENT : Vous faites une révolution au nom de la liberté, et vous commencez par en priver tous ceux qui vous gênent, et cela sans aucun motif.

Régère : Beaucoup d'arrestations sont antérieures à la Commune, notamment celle des otages. La Commune s'était réservé l'examen de toutes les arrestations, et une commission avait été chargée par elle de vider les prisons. Cette Commune, que l'on dit avoir eu une si grande soif de sang, n'a prononcé qu'une condamnation à mort en deux mois, et encore on l'a commuée. Il s'agissait d'un chef de la garde nationale qui avait fui devant l'ennemi.

M. LE PRÉSIDENT : Et cette condamnation avait été prononcée par un prétendu conseil de guerre que vous constituiez sans aucune forme.

Régère : J'ai ignoré l'arrestation de M. Gaultier de Claubry.

M. LE COMMISSAIRE DU GOUVERNEMENT : Mais vous lui avez parlé.

LE TÉMOIN : C'est à son fils aîné et non à lui que j'ai parlé. Régère père n'était pas là quand j'ai été arrêté. J'étais avec plusieurs autres destinés à périr; heureusement, nous avons été épargnés.

Régère : Je n'aurais pas permis, quant à moi, que ces messieurs fussent victimes.

HENRY BOULEY, inspecteur-général des écoles d'agriculture :

J'étais resté à Paris, et j'y conservais, par suite de mes fonctions, des relations avec le gouvernement de Versailles. Il m'arrivait des lettres timbrées du cabinet du ministre de l'Agriculture. M. Régère vint me prévenir que j'étais, pour ce motif, porté sur une liste d'otages, et me donna spontanément un laisser-passer, dont je ne tardai pas à profiter, connaissant trop bien mon pays pour ne pas avoir compris les dangers qui me menaçaient. Voilà trente ans que je connais Régère, élevé avec moi à Alfort, élevé ensuite dans un pensionnat, lauréat de cette école, vétérinaire distingué, honnête homme surtout. Ce qui m'étonne, c'est qu'il soit ici. Son malheur a été de s'être mêlé à la politique. -

RÉGÈRE : On m'a rendu ma profession impossible.

M. LE PRÉSIDENT : C'est-à-dire que c'est vous qui vous êtes volontairement jeté dans la politique mauvaise.

ÉMILE-FRANÇOIS DECROIX, vétérinaire militaire à la caserne de la Cité.

Depuis le 19 mars, on venait souvent à la caserne de la Cité pour demander des chevaux. Je répondis qu'il n'y avait que des chevaux malades. M. Régère vint, entre autres, me fit connaître son nom, sa profession, sa position à la mairie du 5ᵉ arrondissement, se mit à ma disposition et me donna un permis de circulation dans les diverses casernes où il y avait des chevaux. Il me parla plus tard de ce qu'il avait fait pour M. Bouley.

M. LE PRÉSIDENT : Nous le savons ; M. Bouley nous l'a dit.

LE TÉMOIN : Je l'ignorais.

RÉGÈRE : N'ai-je pas confié à M. Decroix la surveillance de la caserne de la Cité, dont j'avais empêché le pillage ? N'ai-je pas aussi donné mon concours à M. Decroix dans l'intérêt d'une communauté religieuse ?

LE TÉMOIN : Il s'agissait des sœurs de Saint-Vincent-de-Paul de la rue Saint-Séverin, qui étaient forcées de quitter leur local, et qu'on voulait empêcher d'emporter leurs objets personnels. M. Régère a donné les ordres nécessaires à cet égard. Lorsque je le trouvai, il était occupé à donner des ordres pour rendre possible l'exercice du culte dans l'église Saint-Jacques-du-Haut-Pas. Je sais que M. Régère a surveillé, de sa personne, la restitution aux sœurs de ce qui leur appartenait. Quant à la caserne de la Cité, il s'y faisait un vrai pillage ; Régère s'est effectivement entremis pour le faire cesser.

RÉGÈRE : Les sommes saisies dans cette caserne ont été portées par mes ordres à la mairie.

M. LE PRÉSIDENT : Dites donc les sommes volées.

Mᵉ DUPONT DE BUSSAC : Régère a fait rendre aux propriétaires ce qui leur appartenait.

M. LE PRÉSIDENT : Les faits sont acquis.

M. LE PRÉSIDENT : Régère, tenez-vous à l'audition de tous vos témoins à décharge ?

RÉGÈRE : Oui, monsieur le Président, parce que chacun doit déposer sur un fait particulier.

JACQUES PONTASTIER, garçon de bureau à la mairie du 5ᵉ arrondissement :

Il y avait un télégraphe à la mairie ; je ne sais s'il communiquait avec le Panthéon ou le Luxembourg.

RÉGÈRE : Le fil était à trente mètres du sol. Le témoin a été attaché à mon cabinet pendant deux mois. Il a vu tout ce que j'ai fait. Au dernier moment, je faisais remettre un carreau à mon cabinet, ce qui prouve que je ne songeais pas à fuir.

M. LE PRÉSIDENT : Les appointements étaient-ils payés?

LE TÉMOIN : On payait assez régulièrement; cependant; il y a eu des réclamations. J'ai vu arriver à la mairie beaucoup d'objets, notamment des vêtements de gardes de Paris et de sergents de ville. M. Régère me remit des vêtements ecclésiastiques que je mis dans une chambre dont j'avais le secret, et que j'ai conservés. Plus tard, ils ont été remis à qui de droit.

ANTOINE-ARMAND DANET, secrétaire à l'École de droit.

RÉGÈRE : Monsieur est mon voisin, et il pourra dire que j'ai donné un grand nombre de laisser-passer.

LE TÉMOIN : Le 3 mai, je fus demander un laisser-passer à M. Régère; il refusa d'abord, puis me dit ensuite : « Vous allez à Versailles? si vous voyez M. Vacherot, dites-lui que j'ai pour lui la plus grande vénération, et que si des propositions de conciliation sont faites, elles doivent passer par mon intermédiaire; car je suis, quoique je n'en aie pas l'air, du parti modéré. » Je ne fis pas la commission de M. Régère, et je lui dis que je n'avais pas eu le temps.

RÉGÈRE : Il est donc prouvé que j'ai fait tous mes efforts pour arriver à une conciliation.

THÉODORE RAMOND, prêtre.

RÉGÈRE : Monsieur le Président, le rapport, en ce qui me touche, dit que j'ai pris la fuite quand mon arrondissement était envahi. Je tiens, même en dehors de ce procès, à établir que je n'ai pas abandonné mon arrondissement, que je l'ai sauvegardé.

M. LE PRÉSIDENT : Qu'appelez-vous sauvegarder?

RÉGÈRE : J'appelle sauvegarder, empêcher la guerre civile.

LE TÉMOIN : Le jour de l'entrée des troupes, M. Régère vint au couvent des Dames Saint-Michel, avec son fils, qu'il recommanda à ces dames. Quant à lui, il dit qu'il viendrait quand il pourrait. J'ai d'autres faits à rapporter témoignant des bonnes dispositions de M. Régère : ainsi, des voitures des Dames Saint-Michel, contenant des meubles, ayant été arrêtées, on s'adressa à M. Régère, maire du 5e arrondissement, et, après que le Comité eut fort maltraité la sœur économe chargée de présenter la demande, elle parvint au maire, qui fut parfait, et accorda tout ce qu'on lui demanda.

M. LE PRÉSIDENT (à Régère) : Il est parfaitement acquis que vous avez protégé tous les établissements religieux.

RÉGÈRE : Il y avait au-dessus de nous un pouvoir plus fort.

M. LE PRÉSIDENT : Oui, c'est bien entendu, il y avait la Préfecture de police.

GUSTAVE-ADOLPHE DE SALICIS, capitaine de frégate.

RÉGÈRE : Je crois avoir dit au Conseil ce que j'ai eu à faire avec M. de Salicis, je fais appel à sa loyauté d'officier et de marin.

LE TÉMOIN : Le 22 mars, la mairie du 5e arrondissement fut envahie. M. Régère était maire; MM. Maret et Accolas, adjoints; le pouvoir militaire était aux mains du capitaine Blin. Le deuxième adjoint, Colin, avait été incarcéré; mais je sais que M. Régère déclara être étranger à cette séquestration. On m'offrit le commandement militaire de l'arrondissement; j'acceptai sous condition, et me retranchai à l'École polytechnique, facile à défendre. Mais j'arrive rapidement à mes rapports avec Régère. J'avais peu d'hommes dévoués autour de moi; d'ailleurs, à peine six cartouches par homme. Je me mis en relation avec l'amiral Saisset, qui me fit répondre qu'il serait bien difficile de m'envoyer des munitions et que je devais me contenter de rester sur la défensive, dans l'intérêt de l'École. Le lendemain, on me dit que tout était arrangé et que l'union était définitive avec le Comité central. J'envoyai aux renseignements, et ces bruits se trouvèrent confirmés. Le soir, j'écrivis à M. Régère pour qu'il vînt conférer avec moi dans le cabinet du général de l'École; il me fit répondre de venir moi-même à la mairie, et m'envoya un sauf-conduit pour moi et tel nombre de personnes que je voudrais. Je m'y rendis seul. Je lui demandai s'il avait reçu des nouvelles. Il me dit que non, et qu'il n'avait aucun ordre, comme moi de mon côté. Il me fit promettre, devant le colonel Blin, de ne pas l'attaquer pendant la nuit, ce que je n'eus pas de peine à faire. Je causai ensuite avec M. Régère, à qui je demandai comment il pouvait espérer une bonne réussite des événements du moment. Il me répondit que la République et la liberté ne pouvaient rien former, et que les jeunes hommes, c'était son expression, qui étaient au pouvoir tenaient la solution du problème social. Régère me fit l'effet d'un homme intelligent, mais mal équilibré, et destiné selon les événements, à faire de la terreur rouge ou de la terreur blanche. Le lendemain, j'appris que l'amiral Saisset avait lui-même reconnu l'impossibilité de lutter. Je voulus sauver les soldats que j'avais autour de moi, et je fus à la mairie avec mon vieil ami, M. Philipon. Je trouvai M. Régère puisant à même dans un sac pour faire un paiement; il nous dit avec une certaine jovialité : « Vous voyez que nous ne sommes pas si gueux qu'on le dit, quoiqu'on nous ait enlevé notre caisse. » Je posai mes conditions : 1° qu'aucun de ceux qui s'étaient unis à moi ne serait inquiété; 2° que les 21e et 59e bataillons garderaient les canons du quartier; 3° que les adjoints réguliers reprendraient leurs fonctions; 4° enfin, qu'un officier poursuivi serait relâché. On m'accorda ce que je demandais. Ayant appris qu'un élève de l'École avait été poursuivi dans la rue Saint-Victor à coups de couteau, j'exigeai la recherche des coupables, ce qu'on m'accorda sans difficulté. Quelques jours après parut la loi sur les otages, et je dis ceci en faveur du sieur Régère : le 10 juin, je tâchai de sortir et je fus arrêté. Je ne pus réussir à quitter Paris que par la gare du Nord. Je suis certain que M. Régère m'aurait accordé son appui pour me faire relâcher. Je n'ai pas ensuite été mêlé aux événements avec le citoyen Régère; je l'appelle ainsi, me reportant à l'époque dont je raconte les faits.

RÉGÈRE : Il résulte de la déposition de M. le Témoin que j'ai toujours empêché les mesures de rigueur. Quant à l'envahissement de la mairie, voici ce que j'ai à dire : Je reçus pouvoir pour faire faire les élections du 5e arrondissement. Je n'en tins aucun compte, et je priai les anciens adjoints de rester à leur poste. Je fus ensuite porté à la Commune, comme je l'ai dit, par un très-grand nombre de voix.

LE TÉMOIN : J'ai vu dans les journaux du matin que j'avais 8,000 hommes sous mes ordres. Si je les avais eus, j'aurais pris la mairie l'arme au bras; je n'avais réellement que 1,650 hommes, et jamais plus de 450 présents.

M. LE PRÉSIDENT *(à Lullier)* : Reconnaissez-vous cette casquette? (On passe au témoin un képi orné de sept galons, un de plus que ceux des généraux.)

LULLIER : Oui, monsieur le Président, je la reconnais.

FERNAND GUINET, négociant.

M. LE PRÉSIDENT : Vous avez été arrêté sur le quai?

LE TÉMOIN : Oui, on m'amena à la mairie, où deux capitaines me prirent 850 fr. et des valeurs; on m'appela Versaillais, et on me dit d'autres paroles accentuées. Régère dit : « C'est bien; il sera bon à être fusillé! » Un ami parvint à obtenir l'ordre de me faire sortir; mais on s'y opposa. Cette même personne travailla encore pour moi, et, étant venue trouver Régère et Cie, on le força, malgré qu'il eût plus de quarante-cinq ans, à aller aux barricades, et on le fit accompagner par un fédéré, qu'il parvint à quitter au moment où une cavalcade, arrivée sur la place du Panthéon, causa une diversion.

RÉGÈRE : Il y a du vrai; mais je dénie la seconde partie de cette déposition. On a arrêté M. Guinet au marché au vin et on le conduisit dans mon bureau. A ce moment, les troupes de Versailles entraient dans Paris, et on était très-irrité. En le gardant à la mairie, je lui étais d'un grand secours.

M. LE COMMISSAIRE DU GOUVERNEMENT : Il voulait lui sauver la vie!

RÉGÈRE : Je crois qu'en mettant monsieur dans le cabanon.....

LE TÉMOIN : Une niche à chien!

RÉGÈRE : Eh bien! oui; ce n'est pas moi qui l'ai faite, c'est la prison de la mairie. Je vais répondre à l'accusation relative à l'argent. Il est vrai que l'habitude était de prendre les valeurs; mais j'avais l'intention de remettre ce qui appartenait à M. Guinet et à sa femme. Je n'ai jamais dit qu'on fusillât le témoin.

LE TÉMOIN : Vous l'avez dit, je le jure.

RÉGÈRE : J'affirme le contraire; c'est le seul fait relevé contre moi.

M. LE PRÉSIDENT *(au témoin)* : Avez-vous recouvré vos valeurs?

LE TÉMOIN : Non, monsieur le Président.

RÉGÈRE : J'ai demandé avec instance qu'elles lui fussent remises, et j'ai prié M Claude de le faire. Le témoin les retrouvera sans aucun doute : il peut être sans crainte à cet égard.

M. LE PRÉSIDENT : C'est bien.

La séance est suspendue pendant dix minutes. Elle est reprise à trois heures.

M. LE PRÉSIDENT (s'adressant à Assi) : Vous, qui étiez du Comité central, dites-moi pourquoi vous avez fait arrêter Lullier?

ASSI : Nous savions qu'il devait y avoir une manifestation. Nous donnâmes l'ordre à M. Lullier de la combattre. Comme il ne voulut pas nous obéir et s'emporta violemment, nous le fîmes arrêter.

Mᵉ MARCHAND, défenseur de Lullier : Il y a un ordre qui ne laisse aucun doute sur ce fait, qu'il s'est beaucoup occupé de faire mettre le général Chanzy en liberté.

LULLIER : J'ai donné plus de 2,500 ordres, en quelques jours, et je ne pouvais tous les écrire; c'est ce qui explique que l'ordre de relâcher le général Chanzy ne soit pas écrit de ma main. Et, laissant cette question de côté, de quel droit le Comité central m'aurait-il donné un ordre, comme le dit M. Assi? Un ordre à un général en chef? Je ferai entendre M. Paul Meurice, qui constatera que je n'ai pas voulu marcher en dehors des volontés de la France.

ASSI : Le Comité central était nommé par la garde nationale pour la diriger. Du jour où le Comité aurait voulu faire autre chose que ce que voulait la garde nationale, il eût été remplacé. Or, M. Charles Lullier était général en chef de la garde nationale.

LOUIS-ALEXIS FOSSET, aide-de-camp d'Assi.

M. LE PRÉSIDENT : C'est vous qui avez arrêté Lullier?

LE TÉMOIN : Oui, mon colonel; je reçus ordre du Comité.

M. LE PRÉSIDENT : Il n'a pas protesté, n'a pas fait résistance?

LE TÉMOIN : Il était très-troublé.

M. LE PRÉSIDENT : Vous n'avez pas eu beaucoup de peine à l'arrêter?

LE TÉMOIN : Si, assez; mais nous avions la force.

M. LE PRÉSIDENT : Qui avait signé l'ordre d'arrestation?

LE TÉMOIN : Je ne sais.

M. LE PRÉSIDENT : MM. du Thil et Camus sont malades; on va lire leur déposition.

Mᵉ MARCHAND : C'est fâcheux, et je prierai ces messieurs, si leur indisposition cesse, de venir témoigner.

LULLIER : MM. Camus et du Thil sont venus à moi. Si la parole qu'ils m'ont donnée embarrasse le gouvernement, je leur rends leur parole. (Rires.)

(On lit la déposition de M. le capitaine Jallus, qui raconte que Lullier a fait une proclamation au régiment, promettant des grades et des vivres.)

M. du Thil relate l'intervention de M. Camus, qui devait, avec lui, poursuivre les négociations; mais il ne sait rien des arrangements pris pour les sommes d'argent à verser.

M. Camus était chargé d'organiser une contre-révolution; il ne put remettre à Lullier que 2,000 fr., ayant été incarcéré. La somme totale convenue était de 30,000 fr. De son côté, M. Lullier s'était chargé de faire arrêter tous les membres de la Commune et du Comité central. Les otages, délivrés, devaient immédiatement être conduits à Versailles. M. le baron du Thil avait pour mission spéciale de transmettre les renseignements à Versailles.

Lullier : Aucune somme ne fut fixée; il n'était convenu que de ceci : qu'on me remettrait d'abord 30,000 fr., puis tout ce qui me serait nécessaire. Il était bien entendu que je serais nommé dictateur et que je traiterais alors avec le gouvernement. Je luttais contre la majorité de l'Assemblée nationale, que je voulais forcer à tenir les promesses que la République nous avait faites le 4 septembre.

Falcet, témoin à décharge, a connu Lullier en 1861 : ce n'était pas un républicain autoritaire. Le 18 mars, je lui dis : « Lullier, vous faites une mauvaise besogne; M. Jules Favre vous porte beaucoup d'estime, et je ne comprends pas que vous vous embarquiez sur une pareille galère. » — « Ne craignez rien, me dit Lullier, je suis très-populaire, et quand je verrai que j'ai affaire à des sots, à des gredins, j'arrangerai tout. Je sais que Lullier tenta une contre-révolution; mais il échoua, ayant eu l'imprudence de se faire arrêter à l'église Sulpice, comme on disait alors. Il me dit un jour : « Si le Comité central fait tomber une tête, s'il commet quelque assassinat, eh bien! je f..... le Comité central à l'eau! » Ce sont ses propres paroles.

Le témoin Sarrazin, rappelé, dit qu'il a eu entre les mains un ordre signé Lullier pour mettre le général Chanzy en liberté.

INTERROGATOIRE DE PASCHAL GROUSSET.

M. le Président : Vous avez refusé de répondre à votre interrogatoire. Êtes-vous dans les mêmes intentions?

Paschal Grousset : Mon Dieu! monsieur le Président, j'ai refusé de répondre pour aller plus vite; je suis prêt à répondre aujourd'hui.

M. le Président : Vous avez été attaché à plusieurs journaux?

Paschal Grousset : Au *Rappel* et à la *Marseillaise*.

M. le Président : Vous avez même dirigé l'*Affranchi?*

Paschal Grousset : Oui, monsieur le Président.

M. le Président : Vous avez fait un violent appel à l'insurrection?

PASCHAL GROUSSET : Non, j'ai défendu les droits du peuple de Paris.

M. LE PRÉSIDENT : C'est pour cela que vous parliez de papalins?

PASCHAL GROUSSET : J'en demande pardon à mes juges, mais je parlais de l'armée de Versailles, où se trouvaient un grand nombre de zouaves pontificaux.

M. LE PRÉSIDENT : Vous avez été membre de la Commune et délégué aux Affaires étrangères.

PASCHAL GROUSSET : Oui.

M. LE PRÉSIDENT : Vous avez refusé toute conciliation?

PASCHAL GROUSSET : La vérité est que toutes les fois que j'ai vu la conciliation possible, j'ai cherché à l'établir; mais j'ai repoussé les conciliateurs dont les propositions étaient presque toujours étranges; l'un d'eux, par exemple, me demandait 100,000 fr. et le Palais-Royal pour tout arranger.

M. LE PRÉSIDENT : Vous êtes solidaire des actes de la Commune comme en ayant fait partie?

PASCHAL GROUSSET : J'accepterai tous les actes de la Commune; mais seulement les actes de la Commune. Je tiens à constater que jamais elle n'a eu l'intention de faire exécuter ses décrets; c'était une manière d'avertir Versailles. Dans tous les cas, il ne s'agissait pour les otages que de prisonniers pris les armes à la main, et non de prêtres ou autres. La Commune a toujours eu une véritable horreur du sang. La preuve en est dans la condamnation à mort d'un nommé Girod, officier de la garde nationale, la seule prononcée et commuée par nous. Je déclare que l'opinion démocratique, démagogique si vous voulez, était fort en avant de nous. Ainsi, on nous demandait, à grands cris, des représailles lors de la mort de Flourens et de Duval. Que fit la Commune? Elle donna un aliment à l'opinion publique par le décret. Notre parti portera la peine des assassinats commis, rien ne peut excuser ces exécutions, mais rien ne peut les mettre à la charge de la Commune.

M. LE PRÉSIDENT : Voilà ce que c'est que d'être dans un ordre de choses irrégulier.

PASCHAL GROUSSET : Irrégulier, parce que nous avons été vaincus. Le gouvernement du 4 septembre n'était pas plus régulier que nous : nous avions été nommés par le vote.

M. LE PRÉSIDENT : Oui, mais quel vote?

PASCHAL GROUSSET : Pour mon compte personnel, j'ai eu 13,500 voix de plus que les députés, et cela a quelque importance. Le succès ou la défaite fait voir les choses sous différents points de vue. Il y a des milliers d'innocents qui ont été arrêtés, par exemple, toute ma famille, contre laquelle on ne relève d'autre crime que ma parenté.

M. LE PRÉSIDENT : Oui, mais du moins ceux qu'on arrête sont interrogés. Vous arrêtiez et vous procédiez ensuite aux exécutions.

Paschal Grousset : Il y avait dans la Commune un parti qui voulait juger, c'était la meilleure garantie.

M. le Président : Quels furent vos actes au ministère des Affaires étrangères?

Paschal Grousset : Je trouvai tout un personnel trop nombreux. Je fis venir l'économe et lui déclarai que je garderais tout le monde, mais en réduisant d'un tiers les appointements. Je savais cependant qu'ils communiquaient avec Versailles. Mes rapports avec l'étranger se réduisaient à peu de choses : passeports ou arrestations arbitraires que je faisais lever. J'avais une autre administration, composée de quinze ou seize employés, relative aux rappprts avec les départements.

M. le Président : Vos employés touchaient leurs appointements sans qu'il y eût rien de régulier.

Paschal Grousset : Pardon, il y avait des feuilles d'émargement parfaitement régulières.

M. le Président : Qu'est-ce qu'un reçu de 25 à 26,000 fr. signé de Émile Kunemann?

Paschal Grousset : Permettez-moi de garder la plus grande réserve.

M. le Président : Mais au point de vue de l'argent?

Paschal Grousset : J'ai un reçu pour ma décharge.

M. le Président : Est-il Prussien?

Paschal Grousset : Non, Alsacien.

M. le Président : C'est lui qui vous a fait connaître un officier prussien?

Paschal Grousset : Nous avions eu quelques difficultés avec les Prussiens relativement au fort de Vincennes.

M. le Président : Vous aviez emporté beaucoup de dossiers des Affaires étrangères.

Paschal Grousset : Je travaillais chez moi, et chaque jour j'emportais deux ou trois dossiers pour m'occuper des affaires des pays étrangers.

M. le président : On en a trouvé un très-grand nombre.

Paschal Grousset : Il y en avait qui venaient de la Préfecture de police.

M. le Président : Vous les aviez cachés dans le ciel de lit?

Paschal Grousset : Puisque je me cachais moi-même, ce fait n'est pas étonnant ; je ne tenais pas à ce qu'ils tombassent entre les mains de la police.

M. le Président : Avez-vous entendu parler de certain projet dont il est parlé dans une lettre, projet qui devait porter le deuil dans Paris? Elle est de M. Barberet.

Paschal Grousset : Je ne connais pas ce monsieur, qui, évidemment, ne me connaissait pas lui-même. D'après la manière de parler de moi ainsi, il me donne rendez-vous dans un cabaret, et je vais jamais dans un cabaret.

M. le Président : Qu'avez-vous à dire quant aux perquisitions chez M. Feuillet de Conches?

Paschal Grousset : J'y envoyai mon chef de cabinet pour voir si des armes n'y étaient pas cachées.

M. le Président : Mais on a pris des objets de valeur.

Paschal Grousset : Je ne suis pour rien dans ces détournements. Je demanderai que ceux qui ont assisté à l'inventaire soient entendus.

M. le Président : Votre entourage se composait de Lacoste, d'Allard et de la demoiselle Haccard?

Paschal Grousset : J'avais pris mon frère, qui est un petit garçon de dix-huit ans, pour le mettre aux *visa*. J'avais M. Lacoste pour ma garantie personnelle, car j'avais grande confiance en lui; Allard était mon employé. Quant à Mlle Haccard, elle n'a jamais été à mon service; je ne l'ai employée que dans une circonstance, pour porter 1,600 fr., reliquat d'une somme qui me restait.

M. le Président : Quel est ce projet de vente de la colonne Vendôme?

Paschal Grousset : Le renversement fut décidé sur la proposition d'un membre que je n'ai pas à nommer. Courbet n'y est pour rien. Je reçus d'un ingénieur de mes amis un projet de renversement qui me parut présenter plus de garanties que les autres et je l'acceptai, sauf une diminution de quelques mille francs.

M. le Président : Connaissez-vous M. Gratiot?

Paschal Grousset : Tout le monde sait la différence qu'il y a entre un rédacteur en chef et un administrateur. Ainsi, il y a ici beaucoup de mes confrères de la presse parisienne qui seraient bien en peine de dire où on prend le papier sur lequel on imprime leur journal. Eh bien! un jour j'appris que le papier sur lequel s'imprimait l'*Affranchi* était réquisitionné par Raoul Rigault au préjudice de M. Gratiot; je déclarai que je ne m'occuperais plus de ce soin-là; je cessai toute direction du journal et engageai mes collaborateurs à en faire autant. Cela me causa d'ailleurs un véritable préjudice.

M. le Président : Qu'entendiez-vous par vos relations départementales?

Paschal Grousset : Je parlerai à cet égard avec une grande réserve; je ne sais ce qui s'est passé depuis deux mois, et je ne voudrais compromettre personne. J'étais en relation avec le parti avancé des départements, qui m'a causé plus de mal que de bien.

M. le Président : Qu'avez-vous à dire quant aux accusations générales d'attentat contre le gouvernement et d'excitation à la guerre civile?

Paschal Grousset : Je m'en rapporte à mon défenseur à ce sujet.

M. le Président : Vous avez entendu dire qu'on commetttrait les actes qu'on a commis depuis? Tout le monde le savait.

Paschal Grousset : Ce qui se dit dans Paris était ce qui se disait toujours dans une ville assiégée : « Nous ferons sauter Paris. » Il n'entrera dans l'esprit de personne que moi, homme de lettres, ami des arts, j'aie voulu détruire des bibliothèques où je passais ma vie.

M. LE PRÉSIDENT : Et qu'étaient les passeports?

PASCHAL GROUSSET : Des passeports signés par une griffe confiée à mon frère.

JOSEPH CASTELNEAU, vicaire à Saint-Séverin (témoin de Régère), fut sommé par deux délégués de livrer son église pour en faire un club, et résista énergiquement. Je fus, dit-il, trouver M. Régère, qui me reçut avec bienveillance, et m'avoua qu'au-dessus de lui était un pouvoir plus fort. Il me proposa d'abandonner l'église le soir aux clubs. Ainsi, l'on éviterait un plus grand mal. Je fus arrêté le jour de l'entrée des troupes de Versailles avec tous les autres ecclésiastiques. Je fus assez heureux pour rencontrer M. Régère, qui donna l'ordre de me mettre en liberté. Cet ordre porte en substance : « Nous, maire, en vertu des pleins pouvoirs qui nous sont confiés, ordonnons la mise en liberté immédiate du citoyen Castelneau, au nom de la liberté de conscience. »

JEAN GODARD, ferblantier, dépose :

Je fus envoyé dans la Nièvre avec un passeport de Paschal Grousset; nous devions faire soulever le peuple.

PASCHAL GROUSSET : Le témoin me connaît-il?

LE TÉMOIN : Je ne l'ai jamais vu.

M. LE PRÉSIDENT : Combien vous avait-on donné?

LE TÉMOIN : On nous avait payé notre voyage; là-bas, on devait nous payer; mais on ne l'a pas fait.

M. LE PRÉSIDENT : Quel est votre état?

LE TÉMOIN : Ferblantier.

PIERRE BOUDRÉE avait également été envoyé dans la Nièvre.

M. LE PRÉSIDENT : A quel titre?

LE TÉMOIN : Comme capitaine-inspecteur.

M. LE PRÉSIDENT : De quoi?

LE TÉMOIN : Ah! je ne sais pas. *(Rires.)*

M. LE PRÉSIDENT : Vous avez reçu de l'argent?

LE TÉMOIN : Mon voyage.

M. LE PRÉSIDENT : Vous avez été arrêté?

LE TÉMOIN : Oui, dénoncé par le précédent témoin.

M. LE PRÉSIDENT : Vous étiez avec Godard?

LE TÉMOIN : Non, je ne le connaissais même pas.

M. LE PRÉSIDENT : Et qu'avez-vous fait dans la Nièvre?

LE TÉMOIN : Rien; je suis resté chez mes parents à Cosne, et j'ai travaillé.

M. LE PRÉSIDENT : Qui vous avait fait partir?

LE TÉMOIN : Le colonel Ramès, qui m'offrit un laisser-passer et cette mission; je ne savais pas ce qu'il avait à faire, et j'acceptai.

M. BONJEAN

Jean Gibault, pâtissier :

M. le Président : Pourquoi avez-vous été arrêté?

Le Témoin : On m'a arrêté dans mon pays.

M. le Président : Où?

Le Témoin : A Cosne.

M. le Président : Toute la ville de Cosne était donc à Paris? *(Pas de réponse.)*

M. le Président : Qui vous fit donner cette mission?

Le Témoin : Un nommé Ramès.

M. le Président : Qu'était-il?

Le Témoin : Je crois capitaine; mais je ne l'ai vu qu'en bourgeois. Je ne connais pas bien son grade.

M. le Président : Combien avez-vous reçu?

Le Témoin : 105 fr. pour mon voyage.

M. le Président : On ne vous remit pas de journaux?

Le Témoin : Non.

M. le Président : Mais on devait vous donner des ordres?

Le Témoin : Je ne sais pas.

M. le Président : D'où était ce Ramès?

Le Témoin : De Cosne.

M. le Président : Connaissez-vous Grousset?

Le Témoin : Non.

Émile Bouché, tailleur :

M. le Président : Que faisiez-vous sous la Commune?

Le Témoin : J'étais garçon limonadier.

M. le Président : Vous avez dû être de la garde nationale?

Le Témoin : Oui, on m'a fait partir.

M. le Président : A quel titre?

Le Témoin : Comme émissaire pour le département de la Nièvre. Nous devions y recevoir des ordres du colonel.

M. le Président : Lequel?

Le Témoin : Ramès.

M. le Président : Ne connaissez-vous pas M. Gambon?

Le Témoin : Je l'ai vu une fois dans les bureaux.

M. le Président *(à Grousset)* : Connaissiez-vous ce colonel Ramès?

Paschal Grousset : Pas du tout. Ce colonel devait avoir ses raisons pour envoyer ces gens dans leur pays.

Pierre-François Simonet, peintre en bâtiments.

M. le Président : Où avez-vous été arrêté?

Le Témoin : A Cosne.

M. le Président : Pourquoi vous y a-t-on envoyé?

Le Témoin : Parce que la famille de ma femme y était.

M. le Président : Qui vous a fait donner un passeport?

Le Témoin : Mon âge.

M. le Président : Pourquoi avez-vous été à Cosne, puisque vous êtes du Loiret?

Le Témoin : Parce que, comme j'ai dit, la famille de ma femme y habitait.

M. le Président : Vous n'avez pas reçu d'argent?

Le Témoin : Non, monsieur le président.

M. le Président : Pourquoi vous a-t-on arrêté?

Le Témoin : Parce que je connaissais quelques individus envoyés par la Commune.

Joseph-Alexandre Bernard, commis-voyageur :

M. le Président : Où avez-vous été arrêté?

Le Témoin : A Nevers, où je devais organiser la garde nationale.

M. le Président : Qui vous avait envoyé?

Le Témoin : M. Ramès, colonel du département.

M. le Président : Qui vous avait engagé à aller le voir?

Le Témoin : Ravier, qui me remit un passeport signé de Paschal Grousset.

M. le Président : Combien étiez-vous?

Le Témoin : Trois ou quatre.

M. le Président : Vous étiez chargé d'organiser une garde nationale comme celle de Paris?

Le Témoin : Oui, mais nous devions attendre l'arrivée du colonel.

M. le Président : Combien aviez-vous reçu?

Le Témoin : 140 fr., pour mes premiers besoins.

M. le Président : Vous n'avez rien reçu là-bas en fait d'affiches ou de journaux?

Le Témoin : Rien du tout.

Paschal Grousset : Il paraît invraisemblable que je ne connaisse pas ce Ramès, c'est pourtant la pure vérité.

M. le Président : Quand on organise un complot, il y a des gens qu'on ne retrouve jamais.

M. le Président : Qui était ce colonel Ramès?

Paschal Grousset : Je ne le connais pas.

M. le Président : Que commandait-il?

Paschal Grousset : Rien du tout.

Élie Ravier, employé du chemin de fer.

M. le Président : De quel pays êtes-vous?

Le Témoin : De Branches (Yonne).

M. le Président : Que faisiez-vous à Paris?

Le Témoin : J'étais capitaine de la garde nationale.

M. le Président : Vous avez été envoyé par la Commune en province?

Le Témoin : Oui, à Nevers.

M. le Président : Pourquoi cherchiez-vous à emmener des gens avec vous à Nevers?

Le Témoin : Je voulais leur faire faire l'insurrection.

M. le Président : Qui vous a donné votre passeport?

Le Témoin : On me l'a donné à l'Hôtel-de-Ville.

M. le Président : A quel titre?

Le Témoin : Comme envoyé de la Commune. Ce passeport était signé de Paschal Grousset et de Ferré.

M. le Président : Combien avez-vous reçu?

Le Témoin : 150 fr. à titre d'à-compte.

M. le Président : Que deviez-vous faire à Nevers?

Le Témoin : Nous devions propager les idées de la Commune.

Jean-François Houssard, employé.

M. le Président : Quelle position aviez-vous sous la Commune?

Le Témoin : Aucune. J'étais avant expéditionnaire au Tribunal de commerce.

M. le Président : Que faisiez-vous sous la Commune?

Le Témoin : J'étais de la garde nationale, où je touchais mes vivres et ma paye.

(Houssard fut envoyé à Clamecy. Sa situation était exactement la même que celle des précédents témoins; il partait avec le titre d'employé civil. Il devait recevoir 9 fr. par jour pendant dix jours.)

Clément-Gilles-Étienne Courot, employé de commerce :

C'était encore un agitateur de la Nièvre : même déposition que celle des autres; le seul fait particulier, c'est que Courot ne reçut que 60 fr. pour ses premiers frais.

Eugène Marion, commis-voyageur, reçut 105 fr., toujours dans le même but; de même pour Louis Lagrange, employé. Ce dernier témoin fut encore envoyé dans la Nièvre, à Clamecy.

M. le Président : Qui vous avait proposé cette mission?

Le Témoin : Courot.

M. le Président : Que deviez-vous faire?

Le Témoin : Remplir mon rôle de lieutenant; mais je n'ai rien fait, et je ne pensais qu'à aller à Saint-Étienne, dans ma famille, le plus tôt possible.

Aline Haccard, rue Condorcet, 39.

M. le Président : Avez-vous habité au ministère des Affaires étrangères?

Le Témoin : Non, monsieur.

M. le Président : C'est chez vous qu'on a trouvé Paschal Grousset?

Le Témoin : Oui, monsieur.

M. LE PRÉSIDENT : Il y avait beaucoup de dossiers?

LE TÉMOIN : Il y en avait trois : celui de Pierre Bonaparte, de Paschal Grousset et d'un de ses confrères.

M. LE PRÉSIDENT : Il n'y en avait pas d'autres?

LE TÉMOIN : Non, Monsieur.

M. LE PRÉSIDENT : Vous avez été chargée de porter 1,600 fr. à M. Lacoste?

LE TÉMOIN : Je suppose que c'était pour payer des dettes. M. Lacoste était son tailleur.

PASCHAL GROUSSET : Puisqu'on a jugé à propos de faire venir Mlle Haccard, je tiens à ce qu'elle déclare qu'elle ignorait complétement à qui était destiné cet argent. Je l'envoyais, en effet, pour payer les employés.

LE TÉMOIN : En effet, je ne le savais pas.

M. LE PRÉSIDENT : Vous a-t-on dit pourquoi on vous avait arrêtée?

LE TÉMOIN : Oui, Monsieur.

PASCHAL GROUSSET : Moi, je ne le sais pas.

LE TÉMOIN : Le commissaire de police m'a dit qu'on m'arrêtait parce que j'avais caché M. Grousset; mais que, dans trois jours, je serais libre.

(Le témoin manifeste une vive émotion, et porte son mouchoir à ses yeux en se retirant.)

CHARLES LACOSTE, tailleur.

M. LE PRÉSIDENT : Combien de temps êtes-vous resté au ministère des Affaires étrangères?

LE TÉMOIN : Du 3 au 12 mai.

M. LE PRÉSIDENT : Que faisiez-vous?

LE TÉMOIN : J'étais gardien de la bibliothèque.

M. LE PRÉSIDENT : Vous avez reçu une somme de 1,600 fr.?

LE TÉMOIN : Oui, le 26 mai. Une dame vint me demander et me proposa de louer un appartement meublé à la famille Grousset; je refusai. Elle me donna de suite de l'argent. Je ne vérifiai même pas la somme. Ce n'est que le lendemain que je vis combien il y avait.

M. LE PRÉSIDENT : La famille Grousset vous devait-elle de l'argent?

LE TÉMOIN : Oui, le grand-père, une facture; le père une autre, et M. Grousset une autre.

M. LE PRÉSIDENT : Et vous avez pensé que c'était pour vous payer?

LE TÉMOIN : Oui, Monsieur.

PASCHAL GROUSSET : Je tiens à constater que c'est une pure hypothèse, j'étais loin de lui devoir cette somme. Il est fort désagréable de voir les questions d'argent mêlées perpétuellement aux débats,

M. LE PRÉSIDENT : Et vous tenez à les élucider?

PASCHAL GROUSSET : Je tiendrais à ce qu'on fît entendre les représentants des puissances étrangères avec lesquels j'ai été chaque jour en rapport. Je voudrais que le ministre des Affaires étrangères reçut la déclaration de MM. les premiers secrétaires d'Autriche, d'Angleterre, de Belgique, de Russie, et diverses autres puissances.

M. LE PRÉSIDENT : Dans quel but?

PASCHAL GROUSSET : Pour attester qu'ils doivent à mon intervention personnelle les immunités dont ils n'ont cessé de jouir sous la Commune.

M. LE PRÉSIDENT : On n'a pas touché à cette question.

L'audience est levée à cinq heures et demie.

Audience du 18 août.

Au commencement de l'audience, sur la demande de Me Dupont de Bussac, défenseur de Régère, M. le Président donne lecture d'une partie de l'interrogatoire de l'accusé Lisbonne, dont il résulte que Régère désapprouvait hautement, ainsi que Lisbonne lui-même, les incendies pour lesquels des ordres avaient été donnés par le général Eudes

SUITE DE L'AUDITION DES TÉMOINS PASCHAL GROUSSET.

LOUIS-MARIE-AMÉDÉE GRATIOT, fabricant de papiers : Le 31 mars, M. Barberet, que j'avais connu comme rédacteur à la *Marseillaise* et qui était alors administrateur de l'*Affranchi*, me sollicita de lui faire la fourniture du papier pour son journal. Je refusai, en disant que je ne ferais de fourniture à aucun journal de cette catégorie. M. Barberet revint à la charge plusieurs fois. Je refusai toujours. Vers le 8 ou le 9 avril, mon fils fut inquiété ; on voulait le forcer d'être de la garde nationale. Je fus obligé de le faire sortir de Paris, que je quittai avec lui. Je sus pendant mon absence que, le 13 avril, un nommé Abel, trempeur, et un individu se disant employé de M. Paschal Grousset avaient présenté au nom de M. Raoul Rigault une réquisition de cent rames de papier pour les affiches de la Préfecture de police, disait-on. On fut forcé de faire la livraison pour éviter un pillage des magasins, mais on suivit la voiture et on vit qu'elle allait à l'*Affranchi*. Je cherchai à voir M. Raoul Rigault et M. Paschal Grousset pour obtenir un paiement. Je n'obtins que le 17 mai un à-compte de 1,500 fr. ; il m'était dû 3,500 fr. J'ai écrit à M. le Président du Conseil, en apprenant par les journaux l'arrestation de Paschal Grousset, qu'il m'avait volé ce papier. Je ne retire pas ce mot, et j'ai demandé qu'on retînt à mon profit *la* somme dont M. Paschal Grousset fut trouvé porteur.

PASCHAL GROUSSET : Je n'ai jamais eu connaissance de ce fait ; si je l'eusse connu, j'aurais payé, quoique la partie commerciale ne me regardât point. Maintenant, à qui le témoin s'est-il adressé? S'il m'avait demandé, je l'aurais reçu ; je recevais tout le monde.

LE TÉMOIN : J'ai envoyé au ministère des Affaires étrangères l'employé qui avait subi la réquisition. Il a été aussi au moins vingt ou trente fois à la Préfecture de police.

M. LE PRÉSIDENT : Quelle est la date de la réquisition?

LE TÉMOIN : Le 13 avril.

PASCHAL GROUSSET : Et le journal a cessé de paraître le 20 ou le 21 avril.

M. LE PRÉSIDENT : Le fait de la réquisition est constant.

PASCHAL GROUSSET : Je ne le nie pas, mais je déclare y être étranger.

M. LE PRÉSIDENT : Il y a deux signatures sur la réquisition, celle de Raoul Rigault d'abord, puis une autre ; de qui émane-t-elle?

LE TÉMOIN : Je ne sais. Le porteur de la réquisition s'est désigné comme employé ou secrétaire de M. Paschal Grousset.

PASCHAL GROUSSET : Que signifie cette désignation? *(M. le Président fait représenté à Paschal Grousset la réquisition.)*

La seconde signature est celle de Reynard, secrétaire général de la Préfecture de police.

JACQUES DE MATHA BARTHÉLEMY, chef du personnel à la Caisse des consignations, témoin à décharge :

Je dois à M. Paschal Groussset, seul, mon élargissement à la suite d'une arrestation dont j'avais été victime sous la Commune. Je lui en ai une grande reconnaissance. Voici les faits : Le 31 mars, la Caisse fut envahie ; sur l'ordre du général Duval, 59,096 fr. 42 c. y furent saisis ; les employés se retirèrent. Je restai seul, en vertu des instructions que j'avais reçues. Le 13 avril, Jourde, délégué aux Finances, prit possession de la Caisse et y installa, comme directeur général, un nommé Moiret. Jourde dit ignorer la saisie dont j'ai parlé. Le 28 avril je fus arrêté sur un ordre signé de ce Moiret, qui était en même temps juge d'instruction, par un nommé Pellerin qui était attaché à la Caisse. Ma famille eut l'idée de s'adresser à M. Paschal Grousset, que l'on savait être d'une bonne famille, et il me fit mettre en liberté le 9 mai.

GEORGES-JACQUES MASQUEN, imprimeur :

J'imprimais l'*Affranchi,* au nom de M. Paschal Grousset ; mais jamais il ne s'est mêlé de l'administration du journal. Le gérant était M. Barberet.

PASCHAL GROUSSET : Celui-là même dont il vient d'être question.

M. LE PRÉSIDENT : Vous avez su que le papier qui servait à l'impression du journal provenait d'une réquisition?

LE TÉMOIN : Je l'ai su après coup. Le papier n'était accompagné d'aucune pièce comptable, comme cela se pratique d'habitude, et il arrivait directement à l'administration ; il fallait que je le demandasse quelquefois au dernier moment.

Mᵉ DE SAL : Le témoin ne prêtait que ses presses. Ordinairement l'imprimeur fournit le papier.

M. LE PRÉSIDENT : Combien de fois avez-vous vu Paschal Grousset ?

LE TÉMOIN : Deux ou trois fois à peine.

PASCHAL GROUSSET : Je lui faisais porter ma copie ; je n'allais pas moi-même à l'imprimerie.

JOSEPH MAGNABAL, chef de bureau au ministère de l'Instruction publique :

J'ai été arrêté, le 3 avril, au ministère même, par M. Goupil, délégué à l'Instruction publique, sur un ordre d'un M. Charton, que j'ai cru voir ici comme témoin, et qui n'a pas reparu. Ma femme s'est adressée à M. Grousset père, et son fils a demandé ma mise en liberté à Raoul Rigault Une seconde fois j'ai été retenu au ministère par ordre de Pilotell.

M. LE PRÉSIDENT : Cela prouve que l'on arrêtait à tort et à travers.

LE TÉMOIN : Je dois dire que je n'ai eu que de bons rapports avec l'accusé, dont le caractère était loyal et plein de délicatesse. Plusieurs autres personnes qui ont dû leur élargissement, notamment un député.

Mᵉ DE SAL : Nous renonçons, par un sentiment de réserve que le Conseil appréciera, à l'audition des autres témoins à décharge.

M. LE PRÉSIDENT : Tenez-vous à faire entendre les représentants des puissances étrangères ?

Mᵉ DE SAL : Le Conseil appréciera.

M. LE PRÉSIDENT : Le Conseil ne doute pas des faits allégués à cet égard par l'accusé.

M. LE COMMISSAIRE DU GOUVERNEMENT : Il serait un peu long d'ailleurs d'obtenir ces témoignages, mais cependant, si vous insistez...

Mᵉ DE SAL : Nous n'insistons pas.

OLIVIER PAIN, journaliste, détenu : J'étais chef du cabinet de M. Paschal Grousset, aux Affaires étrangères. Je crois que la suspension de l'*Affranchi* n'a pas eu d'autre cause que la réquisition dont il a été parlé. Quant à la perquisition que j'ai faite au bureau de M. Feuillet de Conches, j'ai mis les objets sous scellés, et j'en ai dressé un procès-verbal devant M. Poidevin, directeur du matériel, et une autre personne.

M. LE PRÉSIDENT : Où sont ces objets ?

LE TÉMOIN : Je ne sais ; je crois dans des armoires.

M. LE PRÉSIDENT : Comment ! vous fouillez, car je n'appelle pas cela faire une perquisition, vous fouillez dans un bureau, et vous ne savez pas où ?

LE TÉMOIN : J'ai aussi trouvé dans les sous-sols du ministère un baril de cartouches.

M. LE PRÉSIDENT : Mais il n'y en avait pas dans les tiroirs. Que savez-vous des dossiers.

PASCHAL GROUSSET : Le témoin sait...

M. LE PRÉSIDENT : Ne lui dites pas ce qu'il a à dire.

LE TÉMOIN : Je ne sais rien des dossiers.

16

Paschal Grousset : Quand a-t-il quitté le ministère?

Le Témoin : Le lundi; les troupes étaient sur l'Esplanade des Invalides; j'ai été surpris.

M. le Président : Et vous voulez en conclure, accusé Paschal Grousset, que, ayant été aussi supris, vous n'avez pas eu le temps de rapporter ces dossiers?

Paschal Grousset : Précisément. Un ministre ou celui qui en fait fonctions peut avoir chez lui des dossiers pour les étudier. C'était le cas pour moi.

M. le Président : Soit, mais pas quarante ou cinquante?

Paschal Grousset : Il y en avait une douzaine peut-être, tout au plus. Je demande à donner quelques explications sur des points touchés dans le rapport, mais dont il n'a pas été question dans l'interrogatoire. D'abord on m'a accusé d'avoir dilapidé l'argenterie du ministère des Affaires étrangères. Cette argenterie a été inventoriée et envoyée à la Monnaie par le service des finances. Il y a ensuite ma correspondance avec le général prussien de Fabrice; on s'en est servi pour étayer contre moi cette infâme calomnie, que j'avais eu des intelligences avec les Prussiens. Elle suffit, au contraire, pour me justifier pleinement à cet égard. Elle a trait à des scènes fâcheuses dont deux gardes nationaux ivres avaient été les auteurs à la légation des États-Unis; ils voulaient de force pénétrer à la légation, et, sur l'observation du concierge que la légation était protégée par le pavillon de sa nationalité, ils se répandirent en injures, disant qu'ils ne connaissaient pas cela. J'écrivis immédiatement à M. Washburn une lettre d'excuses; j'avais toujours eu avec lui les meilleurs rapports. Je croyais l'affaire oubliée, lorsque je reçus du général de Fabrice, le lendemain de l'entrée des troupes dans Paris, une lettre où il déclarait que la légation des États-Unis s'étant chargée de la protection des nationaux allemands pendant le siége, toute offense qui lui était faite était regardée par le gouvernement allemand comme faite à lui-même, et que si les deux gardes nationaux n'étaient pas immédiatement livrés, le gouvernement allemand verrait dans ce fait un *casus belli*, et traiterait la ville de Paris en ennemie. Je ne pouvais pas répondre par les armes, j'écrivis la lettre qui est au dossier. La situation était grave, les dispositions de l'armée prussienne pouvaient avoir pour résultat de couper la retraite et de fermer tout asile aux derniers défenseurs de la Commune. Je préparai à cet égard une note qui était destinée à être insérée dans l'*Officiel*.

M. le Président : Voilà donc les œuvres de cette garde nationale qui devait empêcher l'entrée des Prussiens! Si on n'avait pas fait tous les efforts, on n'aurait pu épargner cette entrée.

Paschal Grousset : Cela prouve quelle était la difficulté de ma situation.

M. le Président : Et si les Prussiens étaient entrés, il n'y aurait pas eu de révolution; il ne serait pas resté de révolutionnaires, ni beaucoup de braves gens non plus; ils ne prenaient pas tant de précautions.

M. LE COMMISSAIRE DU GOUVERNEMENT, *à l'accusé* : Vous avez fait une profession de foi à l'origine de la Commune?

PASCHAL GROUSSET : Non, à l'occasion des élections à l'Assemblée nationale.

M. LE COMMISSAIRE DU GOUVERNEMENT : Vous refusez de donner des explications sur la lettre du sieur Pimparé, et sur ce projet qui devait mettre Paris en deuil?

PASCHAL GROUSSET : Je ne sais rien à cet égard : la lettre est d'une écriture, l'adresse d'une autre; elle est datée du 12 mai; on la trouve à la mairie du 5ᵉ le 25 ou le 26. Si elle m'eût été adressée, on aurait eu bien le temps de me la faire parvenir directement. Elle est peut-être l'œuvre de la police ou d'un ennemi.

M. LE PRÉSIDENT : Toujours vous accusez la police, et sans preuves. On pourrait bien, d'un autre côté, critiquer par exemple, vos témoignages à décharge; dire que vous avez circonvenu les témoins, etc. N'avancez donc rien qui ne soit certain.

PASCHAL GROUSSET : Enfin, le rapport suppose gratuitement que le nommé Hahnemann, auquel cette lettre paraît adressée, est le même que le sieur Kunemann, dont il y a un reçu de 25 à 26,000 fr. à mon dossier.

M. LE COMMISSAIRE DU GOUVERNEMENT : Donnez-nous des explications sur la perquisition faite à la caserne des Célestins.

PASCHAL GROUSSET : Un officier de la garde nationale venait dix fois par jour nous dire qu'il y avait des dépôts d'armes et de munitions dans cette caserne; on a consenti à cette perquisition pour se débarrasser de lui.

M. LE COMMISSAIRE DU GOUVERNEMENT : Vous assistiez à la séance de la Commune du 17 mai? Vous avez écrit au colonel commandant le fort de Vincennes?

PASCHAL GROUSSET : Je ne connais pas cette lettre.

M. LE COMMISSAIRE DU GOUVERNEMENT : La voici.

(M. le Commissaire du gouvernement en donne lecture.)

PASCHAL GROUSSET : Voici l'explication que je me rappelle maintenant : Les communes suburbaines nous demandaient de les aider à faire leur commune. Nous répondîmes qu'elles fissent leur commune si elles voulaient, et je demandai seulement au colonel de Vincennes, son concours, non pas matériel, mais moral.

INTERROGATOIRE DE VERDURE.

M. LE PRÉSIDENT : Vous avez été instituteur à Saint-Quentin; vous avez été révoqué?

VERDURE : Oui, pour politique, en 1850, sous le ministère de M. de Falloux.

M. LE PRÉSIDENT : Vous avez été condamné?

Verdure : Pour ouverture illicite d'une école.

M. le Président : Vous êtes de l'Internationale?

Verdure : J'étais d'une Société de consommation et de crédit mutuel.

M. le Président : Vous êtes franc-maçon?

Verdure : Je suis président d'une loge.

M. le Président : Vous étiez à la *Marseillaise?*

Verdure : Comme caissier.

M. le Président : Et comme rédacteur aussi?

Verdure : Je faisais des comptes-rendus relatifs aux Sociétés ouvrières.

M. le Président : Vous vous préoccupiez des moyens de créer à bon marché des journaux radicaux, où on parlait aux gens des campagnes de leurs droits et jamais de leurs devoirs? Vous vous occupiez de questions sociales?

Verdure : Oui.

M. le Président : Ce n'était pas vous qui faisiez la propagande pour la *Marseillaise;* c'était M. Varlin?

Verdure : Je n'étais que caissier.

M. le Président : Vous faisiez de la propagande sociale et même militaire?

Verdure : Sociale, je ne le nie pas, mais militaire je n'y connais rien.

M. le Président : Qu'étiez-vous au 18 mars?

Verdure : J'avais été porte-drapeau, pendant le siége, du 194e bataillon; après l'armistice, je quittai Paris, voulant prendre un emploi en province, avec un sauf-conduit et un congé régulier.

M. le Président : Il existe au dossier une profession de foi de vous?

Verdure : Qui date de septembre ou octobre 1870.

M. le Président : Et où vous réclamez toutes les libertés possibles. Quand avez-vous été nommé à la Commune?

Verdure : Le 26 mars, à mon insu, mais par 18,000 voix, les trois quarts des électeurs.

M. le Président : Vous votiez avec la majorité de la Commune?

Verdure : Permettez, il n'y avait ni majorité ni minorité; un jour la majorité était dans un sens, l'autre jour dans un autre. J'ai voté avec la minorité contre le décret de validation des élections, avec la minorité contre la dénomination de Comité de Salut public, avec la majorité pour l'institution en elle-même.

M. le Président : Cependant il y avait une minorité qui s'est séparée avec un certain éclat?

Verdure : Je n'étais plus à la Commune depuis longtemps.

M. le Président : A qui adressiez-vous votre profession de foi?

Verdure : Aux électeurs du Pas-de-Calais, mon pays.

M. le Président : Vous réclamiez toutes les libertés, et votre gouvernement les a supprimées toutes. Vous avez connu les otages, les arrestations?

Verdure : Je n'ai voté aucune mesure violente. J'étais absent. D'ailleurs, présent, elles m'eussent répugné ; je me suis même opposé, au péril de ma vie, à leur exécution dans mon arrondissement.

M. le Président : Tous les maires de la Commune en disent autant ; chez eux on n'arrêtait personne ; et dans Paris on arrêtait tout le monde. Pourquoi avait-on institué le Comité de Salut public ?

Verdure : Il avait, je crois, des intentions conciliantes d'abord, mais il a eu la main forcée par la fédération de la garde nationale. Tous les jours on réclamait des mesures rigoureuses contre le clergé, les communautés, les réfractaires, contre toute personne suspecte.

M. le Président : Voilà où la Commune avait conduit la population.

Verdure : Cet esprit date de plus loin.

M. le Président : Vous aviez l'air d'avoir peur de cette pression à la Commune ?

Verdure : Nous avons fait notre possible pour y résister.

M. le Président : Mais cette résistance n'était guère accentuée. Vous avez parlé de la fédération de la garde nationale. Qu'est-ce que c'était ?

Verdure : Elle se composait des délégués de bataillons et de compagnies. Il y en avait dans Paris 2 ou 3,000. Dans chaque arrondissement, il y avait un cercle de légion des comités de vigilance, des sous-comités, qu'on n'a jamais pu forcer à reconnaître le Comité central.

M. le Président : C'était un épouvantable désordre. Vous étiez maire du 11ᵉ arrondissement ?

Verdure : Oui, et, jusqu'au 15 mai, je suis resté à mon poste. Lorsque M. Delescluze eut décrété qu'il n'y avait plus d'autorité que celle du peuple seul et affiché une proclamation dans ce sens, je me retirai.

M. le Président : Qu'est-ce que le peuple ? est-ce chacun ou tout le monde ? Voilà de ces grands mots avec lesquels on va loin. Je voudrais savoir qui il est, ce peuple, et comment il se manifeste ? En quittant la mairie, vous vous êtes retiré chez un ami ?

Verdure : Chez lequel j'ai été arrêté ; j'avais un vieux passeport de 1839.

M. le Président : Vous n'avez pas reçu d'argent de Jourde ?

Verdure : Non, je n'étais plus à la mairie.

M. le Commissaire du gouvernement : Reconnaissez-vous un manifeste à la 11ᵉ légion, du 7 mai, où votre nom figure à côté de ceux de Delescluze, Avrial et autres ?

Verdure : Non, et j'ai protesté contre l'addition de mon nom sur ce document.

M. le Président : N'avez-vous pas fait une motion à la Commune pour l'interdiction de l'enseignement aux congrégations religieuses et aux ministres du culte catholique ? Je vous donne lecture de la motion.

VERDURE : Cela n'a jamais été proposé à la Commune.

M. LE PRÉSIDENT : Reconnaissez-vous le manifeste du 15 avril?

VERDURE : Non; il a été fait à la Guerre.

M. LE PRÉSIDENT : Reconnaissez-vous avoir requis, le 13 mai, quarante litres de pétrole chez un fabricant de vernis?

VERDURE : Non.

M. LE PRÉSIDENT : Reconnaissez-vous une autre réquisition, du 24 mai, pour des sacs à terre et autres moyens de défense?

VERDURE : Je ne me rappelle pas; en tout cas, cela n'était pas dans mon service.

AUDITION DES TÉMOINS.

M. PILOTA, prêtre, dépose : J'ai été arrêté au presbytère, le 13 mai, par des gardes nationaux qui croyaient que j'avais donné l'ordre de sonner le tocsin. J'ai été conduit à la mairie du 11ᵉ arrondissement; on a constaté que j'étais étranger à ce fait; j'ai été renvoyé absous. L'état d'exaspération de la foule me porta à demander de séjourner un peu à la mairie; alors on m'a enfermé sous clef à la bibliothèque. Peu après, Mᵐᵉ Verdure vint me tranquilliser au nom de son mari, puis lui-même vint me dire que le seul moyen de me sauver, dans ces circonstances, était de me vêtir en bourgeois, et il envoya chez moi son planton me chercher des vêtements sous lesquels je m'en. allai.

(Sur la demande de Mᵉ Manchon.) L'exaspération était telle qu'ayant été relâché une première fois et reconduit chez moi par une escorte, je fus cependant arrêté par la foule furieuse et reconduit par ses huées et ses menaces à la mairie. De tous côtés on disait : « Il faut en finir! Nous allons le fusiller! Scélérat! misérable! Nous le tenons! Il y a longtemps que je le guette! Le peuple fera une justice sommaire! » Une femme m'égratigna jusqu'au sang, une autre était armée d'un couteau.

Le monsieur que je n'avais pas vu la première fois maintint la décision rendue en ma faveur, et c'est à lui que je dus de pouvoir enfin échapper au péril.

EUGÈNE DELMAS, prêtre à Saint-Ambroise.

J'ai vu trois fois le citoyen Verdure, trois fois il a été extrêmement bienveillant à mon égard. Il savait que j'étais de la paroisse et qu'on voulait y installer un club. J'allai le voir au commencement de mai, lorsque l'église Saint-Nicolas-des-Champs fut transformée en club; il me dit que, si mon église était menacée, je vinsse le trouver. Le 7 mai, une affiche rouge annonça effectivement l'ouverture du club. J'allai à la mairie. M. Verdure déclara que, personnellement, il s'opposait à l'installation du club, mais qu'il n'était pas le maître. Sur son avis, j'allai au Comité de salut public, où je m'adressai à M. Ranvier, qui ne voulut pas s'en mêler. Plus tard, à la date du 23 mai, j'ai été conduit chez le citoyen Bureau, commissaire de police de la Roquette, et transféré ensuite au dépôt des condamnés, où nous avons été délivrés par l'armée française. J'étais dans la première section, où les otages se sont défendus. Je fus mené nu-tête et en chaussons au commissariat. J'ai reçu, le lendemain, des effets d'habillement bourgeois, mais je ne savais pas si c'était sur l'ordre du citoyen Verdure MATHIAS WAGNER , employé à l'église de Saint-Ambroise.

J'ai porté à la Roquette, à M. l'abbé Delmas, des habits bourgeois, en vertu d'une permission de M. Verdure.

Le témoin, qui a été arrêté avec M. l'abbé Pitola, fait ensuite une déposition en tout semblable à la sienne. Il termine en rapportant que le bedeau de Sainte Marguerite a dû aussi sa liberté à M. Verdure, dans des conditions du même genre.

JEAN CROSSE, relieur : J'étais bibliothécaire au 11ᵉ arrondissement. Je ne sais rien de la vie privée de M. Verdure. Je sais qu'il a conduit un prêtre à la bibliothèque pour lepréserver. C'est moi qui ai été chercher, pour M. l'abbé, des vête-civils. J'étais bibliothécaire depuis le 12 ou 13 mars. Pendant le siége, j'étais contrôleur à la boucherie ; l'ouvrage n'allant plus on me fit entrer à mairie. Je dois dire, que le lundi au moment de sortir, M. Verdure répondit à un capitaine qui lui parlait de deux batteries d'artillerie à placer au Père-Lachaise, que cela ne le regardait pas.

Mᵉ Manchon, défenseur de Verdure, donne lecture des déclarations d e deux témoins à décharge absents : le sieur Klein indique que, au moment de la lutte avec les troupes, Verdure était chez lui, éloigné du combat, et qu'il avait quitté la mairie quand M. Delescluze s'y était installé.

L'autre témoin, le sieur Senzfelder, fait en faveur de Verdure une déposition de moralité.

FRANÇOIS COUTANT, non cité, entendu à titre de renseignements, en vertu du pouvoir discrétionnaire : Je suis parti pour Saint-Omer avec Verdure, le 12 février. Il voulait y rester ; c'est notre pays Il devait m'envoyer vendre des marchandises. Il ne s'occupait pas de politique, mais de questions sociales.

M. LE PRÉSIDENT : Depuis vingt ans il s'en occupait.

PAROD, aussi entendu à titre de renseignements, non cité : J'ai été arrêté boulevard du Temple par un colonel.

M. LE PRÉSIDENT : A quel propos ?

LE TÉMOIN : Pour rien ; parce que je lui déplaisais. C'était au café ; j'étais avec un client ; je vois ledit colonel manquer pied en voulant monter à l'étrier. Je dis à mon client : « Regardez donc, c'est drôle. » L'individu aperçoit mon rire ; il manque l'étrier, étant trop leste ; son képi tombe à droite et son sabre à gauche.

M. LE PRÉSIDENT : C'était un colonel ?

Le Témoin : Oui. Il m'inspira du dégoût et je dis : « Les voilà donc ces misérables qui nous ont fait tout ce mal! » Il m'apostropha grossièrement : « Ohé! vous là-bas, est-ce que vous vous moquez du monde, bougre d'aristo? On se fait tuer pour eux, et ils se moquent de vous! — Ce n'est toujours pas, lui dis-je, dans ce moment que vous vous faites tuer, et d'ailleurs ce n'est pas moi qui vous l'ai dit. — Je vais vous faire arrêter; d'ailleurs, à votre âge, vous devriez être dans les rangs. — Pourquoi? Vous êtes bien ici à riboter! — Arrêtez-moi cet homme! — Ah! non, dis-je, pour cela il faut un mandat d'arrêt, et vous n'en avez point; d'ailleurs je suis étranger. — Oh! et vous venez ici manger l'argent de la France! — Je mange le mien; c'est vous et vos pareils qui mangez celui de la France. » La foule m'était sympathique, mais n'osait se prononcer, et cherchait à me faire échapper. Me voyant sortir du cercle, il remonte à cheval pour me couper la route. Je craignais de trouver dehors une foule idiote, et je revins au devant de lui : « Si vous voulez, lui dis-je, me conduire à la Commune, nous verrons si vous êtes dans votre droit? » Je fus assez simple pour le suivre à la caserne du Château-d'Eau, où je fus de suite incarcéré. Ce colonel était le colonel Lisbonne. Je pus faire prévenir M. Verdure, que je priai et même requis, comme sujet suisse, de me faire rendre la liberté. Je dois dire qu'il s'empressa de me délivrer. J'oublie peut-être quelques détails, car je suis un peu ému.

M. le Président : Voilà comment, sous la Commune, on pratiquait la liberté.

Le Témoin : On m'a dit que ledit colonel avait été cassé; cependant, depuis, j'ai su qu'il était au fort d'Issy; mais il était déjà en mauvaise odeur à la Commune.

INTERROGATOIRE DE FERRAT.

M. le Président : Vous étiez au Comité central?

Ferrat : Oui, dès le 15 mars.

M. le Président : Comme simple garde?

Ferrat : Oui, j'ai passé par les trois élections.

M. le Président : Cela prouvait que vous vous occupiez de politique?

Ferrat : Je vous demande pardon. On a beaucoup |parlé de ce Comité. Il y en avait dans tous les arrondissements qui s'intitulaient ainsi sans l'être réellement. Si vous permettez, je vais vous dire minute par minute l'histoire de mes actes. Le 15 mars, réunion au Vaux-Hall, où il fut convenu que les membres se rendraient après la réunion...

M. le Président : Quel était le but du Comité central?

Ferrat : Chaque chef de compagnie a reçu une circulaire.

M. le Président : De qui?

H. RO GAGNEBIN S.C.

Georges Di Pampre.

Mgr DARBOY

FERRAT : Du Comité, après la première réunion. Dans cette circulaire, on disait que le but du Comité était de rechercher les moyens les plus propres à sauvegarder les intérêts de la garde nationale. Je n'ai jamais cru que la mission qui me fut donnée m'amènerait ici.

M. LE PRÉSIDENT : Dites-moi comment s'est propagée l'action du Comité. Était-il reconnu par les sous-comités?

FERRAT : Ce qu'il y a de très-bizarre, c'est qu'il était en conflit perpétuel avec tous les autres comités. Ainsi, le 19 mars, on vint me dire qu'il y avait un autre Comité à l'Hôtel-de-Ville, qui s'appelait comité d'artillerie, et n'était nommé par personne.

LULLIER : Pardon, il avait été nommé par moi, c'était mon comité.

M. LE PRÉSIDENT : Vous n'avez rien à répondre à cela?

FERRAT : Je répondrai relativement au prétendu pouvoir de mon coaccusé. Nos réunions eurent lieu d'abord à l'Hôtel-de-Ville, puis nous nous occupâmes de chercher un autre local, car nous étions en hostilité avec l'Internationale. Mortier, un délégué du 11e, vint nous offrir un local, rue Basfroi; le 17, on s'y donna rendez-vous pour deux heures; mais, à sept heures du soir, nous y étions à peine une dizaine.

M. LE PRÉSIDENT : Il n'a été, dans les dépositions de M. Lullier, question que de deux pouvoirs, la fédération de la garde nationale et le Comité central.

FERRAT : Sous la Commune, le Comité n'a rien été du tout, et je vais plus loin, j'ai chassé de la mairie de mon arrondissement le Comité central.

M. LE PRÉSIDENT : C'était un gâchis complet.

FERRAT : Une anarchie absolue. Ainsi, on m'arrêtait, moi, commandant et maire, sur un simple ordre du conseil de légion, encore une autre puissance.

M. LE PRÉSIDENT : Quel rôle avez-vous joué le 18 mars?

FERRAT : J'étais là, comme curieux.

M. LE PRÉSIDENT : Vous aviez été prévenu?

FERRAT : Oui, le matin on s'était donné rendez-vous pour neuf heures; mais c'était pour onze heures.

M. LE PRÉSIDENT : Enfin, vous êtes allé à l'Hôtel-de-Ville?

FERRAT : C'est possible, mais je n'ai rien fait par moi-même. On m'envoya un commandant et un bataillon comme escorte. Je ne fus chargé que de la garde des prisonniers. On me confia, à ce titre, deux colonels que je fis échapper.

M. LE PRÉSIDENT : Revenons au 18 mars, vous étiez chef de bataillon?

FERRAT : Non, je ne fus nommé que le 8 ou le 9 avril. Le 19 mars nous cherchâmes à empêcher la guerre civile. Oh! mais je le dis bien haut, et je défie de trouver un simple acte d'arrestation signé du Comité central, je dis du vrai Comité central. Les autres Comités ont pu faire des actes blâmables dont nous ne sommes pas responsables.

M. LE PRÉSIDENT : Jusqu'à quand le Comité central a-t-il dirigé les affaires?

Ferrat : Jusqu'au 26. Le 19, n'ayant été amené au pouvoir que par un accident, il voulu s'en décharger en faisant des élections. Les maires nous les firent remettre à quelques jours.

M. le Président : Vous avez fait acte cependant de pouvoir en faisant arrêter le général en chef de la garde nationale?

Ferrat : Je vais y revenir. On nous promettait toujours la conciliation avec Versailles. Dans l'arrestation du général Chanzy, et je puis en parler, ayant été le membre le plus actif qui demanda son élargissement, Léo Meillet et Clémenceau nous dirent que l'ordre était venu de la Préfecture et émanait des hommes placés par MM. Lullier, Duval et autres.

M. le Président : Alors, ce sont les agents du gouvernement Lullier qui avaient fait l'arrestation?

Ferrat : Parfaitement. Nous avons fait arrêter Lullier à son tour, parce qu'il avait placé à l'Hôtel-de-Ville cette fédération avec laquelle il voulait, il l'a dit avant-hier, nous balayer. Seul, je défendis M. Lullier dans le Comité. Lullier était très-exalté, il venait de déjeuner, et nous dûmes le faire arrêter, non par des hommes armés jusqu'aux dents, mais par quelques gardes, qui l'enfermèrent dans une salle de l'Hôtel-de-Ville.

La séance est suspendue pendant quelques instants et reprise à trois heures.

M. le Président (à Ferrat) : Je précise la question. Qui a organisé la défense le 19 mars?

Ferrat : Elle était faite le 18.

M. le Président : Par qui?

Ferrat : Par la garde nationale. A neuf heures du matin, dans mon quartier, le 6e, tout le monde était dans la rue; on faisait des barricades! Le fait me parut fâcheux au moment où on avait besoin de voir reprendre le commerce.

M. le Président : Et c'était pour cela qu'on faisait des barricades. Enfin vous n'étiez pas à Montmartre?

Ferrat : Non, mon colonel.

M. le Président : Comment se fait-il que les membres du Comité central qui ont signé les ordres aient été des membres de l'Internationale?

Lullier : Je demande à rectifier.

M. le Président : Tout à l'heure.

Ferrat : Ils devaient nous prêter leur concours.

M. le Président : Vous commandiez votre bataillon et vous luttiez avec une certaine ardeur. Voilà une pièce où vous dites que vous prenez le plus possible de Versaillais.

Ferrat : Je fus envoyé comme maire provisoire du 6e arrondissement, dont je trouvai la mairie dans un épouvantable désordre. Mon premier acte fut de faire demander les anciens employés.

M. le Président : Qui était maire avant vous?

Ferrat : Un nommé Albert Leroy, qui s'était emparé de la mairie; puis ce fut Tony Moilin. Le jour dont je parle, le général Lullier vint à la mairie.

M. le Président : Quel était le numéro de votre bataillon?

Ferrat : 85ᵉ

M. le Président : Vous fûtes à un fort?

Ferrat : Non, je fus nommé sous-chef d'état-major de place; mon bataillon faisait, en conséquence, le service de la place. Ayant appris que tout le séminaire de Saint-Sulpice était arrêté, je fis mettre tous ces messieurs en liberté et leur présentai des excuses.

M. le Président : Vous avez été toujours commandant de votre bataillon?

Ferrat : Oui. Quand Cluseret voulut s'emparer du pouvoir, il garnit les états-majors d'une foule de gredins. Qu'on cherche parmi eux, et on trouvera là les incendiaires.

M. le Président : C'est rassurant pour Paris.

Ferrat : Mais ce sont tous des étrangers. D'ailleurs, je fus moi-même arrêté, et j'ai passé treize jours au Cherche-Midi. On devait me faire passer en Cour martiale, alors présidée par le colonel Rossel. Cluseret m'ayant parlé de son intention de s'emparer de la dictature, je me rappelle lui avoir dit : « Vous pensez faire cela, vous! mais je ne vous confierais pas le balayage de l'Hôtel-de-Ville. »

M. le Président : Pourquoi cela?

Ferrat : Parce que c'était un homme peu délicat.

M. le Président : Qui lui avait donné le ministère de la Guerre?

Ferrat : La Commune. Il m'avait fait arrêter à Neuilly et conduire par un piquet de vingt-cinq ou trente hommes, comme j'ai dit, à la prison du Cherche-Midi que je trouvai pleine de colonels, chefs de légion et autres officiers supérieurs. Pendant que j'étais incarcéré, mon bataillon fut écrasé à la barricade de la rue Perronet, et mes officiers firent une énergique réclamation, à la suite de laquelle je fus relâché.

M. le Président : Et vous avez repris le commandement de votre bataillon?

Ferrat : Oui. Nous nous rendîmes place Wagram qui était le rendez-vous habituel. Et il ne faut pas oublier ce fait instructif que, chaque fois qu'on marchait, les chefs de légion et leurs états-majors restaient toujours chez eux. On me donna ensuite l'ordre de rejoindre Dombrowski; mais j'avais juré de ne pas servir sous lui, et, de fait, on imprimait chaque jours les victoires de Dombrowski, et ni lui ni son état-major ne paraissaient jamais.

M. le Président : Qu'est-ce que cette dépêche d'un général Mattusewitsch que je trouve en dernier?

Ferrat : Elle était la suite de mes réclamations pour qu'on nous fît quitter la place Wagram.

M. le Président : Je remarque que les bataillons qui refusaient de marcher étaient les mêmes qui n'avaient pas voulu marcher contre les Prussiens?

FERRAT : Je vous demande pardon, ils peuvent avoir eu tort, mais je puis affirmer leur bravoure.

M. LE PRÉSIDENT : Qu'avez-vous fait le 22 mai? Mais d'abord qu'est-ce que c'est que cette affaire où on faillit vous arrêter au ministère de la Guerre ; vous y étiez comme délégué du Comité?

FERRAT : Oui, mais nous n'y avions rien à faire.

(L'accusé raconte ensuite longuement les opérations de son bataillon à Neuilly et dans les environs. Accusé à tort de n'avoir pas gardé son poste, on vint l'arrêter de la part de Delescluze. Ferrat résista et fut demander protection au Comité central.)

M. LE PRÉSIDENT : Je reprends ma question. Le Comité est venu au ministère de la Guerre et vous lui avez été d'un grand secours pour l'organisation du service. Vous avez dit que vous n'aviez pas été au fort d'Issy?

FERRAT : Non, mon colonel.

M. LE PRÉSIDENT : Qu'avez-vous fait dans les derniers jours?

FERRAT : J'étais décidé à empêcher mon bataillon d'agir. On me donna cinq fois l'ordre de conduire mon bataillon à l'Hôtel-de-Ville qui était en feu. Je refusai toujours. On voulut encore me faire arrêter.

M. LE PRÉSIDENT : Où vous a-t-on enfin arrêté?

FERRAT : Sur le boulevard.

M. LE PRÉSIDENT : Vous êtes accusé d'avoir pris le commandement d'une troupe armée?

FERRAT : J'ai été nommé à l'élection.

M. LE PRÉSIDENT : Vous avez lutté contre le gouvernement régulier. Vous avez usurpé des fonctions?

FEERAT : J'ai fait citer quelques-uns de ceux que j'ai fait mettre en liberté; ils répondront. On a dit que je répandais l'or; je n'ai pas vu une seule pièce de 20 fr. depuis plus d'un an.

M. LE PRÉSIDENT : Vous n'avez pas fait citer votre maîtresse d'hôtel, celle que vous avez menacée de votre baïonnette?

FERRAT : Je ne l'ai jamais vue; je n'ai jamais couché deux jours dans mon lit.

LULLIER : J'ai demandé à rectifier un fait : j'ose espérer qu'après les explications données sur la garde nationale et le Comité central, le Conseil n'y comprend rien du tout. Chacun ne sait que ce qui s'est passé dans son comité. « Qui ne voit que par un petit trou n'a pas un grand horizon. » Ferrat vous parle de son comité de Saint-Sulpice, mais il y en avait d'autres dans tous les autres arrondissements. Partout la plus épouvantable anarchie. Une foule de comités indépendants. J'ai voulu faire l'unité; je n'ai jamais été que l'épée des événements. On craignait à Paris que la majorité de la Chambre ne proclamât un roi, on craignait pour la République, ce terrain neutre qui laissait le champ libre à toutes les opinions. Je comprenais, moi, qu'il fallait que le Rhin lavât la tache de Sedan, et qu'un général français allât coucher à Berlin. Paris se leva comme un coup de foudre, et je fus moi, chétif, obscur, porté par ce mouvement. Le Comité central s'est offusqué et il a voulu me balayer, de peur de l'être par moi. Tout le reste n'a été qu'un prétexte. On a dit que j'avais été arrêté après mon déjeuner, que j'étais très-exalté. La vérité est que, sur cinq nuits, j'avais à peine dormi sept heures, et que je me nourrissais de café chaud. Ceux qui ont dit cela sont ceux auxquels, à l'Hôtel-de-Ville, de jeunes cantinières choisies avec soin versaient à longs flots le vin du triomphe.

RÉGÈRE : Je constate que tout cela est étranger à la Commune.

FERRAT : Je ne parle pas des cantinières; je mets au défi Lullier de prouver que qui que ce soit à l'Hôtel-de-Ville ou au Comité central ait bu un verre d'eau rougie.

AUDITION DES TÉMOINS.

JEAN RICHER, restaurateur : J'ai été arrêté avec trois amis le 20 avril en revenant de Versailles, et interrogé par M. Ferrat qui nous a dit qu'il regrettait de ne pouvoir prendre sur lui de nous mettre en liberté. Cependant, au bout de trois jours, il nous fit relâcher.

FERRAT : Ils avaient été arrêtés comme espions, ayant chacun un passeport pour une direction différente, et n'ayant pas suffisamment justifié leur voyage à Versailles. J'ai d'ailleurs eu le plus grand soin d'eux; je les ai logés et fait nourrir de mon mieux, et, enfin, j'ai pris sur moi de les mettre en liberté quand mon bataillon est parti.

VEUVE CHARDOT, maîtresse d'hôtel :

Ferrat était mon locataire; il me donnait de très-mauvaises raisons et pas d'argent.

FERRAT : Qui donc payait pendant le siége? Le témoin a-t-il payé lui-même? C'est la loi sur les loyers du 4 septembre.

Mᵉ LAVIOLETTE : Elle s'appliquait aux hôtels meublés, pendant le siége, comme aux logements non meublés.

Mᵉ GATINEAU : Telle est la jurisprudence des jurys spéciaux institués pour statuer sur les loyers; c'est comme propriétaire que je vous le dis.

M. LE COMMISSAIRE DU GOUVERNEMENT : Mais la première condition de cette faveur au locataire est d'avoir un bail.

Mᵉ GATINEAU : Il suffit, pour avoir la dispense, de payer jusqu'à trois termes de loyer, et d'avoir une location inférieure à 600 fr.

Mᵉ LAVIOLETTE : On réquisitionnait bien des logements lors du siége!

M. LE COMMISSAIRE DU GOUVERNEMENT : Soit, mais pas le premier venu.

M⁰ LAVIOLETTE : Pour le locataire qui est dans les lieux, la réquisition est toute faite, il y reste.

M. LE PRÉSIDENT : Je ne puis comprendre qu'il n'y ait aucune différence entre les hôtels meublés et les logements non meublés. Ainsi, d'après le défenseur, on pouvait sous le siége, loger à l'hôtel gratuitement.

M⁰ LAVIOLETTE : Parfaitement.

M. LE PRÉSIDENT *(au témoin)* : Les autres locataires vous payaient-ils?

LE TÉMOIN : Fort peu. Mon propriétaire, à moi, m'a fait remise d'un terme. Ferrat avait une chambre de 20 fr. par mois.

M⁰ GATINEAU : Parmi les locataires au-dessous de 600 fr., un, peut-être, sur trente a payé ses loyers.

FERRAT : J'étais simple garde dans le siége; je n'avais que 1 fr. 50 par jour. Sous la Commune, comme chef de bataillon, j'avais 10 fr., en campagne, et 5 fr. à Paris. Je ne pouvais réellement pas payer pendant le siége.

M. LE PRÉSIDENT : Il valait mieux le dire tout simplement du temps de la guerre.

FERRAT : J'étais homme de lettres avant le siége; cette profession ne pouvait me nourrir pendant la guerre.

JEAN-BAPTISTE CATHELIN, négociant :

(Ce témoin accompagnait le témoin Richer et fut arrêté avec lui. Il reproduit sa déposition, et affirme les bons procédés de l'accusé Ferrat à leur égard.)

M⁰ LAVIOLETTE : Nous aurions le plus grand intérêt à faire entendre le caissier de l'ancienne administration municipale du 6⁰ arrondissement.

M. LE COMMISSAIRE DU GOUVERNEMENT : Qu'est-ce que l'ancienne administration?

M⁰ LAVIOLETTE : C'est celle du 4 septembre.

M. LE COMMISSAIRE DU GOUVERNEMENT : Eh bien! recherchez-le.

M. LE PRÉSIDENT : Accusé, vous avez conservé cet employé?

FERRAT : Oui.

M. LE PRÉSIDENT : Et vous ne savez pas son nom? C'est à vous à le retrouver.

Le sieur Roustan est ensuite entendu en vertu du pouvoir discrétionnaire de M. le Président. Il dépose :

J'ai entendu Ferrat pérorer au club de l'École-de-Médecine; il soutenait ardemment la Commune; il se disait homme d'action, déclarant qu'il avait joué sa tête, et semblait dire qu'il la jouerait encore. Il m'a paru plus vaniteux que méchant, et plus dangereux par l'excitation de ses paroles que capable par lui-même de mauvaises actions. Il attaquait violemment les hommes du 4 septembre, et il disait du général Trochu que si on lui donnait une casserole, du beurre et des oignons, il ne saurait pas faire une soupe. Pour la moralité, il

soutint un jour que les personnes qui vivent en concubinage étaient plus respectables que les gens mariés. J'eus le courage de défendre, en plein club, la
religion, sans laquelle il n'y a pas de gouvernement possible, et je déclarai
qu'on fonderait une république sans religion le jour où on prendrait la lune
avec les dents. Du reste, je suis méridional comme Ferrat, et je comprends sa
nature ardente.

Mᵉ Laviolette : Ce témoin a déjà été acquitté deux fois à raison de son état
de folie.

Ferrat : Il est fou.

INTERROGATOIRE DE CLÉMENT.

M. le Président : Que faisiez-vous pendant le siége?

Clément : J'étais teinturier.

M. le Président : Comment avez-vous été nommé membre de la Commune?

Clément : Pour mes opinions sociales.

M. le Président : Alliez-vous aux clubs?

Clément : J'allais quelquefois à une réunion de mon quartier.

M. le Président : Étiez-vous de la garde nationale?

Clément : Oui, je remplaçais mon patron, garde mobile, pour le travail de
l'atelier.

M. le Président : Vous étiez délégué de la Commune comme maire au
15ᵉ arrondissement?

Clément : Oui, j'étais de la minorité de la Commune. J'ai voté contre la loi
des otages, contre la cour martiale. Urbain ne me démentira pas, si je dis que
la proposition qui lui est imputée à la séance du 17 mai m'eût fait bondir d'indignation. J'ai dénoncé à la Commune les jugements de la cour martiale contre
plusieurs réfractaires, et je fus assez henreux pour les faire finalement acquitter. Je voulais de bonne heure donner ma démission; des menaces contre
ma vie m'en ont empêché, et mes administrés du 15ᵉ arrondissement m'ont
retenu.

M. le Président : Qu'était-ce que cette cour martiale à l'École militaire?

Clément : Il n'y en avait pas; je l'aurais su, si elle eût existé.

M. le Président : Qu'y avait-il en caisse au 15ᵉ arrondissement?

Clément : 2,000 fr. peut-être; je n'ai pu le savoir au juste. Je ne crains pas,
à cet égard, la plus scrupuleuse investigation.

M. le Président : Avez-vous reçu des fonds de Jourde?

Clément : Non; si j'en ai reçu, je le somme de le déclarer. *(Jourde fait un
signe de téte approbatif.)*

M. le Président : Il y a au dossier une pièce compromettante, qui, heureusement, n'est pas de vous.

17

CLÉMENT : Je m'appelle Victor Clément.

M⁰ GATINEAU : Il y a trois Cléments : J. Clément, Jean-Baptiste Clément, et l'accusé, Victor Clément.

M. LE PRÉSIDENT : Que s'est-il passé à la maison d'éducation des jésuites de Vaugirard?

CLÉMENT : Elle a été occupée par divers gardes nationaux.

M. LE PRÉSIDENT : Il y a eu des arrestations?

CLÉMENT : Je n'en ai fait faire aucune?

M. LE PRÉSIDENT : Le lycée de Vanves était-il dans votre circonscription?

CLÉMENT : Non ; j'ai fait mon possible pour le protéger.

M. LE PRÉSIDENT : Êtes-vous de l'Internationale?

CLÉMENT : Je jure que non.

M. LE PRÉSIDENT : Quelles sont vos idées sociales?

CLÉMENT : Les idées de Proudhon.

M. LE PRÉSIDENT : Mais vous n'allez pas jusqu'à dire que « la propriété c'est le vol? »

CLÉMENT : Oh! non!

M. LE COMMISSAIRE DU GOUVERNEMENT : Qu'avez-vous fait depuis le 17 mai ?

CLÉMENT : Je me suis occupé uniquement de mon arrondissement.

M. LE COMMISSAIRE DU GOUVERNEMENT : Et depuis l'entrée des troupes dans Paris?

CLÉMENT : J'ai été chez un M. Lesieur, négociant en bois, rue Saint-Antoine.

JOURDE : Clément faisait partie de la commission des Finances; il a connu toute mon administration; il peut donner des renseignements à cet égard.

CLÉMEMT : Oui; nous avons eu connaissance de la gestion de Jourde; nous avons accepté certaines dépenses et refusé certaines autres.

M. LE COMMISSAIRE DU GOUVERNEMENT : Vous avez connu les violences dirigées contre la Banque?

CLÉMENT : Non.

M. LE PRÉSIDENT : Qu'est devenue l'argenterie de la Couronne, envoyée à la Monnaie?

CLÉMENT : Je ne sais; nous ne l'avons pas vue.

JOURDE : C'est Fontaine, directeur des domaines, qui s'est occupé de cela exclusivement. Il a toujours eu soin de se mettre en dehors de la commission des Finances pour ne relever que de la Commune.

M. LE PRÉSIDENT (à Paschal Grousset) : Et vous, Paschal Grousset, que savez-vous à cet égard?

PASCHAL GROUSSET : Je n'ai vu ni l'argenterie ni ceux à qui elle a été remise. Je n'ai vu qu'une copie de l'inventaire en ce qui concerne l'argenterie des Affaires étrangères. C'est Varlin qui a dirigé l'opération, et Jourde, alors, était sous la dépendance de Varlin,

M. LE PRÉSIDENT *(à Jourde)* : Camélinat, qui était à la Monnaie, était-il sous vos ordres?

JOURDE : Il avait un service particulier. Je crois que les pièces frappées avec cette argenterie ont été remises à la Banque. Je n'ai été réellement délégué aux Finances qu'à partir du 20 avril.

M. LE COMMISSAIRE DU GOUVERNEMENT *(à Paschal Grousset)* : A quelle époque avez-vous pris possession de l'hôtel du ministère des Affaires étrangères?

PASCHAL GROUSSET : Le 29 mars. La saisie de l'argenterie par Varlin est ultérieure, ainsi que les perquisitions.

M. LE COMMISSAIRE DU GOUVERNEMENT : Vous en répondez dans une certaine mesure, notamment pour l'argenterie qui dépendait du mobilier du ministère. Il y a d'ailleurs eu réellement pillage et effraction. Je l'établirai.

PASCHAL GROUSSET : J'ai dû obéir pour la remise de l'argenterie à des ordres supérieurs, et je me suis fait remettre, autant que posssible, pour ma décharge, des inventaires.

AUDITION DES TÉMOINS.

ALEXANDRE-EUGÈNE GUÉRIN, curé de Saint-Lambert, à Vaugirard, dépose :

M. Clément eut à m'écrire et le fit dans de très-bons termes; j'achevai de me convaincre, plus tard, que c'était un très-honnête homme qui a empêché beaucoup de mal. Le clergé a été chez nous constamment en sûreté. M. Clément avait déclaré qu'on ne toucherait à nous qu'en lui faisant violence à lui-même. Nous n'avons eu aussi qu'à nous louer de lui lorsque parut le décret relatif à la suppression de l'enseignement par les communautés religieuses. Il fut forcé d'appliquer ce décret, mais il fit avec bienveillance, et donna notamment aux sœurs le temps de trouver un asîle.

JEAN MILLOT, frère des Écoles chrétiennes :

J'allai voir M. Clément au sujet du décret dont il vient d'être parlé. Il me reçut avec bienveillance, et me dit qu'il s'occuperait de nous faire régler les traitements échus. Peu de temps après, j'eus l'imprudence de saluer un de nos frères faisant partie d'un groupe de vingt-neuf qu'entraînaient des gardes nationaux. Cela me valut une arrestation immédiate. Je me récriai sur ce qu'aucun mandat ne m'était présenté. J'obtins alors un bon soufflet. Conduit à la Préfecture, je fus injurié, maltraité au bureau de police, où siégeaient deux commissaires et un gamin de quinze ou seize ans; mes habits furent déchirés. M. Clément, que j'avais pu faire prévenir, s'empressa de s'intéresser à moi, vint me voir plusieurs fois, et, après beaucoup de difficultés, put me rendre à la liberté, et m'en témoigna sa satisfaction. Je sais qu'on a dit à cette occasion que M. Clément était trop bon pour nous.

M. LE PRÉSIDENT (*à Mᵉ Gatineau*) : Tenez-vous à faire entendre tous vos autres témoins?

Mᵉ GATINEAU : Ce serait une série de bonnes actions à faire passer sous les yeux du Conseil.

M. LE PRÉSIDENT : Le Conseil est tout disposé à entendre le récit.

Mᵉ GATINEAU : Si le Conseil se tient pour édifié, nous n'insisterons pas.

M. LE PRÉSIDENT : Eh bien! soit; nous acceptons l'état des faits.

CAMILLE-FRANÇOIS HALLU, teinturier-dégraisseur :

J'ai occupé Clément deux ans comme ouvrier teinturier, je n'ai jamais eu à me plaindre de lui. Il est resté seul avec moi pendant le bombardement, je l'en remerciai sincèrement. Il a été à la Commune; c'a été un malheur. Nous avons parlé de la Commune. Il m'a dit franchement ce qu'il en pensait, rien de bon, et qu'il voudrait bien reprendre ses sabots. Je lui offris de rentrer à mon atelier. Il me dit que c'était impossible, qu'il appartenait à la mairie du 15ᵉ arrondissement, qu'il lui était nécessaire; que s'il ne pouvait faire beaucoup de bien, il pourrait aussi empêcher beaucoup de mal. Lors de l'entrée des troupes dans Paris, il me confia un portefeuille contenant 10,600 fr., qu'il me dit appartenir à la mairie de Vaugirard. « C'était, disait-il, le pain des pauvres; je ne peux le confier en de meilleures mains qu'en vous le remettant; la Commune est perdue; les jacobins perdront Paris et la France s'ils triomphent jamais. » Je me rappelle encore que, pendant le siége, Clément m'acheta douze bouteilles de vin pour une ambulance. Je ne puis désespérer de son avenir. La dernière fois que je le vis, il me remit le livre d'heures de sa femme, en me disant : « C'est un talisman; si je dois être séparé de mon fils, c'est à vous que je le confie. »

Mᵉ GATINEAU : Sa femme est folle, et il a rempli admirablement ses devoirs de famille.

M. DEGRUSSE, docteur médecin :

M. Clément, en deux mots, est une âme généreuse, foncièrement bonne; mais son esprit a trop fouillé dans des livres qui lui ont été nuisibles. M. Clément était proudhonien, mais il avait pour son maître un respect dont je fus frappé, surtout à raison de la différence de leurs opinions. J'ai dû à la bienveillance de M. Clément un laisser-passer qui me permit d'aller tous les jours voir ma femme malade, hors Paris. Il me dit, à cette occasion, qu'il n'était guère d'accord avec ses collègues. En dernier lieu, M. Clément me dit : « Il s'est passé des choses déplorables; mais, au moins, mes administrés diront que j'ai fait mon possible pour diminuer le mal. » Je lui serrai les mains avec effusion, je lui dis : « Vous serez pris et jugé, mais vous comparaîtrez devant vos juges avec vos actes honorables. »

L'audience est levée à cinq heures et demie.

Audience du 19 août.

A midi précis, l'audience est ouverte.

M. LE PRÉSIDENT : Accusé Billioray, je vous fais représenter un ordre d'arrestation signé de vous. Dans quelles circonstances?

BILLIORAY : Il s'agit d'un journaliste qui avait demandé douze hommes de bonne volonté pour assassiner les membres de la Commune et du Comité de salut public.

M. LE PRÉSIDENT : Et vous accusé Champy, reconnaissez-vous avoir signé l'ordre que je vous fais représenter, et dont voici le texte :

« COMMUNE DE PARIS

» *Guerre.*

» MINISTÈRE DE LA GUERRE. — COMMISSION D'ARMEMENT.

» 26 mai 71.

» Ordre :

» De prendre les obusiers et les obus pétrole pour bombarder le chemin de fer de Lyon.

» Mairie du 20ᵉ arrondissement.

» *Le membre de la Commune,*

» CHAMPY. »

» Approuvé :

« *Le colonel,*   (Sceau de la guerre.)

» MURI. »

CHAMPY : Je reconnais ma signature; mais cela m'étonne, et je ne peux nullement m'en souvenir. Cette pièce n'a pas été faite dans mon arrondissement.

Mᵉ LACHAUD FILS, défenseur de Billioray : La pièce a été dressée à la mairie. Or, Champy appartenait à la mairie du 10ᵉ.

M. LE PRÉSIDENT : Il est probable que votre signature a été demandée pour la légalisation de celle du délégué à l'armement au 20ᵉ. Il faut y regarder à deux fois avant de donner sa signature.

PASCHAL GROUSSET : J'ai demandé l'audition du témoin Antoine Vincent, qui était gardien des archives du ministère des Affaires étrangères, et qui pourra constater qu'il tenait note des dossiers qu'il me remettait.

M. LE PRÉSIDENT : On le recherche; quand il aura été trouvé, il sera entendu.

M. Élie Ducoudray : Ami de l'accusé Verdure et autorisé à le défendre, nous avons demandé l'audition du sieur Aury.

Ce témoin est entendu.

Charles Aury, restaurateur :

Verdure prenait ses repas chez moi le matin et le soir; il dépensait environ 3 fr. 50 par jour. Il est venu jusqu'aux derniers jours dans mon restaurant. Il y restait assez tard le soir; beaucoup de personnes venaient lui demander des renseignements.

M. Ducoudray : Et comme la Commune siégeait le soir, il y allait fort peu; voilà un alibi tout établi en sa faveur.

M. le Président : Il s'agirait de savoir quels étaient les conseils qu'il donnait à tout le monde.

M. Ducoudray : Ce sera l'affaire de la plaidoirie. Il y a certainement des témoins qui pourraient être entendus à cet égard; mais on sait que, dans le procès de la Commune, il n'est pas facile de trouver des témoins à décharge.

M. le Président : Il est peut-être encore plus difficile de trouver des témoins à charge. Ceux qui ont à déposer à la décharge des accusés savent bien qu'ils ne courent aucun risque à le faire, à moins qu'ils n'aient personnellement quelque chose à se reprocher.

Courbet : Je demande que le Conseil constate la déclaration de M. Paschal Grousset, suivant laquelle je n'ai pas contribué à la démolition de la colonne Vendôme. Relativement à la séance du 17 mai, à laquelle on m'impute d'avoir assisté, j'ai à rappeler que je n'y ai été, avec Andrieux et Vallès, qui étaient, comme moi de la minorité, que pour retirer les objets m'appartenant, qui étaient restés au bureau. Si on a inscrit mon nom à l'*Officiel*, ce sont les secrétaires qui ont fait cela machinalement en me voyant entrer.

M. le Président : Vous avez déclaré que vous vouliez la conservation d'une partie de la colonne; vous n'étiez donc pas opposé à sa démolition, en principe?

Courbet : Je voulais que l'on conservât le soubassement et les premières spirales, qui retracent l'histoire des guerres de la République.

M. le Président : Alors vous vous placiez à un point de vue tout politique, car, au point de vue de l'art, vous m'avouerez qu'une colonne avec un soubassement et des spirales tronquées, ne serait pas quelque chose de bien beau.

Jourde : Nous ne nous sommes présentés à cette séance du 17 mai, dont je comprends aujourd'hui l'importance, puisque c'est à cette séance, comme je l'ai appris, qu'on a définivement arrêté le décret des otages, nous ne nous y sommes présentés, nous qui étions de la minorité, que pour l'appel nominal. Nous avons délégué Courbet, Andrieux, Vallès et Arnold pour nous représenter au cas seulement où la majorité nous adresserait une interpellation, mais nous n'avons pas assisté à la séance.

M. LE COMMISSAIRE DU GOUVERNEMENT : Il fallait donner votre démission après le 17 mai; c'est ce que je vous répondrai toujours, en maintenant jusqu'au bout votre responsabilité.

M. LE PRÉSIDENT : Dans tous les cas, cette minorité ne s'est séparée de la Commune que parce que sa marche, à un moment donné, compromettait les idées de la minorité elle-même et le mouvement commencé le 18 mars.

JOURDE : Il y a dans ce procès la politique et le droit commun.

M. LE COMMISSAIRE DU GOUVERNEMENT : Vous n'êtes nullement des hommes politiques.

RÉGÈRE : Je m'associe à ce que M. Jourde vient de dire au sujet de la séance du 17 mai.

M. LE PRÉSIDENT : Cela suffit; nous l'avons entendu.

CHAMPY : Je voudrais savoir où a été trouvé l'ordre que vous m'avez fait connaître, monsieur le Président.

M. LE PRÉSIDENT : Je ne le sais pas; et cela importe peu, puisque vous le reconnaissez.

Me LACHAUD : Cela a pourtant son importance.

M. LE COMMISSAIRE DU GOUVERNEMENT : Eh bien ! il a été trouvé par un officier que je ferai citer si cela vous fait plaisir.

INTERROGATOIRE DE RASTOUL.

M. LE PRÉSIDENT : Vous étiez président du club des Montagnards?

RASTOUL : Avant de répondre aux questions que vous me ferez l'honneur de m'adresser, monsieur le Président, je tiens à repousser toute responsabilité dans les odieux attentats qui ont défiguré et dénaturé l'idée progressive, civilisatrice et régénératrice si mal représentée par la Commune. Je flétris avec indignation les crimes atroces qui ont marqué sa sanglante agonie.

M. LE PRÉSIDENT : Je veux bien croire que vous n'ayez pris aucune part à ces crimes.

M. LE COMMISSAIRE DU GOUVERNEMENT : Aucune part active.

M. LE PRÉSIDENT : Cependant, en prêchant la liberté comme vous le faisiez à ce club, vous ne pouviez aboutir qu'à ce résultat. Où voulez-vous arriver avec des discours et des doctrines qui démolissent Dieu, les prêtres, la religion, et qui suppriment toute loi, tout ordre et toute autorité?

RASTOUL : Jamais rien de semblable n'a été dit à ce club, à ma connaissance. Dieu n'avait rien à faire au moment où on avait à se battre contre les Prussiens. C'est la vérité. Un journal hostile faisait le compte-rendu des séances de ce club. Un club a d'ailleurs un bureau et une organisation, Il n'y avait rien de semblable pour la réunion dite Club des Montagnards. Elle élisait chaque soir son président. J'ai été quelquefois élu, voilà tout. Je ne puis savoir tout ce qui a été dit à cette réunion.

M. LE PRÉSIDENT : Vous étiez à la mairie du 10ᵉ arrondissement? Depuis quand?

RASTOUL : Je n'y ai pas été avant la Commune. Je n'y étais pas le 26 octobre en particulier. Je faisais seulement partie d'un comité local d'armement et de secours pour la garde nationale. Le 4 avril, après les élections, nous avons, en nous installant à la mairie, trouvé un comité de légion qu'il nous a été impossible de chasser de la mairie et qui a voulu y conserver son autorité. J'ai dû, en présence de cette situation, donner ma démission. Champy, mon collègue, est venu après moi et a conservé jusqu'au bout les fonctions de maire du 10ᵉ arrondissement, en supportant l'existence de ce comité, dont un membre, le sieur Lerouvier, signait tous les actes pour la municipalité, tandis que Champy signait pour la délégation communale.

M. LE PRÉSIDENT : Vous voyez où on peut arriver avec les meilleures intentions dans un tel désordre. Vous avez, en somme, participé au mouvement du 18 mars?

RASTOUL : Pas à l'origine..... Ce n'est que plus tard, alors que les négociations entre Paris et Versailles étaient rompues et que le danger ne faisait que croître, que j'ai cru devoir accepter une position.

M. LE PRÉSIDENT : Que vous auriez mieux fait de refuser. A quoi avez-vous pu servir? Et ne voyez-vous pas que vous vous êtes trompé? Dès le 30 mars, la Commune faisait une proclamation de révolte. En acceptant d'entrer à la Commune, vous vous y êtes associé.

RASTOUL : J'avais une combinaison qui aurait pu peut-être arrêter la guerre civile. Il s'agissait d'arriver à une conciliation en plaçant à côté des candidats élus tous les candidats ayant obtenu plus de vingt mille voix, ce qui formait un ensemble de deux ou trois cents citoyens présentant toutes les nuances d'opinion politique, depuis M. Athanase Coquerel, pasteur protestant, jusqu'aux socialistes les plus foncés. J'ai toujours cherché la conciliation, suivant la devise de la Commune, qui était : « A la Commune ce qui est à la Commune, au gouvernement ce qui est au gouvernement. »

M. LE PRÉSIDENT : Vous avez été délégué aux services publics?

RASTOUL : J'étais de la commission; mais mes occupations, comme médecin, m'empêchèrent d'assister à une seule de ses séances. Je ne savais même pas où elle siégeait.

M. LE PRÉSIDENT : Vous avez été directeur des ambulances?

RASTOUL : Inspecteur général; j'ai tâché de réorganiser ce service, qui laissait beaucoup à désirer. Mais cela, je crois, n'a rien de politique, et je ne pense pas que le Conseil puisse me reprocher cette fonction toute d'humanité. Après un conflit avec le général Henry, qui m'avait fait arrêter, la Commune n'ayant

COURBET

pas voulu me soutenir, j'ai donné ma démission, et je suis resté simple conseiller municipal de Paris, ne parlant que pour faire entendre la voix de la morale et de la justice. J'ai protesté par un projet de décret, en date du 6 mai, contre celui qui était relatif aux otages. Je m'opposai aux persécutions dirigées contre les femmes et les enfants des sergents de ville et des gendarmes, auxquelles je voulais assurer le même traitement qu'aux femmes des gardes nationaux.

L'accusé Rastoul donne lecture de ce document, que nous reproduisons :

« Considérant que chacun doit être responsable de ses actes ;
» Que les innocents ne doivent pas payer pour les coupables ;
» La Commune de Paris décrète :
» Les femmes et les enfants des sergents de ville et des gendarmes qui n'ont pas quitté les murs de Paris seront traités comme les femmes et les enfants des gardes nationaux. Ils jouiront des mêmes droits ; ils recevront la même indemnité qui est allouée à ces derniers. »

M. LE PRÉSIDENT : N'est-il pas triste de voir des hommes qui ont reçu de l'éducation déchaîner de pareilles bêtes féroces ! Ainsi, une pauvre femme s'attristait de voir brûler l'Hôtel-de-Ville ; on crie que c'est une femme de gendarme, on se précipite sur elle, elle est massacrée, et son corps est jeté à l'eau ! Voilà ce qu'on nous a rapporté hier. Mais pourquoi votre décret n'a-t-il pas paru à l'*Officiel*.

RASTOUL : Parce que je n'étais pas trop en odeur de sainteté auprès de mes collègues.

M. LE PRÉSIDENT : Eh bien ! à votre place, j'aurais protesté hautement. Je me serais fait arrêter en pleine Commune, c'eût été beau !

RASTOUL : J'ai bien été aussi menacé d'arrestation. L'*Officiel* se gardait toujours d'insérer mes protestations.

Mᵉ RENAULT : On pourrait interroger à cet égard les collègues de l'accusé :

M. LE PRÉSIDENT : Qui était président des séances ?

RASTOUL : Tantôt l'un, tantôt l'autre.

PASCHAL GROUSSET : Rastoul a toujours soutenu à la Commune les doctrines qu'il produit aujourd'hui. Il présentait constamment des décrets idéaux.

RASTOUL : Pour moi, la Commune n'était pas un gouvernement ; elle devait, à l'origine, se restreindre aux questions municipales. Elle sortit de sa sphère ; elle n'était plus ni chèvre ni chou ; ses membres n'étaient plus que des Auvergnats politiques. Je restai avec eux, mais pour continuer à protester au nom des principes et de la morale. J'avais derrière moi 11,000 électeurs.

M. LE COMMISSAIRE DU GOUVERNEMENT : Des insurgés, dont le suffrage universel n'atténue pas votre responsabilité. Elle résulte suffisamment de votre titre de membre de la Commune.

Me Renault : Mais c'est là le procès.

M. le Commissaire du gouvernement : Soit ; mais je puis bien, ce me semble, énoncer, à cet égard, mon opinion, comme la défense elle-même.

Me Renault : Ces électeurs étaient, en définitive, portés sur les listes.

M. le Commissaire du gouvernement : Qui les avait convoqués? Le Comité central.

Me Renault : Et les maires.

M. le Commissaire du gouvernement : Les maires ne sont pas le gouvernement.

Me Renault : Les maires et les députés. Mais cette discussion n'est pas à sa place dans l'interrogatoire.

M. le Président : Ceci est effectivement de la discussion.

M. le Président (à Rastoul) : Vous avez fait deux propositions pour arrêter l'effusion du sang?

Rastoul : Qui, malheureusement n'ont pu arriver à la discussion. L'entrée des troupes dans Paris jeta le trouble partout ; je dus attendre au mardi pour les porter au Comité de salut public. Ce jour-là, quand les buttes Montmartre furent prises, je vis que la cause de la Commune était perdue. J'allai à l'Hôtel-de-Ville ; je rencontrai M. Langevin, auquel je communiquai mes propositions. Il y eut une panique dans la rue de Rivoli. Un officier dit qu'il croyait qu'on allait attaquer l'Hôtel-de-Ville, et qu'il n'y était resté personne. Je dus renoncer à mon projet.

M. le Président : De ces deux propositions, l'une consistait en ce que les chefs de la Commune se livreraient au gouvernement à Versailles, et l'autre en ce qu'ils se livreraient aux Prussiens avec leurs bataillons.

Rastoul : Oui.

(Nous donnons ici le texte de la première de ces propositions ; la seconde figure dans le rapport.)

« Citoyens collègues,

» Depuis deux jours, me rendant compte de la situation, que j'ai examinée sous ses différents aspects, j'ai acquis la triste conviction que la partie est perdue pour nous. Peut-être, étant mieux placés que moi, pensez-vous que je puisse me tromper. Dans le cas où vous jugeriez, comme moi, que nous sommes vaincus, voici deux moyens que je viens soumettre à votre attention, et qui auront pour effet certain d'empêcher le massacre de vingt mille braves, massacre inutile, qu'il faut éviter à tout prix.

» Sous la guerre civile, les représailles et les vengeances s'exerceront toujours d'une façon terrible. La fureur et la cruauté n'ont, pour ainsi dire, pas de limite ; aussi notre devoir impérieux est d'empêcher de verser inutilement le sang précieux de nos concitoyens.

» Voici les deux moyens que je vous propose en vue d'obtenir ce résultat :

» 1° Si, comme moi, en votre âme et conscience, vous jugez la situation perdue, convoquez d'urgence une réunion générale de tous les membres du Comité central et le plus que vous pourrez de nos collègues de la Commune, et faites-leur adopter la proposition suivante :

« La Commune de Paris et le Comité central de la garde nationale se recon» naissant vaincus, viennent apporter au gouvernement de Versailles leurs tê» tes, à condition qu'il ne sera fait aucune poursuite, qu'il ne sera exercé au» cune représaille contre l'héroïque garde nationale. »

» Dans le cas où vous accepteriez ma proposition, envoyez immédiatement des parlementaires sur toute la ligne pour faire connaître notre résolution. Si cela est accepté, le sang cesse de couler à l'instant même et nous sauvons la vie de plusieurs milliers de nos frères. A heure fixe, tous les membres de la Commune et du Comité central iront se mettre à la disposition du vainqueur, etc. »

(La deuxième partie de ce document contient la proposition dont nous avons parlé, de demander un abri au camp prussien.)

M. LE PRÉSIDENT : Croyez-vous que les membres de la Commune eussent eu le dévouement de livrer leurs personnes pour éviter la guerre civile?

RASTOUL : Je me faisais fort de l'obtenir.

M. LE COMMISSAIRE DU GOUVERNEMENT : J'aurais plutôt compris que ce serait la seconde proposition qu'ils adopteraient de préférence à la première; avec les Prussiens, il y avait moins de risques à courir.

Mᵉ RENAULT : Je demande à lire ces propositions.

M. LE COMMISSAIRE DU GOUVERNEMENT : Je les lirai moi-même.

Mᵉ RENAULT : Soit; mais il est fâcheux que le rapport ait tronqué ces propositions et qu'on veuille admettre que la préférence aurait été accordée à celle de se livrer aux Prussiens.

M. LE PRÉSIDENT (à Rastoul) : Il y a de vous des réflexions sur la minorité de la Commune?

RASTOUL : Oui, il y avait, sous la Commune, une foule de pouvoirs indépendants, et tous voulaient l'être même de ceux qui leur étaient supérieurs; aucune responsabilité collective n'est possible dans ces conditions. J'ai toujours réclamé contre cet état de choses; mais on ne m'a jamais écouté.

AUDITION DES TÉMOINS.

DESBUISSONS, marchand de nouveautés.

M. Rastoul est venu se réfugier chez moi le mardi 23 mai, à huit heures du soir. Il est resté jusqu'au jeudi soir, environ quarante-huit heures. Il était désespéré, et voulait aller à l'Hôtel-de-Ville pour obliger ses collègues à déposer les armes. Je ne voulus pas le laisser sortir au milieu des balles et des obus. Je lui appris les incendies, notamment celui de l'Hôtel-de-Ville; il en fut navré.

Mᵉ Renault : Je demande la permission de lire quelques lignes du manifeste du docteur Rastoul; le témoin pourra rapprocher de cette lecture les souvenirs de sa conversation.

(Mᵉ Renault donne lecture d'une partie de la première proposition.)

Le Témoin : C'est parfaitement cela; cela a été écrit dans ma salle à manger.

M. le Président : Mais, à ce moment, on ne pouvait guère communiquer avec l'Hôtel-de-Ville.

Mᵉ Renault : C'est vrai; mais il sera établi que la veille, au péril de sa vie, Rastoul avait voulu y porter ses propositions, et le témoin vous a dit qu'il avait dû l'empêcher de renouveler sa tentative.

M. le Président : Mᵉ Bigot, vous venez de passer un papier à l'accusé Ferré, et, après cela, vous l'avez remis à un jeune homme que je vois d'ici.

Mᵉ Bigot : Monsieur le Président, le papier que j'ai passé à Ferré, après l'avoir soumis à mon client Assi, est relatif aux témoins que j'ai à faire entendre lundi; le billet, au contraire, que j'ai remis au jeune homme que vous indiquez contient la prière d'aller chercher une pièce que j'ai oubliée chez moi.

(Mᵉ Bigot reprend ce dernier billet et le fait transmettre au Président, qui le lit.)

Mᵉ Bigot : Maintenant, monsieur le Président, permettez-moi d'entrer dans quelques détails au sujet de la communication que j'ai faite à Ferré. Tous les accusés sont ici l'objet des préventions les plus graves; l'opinion publique est soulevée contre eux, surtout à raison des incendies et des assassinats qu'on leur impute. Or, je crois pouvoir établir que ces fameux ordres de brûler le quartier de la Bourse ou de faire flamber les Finances ont été livrés en *fac-simile* seulement par M. le comte d'Armaillé à M. Susse, pour les vendre; que les originaux ne sont pas, je crois, reproduits par l'accusation, et que les acheteurs de ces deux fameuses pièces n'ont peut-être, au lieu d'autographes d'incendiaires, que les œuvres de truqueurs qui ont trompé M. d'Armaillé, M. Susse et le public, mais qui ne tromperont peut-être pas la justice. Nous ne pouvons communiquer avec les accusés, — dans cette affaire connexe à dix-sept, — qu'à l'audience, et c'est pour cela, monsieur le Président, que j'ai dû dire ici à Ferré quels étaient les témoins dont j'avais demandé l'audition dans l'intérêt de tous. J'y suis d'autant plus fondé que l'on poursuit en ce moment une instruction contre les hommes qui ont tué les otages et incendié les maisons, de telle sorte que l'auteur principal, dans les crimes de droit commun, étant celui qui met le feu, nous assisterons à cette nouveauté de complices ugés avant les auteurs principaux. Je ne terminerai pas, monsieur le Président, sans rendre hommage à la sollicitude que vous avez mise à nous donner des communications complètes autant que possible, et j'en suis personnellement reconnaissant.

M. le Président : Je me suis trompé. Je vais reprendre l'audition des témoins.

Ferré : Puisque mon nom a été prononcé, permettez-moi de placer ici quelques mots. J'ai refusé de répondre jusqu'ici, me bornant aux observations qui pouvaient avoir pour résultat de me mettre en contradiction avec l'accusation. En présence de ce qui se passe, je demande l'original en communication. Or, il paraît qu'il n'existe pas au dossier.

M. le Président : Je vous l'ai communiqué. Vous avez dit : C'est inutile; j'ai un *fac-simile*. Vous le verrez encore si vous voulez, mais nous n'avons pas besoin de discours. Asseyez-vous.

Charles Gautier, employé de commerce :

M. Rastoul est venu chez moi le mardi, vers six heures un quart; il y est resté une heure trois quarts ou deux heures. Il me dit qu'il était navré de ce qui se passait; que, s'il était à la place du Comité de salut public, il ferait apposer partout des affiches pour engager les citoyens à déposer les armes; qu'il savait bien qu'il serait pris; qu'il demandait seulement à comparaître devant la justice, craignant, s'il était saisi, d'être fusillé sur-le-champ. *(Sur la demande de M⁰ Renault.)* Le docteur Rastoul n'a jamais porté, sous la Commune comme pendant le siége, que l'uniforme de chirurgien de la garde nationale.

M⁰ Renault : Le Conseil voit donc qu'il n'avait aucun costume distinctif autre que celui relatif à son emploi d'inspecteur-général des ambulances. Il manque au dossier une pièce qui pourrait être utile à la manifestation de la vérité, que nous recherchons tous. On a souvent indiqué à ces débats l'infidélité et l'inexactitude des comptes-rendus du *Journal officiel*. Une protestation à cet égard parut, au nom de M. Rastoul dans le numéro du 22 mai. *(M⁰ Renault en donne lecture.)* A cette protestation et à d'autres, Amouroux, secrétaire de la Commune, répond que c'était Vésinier qui était chargé du compte-rendu, lequel n'était que l'extrait d'un registre *ad hoc* sur lequel était consignée la reproduction sténographique des séances. Il me semble qu'il y aurait intérêt à retrouver les sténographes (ils étaient quatre) et surtout les registres.

M. le Président : Il est certain que ce registre serait une pièce précieuse; malheureusement, il est plus que probable qu'il a été brûlé dans l'incendie de l'Hôtel-de-Ville.

Rastoul : Il serait à désirer que les sténographes fussent entendus.

M. le Président : Comment s'appellent-ils ?

Rastoul : Je sais qu'ils étaient quatre; mais j'ignore leurs noms.

M. le Président : Il est probable qu'ils se cachent.

Rastoul : L'*Officiel* était si infidèle qu'il a même refusé d'insérer mes démissions : j'ai dû les publier dans les journaux, et on m'en a fait un reproche.

INTERROGATOIRE DE DESCAMPS.

M. le Président : Vous avez demandé, en 1870, à entrer dans les sergents de ville ou les gardiens de la paix?

Descamps : Oui, parce que ce corps devait combattre contre les Prussiens. Du reste, la chose n'a pu se faire.

M. le Président : Vous étiez de la garde nationale sous le premier siége?

Descamps : J'étais sergent-fourrier et membre du conseil de famille pendant trois mois.

M. le Président : Où étiez-vous au 18 mars?

Descamps : Mon bataillon ne s'est pas réuni.

M. le Président : Vous alliez aux réunions publiques?

Descamps : Pour les élections seulement.

M. le Présidnet : Comment avez-vous été nommé à la Commune?

Descamps : J'étais bien vu à ma compagnie; j'avais l'estime de mes électeurs. Je n'ai vu dans la Commune qu'un conseil municipal; je ne me suis considéré que comme adjoint. Je ne suis entré à l'Hôtel-de-Ville que le 9 ou le 10 avril.

M. le Président : Vous étiez ouvrier mouleur; pourquoi n'avez-vous pas continué?

Descamps : Ce métier était très-fatigant et peu avantageux.

M. le Président : Vous étiez à la mairie du 14e arrondissement; quelles étaient vos attributions?

Descamps : Les secours, les subsistances, la surveillance des délits. Pour les subsistances, il s'agissait d'empêcher les prix de monter trop haut et d'éviter à cet égard les abus qui s'étaient produits pendant le siége.

M. le Président : Vous assistiez aux séances de la Commune?

Descamps : Cinq ou six fois, tout au plus. J'ai vu bientôt que je m'étais trompé. Pour avoir donné une première fois ma démission, j'ai été arrêté. Puis Raoul Rigault décréta de trahison tous ceux qui donneraient leur démission.

M. le Président : Vous aviez donc bien peur de Raoul Rigault?

Descamps : Il était à la sûreté générale; il était bien au-dessus de moi. Il requérait qui il voulait pour exécuter ses ordres.

M. le Président : Commandait-il pour cela les premiers gardes nationaux venus?

M. le Commissaire du gouvernement : Il avait des bataillons choisis.

M. le Président : Étiez-vous aux séances où il s'est agi de la colonne Vendôme, de la maison de M. Thiers, des otages.

Descamps : Je n'y étais pas.

M. le Président : Vous êtes donc resté par peur à la Commune?

Descamps : Je ne voulais pas prendre part à tout cela.

M. le Président : Avez-vous touché de l'argent de Jourde?

Descamps : Non.

M. le Président : Vous avez alors vécu avec les 15 fr. par jour que vous receviez comme membre de la Commune?

Descamps : Oui.

M. le Président : Où étiez-vous les 22 et 23 mai ?

Descamps : A la mairie, jusqu'au 22 à midi. Je n'ai pu rentrer chez moi; les troupes interceptaient le passage. J'ai été chez des amis, rue de la Tombe-Issoire.

M. le Président : Vous êtes accusé, comme les autres membres de la Commune, d'attentat contre le gouvernement et d'excitation à la guerre civile.

Descamps : Jusqu'au 26 mars, je n'avais ni pouvoir ni fonctions; tout était fait quand je suis arrivé.

M. le Président : Vous avez connu les bruits d'incendie?

Descamps : J'ai pu en entendre parler; mais je n'y ajoutais aucune foi; les gens qui en parlaient n'étaient pas les plus sensés.

M. le Président : Non; mais c'étaient les plus dangereux.

Descamps : Jamais un mot n'en a été dit à la Commune; tout cela germait dans l'esprit de la population.

M. le Président : Vous étiez les chefs de cette population?

Descamps : Des chefs impuissants. La Commune était débordée.

M. le Commissaire du gouvernement : Le commissaire de police donne sur vous de mauvais renseignements. En politique, vous étiez très-exalté. Vous menaciez tous ceux qui avaient des provisions pour vous en emparer.

Descamps : Au milieu de toutes les obsessions qui m'étaient faites, je n'ai ordonné ni arrestation, ni perquisition, ni réquisition. J'aurais pu facilement m'emparer du bien d'autrui, si je l'eusse voulu. Quant à mes idées politiques, elles ont été dénaturées.

M. le Commissaire du gouvernement : Vous avez été violent vis-à-vis des sœurs de l'asile?

Descamps : J'ai vu les sœurs une fois pour demander du linge pour les blessés.

M. le Président : S'il n'y avait que ça!

Descamps : C'est une commission antérieure qui l'avait mis sous scellé. J'étais pressé de faire lever les scellés.

M. le Commissaire du gouvernement : Le commissaire ajoute que vous avez forcé les sœurs à s'en aller, et que la supérieure a eu surtout à se plaindre de vous.

DESCAMPS : C'est une erreur. Ce n'est pas à moi qu'elle a eu affaire. Je regrette d'être forcé de m'en expliquer ; c'est à mon collègue Martelet, qui avait le service des écoles. Je ne m'en suis pas occupé.

M. LE COMMISSAIRE DU GOUVERNEMENT : Cependant, c'est vous que le rapport désigne.

DESCAMPS : Mon caractère n'est pas violent. Je n'ai donné aucune preuve de violence.

Me THIRON : Si l'accusation doit retenir ces faits, je demande l'audition des témoins. Il faut que l'instruction soit publique.

M. LE COMMISSAIRE DU GOUVERNEMENT : Mais que voulez-vous de plus officiel que le procès-verbal du commissaire de police?

M. LE PRÉSIDENT : On peut d'ailleurs entendre les témoins.

Me THIRON : Surtout la supérieure.....

M. LE COMMISSAIRE DU GOUVERNEMENT : Au surplus, il n'y a là qu'un simple renseignement; l'accusation ne porte pas là-dessus.

Me THIRON : Mon client prétend être étranger aux faits.

M. LE COMMISSAIRE DU GOUVERNEMENT : Tous les accusés en disent autant. Je n'insiste pas, du reste.

Me THIRON : Mais j'insiste.

BILLIORAY : J'ai reçu une lettre de cette sœur supérieure, qui se plaignait effectivement, mais non pas de Descamps.

AUDITION DES TÉMOINS.

FRÈRE ABEL, des Écoles chrétiennes :
Pendant que nos frères étaient aux ambulances, la municipalité du 14e arrondissement envoya une commission, composée de MM. Martelet, Descamps et Gouget, qui nous expulsa brutalement, fit inventorier notre mobilier et fouiller nos papiers. Les scellés furent apposés et l'inventaire remis au sieur Martelet, ainsi que 205 fr. qui nous appartenaient. Nous dûmes aller nous réfugier dans la maison-mère. A quelque temps de là, je repassai en bourgeois dans le quartier et je vis que les scellés avaient été enlevés. Aussitôt, j'allai me plaindre à la mairie, sans y mettre les formes, qui n'étaient pas nécessaires en ce temps. Ma plainte eut quelque effet. Je réclamai du linge, mon acte de naissance, mon diplôme d'instituteur. Je réclamai aussi l'argent, en rappelant à la municipalité qu'on nous avait expulsés en brisant notre position. On me remit 135 fr. pour dix-sept que nous étions. On m'autorisa à emporter mes papiers. Je demandai à Descamps si nous pourrions être payés de notre traitement arriéré, pour lequel il nous était dû 2,600 fr. Il n'y fit pas d'opposition ; mais il dut me ren-

voyer à Martelet, qui, cette fois, me reçut très-mal et mit à la porte de la mairie en me défendant d'y remettre les pieds. Je lui dis que j'irais plus loin, et, effectivement, je partis pour le Berry. J'ai un peu entendu parler de la sœur à laquelle Descamps a eu affaire; elle a dit qu'il n'avait pas été bienveillant, et qu'il se promenait pendant qu'elle lui parlait en frisant sa moustache. Moi, je n'ai qu'à le remercier en ce qui me concerne.

M. LE PRÉSIDENT : Avez-vous été payé des 2,600 fr. qui vous étaient dûs?

LE TÉMOIN : Oui, mais pas par la Commune.

M. LE COMMISSAIRE DU GOUVERNEMENT : Je retiens de la déposition ce fait que le témoin a entendu parler de la conduite reprochée à Descamps.

Me THIRON : Il a entendu dire que Descamps frisait ses moustaches.

M. LE COMMISSAIRE DU GOUVERNEMENT : Et quelque chose de plus.

LOUIS LANDON, maître d'hôtel :

J'ai eu trois ans Descamps chez moi comme employé dans mon commerce de vins. Je n'ai rien eu à lui reprocher. En entrant chez moi, il sortait de l'Assistance publique; il était garçon à la Clinique. Pendant tout ce temps, je ne l'ai pas entendu parler de politique ni vu aller aux clubs ou réunions. Il m'a dit qu'il voulait donner sa démission de la Commune, mais qu'on n'avait pas voulu l'accepter. Il ajoutait qu'en y entrant, il avait cru qu'il n'était nommé que pour la mairie. Ceci se passait vers le 15 avril, quinze jours ou trois semaines après sa nomination.

M. LE COMMISSAIRE DU GOUVERNEMENT (à Descamps) : Avez-vous envoyé au chef de la 14e légion une demande de doubler le poste de la mairie à partir du 18 mai et jours suivants?

DESCAMPS : Oui, le poste était de douze hommes; il était insuffisant.

M. LE COMMISSAIRE DU GOUVERNEMENT : Et ce n'est pas en prévision des événements?

DESCAMPS : Non.

M. LE COMMISSAIRE DU GOUVERNEMENT : Cependant le 18 n'est pas loin du 21.

LULLIER : Un de mes témoins, absent hier, est aujourd'hui dans l'auditoire. Je demande qu'il soit entendu. C'est M. Yves Guiot.

Ce témoin dépose :

J'ai assisté, dans les bureaux du *Rappel*, à une conversation entre M. Paul Meurice et M. Lullier, alors commandant en chef de la garde nationale. Il parla beaucoup de la question militaire, déclara qu'il voulait et qu'il pratiquerait une très-grande modération dans la politique, et parla, en la déplorant, de l'arrestation du général Chanzy. Je ne me rappelle pas les détails de la conversation, ni les points précis sur lesquels elle portait. Je ne sais plus s'il a parlé du Comité central.

Cette conversation avait lieu vers le 20 ou le 21 mars.

INTERROGATOIRE DE PARENT.

M. le Président : Vous avez été condamné à quinze jours de prison pour cause politique?

Parent : C'était lors des dernières élections sous l'empire. A une réunion publique que je présidais, je laissai un orateur produire la théorie des candidatures insermentées, malgré l'interdiction du commissaire de police, et je fus, pour ce fait, condamné à quinze jours de prison. Néanmoins, je n'ai été que fort peu aux réunions publiques et de suite après la loi de 1869.

M. le Président : Quand avez-vous été nommé à la Commune?

Parent : J'ai été nommé le 26 mars, et j'ai donné ma démission le 5 avril.

M. le Président : Pourquoi?

Parent : Je vous demanderai la permission de n'indiquer que le motif principal. J'ai regretté de voir le Comité central et autres pouvoirs subsister à côté de la Commune, alors que nous demeurions, nous, membres de la Commune, seuls responsables. Je voyais l'armée de Versailles aux portes de Paris, la guerre civile imminente. Le Comité central n'avait jamais que de mauvaises raisons à nous donner ou même de faux renseignements. Exemple : lorsque, le 23 mars, ils nous ont annoncé que les forts de la rive gauche, y compris le Mont-Valérien, étaient au pouvoir de la garde nationale. On sait ce qui en était. Le 2 avril, la canonnade m'éveilla, et j'appris que les troupes de la Commune avaient été défaites. On me proposa d'aller adresser une harangue à ces troupes. Je refusai formellement; ce qui amena des scènes violentes. Je sortis, bien décidé à ne plus remettre les pieds à la Commune, et, le 5 avril, je donnai ma démission. Les fonctions politiques étaient trop lourdes pour moi; mais je tenais à mes fonctions administratives. Vous avez entendu M. Etienne Arago. Il vous a parlé des relations que j'ai eues avec mes administrés du 9e arrondissement et du peu de bien que j'ai pu faire. Toutefois, je compris que je ne pouvais pas scinder la politique et l'administration. Toute ma crainte était de voir l'arrondissement confié à une commission prise au dehors. J'obtins de mes collègues que la mairie passerait à un administrateur intègre, et je n'attendis plus que le nouvel arrivé pour me retirer. Je fus heureux de lui confier la caisse de ce riche arrondissement, qui contenait 120,000 fr. Cet administrateur fut, malheureusement, plus tard, révoqué par la Commune.

M. le Président : Vous avez pris part à la proclamation du 30 mars?

Parent : Je puis en être responsable, dans une certaine mesure; mais je n'ai rien voté. Je n'ai pas même assisté aux séances; j'étais de ma personne dans le local où elles se tenaient; mais, au lieu de prendre part à la séance, je m'occupais à dépouiller la correspondance de M. Lefrançais, mon ami, qui avait la présidence de la semaine. En définitive, ma retraite a eu pour motif principal la tournure que j'ai vu que prenait la situation.

M. LE PRÉSIDENT : Vous n'avez jamais exercé de fonctions dans la garde nationale?

PARENT : Jamais; on est venu m'offrir plusieurs fois le grade de chef de bataillon; mais, ancien militaire, je connaissais trop, pour vouloir l'accepter, la difficulté d'occuper dignement un grade. J'ai été volontaire au 7e bataillon.

M. LE PRÉSIDENT : Vous n'étiez pas de l'Internationale?

PARENT : Non.

M. LE PRÉSIDENT : Vous êtes franc-maçon?

PARENT : Oui.

M. LE PRÉSIDENT : Vous connaissez l'autographe qui vous a été attribué?

PARENT : Hélas! je ne le connais que trop.

M. LE PRÉSIDENT : Il est à peu près démontré qu'il n'est pas de vous.

PARENT : Non, assurément.

M. LE PRÉSIDENT : Saviez-vous qu'il y avait un colonel Parent?

PARENT : J'ai entendu parler d'un individu qui portait ce nom et qui prétendait tenir à ma famille.

M. LE PRÉSIDENT : Les accusations générales contre vous se bornent à celles d'attentat contre le gouvernement et d'excitation à la guerre civile.

PARENT : J'ai peu de chose à répondre. J'ai apporté à la Commune les meilleures intentions. J'ai pu être imprudent; mais reproche-t-on au chien qui se jette à l'eau pour sauver son maître de n'avoir pas calculé la profondeur du fleuve? Mon seul regret est de n'avoir sauvé personne.

AUDITION DES TÉMOINS.

M. LE PRÉSIDENT : Quel est le défenseur de l'accusé Parent?

Me DELZANT : C'est Me Georges Lechevalier, qui a été forcé de s'absenter. Nous prendrons des notes pour lui.

M. MARTIN (du Nord), propriétaire :

J'ai connu M. Ulysse Parent comme adjoint à la mairie du 9e arrondissement, du 4 septembre à la fin d'octobre; j'ai pu constater sa grande application à bien remplir ses fonctions. M. Parent a insisté pour être compris, quoique marié, dans les compagnies de marche, dès leur formation. Je l'ai accepté, et, pendant toute la durée du siége, je l'ai trouvé désireux de défendre son pays, plein de respect pour la discipline, d'énergie et de courage devant l'ennemi. Je suis heureux de lui rendre ce témoignage, et j'espère que le Conseil pourra constater qu'il n'a en rien participé aux faits dont il est accusé.

PARENT : J'avais encore fait citer M. Camus, directeur du gaz de Paris, qui pourrait attester : 1° que, ayant été chargé de réorganiser le conseil d'hygiène et de salubrité par le gouvernement du 4 septembre, et me plaçant au point de vue scientifique et d'aptitude spéciale, j'y ai laissé, avec des adjonctions seulement, les hommes honorables qui y figuraient, quoiqu'ils eussent été désignés par M. Haussmann et M. Piétri ; 2° et que, sous la Commune, j'obtins du général Cluzeret qu'on respecterait l'exemption de service qui avait été accordée pendant le siége au 130ᵉ bataillon, composé exclusivement d'employés du gaz, et destiné spécialement à la surveillance de l'exploitation du gaz. On avait voulu dissoudre ce bataillon parce qu'il possédait des fusils Remington, et je pris prétexte de ma présence au 9ᵉ arrondissement, sur le territoire duquel se trouvent les bâtiments de l'administration du gaz, pour lui venir en aide.

M. LE PRÉSIDENT : De nouveaux témoins, indiqués dans les débats, seront entendus par le Conseil dans la première partie de la séance de lundi prochain ; la seconde partie sera consacrée au réquisitoire de M. le Commissaire du gouvernement.

La séance est levée à deux heures trois quarts.

Audience du 20 août.

L'audience est ouverte à midi.

M. LE PRÉSIDENT : Faites entrer le témoin Camus.

CAMUS, ingénieur des ponts et chaussées, sous-directeur de la Compagnie parisienne du gaz.

M. LE PRÉSIDENT : Monsieur Camus, vous avez été appelé à la demande de l'accusé Parent. Que savez-vous ?

Mᵉ BIGOT : J'aurais une question à faire au témoin sur l'accusation générale des incendies ; mais, avant de la poser, je vous demande, monsieur le Président, l'autorisation de faire une observation. Quand je me préoccupe de l'accusation générale des incendies reprochés à la Commune, je ne veux pas que le Conseil se méprenne. Je n'ai nulle prétention à la défense de l'accusé Ferré, pour lequel, personnellement, je dois être un tiède et un réactionnaire, et qui, en outre, est plutôt mon adversaire au procès, puisqu'il appartient à cette fraction de la Commune qui a mis Assi en arrestation le 30 mars. Mais tous les accusés sont liés sur ces bancs, où il résulte des débats qui ont eu lieu jusqu'à ce jour, que l'accusation entend établir la préméditation, de la part de la Commune, de brûler Paris, préméditation que je nie. Ce point important a même attiré l'attention de M. le juge d'instruction de Loverdo, qui a pris le soin de faire un procès-verbal de recherche sur la préméditation de la Commune pour les incendies. Or, cet honorable magistrat n'a pu trouver que ceci : un ordre du Comité de salut public, daté de l'Hôtel-de-Ville, le 3 prairial 79, signé : Antoine Arnaud, E. Eudes, S. Gambon, G. Ranvier, ordonnant aux habitants de laisser leurs persiennes ou volets ouverts, et édictant que toute maison de laquelle partirait un seul coup de feu contre la garde nationale serait immédiatement brûlée. Le 3 prairial, la Commune était agonisante, et le décret n'est qu'un moyen de représailles autorisé par la guerre. M. de Loverdo a trouvé encore une affiche, remontant au 6 mai, je crois, signée Andrieu et Caron, et ordonnant une réquisition des huiles de pétrole. Or, je veux demander précisément à M. Camus si cette perquisition n'a pas été motivée sur sa demande, parce que l'on craignait de manquer de charbon pour l'éclairage de la ville.

M. LE PRÉSIDENT : Monsieur Camus, vous avez entendu? veuillez répondre.

M. CAMUS : J'avais du charbon pour aller jusqu'au 15 mai; j'ai pu être inquiet de ne pouvoir satisfaire jusqu'au bout à l'éclairage de la ville; j'ai pu en aviser M. Bernard Peyrouton, ingénieur civil, chargé de surveiller l'éclairage sous la Commune, qui a pu trouver utile de penser à ces réquisitions de pétrole à cet égard, mais ce n'est pas moi qui lui en ai donné l'idée. Je comptais sur les promesses que m'avait faites le gouvernement de Versailles; ces promesses mêmes se réalisaient la veille de l'entrée des troupes à Paris, et j'en avisai immédiatement le service de la Commune.

M. LE PRÉSIDENT : Vous le voyez, cela ne signifie pas grand chose; et ce qu'il y a de certain, c'est que l'on s'est servi de pétrole, que des ordres d'incendier ont été donnés. Vous le savez bien, puisque vous les avez discutés, et, à l'instant, on me remet une communication faite par un monsieur de la Vienne, qui est porteur d'ordre de Raoul Rigault et dont il envoie copie. Je vous transmets la lettre.

(L'huissier remet la lettre et la copie à Me Bigot.)

Me BIGOT : Monsieur le Président, je réponds, quant aux ordres anciens signés Parent et Ferré, que des témoins ont été cités à cet égard, et qu'il résulte dès à présent de mes recherches dans les dossiers qui m'ont été récemment communiqués, que le signataire Parent était un officier fédéré, qu'il n'a pas été possible de retrouver, qui remplissait à l'Hôtel-de-Ville la même mission que M. Barral de Montaut à la mairie du 7e arrondissement. L'ordre a été trouvé, dit-on, sur un fédéré tué et remis à M. Susse par M. le comte d'Armaillé pour en faire un acte de commerce; mais je ne puis reconnaître comme sincère sa prétendue trouvaille, quand elle n'est certifiée par aucun procès-verbal, quand le prétendu signataire est en fuite, ou quand, comme pour celui signé Ferré, l'écriture est déniée.

M. LE COMMISSAIRE DU GOUVERNEMENT : Mais il y a l'expertise de M. Delarue.

Me BIGOT : Monsieur le Commissaire du gouvernement, cette expertise ne peut suppléer à la preuve qui manque devant la dénégation de Ferré; M. Delarue est un parfait honnête homme, mais nous savons au palais qu'il a commis de trop grosses erreurs pour que ses expertises aient la force qu'on leur prête.

Ainsi, pour ne citer qu'un fait, dans une affaire bien connue, où plaidait mon confrère Mᵉ Paillard de Villeneuve, il a attribué à l'accusé, qui était Anglais, une pièce émanée du traducteur commis par le juge d'instruction. Ce qui est certain, c'est que l'ordre Ferré, de « faire flamber Finances, » a été vu pour la première fois dans le cabinet de M. le Préfet de police, qu'il a été communiqué à M. le comte d'Armaillé, qui en a reçu un *fac-simile*, qu'il a alors, à son tour, transmis à M. Susse pour le vendre. Mais comment ce fameux ordre est-il arrivé dans le cabinet de M. le Préfet de police? qui l'a trouvé? Voilà ce que je veux savoir; et si, comme cela m'a été affirmé, à côté de la pièce originale ou prétendue telle, il y avait un procès-verbal d'un agent de la police de sûreté, auteur de la trouvaille, je serais heureux de prendre connaissance, dans l'intérêt général, de ce fameux procès-verbal.

M. LE COMMISSAIRE DU GOUVERNEMENT : Le secrétaire de M. le Préfet de police, que vous voulez assigner à cet effet, n'est plus celui qui était secrétaire pendant la Commune.

Mᵉ BIGOT : Je vous supplie de parler de cette délicate question à M. le général Valentin, et je m'en rapporterai à votre parole loyale de soldat, vous n'en doutez pas.

M. LE COMMISSAIRE DU GOUVERNEMENT : On pourrait parler d'une pièce qui nous arrive de Lisieux, monsieur le Président.

Mᵉ BIGOT : Oh! nous avons bien assez de pièces!

M. LE COMMISSAIRE DU GOUVERNEMENT : Je ne veux pas m'en servir; mais c'est pour vous dire qu'il m'arrive des pièces à tout moment.

M. LE PRÉSIDENT : Nous y lisons le mot *fu*..... qui veut dire évidemment fusiller; puis archevêque et les otages; plus loin, incend..... c'est-à-dire incendiez; après, vient le mot Tuileries. On lit après : Tout va bien. Signé : Raoul Rig.....

Pour plus d'intelligence, nous donnons le *fac-simile* de la pièce :

	ial an 79	
	9 h. du soir	
La trou...		
fu	archevêque et les otages	
incend	Tuileries	le Palais-Royal
et replier	ur la rue G	main-des-Prés
	,RAOULT RIG....	
Tout va bien.		

LULLIER

Mᵉ Bɪɢᴏᴛ : Je n'ai pas à défendre Raoul Rigault. Je n'engage, d'ailleurs, en aucune façon la Commune.

Jᴏᴜʀᴅᴇ : Ayant su qu'une somme de 182,000 fr. avait été prise à la Compagnie du gaz, je me hâtai d'ordonner sa restitution. Le témoin doit connaître ce fait.

Lᴇ Tᴇ́ᴍᴏɪɴ : En effet, la somme fut rendue telle qu'elle avait été prise.

Mᵉ Bɪɢᴏᴛ *(à qui on a fait remettre la pièce venue de la Vienne)* : Je ferai remarquer que, dans la lettre d'envoi, on vous dit : « J'ai entre les mains une pièce que *je crois* authentique; si elle peut vous être utile, je vous enverrai l'original. » Vous voyez qu'il n'affirme rien.

M. ʟᴇ Cᴏᴍᴍɪssᴀɪʀᴇ ᴅᴜ ɢᴏᴜᴠᴇʀɴᴇᴍᴇɴᴛ : Il faudrait faire venir alors le possesseur de l'autographe.

Mᵉ Bɪɢᴏᴛ : Vous n'avez jusqu'à maintenant que l'autorité de M. Delarue, qui n'est pas sérieuse.

Le témoin suivant est le sieur Pᴜʏᴍᴏʏᴇɴ, déjà entendu au cours du procès. Il était médecin à la prison de la Roquette. Sur l'invitation de M. le Président, il fait de nouveau le récit des faits dont il a été témoin à la prison.

M. Briant, dit-il, le directeur de la Roquette, vint me demander de l'aider à se sauver. Je lui proposai d'ouvrir les portes de la prison, lui jurant sur ma croix d'honneur que je m'interposerais entre lui et les troupes de Versailles. Alors, il s'affaissa sur lui-même et me dit : « Il est trop tard; cette nuit, les Vengeurs de Flourens doivent venir, et ils ont reçu la mission de fusiller l'archevêque et les otages : on doit aussi tout brûler à proportion que les troupes de Versailles avanceront, et, enfin, se réfugier, quand tout sera perdu, dans le camp prussien. » Le mercredi 24, à la porte de mon jardin, un garde national, qui reste rue Fontaine-au-Roi, dans les numéros 40 (on pourra le retrouver), était de garde. J'ai déjà dit que nous avions plusieurs condamnés à mort. Ce garde me dit : « Vous savez qu'on va fusiller l'archevêque, vous allez entendre la fusillade. » Je l'entendis, en effet, vers huit heures. Le lendemain, un gardien de la grande Roquette vint me trouver et me confia ceci : « L'archevêque, M. Bonjean et les autres ont été exécutés; mais voyez à quoi il a tenu que l'ordre fût exécuté sur une plus grande échelle! Nous avions reçu un ordre ainsi conçu : « On doit exécuter soixante-huit hommes comme représailles des gardes tués à » la barricade Caumartin. » Je réclamai, faisant remarquer qu'il n'était pas naturel qu'on demandât tant de victimes. Et, en effet, on fut prendre avis, et on se contenta de six prisonniers. Un incident du massacre. M. Deguerry, ouvrant son paletot, disait aux meurtriers : « Mais frappez! frappez donc!..... » Je dois ajouter que le greffier qui m'a raconté ces faits était fort suspect. François le menaça même de lui brûler la cervelle s'il ne s'en allait pas. C'est alors qu'il vint me trouver et me dit ce que je viens de vous apprendre. Je vous ai parlé d'un douanier qu'on devait fusiller. Il avait déjà reçu « la poussée » (c'était l'acte par lequel on poussait en avant les victimes pour qu'elles fussent mieux en face des balles des fusils), quand une femme réclama pour lui un jugement; elle fut appuyée dans sa réclamation par quelques personnes, et ce malheureux fut ainsi sauvé. Je tiens à rendre hommage à nos jeunes détenus de la prison, qui sont parvenus à sauver beaucoup de condamnés à mort en disant qu'ils les exécuteraient eux-mêmes; mais souvent les gardes nationaux ne voulaient pas s'en rapporter à eux et disaient: « Oh! vous parlez ainsi, mais vous voulez nous *la faire à l'oseille*. Nous la connaissons celle-là ! »

Jean-Clément Costa, ancien employé à la Roquette.

M. le Président : Vous étiez détenu à la Roquette?

Le Témoin : Oui, pour trois ans.

M. le Président : Pourquoi?

Le Témoin : Pour une signature que j'avais donnée par complaisance.

M. le Président : La Commune vous a mis en liberté?

Le Témoin : Oui, je devins employé au greffe.

M. le Président : N'y avez-vous pas vu Ferré le 24?

Le Témoin : Il y vint deux fois; d'abord le 24, vers trois ou quatre heures, précédant le détachement de l'exécution; ce n'est pas lui, cependant, qui y assista, ce fut Ranvier.

M. le Président : Comment était-il vêtu?

Le Témoin : Il avait une petite redingote, de longs cheveux noirs et un pince-nez.

M. le Président : Vous le connaissez bien?

Le Témoin : Oh! parfaitement.

M. le Président : Le 27, il était au greffe à une heure.

Le Témoin : Oui, je l'y ai vu; je lui ai porté un billet de la part d'un nommé Foncé, détenu, qui fut mis en liberté. Quelques instants après, Ferré me demanda mon nom et m'avertit que j'étais libre à mon tour. J'allais sortir, quand Ranvier me dit que je ne pouvais pas circuler sans un laisser-passer. Nous nous rendîmes alors à la mairie du 20e arrondissement, où le secrétaire Schneider nous donna ce laisser-paser, et, de là, nous cherchâmes un refuge du côté de Lagny. Nous continuâmes notre route jusqu'à Meaux, où on nous arrêta, et je racontai au procureur de la République ce que je savais. Je puis vous raconter ce qui s'est passé relativement à l'exécution de l'archevêque et des otages.

M. le Président : Racontez et parlez haut.

Le Témoin : Pour moi, je crois, sans en être sûr, que c'est Ranvier qui a donné l'ordre d'exécution; c'était lui qui avait l'autorité. J'avais toute liberté dans la prison. Je vis, vers huit heures, défiler M. Darboy, qui donnait le bras à M. Bonjean; derrière venaient M. Deguerry, le P. Allard et le P. Ducoudray. Arrivés dans le premier chemin de ronde, ils trouvèrent leurs bourreaux, qui les insultèrent grossièrement. « Il faut que ça finisse, dit Ranvier, faites-les pas ser dans le deuxième chemin de ronde. » Il y avait environ soixante-quinze à quatre-vingts hommes et un autre membre de la Commune, Vaillant ; mais il n'entra pas dans le deuxième chemin de ronde. Les otages s'avancèrent, et, à un signal donné, les coups de fusil partirent, et les otages tombèrent. Je rencontrai, quand je revins dans ma cellule, le directeur, qui me dit : « D'où venez-vous ? Rentrez, ou vous serez fusillé. » Le lendemain, un nommé Guillaume me dit qu'on lui avait donné ordre de nettoyer le terrain de l'exécution et de faire brûler les effets des victimes. Il dut, je crois, exécuter cet ordre. Le 26, M. Jarouse, commis-greffier, vint me demander de l'aider à dresser une liste d'individus qu'on voulait conduire à Belleville ; il y avait vingt-sept gardes de Paris, parmi lesquels je remarquai un maréchal-des-logis et deux brigadiers. Ferré, assis, fumait sans rien dire. Le 27, quand je fus chez Ranvier, j'entendis, devant Ferré, Vaillant et d'autres, parler des malheureux qui étaient sortis la veille. Gambon dit : « Oh ! ils sont nettoyés, on les a fusillés rue Haxo. »

M. LE PRÉSIDENT : Vous n'avez pas entendu parler Ferré, le 27, au greffe ?

LE TÉMOIN : Non, monsieur le Président.

M. LE PRÉSIDENT (à Ferré) : Vous n'avez rien à dire à cela ?

FERRÉ : Je ferai remarquer que ce témoin est le seul qui dise qu'il m'a vu, le 24, le 25 ou le 26 à la Roquette. Je demande qu'on se rappelle bien cette déposition.

M. LE PRÉSIDENT : Ce témoin était le seul qui fût dans le greffe.

FERRÉ : J'affirme que si je m'étais trouvé dans le greffe, avec mon tempérament, que vous connaissez, bien d'autres personnes m'y auraient vu.

M. LE PRÉSIDENT (au témoin) : Vous affirmez avoir vu Ferré, le 24, au greffe ? Regardez-le bien ?

LE TÉMOIN : J'en suis certain. Il portait la barbe plus longue.

FERRÉ : Il vous reste à choisir entre cette déposition et celle des autres témoins.

BEAUDARD, témoin suivant dépose :

J'ai demandé, le 25 mai, un laisser-passer à Ferré, qui m'a été remis. J'ai demandé à Ferré, à la mairie du 11e, s'il y avait des ordres pour incendier Paris. Ce dernier me répondit : « Ce n'est pas votre affaire ; vous verrez ce qu'on fera. »

EUGÈNE-NICOLAS COLET, garçon de magasin.

M. LE PRÉSIDENT : Que savez-vous des incendies du boulevard du Prince-Eugène ?

LE TÉMOIN : Le concierge du n° 22 vint me dire que tout était en feu. Nous cherchâmes à éteindre la flamme, quand les Vengeurs de Flourens vinrent nous dire que, « si nous cherchions à éteindre le feu, on nous laverait la tête avec du plomb. » On nous conduisit à la mairie du 11e, où nous trouvâmes Ferré, qui nous dit que ce qu'on faisait c'était pour arrêter les Versaillais. D'ailleurs, on nous donna un laisser-passer pour rentrer.

M. le Président *fait passer cette pièce à Ferré* : Reconnaissez-vous votre signature ?

Ferré : J'en accepte la responsabilité, car je me rappelle avoir donné ce laisser-passer ; mais ma signature a été falsifiée.

M. le Président *(au témoin)* : Quand cela se passait-il ?

Le Témoin : Vers minuit, dans la nuit du 24 au 25.

Jean-François Lamiral, gendarme à la garde républicaine.

M. le Président : Vous avez été arrêté ?

Le Témoin : Oui, et conduit à la Roquette.

M. le Président : Vous avez été au massacre des otages ?

Le Témoin : J'ai vu ce qui se passait. Le détachement était accompagné d'un membre de la Commune, petit, portant un paletot et un képi. Les victimes défilèrent devant le peloton. J'entendis qu'un garde disait à un autre qui insultait l'archevêque : « Nous ne sommes pas ici pour cela ; mais rappelez-vous que que c'est pour faire votre devoir. » Puis, s'adressant à l'archevêque de Paris : Vous savez quelle est la mission qui nous amène ici ? On a fusillé six des nôtres : vous allez payer pour un tel (et il a dit un nom). Qu'avez-vous à répondre ? — Rien, dit l'archevêque. Je n'ai jamais été que pour le bien et la liberté. — Mais vous avez correspondu avec Versailles ? — Oui, pour arrêter l'effusion du sang. » Quand on vit que nous regardions, on nous mit en joue aux fenêtres, et nous dûmes nous cacher.

M. le Président : Faisait-il bien jour ?

Le Témoin : Oui, il n'était que huit heures, et, à cette époque, il faisait grand jour.

M. le Président : Comment était vêtu le membre de la Commune qui commandait ?

Le Témoin : Il portait une écharpe de la Commune autour du corps.

Ferré : Le témoin précédent a dit que je n'avais pas assisté à l'exécution. Je voudrais que le témoin que vous entendez spécifiât ma tenue.

Le Témoin : Il avait un képi galonné de la garde nationale.

Ferré : J'étais, dans la garde nationale, simple garde, et je m'habillai en civil quand j'eus des fonctions civiles à la Commune.

Le Témoin : Oh ! ils changeaient de costume à tout moment pour ne pas être reconnus.

(Le témoin se retire d'un pas précipité.)

Édouard Marie, chef aux Finances.

M. le Président : Qu'avez-vous à nous dire sur la caisse des Finances ?

Le Témoin : J'étais le 18 mars aux Finances, quand eut lieu l'invasion par la garde nationale. On nous demanda : « La caisse doit être en règle ? » Nous proposâmes de montrer la situation, mais seulement en présence des agents du contrôle. M. Jourde s'opposa formellement à l'apposition des scellés, et on se contenta de faire l'inventaire des sommes, évaluées à 4,730,000 fr. Ces messieurs ne paraissaient se soucier que du service du paiement de la garde nationale. Le lendemain, nous fîmes le vide, pensant bien que notre place n'était pas là où on forçait les caisses du Trésor. Nous apprîmes que, à bout de ressources, les délégués avaient fait prendre l'argent en caisse.

M. LE PRÉSIDENT : Alors, pendant la première journée, on n'a pas pris d'argent?

LE TÉMOIN : Non, M. Jourde fut le premier à s'y opposer; mais, plus tard, nous apposâmes nous-mêmes les scellés pour notre propre garantie. Je passe au fait d'incendie.

M. LE PRÉSIDENT : Vous y êtes revenu de bonne heure?

LE TÉMOIN : Le 23 mai, je rentrais à Paris à quatre heures du soir; je ne pus pénétrer aux Finances que le lendemain, grâce au général Verger, qui me donna, sur ma demande, vingt hommes pour éteindre le feu du ministère. Je trouvai deux ou trois employés subalternes déjà occupés à sauver le grand-livre; je me plais à leur rendre un public témoignage. Ce travail était fait à onze heures. Et qu'il me soit permis de dire ici qu'à supposer même que le grand-livre fût brûlé, il nous serait possible de le reconstituer, et que tout ne serait pas perdu; il en résulterait tout au plus un retard de paiement. Le grand-livre ayant été jeté par la fenêtre, je circulai dans plusieurs pièces du ministère, et je puis affirmer que le feu n'a pas été mis par un obus, mais qu'il y a été apporté. On versait le pétrole partout.

M. LE PRÉSIDENT : Et le concierge du ministère, du côté de la rue Mont-Thabor, a pu mettre de côté trois tonneaux ayant contenu de ce liquide?

LE TÉMOIN : Nous avons trouvé aussi des foyers d'incendies non allumés, et, dans quelques armoires préservées de l'incendie, des valeurs considérables appartenant à divers particuliers. A midi, le 24, on pouvait encore circuler facilement dans le cabinet du ministre.

M. LE PRÉSIDENT : Ne sentait-on rien?

LE TÉMOIN : Si, le pétrole, comme partout. Je puis ajouter que tous les documents ont été sauvés, je dis ceux qui se trouvaient dans le cabinet du ministre ou dans celui du secrétaire-général. Je puis affirmer que le copie de lettres de M. Jourde a été transporté à Versailles, on pourrait le retrouver facilement. Le cabinet avait été quitté si précipitamment que, sur le canapé, était une tunique qu'on paraissait avoir abandonnée au dernier moment. Le lit était, à neuf heures du matin, encore tiède.

M. LE PRÉSIDENT : Quand le feu a-t-il pris?

LE TÉMOIN : Je n'estime pas qu'il ait été mis avant midi.

M. LE PRÉSIDENT : Mais puisque vous y étiez, ce sont donc des gens qui vous entouraient qui ont propagé l'incendie?

LE TÉMOIN : Pardon, le feu venait par le haut, il couvait depuis longtemps?

M. LE PRÉSIDENT : Savez-vous si on avait mis des matières incendiaires ?

LE TÉMOIN : On citait les corridors de l'enregistrement, qu'on avait enduits de pétrole ; des bombes incendiaires étaient mises sur le toit et éclataient à mesure que la flamme montait. On avait assurément préparé tout cela de longue main, car les tuyaux des pompes étaient crevés.

M. LE PRÉSIDENT : Les pompiers ont bien cherché à éteindre le feu ?

LE TÉMOIN : Le colonel des pompiers était là, mais les bombes qui éclataient rendaient tout travail impossible ; enfin, on arrivait à si peu de résultats, que je me demandais s'ils n'excitaient pas eux-mêmes le feu.

M. LE PRÉSIDENT : C'étaient des pompiers de Paris ?

LE TÉMOIN : Du moins ils en portaient l'uniforme. Je regrette bien de n'avoir pu sauver les pièces de la comptabilité de l'administration de la Commune. On nous accuse d'aimer la paperasserie ; mais on aurait pu voir que le gouvernement qui avait la prétention de nous remplacer a fait plus de paperasses et d'écritures dans quelques jours, pour le paiement de la solde de la garde nationale, que nous n'en eussions fait nous-mêmes pendant trois ans pour payer tous les employés.

M. LE PRÉSIDENT (à Jourde) : Vous avez dit que c'était vous qui aviez fait apposer les scellés.

JOURDE : Oui, et je le maintiens.

(Jourde répète les explications déjà données par lui sur le double incendie du ministère.)

J'ignorais, ajoute-t-il, que mon copie de lettres eût été sauvé.

M. LE PRÉSIDENT (au témoin) : Comment se fait-il qu'on ne nous l'ait pas remis ? Cela ne peut guère s'expliquer. Qu'étaient ces valeurs trouvées au ministère ?

JOURDE : Je suis heureux de pouvoir renseigner le Conseil à ce sujet : il y avait environ 30 millions appartenant à M. Desbrousses. C'étaient des actions de chemins de fer espagnols, des titres et autres papiers. Je les gardai en sûreté dans ma chambre et fus heureux de les sauver ainsi. De plus, je dois dire qu'il y a une erreur dans le rapport me concernant.

M. LE PRÉSIDENT : Ce n'est que le rapport du rapporteur.

JOURDE : Voici, en attendant, ce que j'ai trouvé : 1° 14 millions de bons du Trésor ; 2° dans le portefeuille, 200 à 220 millions de titres qu'on a dû retrouver, car je n'ai rien touché.

M. LE PRÉSIDENT : N'avez-vous pas reçu 6 millions de Londres ?

JOURDE : Cela n'a jamais figuré au ministère. J'ai, d'ailleurs, demandé à cor et à cris une enquête à cet égard. Je n'ai pas reçu un sou d'Angleterre.

LE TÉMOIN : Je ne voudrais pas que ma déposition fût en quoi que ce soit défavorable à M. Jourde.

L'audience est suspendue pendant un quart d'heure.

Joseph-Charles-Adolphe Mignot, caissier principal de la Banque.

M. le Président : Je voulais vous questionner sur la nature des sommes que vous donniez à la Commune.

Le Témoin : C'était habituellement en petits billets que nous payions ; mais on rechangeait ensuite, et, au dernier jour, on payait en gros billets.

M. le Président : Il était impossible probablement de changer ces billets dans Paris ?

Le Témoin : Parfaitement impossible.

M. le Président (à Jourde) : Qu'avez-vous à dire à cela ?

Jourde : On a payé jusqu'au dernier moment la solde. J'étais habituellement témoin du paiement. Quant à la difficulté de changer les billets, comme dans beaucoup d'arrondissements les boutiquiers continuaient leur commerce, on pouvait trouver à faire le change.

Le témoin insiste sur ce fait, que la Banque n'a cédé qu'à de nombreuses réquisitions.

Jourde : C'est vrai, on a menacé souvent la Banque ; mais en prenant 45 millions, j'ai sauvé plusieurs milliards.

Gustave Cail, sous-chef aux Finances.

M. le Président : A quel moment êtes-vous entré au ministère ?

Le Témoin : Le 24 mai. A ce moment, le feu n'était que dans les combles, du côté de la rue de Luxembourg. J'ai pu pénétrer au deuxième étage, où étaient les bureaux du grand-livre, et il n'y avait pas encore de flammes. Les traces de l'incendie s'arrêtaient au bureau du chef de la dette inscrite, dont les meubles seulement étaient atteints.

M. le Président : Y avait-il quelque odeur ?

Le Témoin : Non, je ne l'ai pas remarqué ; je n'ai vu qu'un certain désordre.

M. le Président : Combien de temps y êtes-vous resté ?

Le Témoin : Environ vingt-cinq minutes.

M. le Président : Que savez-vous des suites de l'incendie ?

Le Témoin : Je revins quelque temps après. Le deuxième étage était la proie des flammes. J'ajouterai que, dans le cabinet de Jourde, il y avait beaucoup d'allumettes répandues contre la porte.

Adolphe Luminet, employé.

M. le Président : A quelle époque avez-vous été arrêté ?

Le Témoin : Le 7 avril, à mon domicile, par un détachement du 61ᵉ bataillon, sur un ordre signé Jourde.

(Jourde fait un brusque mouvement de protestation.)

Le Témoin (continuant) : On m'avait dénoncé parce que je ne voulais pas marcher. On m'interrogea et on m'accusa d'empêcher mon camarade de marcher. « Vous ne savez pas, me dit-on, que nous avons des moyens ? — Et vous

19

prétendez être des républicains! Eh bien! fusillez-moi tout de suite, vous êtes les maîtres pour le moment; mais attendez quelques jours, et vous verrez » (j'espérais, en effet, que les troupes de Versailles entreraient bientôt). Puis, me servant de l'expression d'un de leurs journaux, j'ajoutai : « Je pourrais bien vous envoyer récolter le poivre à Cayenne et vous y conduire moi-même. » Alors Jourde dit : « Nous allons le recommander. » Et en effet, on m'envoya à la Préfecture de police à un certain Dupont, qui, dans l'intervalle, fut mis au clou pour n'avoir pas fait son service. On m'enferma au dépôt, et c'est ce qui me sauva. Ma femme vint me voir et m'apprit que le colonel Blin ignorait le motif de mon arrestation, et qu'il lui avait dit que si j'avais des papiers, on allait me relâcher. Ma femme fut ensuite trouver Raoul Rigault, qui la mit presque à la porte. Elle revint me voir, et m'annonça que tout allait mal pour moi. Enfin, sur mes réclamations réitérées d'être interrogé, on me conduisit à Ferré, qui prenait au même moment un mac-farlane pour sortir. Ne sachant qui j'étais, il me dit : « Que voulez-vous? citoyen. — Être interrogé, car je suis détenu. » Il me dit : « Vous tombez à pic; j'allais vous mettre dans les oubliettes. Je vous ai envoyé chercher trois fois déjà. Je vous interrogerai ce soir à huit heures. Savez-vous de quoi vous êtes accusé? — Non. » Il me remit alors la pièce suivante, que je lus : « Citoyen délégué, je vous fais remettre le nommé Luminet, qui se donne comme capitaine de tous ceux qui veulent combattre pour Versailles. C'est un homme très-intelligent et très-dangereux. » C'était la pièce qu'avait signée Jourde quand il me fit arrêter. Lorsque je quittai le cabinet, mes deux factionnaires n'y étaient plus, et Ferré me fit accompagner par un lieutenant qui me remit à un autre lieutenant. Je résolus de profiter de la situation et des préoccupations de mon gardien. Ma femme étant arrivée, je lui dis : « Je suis libre! — Oh! alors, allons-nous-en tout de suite, » s'écria-t-elle. Et j'annonçai au lieutenant qu'on m'avait mis en liberté. Comme je ne m'en allais pas, cet individu me demanda pourquoi je ne partais pas? « Parce que j'ai laissé mes papiers dans les tiroirs de Raoul Rigault. » Je restai, en effet, et assistai à son dîner. Quand il eut pris son café et son petit verre, il devint plus aimable et me dit : « Vous feriez bien de filer, parce que ces messieurs ne reviendront peut-être que vers minuit, et ils auront bien autre chose à faire qu'à s'occuper de vous. » Je partis alors, mis à la porte par mon geôlier.

M. LE PRÉSIDENT : Reconnaissez-vous Ferré?

(Ferré se lève.)

LE TÉMOIN : C'est bien cela.

M. LE PRÉSIDENT : Connaissez-vous Jourde?

Le témoin fait la description de Jourde et de sa tenue. Il déclare le reconnaître.

M. LE PRÉSIDENT (à Ferré) : Voyez, reconnaissez-vous avoir reçu cette pièce de Jourde? Vous avez la prétention d'être très-franc. Vous avouez ce qui ne peut vous nuire; vous ne répondez pas quand les choses vous gênent; levez-vous d'abord.

FERRÉ : Eh bien! je refuse de répondre.

JOURDE : Je ferai remarquer que ce témoin a fait fort mal mon signalement.

M. LE PRÉSIDENT *(au témoin)* : Êtes-vous certain que c'est Jourde qui a signé la lettre dont vous avez parlé?

LE TÉMOIN : Parfaitement.

RÉGÈRE : Mais cela se rapporterait à moi.

Mᵉ CARABY : Il est singulier qu'on produise au dernier moment et qu'on fasse déposer un témoin de cette importance.

M. LE PRÉSIDENT : On fait entendre les témoins comme ils se produisent. La défense peut elle-même contrôler leurs dires et faire venir tel nouveau témoin qu'elle juge convenable. D'ailleurs, quand un témoin est plus ou moins intimidé, vous en tirez parfaitement parti. S'il vous est défavorable, vous le discutez chaque fois.

CHARLES BAYLE, tapissier.

M. LE PRÉSIDENT : Le 19 mars, vous étiez aux Champs-Élysées?

LE TÉMOIN : Oui, j'étais alors sous-lieutenant au 80ᵉ bataillon.

M. LE PRÉSIDENT *(à Ferrat)* : Vous étiez chef de ce bataillon?

FERRAT : A partir du 10 avril; à moins qu'on ne me mette encore ce fait-là sur le dos.

M. LE PRÉSIDENT : Taisez-vous; n'ayez pas l'air de plaisanter.

FERRAT : Je ne plaisante pas.

M. LE PRÉSIDENT : Respectez davantage le Conseil. *(A Bayle)* : Faites votre déposition.

LE TÉMOIN : Je vis venir des gardes nationaux qui voulaient prendre l'Élysée. Je menaçai un des zouaves ou des faux zouaves qui étaient parmi les gardes, et, en le menaçant de mon revolver, j'ai pu m'en aller.

FERDINAND DESTIWICH, concierge de la mairie du 5ᵉ arrondissement :

A entendu parler des fils qui existaient entre la mairie et le Panthéon.

RÉGÈRE : Ce concierge fut arrêté, le fait est exact; mais je le fis relâcher, et le maintins même dans son poste envers et contre tous.

PIERRE LELONG, sous-lieutenant au 27ᵉ de ligne.

M. LE PRÉSIDENT : Vous avez fait une perquisition rue de la Verrerie, chez Régère?

LE TÉMOIN : Une femme vint nous l'indiquer, et on y envoya quatre hommes et un fourrier. On défonça une malle où il n'y avait rien, mais on trouva ensuite des valeurs. Le colonel m'envoya pour terminer la perquisition. Je trouvai d'abord dans un écrin une montre et sa chaîne, portant ces mots : « Souvenir de M. Villemessant, rédacteur du *Figaro;* » des cuillères, des couteaux à manche en argent et autres objets. J'ai trouvé cent soixante-dix actions de fonds publics, de 500 fr. chaque action, en tout 85,000 fr. Je portai le tout place Vendôme, à l'état-major général.

Régère : Les actions trouvées étaient celles d'une Compagnie qui n'a jamais fonctionné; il y avait quelques centaines de francs appartenant à la Commune. Je craignais fort pour tout ce qu'il y avait chez moi. Tout, d'ailleurs a été pillé, et cependant j'avais payé mon propriétaire, car j'étais de ceux qui payaient leur terme. Je dois expliquer maintenant ce qu'était ce bijou sur lequel se trouvait le nom de M. Villemessant, dont je veux dégager la responsabilité, et, puisque vous m'en fournissez l'occasion, je vais aussi défendre mon honorabilité. C'est une de mes fautes de jeunesse. Il y avait au *Figaro* un concours d'esprit, et, comme nous ne doutons de rien dans le Midi, nous, j'envoyai quelque chose qui me fit adresser ce souvenir par M. Villemessant. J'ai, d'ailleurs, beaucoup regretté ces machines de jeunesse qui m'ont valu cette récompense.

Le Témoin : Vers huit heures, Mme Régère vint se présenter et me réclama ses valeurs. Je la fis conduire par un caporal place Vendôme.

Me Dupont de Bussac : Pourquoi arrêtait-on Mme Régère? Elle n'était pas de la Commune, elle!

Régère : Elle était depuis trois jours à Paris.

M. le Président : Vous nous faites une mauvaise chicane. Nous ne pouvons faire cette question au témoin. Faites venir M. d'Armaillé.

(L'huissier annonce qu'il n'est pas présent, non plus que le témoin suivant, M. Susse.)

M. le Président : Il faudra requérir contre les témoins si ce fait se reproduit

Chessenel, employé de commerce.

M. le Président : Vous avez assisté à la perquisition faite chez M. Landau avec Endrès?

Le Témoin : Oui, par ordre d'Urbain.

M. le Président (*à Urbain*) : Vous reconnaissez le témoin?

Urbain : Oui, il était officier d'état-major; je croyais bien faire en ordonnant cette perquisition.

M. le Président (*au témoin*) : Vous avez pris quelques objets dans la perquisition?

Le Témoin : Oui, je les ai remis à Urbain. Je suis en ce moment détenu sous l'inculpation de vol.

M. le Président (*à Urbain*) : Que sont devenues les valeurs qu'on dit vous avoir remises?

Urbain : Je les ai envoyées à la Préfecture de police.

M. le Président : Urbain a-t-il assisté à la perquisition?.

Le Témoin : Non, mon colonel.

Me André Rousselle : A-t-on refermé la porte de M. Landau?

Le Témoin : Non, on en a laissé la garde à un de ceux qui ont fait la perquisition.

Urbain : J'ai dû envoyer chercher quelques objets chez moi, et j'ai su que tout également avait été pillé?

M. le Président : On avait de si bons exemples!

Urbain : Je demande à faire quelques observations.

M. le Président : Dépêchez-vous.

Urbain : Le citoyen Clément a dit qu'il avait lutté contre l'institution de la Cour martiale. Le fait est vrai; mais il n'a pas dit que je l'avais beaucoup aidé dans ses efforts. J'ai toujours été contre les mesures de rigueur. J'ai fait aussi de nombreuses démarches auprès de Raoul Rigault pour obtenir la mise en liberté d'un officier de l'armée, ou au moins qu'il fût bien traité, but que je crois, d'ailleurs, avoir atteint.

Victor-René Poitevin, inspecteur du service matériel au ministère des Affaires étrangères.

M. le Président : Vous avez assisté à l'enlèvement de l'argenterie?

(Le témoin prononce quelques paroles qu'on n'entend pas.)

Me de Sal : On n'entend pas.....

M. le Président : Ni moi non plus. Qu'on mette un interprète auprès du témoin.

M. le Président répète sa question.

Le Témoin : On me fit signer l'inventaire qui fut fait après la perquisition chez M. Feuillet de Conches.

M. le Président : Vous fûtes arrêté?

Le Témoin : Oui, pendant dix-sept jours.

M. le Président : Pourquoi?

Le Témoin : M. Grousset pourra le dire.

Paschal Grousset : J'avais reçu des avis nombreux que M. Poitevin correspondait avec Versailles contre le gouvernement régulier. Rigault me le répétait sans cesse.

M. le Président : Vous appelez votre gouvernement le gouvernement régulier?

Paschal Grousset : Tout est relatif : ce gouvernement était régulier pour le moment; Rigault était tout-puissant en matière de sûreté générale. M. Poitevin a d'ailleurs été averti deux fois, par moi, des plaintes faites contre lui.

M. le Président (au témoin) : Vous n'étiez pas toujours appelé pour les perquisitions?

Le Témoin : Assurément non. Ainsi, comme j'ai dit, j'ai bien signé le procès-verbal de ce qui fut fait chez M. Feuillet de Conches, mais je n'ai rien vu faire.

M. le Président (à *Paschal Grousset*) : Sous les ordres de qui fut faite la perquisition?

Paschal Grousset : Sous les ordres de mon chef de cabinet, M. Olivier Pain.

M. le Président : Qui cela, M. Olivier Pain?

Mᵉ de Sal, défenseur de Grousset : C'est ce témoin qui avait tant de difficulté à déposer.

M. le Président : C'était ça, le chef de cabinet?

Paschal Grousset : Il m'avait paru très-intelligent, et son attitude ici m'a fort étonné. Il aura craint de se compromettre.

M. le Président : C'est bien possible. (*A Poitevin*) : Êtes-vous toujours employé au ministère?

Le Témoin : Oui, monsieur le Président.

M. le Président : Vous pourriez nous dire alors ce qu'est devenue l'argenterie.

Le Témoin : Je m'en informerai dès demain.

M. le Président : Où était M. Paschal Grousset pendant les perquisitions?

Le Témoin : Dans son cabinet. J'ai fait tout ce que j'ai pu pour préserver l'argenterie.

M. le Président : Ce fait est acquis. On ne vous fait aucun reproche à cet égard.

Paschal Grousset : Je ne puis être responsable des vols commis au ministère.

M. le Commissaire du gouvernement : Ce n'est pas mon avis; vous habitiez le ministère, vous étiez chez vous, vous deviez savoir ce qui se passait.

Paschal Grousset : Mais j'ignorais si on prenait de l'argent.

M. le Commissaire du gouvernement : On ne vous en fait pas un grief pour le moment.

Paschal Grousset : Mais c'est justement pour cela que ce fait m'est essentiellement désagréable.

Mᵉ de Sal : Nous rechercherons; et c'est ce que je me propose de plaider, si Grousset a profité, à un titre quelconque, des sommes volées.

M. le Commissaire du gouvernement : Je tiens à constater que c'était un pillage général.

Ernest de Mayer, caissier principal aux Affaires étrangères.

M. le Président : Vous êtes resté tout le temps au ministère?

Le Témoin : Oui, mon colonel.

M. le Président : Avez-vous assisté aux perquisitions?

Le Témoin : Oui, à quelques-unes.

M. le Président : Étiez-vous présent lors de celle qui fut faite chez M. Feuillet de Conches?

Le Témoin : Non, il n'y avait que ces quatre personnes : M. Olivier Pain, M. Casse, Poitevin et un ouvrier serrurier.

M. le Président : M. Poitevin n'y était pas, quoiqu'il ait signé le procès-verbal. M. Feuillet de Conches a-t-il retrouvé ses croix et ses valeurs.

Le Témoin : Je ne le sais.

Paschal Grousset : Je retiens ce fait, qu'on a fait un procès-verbal quand on a saisi, et qu'on n'en a pas fait quand on a levé les scellés ; donc nos employés agissaient plus régulièrement que les employés de Versailles.

M. le Président : Vous avez reçu l'ordre de rester à Paris ?

Le Témoin : Oui, notre service étant d'être attaché particulièrement au ministère lui-même.

Paschal Grousset : Je gardais ces messieurs pour ma garantie personnelle.

M. le Président : Comment eut lieu la première perquisition du ministère ? Sous quel prétexte ?

Le Témoin : Sous prétexte d'armes cachées

M. le Président : Comme toujours !

Le Témoin : On cerna les bâtiments : il devait avoir été fait des dénonciations, car M. Viard tenait une liste pleine de notes pour le guider. Ils avaient commencé leurs recherches à huit heures du matin, et ne finirent qu'à cinq heures du soir.

Paschal Grousset : Mais ai-je joué un rôle quelconque ce jour-là ?

Le Témoin : Nous n'avons pas vu M. Paschal Grousset ce jour-là.

M. le Président : Par qui était signé l'ordre d'arrêter M. Poitevin ?

Le Témoin : Je ne sais ; mais il doit y avoir au dossier un procès-verbal rédigé à la suite des faits qui se passaient.

M. le Président : Mais nous ne l'avons pas.

Le Témoin : On pourra le retrouver ; car la pièce dont je parle sera restée au ministère avec le deuxième document, dans lequel on nous dit de laisser MM. Arnould et Grousset prendre possession du ministère.

M. le Président (à Grousset) : On demande aux Archives plusieurs pièces qui auraient disparu : ainsi une réclamation de la famille d'Orléans, une note sur la neutralisation de la Savoie.

Paschal Grousset : Les pièces ont dû être trouvées chez moi. Quant à la note sur la neutralisation du Châblais et du Faucigny, je la portai à l'Hôtel-de-Ville, où nous devions juger Cluseret, accusé d'avoir joué un certain rôle dans cette affaire. Elle a dû être brûlée lors de l'incendie de l'Hôtel-de-Ville. Pour en finir sur cette question, on a dit que les dossiers trouvés chez moi avaient été saisis sur un ciel de lit. Ils se trouvaient là avec tous mes autres papiers, diplômes, notes quelconques.

Auguste-Antoine-François Claude, chef de la police de sûreté.

M. le Président : Vous avez été détenu ?

Le Témoin : Du surlendemain du 18 mars jusqu'au 24 mai, soixante-six jours.

M. LE PRÉSIDENT : Avez-vous eu l'occasion de voir un ordre de fusiller les gendarmes?

LE TÉMOIN : J'en ai entendu parler, mais je ne l'ai pas vu.

M. LE PRÉSIDENT : Savez-vous ce qui se passa à Paris.

LE TÉMOIN : J'obtins une permission irrégulière de voir ma famille, et je fus délivré le 24 par les troupes de Versailles.

M. LE PRÉSIDENT : A-t-on fait des exécutions à la Santé?

LE TÉMOIN : Non; nous n'avons même pas subi de mauvais traitements. Nous étions à la Santé trois commissaires de police, dont moi, le doyen, trente-huit gendarmes, plusieurs prêtres, que je fis mettre moi-même en liberté après ma délivrance. J'eus la plus grande peine à me faire relâcher, car on n'avait pas d'ordre à mon égard.

M. LE PRÉSIDENT : A quoi attribuez-vous qu'on ait laissé les prisonniers de la Santé si tranquilles?

LE TÉMOIN : Je ne sais trop; je crois que nous avions un directeur pas trop malveillant. Il me donna, au bout de peu de jours, une permission pour aller voir ma famille.

M. LE COMMISSAIRE DU GOUVERNEMENT : Savez-vous où est détenu ce directeur?

LE TÉMOIN : Collet? Il est à Mazas; mais, pour moi, je n'ai qu'à me louer de lui.

M. LE PRÉSIDENT *(à Régère)* : N'avez-vous pas parlé de M. Claude, à qui vous auriez demandé qu'on remît certains papiers appartenant à Guinet?

LE TÉMOIN : M. Régère me fut amené dès son arrestation. Il m'écrivit qu'il voulait me parler, et, en effet, il me pria de faire remettre deux portefeuilles à leurs propriétaires. Le lendemain, il me reparla encore de ces objets; mais je ne les ai jamais vus ni eus entre les mains

M. LE PRÉSIDENT *(à Régère)* : Vous avez dit les avoir remis à M. Claude?

RÉGÈRE : Au commissaire qui est sous les ordres de M. Claude.

LE TÉMOIN : Pas sous mes ordres, à mon collègue.

RÉGÈRE : Enfin, tout cela est consigné au procès-verbal.

M. LE COMMISSAIRE DU GOUVERNEMENT : Nous l'avons entre les mains, et nous communiquerons à la défense les pièces nouvelles que nous avons reçues.

PAUL-JULES LAGNIER, négociant-armateur.

M. LE PRÉSIDENT : Vous étiez à Paris sous la Commune? Que vous est-il arrivé?

LE TÉMOIN : J'étais lieutenant d'artillerie des mitrailleuses. On m'arrêta pour avoir fait fabriquer des brassards tricolores.

M. LE PRÉSIDENT : Où fûtes-vous conduit?

LE TÉMOIN : A l'Hôtel-de-Ville, puis à Mazas.

M. LE PRÉSIDENT : Combien de temps y êtes-vous resté?

LE TÉMOIN : Onze jours.

M. LE PRÉSIDENT : Que vous arriva-t-il le onzième jour?

VERMESCH

Le Témoin : On me conduisit à la mairie du 11ᵉ arrondissement, où Ferré m'interrogea.

M. le Président : Vous le reconnaissez bien?

Le Témoin : Oh! oui. Et lui aussi me reconnaît bien! Avant moi il fit fusiller deux hommes. Au premier coup de fusil, il cria : « Vive la Commune ! »

M. le Président : Comment eut lieu l'exécution?

Le Témoin : Il se présenta un bourreau volontaire, et on massacra les deux hommes à coups de pistolet. On tira quatre coups au premier homme : le premier coup de fusil lui contourna la tête, le deuxième coup le frappa au même endroit, le troisième lui fracassa la mâchoire, et, enfin, le quatrième coup l'acheva : on le toucha au cœur. Quant au deuxième individu massacré, un garde lui tira un premier coup de fusil qui ne partit point parce qu'il n'y avait pas de cartouche. La victime était tombée inerte. Son bourreau chargea ensuite son fusil et le tua d'un seul coup à bout portant. Ferré était tout le temps de ces exécutions sur les marches du péristyle.

M. le Président (à Ferré) : Vous voyez, vous assistiez aux exécutions.

Ferré : Ce fait est absolument faux.

M. le Président : Le témoin déclare vous avoir vu.

Ferré : J'affirme le contraire.

Le Témoin : Je me rappelle même qu'on tira une des victimes par la tête pour l'emporter.

M. le Président : Comment était-il vêtu?

Le Témoin : Avec un paletot gris et un collet noir

M. le Commissaire du Gouvernement : C'était le paletot des exécutions.

M. le Président : Quel jour cela se passait-il?

Le Témoin : Le 23 mai.

Ferré : Or, j'étais, ce jour-là, à l'Hôtel-de-Ville. Comment étais-je placé à la marie du 11ᵉ?

Le Témoin : Vous teniez le milieu d'une grande table ronde. C'est vous qui, au premier coup de pistolet, avez crié : « Vive la Commune! »

Ferré : Je n'ai en aucune façon rempli le rôle de bourreau ; le témoin se trompe, pour ne pas employer une expression plus forte.

Le Témoin : Je répète sous serment et j'affirme que Ferré a assisté à la double exécution et a crié : « Vive la Commune! » Cri que personne n'a d'ailleurs répété.

Ferré : Ceci me révolte!

Le Témoin : Il n'y a qu'une chose que je n'affirme pas; c'est la date. Était-ce le mardi ou le mercredi?

M. le Président : Cela importe peu. Vous affirmez encore une fois?

Le Témoin : Parfaitement.

Ferré : Je suis forcé, par suite d'une certaine pression exercée sur moi par le témoin, d'entrer dans quelques détails : quand j'étais à la mairie du 11ᵉ, je ne m'occupais en aucune façon des arrestations qui pouvaient se faire.

M. LE PRÉSIDENT *(au témoin)* : Vous avez bien réfléchi à l'importance de ce que vous dites?

LE TÉMOIN : Oui, monsieur le Président.

M. LE PRÉSIDENT : Et vous reconnaissez Ferré?

LE TÉMOIN : Parfaitement; j'affirme le reconnaître.

FERRÉ : Vous me prenez peut-être pour un être imaginaire.

LE TÉMOIN : Quand on a vu vos lunettes, votre nez, votre barbe et votre bouche, on ne peut pas vous prendre pour un être imaginaire.

FERRÉ : Le témoin ne pourrait-il pas rechercher quelqu'un des onze prisonniers détenus avec lui pour certifier ce fait, qu'ils ont dû voir aussi?

LE TÉMOIN : C'étaient des sergents de ville, et quand les deux premiers eurent été fusillés, je rentrai dans mon cachot dans une situation facile à comprendre. Je ne connais aucun de mes codétenus.

La séance est levée à cinq heures et un quart.

Audience du 22 août.

La séance est ouverte à midi.

M. LE PRÉSIDENT *(à Courbet)* : Pourriez-vous nous dire ce qu'est devenue la grande statue d'argent, qui avait six pieds de haut, donnée à l'empereur après la paix de Tilsitt?

COURBET : Elle a dû être enlevée par les hommes de l'empire.

M. LE PRÉSIDENT : Vous n'avez pas eu connaissance qu'elle ait été portée à la Monnaie?

COURBET : Je suis allé voir aux Tuileries et je ne l'ai pas trouvée. C'est l'empire qui a dû l'enlever. Il y avait aussi une statue du prince impérial que je n'ai pas retrouvée.

M. LE PRÉSIDENT : L'empire n'a rien enlevé.

M. LE PRÉSIDENT *(à Jourde)* : Je voudrais avoir quelques explications au sujet de trois reçus de 3,000 fr. chacun, acquittés par l'accusé Ferré.

JOURDE : Les dépenses des derniers jours avaient trait au paiement des employés. On vint me demander, dans les derniers jours, 31,000 fr. pour les employés de la sûreté. Ne pouvant donner cette somme, vu mes ressources limitées, j'en remis un tiers.

FERRÉ : Et j'ai donné des reçus de cette somme. Le caissier, quand la Préfecture était dans un état normal, me donnait chaque soir un état de la caisse, et quand il y avait nécessité à demander quelque argent, je le faisais demander à M. Jourde.

Jourde confirme ce fait.

SUITE DE L'AUDITION DES TÉMOINS.

M. LE PRÉSIDENT : Faites entrer le témoin Larmeroux (Jean-Baptiste-Joseph), journalier (détenu). Vous étiez de garde à la Roquette, du 10 au 28 mai? En quelle qualité?

LE TÉMOIN : Comme garde national.

M. LE PRÉSIDENT : On ne vous relevait pas?

LE TÉMOIN : Non.

M. LE PRÉSIDENT : C'était bien dur dix-sept jours de suite. On vous donnait à manger et à boire?

LE TÉMOIN : Probablement.

M. LE PRÉSIDENT : Qu'avez-vous vu le 17 mai ?

LE TÉMOIN : Rien du tout.

M. LE PRÉSIDENT : Vous avez entendu les coups de fusil?

LE TÉMOIN : Non, j'étais de garde en dehors de la prison.

M. LE PRÉSIDENT : On n'est pas de garde tout le temps. Vous n'avez pas vu entrer un peloton?

LE TÉMOIN : Il en venait un tous les soirs.

M. LE PRÉSIDENT : Et vous étiez aussi de garde le 27 mai?

LE TÉMOIN : Oui, quand mon tour venait.

M. LE PRÉSIDENT : Et vous n'avez encore rien vu ce jour-là?

LE TÉMOIN : Non.

M. LE PRÉSIDENT : Vous ne dites pas la vérité. Jamais personne n'est sorti de la prison?

LE TÉMOIN : Si, une fois, une quarantaine d'hommes.

M. LE PRÉSIDENT : Vous ne savez pas autre chose?

LE TÉMOIN : Non.

M. LE PRÉSIDENT (à Ferré) : On ne relevait donc jamais les hommes?

FERRÉ : Cela regardait le service de la place.

ASSI : Je vais vous donner quelques renseignements sur la garde nationale.

M. LE PRÉSIDENT : Oh! nous en avons bien assez. Et on laissait les mêmes hommes à la prison?

ASSI : Oui, pour ne pas déranger les gardes de leur quartier.

M. LE PRÉSIDENT : Vous choisissiez vos gardiens? Ce fait a plus d'importance que vous ne paraissez le croire.

ASSI : C'était le même bataillon qui fournissait le poste. Le 180e bataillon était chargé de la Roquette. Les gardes n'ayant pas de ressources, aimaient mieux souvent rester au poste que de rentrer chez eux.

M. LE PRÉSIDENT : Oui, ils y étaient nourris et hébergés.

M. LE PRÉSIDENT : M. d'Armaillé n'est pas là? ni M. Susse? (On avait en vain appelé ces deux témoins dans la dernière audience.) *(A Me Bigot)* : Il paraît que les cédules ne sont pas arrivées à temps pour ces deux messieurs.

Me Bigot : Je me contenterai de lire leurs dépositions.

Dominique-Antoine Balotau, peintre-décorateur (détenu) :

M. le Président : Vous étiez garde national?

Le Témoin : Chef de bataillon au 130e.

M. le Président : Vous auriez reçu l'ordre de faire sauter les n°s 2 et 4 de la place Vendôme? Vous avez refusé?

Le Témoin : Oui, et on m'a arrêté.

M. le Président : Vous aviez des poudres à votre disposition?

Le Témoin : Oui, toutes les poudres; les gargousses étaient déjà déposées au n° 4.

M. le Président : Vous avait-on dit le moyen de s'en servir?

Le Témoin : Non; on me laissait agir à mon idée. On m'arrêta, le soir, par ordre du Comité de salut public, en me disant qu'on me fusillerait le lendemain parce que j'avais licencié mon bataillon.

M. le Président : Combien étaient-ils au Comité de salut public?

Le Témoin : Je ne sais pas; je reconnaîtrais peut-être bien celui qui s'appelait le juge d'instruction.

Billioray : Le témoin m'a-t-il vu au Comité?

Le Témoin : Non, je ne vous reconnais pas.

Gustave-Étienne Marigaux, soldat (détenu) :

M. le Président : Que faisiez-vous à la Commune?

Le Témoin : J'étais capitaine au 180e bataillon.

M. le Président : Mais, puisque vous étiez soldat, pourquoi serviez-vous la Commune?

Le Témoin : J'avais déserté en 1869 et j'étais allé en Angleterre; je revins lors de la guerre et je devins capitaine de francs-tireurs. On me condamna ensuite à cinq ans de travaux publics pour désertion, et la Commune me mit en liberté et me nomma capitaine de la garde nationale.

M. le Président : Vous étiez au Palais-Royal?

Le Témoin : Oui, et j'ai empêché qu'on y mît le feu. C'était Napias-Piquet qui l'avait ordonné. Il fut fusillé dans la cour des Messageries du chemin de fer d'Orléans.

M. le Président : Vous ne savez pas qui a mis le feu au Palais-Royal?

Le Témoin : Un gros brun, que je reconnaîtrais peut-être.

Me Boyer : Il est certain que la Commune n'a pas donné d'ordre d'incendier le Palais-Royal.

Régère : Napias-Piquet n'était pas de la Commune.

M. le Président : Vous ne savez rien de plus précis?

Le Témoin : Rien, mon colonel.

Auguste Richard, sergent des sapeurs-pompiers de Paris, caserne du Vieux-Colombier.

M. le Président : Vous étiez aux sapeurs-pompiers avant la Commune ? Vous y êtes resté ?

Le Témoin : Oui.

M. le Président : La Commune n'en a-t-elle pas organisé ?

Le Témoin : Oui, ils avaient à peu près le même uniforme.

M. le Président : A quelle époque vous a-t-on ordonné de mettre le feu à la Croix-Rouge ?

Le Témoin : Le 24, à six heures du matin, un capitaine vint me présenter une pièce avec le cachet de la Commune.

M. le Président : Qu'y avait-il sur cet ordre ?

Le Témoin : On nous disait de mettre le feu partout où nous pourrions. Il y avait avec lui un garde national porteur d'une tourie de pétrole.

M. le Président : Et vous n'avez pas obéi ?

Le Témoin : Oh ! non, mon colonel.

M. le Président : N'avait-on pas défendu aux pompiers de sortir sous peine de mort ?

Le Témoin : Ce fait est exact.

M. le Président : Quand vous êtes allé à la Croix-Rouge, il y avait le feu ?

Le Témoin Oui, tout brûlait.

M. le Président : Aviez-vous vos pompes ?

Le Témoin : Oui, elles étaient prêtes. Dès que les insurgés se retirèrent de la barricade de la place Saint-Sulpice, nous nous rendîmes sur le lieu de l'incendie pour éteindre le feu.

M. le Président : Avez-vous vu l'ordre, signé Brunel, de crever les pompes ?

Le Témoin : Non, mais j'en ai entendu parler.

M. le Président : Pour la défense de sortir, vous l'avez vu ?

Le Témoin : Oh ! Parfaitement. ·

Mᵉ de Sal : Je ferai une observation générale. Les pompiers ont été ceux qui ont le plus déblatéré contre la Commune. Les accusés prétendent que l'ordre en question ne portait pas le cachet.

M. le Président : Nous en avons partout des cachets. D'ailleurs, on recherchera la pièce. Ce que nous tenons à établir, c'est que le feu n'a pas été mis, comme on a eu l'air de le dire, par un obus, par exemple, au ministère des Finances. Nous nous occupons en ce moment des divers épisodes des incendies.

Joseph Larmé, caporal aux sapeurs-pompiers.

M. le Président : Qu'avez-vous vu, rue Lauzun, quand vous étiez de garde ?

Le Témoin : J'ai entendu dire que les artilleurs tiraient avec du pétrole.

M. le Président : Mais qu'avez-vous vu ?

Le Témoin : Le vendredi, une voiture à bras passait. Dedans, il y avait un tonneau. Les hommes dirent qu'ils allaient mettre le feu; ils se dirigeaient sur les buttes Chaumont.

M. le Président : Vous n'avez pas eu les mêmes officiers sous la Commune?

Le Témoin : On en avait nommé d'autres.

M. le Président : Vous ne sortiez pas en armes?

Le Témoin : Non.

M. le Président : C'était alors comme pompiers, et non comme militaires. C'est égal, on ne nomme pas des officiers au vote.

Jacques Jean, sapeur-pompier de la ville de Paris.

M. le Président : Vous avez été au ministère des Finances jusqu'à quand?

Le Témoin : Le 21 jusqu'à sept heures du soir. Le feu était presque éteint.

M. le Président : Quand le feu a-t-il recommencé?

Le Témoin : Je ne sais; j'y suis revenu le 23.

M. le Président : Qu'avez-vous trouvé?

Le Témoin : Des bouteilles vides. On disait qu'il y avait eu des matières inflammables.

M. le Président : N'y avait-il pas de jeunes pompiers parmi vous?

Le Témoin : Oui, ils vinrent des Batignolles, et mirent leur pompe à côté de nous.

M. le Président : Les tuyaux étaient crevés, n'est-ce pas?

Le Témoin : Oui, mon colonel.

M. le Président : Vous ne savez pas qui en avait donné l'ordre?

Le Témoin : Non.

M. le Président : Vous n'avez pas su qu'il était défendu de sortir sous peine de mort?

Le Témoin : Non; j'étais de la caserne de la rue Blanche.

M. le Président : D'ailleurs, nous avons une foule de témoins qui le prouveront.

Me Bigot : Enfin, les pompiers ont été les premiers à être pour la Commune.

M. le Commissaire du gouvernement : Qui dit cela? Il y a toujours de mauvais drôles dans les corps.

Me Bigot : Le cadre des officiers a été complément réorganisé.

M. le Commissaire du gouvernement : Oui, on a nommé tous ceux qui avaient fait cause commune avec l'insurrection.

Me Bigot : Nous pourrons établir ce que nous avançons.

Jourdè : J'ai reçu l'acte d'adhésion à la fédération des pompiers. On m'envoya aussi le registre de la solde. Quant aux bouteilles vides trouvées au ministère, ce fait n'a aucune importance, c'était pour boire que les hommes les y avaient apportées.

M. LE PRÉSIDENT : Mais les tuyaux des pompes du ministère étaient crevés, les réservoirs vides ?

JOURDE : Tout cela était ainsi depuis le 18 mars.

M. LE PRÉSIDENT : On me fait passer une note de laquelle il résulte que les officiers durent partir, sous menaces de mort, et qu'alors la Commune en fit nommer d'autres.

ASSI : Les pompiers étaient faits pour éteindre les incendies et non pour faire un service militaire.

M. LE PRÉSIDENT : Nous entendrons probablement des officiers qui nous donneront des détails à l'égard des poursuites dont ils ont été l'objet. *(Au témoin)* : Avez-vous senti les bouteilles vides ?

LE TÉMOIN : Oui ; ça sentait le pétrole.

M. LE PRÉSIDENT : En effet, de l'avis des personnes compétentes, le feu sortait du bas jusqu'en haut, au lieu de sortir par les fenêtres, ce qui prouve surabondamment la présence de matières inflammables.

JOURDE : Pardon, le 22, les flammes sortaient d'une façon très-normale.

M. LE PRÉSIDENT : Il s'agit aussi du deuxième incendie. *(A Me Bigot)* : Nous avions parlé, au commencement de l'interrogatoire du sulfure de carbone. On parvient à faire avec lui une combinaison chimique qu'on appelle le « feu fenian. » On s'en sert en Irlande pour propager les incendies. Il faudra vous expliquer sur ce fait.

Me BIGOT : J'ai une consultation de deux chimistes que j'ai fait imprimer et que je remettrai au Conseil. De plus, voyez le texte du décret du Comité de salut public, et remarquez quelle en est la date. Jusqu'à un certain point, ils prétendaient répondre à un discours de M. Thiers, du 24 mai. Le défenseur lit ensuite le passage suivant de ce discours : « Ce n'est pas le peuple, le vrai peuple, qui incendie les palais, les statues, qui égorge à Paris, qui verse le sang. C'est la multitude, c'est cette multitude confuse de vagabonds dont on ne peut saisir ni le domicile ni la famille ; si remuants, qu'on ne peut les saisir nulle part ; qui n'ont pas su créer pour leur famille un asile appréciable ; c'est cette multitude de vagabonds que la loi a eu pour but d'éloigner. »

M. LE PRÉSIDENT : Mais c'est l'avis de tout le monde ; c'étaient des vagabonds.

Me BIGOT : On n'est pas vagabond quand on a sa carte d'électeur.

M. LE COMMISSAIRE DU GOUVERNEMENT : On a abusé de ces cartes d'électeur.

GEORGES GLIGEON, caporal des sapeurs-pompiers de Paris, à la caserne du Louvre.

M. LE PRÉSIDENT : Qu'avez-vous vu au ministère des Finances ?

LE TÉMOIN : J'ai trouvé partout du pétrole.

M. LE PRÉSIDENT : Il y en avait sur les tables ?

LE TÉMOIN : Oui, et sur des papiers.

M. LE PRÉSIDENT : Vous avez constaté que les réservoirs étaient vides ?

20

LE TÉMOIN : Oui, mon Président.

M. LE PRÉSIDENT : Vous y étiez le 22, lors du premier incendie?

LE TÉMOIN : Non, seulement au déblayage?

M. LE PRÉSIDENT : Vous avez dit que le concierge avait mis du pétrole dans les pompes?

LE TÉMOIN : Oui, c'est le concierge du Louvre qui me l'a dit.

M. LE PRÉSIDENT : Avez-vous entendu dire qu'il vous fût défendu de sortir sous peine de mort?

LE TÉMOIN : Non, mon Président.

ALPHONSE COMPÈRE, conduteur des ponts et chaussées.

M. LE PRÉSIDENT : Vous avez remis des morceaux de fils télégraphiques pro-provenant de ceux destinés à faire sauter les mines.

LE TÉMOIN : A trois places : 1° au faubourg Saint-Jacques; 2° à la porte Saint-Denis; 3° à la Bibliothèque nationale. A ce dernier endroit, je me trompai même, et je coupai un fil qu'il ne fallait pas.

M. LE PRÉSIDENT : Ces fils etaient dans les égouts?

LE TÉMOIN : Oui, par terre, et quelquefois soutenus en l'air.

M. LE PRÉSIDENT : Où avez-vous trouvé le plus gros? (On le montre au témoin.)

LE TÉMOIN : Je l'ai trouvé dans l'égout du boulevard Sébastopol.

M. LE PRÉSIDENT : Où aboutissait-il?

LE TÉMOIN : Je ne sais pas, je n'ai pas suivi le fil.

M. LE PRÉSIDENT : Il eût été bien plus intéressant d'aller jusqu'au fourneau. Ce n'était pas un fil télégraphique?

LE TÉMOIN : Non, car les fils télégraphiques étaient soutenus en l'air.

M. LE PRÉSIDENT : Oui, mais enfin il faudrait savoir au juste à quoi étaient destinés ces fils.

LE TÉMOIN : Le caporal Petit, du 1er du génie, qui a ramassé tous les fils trouvés du côté de la tour Saint-Jacques, pourra donner des détails plus précis que moi.

Mᵉ DE SAL : Quel jour a-t-on coupé ces fils?

LE TÉMOIN : Le 24.

Mᵉ DUPONT DE BUSSAC : On a dit qu'on avait voulu faire sauter tout Paris. Le témoin sait-il qu'on ait coupé des fils dans d'autres quartiers?

LE TÉMOIN : Oui, rue de Buci; c'est un nommé Biard, ancien pompier, qui les a retrouvés. Il y en avait aussi près du Panthéon.

Mᵉ DUPONT DE BUSSAC : Y avait-il deux fils? Dans ce cas, on pourrait croire qu'ils n'étaient pas destinés à mettre le feu. Un seul aurait suffi si on avait voulu.

M. LE PRÉSIDENT : Ah! vous croyez! C'est une grosse erreur. Quand on veut réussir à mettre le feu, on met toujours deux fils. S'il n'y en a qu'un, il faut le faire tremper dans l'eau, précaution qu'on ne peut pas toujours prendre. Il en résulte que le feu ne prend pas.

Femme Henri, lingère, témoin à décharge.

Mᵉ Denis : Le témoin n'a-t-il pas vu Trinquet à la mairie du 20ᵉ, un jour que quelqu'un fut fusillé?

Le Témoin : En effet, je vis beaucoup de gardes qui tiraient sur un individu. L'un d'eux l'acheva d'un coup de revolver.

M. le Président : Qui était-ce?

Le Témoin : Un garde que je ne connais pas.

M. le Président : Vous connaissez Trinquet?

Le Témoin : Oui, et ce n'était pas lui.

M. le Président : Comment était cette personne?

Le Témoin : Un peu grande.

M. le Président : A quel moment ce coup de pistolet a-t-il été tiré?

Le Témoin : Quand l'homme était déjà par terre.

M. le Président : Nous pourrons d'ailleurs faire revenir les témoins qui ont déjà déposé.

Trinquet : Madame était employée à la lingerie? Ne pourrait-elle pas trouver quelque autre employé?

Le Témoin : Je ne les connais pas.

M. le Président : Mais quand vous avez eu vu cet assassinat, vous avez dû le raconter aux personnes qui étaient avec vous?

Le Témoin : Oui; elles se sont levées pour voir.

M. le Président : Savez-vous un seul nom des autres femmes employées avec vous?

Le Témoin : Oui, Mᵐᵉ Godin; mais je ne connais pas son adresse.

M. le Président : Vous ne connaissiez pas non plus les employés de la mairie?

Le Témoin : Si; mais je ne les y ai pas vus.

M. le Président : Et les gardes qui étaient du quartier ne devaient pas vous être tout à fait inconnus?

Le Témoin : Je ne me rappelle plus.

Jacques Lippmann dépose :

Le 7 ou 8 avril, on passait la revue de la garde nationale. Les bataillons défilaient devant les membres de la Commune, à l'École militaire. On agitait une loque rouge et on criait. A la fin, Delescluze et Clément firent un discours. J'ai appris que ce dernier passait pour être très-doux, et je me rappelle qu'il était ce jour-là des plus violents contre Versailles.

M. le Président : Que disait-il?

Le Témoin : Je ne sais pas au juste.

M. le Président (à Clément) : Reconnaissez-vous votre nom au bas de cette affiche?

CLÉMENT : Mon nom a été mis par le Comité ou la Commune sans ma participation.

M. LE PRÉSIDENT : Il est singulier qu'on mît ainsi des signatures au bas des
pièces sans que celui dont on mettait le nom fût averti.

CLÉMENT : Il se faisait bien d'autres irrégularités.

M. ÉLIE DUCOUDRAY : Je ne suis pas le défenseur de Clément, cependant je
puis dire au Conseil que de semblables faits étaient très-fréquents. Moi-même,
j'ai été mis sur des listes sans le savoir.

M. LE PRÉSIDENT *(au témoin)* : Que savez-vous sur les ambulances?

LE TÉMOIN : J'étais chargé d'un triste service, d'accompagner les enterrements. La Commune chassa les sœurs de l'ambulance du docteur Chenu et on
brisa le Christ. Je refusai de continuer mon service. C'est Rastoul qui fit ce que
je viens de dire. On voulut ensuite m'employer à reconnaître les enfants naturels; je ne voulus pas.

RASTOUL : Je n'ai rien fait de tout cela. Ces actes ont eu lieu avant ma nomination comme inspecteur.

M. LE PRÉSIDENT *(au témoin)* : Vous ne savez rien de plus?

LE TÉMOIN : Si, sur Assi. Le 19 mars, Assi vint nous requérir à l'ambulance
pour livrer l'Élysée. Nous les envoyâmes promener; mais un bataillon s'étant
présenté, nous dûmes céder. L'ordre était signé Assi. J'étais de garde, et je suis
sûr d'avoir vu son nom.

ASSI : Je ne suis jamais allé à l'Élysée.

Mᵉ BIGOT : A cette époque, Assi était retenu à l'Hôtel-de-Ville.

Le témoin maintient son dire. Il n'a pas assez vu Assi pour le reconnaître
mais il est certain que l'ordre d'évacuer l'Élysée était signé de lui.

LULLIER : Effectivement, Assi n'a pu donner aucun ordre; moi seul en avais
le droit. J'avais des généraux de division sous mes ordres, et Assi ne pouvait
rien ordonner. Je ne me rappelle pas le nom de mes généraux.

M. LE PRÉSIDENT : Nous les connaissons, d'ailleurs.

RASTOUL : Je ferai remarquer qu'aucune plainte de directeur d'ambulance n'a
été adressée contre moi.

EDMOND MARÉCHAL, supérieur du séminaire d'Issy (à décharge).

FERRAT : Je voudrais que le témoin dît quelle a été ma manière d'agir au
séminaire; puis, si, après l'arrestation des professeurs, je ne suis pas venu les
faire relâcher. Enfin, je voudrais qu'il dît si je n'ai pas eu, pendant les onze
jours que je suis resté au séminaire, des rapports d'amitié avec lui.

M. LE PRÉSIDENT : Vous voulez dire convenables. *(Au témoin)* : Que savez-
vous?

(Le témoin ne se rappelle aucune recommandation donnée par Ferrat.)

Ferrat insiste. Le témoin, dit-il, ne se souvient pas que je lui ai donné un
laisser-passer?

Maréchal répond n'être jamais sorti du séminaire d'Issy.

FERRAT : Mais le frère Maréchal me reconnaît bien; il me serrait la main chaque fois qu'il passait.

LE TÉMOIN : Je sais que chaque fois qu'il me rencontrait, il évitait de me regarder.

FERRAT : Mais je ne puis comprendre ces paroles. M. l'abbé a signé une pièce qui est au dossier et qui contient autre chose.

Ce document est remis au témoin, qui le lit.

FERRAT : Laissez-moi expliquer à la suite de quels faits cette pièce fut signée. Cinq prêtres arrêtés me furent amenés à Issy et je les fis relâcher.

LE TÉMOIN : Pas du tout; ces prêtres n'étaient pas arrêtés, ils avaient des laisser-passer réguliers de la Commune. C'est celui qui commandait Issy qui voulut les retenir. Celui d'entre eux qui était vêtu en bourgeois, M. de Soie, seul fut arrêté, non parce qu'il avait mal répondu à l'interrogatoire, comme on l'a dit, il en était incapable, mais parce qu'il était vêtu en bourgeois.

FERRAT : Je répète que je n'ai jamais fait arrêter personne.

Ce témoin est le dernier.

L'audience est suspendue.

A trois heures, la parole est donnée à M. le commandant Gaveau, commissaire du gouvernement, qui s'exprime ainsi :

Monsieur le Président,
Messieurs les Juges,

L'exposé général dont j'ai eu l'honneur de vous faire lecture avant les débats vous a suffisamment éclairés sur l'origine, le développement et les actes de l'Internationale, du Comité central, de la Commune et du Comité de salut public.

Je rappellerai, en quelques mots, la situation au 18 mars. Mais, auparavant, qu'il me soit permis de faire appel à votre indulgence, car j'ai pris le lourd fardeau de l'accusation peu de jours avant l'ouverture des débats.

Après une guerre désastreuse, commencée dans les conditions les plus défavorables, et poursuivie avec l'acharnement du désespoir, la France, épuisée, s'était vue obligée de conclure la paix.

Certes, jamais pareille humiliation, jamais pareil sacrifice ne nous avaient été imposés.

Il avait fallu consentir à abandonner au vainqueur les deux provinces réputées justement les plus patriotiques, celles qui avaient le plus souffert dans cette guerre, celles qui avaient montré le plus d'amour et de dévouement pour la patrie.

Il avait fallu se résoudre à une occupation du sol national et au paiement d'une indemnité de cinq millliards.

On pouvait donc croire que ces malheurs épouvantables, sévère châtiment de nos fautes, seraient pour nous un haut enseignement, et qu'ils auraient un effet salutaire sur la régénération du pays.

Des élections sages avaient envoyé à la Chambre des députés désireux de mettre un terme aux maux de la patrie, en ramenant la paix et l'ordre, de réorganiser l'armée, tous les services publics.

Un homme illustre, un grand citoyen, en qui la France et l'Europe mettaient toute leur confiance, avait reçu de l'Assemblée nationale le pouvoir de gouverner l'État.

On discutait une loi tendant à doter Paris d'un conseil municipal librement élu, mesure devant laquelle avaient reculé tous les gouvernements.

C'était l'heure pour tout homme de cœur d'oublier ses intérêts particuliers pour ne songer qu'à la patrie, à cette grande France, aujourd'hui sanglante et démembrée.

Eh bien! messieurs, c'était l'heure que guettaient des conjurés pour porter le coup mortel à leur pays, pour achever l'œuvre des Prussiens et jeter la France au fond de l'abîme d'où elle sortait à peine.

Ces hommes furent des parricides, et ce sont eux que vous avez à juger.

Membres ou adeptes de l'Internationale, ils avaient juré haine au présent : déclassés, envieux de toute supériorité, ils voulaient à tout prix le renversement de l'ordre existant pour jouir à leur tour du pouvoir.

Ce sont les hommes du 31 octobre, du 22 janvier, lâches devant le danger, refusant leur concours pour combattre l'ennemi, avides de saisir le moment propice pour abattre le gouvernement.

Ce sont ces hommes qui ont le plus compromis la défense de Paris, qui ont paralysé les efforts de l'armée et de la partie saine de la garde nationale.

Ce sont eux qui ont répandu parmi les soldats les idées funestes qui ont amené les hontes du 18 mars.

Orateurs de clubs, ils nous avaient audacieusement exposé, l'an dernier, dans les réunions publiques, le programme qu'ils viennent d'accomplir.

Le gouvernement d'alors avait cru sans doute que l'opinion publique suffirait pour faire justice de leurs odieuses prétentions, quand il eût dû se hâter de leur fermer toute voie de propagande.

L'appel qu'ils firent alors aux mauvaises passions fut malheureusement trop bien entendu.

Je ne vous ferai pas l'histoire de cette insurrection à jamais détestable, dans laquelle j'indiquerai tout à l'heure la part de chacun des accusés, mais j'en signalerai dès maintenant les suites fatales.

Elle a rendu plus lourd et a prolongé le joug de l'occupation prussienne.

Elle a porté un coup funeste à l'industrie, au commerce, qui allaient renaître.

Elle a ralenti la réorganisation des services publics.

Elle a coûté au Trésor un milliard.

Elle nous a exposés à l'humiliation de voir l'étranger rétablir l'ordre chez nous.

Qui peut prévoir ce qui fût advenu de nous, si la Prusse victorieuse s'était étendue sur tout le territoire?

Cette insurrection a semé la défiance et le désordre dans plusieurs départements et provoqué des troubles dans certaines villes.

Elle a accru les ruines et les désastres de la guerre : Neuilly, Asnières, Courbevoie et tant d'autres centres de populations ne sont plus que des ruines.

Acteur dans le drame de deux mois qui s'est joué devant Paris, j'ai pu apprécier la férocité des bandes raccolées par ces hommes qui n'avaient d'autre but que la destruction et le pillage.

Prêts, d'ailleurs, à pactiser avec les Prussiens, sentant leur ruine prochaine, ils ont poussé le vandalisme jusqu'à décréter la destruction de la colonne Vendôme, vivant souvenir de vingt années de gloires et de triomphes, devenu plus précieux après de récents désastres.

Ils ont voté la destruction de la maison de l'éminent homme d'État, qui, n'ayant pu, malgré ses sages avertissements, arrêter la France sur la pente fatale où elle était précipitée, venait de la sauver du plus grand péril qui puisse menacer une nation, de l'anarchie.

Enfin, se voyant vaincus, ces hommes imaginèrent le plan le plus odieux de vengeance et de dévastation, et ils trouvèrent des misérables pour l'exécuter.

Les otages, qu'ils avaient pris parmi les citoyens les plus respectables, furent massacrés; la grande cité, objet d'envie pour le monde entier, fut livrée à l'incendie, et les monuments qui faisaient sa gloire furent consumés.

Vous savez, messieurs, où se trouvaient en ce moment suprême ces hommes qui avaient organisé, dirigé l'insurrection; après avoir promis de mourir aux barricades, ils s'occupaient de faire une retraite prudente, emportant le fruit de leurs rapines et de leurs déprédations.

Des quatre-vingts membres de la Commune et des quarante membres du Comité central, un très-petit nombre est resté sur la brèche; la grande majorité a fui à l'étranger ou a cherché asile dans la ville même qu'ils avaient vouée à la destruction.

A part un seul, pris les armes à la main, aucun de ceux que vous avez devant vous n'a eu le courage de chercher la mort dans la lutte.

Avant d'aborder les faits de l'accusation, permettez-moi de vous rappeler, en quelques mots, la part de responsabilité qui revient, dans l'insurrection du 18 mars, à l'Internationale, au Comité central et à la Commune.

Constituée à Londres en 1864, l'Association internationale établit, dès 1865, un centre à Paris. D'autres centres sont créés en France, et elle a bientôt ses organes, ses congrès, ses manifestes.

Elle veut la révolution sociale, c'est-à-dire la destruction complète des institutions actuelles.

Plus de gouvernement, plus d'armée, plus de religion. Abolition du droit d'hérédité. Abolition du mariage.

L'alliance ne tarda pas à se former entre l'Internationale et le parti révolutionnaire.

Un grand nombre de membres alliés se trouvèrent enfermés dans Paris bloqué.

Ils profitèrent de tous les moyens pour amener le moment favorable à leurs projets anarchiques.

Ils cherchèrent des chefs dans la garde nationale; des comités se formèrent dans chaque bataillon, et leurs délégués constituèrent le Comité central, qui déclara la guerre au gouvernement le 18 mars.

Le Comité central a fait acte de gouvernement du 18 au 26 mars, et, en cédant, à cette date le pouvoir à la Commune, il a conservé son action dirigeante et sa puissance.

La Commune a fait acte de gouvernement du 26 mars à la fin de mai.

Avant d'aller plus loin, je poserai les principes suivants, aussi irréfutables en fait qu'en droit :

1° Tous les membres du Comité central et tous les membres de la Commune sont responsables des actes et des décrets du Comité et de la Commune pendant l'exercice de leurs fonctions.

Ceux qui, aujourd'hui, prétendent être restés étrangers aux délibérations relatives à ces actes ou décrets, avaient toute voie ouverte pour éviter la responsabilité qui leur incombe.

Il leur suffisait de protester ou de se démettre de leurs fonctions.

C'est ce qu'a fait l'accusé Parent, et il n'encourt que la responsabilité des actes et décrets rendus pendant son séjour à la Commune;

2° Tout gouvernement étant, en droit, responsable des effets de ses décrets et actes, les membres du Comité central et de la Commune ont à porter la responsabilité terrible des conséquences des décrets et actes de leur gouvernement;

3° Le gouvernement de la Commune est responsable des crimes commis par ses agents ou délégués aux divers services.

Ces principes, posés par le Président du Conseil pendant les débats, sont hors de toute discussion pour les hommes de bonne foi.

Cependant les accusés paraissent témoigner une certaine surprise quand on leur impute la complicité dans l'assassinat des otages et dans les incendies.

Osera-t-on prétendre qu'ils sont des hommes politiques, et qu'ils ont commis des crimes politiques?

MILLIÈRE

'ils ont cherché à établir un gouvernement régulier à la place du gouvernement existant?

Qui soutiendrait cette thèse?

Leur programme est connu : ils voulaient la destruction de la famille, de la propriété, de la religion, en un mot, de la société.

Et ils s'imaginent qu'après leur orgie gouvernementale, ils n'auront pas à rendre compte des désastres que leur tentative a causés, à rendre compte du sang versé, des incendies qu'ils ont allumés, du pillage dont ils ont donné l'exemple.

Ces hommes ont causé la mort de milliers d'innocentes victimes, de braves soldats qui venaient de combattre pour le salut de leur pays. Ces hommes ont envoyé à la mort, sous l'empire de la force, des milliers de citoyens hostiles à leurs doctrines.

L'accusé Lullier vous l'a dit : une grande partie de la garde nationale n'a pas tardé à se séparer de la Commune; les 200,000 fédérés se sont réduits à 60,000.

Alors, et c'est un de leurs plus grands crimes, ces hommes ont décrété la levée en masse, le plus criminel attentat contre les citoyens, et tous les moyens leur ont été bons pour l'exécution de leur décret.

C'est ainsi qu'ils ont poussé au combat une foule de gens dévoués à la cause de l'ordre, tandis qu'eux trônaient à l'Hôtel-de-Ville.

Ils ont traduit les réfractaires devant les Cours martiales, juridiction à laquelle les gouvernements ne recourent que dans les circonstances les plus graves, pour juger des crimes militaires, et contre des soldats liés au service par la loi.

Diront-ils que les gardes nationaux étaient liés au service de la Commune? Non.

Ils ont commis, par ces mesures atroces, un double attentat; ils ont institué une juridiction révolutionnaire et ils ont fusillé des innocents sans jugement.

Aussi je n'hésite pas à qualifier d'assassins les juges de la Cour martiale; les hommes de la Commune ont été leurs complices.

M. le Commissaire donne ici lecture des décrets de la Commune instituant les Cours martiales et ordonnant des arrestations arbitraires; puis il poursuit :

Les membres ici présents ayant fait partie du Comité central et de la Commune sont donc responsables des crimes commis pendant leur usurpation.

Tous sont coupables des attentats contre la chose publique, définis par les trois premiers chefs d'accusation, ainsi que d'usurpation de titres et de fonctions.

Les membres de la Commune qui ont rempli leurs fonctions jusqu'au dernier jour ont à répondre des crimes de complicité d'assassinat, d'incendie, de destruction d'édifices et de maisons habitées, d'arrestations illégales et de séquestration de personnes.

Enfin, en dehors de ces chefs d'accusation communs, quelques-uns des accusés ont des faits particuliers à leur charge.

Mon réquisitoire sera donc divisé en trois parties : la première concernant les chefs d'accusation communs à tous les accusés ; la deuxième, la part qui revient aux membres de la Commune qui ont conservé le pouvoir jusqu'à la fin ; et dans la troisième, j'examinerai l'ingérence particulière de chaque accusé dans l'insurrection, ainsi que les chefs d'accusation qui lui sont personnels.

Les quatre chefs d'accusation communs aux accusés, soit des membres du Comité central, soit des membres de la Commune, sont :

1° L'attentat contre le gouvernement ;

2° L'attentat ayant pour but d'exciter à la guerre civile ;

3° Le fait d'avoir levé des troupes armées sans ordre ou autorisation du pouvoir légitime ;

4° L'usurpation des titres ou fonctions.

La participation des accusés à des actes de gouvernement contre le gouvernement régulier constitue le premier chef, car il y a eu complot et exécution, les deux éléments constitutifs de l'attentat.

L'accusé Jourde a prétendu qu'il n'y avait pas eu complot.

Il compte donc pour rien les agissements de l'Internationale ; les menaces proférées dans les réunions publiques ; les menées, pendant le siége, des comités particuliers dont la réunion a fait le Comité central, ainsi que les manœuvres de ce Comité du mois de février au 18 mars ?

Quant à l'exécution, a-t-elle été assez complète par l'installation d'un pouvoir qui a semé la ruine et la désolation dans le pays pendant deux mois !

Quant aux actes qui constituent de fait ce premier chef, je vais en donner lecture.

M. le commandant Gaveau lit alors au Conseil un grand nombre de pièces, extraites presque toutes du *Moniteur officiel* de la Commune.

Leurs titres et leurs dates les rappellent suffisamment.

Mars. — Manifeste aux gardes nationaux du 5ᵉ arrondissement.

10 mars. — Aux gardes nationaux de Paris.

19 mars. — Au peuple.

20 mars. — Fédération de la garde nationale.

20 mars. — Fusion du Comité central et du Comité de fédération.

21 mars. — Élections.

24 mars. — Manifeste du Comité central.

25 mars. — Manifeste du Comité.

29 mars. — Abolition de la conscription.

29 mars. — Adresse aux employés des services publics.

30 mars. — Adresse de la Commune.

3 avril. — Mise en accusation des ministres.

7 avril. — Manifeste du Comité central.

28 avril. — Institution du Comité de salut public.

29 avril. — Manifeste à l'Europe.

8 mai. — Manifeste de Grousset.

J'arrive maintenant à l'attentat.

Quelques-uns prétendent, pour légitimer leur usurpation, qu'ils ont été les élus du suffrage universel.

C'est une véritable dérision.

D'abord, ces élections sont frappées de nullité par ce fait qu'elles ont été décrétées par un gouvernement insurrectionnel.

Il en résulte qu'il ne s'y présenta que des insurgés.

Chacun sait, d'ailleurs, quelle fraction minime de la population est venue apporter son vote : la plupart des élections sont encore entachées de nullité par ce fait.

Enfin, j'affirme que ces hommes ne représentent que le bas-fond de la population parisienne.

Il est certain que la partie saine s'est abstenue de voter, et, d'ailleurs, quel est l'homme honnête et de bon sens qui eût songé à faire représenter la capitale par un Ferré, un Urbain, un Trinquet, un Champy, un Paschal Grousset?

Le second chef d'accusation consiste dans l'attentat ayant pour but d'exciter à la guerre civile.

Il réunit également les deux éléments de droit : le complot et l'exécution.

Le complot consiste dans le fait d'avoir armé des citoyens et des soldats pour combattre le gouvernement français; l'exécution a été la dévastation et le pillage consommés sur le territoire.

Les actes qui constituent ce chef d'accusation sont les suivants :

20 mars. — Aux départements.

20 mars. — Aux gardes nationaux.

3 avril. — Aux gardes nationaux.

4 et 5 avril. — Au peuple.

6 avril. — Aux départements.

7 avril. — Au peuple.

18 avril. — Au 11e arrondissement.

28 avril. — Au peuple français.

28 avril. — Au peuple de Paris.

29 avril. — Grand manifeste.

12 mai. — Au Peuple.

13 mai. — Manifeste de Grousset.

18 mai. — Aux gardes nationaux.

22 mai. — Au peuple.

24 mai. — Au peuple.

Le troisième chef d'accusation résulte de décrets et ordres donnés pour lever des troupes sans ordre ou autorisation du pouvoir légitime et de l'expédition d'avril contre Versailles.

La lecture des pièces suivantes suffit à le constituer :

24 mars. — Délégation militaire.

Expédition contre Versailles.

4 avril. — Organisation des compagnies de marche.

12 avril. — Levée en masse.

28 avril. — Création de vingt bataillons.

30 avril. — Création de compagnies du génie.

21 mai. — Création de corps pour la garde des poudrières.

Le quatrième chef d'accusation consiste dans l'usurpation de titres et fonctions.

L'art. 258 du Code pénal fait dépendre ce délit du fait de s'être immiscé dans les fonctions publiques, civiles ou militaires, ou d'avoir fait les actes d'une de ces fonctions. Or, il n'est pas un de ces accusés qui n'ait commis cette usurpation.

J'ai donc accompli la première partie de ma tâche ; j'ai démontré que tous les accusés se sont rendus coupables des crimes ou délits prévus par les art. 87, 91, 92 et 258 du Code pénal.

Je passe à la deuxième partie, dans laquelle je dois examiner les chefs d'accusation portés contre les membres de la Commune qui ont conservé leur mandat jusqu'à la fin de mai.

Les imputations les plus graves qui pèsent sur eux sont la complicité dans l'assassinat des otages, la complicité dans les incendies, la complicité dans les arrestations arbitraires et les séquestrations, la complicité dans la destruction des monuments publics et des maisons habitées.

La plupart des accusés rejettent bien loin cette complicité. L'un se renferme dans les fonctions du ministère des Finances, qui lui ont permis de dilapider le Trésor public ; l'autre dans les Affaires étrangères ; un troisième dans l'administration d'un arrondissement ; Assi dans la fabrication des munitions. Nous assistons à ce singulier spectacle de gens qui ont rendu ou laissé rendre, en leur nom, des décrets érigeant en principe l'assassinat, et qui s'étonnent qu'on leur impute la complicité des faits accomplis d'après leurs ordres.

Mon premier soin est de déterminer devant vous les éléments de la complicité. A ce sujet, je vous citerai les principes posés par les jurisconsultes. Je vous lirai d'abord le texte même des art. 59 et 60, relatifs à la complicité.

Après avoir lu ces articles, l'honorable organe du ministère public détermine, à l'aide de Faustin Hélie et d'autres jurisconsultes, le caractère de la complicité; il établit que celui des accusés consiste dans l'abus de l'autorité et de pouvoirs et dans les moyens procurés pour l'exécution du crime; puis, poursuivant son réquisitoire, il entre dans l'examen de ces éléments pour chaque chef d'accusation.

M. le commandant Gaveau passe ensuite au quatrième chef d'accusation, aux séquestrations arbitraires et aux séquestrations de personnes; et, après avoir rappelé au Conseil les art. 341 et 342 du Code pénal, il prouve que cet art. 342 est applicable aux accusés, car les otages sont restés plus d'un mois séquestrés, et il ajoute que la complicité des accusés ressort des ordres des délégués de la Commune, dont tous les membres sont responsables.

Puis, l'organe du ministère public termine cette importante partie de son habile réquisitoire en disant :

Il me resterait, pour terminer cette dernière partie, à établir que la mise à mort des otages constitue l'assassinat; mais je croirais faire injure au Conseil en discutant longuement cette question, résolue par toute la France.

Ce qui distingue l'assassinat du meurtre, c'est la préméditation. Or, pour les membres de la Commune, la préméditation réside :

1° Dans le fait d'avoir, le 6 avril, décrété l'arrestation des otages pour servir de représailles aux actes faussement imputés au gouvernement régulier :

2° Dans le fait d'avoir, le 17 mai dernier, décrété, sur la proposition d'Urbain, l'exécution du décret du 6 avril sur les otages ;

3° Dans la lacune de temps considérable qui s'est écoulée entre la décision et l'exécution.

M. le commandant Gaveau fait alors ressortir que la complicité des membres de la Commune, dans l'assassinat des otages, ressort des décrets qui ont ordonné cette mesure, et de la présence de deux membres de la Commune à cette exécution.

Pour qu'il ne puisse entrer aucun doute dans l'esprit du Conseil, M. le Commissaire du gouvernement lui donne lecture de ces décrets et de toutes les pièces relatives à l'exécution des otages.

En ce qui concerne la complicité des mêmes accusés dans l'incendie des édifices, des maisons habitées, le premier élément réside dans les pièces trouvées dans les édifices, lors de l'entrée des troupes, et dans les documents officiels.

Le dernier élément est encore dans les moyens procurés pour l'exécution des incendies, et il est hors de doute que c'est le pouvoir insurrectionnel qui a délivré aux insurgés les matières inflammables qu'il avait accumulées par des réquisitions.

Et l'organe du ministère public appuie encore son argumentation des pièces relatives aux incendies, des ordres divers donnés par Delescluze et les autres membres de la Commune.

Il arrive ensuite à la complicité des accusés dans la destruction des monuments publics et des maisons particulières, et il démontre que le premier élément de complicité ressort des décrets de la Commune, dont il donne lecture, et de l'exécution solennelle par ses ordres.

M. LE PRÉSIDENT : Monsieur le Commissaire du gouvernement, en avez-vous encore pour longtemps?

M. LE COMMISSAIRE DU GOUVERNEMENT : Une heure.

M. LE PRÉSIDENT : Vous êtes fatigué. Je vais renvoyer la séance à demain midi.

Mᵉ DUPONT DE BUSSAC : Monsieur le Président, au nom de tous les défenseurs, j'exprime le regret que la plus grande partie des pièces qui ont été lues ne nous aient pas été communiquées.

M. LE PRÉSIDENT : Elles sont déposées au greffe en copie.

Mᵉ DUPONT DE BUSSAC : Je voudrais qu'elles fussent à l'audience.

Mᵉ BIGOT : J'ajouterai, monsieur le Président, l'expression d'un regret; M. le Commissaire du gouvernement a donné lecture de lettres et projets anonymes. Dans sa haute situation.....

M. LE COMMISSAIRE DU GOUVERNEMENT (*avec vivacité*) : J'ai averti moi-même que ces pièces étaient anonymes.

Mᵉ BIGOT : Monsieur le Commissaire du gouvernement, je n'ai pas voulu vous froisser, je m'en défends, et je rends, au contraire, hommage à la sincérité de vos déclarations; mais je dis que, dans une affaire de cette nature, des avis et des lettres anonymes, que nous ne connaissons même pas au banc de la défense, ne devraient pas trouver une place, et vous ne pouvez, monsieur le Commissaire du gouvernement, par votre seule autorité, donner à des documents anonymes la valeur de documents judiciaires.

Mᵉ G. LACHAUD : Je ne connais pas la pièce signée Assi et Champy.

L'audience est levée.

Audience du 23 août.

L'audience est ouverte à midi.

M. LE COMMISSAIRE DU GOUVERNEMENT : J'ai fait citer le témoin Colet. Le Conseil pourra l'entendre à titre de renseignement.

M. LE PRÉSIDENT : Nous allons l'entendre. *(S'adressant aux défenseurs)* : Quel est celui de vous qui m'a dit hier que les pièces de la Commune ne portaient pas de cachet? Nous trouvons sur tous les documents ces cachets.

Mᵉ ANDRÉ ROUSSELLE : Il y avait en effet : *Commune de Paris;* mais ce cachet ne pouvait engager la Commune.

M. LE PRÉSIDENT : Mais pour qu'elle ne fût pas engagée, elle aurait dû réclamer contre les actes commis.

PAULIN-NICOLAS-AUGUSTE COLET.

M. LE PRÉSIDENT : Vous étiez directeur de la prison de la Santé?

LE TÉMOIN : Oui; j'ai été nommé par la Commune.

M. LE PRÉSIDENT : Vous avez eu entre les mains un ordre de fusiller les otages? Quel jour vous l'a-t-on porté?

LE TÉMOIN : Le 21 mai, à midi.

M. LE PRÉSIDENT : Il était signé Ferré?

LE TÉMOIN : Oui, monsieur.

M. LE PRÉSIDENT : Qu'est devenue cette pièce?

LE TÉMOIN : Je l'ai remise au capitaine qui m'a arrêté, et il l'a fait remettre lui-même au général Berthe.

M. LE PRÉSIDENT : Y a-t-il eu des exécutions?

LE TÉMOIN : Non, jamais.

M. LE PRÉSIDENT : Mais vous avez reçu l'ordre de faire exécuter des otages?

LE TÉMOIN : Oui, le 22, à onze heures du soir; mais je refusai de l'exécuter. Un chef, qu'on dit s'appeler Cerisier, me le porta; je ne voulus pas lui obéir, lui disant qu'il n'était pas membre de la Commune. Il me répondit qu'il allait chercher d'autres ordres, et qu'il reviendrait. Je ne l'ai pas revu.

M. LE PRÉSIDENT : Comment était conçu cet ordre?

LE TÉMOIN : « Le citoyen directeur de la Santé procédera à l'exécution des otages, qu'il fera fusiller dès l'entrée des troupes dans Paris. »

M. LE PRÉSIDENT *(à Ferré)* : Reconnaissez-vous cet ordre?

FERRÉ : Je vous prierai de le faire rechercher, je ne me rappelle pas comment il était conçu exactement. Mais je puis affirmer que le mot « fusiller » ne s'y trouve pas.

M. LE PRÉSIDENT : Il y avait peut-être « passer par les armes » au lieu du mot « fusiller. » D'ailleurs, nous le faisons rechercher depuis deux jours.

M. LE COMMISSAIRE DU GOUVERNEMENT : Nous avons suivi cet ordre depuis la

21

poche du témoin jusqu'à l'endroit où il est probablement, au milieu d'un très-grand nombre d'autres documents; mais, outre la déclaration de Colet, nous avons la déposition du capitaine à qui on le remit, d'abord, puis la déclaration du général Berthe.

M. LE PRÉSIDENT *(à Colet)*: N'y a-t-il pas eu un deuxième ordre, qui vous fut donné quelques jours après?

LE TÉMOIN : Si, on voulut me forcer à recevoir des poudres dans la prison; mais je m'y opposai. J'écrivis même à cet égard.

M. LE PRÉSIDENT : On retrouvera ce deuxième ordre.

FERRÉ : Je pense qu'on me rapportera cet ordre; je ne sais pas, encore une fois, comment il est écrit.

M. LE PRÉSIDENT : Tenez, je le retrouve; le reconnaissez-vous?

FERRÉ : Parfaitement.

M. LE PRÉSIDENT : La parole est à M. le Commissaire du gouvernement pour terminer son réquisitoire.

M. LE COMMISSAIRE DU GOUVERNEMENT s'exprime ainsi :

Monsieur le Président,
Messieurs les Juges,

J'ai eu l'honneur de vous exposer, dans la dernière séance, la situation critique de la France au 18 mars, et j'en ai fait ressortir la grande criminalité de l'insurrection.

J'ai signalé les conséquences funestes qui en résultèrent, et j'ai fait la part de la responsabilité qui incombe à l'Internationale, au Comité central et à la Commune.

J'ai établi par trois principes les bases de l'accusation; j'en ai réparti les chefs en trois catégories, correspondant aux trois parties de mon réquisitoire.

J'ai discuté devant vous les charges connexes qui pèsent, premièrement, sur tous les accusés; en second lieu, sur les membres de la Commune qui ont exercé leur mandat jusqu'au bout.

Il me reste à examiner, dans la troisième partie, celles qui résultent de l'ingérence personnelle des accusés dans l'insurrection

Mais, auparavant, je vous demanderai la permission de compléter les documents relatifs aux incendies.

Une enquête minutieuse a été faite à ce sujet dans le corps des sapeurs-pompiers; les renseignements recueillis sont certifiés par les commandants de compagnies. Je vais vous en lire quelques extraits.

FERRÉ.

Le premier qui se présente est Ferré; il est aussi celui contre lequel s'élèvent les charges les plus sérieuses.

Cependant, vous l'avez vu, à l'audience, sourire au récit des atrocités qu'il a commises, et garder le front haut devant la réprobation générale.

Il a, dans son passé, quatre condamnations pour délits politiques; il a figuré au procès de Blois.

Il a été membre de la Commune, délégué à la police comme second de l'exécrable Raoul Rigault.

Il a été le promoteur et l'exécuteur des hautes œuvres de la Commune. Il a fait assassiner Viallat, puis Veysset, après l'avoir dépouillé; il a présidé à l'assassinat des otages; il a signé l'ordre de fusiller les gendarmes détenus à la prison de la Santé.

C'est lui qui a allumé l'incendie de la Préfecture de police et fait flamber les Finances.

On retrouvera la main et la férocité de cet homme dans toutes les iniquités de la Commune.

Dans la séance du 18 avril, il a demandé l'exécution des prêtres, et notamment de Mgr Darboy, et cette proposition a été votée à l'unanimité.

Vous avez entendu avant-hier la déposition écrasante de M. Lasnier.

Il en résulte que Ferré présida, le 24 mai, à la mairie du 11e arrondissement, à des jugements sommaires, et qu'il a fait tuer sous ses yeux, à coups de pistolet, deux malheureux agents de police.

L'exécution eût continué si un officier de fédérés n'avait refusé de fournir des hommes pour faire l'office de bourreaux.

L'audience d'hier a révélé d'autres faits. Les témoins Baudard et Cavé ont rapporté les propos atroces tenus par l'accusé à propos des incendies du boulevard Voltaire.

Enfin, la déposition Costa signale sa présence à la Roquette dans toutes les journées d'exécution.

Je perdrais mon temps et le vôtre en discutant les nombreuses charges qui pèsent sur lui.

ASSI.

Assi, l'agitateur du Creusot; Assi, membre de l'Internationale, du Comité central, de la Commune; Assi, le directeur de la fabrication des bombes incendiaires et de projectiles asphyxiants, est l'un des premiers chefs de cette insurrection qui a mis la France a deux doigts de sa perte.

Vous l'avez vu, à l'audience, accepter la responsabilité d'une partie des charges qui pèsent sur lui, et discuter, avec la plus grande audace, la légitimité de la révolte.

Mais il rejette bien loin la responsabilité des assassinats, des incendies, des grandes iniquités de la Commune. Il s'est réfugié, dit-il, dans la fabrication des munitions, et, à partir de ce moment, il est resté étranger à ce qui se faisait à la Commune.

J'ai établi précédemment la responsabilité qui en atteint tous les membres, et je ne reviendrai pas sur ce sujet.

Il a, d'ailleurs, signé le décret sur les otages, qui, je l'ai établi, a été leur arrêt de mort.

J'ai visé, dans mes conclusions contre Assi, le chef particulier d'embauchage, parce que, pressé par le temps, et en présence de renseignements insuffisants, j'avais adopté sur ce point l'avis de M. le Rapporteur.

Depuis, rien n'est venu prouver que, personnellement, Assi ait commis l'acte d'embauchage.

Cependant, des pièces officielles, dont je vais donner lecture, suffisent à établir contre la Commune entière l'accusation d'embauchage, et, par suite, à incriminer Assi.

Il ne me sera pas difficile de prouver que ces manœuvres constituent le crime d'embauchage prévu par l'art. 208 du Code de justice militaire.

Maintenant, je dois expliquer au Conseil pourquoi le crime n'a pas été imputé également aux autres membres de la Commune. Je déclare en toute sincérité que je n'avais pas, au jour où j'ai posé mes conclusions, connaissance des pièces incriminées.

Dans l'espèce, et pour faire bonne et égale justice, le Conseil pourrait, après le prononcé du jugement du procès, ayant reconnu le fait d'embauchage constant, renvoyer les autres membres de la Commune au général commandant la 1re division militaire, pour qu'il soit procédé à l'instruction sur ce fait.

Ceci résulte de l'art. 142 du Code de justice militaire.

URBAIN.

Pendant que l'ennemi assiégeait, bloquait et bombardait Paris, Urbain pérorait dans les réunions publiques, et se faisait l'interprète auprès du gouvernement des revendications du Comité de vigilance, dont il était membre.

Nommé à la Commune, en tête de liste, pour le 7e arrondissement, à l'administration duquel il fut délégué, plus tard membre de la commission d'enseignement, il s'installa à la mairie avec sa concubine. Auteur ou complice d'arrestations arbitraires et de séquestrations, il dépouillait ses prisonniers, et parait sa concubine de leurs bijoux.

En même temps, il gaspillait la caisse de l'enseignement; lorsque la crise devint prochaine, il en répartit le reste entre ses complices.

Il est inutile de revenir sur l'affaire Landau, qui dévoile toutes ces turpitudes.

Membre de la commission militaire, Urbain visitait les casernes, les remparts, se faisait suivre de son ordonnance, tous deux montés sur des chevaux volés. C'est, du reste, dans cet équipage qu'il se rendait à l'Hôtel-de-Ville.

Il a voté pour l'institution du Comité de salut public; il a signé un ordre de perquisition, au bas duquel il enjoint de brûler la cervelle aux récalcitrants.

Il a fait, le 18 mai, à la Commune, la proposition demandant l'exécution des otages.

BILLIORAY.

Billioray, qui a été membre du Comité central, de la Commune et du Comité de salut public; qui a présidé maintes fois les clubs et les assemblées délibérantes; qui a pris une part très-active aux mesures extrêmes du gouvernement insurrectionnel, Billioray ne veut cependant pas admettre, en ce qui le concerne, la responsabilité des crimes commis sous le règne de la Commune. Il prétend, au contraire, se poser devant la justice comme un défenseur des opprimés. En supposant, ce qui n'est pas établi, qu'il ait contribué à la délivrance de quelques prisonniers, il a sa part de complicité terrible dans les crimes provoqués par les arrêts de la Commune.

Il prétend s'être démis de ses fonctions au moment où Paris allait succomber. Sa prétention n'est pas fondée; mais le fût-elle, je l'ai dit, ce serait une lâcheté de plus. La place de ces fougueux tribuns était aux barricades, à côté des malheureux qu'ils avaient armés et qui ont payé de leur sang la lutte fratricide qu'ils ont soutenue. Mais le nom de Billioray, inscrit au bas des manifestes qu'ils ont adressés au peuple et à l'armée, est pour nous le garant de sa persistance dans l'insurrection.

Depuis les proclamations révolutionnaires du Comité central, lancées le 19 mars, jusqu'au manifeste du 24 mai, le nom de Billioray se lit à chaque page dans le *Journal officiel* de la Commune. Et remarquez, messieurs, que le Comité de salut public, qui comptait Billioray parmi ses membres, a été le véritable pouvoir exécutif de la Commune, dont il était même souvent l'inspirateur.

Le nom de Billioray figure au bas du manifeste atroce auquel l'explosion de la poudrière Rapp servit de prétexte.

Billioray a signé des ordres d'arrestation dont je donnerai lecture.

Il est signalé par ses coaccusés eux-mêmes comme un des plus fougueux énergumènes de la Commune.

(Lecture des ordres d'arrestation et des pièces Rastoul et Trinquet.)

Malgré ses dénégations, il doit, plus que bien d'autres, porter le poids de la complicité dans les crimes relevés contre les membres du gouvernement insurrectionnel.

Il était un des principaux chefs du mouvement; il n'a pas droit à votre pitié.

JOURDE.

Loin d'admettre la moindre part de responsabilité dans les crimes de la Commune, Jourde a la prétention d'avoir bien mérité de la patrie.

Laissant de côté les charges si graves qui pèsent sur lui, comme membre du gouvernement insurrectionnel qui a mis la France et la société en péril, il emploie tous ses moyens et son éloquence à vous prouver l'intégrité de sa gestion financière.

Malheureusement, il n'a oublié qu'une chose, c'est de conserver, pour vous les produire, les pièces probantes de son administration. Elles n'auraient pas tenu, sous son gilet, plus de place que les billets de banque qu'il y avait cachés.

Les chiffres qu'il vous apporte sont tout à fait imaginaires, et je n'abuserai pas de vos moments pour les discuter. Je me bornerai à faire ressortir les contradictions flagrantes de ses diverses narrations.

La plus grossière est celle qui a trait à l'emprunt forcé qu'il a fait à la Banque. Il en a évalué l'importance, dans ses interrogatoires, à 20 millions, tandis que MM. de Plœuc et Mignot déposent que la Banque ne lui a compté que 16,691,000 fr.

Il a extorqué cette somme sous la menace et la violence ; les déclarations des témoins sont précises à cet égard.

Du 19 au 22 mai, en trois jours, il a exigé la remise de 2,650,000 fr.

Et il a l'audace de vous en expliquer l'emploi par des distributions régulières de la solde des fédérés, qu'à ce moment l'armée française refoulait en désordre devant elle !

L'accusé avoue qu'il a distribué en partie cette somme à ses complices. Changeons les termes, et disons que ces dernières réquisitions ont procuré à la majorité des chefs de l'insurrection les moyens de se soustraire à votre justice.

L'accusé avoue, d'ailleurs, le désordre de son administration, quand il déclare qu'il payait aux bataillons des sommes calculées sur un effectif six fois plus considérable que le nombre des présents. Il vous a dit lui-même que des bataillons de deux cents hommes percevaient pour douze cents.

Ces faits ne constituent-ils pas le pillage et la dilapidation des fonds publics, dont a témoigné le concierge du ministère des Finances ?

Ce n'est pas, d'ailleurs, le 18 mars que Jourde a débuté dans la voie du désordre.

Pendant le siége, il a fait partie des comités dont la fusion a créé le Comité central, et il y a joué un grand rôle, ainsi que le témoignent les pièces de son dossier.

En février, et au commencement de mars dernier, secrétaire du Comité central, quoi qu'il en dise, il convoquait les délégués et prononçait des discours dans lesquels il déclarait l'armée destructive de toutes les libertés et devant être bannie de Paris.

Il a signé les actes et décrets du Comité central proclamant la révolte contre le gouvernement régulier.

Il prétend qu'il n'y a pas d'attentat, parce qu'il n'y a pas eu complot.

Mais il a été un des instigateurs du complot sourdement ourdi dans les comités d'arrondissement, pendant le siége, poursuivi par le Comité central et éclatant au 18 mars.

J'ai établi, pour lui comme pour les autres membres de la Commune, la complicité dans les crimes commis pendant l'insurrection. Je n'y reviendrai pas.

Mais il a un chef d'accusation particulier à sa charge, le bris de scellés et le détournement de fonds publics.

Le bris des scellés est constant; mais je crois que, pour le chef de détournement invoqué contre lui, en qualité de comptable, l'art. 169 n'est pas applicable.

L'appliquer serait reconnaître la légalité des fonctions qu'il a usurpées.

Mais le bris des scellés étant constant, et ayant eu pour objet le vol, c'est de l'art. 253 que je demande l'application. Cette appréciation rentre parfaitement dans les faits incriminés par l'ordre de mise en jugement.

En conséquence, je prie le Conseil de répondre négativement sur le chef d'accusation de soustraction des deniers publics dont il était comptable; et en même temps, je prie M. le Président de poser, comme résultant des débats, la question subsidiaire de vol commis à l'aide d'un bris de scellés, prévu par l'art. 253, sans préjudice des autres chefs d'accusation.

« Ce droit rentre dans les attributions du Conseil. » (Foucher, page 339.)

J'ajouterai quelques mots :

Vous avez entendu hier la déposition de M. Marie, qui se résume ainsi ; « Jourde s'est opposé à l'apposition des scellés qui a été faite par les agents du Trésor. »

L'incendie a été allumé au deuxième étage, dont les cloisons et le plafond étaient intacts le 24 au matin.

Le seul bâtiment préservé ne renfermait rien de précieux.

Il y avait dans l'appartement occupé par l'accusé quantité de bouteilles et de boîtes à cigares vides.

On a pu sauver, le 24 au matin, les documents importants renfermés dans le cabinet du ministre et du secrétaire-général.

Enfin, l'incendie avait été préparé de longue main : les réservoirs étaient vides et les tuyaux crevés. On avait employé, pour l'alimenter, le pétrole et les bombes incendiaires.

M. Mignot a répété devant vous les menaces de Jourde à chaque réquisition. Il vous a fait remarquer que la somme de 2,650,000 fr., extorquée en trois jours, du 19 au 22 mai, ayant été payée en billets, n'a pu être employée à la solde de la garde nationale, à cause de l'impossibilité de la transformer en argent.

Enfin, je trouve trois bons de 3,000 fr. signés Ferré, perçus, le premier, le 22 mai, le deuxième et le troisième le 23, avec le « Vu bon à payer. » Signé : Jourde.

(Lecture des pièces.)

TRINQUET.

Trinquet est un fervent disciple de Rochefort. Il a été condamné, en 1870, pour cris séditieux et comme détenteur d'une arme prohibée et de munitions.

Nommé membre de la Commune et de la commission de sûreté générale, il a été le collaborateur de Raoul Rigault et de Ferré. Il a été attaché à la mairie du 20e arrondissement et chargé spécialement de la célébration des mariages.

Il est signalé par sa violence ; il a ordonné des perquisitions dans les églises et chez des prêtres.

Il est l'auteur d'une proposition présentée à la Commune dans la séance du 12 mai contre les gardes nationaux absents.

Il a été trouvé sur lui une somme de 1,230 fr., sans doute sa part de la distribution faite par Jourde sur le reliquat de la caisse des Finances.

Cet homme a participé à tous les actes de la Commune ; il est, en outre, accusé d'avoir pris part aux exécutions faites les 25 et 26 mai à la mairie du 20e arrondissement.

Trinquet a commis un acte de cruauté horrible qui suffirait à le faire condamner impitoyablement ; après avoir présidé à l'assassinat du malheureux Rothe, exécuté sans jugement, il a eu l'infamie de décharger son revolver sur ce corps gisant à terre.

Il se trouvait, d'ailleurs, par son mandat à la mairie, l'un des chefs de ce quartier de Belleville, qui s'est rendu célèbre dans toutes les insurrections, et où l'armée a rencontré une grande résistance. Les nombreuses maisons ruinées de ce quartier en sont la preuve éclatante.

Rien ne milite donc en sa faveur, et je demande contre lui la rigoureuse application de la loi.

CHAMPY.

Champy fut, pendant le siége, un hôte assidu des clubs ; il y parla et se fit connaître comme un adversaire du pouvoir. Aussi fut-il nommé membre de la Commune et de la commission des subsistances.

CLARA FOURNIER

Toujours exact aux séances, il participa à tous les actes du gouvernement insurrectionnel, et il doit subir la responsabilité des mesures arbitraires prises et des suites des décrets criminels rendus.

Le 5 avril, il saisit la caisse du bureau de navigation du canal Saint-Martin. Le 21, il réquisitionne 3,000 tuniques d'infanterie de ligne, en magasin à la caserne du Château-d'Eau.

Dans les derniers jours de l'insurrection, il se cache, quand le moment était venu de défendre le gouvernement de son choix. Mais il n'oublie pas, pendant le 24, de se rendre à la distribution faite par Jourde du reliquat de la caisse des Finances.

Ce choix de Champy, comme membre de la Commune, nous prouve une fois de plus à quel point de dégradation morale et d'aberration en était venue la population de Paris.

La pièce suivante, qui nous est parvenue pendant les débats, prouve que Champy a persévéré jusqu'au bout dans la voie qu'il avait prise, et qu'il a terminé son mandat par un acte de férocité :

« Ordre de prendre les obusiers et les obus à pétrole pour bombarder le chemin de fer de Lyon.

« Mairie du 20ᵉ arrondissement.　　　　　　　　　» CHAMPY. »

RÉGÈRE.

Régère est un homme très-dangereux, qui, depuis vingt ans, travaille à renverser tous les gouvernements.

Membre actif de l'Internationale, il a des états de services remarquables dans les annales du désordre.

Il est de ceux qui, profitant des malheurs de la patrie, se mirent à la tête de l'insurrection du 31 octobre.

Il écrivait dans le *Démocrate* des lettres qui lui valaient des éloges des socialistes de Bordeaux (lettre du 7 août).

Dans le club démocrate socialiste du 5ᵉ arrondissement, il conviait les membres actifs du comité de vigilance à former le fameux Comité central.

Membre de ce Comité, dont il était aussi secrétaire, membre de la Commune, il fut délégué à la mairie du 5ᵉ arrondissement, tout en continuant à prendre une part active aux actes gouvernementaux.

Le 20 mars, il fut nommé membre de la commission des Finances.

Le 27 mars, il lançait, dans le 5ᵉ arrondissement une proclamation contre le gouvernement.

En avril, paraissait un nouveau manifeste.

Dans la séance de la Commune du 23 avril, il fit une motion tendant à refuser toute démission de la part des membres du gouvernement.

Le 25, il annonçait une révolution à Bordeaux ; nous le retrouvons les 28 et 30 avril appuyant la proposition de créer un Comité de salut public.

Il approuve implicitement, le 3 mai, le décret de la démolition de la colonne Vendôme ; enfin, sa voix se fait entendre dans les séances orageuses des 5, 12, 17 et 19 mai.

Sa présence est, d'ailleurs, constatée à celle du 22 mai.

Je lirai au Conseil trois pièces qui sont d'une grande importance.

Régère est un homme prudent. En s'embarquant sur la mer orageuse de l'insurrection, il a songé qu'il pourrait faire naufrage, et, tout en vouant sans pitié à la mort des milliers de citoyens par sa participation aux actes de la Commune, il en a sauvé quelques-uns pour s'en faire un mérite au jour de la justice.

Ce n'est pas tout : cet homme, qui affecte des sentiments religieux, répond par la menace aux instances religieuses de l'abbé de Claubry en faveur de Mgr Darboy. Il partageait, pour l'archevêque de Paris, la haine de Courbet pour la colonne Vendôme.

Il ressent tellement le besoin de se produire, de faire parler de lui, qu'il provoque des témoignages accablants.

Le commandant de Salicis vous a rapporté les maximes de l'accusé : « La France seule peut fonder le pouvoir ; la Commune seule peut résoudre le problème. » Il le dépeint ainsi : « Esprit mal balancé, capable de passer de la terreur rouge à la terreur blanche. »

Le lendemain, ajoute le témoin, je trouvai M. Régère puisant dans un sac plein d'argent. Il me dit avec une certaine jovialité : « Vous voyez que nous ne sommes pas aussi gueux qu'on le prétend. »

La déposition de Guinet achève de confondre cet homme sensible. La scène se passe le 25 mai, alors que l'armée française s'avance à grands pas dans Paris. Régère, qui voit le pouvoir lui échapper, accueille les parents de Guinet par des imprécations et des menaces, et il rompt l'entretien par ces mots significatifs : « Bon à fusiller. »

Voilà Régère, messieurs, voilà l'homme à la parole onctueuse, tout en Dieu, comme Urbain et Trinquet, invoquant complaisamment le témoignage des prêtres et des dominicains, que la Commune, dont ils étaient les chefs, chassait de leurs retraites et vouait à la mort, il y a trois mois.

Par sa participation directe aux manœuvres des comités d'arrondissement qui ont précédé l'insurrection ; par sa participation aux décrets et actes de la Commune ; par ses antécédents, qui le signalent comme un homme redoutable, Régère ne mérite aucune indulgence, et je réclame contre lui toute votre sévérité.

LULLIER.

Je ne peux mieux vous renseigner sur les antécédents de l'accusé Lullier qu'en vous lisant les deux pièces suivantes de son dossier :

(Pièces 2 et 3.)

Il nie avoir appartenu à l'Internationale, et cependant les deux pièces suivantes prouvent qu'il a eu des rapports avec cette Société (deux pièces 17).

Il vous a fait lui-même le récit des événements qui ont précédé le 18 mars, ainsi que celui des journées suivantes. Il a établi, par cette exposition des actes préparatoires de l'insurrection, le complot, premier élément des attentats imputés aux accusés, et dont Jourde niait l'existence.

Il vous a apppris ensuite la grande part qu'il a eue dans ces premières journées, surtout au point de vue militaire. Il vous a exposé le plan stratégique qu'il avait combiné et exécuté dans le but d'enfermer l'armée dans un secteur neutre.

Remarquons, toutefois, que ces superbes conceptions et ces grandes manœuvres frappaient dans le vide, puisque les régiments formant alors la garnison de Paris avaient reçu, dès le 18 mars, l'ordre de se replier sur Versailles.

Devançant ensuite le rôle du ministère public, il vous a fait un tableau frappant du gouvernement, du Comité central et de la Commune, réquisitoire qui allége ma tâche. Il en a répudié les actes, les décrets, les crimes.

Il vous a même dévoilé le mobile qui opère le mieux sur les masses populaires. J'ajouterai qu'il réunissait lui-même toutes les conditions pour en être le chef.

Il a d'ailleurs eu la franchise de convenir que les chefs d'accusation d'attentat contre le gouvernement et dans le but d'exciter à la guerre civile résultaient bien de sa participation active au mouvement.

Quant au fait d'avoir levé des troupes sans ordre ou autorisation du pouvoir légitime, il l'a discuté ; mais le fait est constant, puisqu'il avoue avoir réuni plus de deux cent mille hommes sous les armes.

Enfin, son titre de général en chef des fédérés constitue le crime prévu par l'art. 93.

Le crime d'embauchage est flagrant ; Lullier est convaincu d'avoir adressé un discours à des soldats français, dans lequel il les conviait à abandonner leur drapeau pour se joindre à l'insurrection, en leur promettant bon gîte, bonne nourriture et des grades.

Intelligent, ainsi que le constatent ses notes, et comme vous avez pu l'observer dans les débats, actif, énergique, connu pour son courage, sa fougue et son mépris de la mort, Lullier eût parcouru sans doute une belle carrière, si son caractère insociable, son esprit indiscipliné, son orgueil ne l'avaient entraîné dans la plus mauvaise voie.

Il a donné, dans son existence militaire, l'exemple de l'indiscipline et même de la rébellion.

Il a mis les qualités solides dont la nature l'avait doué au service du mal, et je n'hésite pas à déclarer que l'accusé Lullier est devenu un homme dangereux.

La société, qui a déjà beaucoup souffert de ses projets insensés et de ses criminelles entreprises, a le droit de demander des garanties pour l'avenir. La loi, messieurs, vous donne les moyens d'assurer ces garanties à la société.

RASTOUL.

L'éducation de l'accusé Rastoul, sa position de famille, rendraient sa présence dans ce milieu inexplicable, si l'on ne connaissait pas son passé.

Son dossier nous révèle qu'il a été le président du club des Montagnards, où se discutaient les théories de l'Internationale.

Nommé membre de la Commune le 26 mars, puis de la commission des services publics, qu'il abandonna pour l'inspection générale des ambulances, il ne quitta pas la plume, et publia des articles dans les journaux les plus avancés : le *Mot d'Ordre*, le *Vengeur* et dans *Paris libre*.

Il prenait en même temps une part active aux délibérations de la Commune, bien qu'il prétende aujourd'hui s'être renfermé dans sa mission de médecin-inspecteur.

Le *Journal officiel* signale fréquemment sa présence et ses discours.

Opposé à la création du Comité de salut public, il préférait celle d'un Tribunal responsable, composé des gens les plus capables et les plus énergiques.

Voyant la cause de la Commune perdue, il avait proposé à ses collègues, soit de se livrer au gouvernement régulier, sous la condition d'une amnistie générale pour Paris, soit de se rendre armes et bagages aux Prussiens.

Sa présence à la séance du 21 mai démontre qu'il a exercé jusqu'au bout le mandat qu'il avait usurpé.

Cependant, il a réprouvé, dit-il, tous les actes violents et les décrets sanguinaires de la Commune, et il en rejette la responsabilité.

Les principes généraux que j'ai établis au début de ce réquisitoire font justice de cette prétention exorbitante.

Des hommes que la nature et l'éducation ont fait intelligents, éclairés et bien supérieurs à une masse ignorante, en auront excité les féroces appétits par leurs manifestes criminels, et, après avoir allumé l'incendie, provoqué des désastres immenses, fait couler des torrents de sang, ils prétendront à l'impunité !

Non, messieurs, il faut que justice soit faite, et que ces hommes soient punis des malheurs qu'ils ont accumulés par leur criminelle ambition.

GROUSSET.

Grousset appartient à cette classe de jeunes gens qui, à peine arrivés à l'âge viril, ont perdu ce qu'ils appellent des illusions, c'est-à-dire tout ce qui est sacré et respectable, qui se croient des aigles pour avoir écrit dans les journaux des articles incendiaires.

Alors qu'une grande partie de la jeunesse de France marchait à l'ennemi, Grousset écrivait dans Paris assiégé des articles dans les journaux les plus hostiles au gouvernement, la *Marseillaise*, l'*Affranchi*, le *Peuple*.

(Lecture des articles, pièce A.)

Plein d'orgueil et d'ambition, M. Grousset s'est cru, dans les circonstances les plus difficiles et les plus délicates, de taille à prendre le ministère des Affaires étrangères, acceptant ainsi sans hésitation la mission de plaider devant les puissances du monde la cause de l'insurrection.

Vous connaissez son manifeste à l'Europe; il a été lu à la tribune nationale par le vrai ministre des Affaires étrangères.

Ce manifeste tient la tête d'une assez longue liste d'élucubrations violentes de Grousset.

Vous êtes suffisamment édifiés à ce sujet par la lecture que j'ai faite des manifestes des 25 avril, 11 et 16 mai. Je vous lirai maintenant la profession de foi qu'il a publiée à l'occasion des élections de février dernier.

(Lecture de cette pièce.)

Il était présent, le 17 mai, à la séance dans laquelle a été décidé le sort des otages.

Il accepte d'ailleurs, il vous l'a déclaré, la responsabilité des actes de la Commune. Il a d'ailleurs à répondre devant vous des chefs d'accusation particuliers :

1° De soustraction et de suppression d'actes et de titres dont il était dépositaire. Ces titres consistent dans les dossiers soustraits du ministère des Affaires étrangères, notamment un dossier *Affaire Cluseret*, dans les vingt dossiers distraits des Archives, et principalement ceux qui concernent l'accusé, Rochefort et Bonaparte.

L'accusé prétend n'avoir jamais eu l'intention de soustraire ces pièces, et cependant on les a découvertes dans des cachettes au domicile de sa maîtresse.

Donc, il y a eu soustraction et suppression d'actes et de titres.

Le chef d'accusation est visé par l'art. 173, ainsi conçu :

(Lecture de l'article.)

Et, à ce propos, je vous demanderai la permission de vous lire quelques passages du commentaire de cet article.

(Pages 550, 551.)

Il en est un autre, imputé à Paschal Grousset, se rapportant à un vol de papiers commis avec violence par plusieurs personnes porteurs d'armes apparentes.

Le témoin Gratiot a écrit, dans la lettre adressée à M. le Président les lignes suivantes :

« Quoique cette réquisition ne le dise pas, nous savons, de source certaine, que ce papier réquisitionné était destiné à l'impression du journal l'*Affranchi*, appartenant au sieur Paschal Grousset, se disant délégué au ministère des Affaires étrangères.

» Nous avons refusé de lui vendre du papier. Le sieur Paschal Grousset a trouvé fort simple de faire prendre, à main armée, le papier que nous refusions de lui vendre. »

Je dois reconnaître que le témoin n'a pas été aussi affirmatif dans sa déposition orale quant à la commande antérieure qui aurait été faite par Paschal Grousset; mais il affirme que les démarches faites au ministère des Affaires étrangères, dans le but d'être soldé, sont restées infructueuses.

Il est d'ailleurs établi que ce papier a servi à la confection du journal l'*Affranchi*, dont l'accusé était propriétaire. Je maintiens donc le chef d'accusation, mais je prie le Conseil de le faire précéder, comme résultant des débats, de la question de complicité.

(Lecture de l'art. 60. Abus d'autorité et de pouvoir, ou machinations ou artifices coupables.)

Pour établir le vol visé par l'art. 382, j'ai à prouver :

1° Qu'il y a eu vol;

2° Que le vol a été commis avec violence;

3° Qu'il a été commis par plusieurs personnes;

4° Que ces personnes étaient porteurs d'armes apparentes.

Pour établir le vol, j'ai à prouver :

1° Qu'il y a eu soustraction;

2° Que la soustraction était frauduleuse;

3° Que la chose soustraite appartenait à autrui.

1° Soustraction (p. 32). On invoquera peut-être la restitution partielle du prix du papier. Je préviendrai l'objection par la lecture d'un passage du commentaire (p. 45);

2° La soustraction est frauduleuse (p. 55);

3° Chose soustraite à autrui.

Le vol existe donc.

Il me reste à établir :

1° Qu'il y a eu violence;

2° Que le vol a été commis par plusieurs personnes;

3° Que ces personnes étaient porteurs d'armes apparentes.

La violence est flagrante; il me suffira de recourir encore au commentaire (pages 270, 271).

Quant aux deux dernières conditions, elles résultent de ce que la réquisition a été appuyée par un peloton de fédérés.

Il a été établi aux débats que des perquisitions ont été faites au ministère des Affaires étrangères; que l'argenterie en a été distraite ainsi que des sommes d'argent, des objets de toute nature; que, dans ce but, des meubles y ont été fracturés.

Or, l'accusé ne peut nier sa participation à ce pillage, qui se passait sous ses yeux. D'ailleurs, quand on a usurpé dans un ministère la place du titulaire, qui est naturellement responsable de l'entretien, on se substitue à lui dans la responsabilité comme dans les honneurs.

Telle est la part qui revient à Grousset dans l'insurrrection.

Je n'hésite pas à déclarer que l'accusé Grousset a eu la plus grande influence sur les actes de la Commune. Ses manifestes sont rédigés dans le style le plus violent. On y appelle le gouvernement et l'armée « les assassins de Versailles. » Son éducation, sa position de famille, le rendant plus coupable que la plupart des autres accusés, je le livre en toute confiance à votre justice.

VERDURE.

Verdure est un ambitieux qui, de l'humble poste d'instituteur primaire, a rêvé de sortir de son milieu pour faire parler de lui.

Il a la haine du prêtre; mais c'est un philanthrope utopiste, enthousiaste des théories sociales sans avoir le jugement assez ouvert pour discerner le vrai du faux. Il y a plus de vingt ans qu'il marche dans cette voie sans succès; il a pourtant, dans ces derniers temps, atteint la notoriété de son nom, but qu'il rêvait depuis longtemps; mais le voilà retombé au bas de l'échelle qu'il avait voulu gravir à grands pas.

Membre de l'Internationale, il avait trouvé dans cette Société ses aspirations sociales; il se fit connaître du parti démocratique exagéré; il fut employé à la *Marseillaise* et à la *Tribune;* il écrivit une foule d'articles dans ces journaux; il se fit l'organe des plaintes des ouvriers.

Son dossier est plein de ces vagues théories sur le prolétariat.

Il se trouvait dans son pays quand arriva le 18 mars; trois jours après, il se trouvait à Paris, et les élections du 26 le firent membre de la Commune.

Il suivit assidûment les séances jusqu'au 20 avril, époque à laquelle il fut délégué à l'administration du 11ᵉ arrondissement.

22

Cependant, il vota presque toujours avec la majorité les actes et les décrets qui forment le bilan criminel de la Commune. Il y fit une motion à l'effet d'interdire, sous peine de prison et d'amende, l'enseignement aux membres des congrégations et du clergé catholique.

On trouve dans son dossier des pièces constatant des réquisitions de vin, de voitures, deux reçus chacun de vingt litres de pétrole pris chez Charmoy, rue de Montreuil, 67 ; enfin, une proclamation du 7 mai aux bataillons de la 11e légion, ainsi conçue.

(Lecture des pièces.)

FERRAT.

Le commissaire de police de son quartier, dans un rapport au dossier, dépeint Ferrat comme un homme violent, un fier-à-bras, satisfait de lui-même et faisant volontiers son éloge. C'est ainsi qu'il s'est montré à nous lors de son interrogatoire, mettant tous ses soins à établir que son bataillon était toujours aux avant-postes, et que lui, le commandant, ne perdait jamais le calme au milieu des obus.

Le même commissaire de police émet cependant des doutes sur son courage quand il dit qu'il n'a pris aucune part aux derniers jours de la lutte.

Ce n'est du reste pas là la question, et l'accusé nous a expliqué son inactivité à ce moment par sa mésintelligence avec les généraux de la Commune.

Le fait de n'avoir pas payé sa propriétaire pendant une année, ce qui coûte à cette dernière une perte évaluée à 260 fr., a été expliquée plus ou moins bien par la loi sur les loyers et par la pénurie dans laquelle se trouvait l'accusé.

Cependant, le même rapport établit que, durant l'insurrection, il avait les poches pleines d'or, et qu'il payait généreusement les voitures qu'il prenait tous les jours.

Les faits relevés à sa charge par l'ordre de mise en jugement sont constants, et il ne me reste qu'à demander l'application rigoureuse de la loi.

CLÉMENT.

Clément est un ouvrier laborieux et honnête, qui, pour son malheur, et j'ajoute pour celui des autres, a pris pour guide le livre d'un homme remarquable à plus d'un titre, mais le chef d'une école qui prêchait l'abolition de la qropriété.

N'ayant pas le jugement assez ouvert pour distinguer la vérité du sophisme, Clément s'est laissé entraîner sur une pente fatale.

S'il ne s'agissait ici que de fautes dont les suites ne fussent retombées que sur lui, je ferais appel à votre indulgence ; mais il a consenti à s'associer à nu gouvernement insurrectionnel, qui a menacé peut-être l'indépendance du pays et qui a certainement causé d'immenses désastres.

Si votre cœur est touché des témoignages honorables que vous avez entendu en sa faveur, vous ne devez pas oublier le coup fatal dont la Commune a frappé la patrie sanglante et mutilée.

COURBET.

Ce n'est pas sans chagrin que je vois au milieu de ces hommes déclassés, que la paresse et l'envie ont rendu criminels, un artiste de grand talent.

Mais on nous l'a dit : si la nature l'a généreusement doué sous certains rapports, ses sentiments d'orgueil, de jalousie, le milieu dans lequel il a vécu, l'entraînaient fatalement dans la voie qui l'a conduit sur ces bancs.

Il a participé à tous les actes de la Commune ; il y a même fait personnellement une motion criminelle ; il était présent aux dernières séances. Il avait une haine stupide pour un monument élevé à la gloire de nos armes, monument devenu plus sacré en présence des calamités qui venaient de frapper le pays.

Je conviens parfaitement que les mobiles qui ont amené Courbet à participer aux actes de l'insurrection n'ont rien de commun avec les doctrines de l'Internationale.

Mais, quels que soient ces mobiles, il n'est pas moins constant que Courbet doit supporter les conséquences de la part de responsabilité que j'aie établie pour chacun des membres de la Commune.

Occupant un rang relativement élevé dans la société, d'une fortune indépendante due à son talent, Courbet a pactisé avec les hommes de désordre et s'est associé à leurs attentats criminels.

C'est à vous de juger, messieurs, si le mérite de Courbet comme artiste, et surtout si la faiblesse de son jugement dont on a témoigné pendant les débats, méritent quelque indulgence.

DESCAMPS.

Il est d'usage, lorsqu'on veut avoir des renseignements sur la moralité d'un individu quelconque, de s'adresser au commissaire de police, à plus forte raison est-on en droit de le faire quand il s'agit d'un accusé.

C'est donc dans la pièce n° 16 du dossier de Descamps, intitulée : *Renseignements sur l'accusé*, que j'extrais ce passage :

« Ses idées politiques étaient exaltées, et il menaçait continuellement les personnes qui possédaient des provisions de s'en emparer à son profit. Enfin, tous les renseignements recueillis sur son compte sont des plus mauvais, soit sous le rapport politique, soit sous le rapport de la conduite. »

Il s'est montré particulièrement dur et violent pour les sœurs qui dirigeaient l'asile, place de la Mairie, à tel point qu'elles ont été obligées de prendre la fuite. Il en voulait surtout à la sœur supérieure, qui a dû se tenir longtemps cachée et à eu toutes les peines du monde à quitter Paris, où elle ne se trouvait plus en sûreté.

J'ajouterai, messieurs, qu'il est un fait acquis, c'est que les hommes de la Commune ont poursuivi avec acharnement toutes les congrégations religieuses, celles des femmes comme celles des hommes.

Je n'ai pas voulu faire parler longtemps devant vous M. le Directeur des Écoles chrétiennes, qui déposait à décharge; mais il est un fait incontestable, c'est qu'il a confirmé, en ce qui concerne les sœurs, les renseignements donnés par le commissaire de police.

La participation de Descamps aux actes de la Commune est constante; la lettre, en date du 18 mai, qu'il adressa au colonel de la 14e légion, pour demander que le poste de la mairie fût doublé le lendemain et jours suivants, nous démontre que son action usurpée s'est prolongée jusqu'à la fin.

PARENT.

Parent a accepté le mandat que lui avaient donné des élections illégales, décrétées par un gouvernement insurrectionnel.

Je vous ai exposé les raisons qui lui ont fait accepter ce mandat, mais il avait, avant tout, un premier devoir à remplir, comme citoyen et administrateur du gouvernement régulier; il devait refuser des fonctions qui le faisaient l'adversaire déclaré du pouvoir légitime et le partisan du Comité central, qui avait levé l'étendard de la révolte.

Puis, pendant la durée de son mandat, la Commune a décrété l'adresse aux employés des services publics, le manifeste du 30 mars; elle a décrété l'abolition de la conscription et la mise en accusation des ministres, actes qui constituent l'attentat contre le gouvernement.

La Commune signait ensuite, le 3 avril, une proclamation aux gardes nationaux, une autre au peuple le lendemain, actes qui constituent l'attentat ayant pour but d'exciter à la guerre civile.

Enfin, en envoyant, le 2 avril, contre Versailles les bandes armées commandées par Flourens et Bergeret, elle assume la responsabilité d'avoir levé des troupes sans ordre ou autorisation du pouvoir légitime.

Ainsi que je l'ai établi, Parent, comme membre de la Commune, alors que se manifestaient ces attentats, a implicitement participé à leur préparation.

Je déclare cependant qu'il est digne d'indulgence.

Conclusions :

Messieurs, le parti auquel appartiennent ces hommes n'est pas vaincu.

C'est à l'armée surtout de veiller au salut de la France. Vous rendrez ici à la patrie menacée les services que vous lui avez rendus sur les champs de bataille.

Pour sauvegarder le pays et la société contre des entreprises aussi criminelles que celles dont vous avez entendu le récit, vous emploierez la seule arme qui convienne à des juges, la loi ; mais vous l'appliquerez dans toute sa rigueur contre les chefs des assassins et des incendiaires.

Rappelez-vous, messieurs, en entrant dans la salle des délibérations, les paroles prononcées dans sa déposition par un vénérable missionnaire :

« J'ai vécu pendant vingt-cinq ans au milieu des sauvages, et je n'y ai rien vu d'aussi horrible que ces faces d'hommes et de femmes acharnés contre nous dans le trajet lugubre de Mazas à la Roquette. »

En conséquence, je requiers.

L'audience est suspendue pendant quelques instants, et reprise à trois heures.

M. LE PRÉSIDENT : La parole est au défenseur de Ferré.

Mᵉ MARCHAND : Messieurs, pour se conformer à la loi, on a dû donner un défenseur à Ferré, et M. le Président m'a nommé d'office pour remplir ce devoir. Mon client a déclaré ne pas vouloir de défenseur. Je demande, au nom même de la liberté de sa défense, qu'on lui accorde la parole pour la présenter lui-même.

M. LE PRÉSIDENT (à Ferré) : Avant de vous donner la parole, je dois vous dire que je ne souffrirai rien qui soit un éloge de la Commune. Vous n'avez pas ici à l'exalter, mais seulement à présenter votre défense et à répondre aux accusations dirigées contre vous.

FERRÉ : C'est pour me conformer à cette recommandation que j'ai écrit les paroles que je me proposais de prononcer.

FERRÉ (lisant) : Messieurs, après la conclusion du traité de Paris, conséquence de la capitulation honteuse de Paris, la République était en danger. Les hommes qui avaient succédé à l'empire, tombé dans la boue et le sang.....

M. LE PRÉSIDENT : Écroulé dans la boue et le sang..... Je vous arrête. Est-ce que votre gouvernement n'était pas, lui, absolument dans ces conditions ?

FERRÉ (continuant) : Les hommes qui avaient succédé à l'empire tombé dans la boue et le sang se cramponnaient au pouvoir, et, quoique accablés par le mépris public, ils préparaient dans l'ombre un coup d'État. Ils persistaient à refuser à Paris l'élection de son conseil municipal.....

M. LE PRÉSIDENT : Ce n'est pas vrai ; on délibérait en ce moment.

M. LE COMMISSAIRE DU GOUVERNEMENT : Je vais demander l'application de l'art. 119.

FERRÉ : Je demande seulement à lire les dernières phrases.

M. LE PRÉSIDENT : A en juger par les premières, elles doivent être peu convenables. Depuis le commencement, vous refusez de répondre, et voilà ce que vous apportez aujourd'hui pour votre défense.

Me MARCHAND : Je puis dire au Conseil que la fin de la pièce que veut lire mon client peut être entendue par ses juges.

FERRÉ : ...Membre de la Commune de Paris, je suis entre les mains de mes vainqueurs : ils veulent ma tête, qu'ils la prennent. Jamais je ne sauverai ma vie par la lâcheté. Libre j'ai vécu, j'entends mourir de même. Je n'ajoute plus qu'un mot : là fortune est capricieuse ; je confie à l'avenir le soin de ma mémoire et de ma vengeance !

M. LE PRÉSIDENT : Votre mémoire ! La mémoire d'un assassin !

M. LE COMMISSAIRE DU GOUVERNEMENT : C'est au bagne qu'il faut envoyer un semblable manifeste.

M. LE PRÉSIDENT (au défenseur de Ferré) : Vous n'avez rien à dire ?

FERRÉ : On m'a souvent empêché de développer mes moyens de défense en mettant des témoins en contradiction, je n'ai plus rien à dire.

M. LE PRÉSIDENT : La parole est donnée au défenseur d'Assi.

Me BIGOT donne lecture des conclusions suivantes :

« Il plaira au Conseil :

» Attendu qu'Assi est accusé d'attentat contre le gouvernement, ayant pour but d'exciter à la guerre civile, d'avoir fait lever des troupes armées sans ordre ni autorisation du pouvoir légitime, de complicité dans l'incendie d'édifices publics et de lieux habités, de complicité dans la destruction de monuments publics et de propriétés particulières, d'usurpation de titres et de fonctions, de complicité d'assassinats, d'arrestations arbitraires et de séquestrations de personnes, de fabrication d'armes prohibées par la loi et d'embauchage, crimes prévus et punis par les art. 59, 60, 87, 88, 91, 92, 95, 257, 258, 295, 296, 297, 302, 341, 434, 314 du Code pénal, et 208 du Code de justice militaire ;

» Attendu que les articles 91, 92, 95 du Code pénal édictent la peine de mort ;

» Que les articles 302, 434 du même Code et 208 du Code militaire édictent également la peine capitale ;

» Mais, attendu que la peine de mort n'est plus admise en matière politique, et que l'échelle des peines criminelles, au-dessous de la mort, se trouve alors ainsi formée : la déportation, la détention, le bannissement et la dégradation civique, et qu'il ne peut y avoir exception à cette règle que pour les cas où les art. 91, 92, 95, seraient liés à d'autres textes emportant des crimes de droit commun, tels que les art. 302 et 434 du Code pénal (Arrêt de cassation du 3 février 1849. Chambre criminelle ; président, M. Laplagne-Barris ; rapporteur, M. Legagneur ; conclusions, M. Sevin) ;

» Attendu qu'il ne résulte nulle part, dans l'instruction, qu'Assi se soit rendu coupable d'assassinat et d'incendie ;

» Attendu qu'on ne saurait, lorsqu'il s'agit de crimes de droit commun, imputer à un accusé une complicité quelconque avec des auteurs principaux avec lesquels il n'a pas été confronté ; que les expressions de l'art. 60 du Code pénal : Dons, promesses, menaces, abus d'autorité ou de pouvoir, machinations, artifices coupables, ne peuvent s'appliquer raisonnablement qu'à des faits précis et déterminés ; qu'il faut, à la fois, indiquer la victime, la maison brûlée ; que, sans cela, il serait beaucoup trop commode, à propos d'un mouvement insurrectionnel, d'éluder la loi qui abolit la peine de mort en matière politique, une insurrection étant, dans le sens vulgaire du mot, un conflit de citoyens armés, où des victimes doivent se faire en plus ou moins grand nombre ;

» Attendu que le cas spécial d'incendie qui pourrait lui être appliqué par la combinaison des art. 434 et 314 du Code pénal, Assi ne peut être distrait de l'obligation première de confrontation avec les auteurs principaux ; que l'art. 314 ne saurait, en outre, sans une extension inadmissible, comprendre parmi les engins prohibés la fabrication d'obus, qu'Assi n'a pas inaugurés comme moyen de guerre, obus à pétrole, que ses prédécesseurs à la Commune avaient trouvés dans les ateliers mêmes du gouvernement qui s'était replié devant l'insurrection ; qu'à cet égard, enfin, sa défense se trouve gênée par des réticences qu'il croit honorable de s'imposer, et dont il laisse à ses juges le soin d'apprécier l'opportunité ;

» Attendu qu'il résulte, au contraire, que l'accusé Assi a employé tous les moyens pour s'opposer aux incendies et aux explosions, notamment par la création d'un corps d'hommes âgés de plus de quarante ans, et destiné à surveiller l'approche des poudrières ; que les actes du chimiste Hirsiger lui sont tout à fait étrangers, ainsi que cela ressort et de l'audition des témoins et des pièces de l'instruction écrite ;

» Attendu, d'ailleurs, qu'il était déjà prisonnier de Versailles quand les incendies se sont produits dans Paris ;

» Attendu que sa non-culpabilité pour les otages est aussi nettement établie, puisque, prisonnier de la Commune lorsque le décret comminatoire du 6 avril a été rendu par celle-ci, il était prisonnier de l'armée régulière lorsque ce décret a été exécuté.

» En ce qui touche l'art. 208 du Code de justice militaire :

» Attendu que l'instruction n'a apporté aucune preuve à ce chef d'accusation, tout en admettant que les dispositions de cet article s'appliquassent à certains auteurs du mouvement insurrectionnel du 18 mars, auxquels on ne pourrait reprocher, tout au plus, que le délit de provocation à la désertion, qu'il ne faut pas confondre avec le crime d'embauchage ; que l'accusé, dans tous les cas, a établi, par témoins, à l'audience, qu'il s'était personnellement opposé, non-seulement à l'embauchage, mais même à toute provocation à la désertion ;

» En ce qui touche les arrestations arbitraires, la séquestration de personnes :

» Attendu qu'il résulte, au contraire, de l'instruction et des débats que l'accusé Assi a tout fait pour s'y opposer, et qu'il a réussi dans la limite de ses attributions ; qu'il y aurait donc lieu, pour ce seul motif, de lui accorder le bénéfice de l'art. 463 du Code pénal ;

» Par ces motifs, et tous autres, à suppléer, de droit et d'équité,

» Déclarer Assi acquitté de tout crime de droit commun, comme auteur principal, ou même complice ;

» Lui donner acte de ce qu'il déclare avoir, en effet, pris part au mouvement insurrectionnel du 18 mars, au point de vue des franchises municipales seulement ;

» Lui accorder, dans tous les cas, le bénéfice des circonstances atténuantes ;

» Et ce sera justice. »

M. LE COMMISSAIRE DU GOUVERNEMENT : Je demande à ce qu'on remette à plus tard la réponse à ces conclusions.

M. LE PRÉSIDENT : On y répondra en jugeant le fond.

Mᵉ BIGOT : Oui, monsieur le Président ; mais j'ai dû les déposer à ce moment.

Mᵉ Bigot présente la défense d'Assi. Il cherche à démontrer qu'il n'existe aucun fait établissant, à un titre quelconque, la complicité de son client avec les assassins et les incendiaires qui ont épouvanté Paris. Le défenseur donne lecture de diverses pièces relatives tant aux affaires du Creusot qu'à celles de la Commune.

Mᵉ Bigot terminera demain sa plaidoierie. Au moment où M. le le Président va lever l'audience, il se produit un certain mouvement au banc de la défense.

Mᵉ Manchon, défenseur de Verdure, déclare qu'il dépose, en son nom et en celui de ses confrères, des conclusions dans lesquelles il demande au Conseil acte de ce que M. le Président, après les paroles prononcées par Ferré sur la réparation qui serait faite un jour à sa mémoire, aurait dit : « La mémoire d'un assassin ! » Ce fait, dit l'avocat, est une infraction au Code de justice militaire, qui établit que les juges ne doivent donner leur opinion qu'en commençant par le grade inférieur. Personne, ajoute-t-il, n'a le droit, avant le jugement, de prononcer une telle parole contre un homme qui n'est encore qu'un accusé. S'il en était autrement, notre situation de défenseurs deviendrait ridicule. Déjà nous avons à lutter contre le parti pris de l'opinion publique, contre une presse vénale. Ces journaux, s'écrie l'avocat avec emportement, sont lus par la populace *(bruit)*, oui, je le répète, la populace ! Nous ne vous craignons pas ; M. le Président est là pour nous protéger.

Mme MICHEL

M. le Président : Je reconnais que je me suis servi de l'expression dont parle le défenseur, et je lui donne acte de ce fait. Mais il s'est mépris sur sa portée : mon expression n'était point personnelle à Ferré, elle était générale, comme étaient générales elles-mêmes les paroles qu'avait prononcées l'accusé. Quoi qu'il en soit, acte est donné à la défense.

Nous donnons le texte d'un document curieux qu'a lu M. le commandant Gaveau, relatif à l'ex-général en chef de la Commune, Lullier :

« M. Lullier (Charles-Ernest), né à Mirecourt (Vosges), le 27 avril 1838, a été admis à l'école navale en 1854, et nommé aspirant de deuxième classe le 1er juillet 1856.

» Le résumé suivant de ses notes sur le *Borda* fait déjà pressentir ce que fera l'officier :

« Elève intelligent, mais paresseux; esprit indiscipliné, caractère insocia-
» ble. »

» A peine, sorti de l'école navale et embarqué sur le vaisseau l'*Austerlitz*, que commandait M. le capitaine de vaisseau Edouard Penaud, son humeur chagrine et querelleuse lui attira plusieurs punitions sévères. Une dernière scène violente, provoquée par M. Lullier dans le poste des aspirants, le fit débarquer de l'*Austerlitz* à Brest et enfermer à l'amiral, où il resta un mois.

» Pendant les trois années qui suivent, ses notes continuent d'être très-défavorables :

« Mauvaise conduite, médiocre aptitude; jugement faux, monomanie d'or-
» gueil; officier ne sachant ni obéir, ni commander. »

» Ainsi le jugent successivement MM. les capitaines de vaisseau Protet, commandant la *Jeanne d'Arc* au Sénégal, et de Kerballet, commandant l'*Alexandre* dans la Méditerranée.

» L'opinion de M. de Kerballet se trouve confirmée par le commandant en chef de l'escadre d'évolutions, M. le vice-amiral de Tinan, qui ajoute :

« Sans aptitude, sans jugement, a besoin de tout apprendre, surtout à ne pas trop écrire. »

» Par ces derniers mots, l'amiral fait allusion à une correspondance hostile au rôle de l'escadre française devant Gaëte (on était en 1860), et publiée dans l'*Opinon nationale*, qui la recevait de M. Lullier.

» En 1861, M. Lullier, embarqué comme enseigne de vaisseau sur la *Licorne*, à la division des côtes orientales d'Afrique, refusa le service, étant de quart, et répondit aux observations de son capitaine par des paroles menaçantes. Cet acte d'insubordination décida M. le capitaine de vaisseau Dupré, commandant la division, à le renvoyer en France, où il fut placé, dès son arrivée, en non-activité par retrait d'emploi. (Décret du 15 janvier 1862.)

» Pendant cette période de non-activité, M. Lullier, se croyant appelé à jouer un rôle politique, se porta candidat à la députation du Finistère. Sa profession de foi aux électeurs bretons est conservée à son dossier comme un témoignage de folie orgueilleuse.

» Après deux ans et neuf mois passés en retrait d'emploi, ses promesses réitérées de se conduire honorablement désormais émurent l'indulgence du ministre qui le fit rappeler à l'activité au mois de septembre 1864.

» Un an plus tard, il était embarqué sur l'*Ariel* à Granville, et, comme précédemment, il servait mal.

» M. le capitaine de vaisseau Ducrest de Villeneuve, commandant la division navale du littoral nord, s'exprime comme il suit sur son compte dans une lettre adressée au ministre le 21 octobre 1865 :

« Cet officier se fait remarquer par son inconduite et par ses excentricités, » qui dénotent une grande agitation d'esprit, sinon un léger dérangement de » cerveau.

» Dans les rues de Granville, dans les lieux publics, il se plaît à faire du » bruit et à insulter les passants ; souvent il abuse de sa force pour frapper et » même blesser ses semblables. »

» Peu de temps après, M. Lullier, se trouvant dans une maison de tolérance de Granville, tenta d'étrangler la fille avec laquelle il était, en blessa une autre d'un coup de poignard, et frappa d'un coup de canne plombée un homme accouru au secours de ces femmes.

» Arrêté par la garde nationale et conduit au poste, il se fit mettre en liberté en déclinant sa qualité d'officier.

» Après ce scandale, M. Lullier fut débarqué de l'*Ariel* et placé de nouveau en non-activité, par retrait d'emploi, le 4 novembre 1866.

» L'indulgence du ministre consentit encore une fois à faire abréger, pour M. Lullier, la durée légale du retrait d'emploi. Rappelé pour la seconde fois à l'activité le 6 juillet 1867, cet officier encourut, dès le lendemain, le mécontentement du ministre en adressant à Son Excellence une lettre inconvenante.

» Occupé à Paris de la publication d'un ouvrage, il n'obéit que huit jours après à l'ordre qui lui avait été donné de rallier Toulon.

» Embarqué dans ce port sur le *Fleurus*, pour se rendre en Cochinchine, M. Lullier, avant d'arriver à sa destination, s'est de nouveau rendu coupable de fautes graves contre la discipline (abandon de son quart pendant un mauvais temps, injures, provocations à ses camarades).

» Traduit pour ces faits devant un conseil d'enquête réuni à Saïgon, le 16 avril 1868, le conseil a émis l'avis que cet officier se trouvait dans le cas d'être placé dans une position de réforme.

» En présence de si déplorables antécédents et de cet esprit de révolte incorrigible, le ministre ne pouvait que proposer à l'empereur de confirmer l'avis du conseil d'enquête. En conséquence, un décret, rendu le 6 juin 1868, a placé

M. Lullier dans la position de réforme pour fautes graves contre la discipline.

» Un détestable esprit, un caractère ombrageux, à la fois exalté et susceptible, faible et violent, un jugement faux et un orgueil poussé jusqu'à la dé-
mence, ont étouffé chez M. Lullier les dons d'une intelligence incontestable.
Depuis lors, son caractère irascible ne semble pas s'être amendé, et il a encouru déjà quatre condamnations, savoir :

» Le 30 septembre 1868, à six mois de prison et 200 fr. d'amende pour
coups et port illégal d'uniforme ;

» Le 20 novembre 1868, à deux mois de prison pour coups et blessures volontaires avec préméditation ;

» Le 26 août 1869, à un mois de prison pour rébellion et outrages aux agents.

» Et enfin le 22 septembre 1869, à six mois de prison pour outrages à un
magistrat de l'ordre administratif.

» Paris, le 12 juin 1871.

> *Le capitaine de vaisseau, délégué du ministre,*

» Signé : ..... »

Voici également quelques pièces relatives à Urbain :
C'est d'abord une lettre écrite par lui à sa tante le 19 avril.

« Paris, le 19 avril 1871.

» Ma chère tante,

» J'ai à peine le temps de vous donner de mes nouvelles.

» Mon Victor se porte bien, et, depuis dix-huit mois, je n'avais pas eu si
bonne santé.

» Je ne peux vous donner des détails sur les événements, dont la rapidité
est réellement vertigineuse. Seulement, pour répondre à l'avance à toutes les
stupides et ignobles calomnies que répandent à profusion tous les journaux de
province, je me bornerai à vous dire que Paris est d'un calme complet, parfait,
si on laisse de côté, bien entendu, les batailles que la royauté livre à la République ; au dedans, nulle violence, nul excès.

» Pour moi, les événements m'ont mis au pouvoir. Je suis membre de la
Commune, c'est-à-dire du gouvernement de Paris. Je suis maire du 7ᵉ arrondissement ; j'y ai mon domicile. Donc, si vous m'écrivez, voici mon adresse
nouvelle : M. Urbain, rue de Grenelle, 116, Paris.

» Mais pas de titre sur l'adresse, c'est important. Nous vous embrassons
mille fois et nous vous aimons de tout cœur.

» Votre neveu,

» URBAIN.

» P.-S. — Par réflexion, adressez-moi ainsi :

» Mᵐᵉ Vauclair, rue Neuve-Coquenard, impasse de l'École, 3, pour remettre
à Raoul.

» Toujours sans nouvelles d'Emmanuel, et vous ? »

Quelques jours avant, il expédiait le télégramme suivant à Raoul Rigault :

(Date présumable.) 10 avril 1871

« 7e Mairie. — A Raoul Rigault.

» Vrignault, du Bien public, porte-drapeau, 16e bataillon, essaie d'entraîner son bataillon à Versailles.

» Ai envoyé pour l'arrêter.

» En fuite ou se cache.

» Feriez bien de faire visiter tous trains sortants.

» Important : Vrignault dangereux.

« Signé : URBAIN. »

Suit un commencement de testament qu'Urbain n'eut pas le temps de terminer.

« Dans les circonstances exceptionnellement graves où les événements me placent, exposé d'un instant à l'autre à mourir,

» En présence des citoyens Charles Barral de Montaud, lieutenant-colonel, chef d'état-major de la 7e légion ; Eudes, commissaire central du 7e arrondissement ; Emmanuel Cordonnier, mon beau-frère, et Mouneret, adjudant d'état-major de la 7e légion,

» Je soussigné, Urbain (Raoul), ancien chef d'institution, rue de Verneuil, 45, à Paris, ancien employé au bureau central du chemin de fer de Ceinture (direction), membre de la Commune de Paris, délégué à l'administration du 7e arrondissement, spécialement chargé de l'enseignement, membre de la commission des relations extérieures et de la commission chargée de l'inspection des forts et casernes, membre de la commission de la Guerre,

» J'écris de ma main l'expression exacte et rigoureuse de mes dernières volontés, et je charge de leur exécution, comme mon unique exécuteur testamentaire.....

» Les témoins soussignés, membres du 7e arrondissement, l'un commissaire central, l'autre chef d'état-major, lieutenant-cololonel de la 7e légion, affirment la véracité du titre ci-contre, fait en leur présence.

» Paris, le 22 mai 1871.

Signé B. DE MONTAUD.

<table>
<tr><td> République française </td><td> République française. </td></tr>
<tr><td> FÉDÉRATION
DE LA GARDE NATIONALE.
7e LÉGION. </td><td> FÉDÉRATION
CHEF D'ÉTAT-MAJOR.
7e LÉGION. </td></tr>
<tr><td> Liberté, Égalité, Fraternité. </td><td> Liberté, Égalité, Fraternité. </td></tr>
</table>

Signé : EUDES,
Commissaire central.

Commune de Paris.

R. F.

DIRECTION DE
L'ENREGISTREMENT.

7ᵉ *arrondissement.*

Vient enfin le testament écrit au crayon, en quelques lignes, au dernier moment :

« Paris, 22 mai 1871.

» Sur le point de mourir peut-être, je lègue mon fils, Victor-Adolphe, à Marie-Alexandrine Spinoy, veuve Leroy, ma femme, et la charge seule d'élever l'enfant chéri.

» Je les couvre l'un et l'autre de mes baisers les plus ardents.

« Signé : Urbain,
» Membre de la Commune. Paris. »

Nous avons analysé sommairement la première partie de la plaidoirie de Mᵉ Léon Bigot, avocat de l'accusé Assi. Nous reproduisons les passages les plus importants de cette plaidoirie.

Après un préambule développé, Mᵉ Bigot rappelle les journées du 31 octobre 1870 et 22 janvier 1871; il continue ainsi :

Ah! je le sais, nos malheureux concitoyens, prisonniers des Prussiens en Allemagne, ont accusé les Parisiens à propos de ces deux journées; ils ont pensé que nous méconnaissions leurs souffrances. Assi, mieux que personne, en est persuadé, car il ne reçut jamais qu'une lettre d'Allemagne; c'était pendant qu'il était à l'Hôtel-de-Ville, comme membre du Comité central, après le 18 mars 1871.

Tenez, messieurs, la voici :

« Citoyen Assi,

» Tu ne penses donc plus, avec le Comité central de la crapule, que nous sommes las de vos farces et évolutions sans but et sans limites.....

» Malheur à vous, égoût du peuple! tous les revers possibles vont se cabrer contre vous, et vous feront trouver, pour tout résultat de vos actes dépourvus de bon sens et de capacité, la honte de vos entreprises sans fondement, le désespoir qui vous accablera dans leurs déceptions, la haine de tous les prisonniers internés en Allemagne, et la punition sévère que les représentants admirés de la France entière vous feront subir dans toute sa rigueur, relativement aux regrettables éventualités dont vous êtes l'objet.....

» Mais rappelez-vous que, de quelque côté que votre barque vienne heurter le rivage du courant ténébreux qui vous entraîne, une fois à la frontière, le dernier des prisonniers viendra plonger dans le cœur des coupables le poignard qui doit rendre la sécurité au gouvernement légal.

» Ainsi, messieurs les membres du Comité du malheur de tout un peuple, comptez sur la sentence que tous les prisonniers internés en Allemagne veulent vous faire subir.

» Mort aux insurgés !

» Mort au Comité infernal !

» Tremblez, brigands !

» Vu et approuvé par tous les prisonniers de Magdebourg, Erfurth, Coblentz, Mayence, Berlin, etc. »

(Suivent les signatures.)

Plus tard, nos malheureux concitoyens sauront la vérité, s'ils ne la savent déjà. Les Parisiens souffraient avec eux et pour eux. M. le Commissaire de la République, — et je termine par ce seul mot ma réponse à son préambule, — a cru utile de rappeler, à plusieurs reprises, qu'il avait été acteur dans le drame sanglant de mai. J'en suis heureux pour mon client : dans notre pays de France, quand on s'est servi de l'épée contre un adversaire, qu'il est terrassé, on cherche peut-être à lui enlever les moyens de nuire dans l'avenir, mais on ne le tue pas !

J'ai cru utile de répondre par ces quelques mots aux préliminaires de M. le Commissaire de la République.

Je vais maintenant m'occuper de l'acte d'accusation et du réquisitoire.

M. le Commissaire de la République s'est surtout attaché à représenter Assi comme un homme coupable de crime de droit commun ; c'est la pensée qui paraît dominer tout son réquisitoire. Mais la démonstration, selon moi, n'a pas suivi ; ce qui, surtout, a froissé M. le Commissaire de la République, c'est que mon client veuille être un homme politique.

Assi, messieurs, n'a point cette prétention, il n'est pour tous qu'un insurgé : le 18 mars l'a retrouvé ce qu'il était déjà au 4 septembre, et il ne demande à être traité par la justice de son pays qu'en insurgé.

Assi n'est qu'un insurgé.

Mais cela résulte manifestement, messieurs, du chemin qu'il a pris pour paraître devant vous.

Dans la nuit du 20 au 21 mai, Assi se rendait en inspection à la poudrière de Passy, que l'on devait débarrasser le lendemain ; il était environ onze heures, lorsque, en vue du Trocadéro, il crut apercevoir des mouvements inusités : un bataillon semblait s'avancer avec précaution, de l'extérieur à l'intérieur, précédé par des tirailleurs en marche.

Assis arrête, et il envoie demander à Dombrowski si l'armée de Versailles n'a pas franchi l'enceinte. Après une heure d'attente, la réponse arrive négative. Il poursuit alors son inspection.

À l'entrée de la rue Beethoven, l'obscurité est complète, toutes les lumières sont éteintes. Le cheval refusant d'avancer, Assi descend pour continuer à pied jusqu'au poste : de larges flaques de sang couvrent la chaussée : des gardes semblent dormir, assis le long des murs, le capuchon baissé sur la tête. Assi s'approche de l'un d'eux, le prend par le bras : il était mort !

On s'était battu là tout le jour.

Une sentinelle crie : « Qui vive ? » Assi avance ; la sentinelle lui pose le canon du fusil sur la poitrine, il l'écarte ; mais au moment où il va parler, trente hommes au moins se détachent de la muraille, se lèvent derrière les pavés, se précipitent sur lui et le font prisonnier.

Je vous montre là, sur le vif, Assi accomplissant un acte insurrectionnel, et s'avançant au milieu des horreurs de la lutte contre l'autorité légale.

Quel est Assi ?

La malignité publique, depuis quatre mois, s'est cruellement exercée à le défigurer. On l'a fait tour à tour Italien, Prussien et Turc. Voici ce qui résulte simplement de mon dossier, qui passera sous les yeux du Conseil. Il est Français. Son grand-père paternel était né à Metz, son père est né à Paris, et lui à Roubaix, le 27 avril 1841. Il vient d'avoir trente ans. Son grand-père maternel fut marin, deux fois prisonnier des Anglais sur les pontons, puis officier supérieur dans les corps-francs de la première garde impériale et blessé à la barrière Clichy, sous les ordres de Moncey. Il était à la fois chevalier de Saint-Louis et chevalier de la Légion d'honneur.

De ses deux oncles maternels, l'un est mort chevalier de Saint-Louis et lieutenant en premier de marine, en 1779, à la campagne de Savanah. Le deuxième était consul-général à Rhodes.

Il est donc Français, il a une famille ; et, quant à lui, personnellement, voici ses véritables titres de noblesse, que bien des bourgeois qui l'accusent ne pourraient pas reproduire.

C'est d'abord son contrat d'apprentissage, constatant qu'à onze ans il maniait le marteau. C'est ensuite ce livret d'ouvrier, où, depuis l'âge de quinze ans jusqu'au 3 février 1870, date de sa sortie du Creusot, toute sa vie est consignée, jour par jour, heure par heure.

J'ai, enfin, les mains pleines de certificats, délivrés en leur temps, non fabriqués pour les besoins de la cause, tant en France qu'à l'étranger, et établissant qu'Assi est non-seulement un honnête homme, mais encore un ouvrier mécanicien d'une intelligence et d'une capacité hors ligne. Ces pièces passeront sous vos yeux, messieurs.

Mᵉ Bigot relève cette accusation, reproduite contre lui, que son client a suscité des grèves au Creusot. Son client n'a rempli là qu'un acte honorable, en s'opposant à l'omnipotence de M. Schneider. *(Murmures.)*

Mᵉ Bigot : Ces murmures, monsieur le Président, indiquent que si, dans notre beau pays, nous avons la passion qui agite les foules, nous n'avons aucune notion du droit ; car, quand bien même l'homme que je défends ne serait pas couvert par la présomption légale d'innocence, il est couvert, pour les affaires du Creusot, par l'autorité de la chose jugée ; et le magistrat qui l'a déclaré non coupable, M. Brunet, est un de ces hommes qui unissent le savoir à l'indépendance et qui honorent le siége qu'ils occupent.

M. le Président fait un signe d'assentiment.

Mᵉ Bigot *(continuant)* : Mais, pourquoi m'étonnerais-je de ces murmures de la foule, quand l'homme qui le premier méconnaît l'autorité de la chose jugée est ce ministre éminent, cet esprit rectiligne, que chacun connaît, M. Dufaure?

Voici, en effet, les documents que je trouve dans mon dossier. C'est d'abord la lettre de M. le colonel Gaillard à M. le Capitaine-Rapporteur. La voici :

« Versailles, le 4 juin 1871.

» Monsieur le Rapporteur,

» J'ai l'honneur de vous faire connaître que M. le Ministre de la Guerre m'écrit, à la date du 3 courant, ce qui suit :

« M. le Ministre de la Justice a appelé mon attention sur cette circonstance, » que le nommé Assi, lorsque les troubles du Creusot ont commencé, dans ces » dernières années, a été vivement soupçonné d'être un agent de troubles suscité par le gouvernement prussien.

» M. le Garde des sceaux a ajouté : « Qu'il ne serait pas inutile de faire quelques recherches sur ce point dans l'information judiciaire dont le nommé » Assi est l'objet. »

» Je vous prie de vouloir bien donner immédiatement les ordres nécessaires pour qu'il soit tenu compte de cette observation.

» Veuillez, je vous prie, assurer, en ce qui vous concerne, l'exécution de cette prescription ministérielle.

» Recevez, monsieur le Rapporteur, l'assurance de ma considération très-distinguée.

» Le général commandant la 1re division militaire,

» Par ordre :

» Le lieutenant-colonel, chef du bureau de justice,

» Signé : Gaillard.

» Monsieur le rapporteur près le 3ᵉ conseil de guerre. »

Une enquête a donc été faite à la requête de M. le Ministre de la Justice, et malgré l'autorité de la chose jugée.

En voici le curieux résultat :

Le commissaire de police du Creusot dit : « 1° Assi est certainement l'un des principaux instigateurs des grèves déclarées au Creusot dans les premiers mois de 1870. » (Voir la dépêche du parquet ci-annexée.)

Nous ne l'avons jamais nié.

Le commissaire de police continue : « 2° Il est constant qu'il recevait de l'argent pour remplir sa mission, puisqu'on a trouvé sur lui, en dehors d'autres preuves, des listes de distribution d'argent. »

Si M. le Commissaire de police chargé de l'enquête s'était informé du procès, il aurait vu qu'Assi a distribué en tout 1,616 fr., montant des souscriptions qui lui ont été fournies par la *Marseillaise*.

Il continue :

« Le parquet d'Autun, M. le Juge de paix, le capitaine de gendarmerie...., l'autorité municipale...., les chefs et surveillants de l'usine...., les industriels inspirant de la confiance...., tout ce monde a été consulté par nous, et la réponse a été toujours la même : Assi a reçu et distribué de fortes sommes provenant de source inconnue. La classe ouvrière et les ennemis du gouvernement tombé disent : « de la caisse de M. Rouher. » Les gens qui raisonnent, l'opinion publique, en général, disent : « Cet argent vient de l'Internationale. » Personne ne parle de la Prusse en cette affaire. On la soupçonne de fournir à la caisse de l'Internationale, mais sans preuves.

» Nous n'avons donc pu entendre un seul témoin établissant qu'Assi fût un agent prussien. »

Cette conclusion, messieurs, me paraît le sublime du genre. Ce commissaire de police, qui, après avoir interrogé tout le monde, déclare naïvement n'avoir pu recueillir un seul témoignage constatant qu'Assi est infâme, me démontre de la façon la plus évidente que M. le Ministre de la Justice s'est étrangement trompé, ou plutôt qu'il a été servi par des amis trop zélés.

Il faut en finir une bonne fois avec cette accusation de prussianisme, qui, devant un conseil de guerre, était l'insinuation la plus perfide qui pût être faite contre un accusé.

Où est donc ce M. Paul Debut, qui écrivait, le 17 février, à M. le Ministre de l'Intérieur, qu'Assi était un agent prussien, recevant 25,000 fr. par an de M. de Bismark pour fomenter les grèves?

Mᵉ Bigot entre ici dans des détails qui établissent que l'accusé Assi n'a jamais vécu que de son travail; qu'il n'a jamais été mêlé qu'à une grève, celle du Creusot, quoiqu'il eût habité deux ans cette dernière ville.

Mᵉ BIGOT (*continuant*) : M. le Président disait dernièrement que quand les Prussiens mettaient le feu quelque part, ils en accusaient toujours leurs adversaires. Je dirai, moi, que le gouvernement actuel imite un peu les procédés prussiens. Ici, quand un personnage gêne, on dit : « C'est un Prussien! » C'est si commode! En Prusse, quand un citoyen s'occupe trop de politique, M. de Bismark ne dit pas, je le reconnais : « C'est un Français! » (ce qui serait un honneur même à Berlin, et même après Sedan), il fait une périphrase et il dit : « Cet homme, qui me gêne, entretient des relations avec un gouvernement étranger. » Je vais, messieurs, vous donner un exemple qui va d'emblée m'amener à vous parler de l'Internationale.

M. Lefaivre, consul de France à Vienne pendant le gouvernement de la Défense nationale, avait commis l'indiscrétion de publier, au nom du gouvernement français, une lettre de remerciement à MM. Liebknecht et Bebel, les deux représentants de l'Internationale au parlement allemand.

Dans cette lettre, il dit entre autres choses :

« Vous, messieurs, et votre parti (l'Internationale) maintenez seuls la grande tradition allemande, celle de l'humanité, etc., etc. »

Eh bien! cette lettre figure dans le *Procès de haute trahison* que le gouvernement saxon, sur l'ordre de Bismark, a entamé contre Liebknecht et Bebel, et qui se poursuit en ce moment. Elle servit de prétexte à Bismark pour faire arrêter Bebel après l'ajournement du parlement allemand.

L'Internationale est la balle que se renvoient le gouvernement français et le gouvernement prussien.

L'audience est levée à cinq heures et demie.

Audience du 24 août.

L'audience est ouverte à midi.

M. LE PRÉSIDENT *(à Régère)* : Accusé Régère, je vous envoie cette pièce, dont il a été question hier; je ne sais pas si vous l'avez vue.

M. le Greffier fait passer ce document à Régère, qui l'examine.

M. LE PRÉSIDENT : Que répondez-vous?

RÉGÈRE : Il y a un paragraphe qui dit que Richer doit surveiller les égouts. Richer était un capitaine qu'on avait chargé de cette mission. Je sais qu'on a dit qu'ordre était donné de brûler les maisons d'où partirait un coup de fusil. Cet ordre aurait été donné à Millière; mais je n'y suis pour rien.

M. LE PRÉSIDENT : Mᵉ Bigot a la parole pour continuer la défense d'Assi.

Mᵉ Bigot a, dans la dernière audience, raconté les événements qui ont précédé et préparé la révolution du 18 mars. Il s'exprime aujourd'hui en ces termes :

Quand M. le Président a eu la bienveillance de renvoyer la fin de ma défense à ce jour, j'en étais au 19 mars.

Après avoir établi que le Comité central était né des erreurs du gouvernement de la Défense nationale; qu'il n'avait point organisé des complots, mais seulement résisté à une attaque imprévue et incomprise, que, s'il s'était installé à l'Hôtel-de-ville, c'était devant la retraite du gouvernement régulier; que tout d'abord il ne savait pas où il allait, ce qu'il ferait, quand il s'est souvenu des doctrines avec lesquelles on électrisait Paris sous l'empire. Au début, ce mouvement était donc une de ces révolutions produites spontanément d'un mécontentement général, qui s'achèvent quand l'histoire enregistre leur naissance.

Celui qui porte le dernier coup, et qui recueille ou la gloire ou la honte, n'est jamais celui qui a préparé la ruine.

Du 18 au 26 mars, le Comité central n'a pas fait acte de gouvernement. Il disait avec Paris : « Les droits ne sont rien sans garanties. Le premier de tous les droits, c'est la Commune élue. La garantie la plus indépendante, c'est la garde nationale. »

Il affichait donc :

« Je ne suis pas le gouvernement; nommez vos conseillers municipaux, et nous ferons respecter vos décisions. »

Assi accepte complétement la responsabilité de tout ce qu'il a signé, comme membre du Comité, du 19 au 26 mars.

Le Comité central fait procéder aux élections.

M. le Commissaire de la République a dit dans son réquisitoire que les élections de la Commune étaient viciées, parce que le gouvernement réfugié à Versailles n'y avait jamais consenti.

Ah! messieurs que d'erreurs!

Quand M. Thiers, dans une circulaire adressée à la province, le 26 mars, écrivait :

« Un accord, auquel le gouvernement est resté étranger, s'est établi entre la prétendue Commune et les maires pour en appeler aux élections; elles se feront aujourd'hui probablement, sans liberté, et, dès lors, sans autorité morale. »

C'est qu'il avait oublié la circulaire adressée la veille, et dans laquelle il mettait :

« A Paris, le parti de l'ordre contient le parti du désordre et lui tient tête. Il y a un certain retour de calme, dû à l'intervention des maires. »

Et d'ailleurs que signifient ces mots de la première circulaire, la prétendue Commune? Le 26 mars, il n'y avait encore que le Comité central.

Mais, messieurs, ces tentatives de conciliation ne peuvent pas être niées; le gouvernement de Versailles agissait sagement en faisant des concessions. Son tort a été de les rompre trop tôt et de proclamer qu'on ne transige pas avec les factieux.

Ces tentatives résultent de tous les actes du gouvernement et d'une lettre personnelle de M. Thiers, qui doit être aujourd'hui entre les mains de M. Tirard.

M⁰ Bigot entre ici dans une série de détails à l'appui de son argumentation, et discute successivement le cas général d'incendie, d'assassinat, et prend un à un les articles que l'on invoque, développe ses conclusions et termine ainsi :

J'arrive, messieurs, au terme de ma tâche.

Je crois vous avoir démontré qu'Assi, ouvrier et honnête homme, n'est qu'un insurgé vaincu.

Quelle peine allez-vous lui appliquer? La mort? Cela n'est pas possible, par les raisons que j'ai déjà déduites. Sera-ce la déportation? Non encore! Cet homme ne peut être un criminel méritant cette expiation inutile; il sent dans sa conscience, permettez-moi d'être franc, que ce qu'il a fait il le referait peut-être encore, les mêmes circonstances étant données.

Il ne recule devant aucun de ses actes; mais il vous supplie, messieurs, de ne point lui imputer les fautes des autres.

Cette pénalité de la déportation, d'ailleurs, est épouvantable, messieurs, et elle n'a jamais apparue que dans les temps de réaction ou du guerre civile.

Plusieurs fois repoussée en 1848, elle fut de nouveau proposée en 1850. M. Rouher prétendait que si l'on ne procédait promptement à son adoption, les fauteurs du désordre, toujours incorrigibles, renverseraient la République.

Un orateur de la gauche, se rappelant sans doute que Montesquieu avait dit : « Qu'il fallait se hâter de mettre fin aux vengeances, aux peines et aux récompenses même, dans toute guerre intestine, et, sous prétexte de la vengeance de la République, ne pas établir la tyrannie des vengeurs, » répondit à M. Rouher, ce ministre d'un prince qui déjà se préparait au parjure, ces paroles, que je vous prie de méditer :

« .....Mais je suppose, un instant, toutes ces frayeurs; je les ramasse; je veux qu'elles soient sincères et réelles ; je veux, et j'en demande pardon à mon pays, qu'il y ait derrière nous je ne sais quelle faction sanguinaire qui rêve encore des violences. Je vous le demande, messieurs, est-ce qu'il est prudent, est-ce qu'il est sage de lui donner l'exemple de lois impitoyables, et d'écrire sur cette table de la loi, que le vent de la fortune peut faire passer en d'autres mains, des décrets qui aboutissent à l'agonie à quatre mille lieues de notre sol? Je demande si cela est prudent?

» Quant à moi, messieurs, cette supposition me fait horreur; et quand je l'émettais tout à l'heure, je demandais à l'Assemblée la permission de le faire, car il ne me paraît pas possible qu'il existe en France, je ne dirai pas un parti, une doctrine, un système, mais quelques hommes qui soient assez abandonnés de Dieu, qui méconnaissent assez les mœurs de notre patrie, pour rêver encore d'impossibles violences. Oh! si ces hommes existaient, messieurs, et si, par je ne sais par quel coup du sort, ces hommes pouvaient avoir jamais un jour une influence dans notre malheureux pays, qu'il soit bien entendu que la République, qui a été pure à son origine, est toujours demeurée pure..... Je veux

qu'il soit bien entendu que ceux-là sont non-seulement les ennemis de leur patrie, mais encore les plus absurdes des logiciens, les plus impossibles des
hommes d'État, qui croient quelque efficacité au sang versé et à la violence qui
peut contraindre les citoyens. Et, quant à moi, je le déclare hautement, je désire que mon pays en prenne acte, si jamais le malheur des temps amenait une
persécution de cette nature, je serais du côté des victimes pour les couvrir de
mon corps, et pour réclamer pour elles les garanties du droit commun qu'on
vous propose de déchirer. »

Eh bien ! Mᵉ Jules Favre, le moment est venu ; venez couvrir les victimes de
votre corps, venez réclamer à leur profit cette peine du bannissement que vous
trouviez suffisante en 1850 pour les insurgés de juin, et qui doit l'être, à plus
forte raison, en 1871, pour tous ceux qui ne sont ni incendiaires ni assassins !

Oubliez l'homme d'État, et redevenez le vaillant soldat du droit, que nous
admirions tous !

Quand je fais, messieurs, ce solennel appel à ce grand citoyen, je n'entends
pas mêler ma voix aux clameurs de la foule qui l'accable jusque dans sa retraite ; et en ajoutant ces paroles, je n'ai nullement la prétention de le défendre :
l'histoire se chargera de cette glorieuse tâche. Il a ramassé les fautes de tous,
— viveurs et incapables, — il s'en est fait un cilice, et, longtemps encore, il
montera son calvaire. Mais, plus tard, quand la lumière se fera sur toutes les
catastrophes que nous avons subies, sa place parmi ses concitoyens sera toujours grande et honorée.

Maintenant, messieurs, je m'humilie, suppliant, aux pieds de votre Tribunal.
Soyez humains !

Je suis de ceux qui n'ont pas quitté Paris durant les deux siéges ; j'ai éprouvé
toutes les espérances et toutes les déceptions lorsque la lutte était engagée
contre les Prussiens.

Puis, si vous saviez quelles douleurs nous avons ressenties, quelles nuits
sans sommeil nous avons passées dans ces derniers temps, alors que nous entendions des balles françaises déchirer des poitrines françaises ! Nous trem-
blions pour vous, hommes du devoir militaire, sans lequel il n'y a pas d'armée, sans lequel nous ne pourrons chasser ces Allemands cramponnés à notre
sol comme la pieuvre sur sa proie. Alors nous tendions nos mains suppliantes
vers ceux que vous combattiez.

Si nous avons été impuissants à arrêter l'effusion du sang, aujourd'hui que
vous avez vaincu, n'écoutez pas les bruits du dehors ; gardez-vous vous-mêmes
des conseils de ceux qui vous ont donné la tâche difficile, en ce temps de
haines, de pratiquer la justice ; et si quelque étranger osait vous dire : « Frappez pour l'exemple, il y aura grâce, plus tard, après votre verdict ! » ce n'est
pas à des hommes comme vous qu'il faut rappeler cette réponse d'un juge du
général Moreau à qui on adressait la même injonction :

« Et nous, qui donc nous accordera notre grâce? »

Je vous en conjure, messieurs, soyez humains après la victoire, et vous serez justes!

Après une suspension de quelques instants, M. le Président donne la parole à Mᵉ André Rousselle, défenseur d'Urbain.

Mᵉ Rousselle rappelle le passé d'Urbain. D'abord instituteur en Normandie, aimé de ses élèves, estimé de la municipalité, récompensé par des avancements, honoré par des médailles du conseil général et du comité agricole, Urbain est venu, en 1869, établir une école à Paris, rue de Verneuil. Il fut obligé d'abandonner son établissement, qui pourtant prospérait, parce que le local n'était pas suffisamment salubre. Mais la municipalité, qui avait pu apprécier ses services, lui fit obtenir une place d'employé dans l'administration du chemin de fer de l'Est.

On a accusé Urbain d'avoir fréquenté les réunions publiques et les clubs. Il ne fréquenta jamais qu'une réunion, celle de son quartier. Il y parla sans doute avec une certaine éloquence, car il fut nommé membre du comité de vigilance.

Voilà la vie que mène Urbain jusqu'au 18 mars; et on ne peut point dire, comme l'a dit M. le Commissaire du gouvernement, que M. Urbain est sorti de la lie de la population.

M. LE COMMISSAIRE DU GOUVERNEMENT : Je n'ai point dit cela. J'ai dit simplement qu'Urbain avait été élu par la lie de la population.

Mᵉ ANDRÉ ROUSSELLE : Alors, je vous demande pardon.

Urbain, nommé membre de la Commune, fut chargé d'administrer le 7ᵉ arrondissement.

M. le commandant Gaveau l'accuse d'avoir, en cette qualité, donné l'ordre de fusiller les gens soupçonnés de complicité avec Versailles et qui opposeraient quelque résistance à leur arrestation.

Mais on ne songe pas qu'alors le bruit courait qu'un soulèvement se préparait en faveur de Versailles. Du reste, cet ordre n'était valable que pour quarante-huit heures.

A propos de la motion faite par Urbain de fusiller les otages en retour des violences de Versailles, Mᵉ Rousselle répond que cette motion avait été faite après le rapport d'une cantinière outragée d'abord, et fusillée ensuite par les soldats de Versailles. C'est M. le colonel de Montaut qui avait fait ce rapport à Urbain. C'est avec ce rapport que l'accusé Urbain s'était présenté à la Commune.

D'un autre côté, on ne présente aucune preuve qui puisse incriminer Urbain dans les assassinats et les incendies.

M. Urbain n'est nullement un accusé politique. Il a pensé, en défendant la Commune, défendre la République.

PIPE EN BOIS

La parole est ensuite donnée à Mᵉ Boyer, défenseur de Billioray.

Mᵉ Boyer rappelle le passé de Billioray; c'était un artiste très-doux, en faveur duquel témoignent les personnes qui le connaissent. Il a été porté malgré lui à la Commune; il a fait partie du Comité central; mais il repousse les assassinats des généraux Lecomte et Thomas. Le général Chanzy, du reste, a rapporté ce qu'il avait entendu dire à Billioray de ces assassinats.

L'audience est levée à cinq heures.

Audience du 25 août.

L'audience est ouverte à midi.

M. LE PRÉSIDENT : Dans l'audience d'hier, il a été dit par un des défenseurs, dans sa plaidoirie, que nous étions aujourd'hui les vainqueurs. J'en préviens les défenseurs, de semblables paroles ne peuvent être tolérées. Il n'y a ici ni vainqueurs ni vaincus : il y a des juges, il y a la justice et rien que la justice.

A un autre moment, un défenseur a dit que les événements politiques sont changeants, et de l'ensemble de ces paroles semblait résulter une menace. Je ne puis qu'engager tous les défenseurs à modérer leur langage; car, autrement, e serais forcé de leur retirer la parole. Hier, ces choses m'ont échappé; car, au milieu de l'entraînement, on ne distingue pas toujours les phrases, d'autant plus qu'elles sont quelquefois prononcées très-rapidement : elles sont cependant saisies par tout le monde. Je le répète, je ne puis tolérer que cela se renouvelle.

Mᵉ ANDRÉ ROUSSELLE : Cette observation me concerne. Je dois déclarer sincèrement qu'en employant ce mot : « vainqueurs, » je ne m'adressais qu'à ceux qui nous poursuivent. Je ne me suis point adressé spécialement au Conseil devant lequel nous nous trouvons.

M. LE PRÉSIDENT : Pardon, ceci entre dans ce que je disais : il n'y a pas de vainqueurs; il y a la justice du pays qui sera toujours la même dans tous les temps.

Mᵉ ANDRÉ ROUSSELLE : C'est ce que nous désirons, monsieur le président, et nous l'espérons.

Maintenant, quant à ce qui se rapporte à la deuxième observation, celle qui a trait à une pensée que j'aurais exprimée à la fin de ma plaidoirie, que je n'ai pas dissimulée même en présence d'une nouvelle manifestation de l'auditoire, je vous dois une explication.

Je ne sais s'il y a eu dans mes paroles l'ombre d'une menace, mais je puis affirmer au Conseil, et ma franchise est assez connue, qu'il n'y avait, ni dans mon esprit, ni dans mon intelligence, ni dans mon cœur quoi que ce soit qui ressemblât à une menace. Je me suis borné à dire que tous, accusés, défenseurs, juges, nous étions justiciables, je ne dis pas de l'opinion publique du présent qui se laisse entraîner par la passion, mais de l'histoire, de l'incorrup-

tible histoire, et qu'elle nous jugera tous, quand je dis juger, je ne dis pas condamner.

M. LE PRÉSIDENT (souriant) : Oh! à cette époque, nous n'y serons plus. Je fais
communiquer à quelques-uns de ces messieurs des pièces dont M. le Commissaire du gouvernement entend se servir. La parole est au défenseur de Billioray
pour continuer sa plaidoirie.

Mᵉ BOYER : J'entre immédiatement dans la suite de la discussion des faits
reprochés à mon client. Une des charges les plus graves qui pèsent sur lui est
constituée par une déposition de son coaccusé, le docteur Rastoul, qui a déclaré que Billioray était à la Commune pour les mesures de rigueur. Rastoul est
revenu depuis sur sa déposition, et il affirme aujourd'hui qu'elle est incomplète,
qu'au contraire jamais Billioray n'a fait partie de la fraction de la Commune
qui voulait agir avec énergie. D'ailleurs, il faut l'étudier dans son administration de la mairie du 14ᵉ arrondissement. Il prend des arrêtés que des gouvernements réguliers voudraient avoir signés; les uns sont contre l'ivrognerie, les
autres contre la prostitution.

Le défenseur, abordant ensuite la série des actes auxquels Billioray a pu se
trouver mêler comme membre de la Commune, montre son client se retirant
dès que l'institution d'un Comité de Salut public put lui faire prévoir les excès
auxquels allait se laisser entraîner le gouvernement qu'il avait servi.

Le défenseur demande au Conseil de ne pas, quoi qu'il arrive, considérer
Billioray autrement que comme un accusé politique.

N'oublions pas enfin, dit-il en terminant, comment est venu ce 18 mars; on
avait fait des rêves, ils ont fini par un horrible cauchemar. La réalité, c'est que
la guerre nous a fait des vides, la guerre civile nous en a fait d'autres. Nos ouvriers sont aux pontons, il y a bien des plaies à cicatriser. Je vous en supplie,
un peu de conciliation.

Après cette plaidoirie, Mᵉ Lechevalier demande à faire entendre un témoin
à décharge, le nommé Edouard Gosset, chef de bureau à la mairie du 9ᵉ arrondissement.

Mᵉ LECHEVALIER : Le témoin, qui est resté à Paris pendant toute la durée de
la Commune, pourra nous donner des renseignements sur Ulysse Parent, qui
fut adjoint depuis le 4 septembre jusqu'au 14 octobre.

LE TÉMOIN : M. Parent était très-travailleur; il passait les nuits à s'occuper
des affaires de la mairie.

Mᵉ LECHEVALIER : Le témoin pourrait-il dire comment les listes sur lesquelles
on a voté le 26 mars étaient composées?

LE TÉMOIN : On s'est servi des anciennes listes, qui étaient aussi régulières
que possible.

M. LE PRÉSIDENT : Des étrangers n'ont-ils pas voté?

Le Témoin : Cela a dû arriver; mais le nombre n'en est pas considérable.

Mᵉ Lechevalier : Les votants étaient seize mille, et le 16 avril ils n'étaien plus que trois mille. Le témoin ne sait-il pas que Parent voulait donner sa démission depuis plusieurs jours?

Le Témoin : En effet, ce fait est vrai.

Le témoin donne ensuite quelques détails curieux sur ce qui se passait à la mairie du 9ᵉ arrondissement relativement aux mariages.

Plusieurs personnes se présentèrent pour contracter mariage; les magistrats municipaux de l'arrondissement refusèrent et renvoyèrent à la mairie du 2ᵉ dont les adjoints, nommés avant la commune, étaient dans une situation régulière.

De plus, dit le témoin, le drapeau tricolore a flotté sur la mairie jusqu'au 29 avril.

M. le Président : Une somme de 150,000 fr. était dans la caisse de la mairie?

Le Témoin : Oui, et elle y est restée.

M. le Président : Vous faisiez les payements? sur l'ordre de qui?

Le Témoin : Des délégués.

M. le Président : Même de ceux de la Commune?

Le Témoin : Il n'y en avait pas d'autres.

Mᵉ Lechevalier : On a même représenté l'argent quand on a réinstallé la mairie régulière; on a trouvé les 150,000 fr.

M. le Président : La parole est à Mᵉ Caraby, défenseur de Jourde.

Mᵉ Caraby s'exprime en ces termes :

Messieurs du Conseil,

Le 22 mars, il y eut une tentative à la place Vendôme; vous savez comment elle fut accueillie. J'étais de ceux-là. Le soir, les troupes de la garde nationale attendaient leur mot d'ordre de l'insurrection.

Le défenseur parle ensuite des antécédents honorables de Jourde. Il a fait son devoir pendant le siége et il ne peut être rendu responsable des atrocités de la Commune, parce qu'il ne les a en aucune façon provoquées ni soutenues.

Depuis le jour où l'insurrection communale a éclaté jusqu'au jour où notre pays aura reconquis sa force et son prestige, il y a trois étapes à parcourir, trois œuvres à accomplir.

La première œuvre, elle a été accomplie par notre armée, et quelle œuvre! Je ne saurais trop admirer et remercier ces braves gens qui ont eu dans la guerre tous les sacrifices à supporter. Il y a quelque chose de plus respectable que le courage heureux, c'est le courage malheureux. Et quand, revenus de la captivité, nos soldats pouvaient espérer rentrer paisiblement dans leurs foyers, il leur fallut se battre, et se battre contre des Français! Jamais armée ne mérita plus la reconnaissance publique. Ce fut l'œuvre de la délivrance : c'est le passé.

L'œuvre de l'avenir, ce sera celle de la résurrection morale. Il y a des ruines plus douloureuses que celles que nous voyons à Paris, ce sont les ruines que le désordre des idées a jetées dans les cœurs et les esprits. Voilà celles qu'il faut relever! Il faudra du temps, bien du temps. Il faudra que l'instruction coule à pleins bords et nous inonde comme une bienfaisante lumière! L'esprit révolutionnaire, ce n'est pas avec des lois répressives qu'il faut le combattre; il faudra qu'à l'exemple de ces grands peuples libres, comme l'Angleterre et l'Amérique, nous apprenions à respecter ce qui est respectable et à ne pas confondre avec la sainte liberté les excès de la licence. Ce sera l'œuvre de l'avenir.

Mais entre ces deux œuvres, il en est une sans laquelle la délivrance serait incomplète, sans laquelle une résurrection morale ne saurait se faire, c'est l'œuvre présente, c'est l'œuvre de justice, c'est la vôtre.

Ah! j'entends les clameurs de la foule, ces impatiences toujours les mêmes.

On ne raisonne pas. Il faut du sang. Qu'importe juger, il faut condamner. Dangereuses paroles! C'est surtout dans les époques de troubles qu'il faut faire la part de chacun. Un grand magistrat, Henrion de Pansey, qui, lui aussi, avait vécu dans des moments de trouble, appelait les défenseurs ses collaborateurs, car sans eux, disait-il, sa tâche était impossible.

Qu'est-ce que je viens vous demander?

De la pitié? non!

Ni colère ni pitié; de la justice, c'est-à-dire de faire à chacun sa part!

Comment ai-je été amené à cette audience?

On se demande parfois, avant de nous avoir entendus, comment nous sommes venus au milieu de ces longues affaires accepter une place?

Est-ce le vain bruit, le retentissement?

Un pareil motif serait triste; ce ne sont pas d'aussi misérables motifs qui doivent nous entraîner.

Un jour, une femme frappe au cabinet de l'avocat : c'est une femme en pleurs. Vous vous faites dur, vous la repoussez. Ah! on ne saurait croire ce qu'il y a de persuasif dans les larmes d'une mère! Vous ne voulez pas vous laisser toucher: vous refusez! Elle supplie elle ne vous demande qu'une chose : entendre son fils! Comment lui refuser?

C'est ainsi que je vis Jourde, ne voulant pas le défendre.

J'arrivai dans sa cellule; je l'interrogeai. Je vis cette nature droite, intelligente; je ne vis point un déclamateur vaniteux ; il reconnaissait ses fautes, mais il protestait contre les crimes qu'on lui imputait. Enfin il me demanda de venir devant vous éclairer vos esprits et vos consciences. Il me dit : « Soyez mon juge! »

Dans ces conditions, comment refuser? En quelque sorte avocat d'office,

comment pouvais-je refuser à un homme contre lequel se dressait une peine
capitale, à un homme qui ne craint pas la mort, de venir le défendre, et qui
me suppliait de dire tout ce que je pense, rien que ce que je pense. Nous avons
aussi notre courage! Il y a souvent dans les ardeurs de l'opinion une violence
morale que nous devons subir. Nous ne devons pas craindre de remonter un
courant.

L'intelligence de Jourde m'a frappé. Les larmes de sa mère m'ont touché.
J'ai consenti à devenir à la fois son juge au premier degré, et son défenseur.
J'ai vu ces débats avec un esprit impartial, n'étant aveuglé par aucune passion. Me suis-je trompé dans ce portrait que je vais vous faire de mon client,
dans la part que je lui attribue? Ecoutez et jugez.

Jourde a vingt-huit ans. Avant le 18 mars, qu'était-il? Il est bon d'interroger
ses antécédents; dans tout procès, c'est la marche logique. Le juge fait toujours la part des entraînements de l'irréflexion. Vous ne pouvez sainement apprécier ces faits sans songer au désordre d'idées sous lequel nous vivons. D'a-
bord une théorie terrible, qui a engendré une foule de maux, s'est répandue à
la tribune, au livre, dans le journal, c'est la théorie révolutionnaire. Elle est
écrite partout. De même que le premier roi fut un soldat heureux, il semble
que toute insurrection trouve sa morale dans le succès. Au milieu du chaos
des idées contradictoires, l'appel aux armes a-t-il été considéré comme l'*ulti-
ma ratio* des partis... Terrible théorie qu'il faut proscrire à jamais! Mais que
d'esprits l'ont professée! Que de livres ont légitimé la Révolution!

De même que, dans les procès ordinaires, on tient compte du milieu dans
lequel a vécu l'accusé, il faut tenir compte de ces excitations du siècle.

Comment a-t-il vécu? A-t-il été un de ces sectaires farouches, un de ces bas
adulateurs de la démocratie, courtisans mille fois plus tristes que les courtisans des pouvoirs absolus?

M⁰ Caraby discute ensuite la question de solidarité : elle ne peut, dit-il,
exister dans les actes de la Commune. Cela n'a-t-il d'ailleurs pas été jugé? N'a-
t-on pas vu un membre de la Commune ne pas être compris dans les poursuites? Pour qu'il y ait solidarité, il faudrait qu'il y eût un programme, un but
déterminé, et cela n'a jamais existé; il n'y a eu qu'une collectivité : les uns
portés malgré eux au gouvernement, comme Beslay, les autres ayant cherché
à en faire partie sans connaître ses tendances.

Eh bien! il n'y a pas eu solidarité parce qu'il n'y a pas eu gouvernement.
Paris a été livré à l'anarchie, c'est l'anarchie qui a gouverné Paris.

Jourde arrive au ministère des Finances. Comment y arrive-t-il? C'est un
homme intelligent, je n'ai pas besoin de le prouver. Croyez-vous que, pour un
homme comme lui, il a pu se tromper un seul instant? Il a vu assurément
qu'on était dans le chaos, dans un gâchis dont on ne pourrait sortir. Il arrive,
non comme un ministre, mais comme un pauvre petit employé. Ce délégué

aux finances dépense 224 fr. en deux mois. La femme à qui il a associé son existence continue à aller laver son linge; son enfant va à l'asile des pauvres.

Que dit de lui un journal? « Pendant que les autres légiféraient, belligéraient, se pavanaient à pied et à cheval, incendiaient, assassinaient, réquisitionnaient, lui, Jourde, s'occupait de la comptabilité. »

En effet, telle a été sa conduite.

Il prétend ne pas avoir commis un seul acte politique. On nous répond qu'il s'est occupé des finances, qu'il a procuré de l'argent pour le paiement de la garde nationale! Je vous ferai seulement cette double question :

Sans lui tous les maux causés par la Commune auraient-ils existé? Evidemment oui.

Sans Jourde, le mal n'aurait-il pas été dix fois plus grand? Oui encore, assurément.

Jourde a payé la garde nationale! Mais figurez-vous la situation de Paris, les cent mille gardes nationaux déshabitués de l'atelier et vivant avec les trente sous de la garde nationale! Et parmi eux, trente ou quarante mille individus, la lie de la population, se figurant qu'ils ont le droit de tout faire parce qu'ils ont un fusil!

Que fait Jourde? Il diminue les dépenses, il les réglemente, et parvient à suffire à tout avec quarante-cinq millions.

Pour les recettes, quand l'administration régulière reprend sa place, elle retrouve le fil qui lui permet de remonter le cours des actes financiers de Jourde.

Il a perçu régulièrement, autant que possible, les impôts. Il s'est sans cesse opposé à toutes les réquisitions et a repoussé toutes les propositions qui lui furent faites pour se procurer de l'argent par des moyens illicites; il refuse de vendre les toiles du Louvre aux Prussiens; il ne veut pas se créer des ressources en cédant des chevaux ou des chassepots. 120 millions de dépôts sont respectés, grâce à lui; la Bourse, un moment fermée, est ouverte. On propose de remettre gratuitement les objets engagés au mont-de-piété, c'est un moyen facile de se rendre populaire; mais Jourde sait que c'est ruiner cet établissement, et il déclare que cette mesure est une attaque à la propriété. Il faut un certain courage pour dire de semblables choses en temps de révolution.

La Banque de France a été préservée. Par qui? Par Beslay, de Plœuc, et avec eux, par Jourde. La Banque pouvait être considérée comme absolument perdue sans ressource; qui l'a sauvée, sinon eux? Et voyons comment : D'abord M. de Plœuc, qui a eu le courage moral de reconnaître l'appui de Beslay, et qui, je vais le démontrer, a trouvé un secours non moins grand dans Jourde.

Me Caraby reprend ensuite et discute les diverses dépositions des témoins :

Je pourrais, dit-il en terminant, faire appel à votre pitié pour Jourde qui, au milieu d'une crise violente, a eu à remplir une tâche immense pour ce jeune homme de vingt-sept ans, mais je ne fais appel qu'à votre justice. J'apporte ici un sentiment sincère ; je vais plaider la cause de la vérité. Oui, Jourde a été membre de la Commune ! il mérite pour ce malheur une expiation. Cet expiation, il l'a eue en subissant ces deux mois de prévention, en subissant surtout l'incrédulité amère et railleuse du public qui s'est montré rebelle à toutes ses paroles. J'ai dit que, pour avoir été membre de la Commune, il méritait une expiation ; mais non, j'irai plus loin, j'exposerai ma pensée tout entière. Il a été membre de la Commune; il a été ministre des Finances, et il a bien fait de rester à son poste; sans lui qui pourrait dire les malheurs qui eussent acablé notre pays? Theitz et Beslay sont en sûreté à l'étranger, et cela parce que le gouvernement l'a bien voulu. Pourquoi poursuit-on Jourde qui, comme Beslay, avec Beslay, a sauvé la Banque? Oui, messieurs, je fais appel à votre justice, je veux la liberté pour mon pays, mais je la veux dans la justice et je me confie à vous.

M⁰ Denis présente ensuite la défense de Trinquet :

Ouvrier laborieux, son client, dit-il, n'est pas un de ces déclassés qui ont cru pouvoir se jeter dans le mouvement communal. Il y a été porté malgré lui, et il n'a cessé de réagir contre les mesures de rigueur; on peut le voir par ses votes. On lui a reproché un fait horrible : Un témoin est venu raconter qu'il avait achevé, d'un coup de pistolet, une victime blessée à mort par le peloton d'exécution. Cet acte ne peut être attribué à Trinquet, car il n'a pas été prouvé.

Le défenseur estime que, dans tous les cas, Trinquet n'est ni un assassin, ni un incendiaire, et qu'il ne doit pas être puni comme tel.

Après cette plaidoirie, l'audience est levée à cinq heures un quart.

Audience du 26 août.

A midi précis, le conseil entre en séance.

M. LE PRÉSIDENT (à Courbet) : Je vous ai déjà demandé ce qu'était devenue une statue en argent qui se trouvait aux Tuileries. Vous m'avez dit que vous n'en saviez rien. Mais vous aviez des commissions qui visitaient le Louvre? Ces commissions auraient dû voir cette statue dans la salle des sculptures modernes.

COURBET : Je ne sais pas ce qu'est devenue cette statue.

M. LE PRÉSIDENT : Je ne dis pas que vous sachiez ce qu'elle est devenue; je dis seulement que cette statue était dans la salle des sculptures modernes.

On entend ensuite un témoin concernant Jourde :

GRÉGORAY, frotteur au ministère des Finances, dépose :

Le 24 mai, j'ai été congédié du ministère par ordre de Jourde et avec menace d'être arrêté si je m'y représentais. Le secrétaire général Merlieux aurait dit, pour justifier cette mesure : « Nous avons des préparatifs importants à faire, car nous avons décidé que nous nous défendrions à outrance, et, ne connaissant pas vos opinions, nous ne pouvons vous forcer à vous battre avec nous. »

Quatorze ménages d'employés, logés dans le ministère, ont été comme moi renvoyés.

Vers le 5 ou 6 mai, on supprima les rondes de nuit dans le ministère; nous n'avons pu savoir pourquoi.

M. LE PRÉSIDENT : Avez-vous entendu parler des valeurs appartenant à M. de Brousse?

LE TÉMOIN : On avait fracturé et ouvert le coffre-fort avec un ciseau à froid. Au commencement du mois de mai, deux hommes assez bien mis vinrent au ministère et entrèrent dans une pièce donnant sur la rue Castiglione et dans laquelle se trouvait une armoire placée dans le mur. Étant caché dans l'escalier, j'ai entendu ces paroles : « Débarrassez-moi de toutes ces valeurs, je vous les cède à moitié prix, mais à la condition que vous les enleviez le plus tôt possible. » Un d'eux répondit : « Nous sommes ici pour savoir ce qui s'y passe : mais notre fortune ne nous permet pas d'acheter toutes ces valeurs. »

M. LE PRÉSIDENT : Qui étaient ces messieurs?

LE TÉMOIN : Je ne puis le dire; ils étaient de taille moyenne et parlaient anglais et français. Si je les voyais, je les reconnaîtrais.

M. LE PRÉSIDENT : Vous avez aussi entendu parler d'armes précieuses enlevées aux Tuileries et apportées au ministère des Finances?

LE TÉMOIN : Il y avait en effet des fusils, des sabres, des hallebardes et des pantoufles qui venaient du bey de Tunis; elles étaient ornées de perles fines. On mit tous ces objets dans un salon qui avait deux fenêtres sur la rue Castiglione.

M. LE PRÉSIDENT (à Jourde) : Les armes sont rentrées, de même les pantoufles, mais les pierres précieuses ont été enlevées. Qu'avez-vous à répondre?

JOURDE : Il est singulier qu'un frotteur ait tant de renseignements à vous donner. Il est vrai qu'on a laissé les frotteurs occuper leurs logements jusqu'au dernier moment, mais on ne leur demandait aucun service. Je ne puis m'expliquer que ce frotteur ait entendu deux personnes qui m'offraient 50 pour 100 des valeurs déposées au ministère. J'avais reçu un ordre formel pour vendre les objets précieux; j'en ai fait faire l'inventaire, et des hommes du métier sont venus pour apprécier les pierres précieuses. On les a fait enlever, comme on fait toujours, pour les peser et les estimer.

Le témoin dit que les personnes venues au ministère parlaient anglais et français. Je ne m'explique pas ce détail. Pourquoi parlaient-il une langue que je ne pouvais comprendre?

Quant au témoin, je ne le connais pas le moins du monde. Je regrette que son témoignage vienne à la dernière heure, car, de mon côté, j'aurais produit des témoignages. J'avais, à l'époque dont on parle, quitté le ministère ; j'étais allé rue Gay-Lussac, au coin de la rue Saint-Jacques.

M. LE PRÉSIDENT : Vous vous plaignez que ce témoignage vienne à la dernière heure. Je vous répondrai qu'il n'était pas possible, dans une affaire comme celle que nous avons à juger, que quelque témoignage nouveau ne vînt à chaque instant se produire. Nous avons entendu tous les témoins à charge et à décharge, la défense ne peut donc se plaindre de notre manière d'agir.

JOURDE : Je ne vous accuse pas, monsieur le président, je reconnais au contraire toute votre bienveillance et votre impartialité, et je vous en remercie. Je répéterai seulement ce fait, que j'ai toujours demandé une enquête.

M. LE PRÉSIDENT : Posez vos questions, remettez-les-moi par écrit, et je ferai demander des renseignements. Qu'avez-vous à dire relativement aux valeurs du ministère des Finances?

JOURDE : Je dis qu'il y avait pour 214 millions de titres, et que parmi ces valeurs il y en avait pour lesquelles je ne pouvais pas offrir 50 pour 100. Pour les 30 millions de valeurs de M. de Brousse, ils ne représentaient pas en Bourse plus de 5 ou 6 millions, 15 ou 20 pour 100 au plus. Demander 50 pour 100 de ces valeurs, était une offre ridicule à faire à une capitaliste.

M. LE PRÉSIDENT *(au témoin)* : Quel jour êtes-vous rentré au ministère?

LE TÉMOIN : Le 24 mai, avec les troupes de Versailles.

M. LE PRÉSIDENT : Vous avez dit que les personnes qui vinrent au ministère parlaient anglais et français?

LE TÉMOIN : Oui, elles parlaient français en s'adressant à Jourde et anglais entre elles.

J'ai vu les pierreries un jour que je servais à déjeuner à deux secrétaires, l'un qui s'appelait Bourgoing et l'autre Rotshchild. Ces pierreries étaient dans du papier sur la table.

JOURDE : Bourgoing était un employé nommé par Verlin. Pour l'autre, il avait été recommandé par Régère.

Comme il y avait aux Tuileries des objets précieux, je dis : C'est moi qui en ai la responsabilité, et je n'admets pas que ces objets restent dans les salles où circulent les gardes nationaux de garde. D'abord, je fus mal accueilli ; mais j'insistai et je fis porter toutes ces richesses au ministère des Finances. Je reçus de la commission exécutive une note signé Hostein et dans laquelle on m'annonçait l'envoi de deux citoyens, l'un Anglais, l'autre Américain, chargé d'estimer les objets que j'avais fait mettre de côté. Ces messieurs n'ont pas fait autre chose que ce que font tous les joailliers ; ils ont enlevé les pierres, les ont estimées à une somme de 350 à 360,000 fr. D'abord ils avaient dit 150, puis 200,000, puis enfin 350,000. Je me rappelle que Clément était avec moi.

J'ai été arrêté dans des circonstances si romanesques que je ne sais pas ce que sont devenus ces objets précieux. Je ne suis d'ailleurs pas revenu au minitère des Finances. Le fait est qu'on a procédé à l'inventaire des objets dont on parle et qu'on les a replacés dans la resserre du ministère.

J'ajoute que vous ne trouverez sur aucune place de l'Europe, sur aucun marché de l'Europe, les objets confiés au ministère, parce que le délégué aux Finances n'a aliéné aucun titre.

Le témoin fait observer que deux caisses d'armes n'ont pas été retrouvées, qu'il a vu des diamants, mais pas de pierres précieuses.

JOURDE : Il est certain que les 21, 22, 23 et 24 mai, il s'est passé des faits dont je ne puis être responsable. Il y a eu des tentatives de mettre le feu au ministère, je ne puis nier le fait, mais j'affirme y avoir été complétement étranger.

M. LE COMMISSAIRE DU GOUVERNEMENT : Vous avez connu le deuxième incendie du ministère?

JOURDE : Non, monsieur.

M. LE COMMISSAIRE DU GOUVERNEMENT : Vous étiez dans Paris, et vous voulez nous faire croire que vous ne saviez pas que le ministère flambait?

JOURDE : J'avais quitté le ministère pour aller chez moi, et, le matin, je devais me rendre à l'Hôtel-de-Ville pour surveiller les opérations de finances.

LE TÉMOIN : Tous les autres employés du ministère pourraient venir déposer comme moi. L'un d'eux est resté, sa femme était en couche. Le secrétaire général Merlieux aurait même dit : « Nous savions ce qui devait arriver, mais nous ne pouvions le dire. Il serait à désirer qu'il ne restât pas pierre sur pierre du ministère des Finances. »

M. LE PRÉSIDENT (à Jourde) : Connaissiez-vous Merlieux?

JOURDE : Merlieux était un professeur de géométrie et d'astronomie, habitant du côté du collége de France; il ressemblait à un professeur de l'Université : le langage qu'on lui prête m'étonne.

M. LE PRÉSIDENT : Mais ce projet de brûler Paris existe.

JOURDE : J'avais entendu tenir ces propos pendant le siége, mais je n'y attachais aucune importance.

M. LE PRÉSIDENT : On peut se rassurer quand on parle de faire sauter Paris, car c'est une chose plus difficile à faire qu'on ne croit.

LE TÉMOIN : Jourde doit se rappeler qu'il dit en quittant le ministère : « Citoyen Merlieux, vous savez qu'il ne faut pas qu'il reste ici un seul employé. »

M. LE PRÉSIDENT (à Jourde) : Vous avez fait supprimer les rondes de nuit au ministère?

JOURDE : Je ne connaissais pas ce détail d'intérieur.

M. LE PRÉSIDENT (au témoin) : Savez-vous qui a fait supprimer les rondes?

LE TÉMOIN : Non, monsieur le Président.

M. LE PRÉSIDENT : Jourde ne couchait-il pas au ministère?

LE TÉMOIN : Si, dans une petite chambre. Il y avait même apporté un revolver magnifique et ses accessoires.

JOURDE : Je n'ai jamais dit que je ne couchais pas au ministère des Finances, je n'y ai couché que quelquefois.

BORNIS, fumiste au ministère des Finances, est ensuite entendu.

M. LE PRÉSIDENT : Vous êtes resté au ministère sous la Commune?

LE TÉMOIN : Oui, monsieur le Président.

M. LE PRÉSIDENT : Quand a-t-on coupé les tuyaux de conduite des eaux?

LE TÉMOIN : Le 22 mai.

M. LE PRÉSIDENT : Il était ainsi impossible de se servir d'eux pour les prises d'eau?

LE TÉMOIN : Oui, l'eau se répandait en abondance dans les cours.

M LE PRÉSIDENT : Quand le feu a-t-il commencé?

LE TÉMOIN : Le lundi d'abord, mais il fut éteint le soir; il reprit pendant la nuit et attaquait un autre côté du bâtiment.

M. LE PRÉSIDENT : N'avez-vous pas entendu parler de tonneaux de pétrole?

LE TÉMOIN : On en avait mis dans la cour de l'Assomption; ils étaient destinés à l'éclairage.

M. LE COMMISSAIRE DU GOUVERNEMENT : Avez-vous essayé d'éteindre l'incendie?

LE TÉMOIN : Oui; mais des factionnaires empêchaient de circuler dans l'intérieur du ministère et d'éteindre le feu.

JOURDE : C'est ce que j'ai toujours dit. Le lundi, j'ai essayé moi-même d'éteindre l'incendie; le lendemain, les factionnaires empêchaient ceux qui cherchaient à l'éteindre.

Je ne puis être responsable de ce qui s'est passé le mardi, puisque j'étais absent du ministère.

RÉGÈRE : Je demande à m'expliquer sur ce fait : On a dit qu'un secrétaire avait été placé par moi au ministère des Finances; cela est inexact. Quand on me nomma à la commission du contrôle des Finances, j'amenai avec moi mon secrétaire de la municipalité du 5ᵉ arrondissement.

Quand je quittai les Finances, mon secrétaire aima mieux rester aux Finances, y trouvant la position meilleure.

M. DUCOUDRAY : monsieur le président, je reçois à l'instant une lettre de l'accusé Ferré dans laquelle il me demande de faire comparaître devant vous deux témoins qui ont déclaré savoir des faits entièrement contraires à ceux affirmés par le témoin Lasnier. Cette double déposition étant très-grave, j'ai cru devoir vous en prévenir afin qu'il soit possible à l'accusation d'appeler de nouveau Lasnier dans l'intérêt de la vérité, et en outre pour que la citation légalement donnée permette aux témoins de déposer sous la foi du serment.

M. LE PRÉSIDENT : Avez-vous le nom et l'adresse des deux témoins?

M. DUCOUDRAY : Oui, monsieur le président, les noms sont passés au greffier.

FERRÉ : Monsieur le président, je demande que deux de mes coaccusés, Verdure et Champy, soient également entendus pour le même objet.

La parole est ensuite donné à Mᵉ Lachaud fils, défenseur de Champy.

Le défenseur cherche d'abord à établir que, dans la Commune, Champy n'a joué qu'un rôle des plus affacés : modeste ouvrier orfèvre, il n'a jamais recherché les honneurs, les grades et l'argent. Tous les patrons chez lesquels il a travaillé lui ont délivré les meilleurs certificats; ils constatent qu'il fut toujours laborieux et partisan de l'ordre.

Il est à remarquer que Champy fut nommé dans le quartier de la Porte-Saint-Martin, qui assurément ne peut passer pour être un quartier révolutionnaire. De plus, Champy, s'il assista aux réunions de la Commune, n'y prit jamais la parole, et si, comme d'autres, il ne donna pas sa démission, c'est qu'il n'osa probablement pas faire un acte qui pouvait lui aliéner l'esprit de ses terribles collègues.

On ne peut dire que Champy s'est associé à des assassins et des incendiaires; il a cru s'unir à une réunion d'hommes politiques, et il faut voir s'il est solidaire de leurs actes, d'après les principes de la solidarité et de la complicité établis par le droit commun.

Le principal argument qu'on invoque contre Champy est l'ordre signé de lui d'envoyer des obusiers et obus à pétrole pour incendier la gare de Lyon. Mais peut-on attacher une importance quelconque à ce document, produit à la fin des débats, et qui d'ailleurs, n'ayant été soumis à aucune vérification, ne revêt aucun caractère d'authenticité?

M. le Commissaire du Gouvernement : Ce document a été présenté à votre client.

Champy : Mais je ne l'ai pas reconnu absolument.

M. le Commissaire du Gouvernement : On pourra toujours le soumettre à une vérification.

Mᵉ Lachaud : Nous le demandons.

M. le Commissaire du Gouvernement : Nous prierons M. l'expert Delarue de l'examiner.

La séance est suspendue pendant quelques minutes, et, à la reprise, la parole est donnée à Mᵉ Dupont de Bussac, défenseur de Régère.

Mᵉ Dupont de Bussac s'attache surtout à démontrer que, dans la conduite de Régère, on ne trouve aucun des éléments constitutifs de la complicité telle qu'elle est écrite et définie dans la loi.

Il est, d'après le défenseur, impossible de considérer, quoi qu'il arrive, Régère autrement que comme coupable de crime politique, et la loi n'édicte pas la peine de mort dans ce cas.

Reprenant ensuite chacun des chefs d'accusation, Mᵉ Dupont de Bussac examine d'abord dans quelles conditions fut rendu le décret sur les otages, décret qui, quoi qu'on ait dit, n'a jamais été exécuté, car tous les gens qu'on a massacrés l'ont été en dehors de toute participation de la Commune.

On reproche à Régère d'avoir voulu incendier Paris, et la seule preuve est un morceau de papier sur lequel on a trouvé écrit ces mots anglais : « Burn the houses. » Est-ce là un document sérieux? Le défenseur explique au Conseil que si Régère avait voulu donner l'ordre de brûler, il ne se serait pas servi de cette expression, il aurait mis : « Shall burn. » D'ailleurs Régère pouvait-il songer à mettre le feu dans son arrondissement, lui qui avait un fils à Sainte-Barbe et sa femme près de l'Hôtel-de-Ville?

On reproche à Régère d'avoir été partisan de la formation d'un Comité de Salut public. Mais il n'a jamais été autre chose qu'un comité d'administration. Qu'a-t-il fait, dont on puisse le convaincre, dans les assassinats ou les incendies?

Quant à l'usurpation de fonctions, outre que Régère a pu régulièrement se croire investi de fonctions administratives par le suffrage de plus de huit mille électeurs, où trouve-t-on l'intention coupable qui doit exister nécessairement dans un semblable crime?

Il y a eu des arrestations arbitraires, mais qui a jamais été arrêté par Régère? Guinet lui-même n'a pas été arrêté par ses ordres.

Ce n'est pas lui non plus qui l'a séquestré, et quand on reproche à Régère d'avoir dit, en parlant de ce dernier : « Bon à fusiller ! » on ne doit pas attacher d'importance à ces mots, qui n'ont point dû être prononcés, car si Régère l'eût voulu, il aurait assurément pu faire fusiller Guinet sans le dire.

L'accusation de vol n'est pas sérieuse, car on le sait, le portefeuille contenant les valeurs appartenant à Guinet fut mis avec soin de côté et fut retrouvé lors de la perquisition qu'on fit chez Régère.

De plus, il n'a jamais donné d'ordre de réquisitions, ou du moins tout ce qui a été réquisitionné dans son arrondissement a été payé intégralement.

Mᵉ Dupont termine en demandant au Conseil de bien considérer les circonstances diverses dans lesquelles se sont produits les actes reprochés à Régère, et de voir s'ils peuvent constituer sa culpabilité.

Après lui, Mᵉ Marchand présente la défense de Lullier.

Officier plein d'avenir, Lullier a eu sa carrière brisée par une mesure illégale selon lui, et quand le mouvement communal a éclaté, il s'est laissé mettre à la tête des troupes de l'insurrection. Il n'a cependant jamais songé à combattre contre le gouvernement, et la preuve en est dans ce fait que, s'il eût voulu, il eût pu enlever tous les ministres réunis en conseil au ministère des Affaires étrangères.

Le défenseur reprend les faits : il estime que Lullier n'a cessé de s'opposer aux mesures de rigueur, qu'il a essayé de mettre un frein à la colère [du peuple irrité contre Versailles

M. le Président l'arrête vivement quand il dit, à propos des soldats du 69ᵉ retirés dans le Luxembourg et sommés de se rendre par Lullier, qu'ils mendiaient et pillaient dans le quartier. Il fait remarquer que chaque jour il leur a été distribué les rations ordinaires de vivres.

Je viens réclamer de vous, dit en terminant le défenseur, l'exécution d'une promesse qui a été faite à mon client. On lui a dit que, pour reconnaître les services qu'il avait rendus à l'ordre par sa conduite, on ne le poursuivrait pour aucun des faits relatifs à l'insurrection. Fût-il coupable, vous devez donc ne pas le frapper.

L'audience est ensuite levée.

Audience du 28 août.

Au commencement de l'audience, Me Marchand, avocat d'office de Lullier, a demandé à compléter sa plaidoirie.

Il répète ce qu'il a déjà dit à la dernière audience : « Que Lullier voulait servir le gouvernement de Versailles. »

Le défenseur se rasseoit.

Son client, qui a écouté impassible, se lève :

Je demanderai, dit-il, à rétablir certain fait. Mon avocat est maître de sa parole, il peut dire ce qu'il veut, voilà ce que je déclare.

Ce que j'ai été hier, je le suis aujourd'hui, je le serai demain. Le rôle que j'ai joué sous la Commune est parfaitement clair. Je m'étais mis en mesure de balayer la Commune. Je l'ai attaquée le front haut, la poitrine découverte. Je l'ai écharpée dans les journaux, dans les cafés, partout. J'aurais pu produire de nombreux témoins.

J'avais sous la main des généraux et des officiers de mon état-major. J'ai voulu m'en servir. C'est alors qu'est venu un homme qui m'a offert ses services; je les ai acceptés. Il a dû me remettre de l'argent; il n'a pas pu le faire à cause de certaines circonstances indépendantes de sa volonté. J'ai exécuté les conditions qui m'étaient faites.

Il m'a été dit ceci : A vous et à vos officiers, il ne sera rien fait. Nous ne vous donnons pas un blanc-seing, mais ordre sera donné au maréchal Mac-Mahon et à la police de ne point vous inquiéter.

Je n'accuse personne, mais je suis en droit de me déclarer non responsable des résultats.

M. le Président : Accusé Urbain, pourriez-vous me dire quel a été au juste l'emploi de votre temps dans la journée du 22 mai?

Urbain : Je suis parti de la mairie vers cinq heures du matin. Je fus à l'Hôtel-de-Ville au milieu d'une foule énorme. J'arrivai à la salle Saint-Jean, où je rencontrai Sicard, un de mes collègues, avec quelques autres. On nous dit qu'il nous était donné ordre de nous retirer dans nos arrondissements pour y organiser la résistance. Je revins donc à la mairie du 7e. J'y attendais Sicard. Au

RÉGÈRE

carrefour de la rue Bellechasse, des citoyens voulurent s'opposer avec violence à l'élévation d'une barricade. Je leur répondis que je ne les forçais pas à y travailler, mais qu'ils n'avaient qu'à se retirer chez eux. Je ne pus pas arriver à faire élever la barricade.

Un membre du Comité de salut public vint nous ordonner de me replier sur la place Saint-Sulpice. Je voulais bien lutter tant que la lutte était possible, mais je ne voulais pas qu'elle fût portée dans les rues de Paris.

M. LE PRÉSIDENT : Vous avez été, vers cinq heures, aux Tuileries, et vous y avez passé quelque temps ?

URBAIN : A peine une demi-heure.

M. LE PRÉSIDENT : C'est alors qu'on a exécuté quatre malheureux ?

URBAIN : Je l'apprends, monsieur le président.

M. LE PRÉSIDENT : Vous allez entendre deux témoins qui vous ont vu au balcon avec Bergeret pendant qu'on fusillait les quatre malheureuses victimes.

URBAIN : Je le nie absolument. Je me rappelle seulement avoir vu conduire un garde par ses camarades ; devant lui, marchait un enfant portant une hache teinte de sang.

Je cherchai à obtenir quelques renseignements. On me dit que ce garde national avait tué deux de ses voisins. On l'emmenait pour lui demander des explications.

M. LE PRÉSIDENT : Mais je ne parle pas de cela. C'est à un fait qui s'est passé aux Tuileries que je fais allusion. Vous avez dit que vous y étiez resté trois-quarts d'heure ?

URBAIN : J'ai voulu dire à l'Hôtel-de-Ville et non aux Tuileries.

M. LE PRÉSIDENT : Non, c'est bien aux Tuileries.

URBAIN : J'affirme le contraire. J'ai seulement passé par là ; j'y rencontrai le colonel.....

M. LE PRÉSIDENT : Dardel.....

URBAIN : Oui, le colonel Dardel, qui me dit que je m'exposais en passant par là.

HENRI ZIEGLER, homme de service à la régie des Tuileries.

M. LE PRÉSIDENT : Qu'est-ce qui s'est passé aux Tuileries, le 22 mai ?

LE TÉMOIN : Entre quatre et cinq heures, on a rangé quatre hommes sous le pavillon de l'Horloge, sur le trottoir. On prétendait que c'étaient des gendarmes et des sergents de ville, espions de Versailles. Il y avait parmi eux, disait-on, un pharmacien de la rue Richelieu. J'étais dans la salle à manger du troisième étage. On a mis le peloton d'exécution en face, puis on a causé un moment avec eux ; je croyais même qu'on allait leur faire grâce. A ce moment, deux hommes étaient au balcon. Un officier des fédérés, qui regardait avec une lorgnette, m'a dit que c'étaient Bergeret et Urbain. Au bout de quelques minutes, trois coups de fusil partirent sans que personne fût atteint ; puis on tira de nouveau, et les hommes tombèrent les uns après les autres. Les deux personnes qui étaient au balcon se sont penchées pour regarder, puis ont battu des mains et crié : « Vive la Commune! » Le soir, le commandant des fédérés me dit : « Va-t'en bien vite, le château va sauter. » Je lui répondis : » C'est pas possible! — Si, sauve-toi, » me répéta-t-il.

M. LE PRÉSIDENT : Vous avez vu deux hommes, vous en êtes sûr?

LE TÉMOIN : Oui, mon colonel.

M. LE PRÉSIDENT : Vous avez entendu dire par un officier qui regardait avec une lorgnette, sur le balcon, et qui les connaissait : « C'est Urbain et Bergeret? »

LE TÉMOIN : C'était le lieutenant Chaumont qui dit cela.

M. LE PRÉSIDENT (à Urbain) : Qu'avez-vous à répondre à ce que vient de dire le témoin!

URBAIN : C'est entièrement faux. D'ailleurs, le témoin ne répète que ce qu'il a entendu dire.

M. LE PRÉSIDENT : C'est vrai ; il ne vous a pas reconnu.

THOLOMI, brigadier des gens de service aux Tuileries.

M. LE PRÉSIDENT : Que savez-vous sur ce qui s'est passé aux Tuileries?

LE TÉMOIN : Le lundi 22, à six heures du soir, quatre prisonniers ont été fusillés devant le pavillon qu'habitait M. de Laferrière. Après cela, Bergeret et un membre de la Commune, qui étaient au balcon, se penchèrent en avant, et le membre de la Commune prononça ces paroles, que je me rappelle parfaitement: « Ainsi périssent tous les espions et ceux qui sont contre la Commune!» Puis il cria : « Vive la Commune! » Tous les hommes armés ont répété : « Vive la Commune! »

M. LE PRÉSIDENT : Vous ne connaissiez pas ces hommes qui étaient au balcon?

LE TÉMOIN : Non, mais les officiers d'état-major ont tous dit qu'il y avait Bergeret et Urbain.

M. LE PRÉSIDENT : Où étiez-vous?

LE TÉMOIN : Dans la cour. Les prisonniers avaient été amenés à trois heures et demie; on hésita longtemps; les uns voulaient les exécuter, les autres voulaient les relâcher. On les conduisit à l'Hôtel-de-Ville, où on les refusa; puis on les ramena aux Tuileries, où ils furent exécutés.

M. LE PRÉSIDENT : A quelle distance étiez-vous de ceux qui présidaient à l'exécution?

LE TÉMOIN : A environ vingt pas, comme d'ici au Christ qui est derrière le Conseil. J'ai reconnu Bergeret. Le membre de la Commune, vêtu en bourgeois, était un homme de trente à trente-cinq ans.

M. LE PRÉSIDENT : Pourriez-vous le reconnaître?

LE TÉMOIN : Je ne sais.

M. LE PRÉSIDENT : Le voyez-vous parmi les accusés?

LE TÉMOIN (regardant les accusés) : Je ne le vois pas.

M. LE PRÉSIDENT : Depuis quand Bergeret habitait-il les Tuileries?

LE TÉMOIN : J'avais reçu, le samedi 22, l'ordre de mon chef de l'installe dans les anciens appartements de l'impératrice, côté des jardins, avec son état-major.

M. LE PRÉSIDENT : Oui, naturellement, il n'allait pas seul.

URBAIN : J'ai justifié de mon temps pendant plusieurs jours.

M. LE PRÉSIDENT : Il s'agit seulement de savoir si, le 22, vous avez été aux Tuileries.

HOSANA, brigadier de service aux Tuileries.

M. LE PRÉSIDENT : Vous étiez aux Tuileries le 22 mai?

LE TÉMOIN : Je fus appelé par mon service à préparer l'appartement de Bergeret. Vers cinq heures, je vis arriver, au milieu d'une bande de fédérés qui criaient : « A mort! à mort! » quatre prisonniers. J'entendis, un moment après, des coups de fusil. Je passais dans la salle des Maréchaux quand je vis le membre de la Commune qui finissait son discours. Il disait : « Ainsi périssent tous les ennemis de la Commune et de la République! » Quand il sortit, je me trouvai en face de cet individu. Je le revis le lendemain matin.

M. LE PRÉSIDENT : L'avez-vous vu de près?

LE TÉMOIN : De tout près.

M. LE PRÉSIDENT : Le reconnaîtriez-vous?

LE TÉMOIN : Je crois que oui. C'était un petit, portant toute sa barbe, figure un peu rougeaude.

Me ROUSSELLE : Comment portait-il son écharpe?

LE TÉMOIN : En sautoir.

(Le témoin regarde les accusés. Il hésite entre Urbain et Trinquet ; mais il ne croit devoir rien affirmer.)

M. LE PRÉSIDENT (à Urbain) : Vous continuez à prétendre que vous n'êtes pas allé aux Tuileries?

URBAIN : Absolument.

LE TÉMOIN : La fin des paroles de l'accusé me rappelle bien celles de celui qui fit le discours sur le balcon.

M. LE PRÉSIDENT : Comment était-il vêtu?

LE TÉMOIN : D'un paletot foncé; il était coiffé d'un chapeau assez bas de forme.

URBAIN : Je n'ai jamais porté autre chose qu'un képi. J'ai toujours été vêtu de noir depuis deux ans, époque de la mort de ma femme.

M. LE PRÉSIDENT : Je retiens ce fait, qu'on fusillait avec la plus grande facilité.

URBAIN : Mais ce qu'on raconte ici n'a pas été connu de moi. Je m'y serais opposé.

M. LE PRÉSIDENT : Oui, vous êtes tous d'excellents pères de famille, et pas un ne s'est opposé aux énormités qu'a commises la Commune.

ASSI : J'étais en prison dès le 30 mars.

RÉGÈRE : Nous nous sommes opposés aux mesures de rigueur de tout notre possible.

Ferré avait demandé à faire entendre deux témoins nouveaux : le premier est le nommé Mayer (Salomon), employé de commerce.

M. LE PRÉSIDENT : Que savez-vous de ce qui s'est passé au 11ᵉ arrondissement le 25 ?

LE TÉMOIN : J'étais employé à l'état civil de la mairie.

M. LE PRÉSIDENT : Sous la Commune ?

LE TÉMOIN : Oui, monsieur le Président.

M. ÉLIE DUCOUDRAY : J'ai engagé le témoin à venir déposer ; quand il a vu, dans les journaux, les accusations portées contre Ferré, il a cru devoir braver une condamnation et venir déposer de ce qu'il avait vu.

M. LE PRÉSIDENT (au témoin) : Que savez-vous de ce qui s'est passé à la mairie du 11ᵉ arrondissement ?

LE TÉMOIN : J'affirme que, jusqu'au 25 à six heures du soir, il n'y a eu aucune exécution ; j'aurais entendu les coups de fusil.

M. LE PRÉSIDENT : Combien de temps restiez-vous à la mairie ?

LE TÉMOIN : Depuis huit heures du matin jusqu'à six heures du soir.

M. ÉLIE DUCOUDRAY : On a aussi raconté qu'une des victimes aurait été traînée par la tête. Le témoin aurait alors vu des traces de sang.

M. LE PRÉSIDENT (au témoin) : D'abord, avez-vous connu un employé sourd-muet à la mairie ?

LE TÉMOIN : Non.

M. LE PRÉSIDENT : Répondez maintenant à la question du défenseur.

LE TÉMOIN : Je n'ai pas vu de traces de sang. Il y avait beaucoup de femmes qui travaillaient à des sacs, et elles n'ont aussi rien vu.

FRANÇOIS COUTANT, garçon limonadier.

M. LE PRÉSIDENT : Vous avez déjà été entendu ?

LE TÉMOIN : Oui, il y a une dizaine de jours.

M. LE PRÉSIDENT : Qu'avez-vous à dire sur ce qui s'est passé à la mairie les 24 et 25 mai ?

LE TÉMOIN : J'ai vu dans les journaux une déposition qui racontait que deux exécutions avaient eu lieu à la mairie. Ce fait n'est pas vrai, car ni moi ni les cent cinquante femmes qui y travaillaient n'avons rien vu.

M. LE PRÉSIDENT : Vous ne restiez pas toute la journée à la mairie ?

LE TÉMOIN : Non, mais j'y venais souvent pour des fournitures de vivres destinés aux orphelines de la rue Oberkamp.

M. LE PRÉSIDENT : Et vous dites qu'il n'y a jamais eu d'exécutions?

LE TÉMOIN : Oui, jusqu'au 25.

M. ÉLIE DUCOUDRAY : Le témoin, pour son commerce même, était presque toujours à la mairie.

M. LE PRÉSIDENT : Nous allons entendre M. Lasnier.

On introduit ce témoin, déjà entendu.

M. LE PRÉSIDENT (à Lasnier) : Nous avons entendu deux témoins nouveaux, et nous voulons vous demander quelques explications. A quelle heure s'est passé ce que vous nous avez raconté?

LE TÉMOIN : Vers midi.

M. LE PRÉSIDENT : Y avait-il un escalier?

LE TÉMOIN : Oui, et beaucoup de monde dessus, surtout des femmes, dont quelques-unes se sont trouvées mal.

M. LE PRÉSIDENT : Combien y a-t-il de paliers:

LE TÉMOIN : Un seul; c'est au bas que furent faites les exécutions, dans l'escalier principal.

M. LE PRÉSIDENT : Alors on ne faisait descendre chaque victime qu'à son tour?

LE TÉMOIN : Oui; mais cela se faisait un peu en désordre.

M. LE PRÉSIDENT : Et vous avez tout vu?

LE TÉMOIN : Parfaitement; j'étais à côté de Ferré.

M. ÉLIE DUCOUDRAY : Le témoin connaît-il bien la mairie?

LE TÉMOIN : C'est la première fois que j'y suis allé; elle est située boulevard Voltaire.

M. ÉLIE DUCOUDRAY : Sur le palier d'en bas, près de la statue, comment entrait-on dans la salle?

LE TÉMOIN : Par quelques marches.

M. ÉLIE DUCOUDRAY : Eh bien! on y entre de plain-pied. Je crois que le témoin confond avec un autre mairie.

M. LE PRÉSIDENT : Dans ces moments, on peut bien perdre un peu la tête.

M. ÉLIE DUCOUDRAY : De plus, comment se fait-il que le témoin ne puisse pas préciser le jour où il a vu les faits qu'il raconte?

LE TÉMOIN : Je sortais de Mazas, et je pouvais bien ne pas savoir au juste quel jour il était; mais on pourrait s'en référer au registre du greffe.

M. LE PRÉSIDENT : Il n'y a qu'un fait important à retenir : c'est que Ferré a assisté aux exécutions.

FERRÉ : Cela n'est pas. Ce que le témoin a raconté est absolument faux; il n'a pas tout dit.

LE TÉMOIN : Je n'ai pas dit non plus que vous portiez les cheveux plus longs; que, quand j'arrivai, vous me dites : « Ah! vous voici, citoyen Lasnier! l'homme aux brassards tricolores! Venez-vous encore conspirer ici? » Et comme lui répondis : Non, monsieur, il s'écria : « Vous le voyez, il m'appelle monsieur ! »

Ferré : J'oppose toujours le démenti le plus formel. Je demande à poser quelques questions à mes coaccusés Verdure et Champy.

M. Élie Ducoudray : La disposition de la mairie du 11° rend absolument impossible que le récit du témoin soit vrai.

Champy : Sur la demande de Ferré, je me rendis à la mairie, où je restai environ une heure. Je n'y vis pas d'abord Ferré. Vers deux heures et demie, je l'y rencontrai dans la salle des mariages. Je n'ai vu aucune trace de sang, je n'ai entendu aucun coup de feu.

Verdure, également interpellé par Ferré, sait que, le mercredi 24, vers trois heures de l'après-midi, la municipalité vint s'installer à la mairie, dans la salle des mariages. La porte resta continuellement ouverte. On a dit que l'exécution s'était faite sur les escaliers. Ce fait n'est guère possible, parce qu'il était encombré par des femmes qui travaillaient à des sacs pour le ministère de la Guerre.

Lasnier : En effet, j'ai vu ces femmes en bas ; quelques-unes d'elles se trouvaient mal.

M. le Président : Il est dommage qu'on n'ait pas songé à porter ici un plan de la mairie.

Verdure : Il y a un très-grand escalier conduisant à la salle des mariages.

M. le Président : Avec une seule rampe ?

Verdure : Oui, monsieur le Président.

M. Élie Ducoudray : Je vais dire une chose qui pourra éclairer le Conseil. Il y a eu des exécutions près de cette mairie, qui est au milieu d'un quartier si éprouvé. Mais elles avaient lieu dans un terrain près de la mairie, jamais dans la mairie elle-même. On a dit qu'on avait exécuté treize personnes sur le palier de la mairie ; c'est matériellement impossible, les cadavres auraient couvert les escaliers.

Ferré continue à protester.

M. Élie Ducoudray fait la description minutieuse des lieux. Le défenseur croit qu'il pourrait être utile d'envoyer quelques personnes visiter avec M. Lasnier la mairie du 11°.

M. le Commissaire du gouvernement : Permettez-moi de résumer ce qui se passe ici. Nous avons, d'une part, des témoins entendus à la dernière heure. D'autre part, des accusés qui se seraient trouvés à la mairie au moment du crime, et qui ont naturellement tout intérêt à dire que rien ne s'y est passé. Puis, nous avons le témoignage de M. Lasnier, et le ruban rouge qu'il porte sur sa poitrine est un sûr garant qu'il dit la vérité.

M. Élie Ducoudray : Le témoin a pu se tromper. Nous pourrions en entendre d'autres qui sont à Satory ou à l'Orangerie.

M. LE COMMISSAIRE DU GOUVERNEMENT : Les dépositions de tous les prisonniers de Satory et de l'Orangerie ne sauraient prévaloir contre celle de M. Lasnier.

M. Élie Ducoudray cite un fait qui se serait produit en 1851 : il aurait été démontré qu'un témoin très-honorablement connu aurait été convaincu de faux témoignage.

M. LE PRÉSIDENT (*à Lasnier*) : Quand vous avez été mis en liberté, vous sortiez du cachot ?

LE TÉMOIN : Oui, où on m'avait laissé vingt-sept heures. On nous ouvrit la porte en nous disant : « On va faire sauter la mairie, sauvez-vous ! »

M. LE PRÉSIDENT : Et vous ne connaissiez personne de ceux que vous avez vu ?

LE TÉMOIN : Oh ! on ne songeait guère à parler. Les uns criaient : « A mort ! à mort ! » Les autres, les victimes, ne songeaient guère à parler.

M. LE PRÉSIDENT (*à Ferré*) : Ce qu'il y a de singulier, c'est que M. Lasnier ait parfaitement précisé certains détails ; vous l'avez vous-même reconnu ici.

FERRÉ : Ici ? Non, j'ai seulement reconnu que j'étais au courant des poursuites ordonnées contre Lasnier, et quand il fut conduit ici devant vous, je l'ai, non reconnu, mais je me suis rappelé qu'il était celui qui faisait faire des brassards par des citoyens et des citoyennes.

RÉGÈRE : Ces brassards étaient destinés à servir de signe de ralliement à vingt mille amis de l'ordre. Nous connaissions leur organisation, et nous ne les avons pas inquiétés.

M. LE PRÉSIDENT : Oh ! nous ne pouvons entrer dans tous ces détails, qui sont en dehors de l'affaire.

M. LE PRÉSIDENT : La parole est donnée à Mᵉ Renault, défenseur de l'accusé Rastoul.

Mᵉ RENAULT : La situation du docteur Rastoul est unique ; il n'a jamais fourni une signature pour réquisitionner ou arrêter, il ne peut donc pas être poursuivi pour immixtion dans les fonctions publiques, la question d'avoir été membre de la Commune réservée.

Examinons donc le rôle exact qu'il a joué sous la Commune.

Le défenseur fait, à ce propos, une longue profession de foi. Il dit qu'il n'est pas républicain « de droit divin, » que la devise « liberté, égalité, fraternité » n'a cessé d'être violée par ceux-là même qui prétendaient s'en couvrir. Puis il parle de la Société l'Internationale, qu'il attaque vigoureusement, jusqu'à la suspension de l'audience, à deux heures et demie.

A la reprise de l'audience, Mᵉ Bigot demande la parole.

Monsieur le Président, dit-il, je voudrais faire une observation.

Je n'ai pas voulu interompre Mᵉ Renault, mais je demande ce que l'Internationale est venue faire dans la défense de Rastoul ? Celui-ci n'est pas sur ce bancs comme membre de l'Internationale, mais comme membre de la Commune. J'aurais laissé passer cela, cependant, si mon confrère n'avait lu une pièce anonyme, une proclamation aux Parisiens de l'Internationale pour continuer à combattre par le fer et la flamme. Qu'est-ce que ce document? Mon client appartient à l'Internationale et il la déclare fausse. L'association des travailleurs n'est pas une charbonnerie, une Société secrète, mais une réunion d'hommes ayant les mêmes besoins et agissant au grand jour.

· Mon confrère a cru tout à l'heure devoir faire une profession de foi d'orléanisme. (Rumeurs.)

M. LE PRÉSIDENT : Cela ne fait rien à l'Internationale.

Mᵉ BIGOT : Pardon, monsieur le Président; j'y arrive, et je voulais dire ceci : Les classes ouvrières sont toujours flattées par les prétendants, et quand ils ont obtenu ce qu'ils désirent, ils les sacrifient. C'est ainsi que Napoléon III, président de la République, faisait du socialisme avant d'être empereur, et que le comte de Paris fait aujourd'hui des traités sur les associations ouvrières, où l'Internationale n'est pas du tout maltraitée, n'ayant pas, lui, intérêt à le faire.

Cette farouche Internationale, elle est née d'un besoin social ; mais, il faut bien qu'on le sache, elle a été, au début, favorisée par l'empereur, quand il crut utile à ses desseins de la patronner. C'était lors de l'exposition universelle de Londres ; quelques journaux parisiens manifestèrent l'intention de faire des collectes pour favoriser le voyage à Londres des délégués des corporations ouvrières. L'empereur alla au-devant de ce désir ; il subventionna et manifesta le vœu public qu'il se formât une association générale des travailleurs de tous les pays. L'idée fut mise à exécution l'année suivante, mais sans la participation de l'empereur. D'après les statuts, on ne devait pas s'occuper de politique pure, et si, plus tard, des groupes isolés ont fait de la politique, c'est qu'ils ont méconnu les statuts de l'Association, et même la franc-maçonnerie, à certains moments, a méconnu les siens. Il ne faut pas confondre Tolain avec Cluseret; le premier seul est l'élément sage et persistant de l'Association internationale.

Si j'ai insisté, messieurs, sur ce point, c'est que je n'ignore pas que les journalistes et les juges reçoivent journellement des menaces anonymes que l'on met sur le compte de l'Association internationale; ce sont là des procédés indignes, des manœuvres policières contre lesquelles l'Association internationale des travailleurs devrait une bonne fois protester publiquement; puisse cet appel lui arriver par la voie des correspondants anglais qui sont ici.

Mᵉ RENAULT : Je n'ai voulu accuser personne; je désire ne pas être interrompu. Je n'ai pas, moi, interrompu Mᵉ Bigot : j'ai pris le bon moyen pour cela, car il a souvent dit des choses contre mes convictions, je ne l'ai pas entendu.

M. le Commissaire du gouvernement : Parlez, Mᵉ Renault, vous ne serez pas interrompu.

Mᵉ Renault continue en ces termes :

Qu'est-il arrivé à l'égard des hommes du 31 octobre? Le préfet de police d'alors, homme que nous estimons et que nous chérissons tous, voulait faire son devoir; son supérieur, homme du 4 septembre, ne voulait pas qu'on poursuivît les ennemis de la veille, qui étaient les amis de l'avant-veille; il intercéda pour eux; dès lors, la Commune était fondée. C'est de cette époque qu'elle date, et non du 13 mars.

Nous arrivons au 28 janvier. Un homme du 4 septembre est encore là, et nous dit qu'il a déclaré au comte de Bismark, en terminant ses pourparlers avec lui, que, dans Paris, il n'y avait pas de populace, qu'il n'y avait qu'une population qui avait le sentiment de ses devoirs ; c'est lui qui disait aussi que la France ne céderait « ni une pierre de ses forteresses ni un pouce de son territoire. »

Le 28 janvier, il stipule le désarmement de l'armée ; il maintient les armes à la garde nationale.

Le 28 janvier, l'insurrection était instituée, imminente.

Les événemets d'avril et de mai sont la conséquence forcée de cette convention du 28 janvier.

Le 27 février, les canons sont montés à Montmartre.

Vanves et Issy sont occupés par la garde nationale.

A qui la faute? Tout le monde répondra à cette question. Je n'y répondrai pas.

Je suis dans ce moment dans le vif de la cause. Je cherche à mesurer les responsabilités, à les attribuer à qui de droit surtout.

Quel était l'état du pays à cette heure, son état moral?

Je le trouve très-immoral. En voici deux preuves : d'abord l'impudence des affiches électorales, où chacun se prétend, sans vergogne, meilleur et plus honnête que tous les autres ensemble, et l'attitude ensuite de ceux qui brûlent les bois de justice, ce qui n'empêchera pas de fusiller tout à l'heure.

Si le pays appartient aux désœuvrés, aux déclassés de tout ordre, la faute en est à tous, et spécialement à quelques-uns.

Quand une spéculation fait gagner un million à celui qui l'entreprend, deux mille imbéciles se lancent d'abord à sa suite pour l'imiter. Un jour, un homme, jusqu'alors ignoré, et dont je ne veux rien dire, est relevé par un pur incident d'audience : le voilà placé sur le pavois ; le voilà devenu un de nos sages, et, comme il veut, après tout, faire son chemin, il prendra des notes et deviendra notre dictateur.

Est-ce bien, est-ce mal? Je ne dis rien. Mais où est la raison? Et peut-on s'étonner qu'une foule de jeunes hommes, plus ou moins gandins, se soient préci-

pités sur ses traces et nous aient fait assister à l'éclosion d'une profession nouvelle, celle d'entrepreneurs en politique, lesquels ne réussissent que trop
souvent, hélas! et au succès desquels d'immenses asiles d'aliénés seraient le
seul remède possible.

Voilà l'état moral du pays.

Revenons aux canons de Montmartre. On veut les enlever. La garde nationale et le Comité central organisent la résistance : un conflit naît avec l'armée.
Qui sauvera la patrie en danger? La garde nationale? Je ne le crois pas. Je crois
plutôt que c'est l'armée, et au prix de quels sacrifices!

Le 18 mars s'accomplit. Un homme, encore du 4 septembre, appose des affiches dans Paris, et crie à la violation des lois par des concitoyens égarés. Et
le public de rire et de lui dire :

« Et vous? »

Sans doute, les agitateurs des masses croient que tout le monde est content
parce qu'ils sont ministres, et cet homme prêcha dans le désert.

Le Comité central indique au 26 mars les élections municipales. Il fallait les
éviter à tout prix. Rastoul l'a bien compris, et propose la constitution d'un
conseil municipal composé des députés de Paris, des maires de Paris et de tous
les candidats qui, aux dernières élections pour l'Assemblée, auraient réuni
plus de vingt mille voix.

Quoi de plus légal et de plus pratique? Et n'est-ce pas là pour Rastoul une
immense atténuation? Mais la voix de Rastoul n'est pas écoutée, et les élections se préparent.

Qui doit gouverner Paris, en l'absence, légitime ou non, peu importe, du
gouvernement régulier?

Les maires, à mon avis, qui détiennent les listes électorales, et qui, en les
livrant, innocentent et les électeurs et les élus.

Or, les maires viennent à Versailles; ils entrent à l'Assemblée, ceints de leur
écharpe, et crient : « Vive la République! »

Paris, cependant, est dans l'ignorance de ce qui se passe; la liberté y est
douteuse; la majorité turbulente domine; la cité est affolée.

Le 23 mars arrive avec le résultat des négociations; le mandataire du gouvernement de Versailles s'installe au Grand-Hôtel et adresse aux Parisiens une
proclamation qui constate qu'on a obtenu à Versailles la reconnaissance complète de toutes les franchises municipales de Paris.

Je ne blâme ni la proclamation, ni le gouvernement qui l'a dictée; je constate et je déclare que cette proclamation régularisait, légitimait le vote. Il y a
plus : les députés de Paris et les maires se prononcent dans l'*Officiel*, et se prononcent dans le même sens; ils convoquent les électeurs le 25 pour le 26; ils
les appellent avec instance au vote.

Contestera-t-on l'autorité des députés à cet égard? Peut-être. Mais celle des maires dans leurs arrondissements respectifs? Pour celle-là, c'est impossible.

Peut-on, dans ces conditions, nier la valeur du vote des vingt mairies? Mais alors, tout vote serait une insurrection; car ce vote fut aussi régulier qu'aucun. 240,000 électeurs y ont pris part : c'est un chiffre qui donne à réfléchir.

Au cours de l'interrogatoire, quand Rastoul alléguait avoir été nommé par 11,000 électeurs, l'organe de l'accusation déclarait ces électeurs des insurgés. Est-ce possible? Si ce sont des insurgés, ils sont les propres complices de leur élu; ce sont eux qui lui ont donné son mandat, ses moyens d'action; l'art. 6 du Code pénal leur est applicable.

Les poursuivra-t-on? Je vous le demande.

L'élection est donc régulière, et l'élu légalement nommé : ou bien tous, élus et électeurs sont coupables.

Mais, passons. L'élection est consommée. Rastoul est des élus. S'était-il présenté?

Non; il était connu universellement par ses bienfaits et son dévouement professionnel dans son quartier.

Il a connu en même temps la candidature qu'on lui avait faite et sa nomination.

Rastoul, maintenant, a-t-il pu accepter son élection de bonne foi? Tout le procès est là. Pour moi, il l'a pu, et sa place, dès lors, n'est pas sur ce banc.

Rastoul a eu le courage de rester à son poste. Beaucoup ont déserté le leur, qui voulaient l'honneur sans le danger, et qui, restant, nous eussent évité bien des malheurs, tandis qu'ils n'ont laissé derrière eux que la minorité mauvaise, devenue majorité.

Mais qu'est-ce, d'ailleurs, que ce conseil communal dans l'esprit de ses électeurs? Un gouvernement? En aucune façon. Il n'est que ce que son nom le dit : un conseil purement communal. Il n'y a là, à cette heure, ni immixtion dans des fonctions publiques, ni attentat contre le gouvernement. Il reviendra plus tard, je le discuterai.

En attendant, le 29 mars, le conseil se réunit. Il se divise en neuf commissions, ce qui exclut complétement la solidarité invoquée par l'accusation, en divisant de plein droit les responsabilités. Le conseil communal, collectivement, cesse d'être responsable, parce qu'il n'exécute absolument rien dans sa collectivité.

Or, Rastoul fait partie de la commission des services publics, qui n'avait rien à faire, qui n'a eu ni réunion, ni local. Il devait son temps à sa profession, et tout son concours dans sa commission se réduit à un avis adressé aux anciens employés de l'administration de l'assistance publique, les invitant à revenir à leur poste.

Je sais bien que l'accusation reproche à Rastoul d'avoir fait partie de la délégation de son arrondissement. Le 31 mars, le conseil communal avait confié à ses membres la direction de leurs arrondissements respectifs. Cette direction, Rastoul ne l'a pas acceptée. A la mairie, il trouve une délégation du Comité central qui persiste à vouloir administrer l'arrondissement; Rastoul constate, de la part de cette délégation, des agissements financiers et administratifs qui ne lui conviennent pas, et, au refus de l'*Officiel,* qui ne voulait rien accepter de Rastoul, source pour lui impure, il insère sa protestation à cet égard dans le *Mot d'Ordre* et déclare au conseil communal qu'il se retire.

C'est après cette démission qu'il consentit à accepter l'inspection générale des ambulances militaires, qui convenaient bien à un cœur chaud comme le sien. Il me charge ici de protester énergiquement contre le reproche d'avoir expulsé les sœurs de charité des hôpitaux. D'abord, il n'avait qu'à surveiller, qu'à rendre compte, et non à agir. Ensuite, il savait bien qu'au point de vue matériel, comme au point de vue moral, les sœurs de charité ne pouvaient être remplacées au lit des malades.

Mais Rastoul ne garde même pas son inspection; il est vrai que l'*Officiel* n'a jamais voulu publier sa démission, pas plus que le reste.

On a pu encore s'élever contre la création d'un bataillon de santé, composé de 120 docteurs et 400 élèves en médecine, mentionné au *Petit Moniteur universel* du 13 avril 1871. Il n'y avait là qu'une pensée médicale, qui d'ailleurs n'a jamais reçu d'exécution, et je ne fais qu'indiquer ce point, que l'accusation a laissé de côté.

Je dois enfin dire quelques mots de deux pièces qui ont trait à une question délicate, à la question d'argent.

La première est une demande au conseil communal de 2,000 fr. pour le service de l'inspection générale des ambulances.

La seconde est un bon de 200,000 fr.

Ces pièces sont au dossier sous la forme de copies; les originaux manquent; Rastoul, dès lors, n'a pas à les discuter, il lui suffit de les nier avec l'énergie d'un cœur qui, quoique ayant appartenu au conseil communal, a la prétention d'être resté profondément honnête. Rastoul déclare donc que pas un denier de l'État n'est entré dans sa poche, et que si la somme de 2,000 fr. a été touchée en réalité, elle a été maniée exclusivement par le secrétaire-général du service des ambulances, et par lui appliquée aux besoins de ce service.

Je n'insiste pas, et je continue.

Le 14 avril, le conseil communal négocie avec Versailles. L'*Officiel* de ce jour contient un rapport à cet égard. Je vois dans ces négociations une raison, non pas pour quitter le conseil communal, mais pour y rester. Nous arrivons à la création du Comité de salut public, qui remonte au 1er mai. Cette création est discutée : entre la majorité qui la demande, et la minorité qui la combat, se place Rastoul, qui ne lui est pas favorable, mais qui finit par s'abstenir, tellement qu'il demeure étranger au manifeste rédigé par la minorité contre l'institution de ce Comité.

Ce fait a une grave signification ; il montre Rastoul isolé ; c'est-à-dire qu'il ne pouvait être ambitieux. Ce point est capital.

Sur une autre question, celle des élections supplémentaires du conseil communal, si Rastoul est content de ce Comité, il se contentera d'une majorité relative quelconque, légale ou non, si faible qu'elle soit, pourvu que le Comité se complète. Eh bien ! l'*Officiel* de Paris nous montre Rastoul encore isolé, votant pour la majorité légale ; on l'appelait au conseil communal l'enragé ; cette qualification ne me gêne point ; elle ne signifiait qu'une seule chose : c'est que Rastoul contrariait et troublait les visées plus qu'étranges de la majorité.

Les jours s'écoulent : l'armée entre dans Paris

Rastoul touche-t-il le dernier secours que la Commune doit à ses membres ? il ne touche rien. Prend-il la fuite ? non. Il vaque à ses affaires de médecin, à ses devoirs d'humanité.

Un témoin lui apprend les incendies qui désolaient Paris ; il vous a dit son désespoir.

Il y a dans tout cela de nobles sentiments dont on doit tenir compte, même un accusé.

Rastoul veut, au prix de sa vie, courir à l'Hôtel-de-Ville, et proposer à ses collègues de se livrer tous ensemble au gouvernement victorieux pour épargner des milliers d'existences. Vous connaissez le texte de ses propositions à cet égard. Sont-elles du premier venu ? Si cette première idée n'est pas acceptée, il propose de se livrer aux Prussiens et de leur demander le moyen de passer en Amérique ; et plût au ciel qu'ils y fussent tous en Amérique ! nous n'en serions pas où nous en sommes. De ces deux propositions, aucune n'est reprochable : toutes deux sont également honorables.

Voilà les faits, messieurs, voilà l'homme. Sa situation n'est-elle pas exceptionnelle, comme je le disais ? Et est-ce l'homme que nous décrit le rapport ? Non ; ce rapport se trompe d'un bout à l'autre. Il le dit président du fameux club des Montagnards. Qu'était-ce que ce club ? Une réunion non organisée, où l'on s'occupait, pendant le siège des Prussiens, des questions de défense, que Rastoul a présidé par hasard, et qui a disparu depuis l'armistice. Voilà les faits ; ils ne laissent rien subsister des accusations du rapport.

Autre point : le rapport dit que, le 26 mars, Rastoul administrait son arrondissement. Cela est inexact ; depuis le 3 novembre, il avait donné sa démission. Rastoul a avoué, dit le rapport, avoir eu un costume spécial comme inspecteur des ambulances. Il n'a jamais avoué le fait, et le fait n'a jamais existé.

Enfin, le rapport dépeint Rastoul comme un des membres de la Commune des plus acharnés. La vérité est qu'il ne fut acharné qu'à les combattre.

Je pourrais vous lire de Rastoul une lettre qui vous toucherait. Je me borne à la déposer sur votre bureau.

Mais je dois, en réponse à l'accusation relative aux otages, vous rappeler sa proposition en faveur des femmes des gendarmes et des sergents de ville.

Cette proposition fut lue le lendemain de ce triste décret, et un des coaccusés de Rastoul s'est levé à cette audience, avec un courage qui l'honore, pour déclarer que Rastoul, à la Commune, n'avait jamais soutenu d'autres doctrines que celles qu'il a apportées sur ce banc. Il faut effacer toutes ces accusations; il faut supprimer l'attentat, l'embauchage; il ne faut plus parler ni des monuments publics, ni des incendies, ni des assassinats. Grâce à Dieu, il n'y a contre Rastoul aucune preuve personnelle à cet égard.

Il a fallu à l'accusation la théorie de la solidarité pour le rendre responsable de tout. Mais cette solidarité, en matière criminelle, elle n'est ni légale ni possible; si l'un a de bons sentiments, il ne peut porter les peines des mauvais sentiments de l'autre. Mais, dit l'accusation, Rastoul n'a pas donné sa démission. Non; c'eût été une lâcheté. Il a protesté, comme il pouvait le faire, tant qu'il l'a pu, et, en dernier lieu, sa protestation a été recueillie par l'*Officiel* du 22 mai.

Donc, même en admettant cette solidarité, Rastoul s'en est affranchi par ses protestations.

Mais, je le répète, cette solidarité est impossible.

Le défenseur développe cette thèse et conclut ainsi :

D'ailleurs, l'accusation dément elle-même, sans en avoir conscience, la solidarité qu'elle invoque. « Tous et chacun tenus de tout et de chaque chose, » telle devrait être sa formule. Et cependant, il y a des accusations personnelles, et tous n'ont pas à répondre ici des mêmes faits, et contre tous on n'invoque pas les mêmes textes.

M. LE COMMISSAIRE DU GOUVERNEMENT : Je ne pouvais invoquer les mêmes lois contre des hommes qui ont une origine diverse, et, d'ailleurs, il y a des faits particuliers à quelques-uns des accusés.

Mᵉ RENAULT : Mais s'il y a des faits particuliers, il n'y a pas de solidarité.

Si elle existe, il faut juger, présents ou absents, tous les membres de la Commune. Il faut les retenir tous les quatre-vingts; il faut juger MM. Léo Meillet, Loiseau-Pinson, Ranc, Nasse, Theisz, Charles Beslay.

Quelques-uns peut-être ont rendu des services au pays : mais cela ne les soustrait point à sa justice, et la juridiction militaire ne pouvait s'arrêter devant les laissez-passer obtenus par tels ou tels; elle devrait les poursuivre, dussent-ils être acquittés.

On ne les a pas poursuivis, c'est que la solidarité n'a pas de base.

Permettez-moi une hypothèse, une pure hypothèse, celle d'une restauration bonapartiste : si elle avait lieu, tout ce qui s'est passé depuis le 4 septembre

deviendrait non avenu. Des poursuites seraient possibles contre les hommes du
4 septembre et autres ; contre l'Assemblée même et le conseil des ministres.
Eh bien ! je comprendrais jusqu'à un certain point la responsabilité du conseil
des ministres, mais que diriez-vous de celle de tous les membres de l'Assemblée ? Je n'insiste pas.

Autre hypothèse : revenons à l'Internationale. Un crime de droit commun
est commis ; en rendrez-vous responsables comme solidaires, tous les membres
possibles de cette Société ?

Tous ces exemples prouvent surabondamment que la prétendue solidarité
n'existe pas.

M⁰ Renault cite, à ce propos, quelques lignes du journal anglais le *Standard*,
dont le sens est que, si les accusations de droit commun du procès actuel sont
faciles à soutenir, ou ne peut, sans sourire, considérer l'accusation collective
de rébellion et d'attentat. Puis il continue : Je n'aurais pas osé parler ainsi,
car je n'ai pas envie de sourire.

M⁰ Renault termine en citant quelques fragments de lettres écrites par Rastoul dans sa prison, et qui contiennent d'énergiques réprobations à l'endroit des
crimes aujourd'hui poursuivis, crimes qui, dit Rastoul, sont l'œuvre de mons-
tres ou de fous, et des regrets à l'endroit des hommes qui, dit-il, l'ont trompé
et l'ont fourvoyé dans un milieu qui n'était pas le sien.

La quiétude de Rastoul, à cette heure, dit M⁰ Renault, est très-grande, c'est
qu'elle est égale à sa bonne foi.

Quant à moi, messieurs, j'ai abordé cette tâche avec confiance, et cette confiance n'a pas, durant toute cette plaidoirie, trompé ma conscience.

A la suite de cette plaidoirie, un débat s'engage entre M. Élie Ducoudray, défenseur de l'accusé Verdure, et le témoin Lombard, au sujet de la configura-
tion de l'escalier de la mairie du 11e arrondissement, théâtre des exécutions
qu'ont rappelées les témoignages entendus le matin.

Les accusés Ferré, Assi, Jourde, prennent part à ce débat.

De nouveaux témoins seront entendus à cet égard.

L'audience est levée à cinq heures et demie.

Audience du 29 août.

L'audience est ouverte à midi.

M. LE PRÉSIDENT (*à Assi*) : Qu'est devenue une boîte verte, en bois ou carton,
scellée et contenant 1,200,000 fr., qui vous a été remise à l'Hôtel-de-Ville ?

ASSI : J'ai été appelé à reconnaître une caisse avec Dereure et quelques autres personnes. Elle avait les cachets de l'Hôtel-de-Ville. Cette caisse a été
montée à mon bureau. J'ai ensuite été à la séance. J'ai depuis demandé ce
qu'elle était devenue ; il m'a été dit qu'elle avait été remise au chef du maté-

riel, M. Marast, qui avait été nommé par la Commune. J'ai donné un reçu à cet égard, désignant les scellés, mais non les valeurs, dont je n'avais pas vérifié l'existence. Dereure a signé aussi. L'huissier voulait me remettre le cachet qui avait servi aux scellés; j'ai refusé. J'ai su que cette caisse ne renfermait que des titres longs à inventorier, mais d'une valeur minime.

JOURDE : Je puis déclarer qu'une somme de 1,284,497 fr. 85 c. a été déposée aux Finances, le 2 avril, par Dereure, Varlin et Pindy.

ASSI : J'ai été arrêté le 30 mars.

M. LE PRÉSIDENT (à Jourde) : Que savez-vous d'une affiche relative aux diamants trouvés aux Finances et qu'il s'agissait d'estimer ?

JOURDE : Moi, rien. Mais cette affiche serait mensongère en tous cas, car il n'y avait dans les caves des Finances qu'une faible somme en sous et en centimes.

M. LE PRÉSIDENT : La couleur blanche de cette affiche était celle des actes de la Commune ?

JOURDE : Oui ; mais on ne pouvait, dans ce désordre épouvantable, empêcher que cette couleur ne servît aussi à d'autres affiches dues à une initiative étrangère.

M. LE PRÉSIDENT : La parole est au défenseur de Paschal Grousset. Je recommande à MM. les Défenseurs de s'abstenir, autant que possible, de considérations politiques. Nous en avons entendu beaucoup déjà. Nous sommes parfaitement éclairés. Les révolutions nous sont parfaitement connues en France.

Me de Sal prend la parole en ces termes :

J'accepte l'observation de M. le Président et me renfermerai dans les faits particuliers à mon client, faits assez graves par eux-mêmes.

Toutefois, je tiens, même après l'excellente plaidoirie que le Conseil a entendue hier, à dire un mot de la théorie de l'honorable organe de l'accusation, relative à la solidarité des membres de la Commune, théorie qui vient d'un cœur honnête et loyal, mais qui est vague, flottante, et, je dois le déclarer, qui n'est pas juridique. Le ministère public paraît avoir confondu la responsabilité historique et la responsabilité pénale. La première est immense et durera toujours. La seconde est restreinte et personnelle. Elle ne se présente que sous la forme directe ou sous celle de la complicité régie, et régie étroitement par l'art. 60 du Code pénal.

L'indignation la plus salutaire ne peut aller au delà, et le seul titre de membre de la Commune ne saurait équivaloir à la complicité des assassinats et des incendies qui ont désolé Paris. C'est pourtant ce que j'ai cru comprendre dans les paroles de l'honorable organe de l'accusation.

D'après l'accusation, les réquisitions de pétrole, faites par le membre de la

Commune, Parisel, auraient révélé à ses collègues les incendies qui devaient s'accomplir, et, par suite, ils en seraient devenus responsables.

A cet égard, je trouve, à l'*Officiel* du 22 avril, le texte même de cette réquisition.

M⁰ de Sal en donne lecture et continue :

Qu'y a-t-il, dans cette réquisition, relativement au pétrole?

Une injonction aux détenteurs d'en déclarer les existences, qui se rattache à la recherche générale des moyens de défense. C'est dans le même ordre d'idées que, peu de jours avant, le délégué à la Guerre, Cluseret, avait recommandé aux défenseurs de la Commune l'économie des munitions. Eh bien! mon client déclare avoir ignoré l'existence de ce document, émané de Parisel; l'eût-il connu, il n'y eût vu que ce qui y est, un appel à tous les moyens de défense; il n'aurait pas remarqué spécialement le pétrole, ni prévu l'usage que d'autres en pourraient faire.

L'accusation d'ailleurs me donne elle-même raison. Quand, le 21 mai, les troupes entraient dans Paris, la Commune était défaite et l'anarchie vaincue; et la vue du drapeau de l'ordre groupa de suite autour de lui une foule de défenseurs. La Commune se dispersa d'abord, et la dernière responsabilité du sang et du carnage de ces huit derniers jours, où il n'y avait plus de salut pour personne, je dis des deux côtés, cette dernière responsabilité, elle appartient à ceux qui dirigeaient cette lutte dernière au Comité de salut public qui siégeait à la Guerre. Lisez, à cet égard, une affiche du Comité de salut public, copiée par l'honorable juge d'instruction, M. de Loverdo. A cette affiche manque une signature, celle de Billioray. Delescluze a déjà parlé et balayé toute l'aristocratie de la Commune. Il ne veut plus que des combattants; ceci est du 22 mai. A ce dossier des incendies, vous trouvez encore une réquisition générale, signée d'un nommé Jauffret, secrétaire du Comité de salut public, et comprenant une énorme quantité de matières inflammables de toute nature.

Voilà la vérité, et cette vérité est étrangère à mon client. La complicité disparaît donc à son égard, et l'accusation, par suite, tout entière : car on ne lui reproche personnellement rien.

Mon client est-il davantage complice au point de vue légal des assassinats? Vous ne le penserez pas, messieurs. Il gardera toute sa vie la responsabilité historique, mais il ne doit pas le compte terrible que vous lui demandez au point de vue pénal. Quand des victimes sont extraites des prisons et fusillées sur l'ordre du premier venu, Paschal Grousset en est-il responsable? Oui, dit l'accusation, car c'est la suite du décret du 6 avril sur les otages. Mais il faudrait, pour établir cette responsabilité, que Paschal Grousset fût pour quelque chose dans l'acte final du 24 mai. Je ne nie pas le vote de la loi des otages; je n'en méconnais pas la responsabilité au point de vue de la séquestration des individus qui en ont été victimes. Mais enfin, ce caractère d'otage le protège, quoique étrangement; car il faut que la Commune le juge. Et c'est si vrai, qu'un jour elle a jugé, et qu'elle a jugé en révisant, en cassant une condamnation à mort, prononcée par une Cour martiale; et je dois dire, à l'honneur de l'accusé Urbain, que c'est lui qui provoqua ce jugement. Eh bien, en fait, quel a été le sort de ces otages? Ils ont péri par des crimes, accomplis par des individus qui n'avaient pas de mandat. A la prison de la Santé, un nommé Cerisier arrive et réclame une exécution; mais cette exécution est étrangère à la Commune, la responsabilité en est toute personnelle à son criminel auteur. Et, en réalité, pas un otage n'a été exécuté comme tel, et ce n'est pas le décret du 6 avril qui a produit les massacres du 24 mai. Il n'y a de responsabilité que contre les signataires des mandats d'arrêt, et cette responsabilité s'arrête en droit à l'exécution exclusivement. En un mot, si l'arrestation est le fait de l'un et le meurtre le fait de l'autre, la responsabilité se limite et se divise naturellement et forcément. Cette thèse est strictement juridique, et la corrélation de faits existant entre l'arrestation et l'exécution qu'elle a rendue possible, ne suffit pas en droit à engendrer les conséquences qu'en veut déduire l'accusation.

Quand le malheureux Chaudey, qui eut l'honneur de porter notre robe et qui fut notre ami à tous, quand il tomba victime exclusivement de la vengeance de Raoult Rigault, doublement criminel, puisqu'il avait quelquefois demandé à Chaudey son appui et ses conseils, rendrez-vous toute la Commune solidairement responsable de ce crime, alors que la plupart de ses membres n'avaient pour cet infortuné que de la sympathie !

Mais cette responsabilité, ainsi que l'accusation la définit, qu'est-ce, sinon cette complicité morale à laquelle on élèverait aujourd'hui un nouveau piédestal, depuis qu'elle fut inventée par M. Hébert, procureur général à Paris? Qu'est-ce, sinon, comme le dit M. de Pressensé, le moyen commode et équivoque pour un parti vainqueur d'exercer des poursuites implacables? Devant des juges comme vous, messieurs, avec des cœurs comme les vôtres, je n'ai pas à insister plus longtemps.

J'arrive aux faits particuliers reprochés à mon client, et j'éprouve autant de douleur à les discuter que j'ai de conviction de l'innocence absolue de mon client et d'espérance dans le verdict que vous rendrez.

On reproche à Paschal Grousset des vols. M. Gratiot a écrit au président du Conseil de guerre pour accuser Paschal Grousset de lui avoir volé du papier par réquisition, et il a soin de réclamer, en paiement de sa facture, les fonds qu'il suppose que Paschal Grousset pouvait avoir conservés.

Me de Sal rapproche et discute la plainte de M. Gratiot et sa déposition à l'audience, et continue.

En fait, Paschal Grousset est personnellement étranger à la réquisition; il ne gérait pas le journal, il n'en était pas le rédacteur en chef. Il n'avait ni intérêt à faire cette réquisition, ni motif pour la faire; en réalité, ce n'est pas lui qui l'a faite. Je sais bien qu'il n'est poursuivi que comme complice, mais complice de qui? De Barberet, du gérant? Justifie-t-on d'un ordre quelconque de sa part? Et l'imprimeur ne vous a-t-il pas dit qu'au contraire Paschal Grousset avait ignoré d'abord cette réquisition, et, en l'apprenant, avait donné sa démission? Et ce malheureux jeune homme, Olivier Pain, ne vous en a-t-il pas dit autant? Je n'insiste pas et je ne discute pas les circonstances aggravantes que l'intervention de plusieurs individus porteurs d'armes apparentes ou cachées. Je ne rappelle qu'en passant que M. Gratiot ne s'est jamais adressé sérieusement qu'à la Préfecture de police, et non à M. Paschal Grousset personnellement, et que, à la Préfecture, il a touché un à-compte, par suite duquel il ne perd plus que 1,700 fr.

Arrivons aux perquisitions faites au ministère des Affaires étrangères. Quelle peut être ici la responsabilité de Paschal Grousset? On l'acuse du vol de l'argenterie du ministère des Affaires étrangères et aussi de celle des Tuileries qui y avait été portée depuis le 4 septembre. C'est là, que le 8 avril, elle est délivrée à un mandataire de la Commune par le chef du matériel du ministère, appartenant au gouvernement régulier, par l'honorable M. Poidevin, qui a dû céder à des ordres qui n'admettaient pas de résistance. Je ne vois donc pas à cet égard ce qu'il y a à la charge de Paschal Grousset, et il a fallu ses propres pièces saisies sur lui pour révéler ces faits et prouver en même temps sa parfaite innocence.

On fait aussi une perquisition chez M. Feuillet de Conches, introducteur des ambassadeurs sous l'empire et depuis. La perquisition a eu lieu à son bureau exclusivement, avec un inventaire régulier. Qui a ouvert les placards? L'ancien serrurier du ministère. Y a-t-il eu effraction? Nullement.

L'inventaire a été signé par Olivier Pain, chef du cabinet; Caze, secrétaire de Paschal Grousset, et par le même témoin, Poidevin, et Poidevin vous l'a dit, il n'a pas entendu dire que rien manquât.

Maintenant, on a trouvé chez Paschal Grousset, en l'arrêtant à son domicile, quelques dossiers du ministère des Affaires étrangères et quelques-uns aussi de la Préfecture de police, où son nom se trouvait mêlé. L'un des dossiers des Affaires étrangères était une œuvre de M. de Lesseps sur les hommes d'État de l'Espagne. De ces dossiers, un seul a péri, celui qui était relatif à la neutralisation du Chablais et du Faucigny, et qu'on avait eu à consulter pour la mise en accusation de Cluseret. Quant aux dossiers de la Préfecture de police, ceux que Paschal Grousset détenaient sont les seuls qui aient été sauvés, les autres ont péri dans l'incendie de la Préfecture.

Ce sont ces dossiers qu'on reproche à Paschal Grousset d'avoir volés. Mais il n'a pu les obtenir à la Préfecture que par une demande écrite et régulière servant de reçu; et, aux Affaires étrangères, il n'en a jamais emporté un seul sans en laisser aussi un récépissé. Tout cela exclut l'intention d'une soustraction frauduleuse. Il les a, il est vrai, cachés et même cachés dans un ciel de lit; mais il les a cachés avec tous ses papiers personnels, surtout avec son écharpe de membre de la Commune, pour sa nécessité personnelle, au dernier moment, et rien de plus. Vous voyez, messieurs, que je ne laisse dans l'ombre aucune des charges, parce que mon client peut répondre à toutes, et j'espère que le Conseil aura accepté toutes ses réponses. Je ne saurais trop le dire, mon client tient avant tout à faire éclater que sa probité est inattaquable, et il n'y a pas, je crois, un témoin qui pût venir lui donner à cet égard un démenti.

Passons à un autre ordre d'idées. Paschal Grousset a été journaliste; méridional et, par suite, ardent, il ne pouvait contenir le débordement de ses idées de jeune homme. Pendant le siége, engagé au 18ᵉ bataillon de chasseurs, il fut détaché, par permission du général Leflô, à la commission des barricades, ce qui ne l'a pas empêché de combattre au Bourget, à la Villa-Évrard, à Buzenval. Je citerai à cet égard, le témoignage de l'honorable M. Louis Avril, alors maire d'un des arrondissements de Paris, qui n'a que des éloges à donner à son patriotisme et à son courage.

M. LE PRÉSIDENT : Si l'accusé s'était engagé régulièrement, pourquoi n'est-il pas resté à son bataillon? Comment s'est-il trouvé mêlé aux gardes nationaux?

PASCHAL GROUSSET : Le 18ᵉ bataillon était un bataillon de dépôt, incapable d'agir; voyant que je ne pouvais, en restant dans ce bataillon, participer aux sorties, je m'adressai au général Leflô qui voulut bien me détacher à la commission des barricades avec mon ami Rochefort, ce qui me permettait de concerter les sorties et d'y prendre part. J'étais engagé pour la durée de la guerre, régulièrement libéré par un décret antérieur au 18 mars, et j'ai eu un congé de libération régulier.

Mᵉ DE SAL : Paschal Grousset n'a donc pas attendu pour faire son devoir. Une fois soldat, il n'a pas écrit une seule ligne. Il est resté en dehors du Comité central et des mouvements du 18 mars à l'origine. Je ne veux pas revenir sur les élections du 26 mars; tout a été dit hier pour en prouver la régularité; on ne peut donc pas faire à Paschal Grousset un crime d'être sorti de cette élection. Il n'a pas toujours accueilli certains conciliateurs, mais il a toujours cherché la conciliation, et il n'est resté à son poste que dans l'espoir d'y arriver. Et que lui reproche-t-on à ce poste? Est-ce la lettre qui lui a été adressée à Vincennes?

Cette lettre émanait non d'un Prussien, mais d'un Alsacien, M. Kunemann, homme honorable, dont le frère est aujourd'hui procureur général.

Cette lettre se référait à des difficultés soulevées par les Prussiens sur la garnison et l'armement du château de Vincennes, prétendus par eux contraires à la convention d'armistice.

Il y a encore la lettre adressée par Paschal Grousset au général de Fabrice, au sujet des violences dont la légation des États-Unis avait été victimes; et ici je dois dire bien haut que ce jeune homme a rendu à Paris et au pays un éminent service en écartant ainsi, et à quel moment! au 22 mai, un conflit possible avec l'armée ennemie, conflit dont les conséquences eussent été incalculables.

Nous avons demandé à faire entendre à cette audience les représentants des puissances étrangères; ils eussent établis les excellents rapports que Paschal Grousset eut toujours avec eux; si le moindre doute pouvait s'élever à cet égard dans vos esprits, je prierais le Conseil de vouloir bien faire lever les difficultés qui peuvent s'opposer encore à l'audition de ces représentants.

J'aurai achevé de vous faire connaître le rôle de Paschal Grousset, en vous rappelant qu'il protégea M. le marquis de Roccagiovi contre des insensés qui voulaient s'emparer de son mobilier, sous prétexte que certains objets, lui ayant été donnés par l'empereur, devaient être considérés comme volés au peuple, et que c'est Paschal Grousset encore qui a défendu contre l'incendie et le bombardement la maison de la veuve Rossini, à Passy, et les trésors inédits que l'illustre maëstro avait laissés en mourant.

Ces actes, messieurs, dépeignent Paschal Grousset tel qu'il est, et ils l'honorent. Vous n'avez pas oublié non plus toutes les personnes qui ont dû à Paschal Grousset leur liberté et leur vie : M. de Matha, M. Maguabal, et tant d'autres que nous aurions pu citer à cette audience. Paschal Grousset a été bon tant qu'il a pu l'être; à personne il n'a refusé sa protection, et aucune arrestation n'a été son œuvre.

Que pouvez-vous donc lui reprocher? Une seule chose : son *Affranchi*. Mais là encore il a respecté la religion, la propriété, la famille. Dans son esprit, dans son cœur, autant qu'au point de vue de son parti, perdu par tous ces crimes, il les déplore amèrement; il a pu commettre des écarts, peut-être un peu péché par ambition; mais c'est tout.

Je ne saurais mieux terminer, messieurs, qu'en vous rappelant les paroles que prononçait, il y a quelques jours, l'illustre M. Thiers :

« Il y a une passion, messieurs, à laquelle vous ne résisterez pas : c'est celle de faire votre devoir. Cette passion, vous l'avez au cœur, et c'est elle qui me donne tout espoir. »

Me MANCHON : En prenant la parole pour l'accusé Verdure, je ne me dissimule pas que je dois être très-bref dans les explications que j'ai à donner au Conseil. Je sais que je dois éviter toute discussion politique, un des faits qui nous divisent tant. Je ne vois point un procès général fait à la Commune, car la plupart de ses chefs, Delescluze, Vermorel, sont morts; les autres sont en exil.

Je veux me restreindre dans le rôle modeste qu'à joué Verdure dans les affaires de la Commune.

D'abord, quel homme est mon client? L'accusation vous le montre, en 1851, instituteur dans une petite commune, et dit qu'il y est considéré comme un ambitieux. Rien n'est moins vrai, et je vous le prouverai par de nombreux documents. C'était en 1851, en cette année néfaste qui, dans ma conviction d'honnête homme, a préparé tous les malheurs qui nous ont accablés depuis. On fit à cette époque une guerre implacable aux instituteurs républicains, et Verdure fut destitué. Tout le conseil municipal donna sa démission pour protester contre cet acte de l'administration.

Mais quelques parents continuent à confier leurs enfants à Verdure. On le poursuit comme ayant tenu une école clandestine. Le tribunal de Saint-Omer l'acquitte; la Cour de Douai condamne ce grand coupable à 50 fr. d'amende. Voilà la condamnation qu'il a subie.

Il lui restait, après sa révocation, quelques années à faire pour le service militaire; ses élèves lui achètent un remplaçant, et parmi les commerçants de Saint-Omer, c'est à qui le protégera et lui donnera des moyens de vivre. Son premier patron, M. Lassègue, dit de lui : « Vous avez été mon employé, je dirai plus, je ne vous ai jamais considéré que comme un ami. » Verdure que l'accusation vous montre comme un homme dangereux, est au contraire un homme d'ordre, un véritable travailleur. Lui, qui ne s'était occupé que du travail de l'esprit, se fait cordonnier pour donner quelque aisance à sa famille. Au 4 septembre, cet ambitieux demande à M. Jules Simon de reprendre sa modeste situation d'instituteur.

On vous dit que Verdure s'occupait de politique ! Il est vrai qu'il a écrit quelques brochures dans le but d'améliorer le sort des travailleurs; mais le Conseil pourra voir, s'il a le temps de les lire, qu'il n'a jamais répandu des doctrines mauvaises. Et on savait si bien que jamais des théories subversives n'étaient soutenues par lui, que la police impériale, qui cependant ne le perdait pas de vue, n'a jamais cru pouvoir le poursuivre une seule fois.

Nous arrivons au 4 septembre. On vous représente Verdure comme fréquentant les clubs ! Non, c'est un républicain idéologue, ce n'est pas un de ces hommes d'action comme vous en avez vu se produire dans ces mouvements sociaux. Homme de méditation, il allait quitter Paris; mais son devoir le retient à Paris. Il était porte-drapeau du 194e bataillon, et il ne lui était pas permis d'abandonner son poste.

Mais j'oublie un fait qu'on nous a reproché. Mon client a fait partie de la *Marseillaise*. Oui, mais seulement comme administrateur, et il ne s'y occupa jamais de la Commune. Un de ses coaccusés, Paschal Grousset, attaché au même journal, le constate pleinement.

Voyons le rôle joué par mon client dans la Commune.

Le 18 mars, Verdure n'est pas à Paris; il est à Lille et pensait si peu à s'occuper de complot qu'il voulait fixer sa résidence à Lille et qu'il s'apprêtait à faire revenir sa femme, qui était restée dans la capitale.

J'ai écouté tout ce qui a été dit ici, et, à part quelques passages d'auteurs qui ont été lus, on n'a pas prononcé un mot de droit. M. le commissaire du gouvernement a développé des théories qui ne peuvent se soutenir, des théories, permettez-moi le mot, qu'on a traitées d'absurdes.

M. le Commissaire du gouvernement *(l'interrompant)* : C'est une insolence.

Mᵉ Manchon : Mon intention n'a pas été...

M. le Commissaire du gouvernement : C'est une insolence, je le répète.

Mᵉ Manchon : Mon intention n'a pas été de vous blesser, et je serais désolé de blesser personne. Je tiens M. le Commissaire du gouvernement pour un homme parfaitement loyal, mais je parle des théories seulement qui ont été qualifiées d'absurdes.

M. le Président : Ça, c'est personnel.

M. le Commissaire du gouvernement : S'il y a quelque chose d'absurde, c'est vous.

Le banc de la défense se lève tout entier pour protester.

M. le Président *(à M. le Commissaire du gouvernement)* : Prenez garde d'arrêter la discussion.

Mᵉ Gatineau : Nous ne pouvons supporter de semblables choses.

Mᵉ Dupont de Bussac : Nous n'avons plus qu'à nous retirer.

Mᵉ Manchon : Je réponds à M. le Commissaire du gouvernement que je le tiens pour un homme d'honneur ; je n'ai voulu parler que des théories. Je n'ai pas été assez heureux pour faire comprendre mes paroles. Je ne me permettrai pas d'insulter votre personne, je vous le répète. Vous émettriez les opinions les plus contraires aux miennes, que je reconnaîtrais votre droit. Je dois vous respecter comme je me respecte moi-même. Je porte la robe. Si, après ces explications, mon expression vous paraissait encore blessante, je la rétracterais.

M. le Président : Je ferai remarquer seulement que vous vous êtes servi d'une expression ambiguë et qui a été mal comprise.

Vous dites, du côté de la défense, de ces petits mots qui sont très-piquants. Vous pouvez dire tout ce qui est à dire, et sans vous servir du mot absurde. Vous appréciez ainsi les paroles de M. le Commissaire du gouvernement. Il importe que chacun ici se respecte et ménage ses expressions.

Mᵉ Gatineau : Nous remercions tous M. le Président de ces explications, mais le mot « insolence » qu'a prononcé M. le Commissaire du gouvernement au milieu d'une plaidoirie est un mot qu'on ne peut prononcer sans soulever une légitime protestation.

M. le Commissaire du gouvernement : Pourquoi profite-t-on d'une plaidoirie pour me dire de ces paroles que vous ne m'adresseriez pas dans la rue?

Mᵉ André Rousselle : Vous pouvez juger mes théories, comme j'ai le droit de juger les vôtres.

M. le Président : Dites tout ce que vous voudrez dans l'intérêt de votre défense, mais n'employez pas des expressions qui peuvent blesser. Nous n'y sommes pas habitués.

Mᵉ André Rousselle : Nous ne sommes pas habitués non plus à nous entendre traiter d'insolents ; nous aussi, nous pouvons demander d'être respectés. Vous êtes la force, l'autorité, mais n'outre-passez pas vos droits.

M. le Président : Je serai moi-même le premier à vous faire respecter.

Mᵉ Manchon : Je le répète encore, je tiens M. le Commissaire du gouvernement pour un homme d'honneur, et il n'est point dans mes habitudes d'apporter des paroles blessantes dans la discussion. Mais si l'organe du ministère public soutenait une théorie que je suis loin de partager, il ne pourrait encore entrer dans ma pensée de blesser personne.

Relativement au mot qui a soulevé ce débat, j'ai cru que hier un de mes confrères avait dit que la théorie de la solidarité pouvait être conduite par le raisonnement jusqu'à l'absurde. Maintenant, et sans nous servir de cette expression, disons que cette théorie est fausse et erronée. Si je suis assez malheureux pour qu'il m'échappe des paroles sujettes à être mal comprises, soyez assurés qu'il n'y aura rien de personnel, et qu'il n'entre jamais dans ma pensée de blesser qui que ce soit. Vous êtes peut-être prévenu contre moi, eh bien ! je vous étonnerai par ma manière de plaider.

M. le Président : Allez, Mᵉ Manchon, continuez votre plaidoirie.

Mᵉ Manchon : Malgré lui, Verdure est nommé par dix-huit mille voix. Ce vote était, je ne dis pas légal, mais légitime ; à la Commune il ne prend jamais la parole : on nous dit cependant qu'il a fait une motion pour qu'on éloignât les prêtres de l'enseignement. Je mets au défi l'accusation de prouver ce fait ; mais fût-il établi, cela ne prouverait absolument rien.

Examinons maintenant la conduite de Verdure dans son arrondissement. Il s'y est occupé exclusivement d'administration, créant des fourneaux économiques, des orphelinats, cherchant par tous les moyens à faciliter le travail, et allant fort peu à la Commune où son rôle était nul, ainsi que l'a reconnu l'accusation elle-même. Je citerai notamment la maison Hayem, boulevard Voltaire, où quatre cents ouvriers ont dû à Verdure de pouvoir continuer leurs travaux.

Il est resté complétement en dehors, non-seulement des incendies, des assassinats, mais de toute espèce de violence. On lui reproche sa haine des prêtres. La vérité est qu'il a fait son possible pour conserver les églises au culte et pour défendre contre de graves dangers plusieurs ecclésiastiques. Je n'ai pas besoin de vous rappeler à cet égard le témoignage de l'abbé Pitola et autres ; nous aurions pu produire beaucoup d'autres témoignages semblables.

Verdure avoue ses idées socialistes, mais il faut lui reconnaître ses idées pacifiques.

Il ne reste contre lui de charges que le titre de membre de la Commune, et rien que le titre. Il a voté contre les élections complémentaires. Il a demandé la création d'un comité exécutif, mais il répudiait le nom de Comité de salut public, à cause des souvenirs de 93 qu'il rappelait, et s'il a voté l'institution de de ce Comité, ce n'a été que pour s'exonérer de toute responsabilité en lui laissant toute la charge de l'action. Telle a été sa pensée. Il a voulu rester étranger à toute action générale et surtout militaire, et pouvoir se consacrer entièrement à son arrondissement.

En constatant donc, messieurs, le titre et les votes de Verdure, vous vous demanderez, comme tout jury doit se le demander, si à ces faits matériels s'ajoute chez lui l'intention mauvaise, en un mot s'il a été coupable d'avoir été de la Commune, et vous verrez, je l'espère, qu'il a pu ne pas l'être et qu'il est resté, au contraire, jusqu'au bout honnête et loyal, n'ayant d'autres désirs que d'empêcher le plus de mal possible.

Je vous demande, messieurs, de l'acquitter, et dans les conditions où il se présente devant vous, je suis convaincu que vous l'acquitterez.

Me Laviolette présente ensuite la défense de Ferrat.

Je ne ferai, messieurs, ni appel à l'histoire, ni profession de foi. Je ne parlerai pas de toutes les révolutions dont on a évoqué le souvenir devant vous, la dernière comprise. Ce ne sont toutes que des insurrections. Je n'ai pas à m'en occuper.

Je parle à des juges, à des hommes libres, quoique soldats, et cela me suffit.

Je ne suis pas avocat d'office, je suis choisi, mais indépendant néanmoins, quoi qu'on en ai dit, et je pourrais abandonner la défense de mon client si elle n'était pas d'accord avec ma conscience.

Je vais discuter brièvement les charges relevées contre Ferrat.

L'accusation le recherche dès les premiers jours du mouvement, lorsque la capitulation de Paris produisit le mouvement que je n'essaierai pas de retracer, et qu'il ne restait qu'à pleurer sur l'honneur et la gloire passés.

C'est à ce moment que se forma le Comité central pour réorganiser matériellement la garde nationale, pas autre chose. Il succédait aux conseils de famille supprimés dont on vous a fait l'histoire. Il fonctionnait au grand jour, et s'occupait fort peu de politique.

Le 15 février, Ferrat était nommé délégué de sa compagnie; le 15 mars, il était nommé membre du Comité central. Les statuts de la fédération de la garde nationale venaient d'être rédigés.

Le Comité central remplit son rôle d'intermédiaire vis-à-vis du gouvernement au point de vue purement matériel, je le répète. Je ne vous retracerai pas les détails de son intervention.

Le 18 mars arrive, jour à jamais funeste. Il ne fut pas amené par un complot, il fut le résultat d'une désorganisation complète; il fut dû surtout au dé-

sir ardent qu'avait la garde nationale de sauver ses canons, ces dernières recrues de Paris trouvant qu'on avait assez donné déjà aux Prussiens, qui allaient
entrer pour la seconde fois dans la ville éternelle. Trop heureux, si nous avions
encore le même patriotisme ! Aujourd'hui nous lui préférons notre vie, et même
notre fortune. Telle est, messieurs, ma profession de foi. Car je suis fier et
heureux d'être Français. (Rires.)

On peut rire, mais si on ne comprend pas, c'est à désespérer de notre patrie.

C'est dans cet état des esprits qu'arriva le 18 mars. Et M. Picard, auquel j'ai
eu l'honneur de poser quelques questions, vous a dit que la garde nationale se
croyait à tort ou à raison propriétaire de ces canons (qu'elle avait payés à un
sou la semaine); il a ajouté que les canons étaient mal gardés.

C'est cela même qui prouve qu'il n'y avait pas alors de complot contre le
gouvernement; s'il y en avait eu, les canons eussent été mieux gardés.

Paris fut d'abord indigné et épouvanté de l'horrible assassinat des généraux
Clément Thomas et Lecomte. Un abattement universel succéda chez tous les
honnêtes gens; il faut avoir vu cela pour s'en faire une idée; on se trouva, en
un jour menacé, des désastres et du déshonneur de la guerre civile suivant la
guerre étrangère.

Où est dans tout cela la part du Comité central? Il a été conduit de force, on
peut le dire, à l'Hôtel-de-Ville, et rien ne peut révéler à sa charge un complot
quelconque.

Le Comité central essaye de mettre l'ordre dans le désordre et d'empêcher le mal de grandir. Il ne pouvait faire plus; et la garde nationale bien pen-
sante de Paris, elle-même, refusait de combattre l'insurrection. Il est facile aujourd'hui de critiquer; il était difficile d'agir. Si on suppose que le Comité central n'eût pas pris la direction du mouvement, les désordres et les crimes eussent été cent fois ce qu'ils furent alors.

Le Comité central ne voulait en aucune façon devenir gouvernement, et il
n'a commis aucun attentat contre l'ordre de choses régulier. S'il eût voulu y
attenter, il l'eût fait le 19 mars; il eût marché sur Versailles et il eût triomphé; car, à ce jour, où était la résistance?

Le Comité central, en définitive, était composé de gens obscurs, chefs malgré eux d'une révolution. Il songea à provoquer l'élection d'un conseil municipal proprement dit, qui défendrait les franchises municipales et se mettrait
en relations avec le gouvernement de Versailles. Les élections eurent lieu, et
la Commune fut fondée.

A dater de ce moment, que devient Ferrat? Il n'a pas été membre de la
Commune; il n'a fait que commander un bataillon : de là l'accusation d'embauchage.

Je me demande sur quelles bases repose cette accusation.

Ferrat a commandé des gardes nationaux, et rien de plus. Ce n'est que plus tard que furent formés les Vengeurs de Flourens et autres corps nouveaux. Ferrat n'a pas pris aucune part à ces formations

Je vous le montre donc, messieurs, étrangers à l'accusation de complot et d'attentat, puisque le Comité central en est lui-même innocent ; étranger aussi à l'accusation d'embauchage.

Vous ne le rendrez pas non plus responsable des crimes qui ont pu se commettre en dehors du Comité central, des actes, par exemple, du comité de vigilance. Il n'y en avait pas dans l'arrondissement que Ferrat administrait.

Enfin, vous n'oublierez pas, messieurs, que le Comité central a lutté contre la Commune, précisément parce qu'elle se transformait en gouvernement.

Dans un autre ordre d'idées, particulièrement relatif à Ferrat, je vous rappellerai, messieurs, qu'il ne s'est pas réellement battu ; il n'a été que chef d'état-major. Vous savez qu'il a fait relâcher plusieurs personnes ; vous connaissez aussi les services qu'il a rendus au séminaire d'Issy.

M. LE PRÉSIDENT : A quelle époque?

Mᵉ LAVIOLETTE : Le 3 avril, en rendant la liberté à plusieurs ecclésiastiques.

FERRAT : Je demande à préciser le fait.

M. LE PRÉSIDENT : Vous parlerez ensuite ; laissez parler votre défenseur.

Mᵉ LAVIOLETTE : Ferrat n'a fait arrêter personne, et il a rendu plus d'un service, dans des conditions où il y avait quelque péril pour lui.

Je ne m'arrête pas à l'accusation d'excitation à la guerre civile ; je crois en avoir fait justice.

Il a été commandant, mais en vertu d'une loi régulière, dont la guerre civile ne pouvait enlever le bénéfice à la garde nationale : il n'y a donc pas de délit d'usurpation de fonctions.

Dans tout ce procès, messieurs, il faut répartir équitablement les responsabilités. Il y a des responsabilités individuelles, il n'y en a point de collectives, pas plus pour la Commune ou le Comité central que pour l'Internationale, à laquelle, entre parenthèses, Ferrat n'appartient pas. Ferrat n'a à répondre que de sa conduite personnelle, et j'espère vous avoir démontré que cette responsabilité, ainsi restreinte, est légère à porter.

M. LE PRÉSIDENT : Mais, le 19 mars, Ferrat a signé un appel aux armes.

Mᵉ LAVIOLETTE : M. le Président veut parler de la proclamation du 19 mars. Je prie le Conseil de se mettre à la place du Comité central et de se demander s'il ne devait pas faire quelques concessions aux fauteurs de l'insurrection, précisément pour tenter de les arrêter? Il était difficile de heurter de front ces masses soulevées. Ce serait vouloir se défendre d'un voleur sur la grande route en lui faisant des reproches amers sur sa conduite ; il vaut mieux ne pas le froisser ; il faut raisonner avec les faits. Voilà comment je crois pouvoir expliquer cette proclamation.

M. LE PRÉSIDENT : Revenez à Ferrat.

M⁰ LAVIOLETTE : Je suis dans l'affaire, monsieur le Président: je combats l'accusation d'excitation à la guerre civile.

Je termine, messieurs. J'ai simplement, naïvement discuté, un peu à bâtons rompus, comme je crois qu'il faut discuter des faits. Soyez indulgents, messieurs, et vous serez comme la loi, qui veut l'exemple et l'amendement. Quant à l'amendement, ces hommes n'ont guère envie de recommencer.

On vous dit de punir pour l'exemple! Mais la sévérité engendre la vengeance, tandis que l'indulgence profite à la justice.

Soyez donc indulgents pour Ferrat et pour tous, même malgré l'opinion publique d'aujourd'hui, et vous nous rendrez cette conscience, ce sentiment du bien et du mal que nous n'avons plus; les égarés reviendront, et tous pourront oublier cette insurrection lamentable, qui n'est due qu'à des malheurs publics auxquels la France n'était pas habituée.

M⁰ THIRON présente la défense de l'accusé Descamps.

Messieurs, l'accusé Descamps, que je viens défendre devant vous, a été un des membres les plus obscurs de la Commune. Je veux, messieurs, lui conserver cette obscurité protectrice à cette audience.

Le défenseur commence par rappeler les antécédents de son client, tour à tour ouvrier et militaire, et qui s'est partout bien conduit.

Il constate que Descamps est resté complétement étranger à la politique, aux réunions publiques, à l'Internationale, et rappelle qu'il demanda, pendant le siége à entrer dans le corps des gardiens de la paix, alors destiné à un service actif devant l'ennemi. Sa santé seule y fit obstacle, et Descamps resta dans la garde nationale, simple sergent-fourrier et secrétaire élu du conseil de famille de sa compagnie, où il acquit bientôt la meilleure notoriété, en s'occupant, en quelque sorte, de la partie morale de l'administration de la compagnie.

Ce n'est que tardivement que Descamps entra dans la politique. Le 31 octobre, le 22 janvier, le 18 mars se font sans lui.

Je ne reviendrai pas, dit M⁰ Thiron, sur les causes de ces mouvements. Ce fut toujours l'idée municipale et communale; l'idée municipale violemment défendue par certains, acceptée par tous, même par le gouvernement à toute époque, depuis le 4 septembre, par les députés de Paris; proclamée notamment par MM. Louis Blanc et Schœlcher, qui promettaient, en faveur des élections annoncées pour le 26 mars, un bill d'indemnité que les événements empêchèrent la Chambre de discuter.

La conciliation restait donc toujours possible et espérée, et les élections furent assez légales pour faire hésiter au moins en leur faveur les hommes éclairés, et rassurer complétement un ouvrier comme Descamps.

Descamps put donc voter sans reproche. Sans reproche aussi il put être élu le 26 mars.

CH. GNEBIN. Sc.

Gorges sc.

ROSSEL

De quoi s'agissait-il d'ailleurs?

Exclusivement d'un conseil communal pour administrer la ville. La preuve s'en trouve au *Journal officiel*, notamment aux numéros du 21, du 23, du 25 mars, à chaque page, en un mot. La preuve en est partout, et il est visible qu'il ne s'agissait que de municipalité, et non de gouvernement. Pour Descamps, il ne s'agissait même que de son arrondissement, dont une commission sans mandat avait d'abord chassé la municipalité existante. Il passa sur une liste unique, presque à son insu, après Billioray et Martelet. Sa nomination ne fut due ni à un grade qu'il n'a jamais occupé dans la garde nationale, ni à la chambre fédérale des Sociétés ouvrières, à laquelle on l'a, par erreur, cru affilié, tandis qu'il s'agissait d'un de ses homonymes.

Jusqu'ici, pas de grief contre Descamps. Mais, dit l'accusation, pourquoi n'a-t-il pas donné sa démission, comme MM. Gautherin, Desmarest et tant d'autres, qu'on n'a jamais poursuivis? Pourquoi rester à la Commune? Il aurait fallu, pour n'y pas rester, messieurs, comprendre le mouvement. Mais il n'est que juste de constater que Descamps se restreignit d'abord dans son service des subsistances, et que, au bout de trois semaines, il envoyait sa démission à ce conseil municipal qui voulait devenir un gouvernement.

Si la Commune a décidé, à un certain moment, de refuser les démissions en principe, Descamps peut-il en être responsable, et n'a-t-il pu songer aux dangers qui le menaçaient s'il donnait sa démission? La Commune ne le déclarerait-elle pas traître? N'avait-on pas voulu arrêter, pour ce motif, Félix Pyat lui-même?

Maintenir sa démission, la renouveler à ces heures, c'eût été plus que faire son devoir; c'eût été être héroïque et courir au-devant du martyre.

Oui, M. le Président l'a dit, c'eût été beau, c'eût été grand; mais c'était au-dessus de la nature de Descamps; il n'avait pas ce tempérament qui lui eût permis d'être, en courant volontairement à la mort, plus grand que Mgr Darboy, que le président Bonjean, que M. Chaudey.

Permettez-moi cette comparaison : il eût fallu, pour affronter un tel péril, être un Lullier, qui, le revolver au poing, s'offrait à balayer de Paris le Comité central et la Commune.

Au moins Descamps proteste par son silence, par son abstention, par son obscurité; ses collègues sur ce banc l'ont à peine reconnu, tant il était rare aux séances. Il ne prend part à aucun vote, et, avant Jourde, dès le 15 avril, il cherche à constituer une minorité d'abstention; le rapport le constate lui-même.

La responsabilité des actes commis par la Commune ou plutôt par des individus qui y étaient étrangers ne sauraient donc l'atteindre.

Mais l'accusation le suit à la mairie, où je rappelle, en passant, qu'il avait été porté par l'élection, et non par une intrusion personnelle, et où il était modestement adjoint.

Le défenseur rappelle, à ce propos, et discute le rapport du commissaire de police relatif à Descamps et dont il a été question aux débats ; ce rapport, dit-il, n'aurait de valeur que si son auteur racontait ce qu'il a vu lui-même ; mais il ne fait que reproduire des renseignemets vagues ou difficiles à contrôler ; il l'accuse d'avoir inquiété les possesseurs de quelques provisions alimentaires ; mais lui, administrateur municipal, il n'avait alors qu'à faire des réquisitions : il n'en a point fait. Le rapport prétend ensuite que Descamps avait exercé des vexations contre les sœurs de son arrondissement. Ces vexations, réelles en fait, ont été commises par Martelet, collègue de Descamps, et non par Descamps lui-même. La confrontation de la sœur supérieure et de l'accusé, confrontation que demandait la loi, puisque le témoignage de la sœur est invoqué, cette constatation aurait établi ce fait que l'accusé Billioray, qui était au 14ᵉ arrondissement comme Descamps, a nettement indiqué à l'audience. A un autre point de vue, s'il s'agit de la fermeture des écoles des sœurs, je rappellerai que le fait avait des précédents, même de la part des administrations municipales instituées par le gouvernement du 4 septembre.

Que dirai-je sur l'ordre, relevé par l'accusation, de doubler, à la date du 18 mai, le poste de la mairie, qui, de douze hommes, devait ainsi monter à vingt-quatre ? Que vingt-quatre hommes étaient bien peu de chose, eu égard au zèle ardent que l'accusation suppose à Descamps pour la défense militaire de la Commune et aux dangers auxquels il se fût agi de parer ; ensuite que, le 18 mai, on était assez loin du 21, à Paris et même à Versailles, et que les uns ne pouvaient craindre ni les autres espérer que l'entrée des troupes dans Paris se ferait si peu attendre. Il faut donc réduire cet ordre à ce qu'il a été, c'est-à-dire n'y voir que le désir de diminuer les fatigues des gardes en augmentant le nombre des hommes.

J'ai fini avec la réfutation de l'accusation. Je dois dire, en terminant, un mot de la vie de Descamps lorsqu'il était à la mairie. Il a vécu modestement, logé en garni à 16 fr. par mois, mangeant à 1 fr. 25 c. par repas ; il n'a rien touché des sommes remises par Jourde au dernier moment.

En résumé, comme administrateur, avec ses faibles moyens, il a fait pour le mieux, faisant le bien, défendant les petits contre les spéculations des riches. Comme membre de la Commune, il a été élu ; mais c'est à peine si l'on peut dire qu'il a été de la Commune ; il n'a pris aucune part aux votes principaux.

Lui appliquerez-vous, messieurs, la peine des crimes qu'il déplore, en vertu de cette solidarité que je ne veux pas combattre de nouveau après tout ce qui a été dit à l'encontre ?

Non, messieurs, vous qui êtes ici l'image de la justice divine sur la terre, vous n'aurez aucune peine à l'affranchir de toute responsabilité, parce qu'il n'en a encouru aucune, et je m'assure que vous l'acquitterez.

L'audience est levée à cinq heures trois quarts.

Le Conseil entre en séance à midi.

Il est procédé à l'audition de deux témoins relatifs aux faits dont la mairie du 11ᵉ arrondissement fut le théâtre, les 23 et 24 mai.

Femme Carré, lingère.

M. le Président : Vous faisiez des sacs à terre, le 23 ou le 24 mai, à la mairie du Prince-Eugène?

Le Témoin : Non; je comptais des bons de pain. J'étais au bureau en face, salle des mariages, premier étage. Il y a un grand palier et une balustrade d'où l'on peut voir en bas. Je n'ai rien vu ni entendu le 24; il n'y a rien eu à ma connaissance.

M. le Président : Mais on a fusillé plusieurs personnes sur le terrain voisin?

Le Témoin : Je n'ai rien vu; la porte du bureau était fermée.

M. Élie Ducoudray : J'ai étudié cette affaire de près, sur la demande de Ferré; j'en possède les dates d'une manière précise.

M. le Président : Le témoin était-il là le mardi 23, premier jour indiqué par le témoin à charge?

Le Témoin : J'y étais depuis le 3 mai. J'y suis restée jusqu'au 25. Le 23, je n'ai vu aucun membre de la Commune; je répète que je n'ai rien vu ni entendu.

M. Élie Ducoudray : Il résulte de l'ensemble des débats que la Commune ne s'est transportée à la mairie du 11ᵉ que le 25. Ferré n'y est venu que le 24 au soir. Il vous a dit qu'il y recevait ses estafettes apportant les nouvelles de la lutte pour savoir où il fallait envoyer des renforts.

Le service de la sûreté générale n'existait plus; la Préfecture de police était brûlée; Raoul Rigault avait été fusillé sur la rive gauche. Il n'y avait plus de sûreté générale; il n'y avait plus que la guerre, et la guerre dans les rues.

M. le Président (au témoin) : Étiez-vous là tout le jour?

Le Témoin : Oui, sauf une demi-heure ou une heure, pour manger, vers onze heures et demie.

M. Élie Ducoudray : De son bureau, en face de la salle des mariages, où, dit-on, se tenait Ferré, le témoin a dû tout voir ou apprendre ce qui s'était passé par les persiennes qui l'entouraient. A-t-il entendu parler de massacres le 23 ou le 24?

Le Témoin : Je n'ai rien entendu dire.

Pierre Martin, marchand de vins, détenu.

M. le Président : Vous étiez à la mairie du 11ᵉ arrondissement?

Le Témoin : Je n'ai jamais été à la mairie du 11ᵉ arrondissement; on confond avec un autre détenu.

M. Élie Ducoudray : Effectivement, il s'agit d'un autre Martin. Je désirerais qu'il fût entendu.

M. le Président : Soit, à titre de renseignements.

M. Élie Ducoudray : Ne pourrait-on pas le citer à bref délai ? Il prêtera alors serment.

M. le Commissaire du gouvernement : Ce nouveau témoin ne peut pas prêter serment ; il ne figure pas sur la liste notifiée.

M. Élie Ducoudray : Tout ce que je demande, c'est qu'on l'entende.

M. le Président : D'ailleurs, un renseignement bien donné a sa valeur.

M. Élie Ducoudray donne ensuite lecture d'une lettre d'un individu qui est resté à la mairie jusqu'au 23 mai, à cinq heures, et qui déclare n'avoir rien vu.

Mᵉ Gatineau présente la défense de Clément en ces termes :

Clément, messieurs, est de tous les accusés celui dont la défense sera l'une des plus sympathiques au Conseil.

Il a peu de place au réquisitoire, qui n'en dit que du bien, et il faut les quelques articles du Code pénal qui sont placés en face de son nom pour que cette défense ait lieu d'être présentée.

Le 18 mars, il faut que j'en dise un mot pour introduire à ces débats Clément, qui n'y a été mêlé que pour faire du bien, je puis dès à présent l'affirmer. Le 18 mars, dis-je, Paris était abandonné et surexcité. Le siége avait fourni un exemple, unique dans l'histoire, d'ardeurs et de tressaillements patriotiques.

Depuis, une certaine démoralisation s'était introduite ; on avait perdu l'habitude du travail, un peu celle de payer son loyer ; on vivait de la modeste paie quotidienne ; tout était désorganisé.

L'exemple d'en haut était mauvais. Ceux qui avaient fait une révolution nécessaire ne l'avaient pas faite pour le pays seul ; ils se cramponnaient au pouvoir, même à la dictature, eux, leurs amis, les amis de leurs amis, les amis de leurs connaissances et les connaissances de leurs amis.

Celui qui avait écrit si imprudemment, si fièrement, qu'il ne céderait pas un pouce de notre territoire était le même qui signait la cession de deux provinces, et cet autre qui avait juré de ne pas capituler, ne capitulait pas, mais livrait d'abord Paris avant d'avoir traité d'une seule condition de la paix en face d'un ennemi impitoyable.

Le peuple en fut démoralisé, et crut dès lors seul posséder la probité nationale et la vertu civique, et il fallut être ouvrier manuel pour être capable de tous les mérites et digne de tous les postes. Le patriotisme devint hystérique, les appétits lui succédèrent, et une idée juste et pleine d'avenir fut noyée dans le sang et la boue et étouffée par des crimes que l'histoire enregistrera, mais que, je l'espère, dans un grand intérêt de politique nationale, on parviendra à oublier.

Clément fut porté à ce mouvement ; c'était un simple ouvrier teinturier, mais connu et estimé.

Remarquez que nous ne sommes encore qu'aux premiers jours. Deux crimes seulement avaient été commis ; on promettait de les punir, et il y avait pour les honnêtes gens quelque courage à rester pour peut-être les prévenir, et c'est ainsi que Clément fut porté à la Commune par la presque unanimité des électeurs de Vaugirard.

Beaucoup ont été braves après la Commune, comme une montre qui ne marche pas à l'heure ; mais Clément et ceux qui restèrent eurent le courage au moment voulu.

Il fut porté par tout le monde, même par les conservateurs, par les propriétaires aussi bien que par les autres classes, et il vaut mieux reconnaître les faits à cet égard que de parler toujours de la lie de la population et des instincts socialistes. Il vaut mieux voir les choses telles qu'elles sont, et constater, là où elles existent, les idées justes, et qui, tôt ou tard, porteront leurs fruits ; maintenant, Clément put-il se croire valablement élu ?

Il passa le premier sur la liste avec cinq mille et quelques voix sur six mille, dans un quartier où les témoins que vous avez entendus vous ont dit qu'il n'y avait que fort peu de partageux.

La Commune, en bloc, fut installée par 221,798 votants, 40,000 de plus que le chiffre des dernières élections, qui ne fut que de 184,152.

Il y a là sans doute une consécration que Clément dut croire suffisante.

Une fois nommé, comment accomplit-il son mandat ?

J'ai quelque crainte à m'en expliquer, tant l'accusation est restreinte à son égard.

Je dois pourtant vous retracer sa conduite.

Il fut de la minorité, et à la Commune, c'était la majorité qui était terrible, comme, paraît-il, toutes les majorités.

Clément vote pour que les subsistances en boucherie, dans son arrondissement, ne soient pas diminuées.

Le 24 avril, il vote contre le secret des détenus, et fait partie d'une commission d'examen de leur situation, dans un but d'humanité.

Le 25 avril, il fait partie de la commission de révision des arrêts de la Cour martiale, qui avait eu, en trois séances, un acquittement, et la condamnation en masse de tout un bataillon, même de ceux qui n'étaient pas présents devant la Cour martiale. Clément protesta, obtint de faire comparaître tous les condamnés à son arrondissement et les fit acquitter. Ce fut même là, a-t-on dit, la cause de la retraite d'un homme dont je ne veux pas troubler les cendres, mais dont le nom inspirait alors la terreur, Raoul Rigault.

Le 12 mai, il se prononce contre les bris des scellés, contre toutes les rapines, contre le secret des séances. Il proteste contre les élections de tous ceux qui n'obtiendraient pas le huitième des voix, contre ces élections dont Rochefort disait qu'elles finiraient par amener à la Commune un père de famille qui se prévaudrait de deux voix, la sienne propre et celle de son fils aîné.

Plus tard, avec Jourde, il se prononce pour la conservation des trésors de nos musées, et refuse le nerf de la guerre, les cinquante millions offerts par la Prusse.

En dehors de la Commune, quelle est la conduite de Clément?

On n'invoque contre lui aucun témoignage, on n'articule aucun fait. Les hommes protestent en sa faveur, et les pierres aussi. Dans son arrondissement, qu'il a administré jusqu'au 22 mai, il n'y a pas eu d'incendies.

Il protège la liberté commerciale, permet le travail de nuit, interdit par la Commune, rembourse le montant des fournées saisies en conséquence du décret d'interdiction. Il protège le juge de paix, qui en avait besoin (en ces temps de troubles, un magistrat en a toujours besoin); il assure la tenue et le respect de ses audiences.

Clément défend la liberté de conscience. J'ai les mains pleines de témoignages des sœurs de charité, dont il protège les maisons; des frères de la Doctrine chrétienne, dont il assure le traitement. Vous avez entendu le frère Millot raconter comment Clément le délivra, au péril de sa vie, et comment cette délivrance valut à Clément les menaces terribles de Raoul Rigault.

Tout cela eût été prouvé par les papiers de la Préfecture, mais il paraît que c'est l'usage, toutes les fois qu'un gouvernement s'en va, non de brûler la Préfecture, mais de brûler ses papiers. Vous vous rappelez ce témoin qui vous a dit : « J'ai bien vu que la Commune finissait, car on brûlait tout. »

Et l'histoire a toujours été la même. Lisez à cet égard ce que raconte M. Thiers au sujet du ministre de la Police, Fouché. (*Histoire du Consulat*, t. XII, p. 169.)

Mais, dira-t-on, Clément a été ainsi très-habile. Il s'est ménagé, dans ces victimes qu'il a sauvées, d'excellents témoins, pleins d'autorité pour le 3e Conseil. Je répondrai qu'il n'a pas choisi ceux qu'il a protégés. Il a sauvé deux anciens inspecteurs de police de l'empire; j'ai leurs attestations; il a sauvé tous ceux qu'il a pu sauver. Vous voyez donc que j'avais raison de vous dire que Clément n'a fait que du bien.

A la fin, Clément accomplit un acte de probité. Vous savez qu'il est d'usage, quand on tombe du pouvoir, de ne pas s'en aller les poches vides, témoin celui qui, après Sedan, demandait le laisser-passer pour lui et un fourgon disponible. Clément ne reçoit pas même les 1,000 fr. donnés par Jourde aux membres de la Commune; il va trouver M. Hallu, et lui confie une somme de 10,000 fr. qui ne lui appartenait pas. Ici commence son expiation : M. Hallu veut les recevoir, ses camarades s'y opposent.

Que voulez-vous faire de Clément? Le condamner parce qu'il a été membre de la Commune? L'accusation vous a fait, à cet égard, une théorie que je ne pourrai pas qualifier d'excellente, puisque je la repousse de toutes mes forces, mais je dirai simplement : on vous a fait une théorie de laquelle il résulte que mon client doit être considéré comme responsable. Croyez-vous que M. Thiers, qui faisait partie de la Chambre lors de la déclaration de guerre, puisse être regardé comme responsable des suites de cette guerre? Croyez-vous que si, en ce moment, la Chambre essaie d'une restauration qui peut rejeter le pays dans la guerre civile, on dira que M. Louis Blanc, qui assurément votera contre, soit responsable?

Vous voyez, par ces exemples, combien peu est coupable Clément. Vous le condamneriez! Non; vous l'acquitterez, pour sa femme, pour son fils, qui serait orphelin. Ou plutôt, non ; car les religieuses dont son père a défendu l'asile, car les prêtres qui ont trouvé un protecteur dans Clément, se chargeraient de son avenir.

J'ai confiance dans le Conseil, et je suis certain qu'il rendra Clément à l'honnête existence qu'il réclame, existence de travail et de dévouement.

Me Lachaud présente ensuite la défense de Courbet, et s'exprime en ces termes :

Je viens, messieurs, défendre devant vous un grand artiste, qui ne doit rien à la politique.

Courbet est un grand peintre, un chef d'école, combattu violemment, admiré avec enthousiasme; mais il a triomphé : sa gloire a vaincu ses ennemis les plus acharnés. Il honore son pays, et le monde le tient pour un des plus populaires et des plus applaudis des peintres français.

Comment est-il ici? M. le Commissaire du gouvernement se l'est demandé avant moi. Il a reconnu les mérites de l'artiste, et je le remercie de ses bonnes paroles; mais, en cherchant les mobiles de sa conduite dans la politique, il a cru les trouver dans l'orgueil et dans la jalousie. Orgueilleux, peut-être; il a le sentiment de sa force. Jaloux? Et de qui? Il ne le fut jamais ; depuis des années, il n'a pas eu sujet de l'être.

Nous nous demandons aussi pourquoi il fut de la Commune, et nous verrons, je l'espère, qu'honnête homme il entra, et qu'honnête homme, il en est sorti.

Mais qu'est-il d'abord? Un brave garçon, original, bizarre, mais excellent, ce pauvre Courbet. J'ai là ses biographies, vous y verrez que jamais la pensée du mal n'est entrée dans son cœur.

Voilà l'homme privé.

Quant à l'homme politique, je le cherche sans le trouver. Vous avez entendu ici d'honorables témoins, MM. Dorian, Étienne Arago, de Courteille, Ballot, et nous aurions pu en faire citer bien d'autres.

27

Qu'ont-ils dit?

Que Courbet est un esprit paradoxal, un autre ajoutait un grand naïf, un autre un grand enfant. C'est un grand artiste qui fait de grandes toiles, mais qui ne sera jamais un législateur.

Tenez, pendant le siége, dans ces clubs où la parole bondissait, jamais on ne voit Courbet; Courbet reste dans son atelier.

Une seule fois, il a fait un petit acte politique, et je ne suis pas sûr qu'il l'ait fait tout seul, car il écrivit une lettre trop bien écrite pour avoir été écrite par lui. On lui donnait la croix d'honneur et il la refusait. Il eut tort; car cette croix est la consécration même du principe de l'égalité de tous les citoyens, civils ou militaires.

Voilà l'homme, le grand peintre, et le brave garçon; je vous demande pardon du mot.

Arrive le 4 septembre : on s'était réuni en nombre considérable. Il y avait sept cents artistes. Une commission fut nommé, et, là, il reçut un titre dont il fut fier, et qui a causé tout son malheur : il fut nommé président des artistes.

Ne vous rappelez-vous pas qu'on disait, dans les derniers temps de l'empire, que tous les moyens sont bons pour lutter contre le pouvoir, que nos musées étaient dilapidés. Une commission fut formée, et Courbet en fit partie. Elle devait rechercher ce qu'il y avait de vrai dans cette accusation. Mon client en fait partie. Il n'aimait pas l'empire; c'était son droit. Vous savez avec quelle honnêteté, M. Ballot vous l'a dit, Courbet a reconnu que rien n'avait été détourné, et M. Jules Simon, le meilleur juge, l'a lui-même déclaré.

Et, à la suite de cette réunion, on acheta le « canon Courbet, » qui est en ce moment sur la place d'Armes de Versailles.

Voici un document que j'ai trouvé à la dernière heure : le 18 mars, il faisait insérer cet article dans le journal le *Rappel* :

« Mes chers camarades, vous m'avez fait l'honneur de me nommer votre président. Je vous prie de vouloir bien vous réunir pour que nous nous occupions des intérêts de l'art. Il est inadmissible que chaque artiste n'ait pas chez lui au moins deux œuvres non encore répandues dans le public, etc. »

Vous voyez Courbet, le jour même où va s'accomplir la révolution destinée à préparer la Commune, s'occuper seulement des intérêts des arts.

Je ne ferai point l'histoire du 18 mars. Je suis sensible à l'avertissement donné par M. le Président à un de mes confrères. D'ailleurs, je ne pourrais être d'accord avec tous ceux qui m'entourent. A ce banc des avocats, je vois des républicains de diverses nuances, tous sincères; j'en vois qui parlent hautement de leurs espérances de restauration; d'autres, — et je suis de ceux-là, — qui estiment que le 4 septembre a été un malheur. Vous voyez bien que nous ne pouvons pas nous entendre sur l'histoire du 18 mars.

L'histoire élucidera ces questions brûlantes.

Pour moi, dans ma conviction intime, le 18 mars a été produit par le 4 septembre.

Nous avons vu la France envahie, l'ennemi chez nous; des hommes se sont trouvés, qui ont été assez courageux pour ajouter à ces maux ceux de la révolution. Ont-ils agi par ambition ou par patriotisme? L'histoire le dira, Mais plaise au ciel qu'ils ne soient pas réputés plus tard comme des ambitieux imprudents et de vulgaires vaniteux!

Comment! vous croyez que vous pouvez attirer, séduire fatalement le peuple qui vous est nécessaire, lui faire des promesses que vous ne pouvez réaliser plus tard, et l'arrêter ensuite!

Ah! impuissants et fous que vous êtes! Arrête-t-on la tempête et peut-on dompter le torrent quand on a brisé les écluses?

Je reviens à Courbet. Au 18 mars, il avait encore sa position, mais il était seul. Le ministre, le directeur des beaux-arts étaient à Versailles, les conservateurs étaient impuissants : la Commune pouvait les briser. Sans Courbet, nos richesses étaient perdues. Il les a sauvées. Qui les eût sauvées sans lui? Qui pouvait dire à la Commune : « Arrêtez-vous! je le veux, et j'ai le droit de le vouloir? » Courbet a compris que sa mission grandissait avec le péril, et que le moment était venu de se rendre digne de son titre de président des peintres que sept cents artistes lui avaient donné.

Le 12 avril, il obtient l'ouverture des musées. Ce jour même Courbet convoque pour le lendemain l'assemblée des peintres pour faire nommer quarante-cinq délégués. Il réorganise les arts et s'occupe de l'exposition prochaine. C'est ainsi que Courbet, président de ces quarante-cinq délégués, va se ressaisir de l'autorité dans l'intérêt des arts.

Mais cette autorité est stérile . Courbet n'est pas à la Commune; et alors, dans cette immense confusion, la seule puissance était le titre de membre de la Commune. C'est ainsi que Courbet, artiste avant tout, prêt à sacrifier aux arts même sa vie, entra à la Commune pour sauver les arts. Et il a tout sauvé, tout ce qui élève la France au premier rang, tout ce qui vaut mieux que les batailles gagnées. Il a maintenu tous les anciens conservateurs de l'empire, malgré toutes les hostilités; il a conservé et fait dispenser du service de la garde nationale les cent cinquante gardiens des musées; il a consacré à la défense de ces trésors deux bataillons sûrs.

Voilà l'œuvre de Courbet dans ce moment effroyable; voilà comment il a sauvé le dépôt de notre intelligence et de notre grandeur, pendant qu'autour de lui tout a péri dans les ruines et le déshonneur.

Ce n'est pas de la politique qu'il a fait, c'est de l'art. C'est le peintre plus que le citoyen qui a siégé à la Commune.

Mais encore, comme citoyen, qu'a-t-il fait?

Il a flétri l'arrestation de Chaudey; il a flétri la scandaleuse conduite de Pilotell, qui ne craignait pas de spolier sa veuve.

Ah! messieurs, Chaudey était un des nôtres. Séparé de lui en politique, je ne l'étais pas de son cœur; il croyait, le malheureux! aux chimères démagogiques, et il a payé cette illusion de sa vie.

Eh bien! Chaudey, messieurs, Courbet l'a défendu, et il y avait du péril à défendre l'homme que Pilotell appelait assassin et accusait d'avoir donné l'ordre de balayer la place de l'Hôtel-de-Ville, le 22 janvier.

Deux jours après, ce pauvre Courbet a une idée étrange. Il le disait d'abord : il voulait pacifier. M. le Président le lui disait avec sa bienveillance.: « Où voyez-vous la possibilité d'une pacification entre ce gouvernement régulier et ces insurgés? Il ne peut y avoir que vainqueurs et vaincus. »

Malgré le bon sens complet de cette observation, je ne suis pas bien sûr que le pauvre Courbet la comprenne encore aujourd'hui.

Voilà le second acte de Courbet.

Le troisième, c'est lorsqu'il s'agit du Comité de salut public, danger entre les dangers, dictature réduite, qui mettait la vie et la liberté de tous à la discrétion d'une poignée de fous furieux.

Courbet est de la minorité contre ce Comité; il porte au *Rappel* le manifeste de cette minorité : un honorable témoin, M. Camille Pelletan, vous l'a déclaré, Courbet était indigné et les traitait de fous. Il voulait que les noms de 93 restassent dans l'histoire, et que les hommes d'aujourd'hui restassent de leur temps.

Et c'est là tout.

Voilà l'œuvre de Courbet; il y a bien encore la colonne; j'y viendrai plus tard.

Mais, dit le ministère public, il était de la Commune, et cela suffit.

Non, cela ne suffit pas; car il n'y a fait que du bien. Le condamnerez-vous pour s'être trompé en faisant le bien?

Entré le 23 avril à la Commune, démissionnaire le 11 mai, il y fut tout le temps en butte aux injures et aux outrages de l'immonde feuille que j'ai entre les mains. Le *Père Duchêne* le met au nombre de ces j..... f..... qui trahissaient la Commune en se retirant.

Le 9 mai, un témoin vous l'a dit, Courbet n'était pas à la séance de la Commune. Le témoin lui demande pourquoi. Courbet répond : « Ils veulent me fusiller. »

Voyez-vous, messieurs, cet homme doux et bon au milieu de ces révolutionnaires, de ces insurgés aveuglés par la fureur, exaspérés par le péril?

Là se pose la première question sur Courbet. Il y en a trois.

Heureusement, vous n'êtes pas questionnés en ce qui le concerne sur les otages. Ah! M. le Président le disait bien : punir l'innocent pour le coupable, frapper le prêtre, la femme, le défenseur de l'ordre, c'est horrible et hideux. Heureusement, cela ne regarde pas Courbet.

J'en dirai autant des incendies, Courbet n'en est pas davantage inculpé.

La première question est celle d'attentat et d'excitation à la guerre civile ; mais l'attentat est du 18 mars, et c'est un mois après que Courbet entre à la Commune !

Il a excité à la guerre civile ?

Mais il n'a cherché qu'à pacifier, et son action s'est bornée à sauver nos richesses nationales.

Matériellement, et surtout moralement, Courbet ne peut être coupable à cet égard ; et c'est la culpabilité seule que vous avez à constater. Le fait, dans la question qui vous est posée, n'est rien.

L'intention, l'intention frauduleuse est tout. Je n'ai pas à la définir ; c'est l'intention de faire le mal. Courbet a-t-il voulu mal faire ? Et ne vous ai-je pas assez montré quel a été d'un bout à l'autre son unique désir ?

Où est donc sa culpabilité ? En politique, en dehors de ces crimes vulgaires d'assassinat et d'incendie, il est difficile de distinguer ce qui est permis de ce qui est défendu. Il est difficile de lire dans les cœurs et de scruter les intentions ; et ce n'est pas vous, messieurs, qui pourrez condamner celles de Courbet.

Et, d'ailleurs, serait-il le premier de la Commune qu'on aurait innocenté ? On a donné un passeport à un vieillard d'opinions exaltées, M. Charles Beslay, en considération de ses services ; on en a donné un à M. Theisz, et à d'autres, pour le même motif. On a bien fait. Pourquoi ne pas reconnaître aussi le mérite de Courbet, qui a sauvé mieux que des milliards, qui a sauvé ces gloires que la Prusse ne peut nous ravir ?

De loyales consciences de militaires comme vous, messieurs, n'hésiteront pas, j'en suis sûr, à lui rendre justice.

J'en ai fini avec les accusations de crimes. J'en arrive aux deux délits reprochés à Courbet : usurpation de fonctions publiques et destruction de monuments.

L'usurpation de fonctions est un délit tout accessoire ; je m'en suis expliqué implicitement en vous montrant ce qu'a été Courbet à la Commune. Mais il a renversé la colonne ; il a commis cet acte antinational, et l'histoire de ce crime est devenue une légende. Et cependant, si je ne démontre pas son innocence à cet égard, ce sera ma faute, tant sont éclatantes les preuves que j'en ai.

L'opinion publique lui pardonnerait peut-être d'avoir été de la Commune, ce qui est pourtant le chef le plus important d'accusation aux yeux du ministère public ; mais d'avoir renversé la colonne, jamais ! Les grands et les petits journaux, que je crains, mais que j'aime, se sont unis pour attaquer Courbet. Je leur demande de s'unir à moi pour reconnaître son innocence. La caricature s'en est mêlée ; vous l'avez vue, messieurs, cette caricature, et Courbet succombe sous les coups de l'amour-propre national blessé.

Ah ! je serais le premier à m'indigner. Il y avait dans cette colonne de la gloire ; cela nous consolait alors. Artistique ou non, bien ou mal faite, peu importait ; et je comprends, bien les colères de l'opinion publique ; en se rappelant ce qu'on avait été, on espérait ce qu'on pouvait redevenir. Et si les Prussiens insultaient par leur présence à nos malheurs, on se consolait des désastres du jour présent en songeant à l'avenir.

Si c'était vous, Courbet, qui eussiez renversé la colonne, vous seriez un misérable ! Mais, heureusement, ce n'est pas vous ; à chacun ses œuvres ; et cette colonne que Courbet, — il le dit naïvement, — a sur le cœur, elle ne l'oppressera plus.

Avant la Commune, la vraie statue populaire, celle du grand empereur, avec le petit chapeau et la redingote grise, qui donc l'a mise à bas ?

On dira ce qu'on voudra de l'empire. Ce n'est pas ici l'occasion de le défendre. Je saurai la trouver un jour. Mais il faut bien, dans cette race des Bonaparte, reconnaître un héros immortel ; il est impossible de ne pas y voir le premier génie militaire de nos temps, et ceux qui ne le comprennent pas sont indignes de lire l'histoire.

Eh bien ! la colonne était de l'histoire ! Était-elle de l'art ? Peu importe, quand il s'agit de la France ! En l'apercevant, on se disait : « C'est cet homme qui a tant fait, et ce bronze l'indique. »

On avait eu l'idée de transporter la statue à Courbevoie ; il appartenait au gouvernement de la Défense nationale de la jeter à l'eau.

Lisez l'*Électeur libre,* ce petit *Officiel,* quelquefois brouillé avec le pouvoir; et se raccommodant le lendemain avec lui. Il vous raconte d'abord que la statue de Courbevoie a été jetée à l'eau par ce peuple généreux (il l'est toujours quand on a besoin de lui; plus tard, c'est le peuple horrible, et on demande pardon à Dieu et aux hommes d'avoir eu confiance en lui). Eh bien! dans la même feuille, le même jour, une rectification se produit; la statue n'a pas été jetée à l'eau, et on annonce qu'on va pouvoir en faire un canon.

Ce n'est pas Courbet qui dit cela, c'est l'*Électeur libre.* Et que signifiait le respect de la colonne après qu'on n'avait pas respecté la statue ? Je vous le demande, au nom de la patrie, dont le passé seul nous console aujourd'hui, n'y a-t-il pas eu là un premier et cruel outrage ?

Allons plus loin. J'ouvre le *Bulletin* (officiel celui-là) *de la municipalité parisienne,* j'y trouve ce qui suit, à la date du 28 octobre 1870 :

« Une note trouvée au ministère de l'Intérieur, et datée du 14 septembre 1868, indique pourquoi, jusqu'à ce jour, la statue de Voltaire avait été repoussée de nos places publiques.

« En principe, dit cette note, il est établi que les places de Paris ne doivent » recevoir que des statues de souverains. »

» Par qui ce principe avait-il été établi?.... La note ne le dit pas. Mais aujourd'hui que nous en avons fini avec les souverains, aujourd'hui que la statue du premier des Bonaparte est au fond de la Seine, le principe en question se trouve déchiré par la volonté du peuple.

» La place publique, libre désormais, appartient aux vrais grands hommes, à ceux qui ont honoré l'humanité.

» Bientôt donc, aussitôt que nous serons débarrassés de l'ennemi, la municipalité de Paris se fera gloire d'installer la statue de Voltaire au cœur de la grande cité. »

Il avait passé dans la tête de je ne sais qui l'idée de faire fondre la statue de Napoléon Ier, en César, pour transformer en bronze la statue de la ville de Strasbourg sur la place de la Concorde.

Courbet s'indigne à cette idée; lisez sa lettre dans le *Réveil* : Il espère, dit-il, que toutes les villes de France auront du cœur, et il ne voit pas la nécessité de faire de la place de la Concorde un musée de Barbedienne.

Courbet respecte donc au moins la statue du César romain, et il a été étranger, vous l'avez vu, au renversement de celle de Courbevoie. Vous verrez tout à l'heure ce qu'a demandé Courbet.

Voyons d'abord ce qu'ont demandé les maires de Paris. Celui du 6e arrondissement propose de fondre la colonne pour en faire des canons pour la garde nationale mobilisée. Il y aura là, dit-il, bénéfice matériel, surtout utilité morale, en supprimant le souvenir de cette race odieuse. C'est signé : Hérisson, maire; Robinet, adjoint, et les autres.

Et un grand nombre de maires s'associent à cette proposition.

Le lendemain, une grande cérémonie a lieu à la place Saint-Sulpice, sous la présidence de M. Jules Ferry, et autres. Voilà comment les fonctionnaires du 4 septembre traitaient la colonne! Où est la responsabilité, je vous le demande?

Courbet, lui, qu'a-t-il voulu? Simplement un déplacement. Il a voulu déboulonner la colonne; il est devenu « le déboulonneur Courbet. » Ce mot plaisant a tout terminé, non devant la justice, mais devant l'opinion; il en est ainsi souvent en France.

Courbet demandait donc (c'est sa pétition que je vous lis) qu'on déplaçât la colonne; qu'on en conservât le soubassement et les bas-reliefs avec soin et qu'on les confiât à la vigilance de MM. les Officiers d'artillerie; et le *Bulletin de la municipalité parisienne*, en insérant cette pétition fait remarquer que, par un ordre du maire de Paris, la statue de Courbevoie a déjà disparu. Mais, enfin, vous voyez la pensée de Courbet. Il n'était pas de la Commune lorsque, le 12 avril, elle rendait son décret de démolition, dont on veut le rendre responsable en France, et même en Angleterre; et, par une lettre du 20 mai, il est obligé de se justifier devant le public anglais.

Et la seule fois que Courbet revient à la Commune, le 17 mai, il cherche encore à sauver la colonne, et il refuse de faire partie de la commission d'exécution du renversement.

Que reste-t-il donc, messieurs, de cette accusation?

Que le ministère public parcoure tous les documents de mon dossier, il verra que je suis resté strictement dans la vérité.

L'instruction révèle d'autres faits, sans toutefois en faire des griefs : ces faits, loin d'être reprochables, seraient à sa louange.

L'accusation a été cruelle, permettez-moi de le dire, envers Courbet. Elle lui a reproché d'avoir volé, oui, volé, deux figurines sauvées du pillage de la maison de M. Thiers. Il a répondu d'un mot : « Quand M. Thiers, a-t-il dit, a su que j'avais eu ces deux figurines, il s'est mis à rire, en disant que j'aurais pu prendre des choses de plus de valeur. »

Autre grief que l'honorable organe du ministère public ne relève pas, mais dont je dois dire un mot, néanmoins, car je veux défendre aussi Courbet devant l'opinion publique.

Je veux parler de la surveillance par lui exercée sur les caisses expédiées à M. du Sommerard pour l'exposition de Londres. Il y a eu là, de la part de Courbet, une mesure de précaution, et rien de plus.

J'ai tout examiné, messieurs, l'accusation et tous les faits qui s'y groupent, et je puis vous demander maintenant : Condamnerez-vous Courbet? Enchaînerez-vous cette main? Briserez-vous ce pinceau de génie? Non, messieurs; je vous le demande au nom de la justice, au nom de la France aussi. Si Courbet a été égaré, quelle expiation n'a-t-il pas subie! La captivité, les souffrances matérielles et morales pour lui, pour les siens surtout, pour cette sœur, pour cette mère, dont la gloire de son fils soutenait et consolait les derniers jours à Ornans, et qui est morte de douleur en apprenant les crimes de la Commune et en apprenant que le nom de son fils y était mêlé!

Voilà de ces douleurs qui expieraient tous les crimes !

Pourquoi ne pas le dire?

Dans cette petite ville, il y avait une statue qui rappelait à ses habitants la gloire de leur concitoyen. Eh bien ! le 28 mai, alors que la province était affolée, que les crimes de Paris étaient exagérés, si possible, le conseil municipal d'Ornans délibère et chasse la statue de Courbet, pendant que l'administration des Beaux-Arts, à Paris, donnait à ce malheureux le témoignage le plus officiel et le plus énergique de sa reconnaissance pour sa conduite en ces tristes jours en plaçant au Luxembourg, dans le sanctuaire des œuvres de génie des artistes vivants, un de ses plus charmants paysages.

Voilà qui est bien, qui est généreux; qui prouvera à la ville d'Ornans qu'elle doit à son illustre enfant une réparation. Il a souffert tout cela. Il a souffert aussi ces longues audiences, cette foule curieuse, quelquefois hostile.

GROMIER

J'espère, messieurs, que votre verdict, désormais, n'est pas douteux; j'espère que, jugeant sans faiblesse, mais avec équité, vous proclamerez par ce verdict son innocence, et alors il reprendra sa place, fort de son acquittement et des affections qu'on lui rendra.

Voilà ce que je vous demande; voilà ce que vous ferez, j'en suis bien sûr, dans quelques heures.

J'ai accompli ma tâche. Si j'ai été plus long que je ne le voulais, vous me le pardonnerez. Je ne vous ai demandé que le temps de vous montrer cette vérité que nous cherchons tous.

En terminant, permettez-moi de me reporter à ces jours terribles dont nous sortons.

Je reconnais, avec M. le Commissaire du gouvernement, que le danger n'est pas passé. Je sais qu'il y a sous la société des périls qu'on ne voit pas; mais je n'en ai pas peur, et je crois que les honnêtes gens ne doivent pas s'en effrayer. Nous sommes plus nombreux que l'ennemi, plus décidés au bien qu'il ne l'est au mal.

Oublions toutes les mesquineries, les vanités puériles et les débats parlementaires; faisons comprendre au peuple, qui est bon, qu'on l'égare, qu'il y a des mots fallacieux et qui mènent à l'abîme, que la vérité n'est pas là.

Et alors, messieurs, soyez-en sûrs, nous régénérerons la France, et, avec l'aide de Dieu, la société ne périra pas.

L'audience est suspendue à trois heures et reprise à trois heures et demie.

Mᵉ Lechevalier présente en ces termes la défense de l'accusé Parent.

Messieurs,

En présence de la situation exceptionnelle de Parent, et après l'éclatante plaidoirie que vous venez d'entendre, je craindrais de prolonger la fatigue du Conseil en prenant la parole pour vous demander un acquittement que vous avez déjà prononcé dans votre conscience, si je ne désirais que cet acquittement, qui sera la justice, en l'absence de toute charge, soit aussi le témoignage de la sympathie et de l'estime qu'a inspiré Parent à tous ceux qui l'ont connu.

Issu d'une bonne famille, imbu de principes républicains unis aux meilleures traditions d'honneur et de loyauté, il avait, en 1848, dix-huit ans. C'était l'époque où la France avait en quelque sorte la prodigalité des principes de liberté et de fraternité dont elle avait le glorieux dépôt; c'était l'époque où l'on parlait de ces guerres d'affranchissement qui eussent sans doute évité la formation de l'empire despotique de notre ennemi d'aujourd'hui. Parent, artiste et dessinateur, s'engagea. Il n'y eut pas de guerre; son espoir fut déçu. Il resta au service et y gagna l'estime et la sympathie de tous.

Il quitta le service, se remit à dessiner et se maria. Il s'occupa un peu de politique, fut condamné à quinze jours de prison dans des circonstances qui ont été rappelées à ces débats.

Un autre procès lui valut une célébrité. Il s'y montra homme de légalité, et ce procès devrait aujourd'hui lui être un témoignage favorable, je veux parler de l'affaire André, de cet agent contre lequel il poursuivit, devant toutes les juridictions, la réparation des voies de fait que celui-ci s'était permises à son égard. Finalement, la Cour de cassation décida que le fameux art. 75, protecteur de tant d'arbitraire et d'iniquités, disparu aujourd'hui pour le bonheur des gouvernants autant que des gouvernés, ne pouvait s'appliquer à un agent de police.

Voilà tout le passé politique de Parent.

Ses relations républicaines, lui valurent, au 4 septembre, sa nomination d'adjoint au 9e arrondissement, arrondissement riche et difficile à administrer, et où il a laissé les meilleurs souvenirs.

On a beaucoup parlé du 4 septembre, et durement tout à l'heure. Je n'en dirai qu'une chose : c'est que, d'abord, ce régime fut, à son aurore, salué par d'unanimes acclamations, et que c'est sous ce gouvernement que notre armée sauva l'honneur de la France par son héroïsme : cela me paraît suffire à sa défense.

Vous avez entendu en faveur de Parent les meilleurs témoignages. MM. Camus et Martin (du Nord), dont le passé politique est bien différent de celui de Parent, vous ont dit tout le bien qu'il a fait.

Le 15 octobre, le maire quitta l'arrondissement. Parent se retira aussi, malgré les instances, dont j'ai la preuve, de tous ses administrés.

Marié et père de deux enfants, âgé de plus de quarante ans, il entra aux compagnies de marche dans son quartier ; il ne voulut pas de grade ; il préféra être soldat et obéir ; il se battit à Montretout, déposa son fusil à la capitulation et redevint dessinateur.

Le 18 mars le surprit, comme tant d'autres. J'aurais voulu vous faire dire à cette audience ce qu'il faisait alors, et vous le faire dire par un témoin auquel sa douleur et son deuil n'ont pas permis de paraître ici, Mme Clément Thomas.

Cette soirée du 18 mars, Parent la passait à lui prodiguer des consolations, impuissantes devant de telles douleurs, mais pourtant si nécessaires. Mme Clément Thomas n'est pas venue, mais un homonyme, quoique non parent, de la vieille école républicaine des Carnot et des Cavaignac, m'écrit une lettre où vous lirez la confirmation de ce que je viens de vous dire.

Voilà ce que faisait le 18 mars l'accusé Parent : il était absent au premier acte de cette insurrection, à celui où devaient être présents tous ceux que l'accusation veut poursuivre.

Le Comité central ne voulut pas garder la direction du mouvement et désira la transmettre à un conseil municipal, à ce conseil toujours annoncé à Paris par des promesses réalisées enfin. On crut qu'on pouvait voter, quel que fût le pouvoir qui siégeât à Paris. Car le vote est précisément un moyen de protester contre l'illégalité, si elle existe.

Les députés et les maires de Paris le conseillèrent eux-mêmes. Je vous rappelle leur proclamation à cet égard, parce que, en définitive, l'élection de Parent est l'unique grief allégué contre lui et qu'il s'agit de la justifier. Je vous rappelle surtout l'intervention de l'un des maires, M. Tirard, tant loué alors, tant blâmé depuis, et qui peut se consoler de ces blâmes par le témoignage d'approbation publique que lui a donné M. le Chef du Pouvoir exécutif.

L'intervention des maires, des députés, représentants de Paris, ayant évidemment l'aveu du gouvernement, dut produire son effet dans l'esprit des électeurs, et, plus tard, la Chambre elle-même ne jugea pas à propos de condamner ces élections, quoique cette condamnation lui fût proposée. La presse se prononça dans le même sens et appela les citoyens au vote. Je vous citerai à cet égard la *Liberté*, la *Cloche*, et jusqu'au *Soir*, organe éminemment conservateur, qui constata que l'on accourait à la convocation du Comité central.

On vota donc. Il y eut 200,000 votants, chiffre respectable, eu égard au nombre des habitants présents à Paris. Dans certaines sections, il y eut lutte, et même majorité, dans le sens opposé au Comité. M. Parent passa sur la même liste que MM. Desmarest, Ferry, Nast, qui aujourd'hui ne sont pas poursuivis, non plus que MM. Albert Leroy, Loiseau, Pinson, Marmottan et bien d'autres.

Une méprise déplorable amena son arrestation; mais, en somme, jusqu'ici, aucun grief ne subsiste contre lui. Sa démission date du 5 avril, il est donc resté huit jours à la Commune. Qu'a-t-il fait pendant ces huit jours, qui puisse le retenir dans les liens de l'accusation? Un autre membre de la Commune a donné sa démission le 6 avril; on ne le poursuit pas celui-là. Et M. le Ministre de la Guerre, dont la parole a ici la première autorité, a déclaré qu'on ne le poursuivrait que si des faits délictueux en eux-mêmes étaient produits à sa charge.

Donc, jusqu'ici, en droit, l'accusation ne se soutient pas.

En fait, qu'y a-t-il? Rien. Un seul fait, la sortie de gardes nationaux sur Neuilly, à l'époque où le Comité central avait encore la force militaire. Et Parent vous dit qu'il se refusa, c'était le 2 avril, à aller trouver les bataillons battus par Versailles et à les haranguer. Il voulait, dès lors, donner sa démission, voyant commencer la guerre civile, et n'attendit pas de faire agréer au 9e arrondissement le successeur qui avait sa confiance comme honnête homme, M. Bayeux-Duménil. Sous son administration, comme sous celle de Parent, le drapeau tricolore flotta à la mairie, et le recrutement forcé n'eut lieu qu'après la révocation de ce successeur, aussi intègre que lui. Il y avait à la caisse municipale du 9e arrondissement 50,000 fr. Ils se sont trouvés intacts. Voilà un des actes de Parent.

En voici un second. A la veille de sa démission, c'est Parent qui a maintenu le bataillon de la Compagnie du gaz.

Parent n'a pas moins de mérite par ce qu'il n'a pas fait que par ce qu'il a fait. Il n'a pas voulu prendre sur lui de procéder aux mariages; il les renvoya au second arrondissement, où étaient demeurés les adjoints réguliers qui avaient été élus. C'est ce que j'ai pu vérifier moi-même à cette mairie.

Voilà les actes de Parent.

Voilà comment il a voulu éviter toute usurpation de fonctions.

Parent donna donc sa démission.

Ce n'était pas si simple; on vous l'a fort bien dit pour l'accusé Descamps. Ce-lui-ci a voulu la donner. Parent l'a donnée en effet. Les journaux ardents, le *Vengeur* du 11 avril, la *Sociale* du 7 avril, ne lui ont épargné, à cet égard, ni les injures ni les menaces; ils l'ont appelé traître et déserteur, en même temps que les journaux de l'ordre, le *Bien public* en tête, lui décernaient des éloges. Traî-tre et déserteur! On sait ce que présageaient ces mots dans ces tristes jours.

Je me demande, en réalité, si je dois plaider, et je répète que je ne plaide que pour obtenir de vous un verdict qui soit un acquittement, mais qui soit aussi une réparation.

On n'a arrêté Parent que par suite d'une méprise déplorable; parce qu'on lui a attribué, sur une dénonciation erronée, un ordre de brûler Paris; parce que les journaux, qui depuis ont fait un acte de contrition qui désarme aujourd'hui cette sévérité, lui ont attribué la plus mauvaise part aux derniers jours de la Commune.

Voilà sa situation, et n'ai-je pas raison de dire qu'il a droit devant la justice à une réparation?

Aujourd'hui, l'erreur est reconnue, et nous ne regrettons pas que Parent ait été maintenu dans l'accusation. Un jugement public le réhabilitera devant l'opi-nion publique, si sévère, au début, contre lui, et qui rendra, je l'espère, un tardif hommage à sa conduite noble et loyale.

Je puis donc, messieurs, regretter de vous avoir encore pris quelques ins-tants, mais je me féliciterai de voir Parent quitter ce banc la tête haute, la conscience libre, respecté et honoré.

M. LE PRÉSIDENT *(à M. Élie Ducoudray)* : Vous aviez annoncé que vous produi-riez au Conseil un plan de la mairie du 11e arrondissement. L'avez-vous en mains?

M. ÉLIE DUCOUDRAY : Le plan officiel a été brûlé à l'Hôtel-de-Ville. Un second plan était entre les mains de l'architecte de la mairie, je n'ai pu me le procu-rer jusqu'ici; mais je crois que le Conseil est suffisamment édifié à cet égard.

M. LE PRÉSIDENT : Nous allons entendre le témoin Martin.

Pierre Martin, agent d'affaires (détenu), dépose :

J'étais caissier au 11ᵉ arrondissement jusqu'au 24 mai au soir. J'étais au bureau du matin jusqu'au soir; j'allais seulement déjeuner. Je n'ai entendu parler d'exécution dans la mairie ni le 23 ni le 24 mai. Je l'aurais su, s'il y en avait eu. J'ai entendu parler de celle du 24 au matin dans un terrain vague, voisin de la mairie. Je n'ai pas connu à la mairie d'employé sourd-muet. La caisse était à gauche en montant. J'aurais nécessairement entendu les détonations, au moins la rumeur. Le 24, il y avait beaucoup de femmes qui faisaient des sacs. Il y en avait dans le vestibule et jusque sur l'escalier.

M. Élie Ducoudray : Ainsi, ni le 23 ni le 24, au dire de témoins sérieux.....

M. le Commissaire du gouvernement : Ce témoin est un accusé. Il se compromettrait s'il déclarait avoir vu quelque chose. De pareils témoins ne sont pas des témoins.

M. Élie Ducoudray : Était-il donc si facile d'empêcher l'exécution sommaire? Pouvait-on, le 23 mai, arrêter sans danger ce que M. le Président a appelé si justement des bêtes fauves? Et la responsabilité ne doit-elle pas remonter à ceux qui les ont déchaînées, aux hommes du 4 septembre?

M. le Commissaire du gouvernement : C'est de la plaidoirie.

M. Élie Ducoudray : M. le Commissaire du gouvernement a donné son appréciation, je donne la mienne.

L'audience est levée à quatre heures et demie.

Audience du 31 août.

Un nouveau témoin a encore été produit au commencement de l'audience; c'est le sieur Auguste Charnier, appelé à déposer sur des faits relatifs à Jourde.

M. le Président : Quelle est votre profession?

Le Témoin : Je suis l'associé de M. Fichet.

M. le Président (à Jourde) : Que voulez-vous que nous demandions au témoin?

Jourde : Je voudrais qu'il nous dise si, le vendredi, il n'a pas fait mettre des portes aux caisses du ministère.

Le Témoin : Oui, monsieur le Président, nous avons mis des portes; mais elles ont été forcées le dimanche.

M. le Président : Y avait-il des valeurs?

Le Témoin : Oui, monsieur le Président.

M. le Président (à Jourde) : L'incendie n'a pas atteint ces caisses?

Jourde : Je n'en sais rien.

M. le Président (au témoin) : Combien de temps a duré ce travail?

Le Témoin : Environ deux heures.

M. le Président : Mais vous aviez déjà ouvert des caisses à la fin d'avril?

Le Témoin : Oui, monsieur le Président.

Jourde : On m'accuse d'un bris de scellés. Ces caisses dont vous parlez furent ouvertes par ordre de Varlin. Elles constituaient ce qu'on appelle le portefeuille. Les quatre lettres furent données pour pratiquer l'ouverture, et tout ce qui a été fait l'a été en secret.

M. le Président : La parole est donnée à M. le Commissaire du gouvernement.

M. le Commissaire du gouvernement :

Monsieur le Président,
Messieurs les Juges,

Je n'avais pas l'intention de répliquer. Je croyais que le guet-apens tendu contre la patrie, épuisée par une lutte inégale, suffisait pour établir le complot dans l'attentat du 18 mars. Je croyais que des désastres immenses, les violations les plus criminelles des droits des citoyens, la destruction sacrilége des monuments, les ruines accumulées autour de la capitale, l'assassinat des otages, les incendies, qui, sans l'intervention opportune des troupes, eussent réduit Paris en cendres ; je croyais que ces horreurs, commises sous le règne de la Commune, impliquaient pour toute la France la responsabilité des membres de ce gouvernement insurrectionnel.

Je ne m'attendais pas à entendre protester ici contre le cri légitime de l'opinion publique demandant justice.

Je ne professe pas ce précepte : *Vox populi, vox Dei,* mais je dis que ce cri est celui des honnêtes gens.

Je n'ai rien à ajouter, en substance, à mon réquisitoire. Plus de vingt jours de débats consciencieux ont dû amener la conviction dans vos esprits. La France, impatiente, attend votre verdict.

Je regrette donc de me voir dans l'obligation de combattre la défense, de protester contre certains de ses arguments, car il importe que la vérité surgisse pleine et entière de ces débats.

On a dit d'abord que ma situation ici n'était pas légitime ; que ces hommes ayant été mes adversaires, mon devoir était de rester neutre au jour de la justice.

Ces hommes, mes adversaires ! Mais est-on l'adversaire de criminels violant ouvertement toutes les lois ? Et, d'ailleurs, où donc auraient-ils été nos adversaires, ces gens qui ont armé une foule de citoyens paisibles, mais qui, presque tous, n'ont pas eu le courage de prendre un fusil ?

On a fait ensuite le parallèle de mon mandat avec celui de la défense.

Je reconnais et j'aime à dire que la mission du défenseur est des plus respectables et des plus légitimes.

Mais je revendique aussi la grandeur du rôle de l'accusation dans ce procès, où il s'agit de défendre la société contre l'anarchie, le pays contre des attentats de nature à menacer son homogénéité, et peut-être son indépendance.

Tantôt, et selon les besoins de la cause, on a fait des accusés des hommes politiques, tantôt on prétend qu'ils n'ont pas ce caractère. Pour moi, ce sont des hommes de désordre, des révolutionnaires.

Je me hâte d'abandonner ce terrain des personnalités pour rentrer dans mon rôle, et je m'occuperai d'abord des arguments de droit invoqués contre l'accusation.

Traiter l'accusation au point de vue du droit est un problème difficile quand on manque de l'expérience professionnelle, mais on peut le résoudre avec du travail, du bon sens et un jugement droit.

C'est ce que j'avais tenté de faire dans l'exposé que je vous ai présenté des caractères constitutifs des chefs d'accusation. J'avais établi que chacun d'eux comprend les éléments déterminés par la loi pour constituer le crime ou le délit; aussi j'avais prouvé dans les attentats l'existence du complot et de l'exécution.

On a dit que l'accusation avait omis d'indiquer l'origine et le rôle du Comité central; on trouve tout cela dans l'exposé général des faits. Il en résulte que les comités de bataillons de la garde nationale ont procédé d'usurpation en usurpation dès le 4 septembre jusqu'à la création du Comité central.

La défense a nié l'existence du complot de la part du Comité central; elle s'est même lancée dans cette voie d'erreurs jusqu'à l'imputer au gouvernement régulier par ce fait qu'il avait supprimé, le 13 mars, des journaux prêchant la révolte, et parce que, dit-elle, il avait commis fautes sur fautes.

J'ai établi les longs agissements du Comité central et ses discours comminatoires au 15 mars.

Dès ce jour, il avait levé l'étendard de la révolte et mis le gouvernement régulier en mesure d'user des moyens de rigueur.

Les pièces constatant des attentats contre la chose publique, je les ai puisées à la source officielle, et cependant l'un des défenseurs n'a pas craint de les qualifier de *racontars* de journaux. On m'a nié le droit de me servir d'autres documents que ceux contenus dans les dossiers.

A ce sujet, je rappellerai à la défense les arrêtés du 18 janvier 1855.

On a parlé de conciliation, quand chacun sait que les conciliateurs ont été reçus à coups de fusil sur la place Vendôme.

On prétend que les maires étaient d'accord avec le comité insurrectionnel; cette histoire est trop proche de nous pour qu'il soit permis de la dénaturer ainsi.

Nous avons entendu un défenseur déclarer que, si le gouvernement régulier était légal, il n'était pas légitime, et faire des rapprochements entre cette insurrection et les événements de 1815.

28

J'admets cette comparaison, si l'on se reporte aux actes des Trestaillons et autres misérables de ce genre.

On a osé dire que M. Thiers avait excité à la guerre civile. Est-ce de la discussion?

J'ai entendu élever cette prétention exorbitante, que quand on a commis des crimes contre la chose publique, appelés aussi politiques, et des crimes de droit commun, les premiers protègent les seconds et les font participer aux modifications apportées par la Constitution de 1848 et par la loi de 1853 dans l'application de la peine, c'est-à-dire à l'abolition de la peine de mort.

Je pourrais m'emparer, pour renverser cette prétention, de la définition même des crimes politiques donnée par la défense :

« Le crime est politique, a-t-on dit, toutes les fois que le but est politique. » J'hésite vraiment à en tirer cette conséquence naturelle et logique.

Les assassinats des otages et les incendies seraient des actes poursuivis dans un but politique.

D'après le défenseur d'Urbain, tous les désastres de l'insurrection seraient la suite d'un malentendu, d'une réaction sans bornes, qui vient, dit-il, de donner sa mesure.

Je n'insisterai pas davantage sur les crimes contre la chose publique imputés à tous les accusés.

Je passe aux crimes de droit commun commis par les membres de la Commune.

Je confirme d'abord cette déclaration que le Commune était un gouvernement réunissant dans son sein le pouvoir législatif et le pouvoir exécutif, et, par suite, qu'elle est, en droit, responsable des effets de ses décrets et de ses actes

Vous savez, du reste, messieurs, que la Commune n'avait pas en vue une œuvre politique, mais bien la révolution sociale. La République existait; les élections avaient été libres, et le pouvoir exécutif avait été confié par le vœu unanime de la Chambre à un homme d'État illustre. J'ai exposé, d'ailleurs, la grande criminalité de l'insurrection au moment où elle se produisait.

J'entre maintenant dans l'examen des crimes de complicité qui m'ont fait taxer d'ignorance par d'honorables défenseurs.

Ce qui n'est pas logique, messieurs, c'est de prétendre qu'un homme ne peut avoir à répondre à la fois devant la justice de crimes de droit politique et de droit commun; c'est de prétendre qu'en invoquant contre les accusés les art. 87, 91 et 92, j'en fais des hommes politiques; ce qui n'est pas logique, c'est de prétendre que l'Internationale est l'école de l'armée.

Plaise à Dieu que la France ne serve jamais d'épreuve au programme de cette école !

Devant une pareille éventualité, je ne puis mieux faire que de reproduire ces paroles prononcées par le président dans une des dernières audiences : « Alors, nous ne serons pas de ce monde. » C'est manquer de logique que d'en venir à comparer la Commune à la Convention, l'accusé Jourde à l'illustre Carnot. Et ce manque de logique étonne de la part des personnes dont la carrière se passe à l'étude du droit.

Je reviens à mon sujet.

La Commune est un gouvernement : comme gouvernement, elle a rendu des décrets qui ont force de loi et qui impliquent pour les citoyens l'obligation de les exécuter.

Je suis donc fondé à maintenir les trois principes que j'ai établis pour bases, et dont je n'ai pas un mot à enlever, malgré les critiques dont ils ont été l'objet.

Les chefs d'accusation de complicité se rapportent à l'assassinat, à l'incendie, à la destruction des édifices publics et des constructions servant à l'habitation, enfin, aux arrestations illégales.

J'ai donc à vous prouver qu'un ou plusieurs des éléments énoncés dans l'art. 60 se trouvent dans chacun des chefs d'accusation.

Il suffit, d'ailleurs, d'un seul de ces éléments pour établir le crime. Le fait de complicité d'assassinat résulte des décrets du 6 avril et du 17 mai, des menaces proférées à plusieurs reprises contre les otages.

Ces faits constituent l'abus d'autorité indiqué dans l'art. 60, car ils sont la violation la plus grande de la justice.

Une nouvelle preuve morale de complicité nous est donnée par l'ordre de transférer les otages de Mazas à la Roquette. On a été jusqu'à discuter dans cette enceinte la dénomination d'otages donnée par toute la France aux illustres victimes massacrées dans la journée du 24 mai.

Il résulte cependant de la teneur même du décret du 6 avril que Mgr Darboy et d'autres personnages arrêtés dans la journée du 4 doivent être, dès le 6, considérés comme otages. En effet, d'après ce décret, les personnes arrêtées devaient, dans les quarante-huit heures, être traduites devant un jury, qui les mettait en liberté ou qui les déclarait otages du peuple.

Pourquoi, d'ailleurs, si Mgr Darboy n'était pas otage, aurait-on proposé au gouvernement de l'échanger contre Blanqui ?

Je passe à la complicité dans les incendies.

Les éléments de cette complicité sont :

1° La provocation par machinations et par artifices coupables ;

2° L'assistance par les moyens procurés.

Les faits constituant le premier élément sont :

Les réquisitions de pétrole opérées par la Commune, les menaces d'incendie contenues dans les manifestations de ses agents, la présence de ses délégués sur les lieux du crime.

Je vous ai lu une grande quantité de pièces qui prouvent que les réquisitions ont été générales.

Les faits constituant le deuxième élément consistent en la délivrance aux incendiaires des moyens d'action qu'il leur eût été impossible de se procurer autrement.

Ces incendies éclatant à la fois sur plusieurs points de la capitale indiquent un mot d'ordre qui n'a pu être donné que par le gouvernement.

La complicité dans la destruction des édifices publics et des maisons particulières réside dans la provocation par abus d'autorité constatée par les décrets relatifs à la colonne Vendôme, à l'église Bréa, à la chapelle expiatoire, à l'hôtel de M. Thiers.

Vous savez, d'ailleurs, messieurs, que ces actes de vandalisme ont été exécutés en grande pompe.

La complicité dans les arrestations illégales et séquestrations consiste dans la provocation par abus d'autorité manifestée par l'arrestation des otages et dans l'exemple trop bien suivi par les agents de la Commune.

J'appuierai cette démonstration d'arrêts de la Cour de cassation qui répondront aux citations faites par l'un des honorables défenseurs.

On a invoqué devant vous des arrêts étrangers à la cause ; on vous a dit qu'il n'y avait pas de complicité dans le fait d'un homme qui n'empêche pas son voisin de commetre un crime, dans le fait d'un mandant ayant provoqué à l'assassinat lorsque l'auteur du crime a frappé une personne autre que celle que le mandant avait désignée.

Quel rapport y a-t-il entre ces faits et la cause?

Je serai plus exact, et les arrêts que j'invoque se rapportent directement au procès.

J'ai maintenant à répondre à la prétention des accusés, de repousser toute responsabilité connexe.

La défense avance avec raison que la solidarité n'existe pas en matière criminelle. Aussi, non-seulement je ne l'ai jamais invoquée dans le procès au point de vue matériel, mais j'en prononce, je crois, le nom pour la première fois.

Je n'ai invoqué contre les membres de la Commune que la complicité, dont les éléments sont définis par l'art. 60, et je crois avoir démontré que les faits incriminés renferment ces caractères.

Il faudrait recommencer mon réquisitoire pour répondre à tous les arguments de la défense.

Pour ne pas prolonger ces débats outre mesure, je ne m'occuperai que des points principaux soulevés, laissant à votre jugement le soin de résoudre les autres.

Le défenseur d'Assi, à propos du crime d'embauchage imputé à son client, comme membre de la Commune, prétend que le crime n'existe pas parce qu'il n'y a eu que provocation.

J'ai établi que la provocation seule constitue le crime, mais il y a eu, de plus, exécution. De nombreuses condamnations, déjà prononcées par les conseils de guerre, prouvent que les manifestes de la Commune ont produit leur effet parmi les soldats. J'ai protesté en temps opportun contre l'accusation du défenseur, relative à l'emploi du pétrole par le gouvernement régulier dans la fabrication des munitions de guerre.

Je me suis étendu suffisamment déjà sur la participation d'Urbain dans les actes de la Commune; je me bornerai à rappeler qu'il a été l'auteur de la proposition du 17 mai, qui a amené le décret d'exécution des otages.

La grâce lui est venue, dit-on, le 23 mai, et cependant, le 24, il recevait sa part des dépouilles des Finances.

Des soupçons pèsent sur lui au sujet des exécutions faites, le 22 mai, aux Tuileries.

Le manque de preuves certaines m'interdit de m'étendre sur ce sujet : il est possible que l'opinion publique ait été trompée dans ses présomptions par la réputation qu'avaient faite à l'accusé ses propositions sanguinaires du 17 mai.

En vous initiant au premier succès de son client dans l'éloquence, le défenseur nous a donné une singulière idée de la façon dont on entendait la liberté dans les réunions publiques. Urbain entend, dit-il, un orateur assez audacieux pour défendre les idées monarchiques; il riposte et le voilà connu.

J'ai à remercier l'éminent défenseur de Jourde de sa bienveillance à mon égard; mais, bien que tout au charme de sa parole éloquente, j'ai cependant entendu dans sa plaidoirie des arguments que je ne puis laisser sans réplique.

Le défenseur a dit que je n'étais pas bien fixé sur le caractère de la Commune; que tantôt je la considérais comme un gouvernement et tantôt non.

Je n'ai jamais varié dans mes déclarations à cet égard.

On invoque en faveur de Jourde la situation faite à M. Beslay. M. Beslay était délégué à la Banque, où il a rendu de grands services, tandis que Jourde, délégué aux Finances, puisait dans la caisse de la Banque pour alimenter l'insurrection. Il n'a montré quelque ménagement que parce que cette caisse pouvait prolonger l'existence de la Commune. C'est, en effet, ainsi qu'on l'a dit, M. de Plœuc, qui a plaidé pour M. Beslay; mais pourquoi n'aurait-il pas plaidé aussi pour Jourde?

Bien au contraire, messieurs, les dépositions de M. de Plœuc sont de lourdes charges pour l'accusé, et elles sont confirmées par celles de MM. Marie et Mignot.

Jourde a donné sa démission le 2 mai; mais seulement sa démission de délégué, et non celle de membre de la Commune. Il est d'ailleurs resté en fonctions. Nous le voyons assister aux séances des 6, 8, 12 et 17 mai, et je fais remarquer que c'est dans cette dernière séance qu'est sorti le décret d'exécution des otages.

Le vol, à l'aide de bris de scellés, est constant; et vous devez vous rappeler, messieurs, que les 4,700,000 fr. déposés dans la caisse appartenaient à la France et non à Paris, et qu'ils ont contribué à prolonger la guerre civile.

Je répète qu'en trois jours, du 18 au 22 mai, Jourde a soustrait à la Banque 2,600,000 fr., somme qui n'a pu servir aux besoins de la garde nationale, alors qu'elle battait en retraite sur toute la ligne, et qu'il était impossible de changer les billets de banque reçus en paiement.

Cet argent, je l'ai dit, a servi à donner à la grande majorité des chefs de l'insurrection les moyens de se soustraire à la justice.

En résumé, Jourde a soustrait frauduleusement 16,600,000 fr. à la Banque, et 4,730,000 fr. dans la caisse du ministère des Finances, ce qui forme un total de 21 millions détournés de leur destination naturelle pour donner des armes à l'insurrection.

Après ce que j'ai exposé précédemment sur la question de droit, je n'ai rien à répondre sur la défense de Régère; je n'ai rien à modifier sur la part qui lui est faite dans mon réquisitoire.

Il en est de même pour Champy. Vous jugerez, comme moi, que ses protestations de la dernière heure contre deux signatures dont il avait précédemment accepté la responsabilité sont des prétextes illusoires.

L'enquête eût apporté un nouveau retard dans le procès sans rien changer à vos convictions arrêtées.

On a opposé un dernier argument. Les membres de la Commune ayant trouvé, le 26 mars, le gouvernement régulier renversé, n'ont pas commis les attentats contre la chose publique.

Je dois relever cette erreur. La Commune a repris en sous-œuvre tous ces attentats par la publication des manifestes dont je vous ai fait lecture, et qui les constituent.

Je dirai plus : les membres de la Commune ont accepté une succession bien lourde en recevant le Pouvoir des mains du Comité central. L'histoire flétrira ce gouvernement de quelques jours, sous lequel ont eu lieu deux assassinats qui sont la honte de l'humanité.

Clément Thomas, dont toute la vie avait été vouée aux idées républicaines, est impitoyablement massacré, et une autre noble victime tombe auprès de lui.

Arrêté à neuf heures du matin, le général Lecomte n'a été fusillé qu'à cinq heures.

Son agonie a duré huit heures, et, pendant ce temps, le Comité central siégeait en permanence.

On a fait ensuite à l'organe de l'accusation le reproche de n'avoir pas exercé son action sur tous les membres de la Commune : ce reproche n'est pas fondé ; ma mission a des limites que je ne puis enfreindre, et je déclare qu'en toutes circonstances j'ai fait retomber la même responsabilité sur les membres de la Commune qui m'ont été déférés.

Nous avons entendu la défense examiner à différents points de vue le programme et les vues de l'Internationale.

L'exposé des faits de l'accusation nous a dépeint cette Société sous les plus sombres couleurs, et je vous demande, avant de terminer, de vous donner la preuve que cette Société est la plus grande calamité du temps.

Le gouvernement, convaincu, à juste raison, du péril dont elle menace la France en particulier, est décidé à prendre des mesures actives pour la combattre, et je vais vous citer un extrait de l'exposé des motifs de la loi proposée, à cet égard, à l'Assemblée nationale.

Au moment de nos plus grands désastres, voici quelles étaient les préoccupations et les espérances de l'un des chefs de cette Société.

C'est une lettre d'Eugène Dupont, secrétaire général de correspondance à Londres, au secrétaire général de correspondance à Lyon :

« 6 septembre 1870.

» La politique impériale amène au Pouvoir les Favre et les Gambetta. Rien n'est changé. La bourgeoisie, affolée par son triomphe, s'est portée vers le gouvernement qu'elle conservera pendant quelque temps. Il faut laisser la vermine bourgeoise se faire illusion sur la durée de sa victoire, profiter des libertés qui vont être accordées pour organiser le concert, l'accord de tous les travailleurs, afin qu'ils soient prêts pour le moment où l'impitoyable guerre commencera. »

L'original existe dans les dossiers de l'un des accusés traduits en ce moment devant le conseil de guerre de Lyon.

Pas un mot de pitié pour la France envahie et foulée aux pieds, mais l'annonce, le moment venu d'une guerre impitoyale.

A peine l'insurrection du 18 mars vaincue, les manifestes de l'Internationale se reproduisent plus menaçants, ainsi qu'il ressort de l'adresse du conseil général de l'Association, insérée dans le *Journal des Débats* du 21 juin.

A ce manifeste, parti de Londres, on répondait d'Italie par un autre manifeste. Enfin, Karl Marx, l'un des grands chefs de la Société internationale, annonce, dans une lettre écrite à la suite de l'insurrection du 18 mars, ce que l'avenir réserve à la France et à l'Europe.

Vous voyez quels dangers nous menacent ; c'est notre nationalité et notre famille, c'est la religion que l'on veut renverser, et il se trouve en France des misérables qui prennent part à cette conspiration contre la patrie.

Les hommes que vous avez à juger ont pactisé avec les révolutionnaires de l'étranger. Il faut mettre un terme à ces insurrections qui se succèdent dans notre malheureux pays et qui secondent les projets de l'Internationale ; il faut que la justice déploie toutes rigueurs contre les hommes de désordre.

Faisant appel à votre équité, d'honorables défenseurs vous ont demandé de déclarer non coupables quelques-uns des accusés.

Messieurs, j'ai été le premier à vous convier à l'indulgence pour certains ; mais je ne saurais m'associer aux vœux des défenseurs. Le fait seul d'avoir prêté son concours au gouvernement insurrectionnel est un crime ; comment voulez-vous innocenter ceux qui ont fait partie de ce gouvernement ?

Songez, d'ailleurs, à la situation déplorable de la France à cette époque néfaste, et vous conviendrez avec moi que cette situation rend le crime plus odieux. Pour moi, qui arrivais alors à Versailles, je n'oublierai jamais l'horreur qu'inspiraient ces hommes impitoyables, qui avaient levé l'étendard de la révolte au moment où la patrie sortait à peine de l'agonie. Il y eut contre eux un cri général d'indignation et de vengeance. On voyait le péril si imminent que tout homme de cœur, sans distinction de condition, des généraux même, s'offraient à prendre le fusil pour marcher contre l'insurrection !

Songez, messieurs, que ces terribles angoisses étaient fondées ! Les désastres ont même dépassé les prévisions. Paris a été mis à feu et à sang !

C'est la responsabilité de ces désastres qui pèse sur les chefs de la Commune et les rend impardonnables. Et, quoi qu'on ait dit, chacun a été libre d'accepter ou de refuser le mandat ; vous savez que, dès le 27 mars, un nombre assez considérable d'élus ont donné leur démission.

Si vous déclarez innocent le chef qui a son libre arbitre dans le choix entre la France et l'insurrection, quel serait votre verdict contre le grand nombre de fédérés que ce chef a armés et envoyés au combat ?

Je l'ai dit, quel que soit le laps de temps pendant lequel le mandat a été exercé, l'usurpation seule de la succession du Comité central constitue déjà un crime. Et si l'un des accusés a quitté le Pouvoir après huit jours d'exercice, il s'est commis, pendant cette période, des attentats criminels contre le gouvernement. Je vous ai cité les manifestes de la Commune de la fin de mars et du commencement d'avril ; vous savez que l'expédition de Flourens, Duval et Bergeret contre Versailles a eu lieu le 2 de ce dernier mois. Vous avez le mandat et le devoir de faire justice. Exercez-le donc consciencieusement ; mesurez la peine à la culpabilité, et laissez le droit de grâce à qui il appartient.

Je persiste dans mes conclusions.

M. LE PRÉSIDENT *(à Mᵉ Marchand)* : Avez-vous quelque chose à ajouter à la défense de l'accusé Ferré ?

Mᵉ MARCHAND : Je ne puis, monsieur le Président, que répéter que l'accusé Ferré désire se défendre lui-même, et m'a prié de m'abstenir de toute intervention dans sa défense.

MOUROT

M. LE PRÉSIDENT (à Ferré) : Avez-vous quelque chose à dire?

FERRÉ : Non, monsieur le Président.

M. LE PRÉSIDENT (à Mᵉ Bigot) : Et vous, Mᵉ Bigot, désirez-vous présenter des observations nouvelles?

Mᵉ BIGOT : Monsieur le Président, les défenseurs sont d'accord pour que les considérations sur les questions de droit soient présentées d'abord par notre doyen, Mᵉ Dupont de Bussac.

M. LE PRÉSIDENT (à Mᵉ Bigot) : Soit; je vous donnerai alors la parole plus tard.

Mᵉ Dupont de Bussac à la parole.

Mᵉ DUPONT DE BUSSAC :

Messieurs,

La question de droit ici est capitale, et je vais la traiter au nom de toute la défense.

L'Internationale n'est pas en cause; la loi qui la condamne n'est pas encore sortie.

Dans mon opinion, les griefs formulés contre cette Société ne sont pas fondés; mais ce n'est pas là la question. Je répète que l'Internationale n'a rien à voir avec les accusés.

Je vous demande d'abord de mettre de côté les documents tardifs produits tout à l'heure par le ministère public sans avoir été communiqués à la défense, ce qui leur ôte toute valeur. Vous ne pouvez, messieurs, en tenir aucun compte.

J'arrive aux faits généraux de l'accusation. Tous les accusés sont inculpés de complicité de complot, d'attentat, d'assassinats et d'incendies, et cela par le seul motif qu'ils étaient de la Commune. Ce raisonnement est étrange. Examinons-le d'abord en ce qui concerne le complot.

Un complot est la résolution concertée de renverser un gouvernement. Quoi de semblable dans le mouvement du 18 mars, œuvre de milliers d'individus qui ne se connaissaient pas, qui ne s'étaient pas vus la veille, entre lesquels il n'y avait ni lien ni accord?

De même, l'accusation relève contre tous les accusés un attentat. L'attentat, il a peut être existé. Je me borne à constater que le vote du 26 mars a été normal; que les électeurs y ont été conduits par les maires et députés de Paris, et que si l'attentat est du 18 mars, on ne peut en avoir été complice pour avoir été nommé le 26.

La Commune a succédé au Comité central; mais, en droit pénal, on est complice d'un crime, ou on en est l'auteur, mais on ne lui succède pas quand il est accompli. Il est clair qu'après cet accomplissement, il ne peut y avoir que des infractions nouvelles et spéciales.

Tel est l'avis de l'éminent criminaliste M. Rossi; tel est celui aussi de M. Bertauld, professeur à la Faculté de droit de Caen.

M Rossi est encore plus affirmatif à cet égard. Il dit : « Un fait quelconque, postérieur au délit, ne peut être qu'un délit spécial. » C'est-à-dire on ne peut être complice d'un fait commis antérieurement.

Mais vous êtes complices des faits postérieurs, des faits d'incendie et d'assassinat. Nous comprenons bien la portée de cette accusation ; elle a pour but de faire prononcer la peine de mort contre tous les accusés.

Une loi de 1830 a eu soin de spécifier que toute une série de crimes prévus par le Code pénal étaient des crimes politiques. Une autre loi, de 1848, abolissait la peine de mort en matière politique.

Dans la guerre, les combattants mettent le feu pour protéger leur retraite ; en fait des prisonniers, on les massacre. Ce sont, assurément, des crimes de droit commun en principe, mais vous ne pourrez les considérer comme tels, vu les circonstances.

Le défenseur explique ensuite au Conseil que, fussent-ils reconnus coupables d'assassinat et d'incendie, les accusés ne pourraient pas être condamnés à mort, car ces crimes seraient connexes à des crimes politiques.

Il y a, en effet, un autre principe auquel on ne répond pas, c'est celui de la connexité. Voilà huit ou dix souverains qui se rassemblent et ils conviennent qu'ils se remettront les gens qui ont commis des crimes ordinaires. Ils se sont demandés ensuite : Livrerons-nous les coupables de crimes politiques? Non. Et ceux qui auront commis des crimes communs, les livrerons aussi? Ils ont encore dit : Non.

M. LE PRÉSIDENT : D'après cela, je comprends que, dans un moment de révolution, on commette un assassinat sur une barricade; mais voulez-vous appliquer votre système aux crimes commis pendant un laps de deux mois?

Mᵉ DUPONT DE BUSSAC : Mon Dieu ! monsieur le Président, les crimes commis sont ceux qui sont commis dans la période même de la guerre civile. Ceux qui ont pour principe une vengeance personnelle, comme, par exemple, l'assassinat de ce malheureux Chaudey, tombent sous l'application du droit commun.

J'arrive à un autre crime, celui d'embauchage.

Ce crime est-il un crime politique? Il est visé dans l'art. 8 de la loi du 9 juin 1857; mais il était défini dès l'an IV, et supposait une action individuelle, un individu détournant ou cherchant à détourner un soldat par de l'argent ou des liqueurs enivrantes.

L'embauchage est un crime purement individuel; l'embauchage d'un corps d'armée est impossible. Dira-t-on que le maréchal Ney, qui, après avoir promis au roi Louis XVIII de lui « ramener Napoléon dans une cage de fer, » se ralliait à Napoléon avec ses troupes, était un embaucheur? Le lui a-t-on reproché devant la Cour des pairs? Et était-ce aussi un embaucheur ce La Romana, qui placé par Napoléon, avec ses soldats espagnols, sur les côtes de la Baltique, trouva le moyen de ramener à sa patrie ses défenseurs?

La provocation à un corps, pour le faire quitter ses drapeaux, est un crime spécial : ce n'est pas l'embauchage. Elle n'est pas punie de mort; et encore, pour qu'elle soit punissable, faut-il qu'elle ait été suivie d'effet.

Au surplus, l'accusation d'embauchage n'est pas relevée contre Régère.

J'arrive à une autre accusation, commune à tous les accusés, à la création du Comité de salut public, destiné, on le sait, à remplacer la commission exécutive de la Commune. Ce Comité a donné des ordres, des mandats, sur lesquels il doit être jugé.

Car, en droit pénal, comme ailleurs, la théorie du mandat s'applique, et elle est limitative. Le mandat donné de commettre un acte qui peut être un crime, ne rend pas le mandant responsable d'autre chose que de ce qu'il a mandé; il reste, par conséquent, innocent des moyens autres que ceux qu'il avait prescrits, ou des circonstances aggravantes ajoutées par le mandataire.

C'est encore la théorie de MM. Rossi et Bertauld, et elle s'applique mot pour mot aux agissements du Comité de salut public, par exemple, à l'égard des otages. Les otages, la Commune a ordonné leur arrestation, leur jugement; mais ils n'ont pas été jugés; ils ont été mis à mort sans jugement et en dehors de la Commune. Peut-elle en être responsable?

Évidemment non.

Elle ne saurait l'être davantage des incendies, qu'elle n'a jamais ordonnés.

Elle ne l'est pas non plus, ni en particulier l'accusé Régère, des nombreuses arrestations facilitées par le désordre et la confusion universels. Ces arrestations, d'ailleurs, n'étaient pas un fait nouveau; M. Trochu, gouverneur de Paris, était déjà obligé, à la date du 28 septembre 1870, de lancer une proclamation pour les empêcher. Y a-t-il réussi? Ceux qui étaient alors à Paris le savent, Eh bien! la Commune n'a pas rendu moins de cinq décrets dans le même but, et, au mois de juin dernier, après 399,000 dénonciations anonymes, fruits de la vengeance privée ou de convoitises criminelles, la Préfecture de police du gouvernement régulier elle-même déclarait qu'elle n'y aurait plus aucun égard.

Ici encore, d'ailleurs, aucun fait ne peut être relevé contre Régère.

Lui ferez-vous un crime d'avoir administré son arrondissement? Aussi n'est-ce pas pour les honnêtes gens le meilleur moyen de terminer, au moins de réfréner les séditions populaires, que de chercher à en prendre la tête. Et ne connaissez-vous pas cette loi de Solon, qui punissait de mort ceux qui ne prendraient pas parti dans les guerres civiles?

M. le Président (à l'accusé Régère) : Avez-vous quelque chose à ajouter pour votre défense?

Régère : Monsieur le Président, j'espère pouvoir démontrer demain en quelques mots que le Conseil ne me connaît pas encore, et que je ne suis pas ce qu'il a pu me croire.

La séance est suspendue à deux heures trois quarts et reprise à trois heures un quart.

M. LE PRÉSIDENT *(à M. le Substitut)* : Désirez-vous répondre à la défense?

M. LE SUBSTITUT : Je n'ai que deux mots à dire, monsieur le Président.

M. le Commissaire du gouvernement ne fera qu'une réponse au défenseur que vous venez d'entendre, non à une insinuation, mais à une observation qu'il a faite. Toutes les pièces ont été communiquées au fur et à mesure à la défense. Les renseignements et les documents nous arrivaient successivement, et, de suite, nous en donnions connaissance.

Il est dans le droit incontestable du ministère public de produire, à un moment quelconque, tout document utile. Tel est l'avis, notamment, d'un juriste bien connu, de M. le baron Dufour :

« Il est, dit-il, de l'essence du ministère public d'être indépendant dans l'exercice de ses fonctions. Le développement de son action ne peut être entravé. Il a le droit de dire tout ce qu'il croit convenable et nécessaire pour le bien de la justice, comme aussi de produire tous les documents. » (Bon DUFOUR, page 34.)

Me DUPONT DE BUSSAC : Nous nous plaignons seulement de la tardive production des pièces qui n'ont paru qu'au dernier moment.

M. LE PRÉSIDENT : Elles sont arrivées ce matin seulement au ministère public.

Me DUPONT DE BUSSAC : En fait, ces pièces ont peu d'importance ; il s'agit ici des faits, et non de ce qui a pu être écrit sur les faits. J'abandonne tout droit à la communication desdites pièces.

M. LE SUBSTITUT : Eh bien! alors, que demandez-vous?

Me ANDRÉ ROUSSELLE : Aussi, moi, comme défenseur d'Urbain, j'ai demandé à l'accusation l'original de son testament, il ne m'a jamais été communiqué, et je l'ai vu ce matin avec surprise dans l'*Autographe*. Je proteste, au nom de la dignité de la défense, contre ce procédé; seule, la défense a ignoré cette pièce que connaissait la presse.

M. LE SUBSTITUT : Nous avons déjà répondu. Nous n'avons eu du testament qu'une copie certifiée que nous n'avons jamais communiquée.

Me ANDRÉ ROUSSELLE : Je crois ce que vous dites; mais je m'étonne qu'un journal ait eu les documents que l'avocat n'a point eus.

M. LE SUBSTITUT : Nous le déplorons les premiers.

Me ANDRÉ ROUSSELLE : Je crois que, avec un peu de bonne volonté, l'accusation aurait pu devancer le journal l'*Autographe*.

M. LE PRÉSIDENT : Je donne la parole à Me Bigot.

Mᵉ Bɪɢᴏᴛ : Messieurs, je suis presque confus de solliciter de nouveau votre bienveillante attention, mais j'accomplis un devoir, et je dois obéir à la loi en cherchant si M. le Commissaire du gouvernement a apporté dans le débat, non pas de nouvelles pièces, ce qui est inadmissible, mais s'il a fourni dans sa réplique de nouveaux arguments à l'appui de son réquisitoire. Je le ferai très-sommairement, et, tout d'abord, je désire qu'il soit bien entendu que, quand je ferai un reproche à l'accusation, la personnalité de M. le Commissaire du gouvernement sera tout à fait en dehors du débat. Personne ici n'a le droit de se croire offensé tant que M. le Président n'intervient pas, puisque tous ici, commissaire du gouvernement, défenseurs et accusés, nous sommes placés sous sa haute protection.

M. le Commissaire de la République s'est de nouveau indigné que les défenseurs veuillent présenter les accusés comme des hommes politiques. Ce sont de mauvais politiques, je le veux bien ; mais c'est l'accusation elle-même qui a fait cette confusion.

Que signifie l'exposé général qui a précédé le réquisitoire ? Que signifie ce long préambule du discours de M. le Commissaire de la République, où il est question du 31 octobre et du 22 janvier ?

C'est l'emploi de la fameuse méthode des faits généraux, qui n'apparaît que dans nos guerres civiles.

M. Guizot, dans son ouvrage *De la Justice politique,* a un chapitre spécial sur cet emploi des faits généraux dans les accusations.

Il montre que cette tactique n'est pas nouvelle ; elle fut pratiquée par Jeffries dans le procès de Sydney :

« Elle l'a été, dit-il, dans tous les temps, par la tyrannie, quand, ne pouvant trouver le crime dans les hommes qu'elle redoutait, elle est allée le chercher partout pour y placer ensuite ces hommes. »

Que signifie cette lecture de toutes les proclamations de M. Thiers ? C'étaient les manifestes incriminés de la Commune qu'il fallait lire. J'ai comparé notre époque à 1815, et M. le Commissaire de la République me répond que j'ai eu tort de déclarer que le gouvernemeut actuel n'était pas un gouvernement légitime.

Je n'ai pas tout à fait dit cela. La date du 20 mars 1871 m'a rappelé la date du 20 mars 1815, et j'ai fait remarquer que notre société avait les mêmes terreurs, les mêmes procédés judiciaires au retour du gouvernement régulier de Versailles, qu'au retour du gouvernement de Louis XVIII en 1815 ; et comme j'avais cité M. Guizot, déclarant que les auteurs d'une insurrection étaient plus ou moins coupables, suivant les mérites du gouvernement attaqué, suivant que ce gouvernement était légitime ou seulement légal ; j'ai dit que le gouvernement actuel était légal, mais n'était pas encore légitime, puisque nous n'avions pas encore, je ne dis pas une Constitution, mais seulement une Constituante.

Me suis-je trop risqué en parlant de la sorte après M. Guizot? Je ne le crois pas, car ma théorie se trouve appuyée par deux arrêts de la Cour de cassation des 14 septembre et 27 octobre 1815, décidant que la résistance avec armes et par attroupement d'un gouvernement usurpateur ne constitue ni crime ni délit.

Je n'insiste pas sur ces points : il y a des questions qu'il ne faut pas trop creuser, et messieurs du Conseil me comprendront à demi-mot.

Qu'est-ce, enfin, messieurs, que ce procédé tout à fait inusité d'hommes accusés de crimes et délits de droit commun, et que M. le Commissaire du gouvernement vient recommander à vos sévérités en vous lisant les fragments d'une enquête faite par le Corps législatif à l'appui d'une loi qui n'est pas encore votée, et qui concerne l'Association internationale?

L'Internationale, j'étais bien décidé, messieurs, à ne plus vous en reparler, et j'espérais que cela me serait facile. Il y a deux jours, messieurs, vous vous le rappelez, le défenseur de Rastoul faisait comme le gouvernement, il accusait l'Internationale de tous nos malheurs, et il donnait lecture d'une proclamation incendiaire attribuée à cette fameuse Société. Je protestais au nom de mon client, et je manifestais le désir que l'Internationale sortît de son mutisme pour désavouer le document.

L'appel, messieurs, a été entendu ; hier, je recevais une dépêche de Londres qui m'était adressée à l'audience; mais mise au bureau télégraphique à midi cinquante-quatre minutes, elle mettait sept heures pour me parvenir et ne m'était remise qu'après l'audience. Je me disais donc : cette dépêche, en temps d'état de siége, a dû subir un contrôle rigoureux, et je n'aurai plus à en faire usage, parce que l'on cessera de me parler de l'Internationale, qui n'est pour rien dans mon procès.

Eh bien! je me suis trompé, messieurs, et M. le Commissaire du gouvernement vient de me relire une troisième fois de faux manifestes de l'Internationale.

Voici alors ma dépêche, messieurs :

« Versailles — Londres 7968 38 30 12 54 s § Léon Bigot avocat audience Cours de guerre Versailles § Proclamation incendiaire attribuée à Internationale est un faux Sommes prêts en faire déclaration assermentée devant magistrat anglais John Hales secrétaire général association Internationale 51 S Peter's st Hacney London. »

Je désire que le conseil de l'Internationale ne s'arrête pas en si beau chemin et qu'il fasse sa déclaration devant le magistrat anglais.

Vous savez quelle est l'importance de cette procédure en Angleterre et les conséquences graves qui en résulteraient pour un homme convaincu de s'être parjuré.

Il y a un intérêt, pour certaines gens, à ce que cette lettre, attribuée à M. Karl Marx, paraisse vraie, parce que ce dernier, le 12 février, avait réellement écrit de Londres, et non de Berlin, où il n'habite plus, qu'il blâmait tous ces ouvriers qui oubliaient leurs devoirs pour ne chercher que dans l'émeute des satisfactions personnelles.

Vous lirez ce document, messieurs, il sera dans mon dossier.

Mais qu'est-ce donc que cette Internationale?

Il faut, messieurs, une bonne fois, vous en dire quelques mots.

Ici, Mᵉ Bigot entre dans des détails d'où il ressort que l'Internationale est une Société purement ouvrière, partagée en deux groupes, au point de vue économique : les collectivistes et les individualistes; qu'elle ne compte pas en France plus de cinq mille membres actifs; qu'elle n'est connue, à proprement parler, qu'à Paris, Lyon, Marseille et Rouen; que les politiqueurs l'ont compromise, mais non perdue, les ouvriers s'associant volontiers pour le secours, le prêt, l'instruction et le travail, mais difficilement pour la politique. Si elle n'avait pas été persécutée sous l'empire, elle n'existerait peut-être plus en France, et le grand bruit que l'on fait aujourd'hui à propos de cette Association va faire que tous nos ouvriers qui sont sur les pontons se feront membres de l'Internationale, par cela seul qu'ils ont été ouvriers et persécutés. Tout cela produira peut-être la ruine de l'industrie française.

Mᵉ Bigot entre dans d'autres détails; il établit, entre autres, par des documents signés et authentiques, que le conseil de l'Internationale à Londres a constamment soutenu la France dans sa lutte contre la Prusse, documents qu'il se propose de communiquer *in extenso* dans la chambre du conseil.

Mᵉ Bigot reprend : Mais, messieurs, il fallait rattacher le Comité central à l'Internationale, et l'on vient dire que le 15 mars la révolution du 18 était préparée parce que, à cette première date, Assi a été reçu membre du Comité.

Il est un fait notoire, messieurs, c'est que le 18 mars a surpris tout le monde, et que, s'il y a eu complot, c'est de la part du gouvernement, ainsi que je l'ai établi par la lettre de M. Clermont-Tonnerre, remontant au 5 mars.

Assi a-t-il été poussé par l'Internationale dans le Comité central?

Non, messieurs.

Je ne vous referai pas l'historique des événements qui ont fait sortir le Comité central des fautes du gouvernement de la Défense nationale; mais vous pourrez consulter toutes les pièces de mon dossier, et comme je m'appuie sur des faits attestés par des documents indéniables, je m'en tiens à ce que j'ai dit précédemment.

Assi a été porté au Comité central d'une façon tout à fait inattendue : on procédait aux élections pour le Corps législatif; il reçoit un jour, entre autres lettres, celle-ci :

« Paris, le 24 février 1871.

« Citoyen,

» J'ai l'honneur de vous faire savoir que, dans la réunion d'hier, salle de la *Marseillaise*, j'ai posé votre candidature, qui a été accueillie avec sympathie; de plus, le comité s'est engagé à faire accepter votre nom sur la liste du Comité central. Mais l'assemblée est désireuse de vous voir, et je lui ai promis que vous viendriez ce soir. En cas d'empêchement, venez après-demain; nous avons réunion tous les jours.

» Salut et fraternité.

LE SECRÉTAIRE DU COMITÉ,

« Rue e Flandre, 34. »

Il faut que vous sachiez maintenant, messieurs, que, sous le gouvernement de la Défense nationale, on abusait des comités; dans chaque arrondissement, il y avait les sous-comités, qu'on qualifiait de sous-comités de la Défense nationale, pour conserver la couleur locale; puis, après la capitulation, ils s'appelèrent comités de vigilance, et c'est le comité de vigilance du 19e arrondissement qui offrait la candidature à Assi et s'engageait à faire accepter son nom sur la liste du Comité central. C'est donc par le vœu de ses électeurs (Assi a obtenu 59,000 voix), et non par l'Internationale, qu'il a été porté au Comité central. Il y a fait sa première apparition le 15 mars; mais jamais, dans tous ces événements, il n'a été, en quoi que ce soit, question de la fameuse Société, dont il ne fait même plus partie, aux termes des statuts, puisqu'il est en retard d'une année de cotisations.

Le 18 mars arrive. Je ne vous rappellerai pas, messieurs, quelle fut la part de mon client dans cette malheureuse journée; je vous l'ai dit, il accepte la responsabilité de tous ses actes; je vous rappellerai seulement que M. Jules Ferry ne quittait l'Hôtel-de-Ville qu'à neuf heures et demie du soir, que la garde nationale n'en prenait possession qu'à dix heures et demie et sans avoir tiré un seul coup de fusil.

Ce fut alors que le Comité central délibéra pour savoir ce qu'il devait faire de sa victoire. Quelques-uns, trois ou quatre, voulaient qu'on se dirigeât immédiatement sur Versailles, et si cet avis eût été écouté, je ne sais pas ce qu'il fût advenu alors du gouvernement, qui avait donné l'ordre d'évacuer tous les forts, y compris même le Mont-Valérien.

Assi fut de ceux qui, en grande majorité, déclarèrent qu'il ne fallait réclamer que l'établissement des franchises municipales; cette ligne de conduite apparaît dans tous les actes et dans toutes les affiches du Comité central, et ce fut, messieurs, vous vous le rappelez, parce qu'il était fidèle à ce programme et qu'il s'opposait au mouvement sur Versailles, qu'il fut arrêté par la Commune le 1er avril. Quand je dis par la Commune, je me trompe..... par Raoul Rigault.

Me Bigot continue, et il examine les différents griefs faits à son client. Il demande à ce qu'il soit entendu personnellement demain sur certains faits restés obscurs, et il termine ainsi :

J'ai fini, messieurs.

Les usages de la guerre civile, plus durs encore que ceux de la guerre contre l'étranger, autorisaient peut-être à ce que mon client, pris les armes à la main, fût fusillé sur place, et le 21 mai, dans la nuit, il crut que la dernière heure pour lui avait sonné; trois fois, dans le trajet de Paris à Versailles, il fut placé contre un mur, la main de son officier d'ordonnance, Fossé, dans sa main, trois fois l'arrivée d'un officier supérieur arrêta l'exécution.

Mais aujourd'hui qu'il comparaît devant votre Tribunal, au nom des lois; qu'après une instruction de deux mois, vous êtes ici, messieurs, depuis vingt jours, à rechercher la vérité, vous pèserez dans votre seule conscience les documents invoqués contre Assi, et, j'en ai la ferme conviction, votre verdict atténuera considérablement les charges de l'accusation.

Ceux qui prétendent que quelques-uns de ces hommes étaient, même avant ces débats, fatalement destinés à la mort, se trompent et vous offensent seuls, messieurs, en vous rabaissant à un rôle qui ne sera jamais le vôtre.

M. LE PRÉSIDENT (à Assi) : Avez-vous quelque chose à ajouter?

ASSI : Je m'expliquerai demain brièvement. En ce qui concerne les munitions de guerre, j'en faisais surveiller la fabrication; mais je suis resté étranger à leur distribution. J'ai à discuter le document relatif au nommé Boisson.

M. LE SUBSTITUT : Cette pièce est tout entière au dossier; elle est à votre disposition depuis quinze jours.

Me BIGOT : Oui, mais il en a été fait une première communication incomplète, et la lecture qui en a été faite l'a été également.

M. LE PRÉSIDENT : La parole est à Me Rousselle, défenseur de l'accusé Urbain.

Me ANDRÉ ROUSSELLE : Je crois avoir fait justice de l'Urbain de la légende. J'ai affirmé, sans rencontrer de la part du ministère public une contradiction, qu'il avait été en dehors du Comité central, en dehors de l'Internationale et étranger aux mouvements du 31 octobre, du 22 janvier, du 18 mars; qu'enfin il est entré à la Commune après son commencement; qu'il en est sorti avant sa fin. Ces faits lui sont acquis.

Il me reste à justifier Urbain de l'accusation terrible de la loi sur les otages.

Je rappelle qu'Urbain est un homme politique; que, de ses collègues qui se sont réfugiés à l'étranger, les divers gouvernements n'ont voulu en livrer aucun, preuve évidente de l'opinion de ce qu'on peut appeler le tribunal international de l'Europe, bien placé pour être désintéressé dans ces débats, et avec lequel il serait étrange que le Conseil fût en désaccord.

Mᵉ André Rousselle cherche ensuite à démontrer que, en fait, Urbain, qui n'est pas l'homme aux instincts féroces, qu'on a dépeint, est resté complétement étranger aux faits relatifs aux otages. Il rappelle ses excellents antécédents et les témoignages à décharge entendus en sa faveur.

En fait, il constate que la proposition qui lui est reprochée n'a pas été votée, et, en droit, il rappelle qu'il est impossible de le rendre responsable de l'exécution de la loi antérieure à laquelle il était étranger, par cela seul qu'il était de la Commune. Il ne pourrait être responsable qu'en vertu de cette théorie de solidarité que nous ne pouvons ni comprendre ni accepter.

M. LE PRÉSIDENT : Nous connaissons cette discussion, Mᵉ Rousselle, nous l'avons entendue plus d'une fois déjà.

Mᵉ ANDRÉ ROUSSELLE : Eh bien! je prie le Conseil de vouloir bien l'entendre une fois de plus pour mieux la graver dans sa mémoire. A un autre point de vue, la loi même de la Commune n'a pas été exécutée; ce n'est pas cette loi qui a causé la mort des otages.

M. LE PRÉSIDENT : Tout cela a été dit et très-bien dit. Avez-vous des observations nouvelles à présenter?

Mᵉ ANDRÉ ROUSSELLE : Mon Dieu! monsieur le Président, nous plaidons autant pour l'opinion publique que pour le Conseil.

M. LE PRÉSIDENT : Je vous répète que le Conseil n'écoute que l'accusation et la défense, que M. le Commissaire du gouvernement et vous, messieurs. L'opinion publique ne peut en rien agir sur son jugement.

Mᵉ ANDRÉ ROUSSELLE : Je voudrais bien que le Conseil fût convaincu par nos raisons; malheureusement, j'ai vu que M. le Commissaire du gouvernement ne l'était point, car il persiste à ranger parmi les otages Mᵍʳ l'archevêque Darboy. Or, la loi faite par la Commune n'a pas été exécutée à l'égard de Mᵍʳ Darboy et de ses compagnons; ce n'est pas cette loi qui a amené le massacre de ceux qu'on a appelés otages; et ce massacre, la Commune, alors disloquée, dont les membres étaient les uns en fuite, les autres déjà fusillés, y a été étrangère, Urbain, en particulier, qui n'était même plus de la Commune. Je suis donc en plein dans mon sujet, et la question est grave, puisqu'il s'agit de la tête de mon client. Je ne saurais trop le redire : il y a eu des déclarations d'otages, un jury a siégé à cet égard, cela a été de notoriété publique; nous l'avons vu siéger, nous qui étions à Paris; mais ce jury n'a pas statué sur les infortunés qui ont péri au dernier moment, absolument en dehors de toute intervention de la Commune.

M. LE PRÉSIDENT : Mais le document du 25 mai, émané du Comité de salut public, les déclare pourtant otages. Or, le Comité de salut public était le comité exécutif de la Commune.

Mᵉ ANDRÉ ROUSSELLE : Les rédacteurs de ce document, de cet ordre, se sont trompés de mot. Ils ont employé une expression impropre qui ne saurait créer une culpabilité à la charge des accusés actuels. *(Murmures.)*

Mᵉ ANDRÉ ROUSSELLE : Assurément, l'opinion publique trouve l'accusation trop faible puisqu'elle lui prête l'appui de ses murmures, qui sont au moins intempestifs. Tous les accusés ont droit au respect tant qu'ils ne sont pas condamnés. *(Les rumeurs augmentent et couvrent la voix du défenseur.)*

M. LE PRÉSIDENT : Je préviens le public que je ferai évacuer immédiatement la salle si ces faits se renouvellent. On n'a le droit de donner ni marque d'approbation ni d'improbation.

URBAIN *(se tournant du côté du public)* : Fusillez-nous tout de suite, sans jugement alors !

M. LE PRÉSIDENT : Ce n'est pas le public du fond qui fait ces manifestations.

Mᵉ ANDRÉ ROUSSELLE : Vous avez bien raison, monsieur le Président, de vouloir nous défendre contre la passion du public.

Nous tous, défenseurs, nous avons aussi subi les égarements de la passion, et plusieurs d'entre nous n'ont dû qu'à l'accomplissement de leur devoir professionnel de finir par acquérir la conviction que leur conscience leur permettait de remplir leur rôle en faveur des accusés.

Arrivant aux incendies, Mᵉ André Rousselle constate que les réquisitions de pétrole n'émanaient pas de la Commune ; que le mot d'ordre allégué par l'accusation ; que le concert prétendu, en vue d'un ensemble d'incendies, n'est pas établi, en fait, à la charge de la Commune, qui n'existait pas alors, et que l'humanité permet à peine de supposer ce concert dans une collectivité aussi nombreuse. Il n'y a eu, en définitive, aucune preuve contre tel ou tel accusé, spécial à tel ou tel incendie. En particulier, il n'y a rien contre Urbain, et, en l'acquittant, vous ne ferez pas seulement de l'humanité, vous ferez de la justice.

M. LE PRÉSIDENT *(à Urbain)* : Avez-vous quelque chose à ajouter ?

URBAIN : Monsieur le Président, je préférerais fournir demain quelques explications.

M. LE PRÉSIDENT : Tout le monde ne peut pourtant pas parler demain. Il faut que ces débats finissent

URBAIN : Monsieur le Président, je suis encore sous le coup de l'émotion de l'incident de tout à l'heure. Je ne présenterai aucune observation.

M. LE PRÉSIDENT donne ensuite la parole à Mᵉ Boyer, défenseur de Billioray.

Mᵉ BOYER rappelle qu'il ne figure que dans deux arrestations toutes politiques ; qu'on lui attribue un ordre de fusiller un individu, tandis que c'est précisément l'ordre contraire qu'il a donné ; que, enfin, relativement aux incendies et aux otages, notamment, il existe à la charge de Billioray des pièces graves, mais apocryphes, qui ont paru dans certains journaux, qui seraient fort embarrassés de produire les originaux. Elles ne sont, du reste, ni aux débats ni au dossier, mais l'accusé proteste énergiquement contre les imputations qui en résultent.

Billioray : Je tiens essentiellement à en constater la fausseté.

M. le Substitut : Mais la pièce du 3 prairial an 79 est à l'*Officiel*, signée de Billioray; c'est un ordre d'incendie.

Mᵉ Boyèr : Voici l'*Officiel* du 22 mai; le fait matériel est indiscutable, et la signature de Billioray n'y figure pas.

M. le juge d'instruction de Loverdo a également reconnu l'absence de cette signature sur les affiches.

Billioray : Le *Paris-Journal*, qui a reproduit l'*Officiel* en y ajoutant des pièces, a pu y ajouter aussi ma signature. Depuis le 21 mai, je suis resté étranger à la Commune.

M. le Président : Ces faits sont acquis.

M. le Président : La parole est à Mᵉ Caraby, défenseur de Jourde.

Mᵉ Caraby s'exprime en ces termes :

Messieurs du Conseil,

En remerciant le ministère public de ce que sa réplique a de personnellement gracieux pour moi, je dois protester, en quelques mots contre ce qui concerne mon client.

Vous allez, messieurs, bientôt juger, vous recueillir, laisser de côté les impressions, ne peser que les preuves. Vous vous demanderez ce qu'a fait Jourde avant le 18 mars, le 18 mars, après le 18 mars.

Ses antécédents, vous les connaissez; il est étranger à l'Internationale comme à la politique.

Le 18 mars éclate. Je n'ai pas besoin de la théorie des crimes politiques ou non. Laissons l'accusation comme si elle était de droit commun, et voyons ce qu'a fait Jourde. Le 15 mars, il entre au Comité. Je ne reviendrai pas sur ce Comité, qui comprenait des éléments divers. Je cherche la part de Jourde au mouvement, je ne la trouve pas.

Jourde est de la Commune, l'accusation le condamne par sa complicité. Je n'y reviendrai pas. Le ministère public s'est étonné que j'aie, dans ma défense, comparé Jourde à Carnot. J'ai comparé les temps, non les hommes, et j'ai dit que Jourde pouvait émerger, par son honnêteté, dans le second Comité de salut public comme Carnot au premier. J'ai ajouté que le titre de membre de la Commune ne suffisait pas pour une condamnation; qu'il fallait des faits; qu'il n'y a pas plus de connexité ni de complicité contre Jourde que contre M. Ranc, par exemple, qu'on ne poursuit pas, et qu'on ne poursuivra, a dit à la Chambre M. le Ministre de la Guerre, que si des faits délictueux sont relevés contre lui. Donc, il faut des faits; opposez-moi des faits.

Si vous poursuivez Jourde, vous auriez du poursuivre MM. Beslay, Theisz, et bien d'autres.

Ce sont ces inégalités de l'accusation qui sont mauvaises au point de vue moral, qui affaiblissent la confiance dans la justice.

Mᵉ Caraby continue en s'attachant à démontrer qu'il n'existe aucune charge contre Jourde au sujet des incendies.

Il combat ensuite l'accusation de vol. Jourde, qui a eu des millions à sa disposition, les a employés à des services publics, et a pu consacrer à la solde de la garde nationale les derniers fonds dont il a disposé bien plus longtemps que l'accusation ne le croit : il l'a pu jusqu'au dernier moment, et, le pouvant, il fallait qu'il le fît au dernier moment plus qu'à tout autre. Chiffres en main, il a pu employer ainsi les 2,500,000 fr. qu'il a touchés en dernier lieu.

Ainsi, il n'y a point de faits contre Jourde. Son titre de membre de la Commune, il l'a abandonné. Non-seulement il a donné sa démission, mais il a protesté lorsqu'il y avait du danger à le faire. Qu'est-ce que l'accusation peut lui demander de plus? Que reste-t-il contre lui? Des impressions? Mais ce n'est pas avec des impressions qu'on demande la tête d'un homme!

Revenant ensuite sur l'administration de Jourde, Mᵉ Caraby rappelle les services qu'il a rendus au crédit, à la propriété, sous toutes les formes; ce qu'il a fait pour la Compagnie du gaz, pour le Mont-de-Piété, pour la Banque de France surtout. La Banque de France, c'est Jourde et Beslay qui l'ont sauvée; et on se demande comment de ces deux hommes, qui ont ainsi préservé le crédit et la richesse nationale d'incalculables désastres, l'un est libre et l'autre accusé?

Mᵉ Caraby discute, à cet égard, les témoignages de M. de Plœuc et de M. Mignot.

Jourde, messieurs, dit-il en terminant, a, dans sa prison, désespéré un moment de la justice des hommes. J'espère qu'aujourd'hui la lumière s'est faite sur ses actes, et que vous ne ferez, messieurs, qu'accomplir la justice à son égard en vous inspirant de cette modération à laquelle nous conviait, il y a peu de jours, le chef illustre du Pouvoir exécutif, et qui est, en effet, seule capable de satisfaire la justice, d'assurer l'avenir et de régénérer la France.

M. LE PRÉSIDENT (à Jourde) : Avez-vous quelque chose à ajouter?

JOURDE : Je tiens à mon honneur plus qu'à ma vie, et cet honneur, j'attends de votre justice qu'elle me le rendra.

Mᵉ DENIS, défenseur de Trinquet, prend ensuite la parole.

Je n'ai que quelques mots à dire, messieurs, et rien de nouveau, car Trinquet n'est pas touché par la réplique de l'honorable organe de l'accusation. L'éloquente plaidoirie que vous venez d'entendre profite aussi à Trinquet. Lui aussi fut étranger à la politique jusqu'au 16 avril; il n'y a non plus contre lui aucune charge. Il n'était pas de la Commune lorsque fut votée la loi des otages.

Les témoins qui vous ont raconté une exécution à laquelle il aurait eu une part n'ont pas pu le reconnaître d'une manière précise; l'erreur est possible et doit profiter à l'accusé. N'importe, on le disait : « Les faits de cette exécution ne sont pas dans mon caractère; j'en suis innocent; mais s'ils étaient vrais, je les avouerais; je ne renie pas ce que j'ai fait. »

Trinquet aurait pu se sauver. Il s'est livré pour faire rendre la liberté à sa femme, qui avait été arrêtée.

La justice le jugera, et le jugera humainement. Aucune charge véritable n'est élevée contre lui, et j'attends avec confiance son acquittement.

M. LE PRÉSIDENT (à Trinquet) : Avez-vous quelque chose a ajouter pour votre défense?

TRINQUET : Non, monsieur le Président.

L'audience est levée à cinq heures trois quarts.

Audience du 1er septembre.

Me Boyer, défenseur de Billioray, demande la parole.

M. LE PRÉSIDENT : Vous avez la parole.

Me BOYER : J'ai à donner un renseignement nouveau relatif aux pièces apocryphes dont j'ai parlé hier. J'ai la preuve, par la déclaration de M. Dumont, rédacteur en chef de la *Revue de France*, qui a publié ces pièces, qu'il n'en a jamais eu en main les originaux et qu'il les a copiées dans le *Bien public*.

Je rappelle aussi le procès-verbal dressé par M. le juge d'instruction de Loverdo, le 4 juin dernier, dont il résulte que la signature Billioray ne figure pas sur les affiches apposés dans les rues de Paris.

Me ANDRÉ ROUSSELLE : Je tiens à rappeler, au sujet de l'exécution imputée à Urbain de quatre prisonniers fusillés aux Tuileries, que l'honorable organe de l'accusation n'a pas insisté à cet égard dans sa réplique. J'en conclus qu'il abandonne ce grief. Au surplus, les témoins qui l'auraient vu présider à cette exécution, à côté de Bergeret, n'ont rien su affirmer en ce qui concerne Urbain.

M. LE PRÉSIDENT : La parole est à Me Georges Lachaud, défenseur de Champy.

Me GEORGES LACHAUD : M. le Commissaire du gouvernement a dit hier que Champy ne pouvait sérieusement nier, au dernier moment, les deux pièces qui lui ont été attribuées.

Je n'ai rien de nouveau à dire sur la première pièce, relative au bombardement de la gare de Lyon.

Quant à la seconde, qui concerne les otages, peut-on faire un reproche à Champy de l'avoir niée tardivement, alors qu'elle n'a été produite qu'au cours de ma plaidoirie? D'ailleurs, cette pièce n'a pas été expertisée.

M. LE COMMISSAIRE DU GOUVERNEMENT : Il est vrai que je n'ai pas jugé nécessaire de recourir à une expertise, qui eût été longue, et je m'en rapporte, au surplus, au Conseil.

PEYROUTON

CHAMPY : Je nie entièrement les deux pièces en question. Il n'a jamais été question aux séances de la Commune de celle qui concerne les otages, et quant à l'ordre de bombarder la gare du Nord.....

M. LE PRÉSIDENT : Vous voulez dire la gare de Lyon?

CHAMPY : J'avais lu dans les journaux qu'il s'agissait de la gare du Nord. Eh bien! je n'ai aucune connaissance de tout cela. Loin d'avoir ordonné ces incendies, j'ai fait ce que j'ai pu pour les faire éteindre. C'est pour cela que je suis resté dans mon arrondissement. Je proteste au nom de mon honneur comme dans l'intérêt de ma défense.

M. LE PRÉSIDENT : Vous supposez donc que quelqu'un aurait signé de votre nom?

CHAMPY : Ou qu'on a écrit cet ordre sur un blanc-seing de moi. J'en avais signé quelques-uns. Je ne sais comment cela s'est fait. Un mot, un seul, sur mon rôle à la Commune. On m'a accusé d'être de la majorité. Il n'y avait ni majorité ni minorité. J'étais d'ailleurs à la commission des subsistances, et je m'en rapportais pour la politique à la supériorité d'intelligence de mes collègues.

Au 10ᵉ arrondissement, je n'étais pas maire; je n'étais que délégué. J'y ai fait mon possible dans l'intérêt de l'arrondissement, avec le concours de quelques hommes honorables qui m'entouraient et qui ne touchaient que le modeste salaire de 3 fr. 50 c. par jour.

M. LE PRÉSIDENT (à Régère) : Avez-vous quelques observations à présenter?

RÉGÈRE : J'avais prié mon défenseur, l'honorable Mᵉ Dupont de Bussac, de prendre ma défense à un point de vue élevé, tout à fait général, et de fort peu s'occuper de ma personne, qui me paraissait tenir peu de place au débat. Le réquisitoire ayant plus insisté contre moi que le rapport, et la réplique plus que le réquisitoire, je dois insister aussi, dire qui je suis, et opposer la vérité et les preuves aux allégations du ministère public.

Les événements m'ont jeté dans la politique. Je déclare n'avoir rien à regretter de mes actes pendant le peu de temps où je me suis occupé des affaires publiques. On a fait de moi un homme dangereux depuis vingt ans. La vérité est que j'ai concouru quelques mois à un journal politique. Les commissions mixtes me recherchèrent en 1851. Plus tard, par amnistie ou autrement, j'ai pu recouvrer mon indépendance, et je suis d'abord rentré dans la vie privée. Je me suis abstenu complétement de la politique, je n'ai pas même voté. En vingt ans j'ai écrit vingt lignes ayant trait à la politique. Voilà l'agitateur. Je m'occupais de l'éducation de mes enfants, et je lisais Montesquieu sous les mêmes ombrages sous lesquels il avait écrit ses ouvrages immortels. Quand j'ai été arrêté, j'étais à Paris depuis treize mois et non depuis quinze ans. Je n'ai pas attaqué l'empire. Il y avait dans les faits de ce régime des actes démocratiques qui étaient faits pour m'attirer, une faveur incontestable pour les classes inférieures travailleuses : la transformation, par exemple, des biens communaux sur beaucoup de points du territoire; l'intérêt de la rente abaissé à 3 0/0 et la rente ainsi devenue populaire; le libre-échange, enfin. Je n'avais donc pas de raison de faire la guerre à l'empire.

Le ministère public, je dois le dire, ne me connaît pas. Il a puisé ses renseignements sur moi dans une brochure infecte rédigée pendant ma détention par un homme qui ne m'a jamais vu. On a dit que j'étais affilié à l'Internationale; il n'y avait point d'Internationale à Bordeaux. Je ne connais ni le but ni les moyens de l'Internationale; je n'ai jamais assisté à ses réunions et ne peux être rendu responsable de ses agissements. Tout ce que je puis dire, c'est que j'ai vu plusieurs de ses membres refuser de s'occuper de politique, refuser même de présenter des candidats aux élections; c'est ce qui se passa notamment à l'égard de Pindy. Nous avons déjà trop d'associations : l'État d'abord, qui engloba nos intérêts et notre action individuelle. Je ne suis pas socialiste, moi, et c'est à un autre point de vue que j'envisage les réformes.

(L'accusé raconte ensuite son existence lorsqu'il revint à Paris, et continue) :

On me reproche des articles de journaux. En fait d'article, il y a de moi une lettre à la *Gironde,* dont le rédacteur en chef est aujourd'hui ambassadeur de M. Thiers. Dans cette lettre, je mettais un local à la disposition d'une ambulance à Bordeaux, et j'annonçais que j'avais écrit au maréchal Mac-Mahon pour lui demander l'autorisation de faire campagne ici, ce que je considérais comme le devoir de tout citoyen valide.

L'accusation me mêle aux faits du 31 octobre. Ce reproche est grave après mon acquittement. M. Bertillon, maire du 5e arrondissement, aurait pu vous dire, messieurs, ce qui se fit alors au conseil municipal de cet arrondisement, dont je faisais partie, et comment je repoussai la proposition qui fut faite alors de descendre en masse à la mairie, les hommes en armes, et, derrière eux, les femmes et les enfants.

Quant aux clubs, aux réunions publiques, où m'a-t-on vu? A une seule réunion, et quelquefois seulement, à une réunion sérieuse, qui se tenait à l'École de droit, et dont l'esprit n'avait rien d'insurrectionnel. Les membres de cette réunion, dont j'avais été président, furent si parfaitement convaincus que j'étais étranger aux faits du 31 octobre, qu'ils décidèrent, après mon arrestation à cette époque, que mon siége de président serait vacant.

Le 20 mars, j'ai été, dit-on, nommé de la commission des Finances. L'accusation me l'a appris, car je n'ai rien été le 18 ni le 20 mars. Depuis le 31 octobre, j'étais resté à la mairie, m'occupant de l'administration de l'arrondissement. Je ne connaissais pas les hommes du 18 mars. Je crois même qu'il n'y eut pas, le 20 mars, de commission des Finances nommée.

Après le 18 mars, le maire était parti pour Versailles, les adjoints étaient restés; j'insistai pour qu'ils continuassent leurs fonctions. Ils finirent par y consentir : l'un d'eux, M. Colin, s'occupa des opérations électorales. Les élections eurent lieu ; il y eut lutte entre sa candidature et la mienne. J'eus, en définitive la majorité, et je restai à la mairie comme délégué seulement.

M. LE PRÉSIDENT : Abrégez ces détails, nous les connaissons déjà.

RÉGÈRE : J'ai fini. J'ai fait à la mairie, a-t-on dit, des économies, de bonnes actions pour plus tard. Je puis dire que j'ai fait le bien sans calcul, et qu'il y avait quelque courage, dans ce quartier exalté, à protéger notamment le clergé contre les passions populaires.

M. LE PRÉSIDENT : Tout cela a déjà été dit.

RÉGÈRE : J'ai des faits nouveaux à présenter, monsieur le Président. Je reconnais qu'à la Commune j'ai fait partie de la majorité et que j'ai voté pour le Comité de salut public; j'ai appuyé aussi la motion tendant à empêcher les démissions. Je voulais que chacun restât à son poste, et que la Commune, en se dissolvant par des démissions successives, ne laissât pas le champ libre à la populace (je ne trouve pas d'autre mot), qui frémissait derrière le peuple honnête.

On incrimine ma présence à la Commune le 22 mai. Je n'y étais pas, et j'affirme qu'il n'y a pas eu de séance ce jour-là. On a dit aussi que j'avais contre Mgr l'Archevêque autant de haine que Courbet contre la colonne. Je ne sais pas si M. Courbet a de la haine contre la colonne, je sais que je n'en avais aucune contre ce malheureux Mgr Darboy, et je ne puis, à cet égard, que m'en référer aux explications que j'ai déjà données.

Depuis vingt ans, les journaux, qui n'osaient pas attaquer, sous l'empire, un préfet, pas même un garde champêtre, ameutaient le public contre le clergé; ils recommençaient à manger du prêtre. Les dangers étaient certains pour le clergé. Je l'ai défendu de mon mieux, et c'est moi qui avais obtenu que la Préfecture de police de la Commune, cette Préfecture si impitoyable, offrît d'échanger Mgr Darboy, l'abbé Deguerry et les autres contre Blanqui. J'ai agi là comme homme et comme chrétien.

Je n'ai ni provoqué à la guerre civile, ni levé de troupes; la guerre civile, elle a plutôt été portée dans mon arrondissement par le témoin qui est venu m'accuser devant vous, par le commandant de Salicis lui-même, qui avait fait de l'École polytechnique une forteresse au milieu de nos quartiers, et je me demande ce qui, dans mes rapports avec lui, a pu lui faire dire que j'étais capable, suivant les circonstances, de faire de la terreur rouge ou de la terreur blanche.

M. LE PRÉSIDENT : Abrégez, abrégez; tout cela nous est connu.

RÉGÈRE : J'ai fini, monsieur le Président. J'ai cinquante-six ans; j'autorise tous et chacun à fouiller dans mon existence, on n'y trouvera rien de reprochable. Je repousse avec indignation toute complicité dans ces meurtres que je déplore, et je crois que nous ne pouvons porter la responsabilité d'une situation contre laquelle nous avons toujours lutté, mais que nous n'avons pas toujours pu maîtriser.

M. le Président donne ensuite la parole à M⁰ Marchand, défenseur de Lullier.

M⁰ Marchand s'exprime en ces termes :

La réplique de M. le Commissaire du gouvernement est muette à l'égard de Lullier. Le ministère public accepte donc la réfutation que la défense a faite des accusations portées contre mon client. Je tiens seulement à ajouter ceci : deux témoins qui devaient déposer des promesses faites par le gouvernement de Versailles à Lullier ont été déclarés malades et n'ont pas paru à cette audience. Or, il est à ma connaissance personnelle qu'ils ne sont plus malades. J'avais demandé au Conseil, s'il le jugeait nécessaire pour s'éclairer, de les faire venir. Ils ne sont pas venus. J'en conclus que la promesse du gouvernement à Lullier est tenue pour reconnue.

M. LE PRÉSIDENT : Ils n'auraient déposé que d'un on-dit que nous ne pouvons admettre comme preuve ni pour ni contre l'accusé. Je m'informerai, du reste, de ce qui concerne ces dépositions.

M⁰ MARCHAND : Ils devaient déposer non pas d'un on-dit, mais d'une promesse à eux faite et qu'ils avaient mandat de reporter. C'est ce qu'ils ont déclaré à l'instruction.

M. LE PRÉSIDENT : Il fallait nous parler de ces circonstances plus tôt; vous ne nous en avez entretenu qu'avant-hier.

M⁰ MARCHAND : L'un d'eux est depuis deux mois à Paris, en bonne santé.

M. LE PRÉSIDENT : Eh bien! il sera poursuivi s'il est prouvé qu'il a manqué, sans motif légitime, à venir déposer.

M. LE COMMISSAIRE DU GOUVERNEMENT : Mon silence, je tiens à le déclarer, n'est nullement une acceptation des prétentions de la défense.

M⁰ MARCHAND : Alors les dépositions restent ce qu'elles étaient dans l'instruction, et la situation de mon client également.

M. LE PRÉSIDENT (à Lullier) : Avez-vous quelque chose à ajouter à ce que vient de dire votre défenseur?

LULLIER : Jusqu'ici, je n'ai rien dit pour ma défense. Je demande dix minutes, pas plus, pour la résumer et la rectifier, et je prends l'engagement de ne pas abuser plus longtemps des instants du Conseil. Des erreurs se sont glissées dans ce débat. Un honorable avocat a osé affirmer ce fait : si on avait, a-t-il dit, envoyé au commandant du Mont-Valérien un ordre de rendre le fort, le fort eût été rendu. D'un seul mot, j'abats cette assertion : cet ordre, il a été envoyé au commandant du 155⁰ bataillon. Mais qui oserait prétendre qu'un fort pourvu de vivres et de munitions comme l'était le Mont-Valérien, contre lequel l'armée prussienne avait été impuissante, malgré sa formidable artillerie, serait tombé devant un chiffon de papier, devant une signature?

Le même avocat et un autre ont dit encore que si, le 19 mars, cent mille hommes étaient sortis de Paris, c'en était fait de Versailles. Pourquoi pas le 17? C'eût été plus vite fait. Le 19, le 21, on n'était pas maître de Paris. Il n'y avait ni vivres, ni munitions, ni attelages d'artillerie. Il fallait attendre au 26, passer une grande revue au Champ-de-Mars, puis exécuter, derrière un grand rideau tiré le long des hauteurs de Châtillon, un mouvement tournant et cerner l'Assemblée. Mais de cette sortie qu'on aurait faite le 19 mars, que serait-il résulté? Rien. L'Assemblée se fût retirée à Tours ou ailleurs, et c'eût été tout. Je ne reviens pas sur la sortie ridicule exécutée par la Commune. Au point de vue politique, elle était insensée; au point de vue militaire, elle est au-dessous de toute critique.

Je me suis préparé à marcher seul contre la Commune. Le gouvernement m'a offert son appui, je l'ai accepté. Je n'ai eu qu'un but, je le répète : m'emparer de la dictature, traiter avec Versailles, sauver Paris de la guerre des rues et sauver la garde nationale par une amnistie. Que la Commune appelle traîtres ses généraux, ses officiers qui se sont rangés sous ma bannière, je n'ai pas à m'en occuper; mais, quant à moi, je leur défends à tous de porter atteinte à ma délicatesse et à ma loyauté.

Il m'a été donné un avocat d'office. Il m'eût été facile, si j'eusse été chargé moi-même de ma défense, d'établir compendieusement devant le Conseil ces trois points : premièrement, que ma politique a toujours été modérée; deuxièmement, que je ne suis ni un agitateur ni un ambitieux. Nommé en septembre 1870, par une triple élection, président du comité de défense, je me suis effacé devant le gouvernement de la Défense nationale; je me suis effacé à Bordeaux encore, à la veille d'être porté au Pouvoir par une émeute formidable, avec l'appui de la ligue du Sud-ouest, et, le 18 mars, je n'ai encore voulu, en prenant le commandement de la garde nationale, qu'éviter à Paris et au pays une catastrophe.

Enfin, je puis avoir un tempérament fougueux, mais j'ai la pensée froide. Personne peut-être n'a autant travaillé que moi cet art sublime de la guerre, mon orgueil et l'objet de mon culte, auquel j'ai consacré mes nuits et ma jeunesse. J'ai cherché à être utile à mon pays, et j'ai cru qu'il devait triompher par le rayonnement de la liberté au-dedans, par le rayonnement de la force des armes au-dehors.

La révolution du 18 mars pouvait être féconde; elle pouvait doter le pays des franchises municipales tant désirées. Elle pouvait arrêter l'Assemblée nationale sur une pente fatale, et, par suite, chasser des esprits ce soupçon de restauration d'institutions déchues, qui ont fait tant de mal. On sait comment elle a avorté misérablement, comment elle a glissé dans le sang et les ruines, par l'incapacité des uns et la perversité des autres. L'impartiale histoire fera un jour la part de chacun. Paris était la source de salut pour la France. Cette source est tarie aujourd'hui : pour combien de temps? Dieu le sait! Dieu protège la France! Pour moi, après avoir pris la dictature, je n'ai pas versé une goutte de sang, je n'ai fait jaillir l'étincelle d'aucun incendie. Je n'ai rien sur la conscienec. Je suis demeuré, au milieu des partis, pur comme citoyen, pur comme homme, pur comme chef du peuple et sans avoir rien sacrifié à ce périlleux honneur.

Le gouvernement, qui m'avait donné une parole, la laisse aujourd'hui en souffrance. Je suis trop fier pour la relever. La condition qu'il me fait, en me rangeant dans la catégorie des membres de la Commune, ne m'étonne ni ne m'effraie. Depuis longtemps je suis accoutumé à boire à la coupe amère de l'injustice. Depuis quelques années, la fatalité impitoyable me poursuit sans m'abattre. Elle ne peut m'écraser, mais ma dernière parole lui sera un défi : mes regards ne se sont jamais baissés devant la tempête quand ils se sont croisés avec la foudre. Vous devez me condamner à mort ou m'acquitter; il n'y a pas de milieu. Devant cette alternative, je suis tranquille : je n'ai jamais trahi la foi jurée; je n'ai jamais failli à mes principes, et si ma tête doit tomber.....

M. LE PRÉSIDENT : Tout cela sont des déclamations théâtrales. Il y a une manière plus simple de vous défendre.....

LULLIER : Je vous ai demandé dix minutes pour me défendre, j'ai encore une minute, je demande cette minute.

M. LE PRÉSIDENT : Je vous en donnerai dix autres, si vous voulez; mais laissez tout cela. Il y a des milliers d'officiers qui ont travaillé plus que vous : vous n'avez rien fait. Parlez de vous, si vous voulez, mais mettez de côté vos aspirations.

LULLIER : Je n'ai plus qu'un mot à dire. Ma tête, je vous l'offre sans haine. Le sang des martyrs féconde les âmes généreuses. Soldat, je sourirai quand il faudra mourir!....

Mᵉ Renault prend ensuite la parole dans l'intérêt de l'accusé Rastoul. Il rappelle qu'il a voté par un bulletin négatif contre le Comité de salut public, et par un bulletin blanc sur la nomination de ses membres : c'était logique. Il ajoute qu'aucun témoignage n'a été produit contre Rastoul, et que l'accusation ne peut l'atteindre qu'au moyen de cette solidarité qu'on lui opposa déjà dans son interrogatoire du 4 juillet : le mot même y est textuellement.

M. LE COMMISSAIRE DU GOUVERNEMENT : Mais c'est du rapport que vous parlez, ce n'est pas de l'accusation.

Mᵉ RENAULT : Je parle de l'interrogatoire, et le réquisitoire reproduit cette théorie.

M. LE COMMISSAIRE DU GOUVERNEMENT : Je n'en ai pas dit un mot.

Mᵉ RENAULT : Soit; mais, enfin, le mot ne fait rien. La thèse a été plaidée par l'accusation. Seulement, la solidarité est devenue complicité. Il n'y a pas plus l'une que l'autre dans la vérité des faits.

Rastoul a toujours lutté contre la Commune, et ne peut, par suite, répondre de ses actes. Dans les votes mêmes de Rastoul réside toute sa justification.

Sur l'inégalité de l'accusation, qui poursuit les uns et ne poursuit pas les autres, l'organe du ministère public vous a dit, messieurs, que sa mission a ses limites. Elle n'avait pas celles de la culpabilité même, et l'état de siége lui conférait un droit absolu de poursuite, en dépit de tous les laisser-passer possibles.

Eh bien! cette inégalité même rompt la théorie de la solidarité ou de la complicité.

Et d'ailleurs, messieurs, la complicité, elle est régie étroitement par l'art. 60 du Code pénal; hors de ses limites, il n'y a pas de complicité.

L'organe du ministère public vous conviait à remplir votre mission et à laisser le droit de grâce à qui il appartient. Ce procédé serait dangereux, et vous n'en userez pas. Si vous rendiez votre décision avec la pensée, le désir peut-être, qu'une intervention ultérieure vînt la modifier, la balance de la justice serait faussée. Vous êtes des magistrats, et, comme tels, vous n'avez qu'à rendre votre jugement le meilleur possible, sans vous demander s'il pourra plus tard être modifié.

En jugeant, d'ailleurs, vous ferez comme a fait le Pouvoir en instituant les poursuites.

Vous choisirez dans votre conscience, et quand vous trouverez des hommes comme Rastoul, qui ont appartenu à cette minorité de la Commune qui a arrêté le flot montant de la majorité, qui a sauvé Paris peut-être, où, trois jours plus tard, l'armée qui venait le délivrer pouvait ne trouver que des ruines; quand vous trouverez de tels hommes, vous leur tiendrez compte des services qu'ils ont rendus à la société, et vous les acquitterez.

M. le Commissaire du gouvernement : Un mot seulement en ce qui touche mes attributions. Je ne suis pas officier de police judiciaire : je reçois ma mission exclusivement du général commandant la division, et elle est limitée par l'ordre de mise en jugement. Je n'ai pas le droit de poser d'autres questions que celles que comprend cet ordre.

Mᵉ Renault : Aussi, ce n'est pas à l'organe de l'accusation personnellement que s'adressait mon observation.

M. le Président (à l'accusé Rastoul) : Avez-vous quelque chose à ajouter?

Rastoul : Je m'en rapporte à la plaidoirie de mon défenseur.

M. le Président : Mᵉ de Sal, avez-vous l'intention de répliquer?

Mᵉ de Sal : Non, monsieur le Président; mais mon client désire présenter quelques observations.

M. le Président donne la parole à l'accusé Paschal Grousset.

PASCHAL GROUSSET : Je n'ai que deux mots à dire sur deux griefs desquels je tiens particulièrement à laver mon honneur.

En ce qui concerne les dossiers retrouvés chez moi, je ferai remarquer que les archives du ministère étaient abandonnées quand j'y suis entré. C'est moi qui ai nommé un gardien des archives, et qui me suis moi-même astreint à ne prendre aucune pièce en communication que sur récépissé. C'est ce gardien que je voulais faire citer et qu'on n'a pu retrouver. Il ne pouvait donc entrer dans ma pensée de commettre le vol de ces dossiers, car il était clair qu'on me l'imputerait forcément.

Sur la question Gratiot, je rappellerai que mes intérêts étaient distincts absolument de ceux du journal. Je suis même créancier du journal d'une somme que, sans doute, je ne toucherai jamais. Ensuite, M. Gratiot a reconnu que la lettre qu'il m'avait adressée à fin de paiement ne m'a jamais été remise. Je n'ai connu son nom qu'à l'instruction, et c'est le fait même de la réquisition qui a amené ma retraite du journal, car j'ignorais que la fourniture n'avait pas été payée.

Sur les accusations des crimes d'assassinats et d'incendies, que vous dirai-je, messieurs? Les membres de la Commune sont, comme moi, étrangers à ces faits, qui échappent, par leur caractère, à toute connexité. De telles conceptions peuvent germer dans une tête affolée par la fureur; mais qu'elles soient le produit des délibérations d'une assemblée quelconque, je ne le croirai jamais. Permettez-moi, messieurs, de me féliciter, en terminant, d'être jugé par des soldats. Ils sont, plus que tous autres, experts en honneur, et ils savent que, pour toucher à l'honneur d'un homme, il faut plus encore que des preuves, il faut la certitude.

M. LE Président donne ensuite la parole à M. Ducoudray, défenseur de Verdure.

M. ÉLIE DUCOUDRAY : Ce n'est pas précisément une réplique que j'ai à présenter. Me Manchon n'a exposé que la vie privée de Verdure. L'incident que le Conseil se rappelle a écourté ses développements.

M. LE PRÉSIDENT : Cet incident est oublié; d'ailleurs, il n'a pas empêché Me Manchon de s'expliquer.

M. ÉLIE DUCOUDRAY : Je m'en souviens encore de cet incident, et je me crois tenu d'aborder l'examen des chefs d'accusation proprement dits; j'y suis tenu, puisque M. le Commissaire du gouvernement vous a déclaré que son silence n'était pas un acquiescement aux démonstrations de la défense.

M. LE PRÉSIDENT : Mais, monsieur Ducoudray, ce n'est pas pour un plaidoyer que je vous donne la parole.

M. ÉLIE DUCOUDRAY : Eh bien! les faits de la vie privée de Verdure sont acquis; le bénéfice du droit lui est aussi acquis, et la thèse de la solidarité, qui

qui lui était opposée, ne se soutient pas. Je n'ai que quelques mots à dire au sujet des chefs d'accusation.

M. LE COMMISSAIRE DU GOUVERNEMENT : Mᵉ Manchon les a traités sans être interrompu.

M. LE PRÉSIDENT : Ne recommencez pas la plaidoirie.

M. ÉLIE DUCOUDRAY : Si l'invitation de M. le Président signifie que je dois considérer les arguments de l'accusation comme réfutés, je n'ai qu'à m'en réjouir.

M. LE PRÉSIDENT : Tâchez surtout de présenter des observations qui soient utiles à l'accusé que vous défendez.

M. ÉLIE DUCOUDRAY : Quoique n'ayant pas l'honneur de porter la robe, j'ai complétement le sentiment des devoirs du défenseur, et voici ce que je veux dire au Conseil : Le 18 mars, Verdure n'était pas à Paris; dès lors tombe, à son égard, l'accusation d'attentat et celle d'excitation à la guerre civile. Quant à l'acceptation du mandat qui lui fut conféré le 26 mars, il se limite à l'administration de son arrondissement, auquel il était préparé à rendre les meilleurs services.

Il ne s'occupe en aucune façon des questions militaires. Au contraire, il dispense beaucoup de citoyens du service de la garde nationale. On lui impute des proclamations; je mets au défi l'accusation d'en produire une seule à sa charge.

M. LE COMMISSAIRE DU GOUVERNEMENT : C'est trop fort!

M. ÉLIE DUCOUDRAY : Ah! oui; il y a la pièce de Delescluze. Delescluze signait Jules et César; il faisait ses décrets sous son consulat, et il y mettait les signatures qu'il voulait.

La vérité est qu'on ne peut relever contre Verdure aucun vote violent.

Il est étranger notamment à toute motion contre le clergé; il n'y a au dossier, à cet égard, qu'une élucubration de club.

M. LE COMMISSAIRE DU GOUVERNEMENT : Je proteste contre cette affirmation. La motion en question appartient à la Commune.

M. ÉLIE DUCOUDRAY : Eh bien! montrez-la-moi.

M. LE COMMISSAIRE DU GOUVERNEMENT : Allez la voir; elle est à votre disposition.

M. ÉLIE DUCOUDRAY : Je veux rester calme jusqu'au bout, à moins que M. le Président ne me retire la parole.

M. LE COMMISSAIRE DU GOUVERNEMENT : Ne me faites pas dire ce que je n'ai pas dit. Ces accusations de la dernière heure que la défense me jette sont réellement trop fortes. Je ne suis pas obligé, on vous l'a démontré hier avec des arrêts de cassation, de choisir votre heure pour produire des documents. Je les produis quand ils m'arrivent.

M. ÉLIE DUCOUDRAY : Cela ne change rien à la question.

M. LE PRÉSIDENT : Mais ce que M. le Commissaire du gouvernement vous cite, c'est l'*Officiel*, le véritable *Officiel* de la Commune.

M. ÉLIE DUCOUDRAY : Précisément, monsieur le Président, c'est dans l'*Officiel* que je trouve la justification de Verdure.

M. LE PRÉSIDENT : Un mot sur cette question, qui n'est pas nouvelle à ces débats. Je ne puis admettre que des membres de ce gouvernement ne connussent pas, ne reçussent pas leur *Officiel*; on ne peut admettre qu'il leur faille quinze jours pour savoir que l'*Officiel* a rendu de leur conduite un compte infidèle pour protester contre ses énonciations.

M. ÉLIE DUCOUDRAY : Mais, monsieur le Président, c'est aux numéros détachés de l'*Officiel* de la Commune, et non à la prétendue collection qui en a été produite, que je me suis référé pour dire qu'il a des votes de Verdure, mais ni une motion, ni une parole aux séances.

M. LE PRÉSIDENT : Eh bien! le vote juge l'homme.

M. LE COMMISSAIRE DU GOUVERNEMENT : Allez au moins le voir cet *Officiel*, et ne niez pas d'abord ce que j'avance.

M. ÉLIE DUCOUDRAY : Mais, alors, pourquoi suis-je ici? Est-ce pour courber la tête sous toutes les affirmations de l'accusation? Je l'ai vu cet *Officiel* dont vous me parlez, je l'ai entre les mains.

Que relève-t-on contre Verdure? Qu'il a fait une réquisition de deux voitures. Il y a aussi, pour douze repas chez Aury, son restaurateur, un reçu de 1 fr. par repas. Il y a, enfin, un reçu pour une fourniture de pétrole. Je sais que le mot est dangereux. Il ne faut pas parler de corde dans la maison d'un pendu. Eh bien! il s'agit de 20 kilos de pétrole.

M. LE COMMISSAIRE DU GOUVERNEMENT : Le 23 mai.

M. ÉLIE DUCOUDRAY : Le 24, si vous voulez, et 40 kilos, si vous le voulez encore. Ce pétrole est destiné à l'éclairage des postes, et 40 kilos ce serait encore peu de chose. C'est à l'accusation à prouver que ce pétrole aurait eu un autre emploi.

Pendant le siége, mes anciens collègues ne savent-ils pas qu'on ne servait pas d'autre chose pour éclairer?

Sur la complicité, je dirai que Verdure ne saurait répondre des faits de la dernière heure; cela est prouvé par nos témoins, ou alors ceux de la défense n'auraient aucune valeur : ceux de l'accusation, seuls, devraient être écoutés.

M. LE PRÉSIDENT : Vous avez toujours été disposé, dans la défense, à critiquer les témoins de l'accusation.

M. ÉLIE DUCOUDRAY : C'est un peu notre fonction. Vous n'avez pas de témoins, d'ailleurs, contre Verdure, et vos documents ne suffisent pas à faire une preuve contre lui.

Vous reconnaissez donc qu'il est étranger à tous les faits de ces derniers jours.

M. le Commissaire du gouvernement : Je ne reconnais rien.

M. Élie Ducoudray : Alors vous contestez nos témoins?

M. le Commissaire du gouvernement : Évidemment.

M. Élie Ducoudray : Ils sont donc faux ces témoins, et je n'ai plus qu'à m'asseoir. Qui sont ces témoins pourtant? Des prêtres, des propriétaires, des gens d'ordre qui tous vous attestent que Verdure a quitté, le 24 mai, à onze heures, la mairie du 11e.

Il venait de sauver deux prêtres, quoiqu'il haïsse les prêtres, dites-vous, tandis qu'ailleurs vous lui donnez le nom de philanthrope.

M. le Commissaire du gouvernement : Complétez au moins votre citation.

M. Élie Ducoudray : Eh bien! philanthrope utopiste, c'est le terme que vous avez employé, et qui indique que Verdure était bon jusqu'à l'impossible. Et c'est un tel homme qui serait capable de tels crimes? Mais il fallait protester, avez-vous dit.

La foi qui n'agit pas, est-ce une foi sincère?

Verdure a protesté; il a fait plus, il a agi. Mais, enfin, dit l'accusation, il a voté avec la majorité, il a nommé le Comité de salut public, et il doit répondre de ses actes.

M. le Président : Je vous continuerai la parole tout à l'heure; nous allons suspendre l'audience.

L'audience est suspendue à deux heures et reprise à deux heures et demie.

A la reprise de l'audience, M. Élie Doucoudray termine sa réplique dans l'intérêt de Verdure, en s'attachant à démontrer qu'il est étranger aux derniers actes de la Commune.

Me Laviolette prononce quelques paroles. Il reprend sa première plaidoirie en faveur de Ferrat.

Après lui, Me Thiron, défenseur de Descamps, s'exprime ainsi :

Aucun fait nouveau n'a été relevé contre mon client dans la réplique de M. le Commissaire du gouvernement; ma plaidoirie est récente, j'espère que vous en avez gardé le souvenir et m'y réfère entièrement. Je tiens seulement à vous rappeler que ces mots : « Il était maire du 14e arrondissement, et il nous semble, avec ses faibles moyens, avoir fait pour le mieux, » étaient l'expression non pas seulement de ma conviction personnelle, mais encore de celle M. le Magistrat instructeur, qui l'a consignée dans son rapport.

Descamps : Je m'en rapporte aux paroles de mon défenseur et déclare au Conseil que, quel que soit son jugement, je n'en conserverai jamais ni haine ni désir de vengeance.

Me Delzant, qui assiste Me Gatineau, déclare également s'en rapporter à la plaidoirie de ce dernier.

Me Lachaud : Une nouvelle plaidoirie pour Courbet est inutile, elle peut même être dangereuse. M. le Commissaire du gouvernement n'a même pas prononcé le nom de mon client dans son deuxième réquistoire. Je n'en veux donc faire ici qu'une simple constatation. Il a été prouvé que Courbet ne s'est mis dans la Commune que pour sauver nos tableaux et nos richesses artistiques.

On nous a accusé d'avoir démoli la colonne Vendôme. Je me suis entouré d'une foule de documents qui prouvent que l'idée première de la démolition de la colonne ne remonte pas à Courbet, qui ne voulait point aller aussi loin. M. le Commissaire du gouvernement ne les a pas fait contrôler, ma défense reste donc intacte. Aussi, messieurs, c'est avec la même espérance, avec le même droit que je vous demande l'acquittement de l'homme malheureux que j'ai l'honneur de défendre devant vous.

Je termine, messieurs : rappelez-vous que la justice, pour être bonne, ne doit pas être impitoyable. Vous tiendrez compte des passions, du milieu dans lequel on a vécu. J'attends avec respect et espérance votre décision.

M. LE PRÉSIDENT : Accusé Courbet, n'avez-vous rien à ajouter?

COURBET : Je m'en rapporte entièrement à votre loyauté.

Mᵉ LECHEVALLIER : Messieurs, j'avais espéré que M. le Commissaire de la République lui-même partagerait la conviction de l'opinion publique sur l'innocence de Parent. Si je reprends donc la parole, c'est, non pour vous, messieurs, mais, je le répète, pour convaincre le ministère public. C'est un scrupule légal qui, je le crois, l'empêche de joindre sa voix à la mienne pour vous demander l'acquittement de mon client. Il ne veut pas reconnaître l'innocuité des élections du 26 mars, acceptées cependant par les maires, d'accord avec le gouvernement! Mais qu'il se rappelle donc au moins ce qu'il vous disait lui-même hier : la promesse faite, le 12 avril, par M. Thiers, que ceux qui abandonneraient toute attitude hostile seraient à l'abri de toute recherche. Et M. le Commissaire de la République maintient l'accusation contre un homme qui avait quitté la Commune dès le 5 avril, dès le début de la guerre civile! Ah! monsieur le Commissaire de la République, laissez-moi espérer que, vous aussi, je vous aurai convaincu.

Parent n'a rien à dire.

M. LE PRÉSIDENT : Accusé Assi, n'avez-vous pas quelques observations personnelles à présenter?

ASSI : Oui, monsieur le Président. Je dois dire que je n'étais chargé que de la surveillance de la fabrication des engins de guerre reconnus et acceptés par tout le monde. Je ne veux point insister sur l'emploi du pétrole comme utile pour certains faits de guerre dirigés contre les objets, mais non contre les hommes : je m'en rapporte, sur point, à la sage appréciation du Conseil. Jamais, à ma connaissance, il n'a été fabriqué d'engins asphyxiants; je m'y fusse opposé, pour ma part. Mais le ministère de la Guerre n'a pas été brûlé. Or, chaque jour j'envoyais un rapport au ministère de la Guerre, à la commission des distributions des munitions, à l'état-major, constatant la fabrication de la journée qui venait de s'écouler. Ces pièces doivent se retrouver et fournir la justification la plus complète de ma conduite.

Je ne sais pas ce que c'est que la pièce Parisel, qui m'a été communiquée hier pendant la réplique de mon avocat. Quant à l'Internationale, j'ai si peu agi comme membre de cette association, que, lors des élections au Corps législatif, les sociétaires qui veulent, à tort, mêler la politique aux questions économiques me combattaient dans les réunions électorales.

Vous savez, messieurs, ce que j'ai fait le 18 mars; je ne le désavoue pas. Vous savez que j'ai été arrêté par la Commune le 1er avril, lorsque je me suis opposé au mouvement militaire sur Versailles, et que, le 21 mai, j'étais prisonnier de Versailles quand ont eu lieu les incendies et les fusillades.

M. LE PRÉSIDENT : On vous accuse d'avoir fait des obus à pétrole.

ASSI : Il n'a jamais été fabriqué de projectiles empoisonnés. Ce n'était pas moi qui distribuais les munitions; c'était la commission de la Guerre qui désignait le citoyen pour faire ce service. Des rapports étaient faits sur tout ce qui se passait.

M. le Commissaire du gouvernement m'accuse tout particulièrement d'embauchage. Si c'est parce que j'ai formé un corps d'hommes au-dessus de quarante ans.....

M. LE PRÉSIDENT : Un décret a été signé ordonnant cette formation.

ASSI : Mais j'étais en prison à cette époque; j'y suis resté du 1er au 15 avril, soit à la préfecture, soit à Mazas.

Me BIGOT : En effet, et cela a été prouvé.

ASSI : On a parlé de majorité et de minorité. Dès que j'ai voulu faire de l'opposition, on m'a arrêté, et cela a empêché la minorité de se former. Il a aussi été question de mon élection. J'ai été nommé par 58,900 voix contre la volonté de l'Internationale, qui n'a cessé de me combattre. MM. Theisz et Beslay étaient de l'Internationale; vous voyez bien que tous les membres de cette Société ne sont pas terribles. Il a été question de mon affaire du Creusot. J'en suis bien aise, parce que je trouverai là un précédent.

(Assi entre dans de longs développements, raconte qu'il a empêché la destruction des journaux, que beaucoup voulaient supprimer.)

M. LE PRÉSIDENT : Mais c'eût été là un acte infâme et qui n'eût servi à personne.

ASSI : Comme ce qu'on a fait à Paris.

Me Léon Bigot dépose à la barre les conclusions suivantes :

« Il plaira au Conseil,

» Attendu que M. le Commissaire de la République a, au cours de sa réplique, le 31 août, produit une pièce nouvelle, une prétendue lettre d'Assi à Parisel;

» Que ce prétendu document n'a pu être communiqué à l'avocat d'Assi; que celui-ci ne l'a vu lui-même qu'à l'audience, et pendant que son avocat répliquait à M. le Commissaire de la République;

» Que, dans une instance civile, une pareille pièce serait rejetée du débat comme tardive; qu'il en doit être, à plus forte raison, ainsi dans un procès criminel;

» Par ces motifs,

» Donner acte à Assi de l'instant où la communication lui a été faite de sa prétendue lettre à Parisel;

» Lui donner acte de ce qu'il conteste la véracité de cette pièce;

» La rejeter du débat comme tardive. »

M. LE COMMISSAIRE DU GOUVERNEMENT : Voulez-vous me permettre, monsieur le Président, de répondre aux conclusions du défenseur d'Assi?

On s'est élevé contre nous parce que nous produisions, au dernier moment, certains documents; mais je puis prouver qu'il est de l'essence du ministère public de produire toute pièce qu'il croit utile, sauf le droit pour la défense de la combattre, et cela résulte d'arrêts de la Cour de cassation des 27 novembre 1828, 20 janvier 1848 et 14 juin 1865.

(M. le Commissaire du gouvernement lit ces articles.)

Mᵉ BIGOT : Je reconnais, messieurs, le droit de M. le Commissaire de la Ré-puplique ainsi qu'il le formule en ce moment; il est en tout conforme à la jurisprudence; mais ce n'est pas ce qui fait l'objet de mon observation; il est un principe élémentaire qui domine la question. M. le Commissaire de la République peut produire tout document, mais à la condition qu'il n'y ait pas de surprise et que la défense puisse répondre. Or, les débats vont se terminer, et je ne connais pas encore la pièce à laquelle M. le Commissaire de la République a fait allusion; je sais seulement qu'elle est déniée par mon client. Dans un procès civil, une pièce quelconque serait jetée dans le débat, alors que les conclusions sont prises de part et d'autre, qu'elle serait repoussée par les magistrats eux-mêmes; à plus forte raison, le rejet d'un document tardif doit avoir lieu en matière criminelle. Les dispositions de l'art. 109 du Code militaire ne sont pas de vaines formalités.

M. LE COMMISSAIRE DU GOUVERNEMENT : Cette communication tardive n'est pas de mon fait; j'ai reçu la pièce en question en montant l'escalier. M. le Président en a été témoin.

Mᵉ BIGOT : L'observation ne s'adresse pas à M. le Commissaire de la République, mais aux personnes qui ont fait la communication tardive.

M. LE PRÉSIDENT : Ce procès est plein de difficultés; tous les jours on trouve de nouvelles pièces, et les accusés qu'il s'agit de punir, demandaient peut-être une instruction de sept à huit mois.

Mᵉ LÉON BIGOT : Je ne puis, pour mon client, entrer dans ces considérations;

ANT. ARNOLD

toute défectuosité de l'instruction doit être interprétée en faveur de l'accusé, et ce n'est pas moi qui apprendrai au Conseil qu'il a mission d'appliquer les les lois existantes et non d'en créer pour des crimes nouveaux.

M. le Président déclare que le Conseil va se retirer dans sa chambre des délibérations.

Après dix minutes de délibération, le Conseil rentre en séance, et M. le Président prononce un jugement aux termes duquel il donne acte à Assi de l'instant où la communication tardive lui a été faite; mais le Conseil, se fondant sur les termes de l'art. 269 du Code d'instruction criminelle, déclare que cette communication ayant eu lieu en vertu du pouvoir discrétionnaire du président, la pièce contestée ne sera pas rejetée des débats.

M. LE PRÉSIDENT : Je renvoie la continuation des débats à demain, six heures du matin. La séance est levée.

Audience du 2 septembre.

L'audience est ouverte à six heures et un quart.

M. LE PRÉSIDENT : Aucun des défenseurs n'a rien à ajouter ?

Me Bigot demande la parole, et, au nom de M. É. Ducoudray et de Me Manchon, défenseurs de Verdure, donne lecture des conclusions dans lesquelles on demande que Verdure soit acquitté pour ce double fait qu'il était absent de Paris au moment de l'insurrection, et qu'il avait donné sa démission de membre de la Commune quand les assassinats et les incendies ont commencé.

M. le Président dit que ces conclusions seront jointes au fond.

M. LE PRÉSIDENT (à Jourde) : Il me semble, Jourde, que vous avez oublié quelque chose ?

JOURDE : Effectivement, Monsieur le Président. Je désire présenter deux observations : La première est relative à un projet de fédération par arrondissement, dont il a été fait usage contre moi dans l'accusation. Je déclare que cette pièce n'est pas de moi, et je crois, au surplus, que cela a été même reconnu à l'instruction. La seconde observation porte sur ceci : M. Theisz, aux Postes, était mon subordonné au même titre que M. Beslay à la Banque. Tous deux ont été exemptés de toute accusation, et je ne puis m'empêcher de remarquer que moi, qui étais leur chef, je suis poursuivi, alors que ma conduite a été la même que la leur.

M. LE PRÉSIDENT : Aucun des accusés n'a rien à ajouter ? Les débats sont terminés. Le Conseil va se retirer pour délibérer.

Il est six heures vingt-cinq minutes du matin. Les accusés sont emmenés hors de la salle. Jamais, croyons-nous, délibération ne fut d'aussi longue durée. Le Conseil n'est rentré en séance qu'à six heures et demie du soir; il est donc resté plus de douze heures dans la salle des délibérations. On comprendra d'ailleurs facilement qu'il ait dû y consacrer une journée entière. Il avait à répondre au chiffre énorme de 504 questions.

Les questions générales d'attentat contre le gouvernement, — d'excitation à la guerre civile, — de levée de troupes sans autorisation, d'usurpation de titres ou de fonctions, — d'assassinats et de complicité d'assassinats, — d'incendie et de complicité dans l'incendie d'édifices publics et de lieux habités ; — de complicité dans la destruction de propriétés privées, — de complicité dans la destruction de monuments publics, — d'arrestations arbitraires et de séquestration générale, qui s'appliquent toutes aux neuf premiers accusés, se divisent à l'égard de chacun de ces accusés en autant de chefs qu'il y a de faits particuliers à relever.

La foule qui, dès dix heures du matin, était nombreuse, a été a été pendant toute cette longue journée d'attente vivement agitée par les sentiments les plus opposés. On commentait avec passion les diverses chances des accusés.

Enfin, à six heures et demie, l'huissier annonce le Conseil. L'entrée des juges est suivie d'un profond silence. L'immense salle, pleine de curieux et plongée dans l'obscurité, présente un aspect lugubre.

M. le Président donne lecture des cinq cent quatre questions posées au Conseil, aux termes de l'ordre de mise en jugement, et fait connaître ensuite, toujours en l'absence des accusés, les réponses du Conseil à ces diverses questions.

Voilà le résultat de ces réponses à l'égard de chaque accusé :

Ferré, accusé d'attentat contre le gouvernement, d'excitation à la guerre civile, de levée de troupes armées, sans ordre ni autorisation de l'autorité légitime, de complicité d'incendies d'édifices publics et de lieux habités, de complicité de destruction de monuments publics et propriétés particulières, d'usurpation de titres et fonctions, de complicité d'assassinat des otages, d'arrestations arbitraires et séquestrations de personnes, est déclaré à l'unanimité coupable sur tous les chefs.

Assi, inculpé des mêmes crimes et délits, et en outre de fabrication d'armes prohibées par la loi, est déclaré à l'unanimité coupable sur tous les chefs autres que ceux de complicité d'assassinat et d'incendie.

Urbain, inculpé des mêmes crimes et délits que Ferré, est, comme lui, déclaré à l'unanimité coupable sur tous les mêmes chefs, avec des circonstances atténuantes.

Billioray, inculpé de la même manière, est déclaré coupable sur tous les chefs autres que ceux d'assassinat et d'incendie.

Jourde, inculpé comme les précédents, et spécialement, en outre, de soustraction de deniers dont il était comptable, et de bris de scellés, est déclaré coupable seulement sur le chef d'attentat d'excitation à la guerre civile, de levée de troupes et d'usurpation de fonctions. Des circonstances atténuantes sont admises en sa faveur.

Trinquet est inculpé des mêmes chefs qu'Urbain, et déclaré coupable de la même manière, aussi avec circonstances atténuantes.

Champy, inculpé comme Ferré, Assi, Urbain et Billioray, est déclaré coupable sur les mêmes chefs, sauf ceux d'incendie, d'assassinat et d'arrestations et séquestrations arbitraires.

A l'égard de Régère, mêmes inculpations et même verdict...

Lullier est déclaré coupable de tous les chefs relevés contre lui, savoir : attentat contre le gouvernement, excitation à la guerre civile, levée de troupes, embauchage et commandement d'une troupe armée.

Rastoul, inculpé comme Régère, est l'objet du même verdict, avec cette différence qu'il est déclaré non coupable du chef de destruction de monuments publics et propriétés particulières. Des circonstances atténuantes sont admises en sa faveur.

Paschal Grousset, inculpé de la même manière, et spécialement, en outre, de soustraction de titres et de vol de papiers, n'est déclaré coupable que d'attentat, d'excitation, de levée de troupes et d'usurpation de fonctions.

Verdure, inculpé comme Rastoul, est l'objet du même verdict.

Ferrat, inculpé de même, n'est déclaré coupable que d'attentat, d'excitation et de levée de troupes.

Descamps, inculpé pareillement, est déclaré non coupable sur tous les chefs.

Clément, inculpé de la même manière, n'est déclaré coupable que d'usurpations de fonctions, avec circonstances atténuantes.

Courbet, inculpé d'attentat, d'excitation et de levée de troupes, d'usurpation de fonctions et de complicité de destruction de monuments, n'est déclaré coupable que sur ce dernier chef.

Enfin Parent, inculpé d'attentat, d'excitation, de levée de troupes et d'usurpation de fonctions, est déclaré non coupable sur tous les chefs.

En conséquence de ce verdict, Ferré est condamné à l'unanimité à la peine de mort.

Assi à la peine de la déportation dans une enceinte fortifiée.

Urbain aux travaux forcés à perpétuité.

Billioray à la peine de la déportation dans une enceinte fortifiée.

Jourde à la déportation simple.

Trinquet aux travaux forcés à perpétuité.

Champy à la déportation dans une enceinte fortifiée.

Lullier à la peine de mort.

Régère à la déportation dans une enceinte fortifiée.

Grousset à la déportation dans une enceinte fortifiée.

Verdure à la déportation dans une enceinte fortifiée.

Ferrat à la déportation dans une enceinte fortifiée.

Clément à la peine de trois mois d'emprisonnement.

Courbet à la peine de six mois de prison et 500 fr. d'amende.

Descamps et Parent sont acquittés.

M. le Président donne ensuite lecture des divers textes de loi en vertu desquels sont prononcées lesdites condamnations.

Il lit ensuite la disposition du jugement qui ordonne qu'il sera lu aux accusés à la diligence de M. le Commissaire du gouvernement, devant la garde assemblée sous les armes.

Puis il déclare la séance levée et fait évacuer immédiatement la salle.

Il est neuf heures moins un quart du soir.

La lecture de ce jugement a duré plus de deux heures. Une émotion assez vive, suivie de quelques démonstrations, s'est produite parmi les auditeurs au moment où on a connu le sort des anciens membres de la Commune et du Comité central.

La foule s'est écoulée lentement, et les accusés ont été ensuite introduits dans la salle d'audience, où M. le Greffier leur a donné lecture du jugement, en présence de M. le Commissaire du gouvernement et de la garde assemblée, selon les prescriptions du Code militaire.

FIN DU PROCÈS DES MEMBRES DE LA COMMUNE.